Lucas
Speth
Rosenthal

Blickfeld Einzelhandel
Verkäuferin/Verkäufer
Kaufleute im Einzelhandel
Lern- und Arbeitsbuch

1

Lucas
Speth
Rosenthal

Blickfeld Einzelhandel 1

Verkäuferin/Verkäufer
Kaufleute im Einzelhandel

Lern- und Arbeitsbuch

Merkur
Verlag Rinteln

Wirtschaftswissenschaftliche Bücherei für Schule und Praxis
Begründet von Handelsschul-Direktor Dipl.-Hdl. Friedrich Hutkap †

Verfasser:

Karsten Lucas, Dipl.-Hdl., Flensburg

Dr. Hermann Speth, Dipl.-Hdl., Wangen im Allgäu

Tatjana Rosenthal, Oberstudienrätin, Dortmund

* * * * *

4. Auflage 2017

Gesamtherstellung:
MERKUR VERLAG RINTELN Hutkap GmbH & Co. KG, 31735 Rinteln
E-Mail: info@merkur-verlag.de
lehrer-service@merkur-verlag.de
Internet: www.merkur-verlag.de
ISBN 978-3-8120-**0631-6**

Vorwort zur 1. Auflage

Das **Lern- und Arbeitsbuch „Blickfeld Einzelhandel – 1. Ausbildungsjahr“** richtet sich in erster Linie an die Auszubildenden zum/zur Verkäufer/-in und zur/zum Kauffrau/-mann im Einzelhandel, die ein **grundlegendes Verständnis für die detaillierten Abläufe im Einzelhandel** entwickeln möchten. Denn gut ausgebildete Verkäufer/-innen und Kaufleute sind das Kapital der im gegenseitigen Wettbewerb stehenden Einzelhandelsbetriebe.

Ziel dieses Lehrbuches ist es zudem, möglichst viele Auszubildende **fit für die zweiteilige Abschlussprüfung** und **für die kaufmännische Praxis** zu machen. Dabei werden in Form von **branchenübergreifenden Handlungssituationen** viele Praxisfälle und -situationen aufgegriffen, die den Auszubildenden aus dem Lernort Ausbildungsbetrieb bekannt sind. Auf diese Weise wird die **individuelle Weiterentwicklung** jedes Auszubildenden innerhalb des Unterrichts und für die berufliche Wirklichkeit gefördert.

Ein Schwerpunkt dieses Lern- und Arbeitsbuchs ist die **Erfassung von betriebswirtschaftlichen Problemstellungen,** die an ein selbstständiges, zielgerichtetes und prozessgesteuertes Erarbeiten heranführt. Durch den motivierenden **Berufsbezug zum eigenen Ausbildungsbetrieb und den Lebens- und Vorerfahrungen** der Schüler/-innen können diese entsprechende Arbeitsaufträge kritisch hinterfragen und eigenständig reflektieren. Dies stellt eine wichtige Voraussetzung für eine methodenneutrale, **individuelle Stofferarbeitung** innerhalb der einzelnen Lernfelder dar. Gestützt wird dies durch die **kompakte Darstellung** der Inhalte.

Gemäß dem Rahmenlehrplan sollen die Auszubildenden **selbstständig** ihre Handlungskompetenzen **lernfeldorientiert** weiterentwickeln. Auf ein didaktisch reduziertes Arbeiten in einem bzw. in einer eng begrenzten Anzahl an Modellunternehmen mit einem oder mehreren „Modell-Auszubildenden“ wird bewusst verzichtet, da dies dem Berufsbild im Einzelhandel mit seinen vielfältigen Tätigkeiten im Waren- und Dienstleistungsbereich, die zu immer höheren und flexibleren Anforderungen im Ausbildungsbereich geführt haben, nicht gerecht würde. Vielmehr ist vor allem eine **qualifizierte und an den Schlüsselqualifikationen ausgerichtete Ausbildung** notwendig.

Wir glauben, mit dieser Reihe die Voraussetzungen für eine erfolgreiche Unterrichtsgestaltung geschaffen zu haben, und hoffen auf eine gute Zusammenarbeit mit allen Benutzern.

Wir wünschen Ihnen einen guten Lehr- und Lernerfolg!

Die Verfasser

Vorwort zur 4. Auflage

Maßgeblich für die 4. Auflage von Band 1 der bewährten Buchreihe „Blickfeld Einzelhandel“ ist der **neue Rahmenlehrplan** für die beiden Einzelhandelsberufe „Verkäufer/-in“ und „Kaufmann/-frau im Einzelhandel“, der **zum Schuljahr 2017/2018** in Kraft tritt. Der Rahmenlehrplan von 2004 wurde in Teilen aktualisiert. In erster Linie sind hiervon die Lernfelder 12 und 14 (3. Ausbildungsjahr) betroffen.

Im vorliegenden Schulbuch wurden in Lernfeld 3 Ausführungen zu den Sicherheitsmerkmalen von Banknoten neu aufgenommen. Die zunehmende Digitalisierung und Hinwendung zum E-Commerce, die auch den stationären Einzelhandel berührt, wird an geeigneter Stelle, z. B. durch die Darstellung moderner Zahlungssysteme, berücksichtigt.

Die Verfasser

Inhaltsverzeichnis

Lernfeld 1: Das Einzelhandelsunternehmen repräsentieren

Lernfeld 2: Verkaufsgespräche kundenorientiert führen

Lernfeld 3: Kunden im Servicebereich Kasse betreuen

Lernfeld 4: Waren präsentieren

Lernfeld 5: Werben und den Verkauf fördern

Anhang: Wichtige Vorgehensweisen zum Erreichen einer Projektkompetenz

Lernfeld 1: Das Einzelhandelsunternehmen repräsentieren

1 Stellung des Einzelhandels in der Wirtschaft

Handlungssituation:

Im Elektrofachmarkt Markowsky e. Kfm. im Berliner Stadtteil Wedding informiert sich der Auszubildende zum Verkäufer Tarik Güner bei seinem Mitschüler Krzysztof Wójcik telefonisch, welches Thema in der letzten Woche im Berufsschulunterricht im Fach Wirtschaftslehre erarbeitet wurde. Tarik Güner konnte aus gesundheitlichen Gründen nicht am Unterricht teilnehmen.

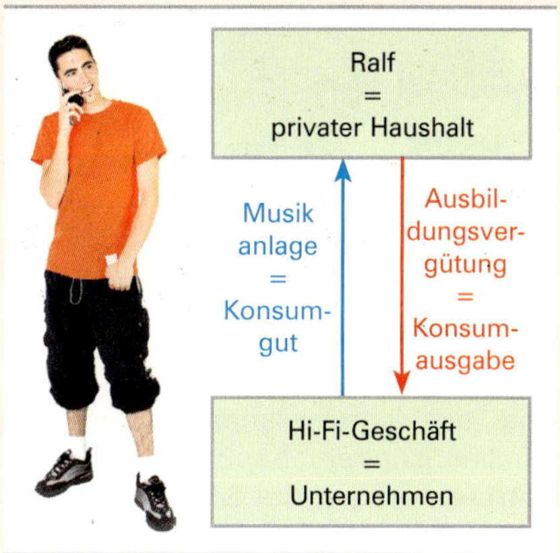

Tarik Güner: *„Hallo, Krzysztof, schön dass du dir kurz Zeit für mich nimmst, du weißt ja, ich war in der letzten Woche krank und habe daher den Unterricht versäumt."*

Krzysztof Wójcik: *„Hallo, Tarik, ich hoffe, es geht dir wieder gut und wir sehen uns am Freitag im Unterricht wieder."*

Tarik Güner: *„Danke, es geht langsam wieder. Habe ich etwas Wichtiges verpasst?"*

Krzysztof Wójcik: *„Also, in Wirtschaftslehre haben wir den einfachen Wirtschaftskreislauf besprochen. Dabei wurde uns am Beispiel von Ralf, einem Auszubildenden im Einzelhandel erklärt, wie er sich seinen sehnlichsten Wunsch erfüllt und eine neue Musikanlage kauft."*

Tarik Güner: *„Und was hat das jetzt mit einem Wirtschaftskreislauf zu tun?"*

Krzysztof Wójcik: *„Also, Ralf muss arbeiten gehen, um sich die Anlage kaufen zu können. Am Tag der Auszahlung seiner Ausbildungsvergütung geht er sofort los und kauft sich diese Anlage im Hi-Fi-Geschäft. Ralf steht dabei stellvertretend für alle, die sich in Deutschland etwas kaufen. Die werden dann private Haushalte genannt. Und das Hi-Fi-Geschäft steht stellvertretend für alle Unternehmen die etwas an ihre Kunden verkaufen."*

Tarik Güner: *„Also so eine Art Modell für alle Haushalte und alle Unternehmen in Deutschland?"*

Krzysztof Wójcik: *„Richtig, Tarik, es wird nur geschaut, welche wirtschaftlichen Vorgänge zwischen diesen beiden Teilnehmern umgesetzt werden. Dabei wird angenommen, dass von den privaten Haushalten kein Geld gespart und das verdiente Geld sofort wieder für „Konsumgüter" bei den Unternehmen ausgegeben wird. Somit gibt es bei diesem Modell auch keine Banken und keinen Staat."*

Tarik Güner: *„Und die Unternehmen geben dann auch alle ihre gesamten Güter an die privaten Haushalte ab? Verstehe ich das so richtig?"*

Krzysztof Wójcik: *„Ja, genau, es ist der Handel zwischen allen Unternehmen und allen Haushalten, wobei dann natürlich noch unterschiedliche Faktoren, die von beiden Seiten angeboten werden, wie zum Beispiel die Arbeitskraft eines jeden, eine wichtige Rolle spielen."*

Aufgabe:

Nennen Sie mindestens drei Konsumgüter, die von Ihrem Ausbildungsbetrieb angeboten werden!

1.1 Beziehungen zwischen privaten Haushalten und Unternehmen (Wirtschaftskreislauf)

Zwischen den privaten Haushalten und den Unternehmen kommt es zu ständigen Kontakten. Kaufen wir z. B. Lebensmittel in einem Supermarkt ein, so sind wir **Nachfrager** und der Supermarkt ist **Anbieter.** Die Nachfrager, die keine Güter für den eigenen Bedarf produzieren, nennt man **private Haushalte.** Die Anbieter, die Güter erzeugen und bereitstellen, nennt man **Unternehmen.**

Damit die Unternehmen Waren herstellen können, benötigen sie die Arbeitsleistung der Mitarbeiter **(Faktor Arbeit),** ein Grundstück **(Faktor Boden)** sowie Gebäude, Maschinen, Barmittel usw. **(Faktor Kapital).** Da die genannten Faktoren Grundlage für die Produktion sind, nennt man sie auch **Produktionsfaktoren.**[1]

In der einfachsten Form verlaufen die Beziehungen zwischen den privaten Haushalten und den Unternehmen wie folgt:

- Die privaten Haushalte stellen den Unternehmen die Produktionsfaktoren Arbeit, Boden und Kapital zur Verfügung.
- Die Unternehmen kombinieren im Produktionsprozess die Produktionsfaktoren und stellen auf diese Weise Güter her, die sie an die privaten Haushalte verkaufen.
- Damit kommt es zu einem **Güterkreislauf,** der die **Leistung der privaten Haushalte** (Bereitstellung der Produktionsfaktoren Arbeit, Boden, Kapital) und die **Güterbereitstellung durch die Unternehmen** umfasst.

1 Vgl. auch S. 31 f.

- Als Gegenleistung für die Bereitstellung der Produktionsfaktoren erhalten die privaten Haushalte Geld von den Unternehmen (z. B. Lohn für die Arbeitsleistung, Miete/Pacht für das überlassene Grundstück, Gewinn/Zinsen für das bereitgestellte Kapital).
- Gehen wir aus Gründen der Vereinfachung davon aus, dass die privaten Haushalte ihr **gesamtes Einkommen** zum Kauf von Konsumgütern (z. B. Kleider, Möbel, Lebensmittel) verwenden, dann erhalten die Unternehmen die Geldmittel, die sie benötigen, um neue Produktionsfaktoren einzukaufen. Dem **Güterstrom** fließt somit ein **gleich großer Geldstrom** entgegen.

Güterkreislauf und Geldkreislauf wiederholen sich ständig. Man spricht deshalb von einem **Wirtschaftskreislauf.**

Der Wirtschaftskreislauf in seiner einfachsten Form lässt sich wir folgt darstellen:[1]

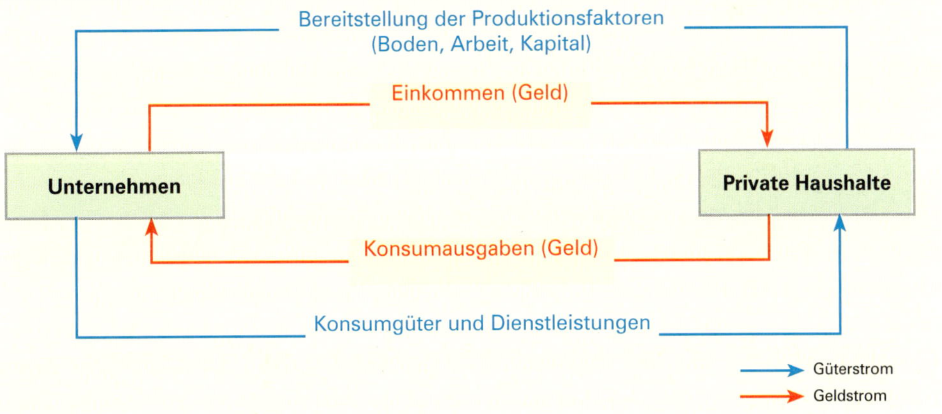

Erläuterungen:

Güterkreislauf	Die privaten Haushalte stellen dem Unternehmen die Produktionsfaktoren Boden, Arbeit und Kapital zur Verfügung. Im Produktionsprozess kombinieren die Unternehmen die Produktionsfaktoren und stellen auf diese Weise Güter her, die sie wiederum an die privaten Haushalte verkaufen. Der Güterkreislauf umfasst somit die Bereitstellung der Produktionsfaktoren durch die privaten Haushalte und die Güterbereitstellung durch die Unternehmen.
Geldkreislauf	Für die Bereitstellung der Produktionsfaktoren erhalten die privaten Haushalte als Gegenleistung von den Unternehmen Einkommen (Lohn, Gehalt, Pacht/Miete, Zinsen, Gewinne). Die Einkommen der privaten Haushalte sind die Kosten der Unternehmen. Die produzierten Güter werden an die privaten Haushalte verkauft. Mit den Verkaufserlösen bestreiten die Unternehmen dann die Kosten für die Produktionsfaktoren. Dem Güterstrom fließt somit ein gleich großer Geldstrom entgegen.

1 Bei dieser einfachen Form des Wirtschaftskreislaufs wird außer Acht gelassen: die Rolle des Staates, die Außenhandelsbeziehungen mit anderen Ländern und die Tatsache, dass die privaten Haushalte sparen.

2 Speth u.a. - ISBN 978-3-8120-0631-6

Zusammenfassung

- Die **Produktionsfaktoren** Arbeit, Boden und Kapital sind Grundelemente, die bei der Produktion zusammenwirken.
- Der einfache Wirtschaftskreislauf vollzieht sich zwischen den Sektoren Unternehmen und private Haushalte.
  - Die **privaten Haushalte** stellen den Unternehmen Produktionsfaktoren (Boden, Kapital, Arbeit) zur Verfügung. Sie erhalten hierfür **Einkommen** (z. B. Löhne, Gewinne, Mieten, Pachten).
  - Die **Unternehmen** stellen den privaten Haushalten Konsumgüter zur Verfügung. Sie erhalten hierfür **Geldmittel (Umsatzerlöse).**
  - Den **Güterströmen** stehen in gleicher Höhe **Geldströme** gegenüber.

Übungsaufgabe

1 1. Erklären Sie mit eigenen Worten, was unter den Begriffen „Unternehmen" und „private Haushalte" zu verstehen ist!

2. Erklären Sie folgende Begriffe:
   2.1 Einkommen,
   2.2 Konsumgüter,
   2.3 Verkaufserlöse!

3. Übertragen Sie das Schaubild eines einfachen Wirtschaftskreislaufes in Ihr Heft!

Aufgaben:

3.1 Übertragen Sie das Schaubild in Ihr Heft und beschriften Sie die Pfeile im Schaubild!
3.2 Erläutern Sie, wie sich Güter- und Geldkreislauf zueinander verhalten!
3.3 Begründen Sie, ob die beiden Kreisläufe wertmäßig gleich groß sind!
3.4 Erläutern Sie, welche Annahme über die Konsumausgaben der privaten Haushalte in diesem Modell gemacht wird!

4. Im Wirtschaftskreislauf gibt es einen Geld- und einen Güterstrom. Notieren Sie, welcher Geschäftsvorgang einen Geldstrom darstellt!
   4.1 Das Kaufhaus installiert im Büro eine neue Software.
   4.2 Der Großhändler liefert Waren an.
   4.3 Das Kaufhaus schickt Waren zurück.
   4.4 Ein Kunde bezahlt eine Rechnung.
   4.5 Das Kaufhaus liefert einen gekauften Fernseher an den Kunden aus.

1.2 Leistungen des Einzelhandels und die Stellung des Einzelhandels in der Wirtschaft

Handlungssituation:

Yvonne Wohlfahrt, Auszubildende zur Verkäuferin, ist vom Marktleiter ihres Ausbildungsbetriebes, dem Sparmarkt Ingoldstadt GmbH, für den heutigen Arbeitstag zum Auffüllen der Regale in der Lebensmittelabteilung eingeteilt worden. Die Ware, 30 Kartons mit Fischdosen aus Dänemark, wurde gestern Abend mit einer Spedition angeliefert. Nachdem sie die Anzahl der Kartons auf dem Lieferschein überprüft und die Ware zum Regal gebracht hat, beginnt sie die Fischdosen einzuordnen.

Eine Kundin tritt schon nach kurzer Zeit an das Fischregal und nimmt sich zwei Dosen. *„Endlich ist der Fisch wieder vorrätig. Ich warte seit Tagen auf das Produkt. Gab es etwa Lieferschwierigkeiten oder wurde nicht ausreichend Ware produziert?"* Yvonne schaut die Kundin etwas ratlos an und mit einem Schulterzucken entgegnet sie: *„Das kann ich Ihnen ehrlich gesagt gar nicht beantworten. Aber ich werde mich beim Marktleiter für Sie erkundigen."*

Aufgabe:

Überlegen Sie, wie die Ware zum Kunden kommt. Notieren Sie in Stichpunkten, welche Aufgaben der Einzelhandel dabei übernimmt!

(1) Leistungen des Einzelhandels

Der Einzelhandel[1] bezieht von anderen Betrieben eine Reihe von **Vorleistungen.** Die **eigene Leistung** besteht beim Einzelhandel darin, ein bedarfsgerechtes **Sortiment an Waren und Dienstleistungen** anzubieten. Dadurch erhalten die übernommenen Vorleistungen einen **neuen Zweck** (z.B. Versorgung der Kunden mit Lebensmitteln, Kleidung, elektrischen Geräten, Reinigungsmitteln). Der Einzelhandel stellt damit die Verbindung her zwischen **Industrie bzw. Handwerk** und den **Verbrauchern.** Er übernimmt die Verteilung der Produkte und verbindet dies häufig mit unterschiedlichen Dienstleistungen wie Warenanlieferung zur Wohnung des Kunden, Installation, Wartung, Reparatur und Ersatzteilhaltung.

Beispiel:

Ein Supermarkt bezieht Lebensmittel von den Lebensmittelfabriken, Strom vom Elektrizitätswerk, Früchte von der Landwirtschaft, Kredite von der Bank, die Absicherung von Risiken über Versicherungen.

- Die Leistung des Einzelhandels besteht zum einen darin, die bezogenen Waren für den **Verbraucher geeignet** zu machen.
- Zum anderen übernimmt der Einzelhandel die **Verteilung der Waren** und bietet hierbei **unterschiedliche Dienstleistungen** an.

1 Weitere Bezeichnungen für Einzelhandel sind: **Einzelhandelsunternehmen, Einzelhandelsbetrieb.**

(2) Stellung des Einzelhandels in der Wirtschaft

Situation:

Silke Hüntling, Auszubildende eines Lebensmitteleinzelhändlers aus Hamburg im ersten Ausbildungsjahr, hört wie eine Kundin und ein Kunde sich angeregt an der Kasse unterhalten:

Kunde: *„Den privaten Haushalten geht es in letzter Zeit fortlaufend schlechter. Uns steht immer weniger Geld zur Verfügung."*

Kundin: *„Na ja, ist das ein Wunder? Die Löhne haben sich in den letzten Jahren kaum verändert und überhaupt habe ich das Gefühl, dass alles viel teurer geworden ist. Wenn das so weitergeht, muss ich meinen Chef wohl bitten, mir eine Gehaltserhöhung zu geben. Ansonsten werde ich in Zukunft nur noch das Nötigste bzw. nur noch gelegentlich in diesem Geschäft einkaufen können."*

Kunde: *„Aber ohne Kunden kann in diesem Land kein Unternehmen existieren. Das hätte natürlich unabwendbare Auswirkungen auf die Wirtschaft."*

Kundin: *„Sie haben recht, aber so weit wird es ja wohl hoffentlich nicht kommen."*

Nachdem die beiden Kunden bei Silke an der Kasse bezahlt und das Geschäft verlassen haben, fragt sie sich, welchen Stellenwert ein Einzelhandelsunternehmen in Deutschland hat?

Die Wirtschaft kann in folgende Bereiche untergliedert werden:

Bereiche	Beispiele	
Erzeugung (primärer Wirtschaftssektor)[1]	■ land- und forstwirtschaftliche Betriebe, ■ Bergwerke, ■ Kiesgruben, ■ Steinbrüche, ■ Fischereibetriebe.	
Verarbeitung (sekundärer Wirtschaftssektor)	■ Werkzeugfabriken, ■ Machinenfabriken, ■ Kleiderfabriken, ■ Fabriken für Tiefkühlkost, ■ Möbelfabriken, ■ Autohersteller.	
Verteilung und Dienstleistung (tertiärer Wirtschaftssektor)	■ Einzelhandelsunternehmen, ■ Großhandelsunternehmen, ■ Deutsche Bahn, ■ Banken, ■ Versicherungen, ■ Rechtsanwälte, ■ Werbeagenturen.	

1 **Primär**: an erster Stelle stehend; **sekundär**: an zweiter Stelle stehend; **tertiär**: an dritter Stelle stehend.
Sektor: Sachgebiet (als Teil von einem Ganzen).

Beispiel: Weg eines Baumwollkleides

Landwirtschaftlicher Betrieb ↓	Anbau von Baumwollpflanzen.	**Erzeugung** (primärer Wirtschaftssektor)
Spinnerei, Weberei, Textilfabrik ↓	Herstellung von Garn, Stoffen, Entwurf von Kleidern.	**Verarbeitung** (sekundärer Wirtschaftssektor)
Einzelhandel	Verkauf von Kleidern an den Verbraucher.	**Verteilung** (tertiärer Wirtschaftssektor)

Der Einzelhandel nimmt eine **Mittlerstellung** zwischen den **Produktionsbetrieben** und den **Verbrauchern** ein.

1.3 Wirtschaftliche Grundbegriffe, Notwendigkeit des wirtschaftlichen Handelns und das ökonomische Prinzip

1.3.1 Wirtschaftliche Grundbegriffe

1.3.1.1 Bedürfnisse

- **Bedürfnisse** sind **Mangelempfindungen der Menschen,** die diese zu beheben bestrebt sind.
- Bedürfnisse sind die **Antriebe (Motive)** für das wirtschaftliche Handeln der Menschen.

(1) Gliederung der Bedürfnisse nach der Dringlichkeit

- **Existenzbedürfnisse** sind körperliche Bedürfnisse. Sie müssen befriedigt werden: Ihre Befriedigung ist lebensnotwendig.

Beispiele:

Hunger, Durst; das Bedürfnis, sich vor Kälte schützen zu wollen.

- **Kulturbedürfnisse** entstehen mit zunehmender kultureller, also auch technischer, wirtschaftlicher oder künstlerischer Entwicklung, weil die Ansprüche, die der Einzelne an das Leben stellt, wachsen.

Beispiele:

Sich modisch kleiden wollen; der Wunsch nach einer Ferienreise; ein eigenes Auto fahren wollen.

- **Luxusbedürfnisse** sind Bedürfnisse nach Sachgütern oder Dienstleistungen, die sich in einer bestimmten Gesellschaft nur wenige Begüterte leisten können.

Beispiele:

Modellkleider, eine Villa mit Schwimmbecken und/oder eine Segeljacht besitzen wollen.

Eine genaue Abgrenzung zwischen Kultur- und Luxusbedürfnissen ist nicht möglich. Gemeinsam ist ihnen, dass ihre Befriedigung **nicht** unbedingt lebensnotwendig ist.

(2) Gliederung der Bedürfnisse nach dem Bedürfnisträger

- **Individualbedürfnisse**[1] richten sich auf Güter, die der Einzelne für sich allein (bzw. innerhalb seiner Familie) konsumieren kann.

Beispiele:

Die Wünsche, Brot zu essen, Getränke zu sich zu nehmen, ein eigenes Auto zu besitzen.

- **Kollektivbedürfnisse**[2] werden mit Gütern befriedigt, die allen Mitgliedern der Gesellschaft zur Nutzung zur Verfügung stehen sollten.

Beispiele:

Wünsche, auf einer Landstraße Motorrad zu fahren, ein öffentliches Verkehrsmittel zu benutzen, seine Kinder in eine öffentliche Schule zu schicken; das Bedürfnis, in einer sauberen Umwelt zu leben.

1 **Individualbedürfnisse:** Bedürfnisse des Einzelnen (von Individuum: Einzelwesen).

2 **Kollektiv:** Gesamtheit, Gemeinschaft.

(3) Gliederung der Bedürfnisse nach dem Gegenstand des Bedürfnisses

- **Materielle[1] Bedürfnisse** sind Bedürfnisse nach Sachgütern (z. B. Auto, Laptop, Fernseher, Haus). Die Arbeit des Einzelhandels orientiert sich vor allem an diesen Bedürfnissen.

- **Immaterielle[2] Bedürfnisse.** Hier handelt es sich um geistige und seelische Bedürfnisse wie Zuneigung, Liebe, Geborgenheit, Geselligkeit sowie Gerechtigkeit. Sie können durch materielle Güter nicht befriedigt werden.

1.3.1.2 Bedarf

Bedürfnisse hat jeder Mensch. Ob er sie alle befriedigen kann, hängt in der Regel von seinem Vermögen und/oder von seinem Einkommen, also der **Kaufkraft** ab.

Die mit **Kaufkraft versehenen Bedürfnisse** bezeichnet man als **Bedarf.**

Ziel des Menschen ist es, mit den **vorhandenen Mitteln** einen **möglichst großen Nutzen** zu erzielen.

Handlungssituation:

Ein Pausengespräch zwischen mehreren Schülern nach einer Wirtschaftslehrestunde an einer kaufmännischen Berufsschule in Köln:

Alexander: *„Das, was wir in der heutigen Unterrichtsstunde zum Thema Bedürfnisse und Bedarf besprochen haben, kann ich bezüglich der unterschiedlichen Formen noch nicht ganz nachvollziehen. Ich würde beispielsweise gerne wissen, ob der Drang, Markenkleidung zu tragen, genauso eine große Rolle spielt, wie das Bedürfnis nach einer warmen Mahlzeit am Tag."*

Sandra: *„Da wir gerade von einer warmen Mahlzeit sprechen, da ist mein Bedarf für heute noch nicht ausreichend gedeckt. Aber mal ganz ehrlich, ich sehe da keinen Unter-*

1 **Materiell:** Stofflich.

2 **Immateriell:** unkörperlich, geistig.

schied zwischen Bedürfnissen und Bedarf. Für mich ist das beides irgendwie das Gleiche."

Phillip: *„Dass es einen Unterschied zwischen Bedürfnissen und Bedarf gibt, ist mir schon klar, aber dass alles von den unterschiedlichen Gütern und der Kaufkraft abhängt, das habe ich nicht gewusst."*

Sina: *„Eigentlich ist es doch ganz einfach: Hast du einen bestimmten Wunsch, zum Beispiel den Kauf eines neuen Autos oder nach einer warmen Mahlzeit, dann spricht man von einem Bedürfnis. In dem Moment, wo du mit deinem Geld zum Autohändler bzw. in ein Restaurant gehst, um ihn in die Tat umzusetzten, wird aus dem Bedürfnis ein konkreter Bedarf."*

Aufgaben:

1. Welche Antwort würden Sie Alexander geben?
2. Hat Sina mit ihrer Aussage recht?

1.3.1.3 Güter

Bedürfnisse wollen befriedigt werden. Wer Hunger hat, braucht Nahrung. Wer Durst hat, braucht Getränke, um seinen Durst zu stillen. Wer friert, braucht Kleidung. Wer Neues wissen will, braucht z.B. eine Zeitung, das Internet. Und wer krank ist, braucht eine ärztliche Beratung. Der Gebrauch oder Verbrauch von Sachen und Dienstleistungen, die der Bedürfnisbefriedigung dienen, erhöhen das Wohlbefinden des Menschen. Sie stiften einen **Nutzen.**

Güter sind Mittel, die dem Menschen Nutzen stiften.

(1) Gliederung nach der Beschaffenheit der Güter

Güterart	Erläuterungen	Beispiele
Materielle Güter	Es handelt sich um **Sachgüter.** ▪ **Konsumgüter** werden vom Endverbraucher verwendet. ▪ **Produktionsgüter** dienen der Herstellung anderer Güter.	 ▪ Schrank, Kleid, Fernseher, Obst ▪ Stichsäge; Schweißautomat, Server, Kaufhaus
Immaterielle Güter	▪ **Dienstleistungen** ▪ **Rechte**	▪ Beratung durch eine Verkäuferin, Reparatur der Ladenkasse, Geldauszahlung am Geldautomat ▪ Name eines Markenartikels, Recht auf gute Ausbildung, Eigentumsvorbehalt

(2) Gliederung nach der Verfügbarkeit der Güter

Freie Güter	Sind Güter, die in unbeschränktem Maße zur Verfügung stehen (z. B. Luft, Sand, Meerwasser). Sie können von jedem Menschen nach Belieben in Anspruch genommen werden. Sie sind nicht Gegenstand des Wirtschaftens.
Wirtschaftliche Güter	Sind Güter, die knapp sind. Mit knappen Gütern muss gewirtschaftet werden. Sie werden am Markt angeboten und erzielen einen Preis.

1.3.2 Notwendigkeit des wirtschaftlichen Handelns und das ökonomische[1] Prinzip

Handlungssituation:

Geschäftserweiterung als wirtschaftliche Chance

Der Marktleiter und Eigentümer des Sparmarktes Frank Geigert e. Kfm. aus Oldenburg überlegt schon seit geraumer Zeit, seinen gut laufenden Einzelhandelsbetrieb räumlich zu erweitern. Innerhalb der Stadt ist es seit längerer Zeit zu einem Wachstum hinsichtlich der Bevölkerungsdichte gekommen. Allein in den beiden vorangegangenen Jahren ist die Bevölkerung um 14 % gewachsen. Aus diesem Grund wird es innerhalb der Region Oldenburgs in den nächsten fünf Jahren zu einem auffallenden Wirtschaftswachstum kommen, von dem vor allem der Einzelhandel profitieren wird.

Um seine wirtschaftlichen und unternehmerischen Wünsche (Bedürfnisse) möglichst bald in die Tat umsetzen zu können, trifft sich Herr Geigert mit einem Unternehmensberater aus Düsseldorf. Ausgehend von seinen finanziellen Möglichkeiten erinnert ihn der Berater daran, einen mittelfristigen Plan aufzustellen, um einen weiteren Sparmarkt in Oldenburg zu eröffnen. Innerhalb dieses Businessplanes[2] sollen die folgenden Punkte enthalten sein:

- Steigerung des Gewinnes um 12 %,
- Optimierung der Lagerhaltung durch neue Regalsysteme,
- Kostensenkungen beim Einkauf von sämtlichen Artikeln im Lebensmittelbereich,
- Imagewechsel durch den Einbezug des Umweltgedankens im Unternehmen,
- Einstellung weiterer kaufmännischer Angestellter und
- Erhöhung des derzeitigen Werbeetats.

Um seine kaufmännischen Ziele in einen wirtschafltichen Einklang zu bringen, denkt Herr Geigert über eine Anpassung seines Unternehmensleitbildes nach. Denn um möglichst kostengünstig im Unternehmen zu handeln, möchte er negative Folgen für die Umwelt und die eigenen Mitarbeiter ausschließen.

Aufgaben:

1. Welche Idee steckt hinter den Inhalten des Businessplans?
2. Diskutieren Sie darüber im Klassenverband, ob Frank Geigert mit der Ausrichtung des neuen Sparmarktes Erfolg haben wird!

(1) Notwendigkeit des wirtschaftlichen Handelns

Den unbegrenzten Bedürfnissen des Menschen stehen begrenzte Mittel gegenüber. Aus der Knappheit der Gütervorräte folgt, dass der Mensch bestrebt sein muss, mit den vorhandenen Gütern sparsam umzugehen, um die bestmögliche Bedürfnisbefriedigung zu erzielen. Der Mensch ist gezwungen zu wirtschaften.

1 **Ökonomisch:** wirtschaftlich.

2 **Business:** Geschäft.
Im **Businessplan (Geschäftsplan)** werden die gegenwärtigen und geplanten Vorhaben eines Unternehmens z. B. eines Einzelhandelsunternehmens) festgehalten. Es werden die Ziele dargestellt und erläutert und ein Weg aufgezeigt, wie diese Ziele innerhalb einer bestimmten Zeit erreicht werden können.

Wirtschaften ist ein planvolles Handeln, um eine Bedürfnisbefriedigung zu erreichen.

(2) Begriff ökonomisches Prinzip

Bei rationalem[1] Verhalten erfolgt das Bewirtschaften der knappen Güter nach dem sogenannten **ökonomischen Prinzip.** Zur Umsetzung des wirtschaftlichen Handelns sind zwei Handlungsmöglichkeiten denkbar:

- **Maximalprinzip**

Das **Maximalprinzip** besagt: Mit den **gegebenen Mitteln** ist der **größtmögliche (maximale) Nutzen** anzustreben.

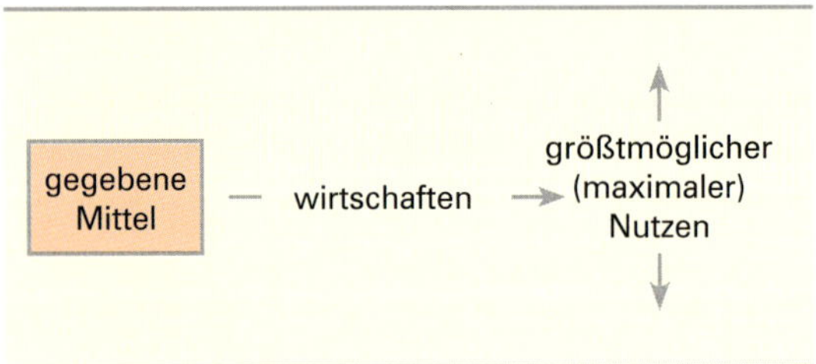

Beispiel:

Das Lebensmittelhaus Hans Wetzel e.Kfm. setzt sich zum Ziel, mit der vorhandenen Anzahl an Mitarbeitern den größtmöglichen Gewinn zu erzielen.

- **Minimalprinzip**

Das **Minimalprinzip** besagt: Einen **geplanten Nutzen** mit dem **geringsten (minimalen) Einsatz an Mitteln** zu erreichen.

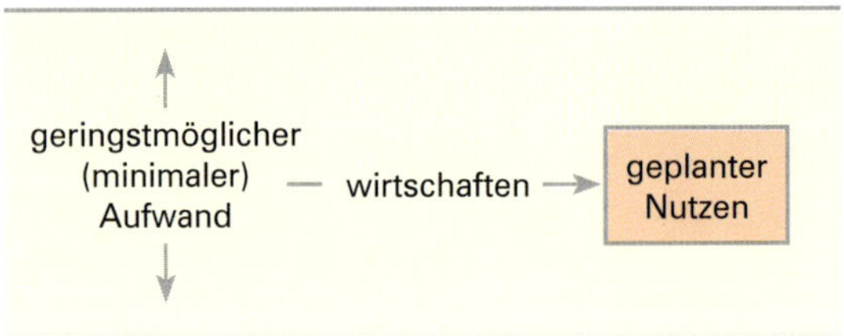

Beispiel:

Eine Fast-Food-Kette möchte die Umsatzerlöse des vergangenen Jahres beibehalten. Zugleich soll die Mitarbeiterzahl verringert werden.

Unsinnig, d.h. logisch nicht umsetzbar, ist die Formulierung des ökonomischen Prinzips dergestalt, dass mit geringstmöglichen Mitteln ein größtmöglicher Nutzen angestrebt werden soll. So ist es beispielsweise undenkbar, ohne jeglichen Lernaufwand alle Prüfungsaufgaben richtig zu beantworten.

(3) Weitere Prinzipien des Wirtschaftens

Neben dem ökonomischen Prinzip gibt es noch andere Prinzipien des Wirtschaftens.

Angemessenheitsprinzip	Viele Inhaber von kleineren Einzelhandelsbetrieben sind zufrieden, wenn der Betrieb einen **angemessenen Gewinn** abwirft.

1 **Rational**: vernünftig.

Humanprinzip[1]	Dieses Prinzip zielt auf die Mitarbeiter eines Einzelhandelsbetriebes ab. Es besagt, dass die Arbeit der **Selbstverwirklichung und -bestätigung** des Menschen dient.
Geringstmögliche Umweltbelastung	Dieses Prinzip zielt auf die Schonung der Umwelt ab.

Zusammenfassung

- Leistungen des Einzelhandels:
  - Er macht bezogene **Ware für den Verbraucher geeignet.**
  - Er übernimmt die **Verteilung der Waren** an die Verbraucher.
  - Er bietet **Dienstleistungen** an.
- Der Einzelhandel nimmt eine **Mittlerstellung** zwischen Produktionsbetrieben und Verbrauch ein.
- Das **Bedürfnis** ist das Empfinden eines Mangels, wobei der Mensch bestrebt ist, diesen Mangel zu beseitigen.
- **Überblick über einzelne Bedürfnisarten**

Einteilung	Arten	Beispiele	Mittel der Befriedigung (Güter)
nach der Dringlichkeit ihrer Befriedigung	**Existenzbedürfnisse**	Hunger, Durst	Reis, Wasser
	Kultur- und Luxusbedürfnisse	Auto fahren wollen, fliegen wollen	Personenwagen, Ferienreise
nach den gesellschaftlichen Befriedigungsmöglichkeiten	**Individualbedürfnisse**	sich unterhalten wollen	Fernsehapparat
	Kollektivbedürfnisse	sich sauberen Fußes bewegen wollen	Straßen, Gehwege
nach dem Gegenstand des Bedürfnisses	**materielle Bedürfnisse**	sich im Internet informieren	PC- und Internetanschluss
	immaterielle Bedürfnisse	in einer Mannschaft Fußball spielen wollen	Fußballverein eintreten

- Unter **Bedarf** versteht man die Summe der Bedürfnisse, denen Kaufkraft gegenübersteht.
- **Güter** sind Mittel, die dem Menschen Nutzen stiften.
  Zu unterscheiden sind:
  - materielle Güter
  - immaterielle Güter
  - freie Güter
  - wirtschaftliche Güter

1 **Human:** die Menschenwürde achtend.

- **Wirtschaften** ist ein planvolles Handeln, um eine bestmögliche Bedürfnisbefriedigung zu erreichen.
- **Wirtschaftliches Handeln** kann nach zwei Prinzipien erfolgen:
  - Mit gegebenen Mitteln ist der größtmöglichste Erfolg zu erzielen **(Maximalprinzip).**
  - Ein geplanter Erfolg ist mit dem geringsten Einsatz an Mitteln anzustreben **(Minimalprinzip).**
- Weitere Prinzipien des Wirtschaftens sind: das **Angemessenheitsprinzip,** das **Humanprinzip** und das **Prinzip der geringstmöglichen Umweltbelastung.**

Übungsaufgabe

2

1. Unterscheiden Sie die Begriffe Bedürfnis und Bedarf!
2. Erläutern Sie die Begriffe materielle und immaterielle Bedürfnisse und bilden Sie hierzu jeweils zwei Beispiele!
3. Erklären Sie an einem eigenen Beispiel, warum in der Bundesrepublik Deutschland die heutigen Kulturbedürfnisse vor wenigen Jahrzehnten noch Luxusbedürfnisse waren!
4. Ein Vergleich der im Einzelhandel nachgefragten Warengruppen ergab in Bezug auf ihre Anteile an den Gesamtausgaben folgende Veränderungen in Prozent:

Milch, Milcherzeugnisse, Speisefette und -öle sowie Eier	+	1
Tabakwaren	–	17
Kartoffeln, Gemüse, Obst und Marmelade	+	3
Getränke	±	0
Fische und Fischwaren	+	2
Bekleidung	+	2
Waren für Körperpflege	–	3
Schuhe und Schuhwaren	–	7
Kraftstoffe	+	9
Aktuelle Modeartikel	+	11
Schmuck	+	16

   Aufgaben:

   4.1 Nennen Sie die Ursachen, die diese Veränderungen haben könnten!

   4.2 Erklären Sie, wodurch die Bedürfnisse des Einzelnen und die der Gesellschaft beeinflusst werden können!
5. 5.1 Unterscheiden Sie die freien Güter von den wirtschaftlichen Gütern!

   5.2 Bilden Sie hierzu jeweils zwei Beispiele!
6. Begründen Sie, warum die Luft und das Wasser zunehmend zu wirtschaftlichen Gütern werden!
7. Nennen Sie zwei eigene Beispiele für das Handeln nach dem ökonomischen Prinzip

   7.1 im privaten Haushalt und

   7.2 im wirtschaftlichen Betrieb!
8. Begründen Sie, warum Minimalprinzip und Maximalprinzip zwei Ausprägungen des wirtschaftlichen Prinzips darstellen!
9. Beurteilen Sie diese Formulierung des ökonomischen Prinzips:

   „Mit möglichst geringem Aufwand an Mitteln soll der größtmögliche Erfolg erzielt werden."

10. Notieren Sie, welche zwei Unternehmen zum tertiären Wirtschaftssektor gehören!
    10.1 Maschinenfabrik Dresden AG
    10.2 Franz OHG Kräuterladen e. K.
    10.3 Zimmerei Otto GmbH
    10.4 Bremer Kaffeehaus GmbH
    10.5 Brauerei Härle KG

11. Hans Heine, Inhaber eines Möbelhauses, bestellt nach einem Angebotsvergleich beim preisgünstigsten Anbieter 50 Bürostühle HP 20.

    Aufgabe:

    Nennen Sie das ökonomische Prinzip, nach dem Hans Heine handelt!

1.4 Aufgaben und die betrieblichen Produktionsfaktoren des Einzelhandels

Handlungssituation:

Aufgrund der Reklamation der Kundin hinsichtlich der Lieferschwierigkeiten bei den Fischdosen aus Dänemark erkundigt sich Yvonne Wohlfahrt nun bei ihrem Marktleiter Herrn Erich Harke über die möglichen Gründe (siehe auch S. 19).

Harke: *„Sie haben recht, Frau Wohlfahrt. Wir hatten in der Vergangenheit bei den Fischdosen aus Dänemark des Öfteren größere Beschaffungsprobleme."*

Wohlfahrt: *„Was soll ich denn nun der Kundin sagen? Das Regal ist fast schon wieder leer und die nächste Lieferung lässt erneut auf sich warten."*

Harke: *„Sie wissen ja, Frau Wohlfahrt, bis der Fisch gefangen, verarbeitet und bereit für den Verkauf ist, muss wie bei fast allen unserer Produkte, die wir im Einzelhandel verkaufen, ein ausgiebiger Aufbereitungsprozess erfolgen. Wir sprechen dann von der Produktion. Ich werde mich sofort bei unserem Großhändler erkundigen, wann die Ware wieder bei uns eintrifft."*

Wohlfahrt: *„Vielleicht sollten wir dem Großhändler erzählen, wie gut der Fisch bei uns verkauft wird."*

Harke: *„Sie haben recht, wir sollten dies nicht nur dem Großhändler, sondern auch dem Hersteller mitteilen, schließlich gehört ja die Sortimentsbildung zu unseren Hauptaufgaben. Vielen Dank, Sie haben mir sehr geholfen, Frau Wohlfahrt. Wir können froh sein, eine so motivierte und hilfsbereite Auszubildende bei uns im Hause zu beschäftigen."*

Auf dem Rückweg in die Lebensmittelabteilung überlegt Yvonne, welchen Einfluss ihre Mitarbeit im Ausbildungsbetrieb hat.

Aufgaben:

1. Helfen Sie Yvonne und beschreiben Sie, welche Einflüsse die Mitarbeiter im Einzelhandel haben!
2. Beschreiben Sie, welche Bedeutung der Standort und die Ausstattung eines Betriebes auf den Erfolg des Einzelhändlers hat!
3. Nennen Sie weitere Hauptaufgaben, die ein Einzelhändler erfüllen muss!

1.4.1 Aufgaben des Einzelhandels

(1) Überblick

Der Einzelhändler erfüllt für die **Verbraucher** Dienstleistungen, indem er für sie ein **Warenangebot (Sortiment) bereitstellt,** die Kunden beim **Kauf berät** und ihnen nach dem Kauf der Ware gegebenenfalls mit **Kundendienstleistungen** zur Seite steht.

Für die **Hersteller** übernimmt der Einzelhändler die Aufgabe der **Markterschließung.** Zum einen wirbt er für deren Produkte und zum anderen informiert er die Hersteller über Marktveränderungen und Kundenwünsche. Der Einzelhändler trägt so dazu bei, dass marktgerechte Produkte entwickelt und angeboten werden.

(2) Darstellung der einzelnen Aufgaben

Aufgaben (Leistungen)	Erläuterungen	Beispiele
Sortimentsbildung[1]	Aus der Vielzahl der produzierten Waren stellt der Einzelhändler ein Sortiment zusammen, das den Wünschen seiner Kunden hinsichtlich Warenart, Qualität, Ausführung und Preis entspricht.	In einem Media-Markt werden LCD-Fernseher von verschiedenen Herstellern in unterschiedlichen Größen, verschiedenen Qualitäten, Farben, Materialien angeboten
Raumüberbrückung	Der Einzelhändler überbrückt die räumliche Entfernung zwischen dem Lager des Lieferers und dem Verbraucher.	In einem Lebensmittelgeschäft in Göttingen kann der Kunde Orangen aus Israel, Wein aus Frankreich, Kaffee aus Bolivien kaufen.
Lagerhaltung (Zeitüberbrückung)	Durch die Lagerhaltung werden zeitliche Unterschiede zwischen der Produktion der Ware und ihrem Kauf ausgeglichen. Der Einzelhändler übernimmt die Vorratshaltung für seine Kunden sowie das Risiko des Verderbs und des Veraltens.	Der Verbrauch von Kirschmarmelade ist fast gleichmäßig über das ganze Jahr verteilt. Die Kirschmarmelade wird jedoch nur zu einer bestimmten Jahreszeit hergestellt.
Mengenausgleich	Der Einzelhändler kauft aus Kostengründen die einzelnen Warenposten in einer größeren Mengeneinheit ein und verkauft diese dann in kleineren haushaltsgerechten Mengen an den Endverbraucher.	Ein Raumausstatter kauft 200 m Vorhangstoff (in Ballen) und verkauft ihn meterweise.
Information und Beratung	Der Einzelhändler informiert den Kunden über Herstellung, Ausstattung und Verwendungsmöglichkeiten des Produktes. Außerdem berät er den Kunden, damit dieser eine bedarfsgerechte Entscheidung treffen kann.	■ Beratungsgespräch beim Kauf einer Wohnzimmereinrichtung. ■ Pflegehinweise beim Kauf einer Lederjacke. ■ Beratung zur richtigen Bedienung der gekauften Espressomaschine.

1 Die Gesamtheit der in einem Geschäft angebotenen Waren und Dienstleistungen bezeichnet man als **Sortiment.** Vgl. auch S. 64ff.

Aufgaben (Leistungen)	Erläuterungen	Beispiele
Kundendienst	Die Kundendienstleistungen können technischer Art (Reparatur einer Geschirrspülmaschine) oder kaufmännischer Art (Kauf auf Kredit) sein.	■ Aufbau einer Einbauküche durch das Möbelhaus. ■ Kürzen einer neu gekauften Hose durch die Schneiderei des Modehauses.
Warenveredelung	Eine geringe Anzahl von Waren wird im Einzelhandel durch Reifen, Rösten, Mischen u.Ä. veredelt, verbessert oder erst verkaufsfertig gemacht.	■ Rösten von Kaffee. ■ Lagerung von Käse, Wein usw. ■ Mischen verschiedener Teesorten zu einem Hustentee.
Markterschließung	Durch die Nähe zum Kunden kennt der Einzelhändler die Wünsche und Vorstellungen seiner Kunden. Er kann daher den Herstellern durch Hinweise und Anregungen helfen, verbrauchergerechte Produkte zu entwickeln. Außerdem erschließen die Einzelhandelsbetriebe durch Beratung und Werbung Absatzmöglichkeiten für neue Produkte.	■ Verbesserungsvorschlag für die Einordnung des Geschirrs in den Geschirrkasten an einen Hersteller von Geschirrspülmaschinen. ■ Werbung für ein neuartiges Fruchtsaftgetränk.
Sozialaufgaben	Viele Kunden möchten durch den Einkauf nicht nur ihren Bedarf decken, sondern auch etwas „erleben" bzw. Kontakte zu anderen Kunden bzw. zum Personal aufbauen.	■ Bewirtung der Kunden in einer Cafeteria. ■ Modeschau, Autogrammstunden eines bekannten Sportlers. ■ Aktionstag für Familien mit Kindern.

1.4.2 Betriebliche Produktionsfaktoren des Einzelhandels

Als **volkswirtschaftliche Produktionsfaktoren** wurden die Faktoren **Arbeit, Boden** und **Kapital** genannt.[1] Übertragen auf den Einzelhandel sind dies:

- die **Mitarbeiter des Einzelhandelsbetriebes** (Faktor Arbeit). Hier gilt: Fachkompetente, motivierte und freundliche Mitarbeiter stellen für den Einzelhändler einen Wettbewerbsvorteil gegenüber den Mitbewerbern dar.
- der **Standort des Einzelhandelsbetriebes** (Faktor Boden). Von der richtigen Wahl des Standorts hängt der Erfolg des Einzelhändlers ab. Einzugsgebiet, Größe des Ladens, Mietkosten, Konkurrenzsituation, weitere attraktive Einzelhandelsgeschäfte in der Umgebung und die Verkehrsanbindung sind Kriterien, die der Einzelhändler bei der Standortwahl beachten muss.
- die **Ausstattung des Einzelhandelsbetriebes** und das **angebotene Sortiment** (Faktor Kapital). Hier sind die entscheidenden Kriterien[2] die Vertriebsform, die Bedienungsform, die Branche, die Betriebsgröße, der Standort und die Sozialstruktur des Kundenumfeldes.

1 Vgl. S. 16f.

2 **Kriterien:** unterscheidendes Merkmal.

Die Leistung des Einzelhandelsgeschäfts entsteht durch das Zusammenwirken der drei betrieblichen Produktionsfaktoren.

Zusammenwirken der Produktionsfaktoren im Einzelhandel

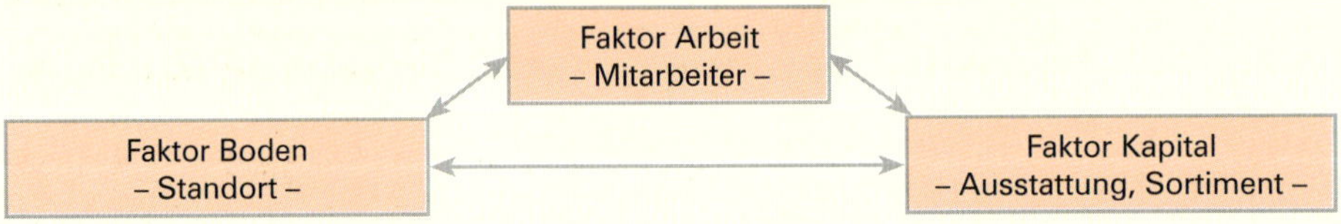

1.5 Grundeinstellungen von Einzelhandelsbetrieben gegenüber dem Markt

In Deutschland gibt es Schätzungen zufolge 2,5 Millionen Einzelhandelsbetriebe (Anbieter) denen 15 Millionen potenzielle Kunden (Nachfrager) gegenüberstehen. Alle Einzelhandelsbetriebe stehen sich im täglichen Tauziehen um die Kunden als Konkurrenten (Mitbewerber/Wettbewerber) gegenüber. Vor allem die Anforderungen an die Mitarbeiter im Einzelhandel werden dabei von Jahr zu Jahr größer.

1.5.1 Vom Verkäufermarkt zum Käufermarkt

Handlungssituation:

Mustafa Ersoy und Robert Lindemann, die Eigentümer eines Sportartikelfachgeschäftes in der Frankfurter Innenstadt, ärgern sich über die Restposten an Snowboards der Marke Speedstar 200 F.

Ersoy: *„Wir haben bereits Anfang März, die Snowboardsaison ist fast vorbei. Ich befürchte, wir können die restlichen Bretter hier in Frankfurt nicht mehr verkaufen. In den letzten Tagen hat sich kein Kunde mehr für die tollen Boards interessiert."*

Lindemann: *„Und das, obwohl wir den Preis deutlich reduziert haben. Wenn ich da an Mitte Januar in diesem Jahr denke, da haben uns die Kunden die Ware förmlich aus den Händen gerissen. Die Nachfrage nach dem Speedstar war so hoch, dass wir weitere Bretter nachbestellen mussten."*

Ersoy: *„Richtig, aber nun werden wir einen Teil der Boards über das Internet anbieten müssen bzw. versuchen, Käufer über ein Onlineauktionshaus zu finden. Aufgrund der vielen Anbieter werden wir den Preis nochmals reduzieren, um so konkurrenzfähig zu bleiben."*

Lindemann: *„Das Geschäft mit den Snowboards wird jedes Jahr härter. Waren letztes Jahr noch die Ultralightboards bei den Kunden der Renner, sind es in diesem Jahr die Funboards. Hier die richtigen Bestellmengen zu ordern wird, vor allem durch den Onlinehandel, immer schwieriger."*

Aufgaben:

1. Welche Vorteile haben Kunden beim Kauf von Waren über das Internet?
2. Welche Gefahren könnten beim Onlinehandel auftreten?
3. Erklären Sie, welche Aufgaben ein Markt hat!

In den letzten Jahren haben sich die Wettbewerbsbedingungen im Einzelhandel erheblich verschärft. Wichtige Gründe hierfür sind:

- Die Massenproduktion ermöglicht es, eine Vielzahl von **Waren preisgünstig** herzustellen. Dies führt zu einer Sättigung aller wichtigen Märkte des Einzelhandels.
- Durch die Entwicklung im Verkehrswesen können **Waren aus aller Welt** angeboten werden.
- Die Waren werden über **eine Vielzahl von Betriebsformen** (z. B. Fachgeschäft, Supermarkt, Discounter) vertrieben. Außerdem stehen den Kunden neben dem ladengebundenen Einzelhandel auch **Internet (E-Commerce)** und **Versandhandel** zur Verfügung.
- Durch die **Vielzahl neuer Wettbewerber** werden die **Wettbewerbsbedingungen** für den Einzelhandel immer **unübersichtlicher.**
- Markentreue Käufer werden durch **ständige Sonderangebote** verunsichert und zum **Markenwechsel** veranlasst.
- Durch den Wettbewerbsdruck **sinkt die Gewinnspanne** im Einzelhandel und damit die Möglichkeit für Investitionen.

Die Folge ist, der Einzelhandel kann nicht mehr allein bestimmen, welche Waren er auf dem Markt anbieten möchte. Er muss sich mit den Problemen, den Erwartungen und Wünschen seiner Kunden auseinandersetzen. Die Märkte entwickelten sich vom Verkäufermarkt zum Käufermarkt.

- Der **Verkäufermarkt** ist ein Markt, auf dem die **Nachfrage** nach Gütern **größer** ist als das Güterangebot, d. h., die **Verkäufer** haben die **Marktmacht.**
- Der **Käufermarkt** ist ein Markt, auf dem das **Angebot** an Gütern **größer** ist als die Nachfrage nach Gütern, d. h., die **Käufer** haben die **Marktmacht.**

1.5.2 Auswirkungen des Käufermarktes

1.5.2.1 „Vom Markt her denken"

Der Wandel vom Verkäufermarkt zum Käufermarkt führt dazu, dass sich nur solche Einzelhändler durchsetzen, die ihre Kunden am besten zufriedenstellen und gleichzeitig mit Gewinn arbeiten. Dazu ist es notwendig, dass der Einzelhändler **„vom Markt her denkt"** und sich bei allen Geschäftsvorhaben immer an den Problemen, Erwartungen und Wünschen seiner Kunden ausrichtet.

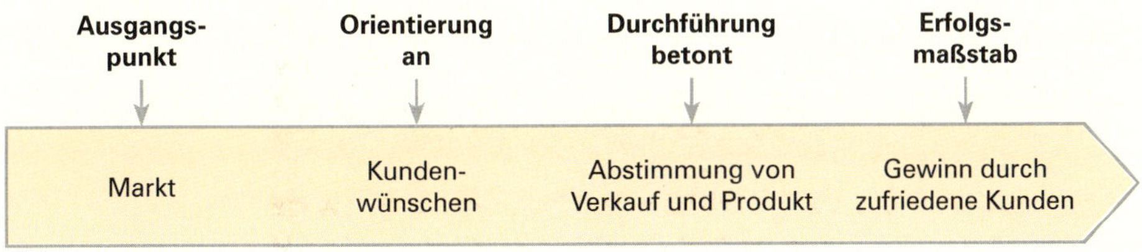

3 Speth u.a. - ISBN 978-3-8120-0631-6

Daneben muss der Einzelhändler bemüht sein, durch **neue Leistungsangebote** den Markt zu beleben und ihn im Sinne seines Einzelhandelsunternehmens zu beeinflussen. Es gilt ein Sortiment zusammenzustellen, bei dem die Kunden zugreifen, weil sie es für besser halten, als das der Konkurrenzunternehmen. Für diese Denkhaltung wird das aus dem Amerikanischen übernommene Wort **Marketing**[1] verwendet.

Marketing ist die Ausrichtung aller Unternehmenshandlungen an den Bedürfnissen des Marktes. **Ziel** ist die bestmögliche Befriedigung von Kundenbedürfnissen.

1.5.2.2 Anforderungen an die Mitarbeiter und die Tätigkeiten der Mitarbeiter im Einzelhandel

(1) Anforderungen an die Mitarbeiter

Die Mitarbeiter im Einzelhandel sind in unterschiedlichen Aufgabenbereichen tätig. Sie müssen daher **unterschiedliche Qualifikationsschwerpunkte (Fachkompetenzen)**[2] besitzen. So muss ein Verkäufer kontaktfreudig sein, ein freundliches und umgängliches Auftreten besitzen, Spaß an der Kundenberatung haben und fundierte Warenkenntnisse besitzen. Vom Buchhalter des Einzelhändlers wird dagegen Fachwissen sowie Genauigkeit, Pünktlichkeit und Zuverlässigkeit gefordert.

(2) Tätigkeiten im Einzelhandel

In Einzelhandelsunternehmen gibt es **Leitungsaufgaben (dispositive**[3] **Arbeit)** und **Ausführungsaufgaben**.

Tätigkeiten	Erläuterungen	Beispiele
Leitungsaufgaben (dispositive Arbeit)	Die Aufgaben der dispositiven Arbeit sind Ziele setzen, Planen, Entscheiden, Umsetzen der Entscheidungen, Anweisen und Überwachen der Anweisungen. Für die Führungskräfte hat sich im deutschen Sprachgebrauch der Begriff **„Management"** eingebürgert.	Warensortiment zusammenstellen; Mitarbeiter einstellen bzw. entlassen; Entscheiden, ob ein Bankkredit aufgenommen wird; Arbeitsweise der Mitarbeiter kontrollieren; Absatzentwicklung überwachen.
Ausführungsaufgaben	Die Mitarbeiter, die die Entscheidungen des Managements ausführen **(ausführende Arbeit)**, müssen sich an die gegebenen Anweisungen halten. Außerdem sind sie verpflichtet, auf Anfrage ihres Vorgesetzten über ihre Arbeit zu berichten.	Waren verkaufen; Ware bei der Anlieferung abnehmen und ins Lager bzw. in den Laden bringen; Schaufenster dekorieren; Warenpreis kassieren; Belege buchen; Verkaufsraum reinigen.

1 **Marketing** (engl.): Markt machen, d.h. einen Markt für seine eigenen Produkte schaffen bzw. ausschöpfen. Das Marketing ist Gegenstand des Lernfeldes 12 im 3. Schuljahr.

2 **Qualifikation**: Befähigung, Eignung. **Kompetenz**: Fähigkeit.

3 **Disponieren**: verfügen, ordnen.

(3) Fortbildung im Einzelhandel

Nach erfolgreich beendeter Ausbildung und einigen Jahren Berufserfahrung besteht die Möglichkeit zur Weiterqualifizierung. Träger der Qualifizierungsmaßnahmen sind die Bildungszentren und Fachschulen der deutschen Einzelhandelsverbände, die sich zum **Arbeitskreis Fachschulen und Bildungszentren des Einzelhandels** im Hauptverband des Deutschen Einzelhandels zusammengeschlossen haben.[1] Als Weiterqualifizierung bieten sie eine breite Palette von Studiengängen, Fachkursen und Seminaren an.

Beispiele für Weiterqualifizierungsmöglichkeiten:

Studiengänge zum Handelsfachwirt, zum Handelsassistent oder zum staatlich geprüften Betriebswirt; EDV-Lehrgänge zu Warenwirtschaftssystemen; Seminare über die Umweltproblematik, Kurse zur Dekoration und Schaufenstergestaltung, Aktualisierung der Warenkenntnisse, Verkaufstraining usw.

1.5.2.3 Versorgungs- und Erlebnishandel

Situation:

Wenn Kunden im Einzelhandel Güter des täglichen Bedarfs, also ein Brot oder eine Flasche Wasser, einkaufen, schreiben sie oftmals einen „Einkaufszettel", um nichts zu vergessen und um nach Möglichkeit die Ware zum günstigsten Preis zu erhalten. Diese Zielstrebigkeit fehlt ihnen ausnahmslos, wenn sie Einzelhandelsgeschäfte aufsuchen, um sich von den Waren und der Einkaufsatmosphäre zu einem möglichen Kauf anregen zu lassen.

Ein Großteil der Kaufentscheidungen wird vom Kunden erst im Laden getroffen. Es gilt daher, das Verhalten der Konsumenten im Laden zu beeinflussen. Hier stehen dem Einzelhändler prinzipiell zwei Vorgehensweisen zur Wahl: der **Erlebnishandel** und **Versorgungshandel (Discounthandel).**

(1) Erlebnishandel

Der Erlebnishandel ist auf die „Wohlstandskonsumenten" ausgerichtet. Durch ihn soll erreicht werden, dass der Einkauf beim Konsumenten ein **angenehmes Empfinden** auslöst, das über die Befriedigung reiner Versorgungsbedürfnisse hinausreicht, und einen Beitrag zur Lebensqualität leistet. Um das Erlebnis „Einkauf" genießen zu können, möchten die Kunden mit allen Sinnen angesprochen werden, d.h., sie wollen fühlen, riechen, schmecken, sehen und hören. Der erlebnisorientierte Kunde geht nicht einkaufen, um eine bestimmte Ware zu erstehen, sondern das Shopping wird zum Selbstzweck.

[1] Die Zentralstelle für Berufsbildung im Einzelhandel e.V. (zbb) informiert über alle aktuellen Bildungsangebote der Bildungszentren und Fachschulen des Einzelhandels. Adressen: E-Mail: info@zbb.de; Internet: www.zbb.de.

Beispiel:

- Ladengestaltung, die eine angenehme Atmosphäre ausstrahlt;
- Schaffung von Erlebnisbereichen wie „Alles für den Campingurlaub", „Babyland", „Obst- und Gemüsewelt";
- Einrichten von Ruhe- und Kommunikationsbuchten (z. B. Sitzecke, Bistro);
- freundliches, kommunikatives Verkaufspersonal mit hoher Fachkompetenz.

Der Erlebnishandel möchte, dass der Kunde mit der Einkaufsstätte einen **unverwechselbaren Eindruck** verbindet.

(2) Versorgungshandel (Discounthandel)

- Der Versorgungshandel (Discounthandel) geht von einer Verkaufsraumgestaltung aus, die die **wirtschaftliche Bedarfsdeckung** und vor allem **Preisvorteile** in den Vordergrund rückt. Häufig ist der Versorgungshandel mit einem begrenzten Sortiment an Waren und Dienstleistungen verbunden. Am häufigsten findet sich diese Form der Ladengestaltung bei Supermärkten, Discountern, Fachmärkten und Verbrauchermärkten.

Zusammenfassung

- Der Einzelhandel stellt einen **Verteilungsbetrieb** dar. Zu den **Aufgaben** siehe die Tabelle S. 30f.
- Die Situation im Einzelhandel ist derzeit dadurch gekennzeichnet, dass das Angebot an Gütern die Nachfrage nach Gütern übersteigt (Käufermarkt). Auf dem Käufermarkt haben die **Käufer** die **Marktmacht.**
- Der Käufermarkt führt dazu, dass der Einzelhändler sein Handeln an den Kunden ausrichtet **(„vom Markt her denken").** Man spricht in diesem Zusammenhang von **Marketing.**
- Die Mitarbeiter im Einzelhandel müssen unterschiedliche **Qualifikationsschwerpunkte (Fachkompetenz)** besitzen.
- Im Einzelhandel gibt es **Leitungsaufgaben** und **ausführende Arbeit.**
- Für die Personengruppe, die eine Leitungsaufgabe ausübt, hat sich der Begriff **Management** eingebürgert.
- Der Käufermarkt führt dazu, dass der Einzelhändler über den **Erlebnishandel** bzw. **Versorgungshandel** versucht, das Verhalten der Kunden zu beeinflussen.

Übungsaufgabe

3

1. Präsentieren Sie Ihren Ausbildungsbetrieb! Stellen Sie insbesondere die Grundeinstellung Ihres Ausbildungsbetriebes gegenüber dem Markt sowie die gewählte Verkaufsstrategie dar!

2. Beschreiben Sie die Leistungen, die der Einzelhandel im Rahmen der Gesamtwirtschaft zu erfüllen hat!

3. Beschreiben Sie die Auswirkungen auf Hersteller und Verbraucher, wenn es keine Einzelhandelsbetriebe gäbe!

4. Nennen Sie die Auswirkungen, die der Käufermarkt auf die Geschäftspolitik des Einzelhandels hat!

5. Unterscheiden Sie den Käufermarkt vom Verkäufermarkt!

6. Erklären Sie jeweils anhand eines Beispiels, welche Aufgaben des Einzelhandels aus den nachfolgenden Sachverhalten abgeleitet werden können!
   6.1 Der Ort der Herstellung ist nicht gleich dem Ort des Verbrauchs.
   6.2 Der Kunde kann jederzeit die Ware kaufen.
   6.3 Der Produzent stellt große Mengen her, der Konsument kauft kleine Mengen.

7. Unterscheiden Sie den Erlebnishandel vom Versorgungshandel!

8. 8.1 Beschreiben Sie den Begriff Fachkompetenz und bilden Sie hierzu zwei Beispiele!
   8.2 Erläutern Sie den Begriff dispositive Arbeit! Nennen Sie zwei Beispiele für eine dispositive Arbeit!
   8.3 Erläutern Sie, warum die Gliederung der Arbeit in dispositive Arbeit und in ausführende Arbeit problematisch ist!

9. Die Einzelhandelsbetriebe übernehmen verschiedene Aufgaben in der Gesamtwirtschaft. Notieren Sie, welche der nachfolgenden Aufgaben u. a. von den Einzelhandelsbetrieben übernommen werden!
   9.1 Die Einzelhandelsbetriebe sind gesetzlich verpflichtet, Kundendienstleistungen anzubieten.
   9.2 Die Einzelhandelsbetriebe bestimmen den Sortimentsaufbau der Lieferer.
   9.3 Die Einzelhandelsbetriebe nehmen indirekt Einfluss auf die Warenproduktion.
   9.4 Die Einzelhandelsbetriebe übernehmen die Produktion von Gütern.

10. Notieren Sie, welche der beiden nachfolgenden Aufgaben der Einzelhandel in der Gesamtwirtschaft immer zu übernehmen hat!
    10.1 Warenverkauf an den Verbraucher und Übernahme des Transports zum Verbraucher.
    10.2 Aufbau eines Warensortiments und Verkauf der Waren an den Verbraucher.

11. Notieren Sie, bei welchen der nachfolgenden Vorgänge der Einzelhändler eine Kundendienstfunktion übernimmt!
    11.1 Eine Verkäuferin berät einen Kunden beim Geschenkeinkauf.
    11.2 Ein Kunde möchte ein Fernsehgerät kaufen und fragt den Verkäufer, ob er das Gerät in Raten abzahlen könne.
    11.3 Ein Kunde vermisst im Warenregal bei einem Pullover die Größe 54. Der Verkäufer bringt die gesuchte Größe aus dem Lager.

12. Beschreiben Sie anhand von drei Beispielen, wie in Ihrem Ausbildungsbetrieb die Funktionen des Einzelhandelsbetriebes erfüllt werden.

    Verwenden Sie hierzu folgende Tabelle:

Aufgaben des Einzelhandels[1]	Werden in meinem Ausbildungsbetrieb durch folgende Angebote erfüllt.
z. B. Sortimentsbildung	
....	

1.6 Verkaufsformen im Einzelhandel

Handlungssituation:

Sabine Reinhard, Kundin beim Elektrohändler Marvin Heinze e. Kfm. in Magdeburg, steht vor einem Regal mit unterschiedlichen MP3-Playern und überlegt, ob sie sich den in der Werbung angebotenen und preisgünstigen Player Top-Noise kaufen soll.

Da kein Verkäufer in ihrer unmittelbaren Nähe zu finden ist, nimmt sich Frau Reinhard den Player aus dem Regal und liest zunächst die Informationen auf der Beschreibung. *„Hmm, ich bräuchte doch wohl Hilfe"*, denkt sie und schaut sich nach einem Verkäufer um.

Nach einer kurzen Wartezeit kommt ein Mitarbeiter auf Frau Reinhard zu und fragt: *„Kann ich Ihnen behilflich sein?"*.

„Ja, sehr gerne", entgegnet sie. *„Können Sie mir bitte die Funktion des MP3-Players erklären?"*

Aufgabe:

Bestimmen Sie die Verkaufsform, die hier vorliegt!

(1) Begriff und Arten von Verkaufsformen

Die Art und Weise, wie die Ware dem Kunden vom Einzelhändler angeboten wird, hängt ab von der **Warenart,** den **Ansprüchen der Kunden** und der **Betriebsform.**

- Bei einer **erklärungsbedürftigen Ware** wird sich der Einzelhändler für eine **Bedienung** des Kunden entscheiden.
- Handelt es sich um einen **problemlosen, nicht erklärungsbedüftigen Artikel,** so wird sich der Einzelhändler für eine **Selbstbedienung** durch den Kunden entscheiden.
- Soll der Kunde die Ware zunächst selbst kennen lernen, um eine **Vorauswahl treffen** zu können, und tritt der Verkäufer erst dann in ein Verkaufsgespräch ein, so spricht man von **Vorwahl.**

Durch die **Verkaufsform** legt der Einzelhändler fest, auf welche Art und Weise er seine Waren dem Kunden anbietet.

1 Wiederholen Sie hierzu die Tabelle auf S. 30 f.

(2) Bedienung, Vorwahl, Selbstbedienung

Verkaufsformen	Erläuterungen	Anwendungen	Vorteile	Nachteile
Bedienung	Der Verkäufer spricht den Kunden direkt an, ermittelt den Bedarf, legt die Ware vor, argumentiert, berät und unterstützt den Kunden bei der Kaufentscheidung. Der Verkäufer übernimmt den Transport der Ware zur Kasse. Dort wird kassiert und die Ware gegebenenfalls eingepackt.	▪ bei erklärungs- und beratungsintensiven Waren (Waschmaschine; Hi-Fi-Geräte) ▪ bei hochpreisigen Waren (Uhren, Schmuck) ▪ bei offenen Waren (Wurst, Fleisch, Käse) ▪ bei nicht frei zugänglichen Waren (Waffen, Pestizide)	▪ Einflussnahmemöglichkeit auf den Kunden durch persönlichen Kontakt ▪ Individuelle Beratung ▪ Fachkompetenz des Verkäufers kann eingesetzt werden ▪ Vorführen und Einweisen des Kunden bei komplexen Geräten ist möglich	▪ Bedienung verursacht hohe Kosten ▪ Eventuell Wartezeiten für den Kunden ▪ Einige Kunden fühlen sich durch die Beratung zum Kauf verpflichtet und meiden daher Bedienungsgeschäfte
Selbstbedienung	Der Kunde kann die Ware, die selbstbedienungsgerecht verpackt angeboten wird, entnehmen, prüfen, an die Kasse bringen, bezahlen und anschließend selbst verpacken. Auf Wunsch des Kunden kann eine Beratung durch den Verkäufer erfolgen. Ansonsten beschränkt sich die Arbeit des Personals auf Einsortieren der Ware, Erteilen von Auskünften, Kassieren und Übergabe der Ware.	▪ bei Waren, die nicht vor dem direkten Zugriff des Kunden geschützt werden müssen ▪ bei allen einfachen Produkten, die dem Kunden vertraut und nicht erklärungsbedürftig sind (Drogerieartikel; Lebensmittel; eingepackte „offene Ware“; Blumen)	▪ Geringere Personalkosten durch Verzicht auf Beratung ▪ Kostenverringerung führt zu niedrigeren Preisen ▪ Mögliche Spontankäufe durch die Kunden ▪ Schnelle Abwicklung des Verkaufsvorgangs ▪ Kunde kann ohne Druck des Verkäufers auswählen	▪ Keine Einflussnahme auf den Kunden möglich ▪ Fachkompetenz des Verkäufers kann nur beschränkt eingesetzt werden ▪ Erhöhte Diebstahlgefahr
Vorwahl	Der Kunde hat freien Zugang zur Ware und kann sich somit zunächst selbst einen Überblick über das Warenangebot verschaffen und damit eine Vorwahl treffen. Der Verkäufer beobachtet den Kunden aufmerksam und bietet eine Beratung an, sobald dieser den Wunsch danach zu erkennen gibt. Der Ablauf des anschließenden Verkaufsgespräches entspricht dem des Bedienungsgeschäfts.	▪ bei allen Waren möglich, die nicht vor dem direkten Zugriff durch den Kunden geschützt werden müssen ▪ bei Waren, für deren Auswahl der Kunde Zeit braucht (Möbel, Schuhe, Kleidung, Sanitärartikel)	Da die Vorwahl eine Kombination von Bedienung und Selbstbedienung ist, gelten die für die jeweiligen Verkaufsformen beschriebenen Vor- und Nachteile	

1.7 Betriebsformen im Einzelhandel

Handlungssituation:

Dirk Beeken, Geschäftsinhaber eines mittelständischen Möbelgeschäftes in der Bremer Innenstadt, denkt über eine Erweiterung bzw. eine räumliche Veränderung seines Einzelhandelsunternehmens nach, da die bisherigen Verkaufsräume für eine hohe Miete von einer Anwaltskanzlei angemietet werden könnten. Bisher wurden die Waren in dem vor über zwanzig Jahren gebauten Mehrfamilienhaus im kompletten Untergeschoss auf knapp 350 m² Verkaufsfläche angeboten.

Seine Frau Ingrid und Herr Rathmann, ausgebildeter Fachberater im Küchen- und Badsegment, unterstützen Herrn Beeken beim Verkauf und bei der Kundenbetreuung nunmehr seit fast zehn Jahren. Für die Auslieferung und den Aufbau der Möbel beim Kunden sind Herr Möller, ausgebildeter Möbeltischler, und Herr Zeisig mit einem firmeneigenen Lkw zuständig. Mit seinem Möbelsortiment und dem mittleren bis hohen Preisniveau konnte sich das Unternehmen in den letzten Jahren kaum noch auf dem Bremer Möbelmarkt behaupten. Auffällig waren vor allem die hohen Kosten im Bereich des Aufbaus und der Auslieferung der Möbel.

Aufgrund des Kundenwandels und der angespannten Parkplatzsituation in der Bremer Innenstadt wäre ein Firmenumzug in das nahe gelegene und am Bremer Stadtrand angrenzende Gewerbegebiet eine mögliche Alternative. Ein 1480 m² großes und sehr geräumiges Warenhaus könnte angemietet werden. Hier würde „die Ware für sich selbst sprechen" und die Kunden könnten aus einer Vielzahl von unterschiedlichen Möbeln selbst wählen. Natürlich käme auch ein Umzug in einen Bremer Vorort infrage. Hier gibt es ein Angebot des Bremer Weserparks, in einem Teil des knapp 9000 m² großen Verkaufsareals die Möbel den unterschiedlichen Kundengruppen anzubieten. Durch die Erhöhung der Kundenfrequenz würde die Auslieferung der Möbel ohne zusätzliche und kostenintensive Aufwendungen kaum noch möglich sein. Wichtig wäre in diesem Zusammenhang, das Sortiment den neuen betrieblichen Bedingungen anzupassen und zusätzliche Artikel, wie z. B. Lampen, anzubieten oder weitere Abteilungen, wie z. B. eine Dekorationsabteilung, aufzubauen. Dazu müsste Herr Beeken weiteres geschultes Personal für den Verkauf einstellen.

Aufgaben:

1. Welche unterschiedlichen Betriebsformen spielen in den Überlegungen vom Möbelhändler Beeken ein Rolle?
2. Überlegen Sie, welche betrieblichen Möglichkeiten Herr Beeken noch hätte, um sein Unternehmen in der Bremer Region dauerhaft zu platzieren?

1.7.1 Begriff Betriebsformen

Die **Betriebsform** ist die Art, in der ein Einzelhandelsgeschäft betrieben wird.

Im Folgenden werden die wichtigsten Betriebsformen des Einzelhandels dargestellt. Dabei unterscheiden wir zwischen dem **Ladenhandel,** dem **Versandhandel,** dem **ambulanten Handel** und neueren **Betriebsformen.**

1.7.2 Arten von Betriebsformen

1.7.2.1 Ladenhandel

Betriebsform	Sortimentspolitik[1]	Preispolitik	Betriebsgröße	Verkaufsform	Standort
Fachgeschäft Fachgeschäfte bieten **Waren einer bestimmten Branche** an (z. B. Lebensmittel, Spielwaren), oder sie orientieren sich an einer **bestimmten Bedarfsgruppe** (z. B. Textilien, Elektrogeräte, Haushaltswaren, Bürobedarf).	Große Sortimentsbreite mit ergänzenden Dienstleistungen. Das Branchensortiment ist schmal und tief.	mittleres bis hohes Preisniveau	klein bis mittelgroß	Vorwahl, hoher Beratungs- und Bedienungsaufwand	zentrale Innenstadtlage sowie Einkaufszentren
Spezialgeschäft Das Spezialgeschäft deckt nur **eine Warengruppe** ab (z. B. Juwelen, Feinkost, Süßenwaren, Tabakwaren) und weist in diesem Bereich eine **große Sortimentstiefe** auf. Eine besondere Form des Spezialgeschäfts ist die **Boutique.**	Das Sortiment ist schmaler als das eines Fachgeschäftes. Es ist jedoch tiefer angelegt als im Fachgeschäft, da die Auswahlansprüche des Kundenkreises hoch sind.	hohes bis exklusives Preisniveau	klein bis mittelgroß	hoher und qualifizierter Bedienungs-, Beratungs- und Serviceaufwand	zentrale Innenstadtlage
Gemischtwarengeschäft Das Gemischtwarengeschäft bietet **viele Warengruppen des kurzfristigen Bedarfs** (z. B. Lebensmittel, Schreibwaren, Textilien, Kurzwaren [Knöpfe, Gummis, Bänder]) an.	Das Sortiment ist sehr breit und flach.	relativ hohes Preisniveau	klein	Bedienung, teilweise Selbstbedienung	Kleinstädte, ländliche Gebiete

1 **Breites Sortiment**: viele Warengruppen; **enges Sortiment**: nur wenige Warengruppen; **flaches Sortiment**: wenige Artikel und Sorten innerhalb einer Warengruppe; **tiefes Sortiment**: viele Artikel und Sorten innerhalb einer Warengruppe. Zu Einzelheiten siehe S. 66.

Betriebsform	Sortimentspolitik	Preispolitik	Betriebsgröße	Verkaufsform	Standort
Supermarkt (z. B. REWE, Edeka) Supermärkte bieten ein **umfangreiches Angebot** von Waren im Bereich der **Nahrungs- und Genussmittel einschließlich Frischwaren.** Ergänzend werden dazu Waren des täglichen und des kurzfristigen Bedarfs angeboten.	Breites, aber flaches Sortiment im Bereich Nahrungs- und Genussmittel einschließlich Frischwaren. Durchschnittliche Artikelzahl ca. 13 000.	mittleres Preisniveau; oft Sonderangebote als Kampfsortiment gegenüber Konkurrenten	mittel bis groß (mindestens 400 m^2)	überwiegend Selbstbedienung, Vollbedienung bei Frischwaren	City- oder Vorortlagen; oft in abgeschlossenen Wohngebieten angesiedelt
Verbrauchermarkt/ SB-Warenhaus (z. B. Real, Kaufland) Verbrauchermärkte und SB-Warenhäuser sind **räumlich erweiterte Supermärkte** mit ergänzenden Dienstleistungsabteilungen (z. B. Restaurant, Kindergarten, Schlüsseldienst, Tankstelle). Sie bieten ein umfangreiches Sortiment an Ge- und Verbrauchsgütern des täglichen und des kurz- und mittelfristigen Bedarfs an. Oft Spezialabteilungen, die die Qualität eines Fachgeschäftes besitzen.	Breites und tiefes Sortiment von vorwiegend Nahrungs- und Genussmitteln sowie auch ein breites, ausreichendes Sortiment an Gebrauchs- und Verbrauchsgütern.	niedrige Preise mit einer ausgeprägten Sonderangebotspolitik	groß (mindestens 1 000 m^2	vorwiegend Selbstbedienung, Bedienung (bei Frischwaren)	verkehrsorientierte Standorte in Stadtrandlagen oder auf der „Grünen Wiese"
Discounter (z. B. Aldi, Lidl) Das Discountgeschäft bietet eine **begrenzte Warenauswahl** bei einer **einfachen Verkaufsraumgestaltung** an. Dabei werden die Waren in großen Mengen zu **niedrigen Preisen** abgesetzt.	Sortiment ist eng und flach. Es werden Produkte mit einem anspruchslosen Sortimentsniveau angeboten, die eine hohe Umschlagshäufigkeit erzielen können. Umfasst zwischen 600 und 2 500 Artikel.	sehr niedrige Preise, die ständig deutlich unterhalb des üblichen im Einzelhandel bestehenden Preisniveaus liegen	mittel (ab 700 m^2)	Selbstbedienung	Stadtrandlagen, teilweise auch wohnortnahe Lagen

Betriebsform	Sortimentspolitik	Preispolitik	Betriebsgröße	Verkaufsform	Standort
Warenhaus/Kaufhaus (z. B. Kaufhof, Karstadt) **Warenhäuser** besitzen ein **umfassendes Waren- und Serviceangebot,** das alle Branchen und Bedarfsgruppen abdeckt. Oft Spezialabteilungen, die sich mit jedem Fachgeschäft messen können. **Kaufhäuser** sind den Fachgeschäften verwandt. Das Warenangebot beschränkt sich dabei auf **wenige Branchen.** Besitzen keine Lebensmittelabteilung.	Bei Warenhäusern ist das Sortiment breit und tief (Vollsortimenter). Es umfasst durchschnittlich über 100 000 Artikel. Bei Kaufhäusern ist das Sortiment breit und tief, jedoch auf wenige Branchen begrenzt.	mittleres bis hohes Preisniveau mittleres, zum Teil niedriges Preisniveau	bei Warenhäusern mindestens 6 000 m^2 bei Kaufhäusern von ca. 1 500 bis 3 000 m^2	Vorwahlsystem (z. B. Kleider) Bedienung bei erklärungsbedürftigen Waren (Schmuck, Uhren) z. T. auch Selbstbedienung	vorwiegend in Innenstadtlagen größerer Städte
Einkaufszentrum (Shopping-Center) In Einkaufszentren sind **verschiedene selbstständige Betriebsformen** wie Fach- und Spezialgeschäfte, Discounter, Warenhäuser, Boutiquen sowie Dienstleistungsbetriebe (Reinigung, Schlüsseldienst) **zusammengefasst.** Einkaufszentren sind keine eigenständige Betriebsform.	Es wird versucht, möglichst viele Branchen und Bedarfsgruppen mit dem Sortiment abzudecken. Einkaufszentren werden zentral verwaltet, wobei durch Werbemaßnahmen versucht wird, dass die Verbraucher das Einkaufszentrum als eine Einheit auffassen.	unterschiedliche Preisstrategien je nach angesiedelter Betriebsform	groß	abhängig von der angesiedelten Betriebsform	Stadtrandlage, „Grüne Wiese"

1.7.2.2 Versandhandel

Der Versandhandel stellt eine Form des Einzelhandels dar, bei der die **Angebote an den Kunden mittels Katalog, Prospekt, Anzeige, Internet, CD-ROM, Fernsehen, Radio** übermittelt werden. Der Kunde bestellt per Bestellkarte, Fax, Telefon oder Internet und erhält die Ware durch Versanddienste bzw. die Deutsche Post AG geliefert. Beim **Verteter-Versandhandel** erfolgt die Bestellung durch einen Vertreter an der Haustür bzw. in der Wohnung (z. B. Vorwerk, Avon Cosmetics).	Warenhausähnliches Sortiment oder Spezialisierung auf eine bestimmte Warengruppe (z. B. Bücher).	niedriges Preisniveau	unterschiedlich	Kataloge, Prospekte, Anzeigen, Internet, CD-ROM, Radio, Fernsehen	oft in der Nähe von Produktionsstandorten oder Hafenstädten

1.7.2.3 Ambulanter Handel (Wanderhandel)

(1) Markthandel

Beim Markthandel werden an festgelegten Markttagen Güter des täglichen Bedarfs wie Obst, Gemüse, Blumen, Käse, Fisch u.Ä. an bestimmten Plätzen in Verkaufsständen und Verkaufswagen angeboten.

(2) Straßenhandel

Waren wie Obst, Gemüse, Essen (Döner, Hähnchen vom Grill), Blumen u.Ä. werden auf der Straße in provisorischen Verkaufsständen und Verkaufswagen angeboten.

(3) Hausierhandel

Waren wie Seifen, Küchenmesser, kleine Teppiche, Bürsten werden von Händlern (sogenannte Hausierer) an der Haustür angeboten.

(4) Tiefkühlheimdienst

Fahrerverkäufer verkaufen regelmäßig oder auf Wunsch Tiefkühlkost an der Haustür der Kunden (z. B. bofrost, Eismann).

1.7.2.4 Neuere Betriebsformen

(1) Convenience Store[1] (Nachbarschaftsläden)

Convenience Stores sind kleine Einzelhandelsgeschäfte, die in der Nähe der Konsumenten (Wohnort, Arbeitsplatz, Tankstellen, Bahnhöfe, Flugplätze) angesiedelt sind. Das angebotene Sortiment ist relativ breit, aber nicht tief. Es umfasst vor allem Nahrungs- und Genussmittel sowie weitere problemlose Waren des täglichen Bedarfs. Es handelt sich um moderne „Tante-Emma-Läden" mit einem relativ hohen Preisniveau.

1 **Convenience** (engl.): Bequemlichkeit, Annehmlichkeit.

(2) Off[1]-Price-Store

Hier werden hochwertige und bekannte Markenartikel, insbesondere Bekleidung und Schuhe sowie Porzellan und Glaswaren zu Preisen verkauft, die dauerhaft deutlich unterhalb des im Einzelhandel üblichen Preisniveaus liegen. Typische Kunden von Off-Price-Stores sind die sogenannten „Smart-Shopper". Hierbei handelt es sich um zumeist wohlhabende Kunden, die das Ziel verfolgen, qualitativ hochwertige Markenartikel zu einem möglichst günstigen Preisniveau zu erstehen. Häufig schließen sich mehrere Off-Price-Stores zu Off-Price-Zentren zusammen.

(3) Factory-Outlet-Center (FOC)[2]

Factory-Outlet (Fabrikläden) sind Verkaufsstellen von Herstellern, die auf Endverbraucher ausgerichtet sind. In solchen Fabrikläden, die in der Regel eine einfache Ausstattung aufweisen, werden vor allem Waren zweiter Wahl, Über- oder Restbestände sowie Retouren des Produktionsprogramms der Hersteller im Direktvertrieb abgesetzt. Im Vergleich zu den Off-Price-Stores ist das Sortiment eingeschränkter, da in der Regel nur Produkte eines Herstellers angeboten werden.

Beispiele:

- Fabrikverkaufsläden von Boss, Escada, Joop, Bally in Metzingen;
- WMF in Geislingen;
- Esprit in Raitingen;
- Bogner in Heimstetten bei München.

(4) Fachmarkt

Fachmärkte (z. B. OBI, TOOM-Baumarkt, Media-Markt) sind Einzelhandelsbetriebe, die ein breites und gleichermaßen tiefes Sortiment in einer Warengruppe (z. B. Bekleidungsfachmarkt, Schuhfachmarkt), in einem Bedarfsbereich (z. B. Baufachmarkt, Elektrogerätefachmarkt, Sportfachmarkt) oder für eine bestimmte Zielgruppe (z. B. Möbelfachmarkt für Designermöbel) anbieten. Die Kunden können sich bei Bedarf auf eine sortimentsspezifische und qualitativ gute bis sehr gute Fachberatung stützen. Der angebotene Service ist vergleichsweise hoch. Das Preisniveau ist tendenziell niedrig bis mittelhoch. Teilweise wird auch eine intensive Sonderangebotspolitik betrieben.

Fachmärkte sind in der Regel „autokundenorientiert" an verkehrsgünstigen Standorten in Stadtrandlagen oder auf der „Grünen Wiese" bzw. im Stadtzentrum angesiedelt.

1 **Off** (engl.): ab, herunter.

2 **Factory** (engl.): Fabrik; outlet (engl.): Ausgang.

(5) Shop-in-the-Shop

Beim Shop-in-the-Shop-Konzept werden im Rahmen der Verkaufsraumgestaltung in Waren- und Kaufhäusern einzelne Abteilungen optisch abgetrennt und im Boutiquestil eingerichtet. Dem Kunden wird damit der Eindruck vermittelt, dass er von einem Laden in einen anderen Laden geht (der „Laden im Laden"). Shop-in-the-Shop bedeutet Unterscheidung im Sortiment und wird deutlich durch die Heraushebung des Sortiments im Verkaufsraum und durch die besondere Gestaltung des Verkaufsraums. Teilweise werden solche Shops gegen Zahlung eines Entgeltes von Herstellern oder Spezialhändlern auf eigene Rechnung betrieben.

(6) E-Commerce (Internetshopping)[1]

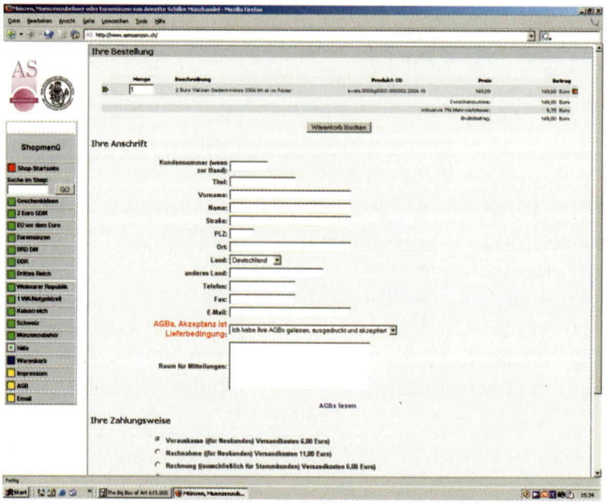

Electronic Commerce (E-Commerce) ist eine neue Form des Versandhandels, die neben die traditionelle Form tritt. Im Internetshopping stellen Händler ihre Warenangebote in einem elektronischen Katalog vor, der über eine Internetadresse zu erreichen ist. Der Kunde zieht den ausgewählten Artikel per Mausklick in einen virtuellen Einkaufskorb und wählt die gewünschte Zahlungsart (Kreditkarte, Rechnung, Abbuchung, Nachnahme) aus. Die Waren werden überwiegend per Zustelldienst direkt ins Haus geliefert.

(7) Tele-Shopping

Beim Tele-Shopping werden die Waren in Form von Werbespots oder in TV-Verkaufsschaus, präsentiert. Die Bestellung der Waren durch den Kunden erfolgt von zu Hause aus z. B. per Telefon, E-Mail, wobei die gewünschte Zahlungsart anzugeben ist. Die Zustellung der bestellten Ware erfolgt durch einen Zustelldienst direkt in die Wohnung des Kunden.

Zusammenfassung

- Durch die **Verkaufsform** legt der Einzelhändler fest, auf welche Art und Weise er seine Waren dem Kunden anbietet.
- Man unterscheidet drei **Arten von Verkaufsformen:**
  - Bedienung
  - Selbstbedienung
  - Vorwahl

1 Man verwendet hierfür auch den Begriff **Onlineshopping.**

- Unter einer **Betriebsform** versteht man die Art, in der die Einzelhandelsgeschäfte betrieben werden.
- Um die einzelnen Betriebsformen abzugrenzen, werden insbesondere folgende **Unterscheidungsmerkmale** herangezogen:
  - Sortimentspolitik
  - Preispolitik
  - Betriebsgröße
  - Verkaufsform
  - Standort
- Die **Betriebsformen** können untergliedert werden in:
Ladenhandel	Fachgeschäft/ Spezialgeschäft/ Boutique	Gemischtwarengeschäft	Supermarkt	Verbrauchermarkt/ SB-Warenhaus	Discounter	Kaufhaus/ Warenhaus	Einkaufszentren
  - **Versandhandel**
Ambulanter Handel	Markthandel	Straßenhandel	Hausierhandel	Tiefkühlheimdienst
neuere Betriebsformen	Convenience-Stores	Off-Price-Stores	Factory-Outlet	Fachmarkt	Shop-in-the-Shop	E-Commerce	Tele-Shopping

Übungsaufgabe

4

1. Erläutern Sie die Begriffe Betriebsformen und Verkaufsformen!
2. Erläutern Sie die Verkaufsform Bedienung und beschreiben Sie an einem Beispiel zwei Vorteile aus Sicht des Einzelhandelsbetriebes!
3. Notieren Sie, welche Hauptaufgaben der Verkäufer
   3.1 bei der Bedienung,
   3.2 bei der Selbstbedienung,
   3.3 im Vorwahlsystem übernimmt!
4. Erläuten Sie den Unterschied zwischen E-Commerce und Tele-Shopping!
5. Hans Gruber, Eigentümer eines Fachgeschäfts für Schreibwaren und Bürobedarf, überlegt sich, sein Fachgeschäft in einen Fachmarkt für Bürobedarf umzuwandeln.

   Aufgaben:

   5.1 Unterscheiden Sie Fachgeschäft und Fachmarkt hinsichtlich der Verkaufsform, des Personals, Sortiments und Standorts!

   5.2 Zeigen Sie an zwei Beispielen, wie Hans Gruber mögliche Standortnachteile seines Fachgeschäftes ausgleichen kann!

6. Der Kauf bei einem Versandhändler wird immer beliebter.

   Aufgaben:

   6.1 Nennen Sie drei Gründe, warum viele Käufer im Versandhandel einkaufen!

   6.2 Erklären Sie, warum trotzdem viele Käufer ein herkömmliches Fachgeschäft dem Versandhandel vorziehen! (Drei Gründe!)

   6.3 Beschreiben Sie die Abwicklung eines Verkaufsvorganges im Internet!

   6.4 Erläutern Sie, für welche klassische Betriebsform der E-Commerce eine ernstzunehmende Konkurrenz ist!

7. Erläutern Sie an drei Merkmalen die Einzelhandels-Betriebsform „Warenhaus"!

8. 8.1 Erklären Sie den Begriff Discounter!

   8.2 Stellen Sie dar, warum derzeit die Discounter die Marktanteile erhöhen können! (Drei Gründe!)

9. 9.1 Notieren Sie, welche Verkaufsform Sie sich als Kunde beim Kauf von:

   9.1.1 Wanderschuhen,

   9.1.2 einem Sommerkleid,

   9.1.3 Fleisch- und Wurstwaren,

   9.1.4 einem Fruchtsaftgetränk wünschen!

   9.2 Nennen Sie Vor- und Nachteile beim Bedienungsgeschäft, beim Geschäft mit Vorwahl und beim Selbstbedienungsgeschäft

   9.2.1 aus Sicht des Geschäftes,

   9.2.2 aus Sicht des Kunden!

10. Welche Betriebsform würden Sie beim Verkauf folgender Waren wählen? Begründen Sie Ihre Entscheidung!

    10.1 Schulbücher und Schreibwarenbedarf,

    10.2 modische Kleider,

    10.3 Tiefkühlkost.

2 Organisation des Einzelhandelsbetriebes

2.1 Unternehmensleitbild und Unternehmensziele

2.1.1 Unternehmensleitbild

Situation:

Jeder Mensch ist einzigartig. Genauso verhält es sich auch mit einem Unternehmen und den Menschen, die in diesem arbeiten. Fortwährend werden wir unterschiedlichsten Veränderungen ausgesetzt, die unser Leben beeinfussen. Ebenso verhält es sich mit den verschiedensten Prozessen innerhalb eines Unternehmens. So wie sich der Mensch gewöhnlich von seinen Einstellungen leiten lässt, braucht es auch Grundsätze, um ein Unternehmen zu leiten. Diese Grundsätze werden in einem Unternehmensleitbild festgehalten und bilden die Basis eines jeden Unternehmens.

Die Zusammenarbeit in einem Einzelhandelsunternehmen ist dann erfolgreich, wenn alle Beteiligten, das sind Eigentümer, Mitarbeiter, Lieferer und Dienstleister, an „einem Strang" ziehen. Es ist daher Aufgabe des Einzelhändlers ein „Leitbild" zu schaffen.

- Ein **Leitbild** ist eine schriftliche Erklärung über Grundhaltungen, Verhaltensregeln, Ziele und Aufgaben des Einzelhandelsbetriebes.
- Die im Leitbild formulierten Unternehmensgrundsätze bilden die **Wertebasis** für das eigene Denken und Handeln, und sind ein **Versprechen** gegenüber allen Anspruchsgruppen außerhalb des Unternehmens (z. B. Kunden, Lieferanten)..

Beispiel: Unternehmensleitbild der REWE Group[1]

GEMEINSAM FÜR EIN BESSERES LEBEN

Wir bekennen uns zu unseren genossenschaftlichen Wurzeln. Wir stehen als starke Gemeinschaft für Kontinuität und Sicherheit und fördern selbstständige Existenzen. Wir sind ein internationales, kooperatives und innovatives Netzwerk und nutzen die Kraft der Vielfalt. Für unsere Kunden finden wir Lösungen, die das Leben leichter und angenehmer machen.

Grundwerte der REWE Group

Wir handeln eigenverantwortlich im Sinne der Gemeinschaft!

Wir handeln für den Kunden – wir sind mitten im Markt!

Wir haben Mut für Neues, Stillstand ist Rückschritt!

Wir begegnen einander offen mit Vertrauen und Respekt. Unser Wort gilt!

Wir ringen um die beste Lösung, entscheiden wohlüberlegt und handeln konsequent!

Wir sind uns unser Verantwortung bewusst und handeln nachhaltig!

Mit der Festlegung eines Unternehmensleitbilds werden eine Reihe von **Zielsetzungen** verfolgt:

- Durch den verbindlichen Charakter legt es **Grundhaltungen** im Unternehmen fest.
- Durch das Entwickeln von Richtlinien für die künftige Unternehmenspolitik schafft es **Rahmenbedingungen für die Planung.**
- Durch die Vorgabe von Unternehmensgrundsätzen **erleichtert** es die **Führung des Unternehmens.**
- Durch die Außenwirkung verbessert es das **Unternehmensimage.**

2.1.2 Unternehmensziele

Situation:

„Der Langsamste, der sein Ziel nicht aus den Augen verliert, geht noch immer geschwinder als jener, der ohne Ziel umherirrt."

Gotthold Ephraim Lessing (1729–1781)

Ein Unternehmen ist abhängig von seinen formulierten Zielsetzungen, da diese ein Gradmesser zur Überprüfung der Unternehmensleistungen sind. Dabei ermöglichen diese Ziele eine langfristige und nachhaltige Planung und sie geben vor, was mit der Umsetzung der Planung erreicht werden soll.

1 Zu Einzelheiten siehe: http://www.rewe-group.com/unternehmen/leitbild/?P=1.

4 Speth u.a. - ISBN 978-3-8120-0631-6

2.1.2.1 Begriff Unternehmensziele

Die Ziele eines Einzelhandelsunternehmens leiten sich aus dem Unternehmensleitbild ab. Sie geben der Unternehmensleitung, den Abteilungsleitern und den Mitarbeitern eine Orientierung für die Art und Weise, wie sie die betrieblichen Aufgaben zu erfüllen haben. Damit die Orientierung zweifelsfrei möglich ist, sind die Unternehmensziele **eindeutig zu formulieren** und **verbindlich festzulegen**.

Unternehmensziele beschreiben einen **zukünftigen Zustand** des Einzelhandelsunternehmens.

Beispiele:

- Durch die Senkung der Preise für Winterschuhe um 10 % soll der Umsatz in der 8. Woche um 15 % gesteigert werden.
- Durch eine sorgfältige Trennung der Abfälle soll das Müllaufkommen um 10 % gesenkt werden.
- Durch die Bereitstellung einer Kinderbetreuung soll den Mitarbeitern mit Kindern die Arbeitszeiteinteilung erleichtert werden.

2.1.2.2 Gliederung der Unternehmensziele

Situation:

Durch die zunehmenden Veränderungen des Wirtschaftsgeschehens und die damit verbundene Einflussnahme der Kunden auf die einzelnen Märkte mussten sich die meisten Einzelhandelsunternehmen in den letzten Jahren einem erhöhten Wettbewerbsdruck stellen.

Jeder Einzelhändler versucht, durch seine Arbeit einen Gewinn zu erzielen, um mit diesem Verdienst auch seine privaten Kosten (Lebenshaltung) zu bezahlen und seinen Lebensstandard zu sichern. Darüber hinaus trägt er eine große Verantwortung für seine Mitarbeiter und handelt dabei umweltbewusst.

Die Ziele der Einzelhandelsunternehmen nach dem **angestrebten Erfolg** sind dreifacher Art: Zum einen möchte der Einzelhändler einen Erfolg erzielen **(ökonomische Ziele)**, zum anderen trägt der Einzelhändler Verantwortung gegenüber seinen Mitarbeitern **(soziale Ziele)** und zum dritten trägt der Einzelhändler Verantwortung gegenüber der Umwelt **(ökologische Ziele)**.

(1) Ökonomische (wirtschaftliche) Ziele

- Wichtige **ökonomische Ziele** sind in der nachfolgenden Tabelle zusammengestellt.

Gewinnmaximierung	Maximaler Gewinn heißt, die größtmögliche Differenz zwischen Umsatzerlösen und Kosten anzustreben.
Umsatzmaximierung	Umsatzsteigerungen werden durch die Stärkung der eigenen Wettbewerbsposition und Verdrängung der Konkurrenten, z. B. durch Discountpreise, erreicht.
Streben nach einem hohen Qualitätsstandard	Es werden bei den Herstellern nur Waren mit höchster Qualität bestellt und später verkauft.
Kundenzufriedenheit	Sie soll durch eine ausgezeichnete Beratung und einen ausgedehnten Kundenservice erreicht werden.

Ökonomische Ziele betreffen die **Leistung des Einzelhandelsunternehmens.**

Inwieweit das ökonomische Ziel der Gewinnmaximierung erreicht wurde, lässt sich mithilfe der Kennzahlen Rentabilität und Wirtschaftlichkeit messen.

Beispiele:

Handel mit Waren und Dienstleistungen, Kundenberatung, Kundendienst.

Rentabilität und Wirtschaftlichkeit

Die **Rentabilität**[1] gibt die Verzinsung des Kapitals an, das der Einzelhändler in sein Einzelhandelsunternehmen eingebracht hat **(Eigenkapital).** Bei der Berechnung der Rentabilität wird der erzielte Gewinn ins Verhältnis zum Eigenkapital gesetzt.

$$\text{Eigenkapitalrentabilität} = \frac{\text{Reingewinn} \cdot 100}{\text{Eigenkapital}}$$

Beispiel:

Das eingesetzte Kapital des Eigentümers (Eigenkapital) beträgt 250 000,00 EUR. Der Reingewinn des Jahres 20.. beträgt 21 250,00 EUR.

$$\text{Eigenkapitalrentabilität} = \frac{21\,250 \cdot 100}{250\,000} = \underline{\underline{8{,}5\,\%}}$$

Die **Wirtschaftlichkeit**[1] eines Einzelhandelsunternehmens wird aus dem Verhältnis seines Nettoumsatzes[2] (Leistung) zu seinen Kosten[3] ermittelt. Die Wirtschaftlichkeit lässt erkennen, in welchem Umfang das ökonomische Prinzip verwirklicht wurde.

$$\text{Wirtschaftlichkeit} = \frac{\text{Nettoumsatz}}{\text{Kosten}}$$

Ein Einzelhandelsunternehmen arbeitet immer dann wirtschaftlich, wenn die Kennzahl mindestens 1 beträgt.

Beispiel:

Nettoumsatz des Jahres 20.. 270 000,00 EUR, Kosten im gleichen Zeitraum 90 000,00 EUR.

$$\text{Wirtschaftlichkeit} = \frac{270\,000}{90\,000} = \underline{\underline{3}}$$

Dadurch, dass ein Einzelhandelsunternehmen gewinnbringend ist, werden zwei weitere Ziele gesichert: **Erhaltung des Betriebes** und die **Sicherung der Arbeitsplätze.**

(2) Soziale Ziele

Von sozialen Zielen wird dann gesprochen, wenn ein Einzelhändler zum einen die **Arbeitsplatzerhaltung** in den Mittelpunkt seiner Unternehmenspolitik stellt und zum anderen seinen Mitarbeitern **freiwillige Sozialleistungen** gewährt. Durch die Zahlung von freiwilligen Sozialleistungen möchte der Einzelhändler insbesondere das Folgende erreichen:

- **Wirtschaftliche Besserstellung der Arbeitnehmer** z. B. Urlaubsgeld, Wohnungshilfe, Jubiläumsgeschenke.
- **Ausgleich familiärer Belastungsunterschiede** z. B. Familienzulage, Geburts- und Heiratsbeihilfen.
- **Altersabsicherung und Absicherung gegen Risiken des Lebens** z. B. Betriebsrente, Krankheitsbeihilfen.
- **Förderung geistiger und sportlicher Interessen** z. B. Zuschuss zum Mitgliedsbeitrag im Sportverein, Kurse zur Weiterbildung.

1 Einzelheiten zu den Kennzahlen **Rentabilität** und **Wirtschaftlichkeit** werden im 3. Ausbildungsjahr im Lernfeld 11 behandelt.

2 Der **Nettoumsatz** ist der Wert der verkauften Ware abzüglich der Umsatzsteuer.

3 **Kosten** sind alle betrieblichen Aufwendungen des Einzelhandelsbetriebs (z. B. Löhne, Heizung, Werbung).

Die Verfolgung sozialer Ziele wird dem Einzelhändler aber auch gesetzlich vorgeschrieben, insbesondere durch das Arbeitsschutzrecht.[1]

(3) Ökologische[2] Ziele

Die zunehmenden Belastungen der natürlichen Umwelt (des **Ökosystems**) und die notwendige Schonung der nicht erneuerbaren knappen Vorräte (z. B. Roh- und Energiestoffe) erfordern eine planmäßige Abfallvermeidung und einen Wiedereinsatz aller recyclingfähigen[3] Abfälle.[4] Wenn Konsumgüter z. B. durch ihren Verschleiß und/oder wegen ihrer technischen Überholung nicht mehr für die ursprünglichen Verwendungszwecke genutzt werden können, müssen diese wieder als Sekundärrohstoffe[5] in den Leistungsprozess zurückgeführt werden.

Beispiele im Einzelhandel:

- In der Getränkeabteilung werden nur Mehrwegflaschen angeboten.
- Im Warenangebot befinden sich keine Waren, die gentechnisch veränderte Organismen (GVO) enthalten.
- Wir unterstützen die Sammlung und umweltfreundliche Beseitigung von Problemabfällen.
- Die energieeinsparenden Maßnahmen im Unternehmen werden ständig überwacht und gegebenenfalls verbessert.

(4) Zielharmonie und Zielkonflikt

Die Ansichten darüber, ob zwischen den ökonomischen, ökologischen und sozialen Zielen grundsätzlich eine **Konkurrenzbeziehung** (ein **Zielkonflikt**) oder eine sich ergänzende **Zielbeziehung (Zielharmonie)** besteht, sind unterschiedlich.

- **Zielkonflikt:** Die Verfolgung eines wirtschaftlichen und/oder ökologischen Ziels beeinträchtigt oder verhindert die Erreichung eines anderen wirtschaftlichen und/oder ökologischen Ziels.
- **Zielharmonie:** Zwei oder mehr wirtschaftliche und/oder ökologische Ziele können mit den gleichen Maßnahmen erreicht werden.

2.1.2.3 Nachhaltigkeit

Die Agenda 2030 wurde im September 2015 auf einem Gipfel der **Vereinten Nationen** von allen Mitgliedstaaten verabschiedet.[6] Sie fordert, dass Industrienationen und Entwicklungsländer zukunftsfähige, dauerhafte und tragfähige Konzepte erstellen, die

- **ökologisches Gleichgewicht,**
- **ökonomische Sicherheit** und
- **soziale Gerechtigkeit**

schaffen.

1 Zu Einzelheiten siehe S. 118f.

2 Die **Ökologie** ist die Wissenschaft von den Wechselwirkungen zwischen den Lebewesen untereinander und ihren Beziehungen zur übrigen Umwelt.

3 **To recycle** (engl.): wieder in den Kreislauf (Produktionskreislauf, Stoffkreislauf) zurückführen.

4 Unter ökologischen Gesichtspunkten sind **Abfälle** im engeren Sinne ausschließlich die nicht mehr verwendbaren und nicht mehr verwertbaren (recyclingunfähigen) Reststoffe, die deshalb umweltverträglich zu entsorgen sind.

5 **Sekundärstoffe** sind Rohstoffe, die zum zweiten Mal in die Produktion eingehen.

6 http://www.bmz.de/de/ministerium/ziele/2030_agenda/index.html, 06.06.2017.

Die Umsetzung der Agenda 2030 bietet die große Chance, den Wandel hin zu nachhaltigen und emissionsarmen Wirtschafts- und Lebensformen zu schaffen – unser Verhalten also „enkeltauglich" zu machen. Dabei fordert die Agenda 2030 ausdrücklich, den Schwächsten und Verwundbarsten in den Mittelpunkt zu stellen und niemanden zurückzulassen.

Die **Forderung zur Nachhaltigkeit** ist auch für den **Einzelhandel von Bedeutung**:

Bereich	Beispiele
Ökonomie	■ Nur Waren ins Sortiment aufnehmen, bei denen verantwortungsvoll mit Rohstoffen und Energie umgegangen wird. ■ Nur Waren aus ökologisch kontrolliertem Anbau bzw. ökologisch kontrollierter Tierhaltung ins Sortiment aufnehmen. ■ Ständig auf die Wettbewerbsfähigkeit achten, um die geschaffenen Arbeitsplätze langfristig zu erhalten.
Ökologie	■ Vermeidung von überflüssigem und aufwendigem Verpackungsmaterial bei Waren. ■ Recycelfähige Abfälle aussondern. ■ Maßnahmen ergreifen um Energie einzusparen. ■ Umweltverträgliche sowie regionale Produkte ins Sortiment aufnehmen. ■ Umweltschädliche Waren bzw. umweltschädliches Verpackungsmaterial meiden.
soziale Gerechtigkeit	■ Mitarbeiter leistungsgerecht bezahlen und hierbei auf die Gleichstellung von Mann und Frau achten. ■ Sozialverträgliche Arbeitszeitmodelle anbieten. ■ Ausbildungsplätze anbieten. ■ Nur Waren ins Sortiment aufnehmen, die die Sozialstandards einhalten. ■ Soziale Einrichtungen unterstützen (z. B. durch die Weitergabe überzähliger Kleidung, Lebensmittel).

Zusammenfassung

- Im **Unternehmensleitbild** werden die grundlegenden Werte, Zielrichtungen, Gestaltungsprinzipien und Verhaltensnormen des Einzelhandelsunternehmens formuliert.
- In den **Unternehmenszielen** wird festgelegt, was der jeweilige Mitarbeiter durch seine Arbeit für das Unternehmen erreichen soll.
- Die **Unternehmensziele leiten** sich aus dem **Unternehmensleitbild ab.**
- Nach dem angestrebten Erfolg unterscheidet man **ökonomische, ökologische** und **soziale Unternehmensziele.**
- Wichtige Kennzahlen, die die ökonomischen Ziele des Einzelhandelsunternehmens messen, sind die **Rentabilität** und die **Wirtschaftlichkeit.**
- Die **Agenda 2030** zielt ab auf ein ökologisches Gleichgewicht, ökonomische Sicherheit und soziale Gerechtigkeit.

Übungsaufgabe

5 1. Notieren Sie, welche(s) der nachgenannten Ziele zu den ökonomischen Zielen, den ökologischen Zielen, den sozialen Zielen gehören (gehört)!

1.1 Rentabilität
1.2 Nachhaltigkeit
1.3 Mitbestimmung
1.4 Umweltverträgliche Produkte
1.5 Handel mit Waren

2. Notieren Sie, welche Formulierung den Begriff Wirtschaftlichkeit richtig beschreibt!
   Bei Wirtschaftlichkeit werden die Kosten zum erzielten Nettoumsatz in Beziehung gebracht.
   2.1 Wirtschaftlichkeit bedeutet, dass der größte Nettoumsatz mit den geringsten Kosten erwirtschaftet wird.
   2.2 Bei Wirtschaftlichkeit wird der erzielte Nettoumsatz zu den Kosten in Beziehung gesetzt.
   2.3 Bei Wirtschaftlichkeit wird das Fremdkapital zum Eigenkapital in Beziehung gesetzt.

3. Notieren Sie, welche Formulierung den Begriff Eigenkapitalrentabilität richtig beschreibt!
   3.1 Das prozentuale Verhältnis von Rohgewinn[1] zu Eigenkapital.
   3.2 Das prozentuale Verhältnis von Reingewinn zu Gesamtkapital.
   3.3 Das prozentuale Verhältnis von Rohgewinn zu Gesamtkapital.
   3.4 Das prozentuale Verhältnis von Reingewinn zu Eigenkapital.
   3.5 Das prozentuale Verhältnis von Reingewinn zu Fremdkapital.

4. Erklären Sie, weshalb sich die Mitarbeiter eines Einzelhandelsunternehmens eine hohe Wirtschaftlichkeit wünschen!

5. Ausschnitt aus dem Unternehmensleitbild des Sportgeschäftes Beate Barr e. Kfr.

> Wir möchten unsere Marktstellung als führendes Sportfachgeschäft in der Stadt langfristig ausbauen und setzen dabei auf gewinnorientiertes Wachstum. Dadurch, dass alle wichtigen Neuheiten umgehend in das Sortiment aufgenommen werden, sichern wir das Vertrauen unserer Kunden und den Fortbestand des Unternehmens.
>
> Die Zufriedenheit unserer Kunden steht im Mittelpunkt unserer Zielsetzungen. Freundlichkeit und Höflichkeit, fachkundige Beratung und die kundenorientierte Bearbeitung von Reklamationen sind für uns selbstverständlich.
>
> Die Basis unseres Sportfachgeschäfts bilden unsere motivierten und verantwortungsbewussten Mitarbeiter. Die Kompetenz unserer Mitarbeiter fördern wir durch ständige Weiterbildung. Damit sichern wir langfristig Arbeitsplätze. Wir unterstützen Offenheit, kollegiale Zusammenarbeit und ständige Kommunikation.
>
> Wir unterstützen soziale und Umweltprojekte. Wir achten darauf, nur umweltfreundliche Artikel ins Sortiment aufzunehmen und bemühen uns, ressourcenschonende Materialien zu verwenden. Wir fördern gezielt die Jugendarbeit in den Vereinen unserer Stadt.
>
> Wir bekennen uns zu einem fairen und partnerschaftlichen Verhältnis gegenüber unseren Mitarbeitern, Kunden und Lieferanten.

Aufgabe:

Die Unternehmensziele der Beate Barr e. Kfr. ergeben sich aus dem Unternehmensleitbild. Ordnen Sie diese Ziele den verschiedenen Zielarten (ökonomisch, sozial oder ökologisch) zu, und bestimmen Sie, welche Zielart im Vordergrund steht!

1 Ein Rohgewinn (Warengewinn) liegt vor, wenn die Nettoverkaufserlöse größer sind als die angefallenen Warenkosten.

2.2 Organisatorischer Aufbau von Einzelhandelsbetrieben

Handlungssituation:

In der Zentrale der Münsteraner Raiffeisen Warengenossenschaft eG sind die Unternehmensbereiche wie folgt aufgebaut: Einkauf und Verkauf, Logistik, Personal.

- Der **Ein- und Verkauf** ist in die drei Hauptabteilungen „landwirtschaftliche Artikel", „Pflanzen" und „Gartenpflege" gegliedert.
  - Der **Hauptabteilung „landwirtschaftliche Artikel"** sind die Abteilungen „Schubkarren" (SK), „Zubehör und Pflege" (ZUB), „Reinigung und Hygiene" (RH) sowie „Hof und Stall" (HUS) zugeordnet.
  - Der **Hauptabteilung „Pflanzen"** sind die Abteilungen „Gartenpflanzen" (GP), „Zimmerpflanzen" (ZP), „Schnittblumen" (SB) und „Sämereien" zugeordnet.
  - Die **Abteilungen „Rasenmäher"** (RM), „Aufsitzmäher" (AM), „Kettensägen" (KS), „Heckenscheren" (HS) und „Arbeitsschutz" (AS) sind Bestandteile der Hauptabteilung „Gartenpflege".
- Die Warenannahme (WA), der Fuhrpark (FP), der Versand (VS) und das Lager (LG) bilden den gesamten **Logistikbereich** des Unternehmens.
- Der **Personalabteilung** werden die Abteilungen Personalentwicklung (PE), Personalmanagement (PM) und Personalcontrolling (PC) zugeordnet.
- Zur **Geschäftsleitung** zählen auch die Bereiche Organisation, Werbung und Kundenbetreuung.

Aufgabe:

Stellen Sie den Organisationsplan für die Raiffeisen Warengenossenschaft eG in Münster grafisch dar, indem Sie den vier Unternehmensbereichen die entsprechenden Hauptabteilungen und Abteilungen zuordnen!

2.2.1 Begriff Organisation

Organisation ist ein System von **Arbeitsanweisungen,** durch das der **Unternehmensaufbau** und die **betrieblichen Abläufe** gestaltet werden.

Durch die Organisation muss der Einzelhändler **zwei Bereiche** regeln:

- zum einen hat er **Aufgaben** und **Zuständigkeiten** der einzelnen Mitarbeiter festzulegen **(Aufbauorganisation)** und
- zum anderen hat er die **Abfolge der Arbeiten** mithilfe von **Arbeitsanweisungen** zu bestimmen **(Ablauforganisation).**

2.2.2 Aufbauorganisation

2.2.2.1 Begriff Aufbauorganisation und die Gliederung der betrieblichen Aufgaben

Die **Aufbauorganisation** legt die **Aufgaben** und **Zuständigkeiten** von Mitarbeitern fest. Die Gestaltung erfolgt über die Bildung von **Stellen** und **Abteilungen.**

Zu Beginn der organisatorischen Arbeit des Einzelhändlers steht die Aufteilung der Aufgaben in Stellen und Abteilungen. Diese Aufteilung der Aufgaben erfolgt im Einzelhandelsbetrieb entweder nach **Funktionen (Aufgaben)** oder nach **Objekten:**

- Die Gliederung nach **Funktionen** ist vor allem bei kleineren Einzelhandelsbetrieben üblich.

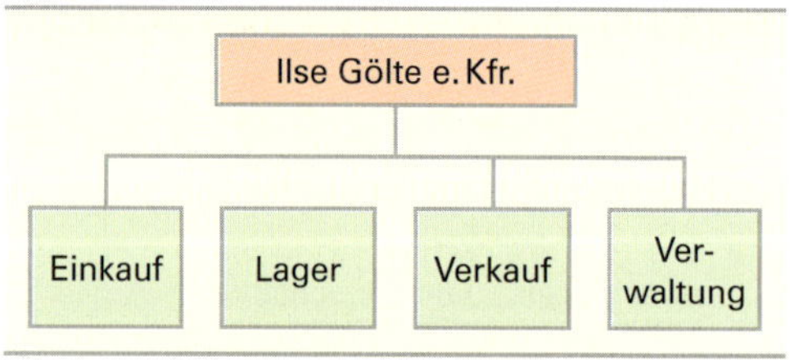

- Die Gliederung nach **Objekten** ist meist bei größeren Einzelhandelsbetrieben anzutreffen.

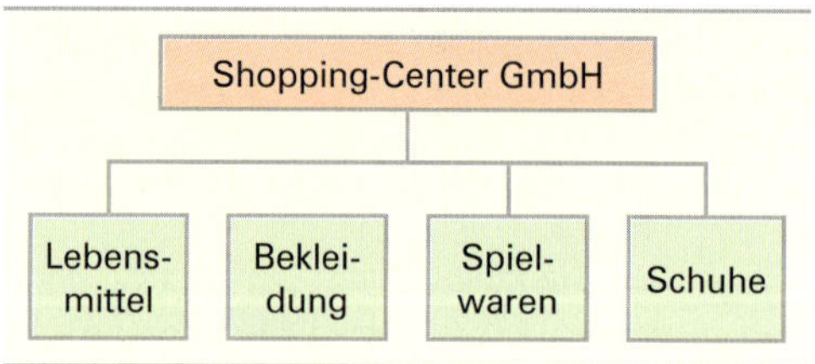

2.2.2.2 Stellenbildung, Abteilungsbildung und Organisationsplan

(1) Stellenbildung

Alle Arbeiten in einem Einzelhandelsbetrieb, die von **einer Person** bewältigt werden können, nennt man **Stellenaufgabe.** Die mit einer Stellenaufgabe betraute Person ist der **Stelleninhaber.** Die **Stelle** ist die kleinste Einheit der Aufbauorganisation. Die Anzahl der Stellen in einem Einzelhandelsbetrieb hängt von seiner Größe ab.

Die **Stelle** fasst Teilaufgaben zu einem Arbeitsbereich für eine Person zusammen.

Art und Umfang der Aufgabe sowie die Einbindung der Stelle in die Organisation des Einzelhandelsbetriebes wird in einer **Stellenbeschreibung**[1] festgehalten. Aus der Stellenbeschreibung leiten sich die Zuständigkeit und die Verantwortung des Stelleninhabers ab. Die Stellenbeschreibung sollte folgende **Inhalte** festlegen:

- Bezeichnung der Stelle
- Aufgaben und Befugnisse des Stelleninhabers
- Vertretung des Stelleninhabers
- Vorgesetzter des Stelleninhabers
- Anforderungen an den Stelleninhaber
- Zusammenarbeit mit entsprechenden Stelleninhabern anderer Abteilungen

(2) Abteilungsbildung

Werden mehrere Stellen, die gleichartige Aufgaben erfüllen, unter einer gemeinsamen Leitung (z. B. einem **Abteilungsleiter)** zusammengefasst, so spricht man von einer **Abteilung.**

1 Auf die Stellenbeschreibung wird im 3. Ausbildungsjahr im Lernfeld 13 näher eingegangen.

Die **Abteilung** fasst mehrere Stellen zu einem Verantwortungsbereich unter einer gemeinsamen Leitung (z. B. Abteilungsleiter) zusammen.

Zwischen den Abteilungen gibt es Rangunterschiede. So gibt es Abteilungen, die **Teilaufgaben** erfüllen (z. B. Spielwarenabteilung), und Abteilungen, die die **Hauptaufgaben** des Einzelhandelsunternehmens übernehmen (z. B. Abteilung Einkauf).

(3) Organisationsplan

Die Bildung der Stellen und Abteilungen wird in **Stellen- und Abteilungsplänen** festgehalten. Darin sind die organisatorischen Einheiten in ihrer Aufgabenstellung, Rangordnung zueinander und Beziehungsgestaltung festgeschrieben. Werden die einzelnen Stellen- und Abteilungspläne zu einem Gesamtplan zusammengefasst, so ergibt dies den **Organisationsplan.** Er bildet den organisatorischen Aufbau des Einzelhandelsunternehmens vollständig ab. Einen Organisationsplan finden Sie auf S. 58.

Der **Organisationsplan** fasst die einzelnen Stellen- und Abteilungspläne zusammen. Er zeigt den vollständigen organisatorischen Aufbau des Unternehmens.

2.2.2.3 Leitungssysteme

(1) Begriff Leitungssysteme (Weisungssysteme)

Leitungssysteme (Weisungssysteme) sind Organisationspläne, die alle Mitglieder der Belegschaft durch **Anordnungen (Weisungen)** erfassen und einordnen.

Durch das eingesetzte Leitungssystem werden die Zuständigkeiten (Kompetenzen) zwischen der Geschäftsleitung, den Hauptabteilungen, den Abteilungen und den Stellen geregelt. Es wird festgelegt, wer die Entscheidung in einem Sachverhalt trifft **(Leitungsaufgaben)** und wer die Entscheidungen auszuführen hat **(Ausführungsaufgaben).**

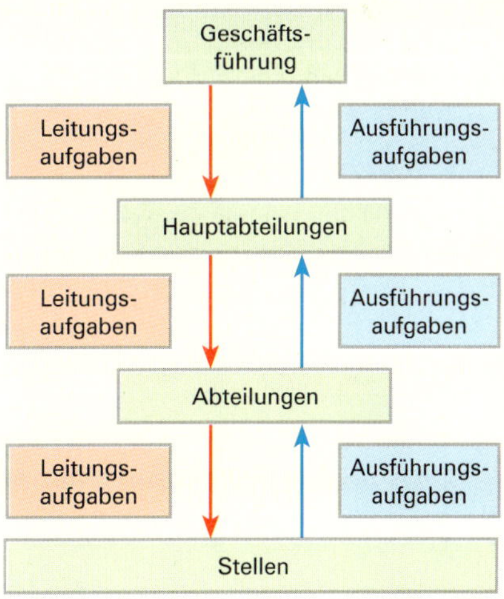

Beispiele:

Der Abteilungsleiter der Hauptabteilung Einkauf muss ab einem Wareneinkauf in Höhe von 50000,00 EUR das Einverständnis der Geschäftsleitung einholen.

Der Abteilungsleiter Lebensmitteleinkauf hat die Anweisungen der Hauptabteilung Einkauf auszuführen.

Der Abteilungsleiter Lebensmitteleinkauf ist berechtigt, den Mitarbeitern seiner Abteilung (Stelleninhabern) Aufträge zu erteilen.

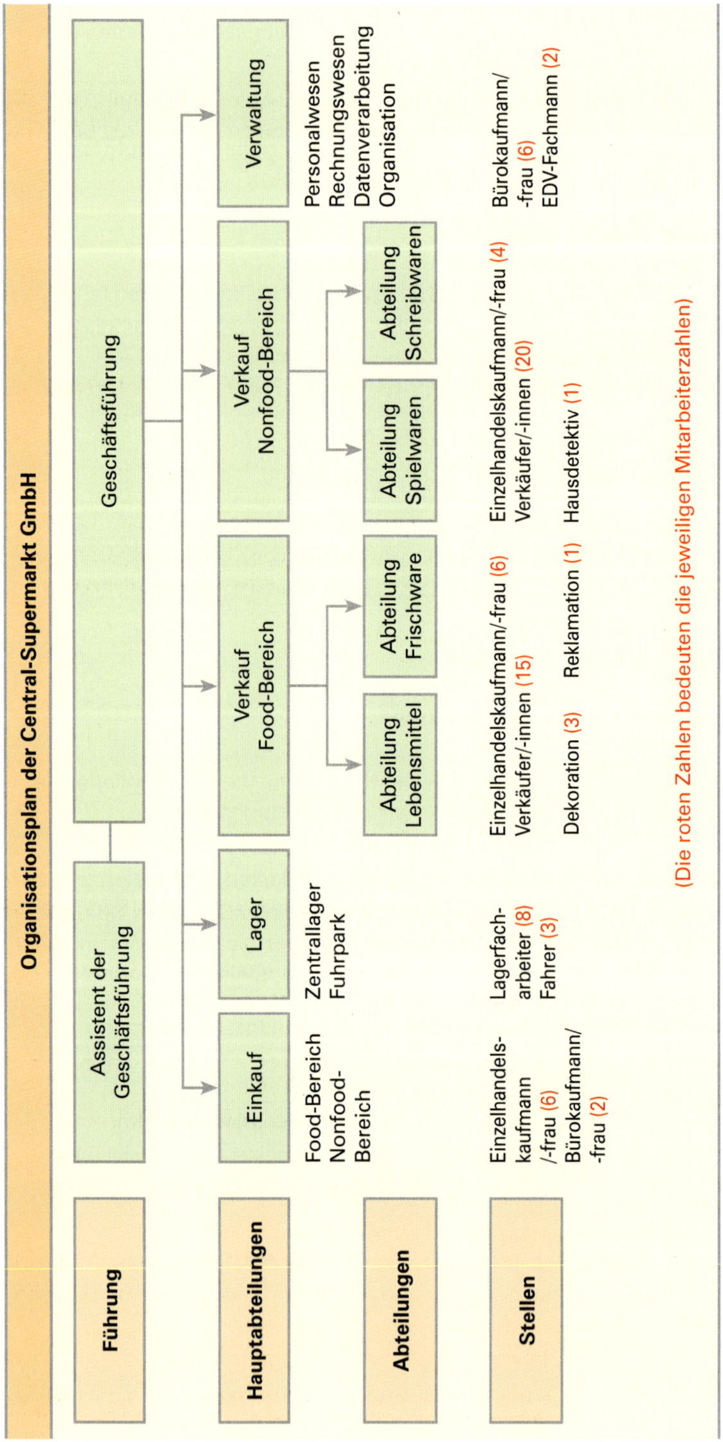
Organisationsplan der Central-Supermarkt GmbH
Führung
Hauptabteilungen
Abteilungen
Stellen
Assistent der Geschäftsführung
Geschäftsführung
Einkauf
Lager
Verkauf Food-Bereich
Verkauf Nonfood-Bereich
Verwaltung
Food-Bereich Nonfood-Bereich
Zentrallager Fuhrpark
Abteilung Lebensmittel
Abteilung Frischware
Abteilung Spielwaren
Abteilung Schreibwaren
Personalwesen Rechnungswesen Datenverarbeitung Organisation
Einzelhandelskaufmann /-frau (6) Bürokaufmann/-frau (2)
Lagerfacharbeiter (8) Fahrer (3)
Einzelhandelskaufmann/-frau (6) Verkäufer/-innen (15)
Dekoration (3) Reklamation (1)
Einzelhandelskaufmann/-frau (4) Verkäufer/-innen (20)
Hausdetektiv (1)
Bürokaufmann/-frau (6) EDV-Fachmann (2)
(Die roten Zahlen bedeuten die jeweiligen Mitarbeiterzahlen)

(2) Arten von Leitungssystemen

Ein-Linien-System

Das Ein-Linien-System geht vom Grundsatz der **einheitlichen** Auftragserteilung aus. Alle Mitarbeiter des Unternehmens sind bei dieser Organisationsform in den einheitlichen Befehlsweg eingegliedert.

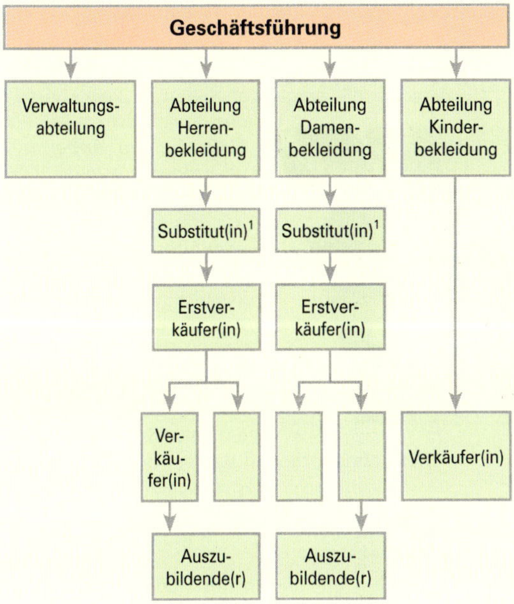

Vorteile:

- Jeder Mitarbeiter hat nur einen Vorgesetzten.
- Genaue Zuordnung der Verantwortung.
- Erleichterte Kontrolle.

Nachteile:

- Lange Informationswege.
- Überlastung der Geschäftsführung.
- Gefahr von Fehlentscheidungen.

Stab-Linien-System

Bei diesem System werden der Geschäftsleitung Stäbe zugeordnet, in denen Spezialisten, z. B. EDV-Fachleute, Fachleute für den Kauf internationaler Waren, Experten für Rechtsfragen, zusammengefasst werden. Die Stäbe haben **keine Weisungsbefugnis**. Dadurch wird sichergestellt, dass Auftragserteilungen ausschließlich von der Geschäftsführung vorgenommen werden. Die übrige Organisation entspricht dem Ein-Linien-System.

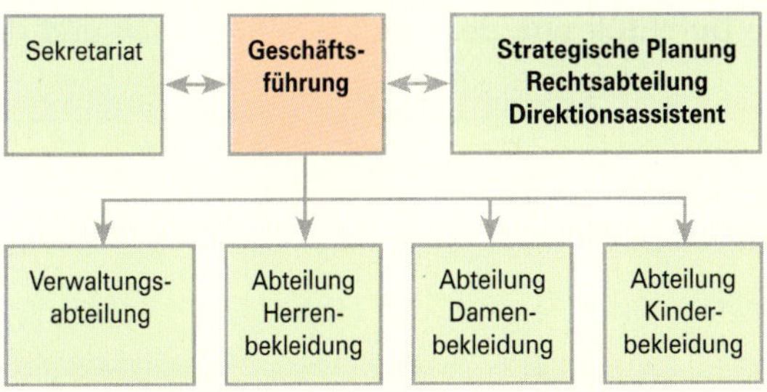

Vorteile:

- Ausnutzung von Spezialwissen.
- Entlastung der Geschäftsführung.
- Entscheidungen werden sicherer.

Nachteile:

- Hohe Kosten (Spezialisten sind teuer).
- Gefahr der Entwicklung von Expertenmacht.

1 Der **Substitut** ist eine besondere Stelle in der Betriebshierarchie von Einzelhandelsbetrieben. Der Stubstitut ist direkt dem Abteilungsleiter unterstellt und hat insbesondere die Aufgaben, den Abteilungsleiter beim Einkauf und Verkauf zu unterstützen sowie den Personaleinsatz im Verkauf festzulegen.

2.2.3 Ablauforganisation

Handlungssituation:

Die beiden Freundinnen Katharina Wehlage und Maren Meiners gehen am Dienstagnachmittag nach der Arbeit in das Leipziger Einkaufszentrum Willers am Markt, um dort für Katharina ein festliches Kleid für die Hochzeit ihres Bruders Frank am 15. Mai zu kaufen. Nach gemeinschaftlichem Suchen wird schließlich Katharina fündig. *„Ah, dieses Kleid sieht doch fantastisch aus, schau doch mal, Maren, genau so eins habe ich gesucht." „Dann zieh' es doch mal an"*, entgegnet Maren mit einem zustimmenden Kopfnicken.

Mittlerweile hat sich der Verkäufer Albers zu den beiden Kundinnen gestellt und berät Katharina in Bezug auf die Besonderheiten und die stofflichen Eigenschaften. *„Probieren Sie doch bitte einmal das Kleid in unserer Ankleidekabine an"*, schlägt er Katharina höflich vor.

Nachdem Katharina das Kleid angezogen hat, stellt sie fest, dass es ein wenig zu lang ist. *„Das ist überhaupt kein Problem, das können wir in unserer hauseigenen Änderungsschneiderei für Sie kürzen lassen. Sie können das Kleid dann schon am Freitag im Laufe des Tages bei uns an der Hauptkasse abholen. Ich stelle Ihnen einen Abholschein mit Ihren persönlichen Daten aus und Sie können dann die Bezahlung des Kleides vornehmen."*

„Was kostet das Kleid denn mit der Abänderung? Kann ich auch mit Girocard bei Ihnen bezahlen?", entgegnet Katharina kurz. *„Also, das Kleid kostet 349,00 EUR und die Änderung wird Ihnen mit 15,00 EUR berechnet"*, sagt Albers. *„Ja, das klingt doch gut"*, antwortet Katharina und zahlt an der Abteilungskasse mit ihrer EC-Karte den Gesamtbetrag von 364,00 EUR.

Am nächsten Freitag holt sie das Kleid, so wie es mit dem Verkäufer Albers abgesprochen war, an der Hauptkasse des Warenhauses gegen Vorlage des Abholscheins und des Kassenbons ab.

Aufgaben:

1. Stellen Sie den in der Handlungssituation beschriebenen Verkaufsvorgang in Form eines Arbeitsablaufes grafisch dar!
2. Durch die zeitliche Verkaufsabfolge (Prozessschritte), werden neue Ereignisse ausgelöst. Nennen Sie diese!

(1) Begriff Ablauforganisation

Die Ablauforganisation hat das Ziel, die **Durchführung der Aufgaben** zu ordnen und die **einzelnen Arbeitsschritte** festzulegen.

Die **Ablauforganisation** regelt die Arbeitsabläufe im Einzelhandelsbetrieb.

Der Arbeitsablauf in einem Einzelhandelsbetrieb richtet sich nach dem Weg, den die Waren im Betrieb nehmen **(Warenfluss).**

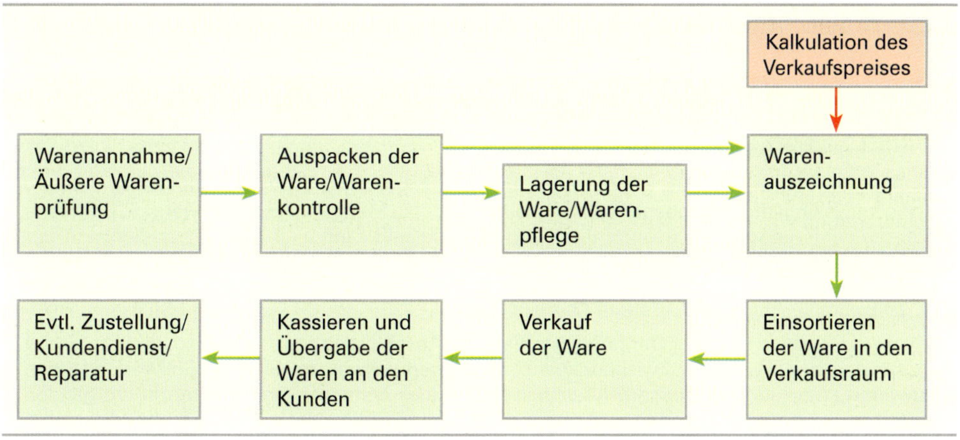

(2) Gestaltung der Aufgabendurchführung

Die **einzelnen Arbeitsabläufe** werden in **Arbeitsanweisungen** festgehalten.

Die **Arbeitsanweisung** ist ein Hilfsmittel zur Sicherung eines reibungslosen Arbeitsablaufs.

Die Arbeitsanweisung legt verbindlich fest, dass ein Arbeitsvorgang

- auf eine **bestimmte Art und Weise** durchgeführt wird,
- in immer **gleicher Weise wiederholt** wird, sodass
- das Ergebnis des Arbeitsvorgangs immer gleich **ausfallen** sollte, gleichgültig, von welchem Mitarbeiter er ausgeführt wird.

Es ist üblich, die Arbeitsanweisungen **schriftlich** niederzulegen. Bei Neueinstellungen und Urlaubsvertretungen durch eigene Mitarbeiter können somit mündliche Einweisungen entfallen, weil einfach auf die bestehende schriftliche Arbeitsanweisung verwiesen werden kann. Die Einarbeitung eigener und neuer Mitarbeiter wird auf diese Weise erheblich erleichtert.

Beispiel:

Anweisung für den Kassenabschluss[1]

1. Telecash-Abschluss machen

Belegübersicht kann nur vor dem Abschluss gemacht werden. Bei Differenzen sind in der Belegübersicht Doppelbuchungen leicht erkennbar.

2. Bargeld für Bankeinzahlung fertig machen

2.1 Kassenschublade öffnen: Taste **„Funktionen"** und anschließend die Taste **„Schublade"** drücken. Passwort eingeben und auf **„OK"** drücken. Kassenschublade öffnet sich und ein Bon wird ausgedruckt. Bon unterschreiben und Grund für Öffnung der Kasse vermerken – **Bon** geht an Buchhaltung.

1 Die Kassenanweisung ist den „Organisationsanweisungen für die Handhabung der Kassenabrechnung" des Schuhhauses Werdich GmbH & Co. KG, Dornstad, entnommen.

2.2 Die Taste **„Ausg"** auf Bildschirm drücken, Auszahlungsart **„Bareinzahlung"** wählen (die Letzte in der Liste) und die Taste **„Enter"** drücken. Den **Bankeinzahlungsbetrag** (mit den zwei Kommastellen) eingeben und Taste **„OK"** drücken. **Bon** geht unterschrieben an Buchhaltung.

3. Wechselgeld zählen

Es gibt die Möglichkeit, das Wechselgeld über das sogenannte **„Zählformular"** zu errechnen. Dabei muss für jede vorhandene Währungseinheit nur die Menge eingegeben werden. Die Werte werden dann automatisch aufsummiert. Das Wechselgeld kann auch manuell addiert und der Endbetrag eingegeben werden.

4. Zwischenabschluss durchführen (X-Abschluss)

Mit dieser Funktion kann vor Durchführung des End-Abschlusses geprüft werden, ob Differenzen vorhanden sind. Wenn der Zwischenabschluss ausgedruckt ist, müssen die Sollwerte mit den Istwerten (Wechselgeld, Girocard-Abschluss) verglichen werden. Wenn Differenzen vorhanden sind, können diese noch gezielt gesucht und korrigiert werden. Nach einer evtl. Korrektur kann der Zwischenabschluss noch einmal ausgedruckt werden (kann beliebig oft geschehen). Wenn beim Kassieren das falsche Zahlmittel verbucht wurde (z. B. Girocard-PIN statt Girocard-Last), so kann dies vor Abschluss mit der Funktion Zahlmitteltausch korrigiert werden. Im Kassierprogramm auf Funktionen und dann **„Z Tausch"**.

5. Kassenabschluss durchführen (Z-Abschluss)

5.1 Jetzt müssen die Ist-Werte eingegeben werden

- Gezähltes Bargeld in der Kasse (Wechselgeld)
- Werte von Girocard-Abschluss
  - Elektronische Lastschrift
  - Girocard-PIN
  - Mastercard
  - Visacard

HIER MÜSSEN UNBEDINGT UND OHNE AUSNAHME IMMER DIE TATSÄCHLICHEN WERTE EINGEGEBEN WERDEN.

5.2 Bevor die OK-Taste gedrückt wird, nochmals die Werte prüfen und dann abschließen (auch wenn eine nicht gefundene Differenz vorhanden ist).

5.3 **Kassenabschluss muss nicht in der Filiale archiviert werden,** kann jederzeit im Abschlussarchiv aufgerufen und bei Bedarf ausgedruckt werden.

6. Wechselgeld für den nächsten Tag eingeben

Der Kassenabschluss ist nach folgendem Muster zu erstellen und nach ZL 80 in die Buchhaltung zu schicken.

6.1 Für den Kassenabschluss kann Konzeptpapier verwendet werden. Es muss jedoch auf der Vorderseite unbedruckt sein. Die bedruckte Rückseite muss mit einem Stift durchgestrichen sein (z. B. stimmige Reduzierungslisten).

6.2 Auf die Vorderseite wird der Kassen- und Girocard-Abschluss geklebt. Nicht **zusammentackern!!!**

6.3 Auf die Rückseite kommt der Bareinzahlungsbeleg und der Beleg, wenn die Kassenschublade geöffnet worden ist (Beschriftet mit Grund- und Unterschrift).

6.4 Ausgabenbelege werden dem Kassenbericht lose beigefügt.

Zusammenfassung

- Die **Organisation** ist ein System von Regelungen und Arbeitsanweisungen, durch das der Unternehmensaufbau und die betrieblichen Abläufe gestaltet werden.
- Die **Aufbauorganisation** legt die Aufgaben und Weisungsbefugnisse von Mitarbeitern sowie die Bildung von Stellen und Abteilungen fest.
- Eine **Stelle** ist die Zusammenfassung von Teilaufgaben zu einem Arbeitsbereich für eine Person. Für eine Stelle wird in der Regel eine Stellenbeschreibung angefertigt.
- Eine **Abteilung** ist die Zusammenfassung mehrerer Stellen unter der Leitung eines Abteilungsleiters. Die ranghöchsten Abteilungen in einem Einzelhandelsbetrieb bezeichnet man als **Hauptabteilungen.**
- Das Ergebnis der Aufgabengliederung ist die Festlegung von **Stellen- und Abteilungsgliederungsplänen.** Ihre Zusammenfassung ergibt den **Organisationsplan** des Unternehmens.
- **Leitungssysteme** sind Organisationspläne, die alle Mitglieder der Belegschaft durch Anordnungen (Weisungen) erfassen und einordnen.
- Die **Ablauforganisation** gestaltet die Arbeitsabläufe mithilfe von Arbeitsanweisungen.
- Die **Arbeitsanweisung** beschreibt, in welcher Art und Weise ein Arbeitsvorgang durchgeführt werden muss. Damit soll sichergestellt werden, dass das Ergebnis des Arbeitsvorgangs immer gleich ausfällt, gleichgültig, von wem er ausgeführt wird.

Übungsaufgaben

6

1. Beschreiben Sie den Begriff Organisation mit eigenen Worten!
2. Nennen Sie die Hauptaufgabe der betrieblichen Organisation!
3. Beschreiben Sie den Begriff Aufbauorganisation mit eigenen Worten!
4. Führen Sie für einen Einzelhandelsbetrieb eine einfache Aufgabengliederung an einem selbst gewählten Beispiel durch und nennen Sie hierbei jeweils drei Beispiele für einzelne Aufgaben!
5. Erläutern Sie den Begriff Stellenbildung!
6. Erklären Sie den Begriff Abteilungsbildung!
7. Grenzen Sie die Begriffe Stelle und Abteilung voneinander ab! Fertigen Sie hierzu eine Skizze an!
8. Nach den Leitungsbefugnissen wird u. a. zwischen dem Linien- und dem Stabliniensystem unterschieden.

   Aufgabe:

   Erklären Sie die genannten Organisationsformen der Leitung!

7

1. Erläutern Sie den Begriff Ablauforganisation!
2. Nennen Sie die Aufgabe der Ablauforganisation!
3. Begründen Sie die Notwendigkeit von Arbeitsanweisungen!
4. Erstellen Sie eine Arbeitsanweisung für den Arbeitsplatz, an dem Sie gerade arbeiten!
5. Stellen Sie in vereinfachender Weise die Aufbauorganistion Ihres Ausbildungsbetriebes dar!

3 Sortimentsstruktur

Alle unternehmerischen Tätigkeiten, die ein Einzelhandelsunternehmen am Markt durchführt, sind darauf ausgerichtet, Waren zu verkaufen. Natürlich werden in diesem Zusammenhang auch Kundendienstleistungen, wie zum Beispiel die Beratung des Kunden oder ausreichende Parkplätze, angeboten. Diese Waren- und Dienstleistungen bilden den ursprünglichen Kern aller Tätigkeiten im Einzelhandel. Jeder Einzelhändler setzt sich zum Ziel, sich mit einem möglichst einzigartigen Sortiment am Markt behaupten und von der Konkurrenz absetzen zu können.

3.1 Begriff Sortiment und Merkmale der Sortimentsplanung

Handlungssituation:

Im Berliner Baumarkt Tool & Co KG unterhalten sich die beiden Auszubildenden zum Einzelhandelskaufmann Julian Sulfer und Ufuk Suliman während ihrer Frühstückspause über das vielfältige Warenangebot in ihrem Ausbildungsbetrieb.

Sulfer: *„Morgen bekommen wir wieder eine Anlieferung mit verschiedenen Pflanzen aus der Gärtnerei Weiland."*

Suliman: *„Richtig, wir haben ja wieder die Balkon- bzw. Gartenwochen. Jetzt im Frühjahr ist die Nachfrage nach Hortensien, Primeln, Stiefmütterchen und Buchsbaum besonders groß."*

Sulfer: *„Nicht nur die Nachfrage nach den verschiedenen Pflanzen ist sehr groß. Auch Artikel wie Blumenkästen, Blumenkübel, Blumenerde, Gießkannen und Dünger werden morgen mit angeliefert. Da haben wir ganz schön viel zu tun."*

Suliman: *„Und ich habe immer gedacht, wir arbeiten in einem Baumarkt, wo es um Werkzeuge und Arbeitsmittel, wie Akkuschrauber und Bohrmaschinen bzw. Baugeräte und vielleicht noch Arbeitskleidung für den Handwerker geht. Aber dass ich während meiner Ausbildung auch Blumen verkaufen muss, hätte ich nicht gedacht."*

Sulfer: *„Also, während der Gartensaison ist das doch völlig normal. Wir orientieren uns natürlich an dem Bedarf unserer Kunden. Bei uns kaufen ja nicht nur Dachdecker und Maurer, sondern auch Buchhalter und Hausfrauen ein. Zudem wollen wir uns von unseren Mitbewerbern in Berlin abheben, indem wir auch Artikel anbieten, die nicht zu unserem Hauptsortiment gehören. Außerdem bieten wir schließlich – über das ganze Jahr gesehen – nur im Frühjahr und im Herbst die Pflanzen an. Also keine Angst Ufuk, du wirst noch genug Werkzeuge und Maschinen verkaufen können."*

Aufgaben:

1. Nennen Sie Gründe, warum Baumärkte auch Pflanzen und Blumen in ihrem Sortiment anbieten!
2. Nennen Sie weitere Artikel, die sich Ihrer Meinung nach im Hauptsortiment eines Baumarktes befinden!

Sortiment ist die Gesamtheit der Waren und Dienstleistungen, die ein Einzelhändler zusammengestellt hat und dem Verbraucher anbietet.

Bei der Planung des Sortiments muss sich der Einzelhändler an den **Wünschen seiner Kunden,** an dem **Angebot seiner Konkurrenten** und an der **Geschäftspolitik der Hersteller ausrichten.**

- Ziel des Einzelhändlers gegenüber seinen **Kunden** ist, das Bereitstellen eines **bedarfsgerechten Leistungsangebots.** Wichtige Grundsätze bei der Warenauswahl und dem Dienstleistungsangebot sind:
  - **Abdecken des Kundenbedarfs** (z. B. Vollsortiment an Lebensmitteln des täglichen Bedarfs).
  - Ausrichten des **Preisniveaus an den Kundenerwartungen** (z. B. preisgünstige Waren bei niedrigem Kundeneinkommen).
  - Abstellen auf die **Bezugsmöglichkeiten** (z. B. Zugehörigkeit zu einer Einkaufsgemeinschaft).
  - Anspassung an die gewählte **Bedienungsform** (z. B. keine erklärungsbedürftigen Waren bei Selbstbedienung).
- Gegenüber den **Konkurrenten** hat der Einzelhändler darauf zu achten, dass sich sein Sortiment positiv von dem seiner Konkurrenten abhebt.
- Wichtig für den Einzelhändler ist zudem, die **Geschäftspolitik der Hersteller** zu berücksichtigen. Betreibt z. B. ein Hersteller seiner Branche eine aktive Konsumentenpolitik, indem er Markenartikel aufbaut, so muss der Einzelhändler diese Artikel in sein Sortiment aufnehmen, wenn sie von den Kunden nachgefragt werden.

3.2 Gliederung des Sortiments

Der Aufbau des Sortiments lässt sich in verschiedenen Ebenen darstellen **(Sortimentspyramide).**

Sortimentspyramide

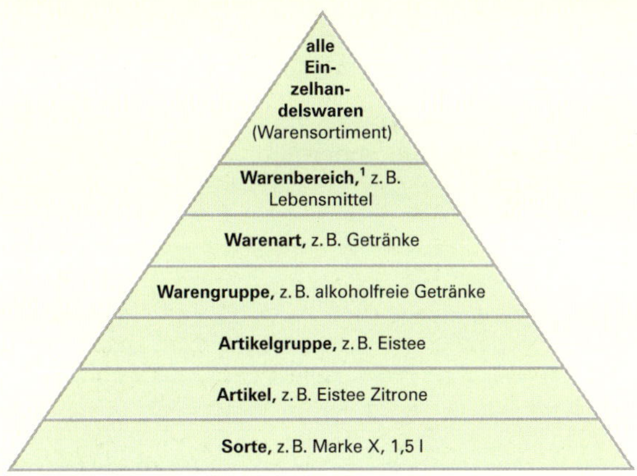

Erläuterungen:

- Die Sorte ist die kleinste Einheit des Sortiments.
- Eng verwandte Sorten werden zu **Artikeln (Sortengruppen)** zusammengefasst. Sie unterscheiden sich z. B. nach Geschmacksrichtungen, Größe, Farbe, Verpackungseinheit.
- Gleichartige Artikel ergeben zusammengefasst die **Artikelgruppe.**
- Artikelgruppen mit einer ähnlichen Zusammensetzung, Verwendung, Herstellung, Form usw. bezeichnet man als **Warengruppe.**

  Dienstleistungen gelten in der Regel als Warengruppe. Sofern eine Dienstleistung (z. B. Zustellen von Lebensmitteln, Uhren reparieren, Möbel aufbauen) dem Kunden berechnet wird, erhält sie eine Artikelnummer und wird vom Warenwirtschaftssystem erfasst.
- Gleichartige Warengruppen zusammengefasst ergeben eine **Warenart.**

1 Man verwendet auch den Begriff **Sortimentsbereich.**

5 Speth u.a. - ISBN 978-3-8120-0631-6

- Die Zusammenstellung gleichartiger Warenarten (z. B. „Food" und „Nonfood" im Lebensmittelgeschäft) ergeben einen **Warenbereich.**
- Die Summe der Warenbereiche ergibt das **Warensortiment** des Einzelhandelsbetriebes.

3.3 Umfang des Sortiments

(1) Breites und schmales Sortiment

Die Sortimentsbreite kennzeichnet die Anzahl der Warengruppen. Ein Sortiment ist umso **breiter,** je **mehr verschiedene Warenbereiche** es umfasst.

Beispiel:

Ein Warenhaus führt folgende Warenbereiche: Textilien, Haushaltswaren, Spielwaren, Sportartikel, Schuhe, Lebensmittel.

Ein **schmales (enges) Sortiment** weist nur **wenige Warengruppen** auf. Fachgeschäfte weisen in der Regel ein schmales Sortiment auf.

Beispiele:

Fachgeschäft für Damen- und Herrenoberbekleidung; Fachgeschäft für Früchte; Fachgeschäft für Sportartikel.

(2) Tiefes und flaches Sortiment

Die Sortimentstiefe kennzeichnet die Anzahl der Artikel und Sorten, die der Einzelhandelsbetrieb **innerhalb einer Warengruppe** anbietet. Die Artikel und Sorten unterscheiden sich dabei hinsichtlich ihrer Qualität, Preislage und Ausführungen. Ein Sortiment ist umso **tiefer,** je **mehr gleichartige Artikel** geführt werden. Aus Kundensicht verfügt solch ein Einzelhandelsbetrieb über eine „große Auswahl."

Beispiel:

Ein Jeansladen führt alle großen Marken, alle Größen, viele Farben, Vielzahl von Preislagen …

Ein **flaches Sortiment** bietet nur **wenige Artikel und Sorten** innerhalb einer Warengruppe an.

Beispiel:

Eine Boutique führt nur top-modische Kleider, T-Shirts und Hosen; häufig nur Einzelteile von bekannten Modeschöpfern; wenige Farben; nur hochpreisige Ware.

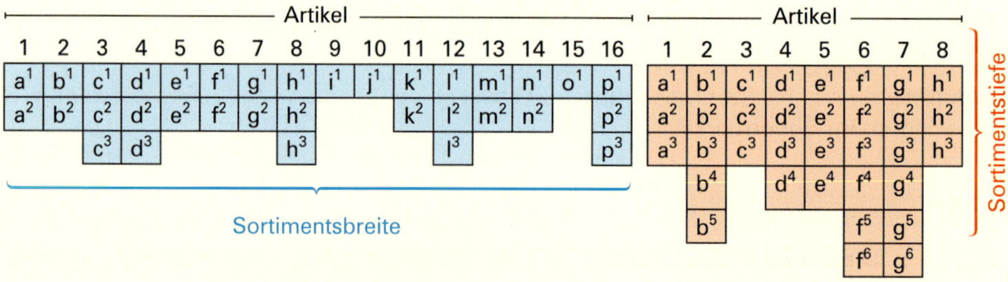

breites Sortiment | **tiefes Sortiment**

3.4 Aufbau des Sortiments

(1) Kernsortiment

- Das **Kernsortiment (Musssortiment)** umfasst alle Waren, die für die betreffende Branche typisch sind und auf die sich das Einzelhandelsgeschäft schwerpunktmäßig spezialisiert hat (z. B. Möbel in einem Möbelhaus).
- Die Artikel des Kernsortiments werden das **ganze Jahr über** den Kunden angeboten. Mit dem Kernsortiment erzielt das Einzelhandelsunternehmen den **Hauptumsatz.**

(2) Zusatzsortiment

Es beinhaltet Artikel, die das **Kernsortiment ergänzen.** Mit diesem Sortiment zielt der Einzelhändler auf das **One-Stop-Shopping** ab, bei dem der Verbraucher möglichst in einem Geschäft alles für einen speziellen Kaufwunsch kaufen kann.

Beispiel: Schuhfachgschäft

Das Kernsortiment sind Herren-, Damen- und Kinderschuhe.
Das Zusatzsortiment umfasst Ledertaschen, Ledermäntel, Schuhcreme, Socken …

(3) Randsortiment

Es setzt sich aus selten verlangten Artikeln des Kern- und Zusatzsortiments zusammen.

Beispiele:

Sondergrößen bei Kleidern und Schuhen, Maßanfertigung in einer Boutique.

(4) Auslauf-, Saison-, Probesortiment

Waren, die in absehbarer Zeit aus dem Sortiment herausgenommen werden, bezeichnet man als **Auslaufsortiment.**

Waren, die nur zu bestimmten Zeiten (z. B. Skimode im Winter, Bademode im Sommer) oder zu bestimmten Anlässen (z. B. Feuerwerkskörper zu Silvester, Osterhasen zur Osterzeit) im Sortiment geführt werden, um das Sortiment zu ergänzen, nennt man **Saisonsortiment.**

Überblick

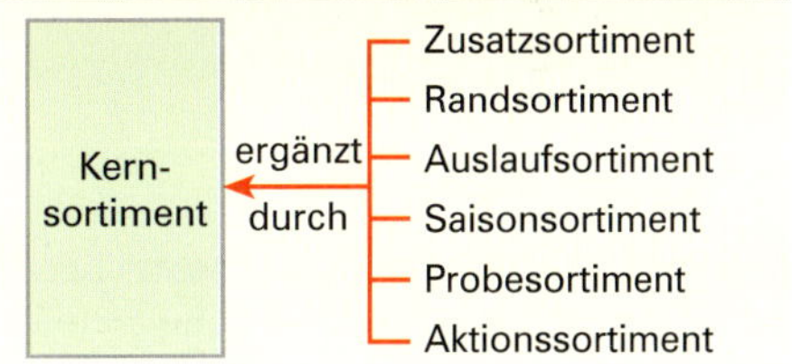

Werden Waren neu ins Sortiment aufgenommen, so spricht man von **Probesortiment** (z. B. Diätsortiment im Supermarkt).

(5) Aktionssortiment

Es umfasst **Aktionsware** (Saisonartikel, Modeartikel, Neuheiten), die **kurzzeitig** und **preisaggressiv** angeboten wird, um damit den Absatz des Kernsortiments zu unterstützen bzw. ein Abwandern von Kunden zu verhindern.

3.5 Sortimentskontrolle

Situation:

Der Bedarf der Kunden bzw. des Kundenkreises ist der Schlüssel zur Gestaltung bzw. zur Planung des eigenen Sortiments. Wenn Einzelhandelsbetriebe keine Umsatzeinbußen und Kundenrückläufe erleiden wollen, müssen sie sich an den Bedürfnissen und an den Änderungen des Kundengeschmacks orientieren. Eine ständige Kontrolle des gesamten Sortiments ist daher zwingend notwendig und wird mithilfe des Warenwirtschaftssystems, beispielsweise hinsichtlich der Umsätze bestimmter Artikel, permanent durchgeführt. Aus diesen Ergebnissen lassen sich dann die „Renner" und die „Penner" im Sortiment ermitteln.

(1) Fehlverkaufs- und Nichtverkaufskontrollen

- Werden vom Kunden **Waren nachgefragt,** die im **Sortiment nicht geführt** werden, so besteht eine **Sortimentslücke.** Dies führt zu einem **Nichtverkauf.**
- Wird der **Artikel im Sortiment** zwar **geführt,** ist aber im Moment **nicht vorrätig,** so liegt ein **Fehlverkauf** vor.

Fehl- und Nichtverkäufe müssen täglich vom Verkaufspersonal erfasst und in einer Liste bzw. im Warenwirtschaftssystem festgehalten werden. Während das Verkaufspersonal beim Bedienungskauf die Fehl- und Nichtverkäufe problemlos erfassen kann, ist es beim Selbstbedienungskauf auf die Mitarbeit der Kunden angewiesen.

Beispiel für den Aufbau einer Fehlverkaufs- und Nichtverkaufsliste:

Schuhmarkt Leo Schmeußer KG						
Datum	Nachgefragte Ware nicht im Sortiment		Nachgefragte Ware ist nicht vorrätig			
	Artikel	Beschreibung	Artikel	Artikelnummer	Größe/Anzahl	letzter Verkaufstag

(2) Renner-Penner-Liste

Durch die Auswertung der Absatz- bzw. Umsatzzahlen mithilfe des Warenwirtschaftssystems lassen sich starke und schwache Umsatzträger feststellen.

Renner-Liste	Sie zeigt die Artikel auf, die starke Umsatzträger („Verkaufshits") sind. Bei diesen Artikeln wird sich der Einzelhändler überlegen, ob es nicht sinnvoll ist, deren Sortimentsanteil zu erweitern.
Penner-Liste	Sie lässt die „Ladenhüter" im Sortiment erkennen. Sofern diese Artikel nicht aus wichtigen Gründen (z.B. wegen einer Bedarfsabrundung) im Sortiment belassen werden müssen, wird der Einzelhändler die Penner – im Rahmen einer Sortimentsbereinigung – aus dem Sortiment nehmen, um Regalflächen und Kapital für Renner-Artikel freizusetzen.

Renner und Penner lassen sich anhand der verkauften Menge und der damit erzielten Umsätze ermitteln. So können z.B. zum Renner einer Artikelgruppe die fünf umsatzstärksten Artikel erklärt werden; oder zum Penner einer Artikelgruppe werden alle die Artikel gezählt, die einen Umsatz von weniger als 150,00 EUR im Monat erzielen.

Renner-Liste:

220.004.00003 **24** 003111 KANGAROOS **WE** 14.03.20..

VKS 29,95
VKA 24,00 - 29,95
FAB 30337-503
MOD Tina

Abv. 93,8%
VK seit 14.03.20..
LAG 00-000000

R 12

	Sum	Jan	Feb	Mrz	Apr	Mai	Jun	Jul	Aug	Sep	Okt	Nov	Dez
E	177			180	-2	-1							
U	166			71	66	17	10	2					

BST in: 003,010,015,017,019,038,040

GG2	Sum	36	37	38	39	40	41	42
G-Dispo	180	12	24	36	36	36	24	12
R-Dispo								
Einsatz	177	10	23	36	36	36	24	12
Umsatz	166	10	21	36	36	32	20	11
Bestand	11		2			4	4	1

220.504.00000 **24** 007716 SKECHERS **WE** 17.02.20..

VKS 49,95
VKA 49,95
FAB 21548
MOD

Abv. 92,6%
VK seit
LAG 00-000000

R 23

	Sum	Jan	Feb	Mrz	Apr	Mai	Jun	Jul	Aug	Sep	Okt	Nov	Dez
E	298		300			-1	-1						
U	276		13	83	114	44	18	4					

BST in: 004,014,018,024-026,030-031,042,044

GG2	Sum	36	37	38	39	40	41
G-Dispo	300	25	50	75	75	50	25
R-Dispo							
Einsatz	298	25	50	74	74	50	25
Umsatz	276	25	50	74	70	43	14
Bestand	22				4	7	11

Penner-Liste:

220.509.00005 **24** 002047 IRREGULAR CHOI **WE** 14.03.20..

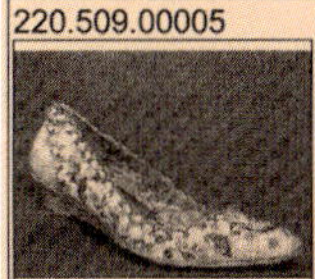

VKS 109,95
VKA 55,00
FAB 2916-1A
MOD

Abv. 3,1%
VK seit 02.06.20..
LAG 00-000000

R 1

	Sum	Jan	Feb	Mrz	Apr	Mai	Jun	Jul	Aug	Sep	Okt	Nov	Dez
E	32	12		20									
U	1							1					

BST in: 020,037,045

GG2	Sum	36	37	38	39	40	41
G-Dispo	32	2	5	8	8	6	3
R-Dispo							
Einsatz	32	2	5	8	8	6	3
Umsatz	1					1	
Bestand	31	2	5	8	8	5	3

220.601.00001 **24** 002052 PACO GIL **WE** 14.02.20..

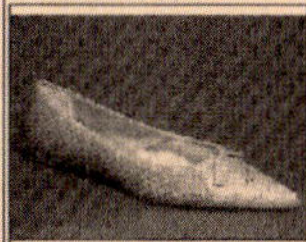

VKS 169,95
VKA 85,00
FAB P9721
MOD Mia

Abv. 11,5%
VK seit 17.06.20..
LAG 00-000000

R 3

	Sum	Jan	Feb	Mrz	Apr	Mai	Jun	Jul	Aug	Sep	Okt	Nov	Dez
E	26		26										
U	3						1	2					

BST in: 003,039

GG3	Sum	36	36½	37	37½	38	38½	39	39½	40	40½	41	41½	42
G-Dispo	26	2	2	2	2	3	2	3	2	2	2	2		2
R-Dispo														
Einsatz	26	2	2	2	2	3	2	3	2	2	2	2		2
Umsatz	3				1	2								
Bestand	23	2	2	2	1	1	2	3	2	2	2	2		2

Quelle: Schuhhaus Werdich GmbH & Co. KG, Dornstadt.

Zusammenfassung

- Als **Sortiment** bezeichnet man die Gesamtheit der Waren und Dienstleistungen, die ein Einzelhandelsunternehmen zusammengestellt hat und dem Verbraucher anbietet.
- Für die **Planung des Sortiments** sind von Bedeutung:
  - die Wünsche des Kunden
  - das Angebot der Konkurrenten
  - die Geschäftspolitik der Hersteller
- Zur **Gliederung des Sortiments** vgl. Sortimentspyramide S. 65.
- Der **Umfang des Sortiments** ist gekennzeichnet durch:
  - **Sortimentsbreite:** Sie kennzeichnet die Anzahl der Warengruppen. Danach unterscheidet man in **breites** und **schmales** Sortiment.
  - **Sortimentstiefe:** Sie kennzeichnet die Anzahl der Artikel und Sorten innerhalb einer Warengruppe. Danach unterscheidet man in **tiefes** und **flaches** Sortiment.
- Der wichtigste Sortimentsbereich ist das **Kernsortiment.** Mit diesem Bereich erzielt der Einzelhändler den größten Umsatz. Er wird ergänzt durch:
  - Zusatzsortiment
  - Randsortiment

- Auslaufsortiment
- Saisonsortiment
- Probesortiment
- Aktionssortiment

- Ziel der **Sortimentskontrolle** ist es, die Absatzentwicklung der einzelnen Artikel ständig zu überprüfen.

Übungsaufgabe

8

1. Das Sortiment eines Kaufhauses ist nach folgenden Teilbereichen aufgebaut: Warenbereich, Warengruppe, Warenart, Artikel.

   Aufgabe:

   Bilden Sie zu jedem Teilbereich ein Beispiel aus der Branche Ihrer Wahl!

2. 2.1 Beschreiben Sie das Hauptsortiment eines Fachgeschäftes bezüglich Breite und Tiefe! Bilden Sie hierzu Beispiele aus der Branche in der Sie tätig sind!

   2.2 Charakterisieren Sie das Sortiment eines Warenhauses hinsichtlich der Sortimentsbreite und Sortimentstiefe allgemein und mithilfe von Beispielen!

3. Übertragen Sie das angegebene Schema in Ihr Heft und ordnen Sie die folgenden Betriebsformen in das Schema ein: Boutique, Verbrauchermarkt, Spezialgeschäft, Warenhaus, Supermarkt, Discounter, Fachgeschäft, Convenience-Store, Fachmarkt!

		Sortimentsbreite	
		schmal	breit
Sortimentstiefe	flach		
	tief		

4. Nennen und erläutern Sie vier Faktoren, welche die Wahl Ihres Sortiments beeinflussen!

5. 5.1 Entscheiden Sie sich für eine Branche! Nennen Sie vier Warengattungen, die Sie zum Kernsortiment rechnen, und je zwei Warengattungen, die zu Ihrem Zusatz- und Randsortiment gehören!

   5.2 Unterscheiden Sie die Begriffe Kernsortiment und Randsortiment! Nennen Sie je ein Beispiel und geben Sie die Branche an!

6. Ergänzen Sie die Kernsortimente „Herrenhemden" in der Bekleidungsabteilung und „Weine" in der Lebensmittelabteilung um sinnvolle Artikel!

7. Nennen Sie drei Gründe, warum ein Unternehmen Sortimentsveränderungen vornimmt!

8. Die Sortimentsgestaltung soll durch eine Sortimentsanalyse an das Käuferverhalten angepasst werden. Hierzu schlägt die Geschäftsleitung folgende Maßnahmen vor:
   - Durchführung von Fehlverkaufs- und Nichtverkaufskontrollen.
   - Führen von Renner- und Pennerlisten.

   Aufgabe:

   Erklären Sie die beiden Maßnahmen!

4 Ausbildung

Handlungssituation:

Start in das Berufsleben

Tanja Erichsen, siebzehnjährige Absolventin der Realschule Gummersbach, sucht einen Ausbildungsplatz zur Einzelhandelskauffrau und hat sich auf verschiedene Stellenanzeigen, die im lokalen Tageblatt abgedruckt waren, beworben. Nach einem erfolgreichen Vorstellungsgespräch beim Einzelhändler Henning Meinershagen e.Kfm. im 30 km entfernten Olpe, erhielt sie für dieses Jahr den ersehnten Ausbildungsvertrag.

Noch bevor Tanja ihren ersten Arbeitstag im neuen Ausbildungsbetrieb hat, muss sie vorab einige wichtige Details klären – zum Beispiel, ob sie sich eine eigene Wohnung in Olpe suchen muss oder zu Hause bei ihren Eltern wohnen bleibt und mit der Bahn die Strecke täglich zur Arbeit fährt. Des Weiteren stellt sich die Frage, ob die monatliche Ausbildungsvergütung ausreicht, um ihre laufenden Kosten zu decken. Von einer Freundin hat sie erfahren, dass sich die Eltern an einer beruflichen Erstausbildung beteiligen müssen bzw. der Staat einen Zuschuss in Form der Berufsausbildungsbeihilfe, zum Beispiel bei einem Umzug in eine andere Stadt, anbietet.

Wichtig ist Tanja, einen guten Start in ihr „neues Leben" hinzulegen. *„Einen positiven Eindruck möchte ich machen, wenn ich als neuer Azubi im Betrieb anfange"*, denkt sie.

„Was, sagte Herr Meinershagen beim Einstellungsgespräch, wäre ihm sehr wichtig? Erst einmal alles aufmerksam zu beobachten, nett und freundlich zu den Kunden zu sein, auf meine Kleidung zu achten und gut zuzuhören, wenn ein Mitarbeiter mir nützliche Tipps gibt. Ich soll mir sogar die wichtigsten Dinge aufschreiben, damit ich sie nicht sofort wieder vergesse. ‚Jeder Betrieb läuft anders', hat er gesagt. Ach ja, und viel fragen soll ich und nach Möglichkeit nicht im Weg stehen.

An meine Unterlagen soll ich denken, die würde er unbedingt brauchen. Welche waren das noch? Sozialversicherungsausweis, eine ärztliche Bescheinigung, die Krankenversicherung, ein polizeiliches Führungszeugnis, meine Schulzeitbescheinigung. Ein Girokonto bei einer Bank soll ich mir einrichten, sonst gäbe es kein Geld.

Jeden Dienstag und Freitag ist Berufsschule. Dort wird das Theoretische, wie Warenkenntnisse und Gesetze, an die Schüler vermittelt. Petra Clausen und Felix Asmussen müssen auch an diesen beiden Tagen zur Berufsschule. Die können mich dann vielleicht mitnehmen und mir helfen, wenn ich Fragen habe. Ein Berichtsheft soll ich jetzt auch führen. Dort müssen alle Berufsschulinhalte und meine praktischen Aufgaben monatlich eingetragen werden. In meiner Einzelhandelsklasse sind fast dreißig neue Auszubildende aus allen Bereichen. Einige arbeiten im Lebensmittelbereich, andere im Textil- und Schuhbereich und wieder andere im Telekommunikations- bzw. Multimediabereich.

‚Man lernt nie aus', sagt Herr Meinershagen. Auch wenn ich meine Ausbildung erfolgreich beendet habe, könnte ich mich danach beruflich weiterqualifizieren und weiterbilden. Aber bis dahin ist es noch ein langer Weg."

Aufgaben:

1. Warum sind für Ausbildungsbetriebe nicht immer nur gute Schulnoten von großer Bedeutung? Nennen Sie weitere Qualifikationen, die ein Auszubildender im Berufsleben mitbringen muss!
2. Erläutern Sie, wie die Berufsausbildung in Ihrem Ausbildungsbetrieb abläuft! Notieren Sie wesentliche Inhalte wie zum Beispiel Arbeitszeiten, Pausenzeiten, Urlaubsregelungen, Ausbildungsdauer usw. aus Ihrem Ausbildungsvertrag und vergleichen Sie diese mit Ihren Mitschülern!

4.1 Ausbildender, Ausbilder, Auszubildender

(1) Begriffe Ausbildender und Ausbilder

- **Ausbildender** ist derjenige, der einen Auszubildenden (Lehrling) zur Berufsausbildung einstellt.

Beispiel:

Jens Zeiler wird vom Lebensmitteleinzelhandelsfachgeschäft Thomas Hutter e. K.[1] ausgebildet. Das Lebensmitteleinzelhandelsfachgeschäft Thomas Hutter e. K. ist Ausbildender.

- **Ausbilder** ist derjenige, der vom Ausbildenden mit der Durchführung der Ausbildung beauftragt wird.

Beispiel:

In der Getränkeabteilung wird Jens Zeiler von der Angestellten Frau Freiberg ausgebildet. Frau Freiberg ist Ausbilderin.

Ausbilden darf nur, wer persönlich und fachlich geeignet und mindestens 24 Jahre alt ist. Die fachliche Eignung umfasst vor allem die für den jeweiligen Beruf erforderlichen Fertigkeiten und Kenntnisse.

Die Ausbilder vermitteln die Fertigkeiten und Kenntnisse, die zur Erreichung des Ausbildungsziels erforderlich sind. Ferner muss der Ausbildungsbetrieb in der Lage sein, die wesentlichen Inhalte der Ausbildung zu vermitteln.

(2) Begriff Auszubildender

Auszubildender ist derjenige, der nach den Bestimmungen des Berufsbildungsgesetzes [BBiG] einen anerkannten Ausbildungsberuf aufgrund staatlicher und bundeseinheitlich gültiger Ausbildungsverordnung erlernt.

Beispiel:

Jens Zeiler schließt mit dem Lebensmitteleinzelhandelsfachgeschäft Thomas Hutter e. K. einen Ausbildungsvertrag als Kaufmann im Einzelhandel ab. Jens Zeiler ist Auszubildender.

Anforderungen an Auszubildende. Ein großes Einzelhandelsunternehmen umschreibt die Anforderungen an Auszubildende auf seiner Internetseite folgendermaßen:

„Die Voraussetzung für die Bewerbung bei uns sind gute schulische Leistungen und eine abgeschlossene Schulausbildung. Die Fähigkeit zur Teamarbeit ist ebenso wichtig wie ein hohes Verantwortungsbewusstsein. Wir möchten Auszubildende gewinnen, die überdurchschnittlich motiviert und engagiert sind. Neben den schulischen Leistungen interessiert uns vor allem die Persönlichkeit der Bewerber."

1 **e. K.**: eingetragener Kaufmann.

4.2 Ausbildungsverhältnis

4.2.1 Berufsbildungsgesetz und Ausbildungsordnung

(1) Berufsbildungsgesetz

Das Berufsbildungsgesetz [BBiG] regelt die **Berufsausbildung,** die **berufliche Fortbildung** und die **berufliche Umschulung.** Die Ausbildung in den verschiedenen Ausbildungsberufen ist durch die Ausbildungsordnungen geregelt.

(2) Ausbildungsordnung

Die **Ausbildungsordnung** hat **mindestens festzulegen:**

- die Bezeichnung des **Ausbildungsberufs** (z. B. Kaufmann/Kauffrau im Einzelhandel);
- die **Ausbildungsdauer,** sie soll nicht mehr als drei und nicht weniger als zwei Jahre betragen;
- das **Ausbildungsberufsbild,** es enthält die Fertigkeiten und Kenntnisse, die Gegenstand der Berufsausbildung sind;
- den **Ausbildungsrahmenplan,** es handelt sich hierbei um eine Anleitung zur sachlichen und zeitlichen Gliederung der Fertigkeiten und Kenntnisse und
- die **Prüfungsanforderungen.**

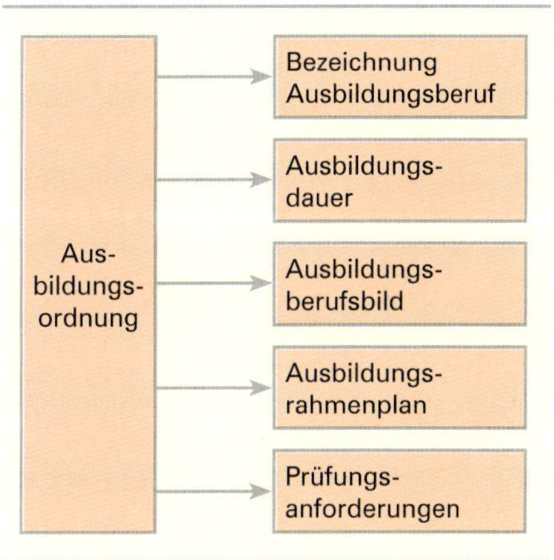

Für einen anerkannten Ausbildungsberuf darf nur nach der Ausbildungsordnung ausgebildet werden. Jugendliche unter 18 Jahren dürfen nur in anerkannten Ausbildungsberufen ausgebildet werden.

4.2.2 Berufsausbildungsvertrag

(1) Begriff kaufmännischer Auszubildender

Kaufmännischer Auszubildender ist, wer in einem kaufmännischen Betrieb zur Erlernung kaufmännischer Tätigkeiten angestellt ist.

(2) Duales System

In der Bundesrepublik Deutschland erfolgt die Berufsausbildung gleichzeitig in den **Betrieben** und in der **Berufsschule.** Man spricht deshalb vom **dualen[1] Ausbildungssystem.**

1 **Dual:** zweiseitig, zweigleisig.

Berufsausbildung
erfolgt gleichzeitig

im Ausbildungsbetrieb		**in der Berufsschule**
■ vorwiegend praktische Berufsausbildung ■ fachliche Fertigkeiten und Kenntnisse	◁ **Duales System** ▷	■ vorwiegend theoretische Berufsausbildung ■ Erweiterung und Vertiefung der Allgemeinbildung
↑		↑
Berufsbildungsgesetz Ausbildungsordnungen Vorschriften der Kammern		Schulgesetze Rahmenlehrpläne des Bundes Lehrpläne der Bundesländer

(3) Abschluss des Berufsausbildungsvertrages

Vor Beginn der Berufsausbildung ist zwischen dem Ausbildenden und dem Auszubildenden ein Berufsausbildungsvertrag zu schließen.

Quelle: contrastwerkstatt – www.fotolia.de

Der Berufsausbildungsvertrag muss bei der **Industrie- und Handelskammer** zur Genehmigung und Eintragung in das **„Verzeichnis der Berufsausbildungsverhältnisse"** vorgelegt werden.

Die Eintragung wird nur vorgenommen, wenn der Berufsausbildungsvertrag dem Berufsbildungsgesetz und der Ausbildungsordnung entspricht und die **persönliche und fachliche Eignung** des **Ausbildungspersonals** sowie die **Eignung** der **Ausbildungsstätte** vorliegen. Die Eintragung ist u. a. Voraussetzung dafür, dass der Auszubildende zur Abschlussprüfung der Industrie- und Handelskammer (IHK) zugelassen wird.

Unverzüglich nach Abschluss des Berufsausbildungsvertrages, spätestens vor Beginn der Berufsausbildung, hat der Ausbildende den wesentlichen Inhalt des Vertrages schriftlich niederzulegen.[1] Der Vertrag ist vom **Ausbildenden,** vom **Auszubildenden** und – wenn der Auszubildende noch **minderjährig** ist – von dessen **gesetzlichem Vertreter** zu unterzeichnen und unverzüglich eine Ausfertigung der unterzeichneten Niederschrift dem Auszubildenden und dessen gesetzlichem Vertreter auszuhändigen.

Der Ausbildungsvertrag muss folgende Punkte enthalten:

- sachliche und zeitliche Gliederung sowie Ziel der Berufsausbildung,
- Berufstätigkeit, für die ausgebildet werden soll,
- Beginn und Dauer der Berufsausbildung,

1 Wesentliche Inhalte des Berufsausbildungsvertrages sind gesetzlich festgelegt (z. B. die Art, sachliche und zeitliche Gliederung sowie das Ziel der Berufsausbildung; Beginn und Dauer der Berufsausbildung; Zahlung und Höhe der Vergütung). Der Berufsausbildungsvertrag ist **kein** Arbeitsvertrag.

- Ausbildungsmaßnahmen außerhalb der Ausbildungsstätte (überbetriebliche Ausbildung),
- Dauer der regelmäßigen täglichen Arbeitszeit,
- Dauer der Probezeit,
- Zahlung und Höhe der Ausbildungsvergütung,
- Dauer des Urlaubs,
- Voraussetzungen, unter denen der Berufsausbildungsvertrag gekündigt werden kann,
- Hinweis auf anwendbare Tarifverträge und Betriebsvereinbarungen.

(4) Ausbildungszeit

Die Ausbildungszeit beträgt für den Ausbildungsberuf **Verkäufer/Verkäuferin** im Einzelhandel 2 Jahre und für den Ausbildungsberuf **Kaufmann/Kauffrau** im Einzelhandel 3 Jahre.

(5) Pflichten und Rechte aus dem Berufsausbildungsvertrag

Die Pflichten und Rechte des Auszubildenen bzw. des Ausbildenen ergeben sich vor allem aus dem Berufsbildungsgesetz und dem Jugendarbeitsschutzgesetz.[1]

Pflichten des Auszubildenden (Rechte des Ausbildenden)	Pflichten des Ausbildenden (Rechte des Auszubildenden)
■ **Befolgungspflicht:** Weisungen des Ausbildenden im Rahmen der Berufsausbildung sind sorgfältig zu befolgen. ■ **Berufsschulpflicht.** ■ **Lernpflicht:** Der Auszubildende muss sich bemühen, so zu lernen, dass die Abschlussprüfung bestanden wird. ■ **Ausbildungsnachweispflicht (Berichtsheftpflicht):** Der Auszubildende hat in der Regel wöchentlich Ausbildungsnachweise zu führen. Sie geben Auskunft über den Ablauf der Ausbildung und müssen bei der Abschlussprüfung vorgelegt werden. Die einzelnen Ausbildungsnachweise sind vom Ausbilder zu unterschreiben. ■ **Schweigepflicht** über Geschäftsdaten. ■ **Haftpflicht:** Bei grob fahrlässig oder vorsätzlich verursachten Schäden an Maschinen, Büroeinrichtungen usw. haftet der Auszubildende.	■ **Ausbildungspflicht:** Vermittlung der Fertigkeiten und Kenntnisse, die zur Erreichung des Ausbildungsziels erforderlich sind. ■ **Ausbildungsmittel:** Müssen kostenlos zur Verfügung gestellt werden. ■ **Fürsorgepflicht:** Vermeidung sittlicher und körperlicher Schäden; Anmeldung zur Sozial- und Unfallversicherung. ■ **Freistellungspflicht:** Der Ausbildende muss den Auszubildenden zum Besuch der Berufsschule anhalten und freistellen. ■ **Anmeldepflicht zu Prüfungen:** Der Auszubildende muss rechtzeitig zu Prüfungen angemeldet und freigestellt werden. ■ **Urlaubspflicht:**[2] Der Urlaub beträgt nach: Alter – Mindesturlaub bis 16 Jahre – 30 Werktage bis 17 Jahre – 27 Werktage bis 18 Jahre – 25 Werktage ■ **Vergütungspflicht:** Die Zahlung des Arbeitsentgelts muss spätestens am letzten Werktag des Monats erfolgen. ■ **Pflicht zur Entgeltfortzahlung:** An gesetzlichen Feiertagen und im unverschuldeten Krankheitsfall bis zu sechs Wochen. ■ **Pflicht zur Ausstellung eines Zeugnisses.**

1 Zu Einzelheiten siehe S. 77ff.

2 Für Berufsschüler soll der Urlaub in die Schulferien gelegt werden. Es muss sichergestellt sein, dass mindestens 12 Werktage am Stück gewährt werden.

(6) Probezeit

Die Probezeit beträgt **mindestens einen Monat** und darf **nicht länger als vier Monate** dauern. Die Probezeit ist Bestandteil des Ausbildungsverhältnisses. Während der Probezeit kann jeder der Vertragspartner das Ausbildungsverhältnis ohne Angabe von Gründen fristlos lösen.

(7) Institutionen zur Durchsetzung ausbildungsrechtlicher Ansprüche

Sind Auszubildende der Meinung, dass der ausbildende Betrieb seinen Pflichten nicht nachkommt, können sie sich an verschiedene Institutionen wenden.

- Im Bereich des **Betriebs- und Gefahrenschutzes** sind die **staatlichen Gewerbeaufsichtsämter** als Landesbehörden für die Überwachung aller Betriebe ihres Bezirks zuständig. Die **Aufsichtsdienste der Berufsgenossenschaften** kontrollieren die Betriebe des jeweiligen Wirtschaftszweigs.
- Im Bereich des **sozialen Arbeitsschutzes** können sich die Auszubildenden an den **Betriebsrat**[1] – insbesondere an die **Jugend- und Auszubildendenvertretung**[2] – wenden. Ansprechpartner sind auch die zuständigen **Kammern** (z. B. die Industrie- und Handelskammern). Sie haben u. a. die Aufgabe, über eine ordnungsgemäße Berufsausbildung zu wachen. Hilfe gewähren auch die zuständigen **Gewerkschaften.**

Ist zwischen den Parteien keine gütliche Einigung möglich, müssen die **Arbeitsgerichte** angerufen werden.

(8) Beendigung des Ausbildungsverhältnisses

Das Ausbildungsverhältnis endet spätestens mit dem **Ablauf der Ausbildungszeit** [§ 21 II BBiG], frühestens mit dem **Bestehen der Abschlussprüfung** oder durch schriftliche **Kündigung.**

Während der Probezeit kann das Berufsausbildungsverhältnis **jederzeit ohne Einhaltung einer Kündigungsfrist** gekündigt werden.

Nach der Probezeit kann das Ausbildungsverhältnis grundsätzlich **nicht gekündigt** werden. Eine Ausnahme ist nur in folgenden Fällen möglich [§ 22 II BBiG]:

<table>
<tr><th>Kündigungen nach der Probezeit durch</th><th colspan="2">Voraussetzungen</th></tr>
<tr><td>das ausbildende Unternehmen</td><td>Aus einem wichtigen Grund ohne Einhalten einer Kündigungsfrist, z. B. wegen Unterschlagung.</td><td rowspan="2">Auflösung des Ausbildungsverhältnisses in beiderseitigem Einvernehmen durch einen sogenannten Aufhebungsvertrag.[3]</td></tr>
<tr><td>den Auszubildenden</td><td>■ Aus einem wichtigen Grund ohne Einhalten einer Kündigungsfrist, z. B. wegen ständigen Mobbings.
■ Kündigung vom Auszubildenden mit vierwöchiger Frist, wenn der Auszubildende die Berufsausbildung aufgeben oder wechseln möchte.</td></tr>
</table>

1 Vgl. S. 93 f.

2 Vgl. S. 95 f.

3 Der **Aufhebungsvertrag** ist ein Vertrag **zwischen dem Auszubildenden** und dem **ausbildenden Unternehmen,** der das Ausbildungsverhältnis zu einem **bestimmten Zeitpunkt** beendet. Das Ausbildungsverhältnis wird im **gegenseitigen Einvernehmen** beendet. Die Einhaltung von Aulösungsfristen ist nicht erforderlich.

Die Kündigung muss **schriftlich** erfolgen und bei einer Kündigung aus einem wichtigen Grund oder wegen Aufgabe oder Wechsel der Berufsausbildung die **Kündigungsgründe** enthalten.

(9) Weiterbeschäftigung

Während der **letzten sechs Monate** des Berufsausbildungsverhältnisses können die Vertragspartner eine **Weiterbeschäftigung vereinbaren.** Werden Auszubildende im Anschluss an das Berufsausbildungsverhältnis weiterbeschäftigt, ohne dass hierüber eine ausdrückliche Vereinbarung getroffen ist, wird ein **Arbeitsverhältnis auf unbestimmte Zeit** begründet. Kaufmännisch Ausgebildete werden damit **Angestellte.** Es entsteht ein Anspruch auf Zahlung eines Gehalts.

(10) Ausstellung eines Zeugnisses

Der Ausbildende hat dem Ausgebildeten nach Beendigung des Berufsausbildungsverhältnisses ein **Zeugnis** auszustellen, das Angaben über Art, Dauer und Ziel der Berufsausbildung sowie über die erworbenen Fertigkeiten und Kenntnisse des Auszubildenden enthalten muss **(einfaches Zeugnis).** Auf **Verlangen des Ausgebildeten** sind darin auch Angaben über Führung, Leistung und besondere fachliche Fähigkeiten aufzunehmen **(qualifiziertes Zeugnis).**

Beispiel:

„Franziska Hebel verfügt über Fachwissen und hat ein gesundes Selbstvertrauen" heißt zum Beispiel: Franziska Hebel klopft große Sprüche, um fehlendes Fachwissen zu überspielen.

Das Zeugnis darf **keine negativen Aussagen** enthalten.

4.3 Jugendarbeitsschutz

Handlungssituation:

An der Berufsschule in Erfurt unterhalten sich die beiden Auszubildenden zum Verkäufer Dimitrij Jegorow und Pavlo Galanis während der Pause angeregt über die Arbeitszeiten von ihrem Mitschüler Jan Möller, der bei der freien Tankstelle L & K Rheiners GmbH in Dittelstedt zum Einzelhändler ausgebildet wird.

„Überleg mal, der musste in der letzten Woche teilweise bis 23:30 Uhr arbeiten, ich habe gestern Abend meinen Wagen dort getankt und wir haben uns darüber unterhalten", erzählt Pavlo aufgeregt.

„Das ist doch gar nicht erlaubt und verstößt gegen die Gesetze, die uns in der Ausbildung schützen sollen", erwidert Dimitrij und schüttelt den Kopf.

Aufgaben:

1. Stellen Sie fest, welche Schutzvorschriften es für Jugendliche während ihrer Ausbildung gibt und notieren Sie sich die wesenlichen Punkte!
2. Welche Grenzen hinsichtlich der täglichen Arbeitszeiten kennen Sie? Vergleichen Sie diese mit den Arbeitszeiten in Ihrem Ausbildungsbetrieb!

(1) Geltungsbereich

Grundlage des Jugendarbeitsschutzes ist das **Jugendarbeitsschutzgesetz [JArbSchG].** Das Gesetz geht davon aus, dass Jugendliche (Personen **bis zum vollendeten 18. Lebensjahr**) nur eine begrenzte Leistungsfähigkeit besitzen, weil ihre körperliche und geistig-seelische Entwicklung noch **nicht vollständig** abgeschlossen ist. Das Jugendarbeitsschutzgesetz gilt daher für alle Arbeitgeber, die Jugendliche beschäftigen (Auszubildende, Arbeiter, Angestellte).

(2) Mindestalter für ein Beschäftigungsverhältnis

Die Beschäftigung von Kindern und von Jugendlichen, die der Vollzeitschulpflicht unterliegen, ist **grundsätzlich verboten.**

(3) Grenzen der Arbeitszeit

Arbeitsbeginn und Arbeitsende	06:00 Uhr frühestens und 20:00 Uhr spätestens.
Tägliche Arbeitszeit	Maximal 8,5 Stunden am Tag; bei 5-Tage-Woche (40 Stunden) maximal 8 Stunden am Tag.
Ruhepausen	Mindestens 30 Minuten Pause bei einer Beschäftigung von mehr als $4^1/_2$ Stunden. Mindestens 60 Minuten Pause bei einer Beschäftigung von mehr als 6 Stunden.
Berufsschultage	Keine Beschäftigung an Berufsschultagen mit mehr als 5 Unterrichtsstunden von mindestens 45 Minuten, jedoch nur einmal in der Woche.
Wöchentliche Arbeitszeit	5-Tage-Woche; 40-Stunden-Woche. Keine Beschäftigung an Samstagen und Sonntagen. Im Einzelhandel darf der Jugendliche beschäftigt werden, wenn er an einem anderen berufsschulfreien Tag einen entsprechenden Ausgleich erhält.
Verbotene Arbeiten	Gefährliche Arbeiten; Arbeiten, bei denen die Jugendlichen sittlichen Gefahren ausgesetzt sind.
Tägliche Freizeit	Zwischen dem Ende der Arbeitszeit eines Tages und dem Beginn der Arbeitszeit/Schulzeit am nächsten Tag müssen mindestens 12 Stunden Freizeit liegen.

(4) Sonstige Schutzvorschriften

Der Einzelhändler ist zu einer **menschengerechten Gestaltung der Arbeit** verpflichtet. Er hat alle Maßnahmen zu treffen, die zum Schutz der Jugendlichen gegen Gefahren für Leben und Gesundheit sowie zur Vermeidung einer Beeinträchtigung der körperlichen und seelisch-geistigen Entwicklung der Jugendlichen erforderlich sind.

Vor Beginn der Beschäftigung und bei wesentlicher Änderung der Arbeitsbedingungen sind die Jugendlichen vom Einzelhändler über die **Unfall- und Gesundheitsgefahren,** denen sie am Arbeitsplatz ausgesetzt sind, sowie über Einrichtungen und Maßnahmen zur Abwendung dieser Gefahren zu unterweisen.

(5) Gesundheitliche Betreuung

Jugendliche, die in das Berufsleben eintreten, dürfen nur beschäftigt werden, wenn

- sie innerhalb der **letzten 14 Monate** von einem Arzt untersucht worden sind (Erstuntersuchung) und
- sie dem künftigen Arbeitgeber eine von diesem **Arzt ausgestellte Bescheinigung** über diese Untersuchung vorlegen.

Spätestens nach **einem Jahr** haben sich die Jugendlichen einer **Nachuntersuchung** zu unterziehen. Wird nach 14-monatiger Beschäftigung keine ärztliche Bescheinigung vorgelegt, besteht **Beschäftigungsverbot,** was für den Einzelhändler ein Grund zur fristlosen Kündigung ist. Weitere jährliche Untersuchungen sind erlaubt. Die Kosten für die ärztlichen Untersuchungen trägt das Bundesland.

Zusammenfassung

- **Ausbildender** ist derjenige, der einen Auszubildenden zur Berufsausbildung einstellt.
- **Ausbilder** ist derjenige, der vom Ausbildenden mit der Durchführung der Ausbildung beauftragt ist.
- **Auszubildender** ist derjenige, der ausgebildet wird.
- Der **Berufsausbildungsvertrag** wird zwischen dem Auszubildenden und dem Ausbildenden abgeschlossen. Bei Minderjährigen muss der gesetzliche Vertreter zustimmen und den Ausbildungsvertrag ebenfalls unterschreiben.
- Die **Ausbildungszeit** beträgt in der Regel 3 Jahre.
- Die **Rechte und Pflichten des Auszubildenden** sind vor allem im Berufsbildungsgesetz geregelt.
- Die **Probezeit** beträgt mindestens 1 Monat, höchstens 4 Monate. Während der Probezeit besteht für beide Vertragspartner kein Kündigungsschutz.
- Das **Berufsausbildungsverhältnis endet** mit der **Abschlussprüfung,** spätestens mit **Ablauf der vereinbarten Ausbildungszeit.**
- Eine **Kündigung des Berufsausbildungsverhältnisses** ist nach Ablauf der Probezeit nur in bestimmten Ausnahmefällen möglich.
- Das **Jugendarbeitsschutzgesetz** gilt für alle Arbeitgeber, die Jugendliche beschäftigen.

Übungsaufgaben

9

1. Nennen Sie die Voraussetzungen, die an einen Ausbilder gestellt werden!
2. Definieren Sie den Begriff „Kaufmännischer Auszubildender"!
3. 3.1 Beschreiben Sie, unter welchen Bedingungen ein Berufsausbildungsverhältnis endet!
   3.2 Ein Auszubildender besteht die Abschlussprüfung am 15. Juli und erhält darüber eine Bescheinigung. Laut Berufsausbildungsvertrag endet die Ausbildungszeit am 30. Juli. Nennen Sie den Tag, an welchem der Berufsausbildungsvertrag endet!
   3.3 Der Auszubildende erscheint am 16. Juli wieder zur Arbeit, worüber der Einzelhändler sehr erfreut ist. Beschreiben Sie die rechtliche Folge, die sich aus diesem Sachverhalt ergibt, wenn im Berufsausbildungsvertrag keinerlei Vereinbarungen hinsichtlich einer Weiterbeschäftigung getroffen wurden!
4. Der 17-jährige Felix Höring ist Auszubildender bei der Eisenhandlung Fritz Obermeier e.K. Er ist der Meinung, dass er immer wieder Arbeiten ausführen muss, die im betrieblichen Ausbildungsvertrag nicht vorgesehen sind. Notieren Sie, welche Stelle rechtlich zuständig ist, um dies zu überprüfen!
   4.1 Zuständige Gewerkschaft
   4.2 Industrie- und Handelskammer
   4.3 Einzelhandelsverband
   4.4 Gewerbeaufsichtsbehörde
   4.5 Agentur für Arbeit
5. Notieren Sie, in welchem der nachfolgenden Fälle ein Verstoß gegen das Berufsbildungsgesetz vorliegt!
   5.1 Felix Höring erhält keine Fahrgelderstattung für den Besuch der Berufsschule.
   5.2 Der Ausbilder verweigert Felix Höring, für einen ausgedehnten Taucherurlaub den gesamten Jahresurlaub zu verwenden.
   5.3 Die tägliche Arbeitszeit beträgt an 4 Tagen jeweils 8 Stunden.
   5.4 Der Ausbilder meldet Felix Höring nicht zur Unfallversicherung an.
6. Der Auszubildende Florian Pfiffig ist seit zwei Monaten als Auszubildender beim Möbelhaus Max Müller e.K. beschäftigt.

   Aufgaben:

   6.1 Welche Art von Vertrag wurde zwischen Florian Pfiffig und dem Möbelhaus Max Müller e.K. geschlossen? Geben Sie die zugrunde liegende Rechtsgrundlage an!
   6.2 Nennen Sie drei Angaben, die im Vertrag unbedingt enthalten sein müssen!
   6.3 Dürfte Florian Pfiffig im Einverständnis mit dem Möbelhaus Max Müller e.K. eine Probezeit von sechs Monaten im Berufsausbildungsvertrag vereinbaren? Begründen Sie Ihre Entscheidung!
   6.4 Nehmen wir an, die Probezeit beträgt 4 Monate und die Ausbildungszeit für Florian Pfiffig beginnt am 1. April. Die Ausbildung wurde nicht unterbrochen. Nennen Sie den Tag, an dem die Probezeit beendet ist!
   6.5 Nennen Sie die Form, in der der Berufsausbildungsvertrag abzuschließen ist und geben Sie an, wo er registriert wird!
7. Der Auszubildenden Marlena gefällt es bei der Hammer OHG nicht mehr. Die Kolleginnen und Kollegen sind ihr unsympathisch, der Chef erst recht.

   Aufgabe:

   Prüfen Sie rechtlich, ob Marlena ihr Berufsausbildungsverhältnis lösen kann! Wenn ja, nennen Sie die Bedingung!

10 1. Die 17-jährige Ella Greber befindet sich im 2. Ausbildungsjahr zur Kauffrau im Einzelhandel.

Fall 1: Ein Kollege von Ella Greber erleidet einen Sportunfall und ist sieben Wochen krankgeschrieben. Die Geschäftsleitung erhöht daraufhin die Arbeitszeit von Elke auf 10 Stunden. Außerdem muss sie jeden Samstag arbeiten.

Fall 2: Ella Greber erhält einen Jahresurlaub von 23 Werktagen.

Fall 3: Mittwochs geht Ella Greber in die Berufsschule. Der Unterricht beginnt um 07:45 Uhr und endet um 13:00 Uhr. Anschließend muss sie noch bis 17:00 Uhr im Geschäft arbeiten.

Aufgaben:

1.1 Beurteilen Sie die drei Fälle mithilfe des Jugendarbeitsschutzgesetzes [JArbSchG]!

1.2 Finn, Ellas Freund, befindet sich im letzten Ausbildungsjahr zum Kaufmann im Einzelhandel. Finn hat einen $2^1/_2$-jährigen Ausbildungsvertrag und Ella muss drei Jahre lernen.

Erklären Sie, wie die unterschiedlichen Ausbildungszeiten zustande kommen!

1.3 Nennen Sie vier Rechte, die Ella und Finn während ihrer Ausbildung besitzen!

2. Die 18-jährige Gesa Meier hat eine Ausbildung zur pharmazeutisch-kaufmännischen Angestellten begonnen. Nach sechs Monaten stellt sie fest, dass es doch der falsche Beruf für sie ist. Sie hat einen neuen Ausbildungsplatz als Einzelhandelskauffrau gefunden. Gesa Meier reicht am 1. Februar 20.. folgende Kündigung ein: „Hiermit kündige ich zum 15. Feburar 20.. mein Ausbildungsverhältnis bei Ihnen!“

Aufgabe:

Prüfen Sie, ob diese Kündigung rechtswirksam ist!

5 Arbeitsvertrag

Situation:

Die zwanzigjährige Julia Böhmert hat nach ihrem erfolgreichen Abschluss als Verkäuferin eine Arbeitsstelle bei der Schuhland GmbH in Trier angeboten bekommen. Schon während des Vorstellungsgesprächs bekommt sie einen unterschriftsreifen Arbeitsvertrag vorgelegt. Da Julia froh ist, so schnell einen neuen Arbeitsplatz gefunden zu haben, unterschreibt sie diesen Vertrag vorbehaltlos. Der Vertrag garantiert ihr ein monatliches Grundgehalt von 980,00 EUR.

Stolz telefoniert sie anschließend mit ihrer Mutter Heidrun Böhmert und berichtet ihr von der neuen Arbeitsstelle.

„Herzlichen Glückwunsch, Julia, da freue ich mich aber für dich. Das ist ja wirklich ein tolles Gehalt. Wie sind denn deine Arbeitszeiten und musst du auch an verkaufsoffenen Sonntagen arbeiten?“ Da Julia nicht antwortet, fragt die Mutter weiter. *„Wie ist es denn mit deinem Urlaub? Wie viele Tage stehen dir denn zu?*

Und hast du bestimmte Kündigungsfristen, die eingehalten werden müssen?“

Nach einer längeren Pause antwortet Julia etwas verunsichert: *„Das weiß ich nicht genau, da haben wir gar nicht drüber gesprochen.“* *„Mensch, Julia, Verträge müssen genau angeschaut werden, bevor man sie unterschreibt,“* erwidert Heidrun Böhmert entsetzt.

6 Speth u.a. - ISBN 978-3-8120-0631-6

5.1 Begriff und Inhalt des Arbeitsvertrages

(1) Begriff Arbeitsvertrag

- Ein **Arbeitsvertrag** wird zwischen dem Arbeitnehmer (z.B. Verkäufer) und dem Arbeitgeber (z.B. Einzelhändler) abgeschlossen. Er regelt das Arbeitsverhältnis zwischen diesen Personen.
- Der Arbeitsvertrag kann **befristet** oder **unbefristet** sein.

Für den Abschluss eines **Einzelarbeitsvertrages**[1] **(Individualarbeitsvertrages)** bestehen grundsätzlich keine gesetzlichen Formvorschriften. Aus Gründen der Rechtssicherheit und zum Schutz der Arbeitnehmer ist es jedoch allgemein üblich, den Arbeitsvertrag **schriftlich** abzuschließen.

Nach dem Gesetz über den Nachweis der für ein Arbeitsverhältnis geltenden wesentlichen Bedingungen (Nachweisgesetz [NachwG]) ist der Arbeitgeber verpflichtet, spätestens **einen Monat nach dem vereinbarten Beginn** des Arbeitsverhältnisses die **wesentlichsten Vertragsbedingungen schriftlich** (nicht elektronisch) niederzulegen. Diese Niederschrift muss vom **Arbeitgeber unterzeichnet** und dem **Mitarbeiter ausgehändigt** werden. Bestimmte Mindestinhalte des Arbeitsverhältnisses sind schriftlich niederzulegen. Dies gilt grundsätzlich auch bei Änderungen wesentlicher Vertragsbedingungen.

(2) Inhalt des Arbeitsvertrages

Ein typischer Arbeitsvertrag zwischen einem Arbeitgeber und einem Arbeitnehmer umfasst folgende Vertragsinhalte:

Vertragsinhalte	Erläuterungen
Bezeichnung der Vertragsparteien	■ Arbeitgeber: Firma, Rechtsform, Sitz des Unternehmens. ■ Arbeitnehmer: Vor- und Zuname, Anschrift.
Vertragsbeginn	Angabe des Datums für den Beginn des Arbeitsverhältnisses.
Dauer	Notwendig bei befristeten Arbeitsverhältnissen.
Arbeitsort	In Unternehmen mit mehreren Standorten ist eine Vereinbarung über den Arbeitsort von großer Bedeutung.
Probezeit	Für Angestellte beträgt sie drei bis sechs Monate.

1 Man spricht vom **Einzelarbeitsvertrag (Individualarbeitsvertrag)**, weil er individuell (einzeln) zwischen Arbeitgeber und Arbeitnehmer abgeschlossen wird. Ein **Kollektivarbeitsvertrag (Tarifvertrag)** wird hingegen von Gewerkschaften einerseits und Arbeitgeberverbänden (Regel) andererseits für eine Gruppe (ein „Kollektiv") von Arbeitnehmern abgeschlossen (siehe S. 85ff.).
Der Einzelarbeitsvertrag darf die Regelungen des Tarifvertrages **nicht unterschreiten**. Gleiches gilt für **Betriebsvereinbarungen**, die Fragen der Arbeitsbedingungen für ein Unternehmen zwingend regeln. Betriebsvereinbarungen sind Verträge zwischen Arbeitgeber und Betriebsrat (siehe S. 96).

Beispiel für einen befristeten Arbeitsvertrag

Zwischen dem Arbeitgeber *Textilhaus Franz Klein e. K., Markusplatz 7, 50968 Köln* im Folgenden (Arbeitgeber)
und Frau/~~Herrn~~ *Doris Walcher* im Folgenden (Arbeitnehmer)
wird nachfolgender – **befristeter Arbeitsvertrag** – vereinbart:

§ 1 Beginn des Arbeitsverhältnisses/Tätigkeit

Der Arbeitnehmer wird ab *15.01.20..* als *Verkäuferin* in der *Filiale Düsseldorf, Kölner Tor 20* eingestellt.

§ 2 Befristung/Beendigung des Arbeitsverhältnisses

Das Arbeitsverhältnis endet mit Ablauf des *15.12.20..*, ohne dass es einer ausdrücklichen Kündigung bedarf. Die Befristung erfolgt aus folgenden Gründen:

Vertretung einer Mitarbeiterin

Als Probezeit werden 3 Wochen/~~Monate~~ vereinbart. Während dieser Zeit kann das Arbeitsverhältnis unter Einhaltung einer Frist von zwei Wochen gekündigt werden.

§ 3 Arbeitszeit

Die regelmäßige Arbeitszeit richtet sich nach der betriebsüblichen Zeit. Sie beträgt derzeit 40 Stunden in der Woche ohne die Berücksichtigung von Pausen.

Regelmäßiger Arbeitsbeginn ist um *9:00 Uhr*, Arbeitsende ist um *18:00 Uhr*.

Die Frühstückspause dauert von *10:00 Uhr* bis *10:15 Uhr*, die Mittagspause von *12:30 Uhr bis 13:15 Uhr*.

Der Arbeitnehmer erklärt sich bereit, im Falle betrieblicher Notwendigkeit bis zu 2 Überstunden pro Woche zu leisten.

§ 4 Vergütung

Der Arbeitnehmer erhält eine monatliche Bruttovergütung von EUR *1 578,00*. Die Vergütung ist jeweils am Monatsende fällig und wird auf das Konto des Arbeitnehmers bei der *Sparkasse Köln/Bonn, IBAN DE10 3705 0168 0000 1147 10, BIC COLSDE33XXX*, angewiesen.

Etwa angeordnete Überstunden werden mit einem Zuschlag von *20 %* vergütet.

§ 5 Urlaub

Der Arbeitnehmer hat Anspruch auf *24* Werktage Urlaub. Die Lage des Urlaubs ist mit der Firma abzustimmen.

§ 6 Arbeitsverhinderung

Im Falle einer krankheitsbedingten oder aus sonstigen Gründen veranlassten Arbeitsverhinderung hat der Arbeitnehmer den Arbeitgeber unverzüglich zu informieren. Bei Arbeitsunfähigkeit infolge Erkrankung ist dem Arbeitgeber innerhalb von drei Tagen ab Beginn der Arbeitsunfähigkeit eine ärztliche Bescheinigung über die Dauer der voraussichtlichen Arbeitsunfähigkeit vorzulegen.

§ 7 Verschwiegenheitspflicht

Der Arbeitnehmer wird über alle betrieblichen Angelegenheiten, die ihm im Rahmen oder aus Anlass seiner Tätigkeit in der Firma bekannt geworden sind, auch nach seinem Ausscheiden Stillschweigen bewahren.

§ 8 Nebenbeschäftigung

Während der Dauer der Beschäftigung ist jede entgeltliche oder unentgeltliche Tätigkeit, die die Arbeitsleistung des Arbeitnehmers beeinträchtigen könnte, untersagt. Der Arbeitnehmer verpflichtet sich, vor jeder Aufnahme einer Nebenbeschäftigung dem Arbeitgeber zu informieren.

§ 9 Ausschlussklausel/Zeugnis

Ansprüche aus dem Arbeitsverhältnis müssen von beiden Vertragsteilen spätestens innerhalb eines Monats nach Beendigung schriftlich geltend gemacht werden. Andernfalls sind sie verwirkt.

Nach Ablauf der Befristung erhält der Arbeitnehmer ein Zeugnis, aus dem sich Art und Dauer der Beschäftigung sowie, falls gewünscht, eine Beurteilung von Führung und Leistung ergeben.

Köln, den 8. Januar 20..	*Köln, den 8. Januar 20..*
(Ort, Datum)	(Ort, Datum)
i. A. Mayer	*Doris Walcher*
(Arbeitgeber)	(Arbeitnehmer)

Vertragsinhalte	Erläuterungen
Arbeitsentgelt/ Sozialleistungen	▪ Hier wird die Entgeltform, die Höhe, die Fälligkeit und die Auszahlungsweise vereinbart. ▪ Sozialleistungen wie Vermögensbildung, Altersversorgung, Geschäftswagen u. Ä. sind im Arbeitsvertrag festzuhalten.
Arbeitszeit/ Urlaub	Entweder wird auf den Tarifvertrag Bezug genommen oder es werden individuelle Vereinbarungen getroffen.
Arbeitsverhinderung	Hier werden die Folgen einer unverschuldeten Arbeitsverhinderung und die Nachweispflicht bei Erkrankungen geregelt.
Kündigung	Sie kann frei vereinbart werden, sofern die gesetzlichen Kündigungsfristen [§ 622 BGB] bzw. weitere Vorschriften des Tarifvertrags beachtet werden.

5.2 Rechte und Pflichten aus dem Arbeitsvertrag

Pflichten des Arbeitgebers (Rechte des Arbeitnehmers)	Pflichten des Arbeitnehmers (Rechte des Arbeitgebers)
▪ **Zahlung der vereinbarten Vergütung.** ▪ **Fürsorgepflicht**: Arbeitsbedingungen sind so zu gestalten, dass sie der Gesundheit der Beschäftigten nicht schaden. Der Angestellte ist zur Sozialversicherung anzumelden, die Beiträge dafür sind einzubehalten und an den Sozialversicherungsträger (z.B AOK) abzuführen. ▪ **Informations- und Anhörungspflicht**: Der Angestellte hat z.B. das Recht, Einsicht in die Personalakte zu nehmen, sich bei ungerechter Behandlung zu beschweren, Verbesserungsvorschläge zu unterbreiten und Auskunft über die Zusammensetzung des Gehalts zu verlangen. ▪ **Pflicht zur Ausstellung eines Zeugnisses**: Bei Beendigung des Arbeitsverhältnisses ist ein schriftliches Zeugnis auszustellen. Auf Verlangen des Angestellten muss ein qualifiziertes Zeugnis erteilt werden. ▪ **Pflicht zur Urlaubsgewährung und Zahlung von Urlaubsentgelt**: Der Urlaub beträgt jährlich mindestens 24 Werktage. ▪ **Entgeltfortzahlung an gesetzlichen Feiertagen** und im **unverschuldeten Krankheitsfall** bis zu sechs Wochen.	▪ **Dienstleistungspflicht**: Die im Arbeitsvertrag übernommenen Arbeitsaufgaben sind ordnungsgemäß durchzuführen. ▪ **Pflicht zur Verschwiegenheit.** ▪ **Pflicht zur Einhaltung des gesetzlichen Wettbewerbsverbots**: Ohne Einwilligung des Arbeitgebers darf der Angestellte im Geschäftszweig des Arbeitgebers keine Geschäfte auf eigene oder fremde Rechnung tätigen. ▪ **Pflicht, den Anordnungen des Arbeitgebers Folge zu leisten.** ▪ **Haftpflicht**: Bei grob fahrlässig oder vorsätzlich verursachten Schäden. ▪ **Pflicht zur unverzüglichen Anzeige der Arbeitsunfähigkeit** (dauert die Arbeitsunfähigkeit länger als drei Kalendertage, muss ein ärztliches Attest vorgelegt werden). Der Arbeitgeber kann bereits ab dem ersten Tag der Arbeitsunfähigkeit eine ärztliche Bescheinigung verlangen.

6 Tarifvertrag

Handlungssituation:

Ruth Langenfeld, Auszubildende zur Einzelhandelskauffrau im dritten Ausbildungsjahr bei Blum & Rensch, einem Textileinzelhandelsunternehmen aus Magdeburg, entnimmt der heutigen Tageszeitung, dass die Tarifverhandlungen für den neuen Tarifvertrag für den Einzelhandel nach einigen Warnstreiks kurz vor dem Abschluss stehen. Hinsichtlich der Gehälter der Angestellten soll eine Erhöhung von 5,5 % und bei den Ausbildungsvergütungen eine einmalige Sonderzahlung in Höhe von 120,00 EUR und ein Anstieg um 1,6 % durchgesetzt werden. Zudem soll es ein Jahr nach Inkrafttreten der erzielten Vereinbarung für die Einzelhandelsbeschäftigten eine weitere Erhöhung der Entgelte in Höhe von 2,1 % geben. Die Gesamtlaufzeit des Tarifvertrages soll drei Jahre betragen.

Ruth sagt sich: *„Das ist ja klasse, dann kann ich mir endlich eine größere Wohnung leisten. Ich hoffe, dass diese Regelungen auch noch nach meiner Ausbildung für mich Bestand haben."*

Unterhalb des Zeitungsartikels zu den Tarifverhandlungen ist die folgende Karikatur abgebildet:

Aufgaben:

1. Beschreiben Sie die Karikatur!
2. Erklären Sie, welches Problem aus dem Wirtschaftsleben der Zeichner der Karikatur darstellen wollte!

6.1 Sozialpartner

Die Gründung von **Gewerkschaften** und **Arbeitgeberverbänden** ist ein in Artikel 9 III Grundgesetz [GG] ausdrücklich verbrieftes Recht. Da – zumindest kurz- und mittelfristig – die Interessen der Arbeitnehmer denen der Arbeitgeber zuwiderlaufen können, sind beide Interessenvertretungen dazu aufgerufen, auf einen Interessenausgleich hinzuwirken. Ihre Aufgabe ist es also, für einen **sozialen Ausgleich** Sorge zu tragen. Gewerkschaften und Arbeitgeberverbände als Tarifpartner werden daher auch als **Sozialpartner** bezeichnet.

Sozialpartner
- **Gewerkschaften**
  Interessenvertretungen der Arbeitnehmer
- **Arbeitgeberverbände**
  Interessenvertretungen der Arbeitgeber

6.2 Tarifvertragliche Regelungen

6.2.1 Tarifautonomie, Tarifvertragsparteien, Tarifvertrag

Das Recht der Tarifpartner, selbstständig und ohne staatliche Einmischung Arbeitsbedingungen (z. B. Arbeitsentgelte, Urlaubszeit, Arbeitszeit) vereinbaren zu können, nennt man

Tarifautonomie.[1] Tarifpartner – auch **Tarifparteien** genannt – sind die Sozialpartner. Sie haben die **Tariffähigkeit.** Die Vereinbarungen werden im **Tarifvertrag** festgeschrieben.

> Der **Tarifvertrag** ist ein **Kollektivvertrag**[2] zwischen den Tarifparteien, in dem die Arbeitsbedingungen für die Berufsgruppen eines Wirtschaftszweiges einheitlich für eine bestimmte Dauer festgelegt werden. Er bedarf der **Schriftform.**

Der Tarifvertrag regelt die Einkommens- und die Arbeitsbedingungen. Er enthält **Mindestbedingungen,** die der Arbeitgeber **nicht unterschreiten** darf, von denen er aber **zugunsten der Arbeitnehmer** abweichen kann.

6.2.2 Arten von Tarifverträgen

Manteltarifverträge	Sie enthalten solche Arbeitsbedingungen, die sich über längere Zeit nicht ändern (z. B. Kündigungsfristen, Urlaubsregelungen, Arbeitszeitvereinbarungen, Nachtarbeit, Sonn- und Feiertagsarbeit, Lohn- und Gehaltsgruppen). Sie werden auch **Rahmentarifverträge** genannt.
Lohn- und Gehaltstarifverträge	In ihnen sind die getroffenen Vereinbarungen über **Lohn- bzw. Gehaltshöhe** enthalten. Dabei werden die Arbeitnehmer nach ihrer Tätigkeit in bestimmte Lohn- bzw. Gehaltsgruppen eingeteilt.[3] Jeder Lohn- bzw. Gehaltsgruppe wird ein bestimmter Lohnsatz bzw. ein bestimmtes Gehalt zugeordnet. Löhne und Gehälter sind in der Regel nach Alter und Ortsklassen differenziert.[4] Ferner können Zuschläge (z. B. nach Betriebszugehörigkeit oder nach dem Schwierigkeitsgrad der Arbeit) vereinbart sein.

6.2.3 Geltungsbereich des Tarifvertrages

(1) Flächentarifverträge

> **Flächentarifverträge** sind Tarifverträge, die für mehrere Orte, Bezirke, ein oder mehrere Bundesländer oder für das gesamte Bundesgebiet verbindlich sind.

Flächentarifverträge enthalten in der Regel **Tariföffnungsklauseln.** Sie sollen es den Betrieben, denen es wirtschaftlich nicht besonders gut geht, ermöglichen, ihre Belegschaft für eine bestimmte Zeit (z. B. für ein Jahr) bis zu einem vereinbarten Prozentsatz **unter Tarif** zu bezahlen **(Entgeltkorridor).** Die konkreten Vereinbarungen werden zwischen **Betriebsrat** und **Arbeitgeber** ausgehandelt.

1 **Autonomie:** Unabhängigkeit, Selbstständigkeit.

2 **Kollektiv** (lat. collectivus): Ansammlung. Hier: Personengruppe.

3 Die Festlegung der Gehaltsgruppen sowie deren Tätigkeitsmerkmale sind im **Manteltarifvertrag (Rahmentarifvertrag)** enthalten.

4 **Differenzieren:** unterscheiden, untergliedern.

(2) Allgemeinverbindlichkeit

Grundsätzlich gilt der Tarifvertrag nur für **organisierte Arbeitnehmer und Arbeitgeber,** die Mitglied der Gewerkschaft bzw. im Arbeitgeberverband sind.

Das Bundesministerium für Arbeit und Soziales kann einen Tarifvertrag auf Antrag einer Tarifvertragspartei für **allgemein verbindlich** erklären. Mit der **Allgemeinverbindlichkeitserklärung** gelten die Bestimmungen des Tarifvertrages auch für die nicht tarifgebundenen Arbeitnehmer und Arbeitgeber. In der Regel werden jedoch auch ohne Allgemeinverbindlichkeitserklärung die nicht organisierten Arbeitnehmer nach den Bedingungen der Tarifverträge behandelt (Grundsatz der Gleichbehandlung).

6.3 Wirkungen des Tarifvertrages

Tarifbindung	Die Mitglieder der Tarifvertragsparteien sind an die Vereinbarungen des Tarifvertrages gebunden. Dies bedeutet, dass die Inhalte des Tarifvertrages **Mindestbedingungen** für die Arbeitsverhältnisse darstellen (z. B. Mindestlöhne, Mindesturlaubstage). Grundsätzlich unbeschränkt zulässig ist hingegen die Vereinbarung günstigerer Arbeitsbedingungen (z. B. übertarifliche Löhne), als sie der Tarifvertrag vorschreibt.
Friedenspflicht	Während der Gültigkeitsdauer eines Tarifvertrages dürfen keine Arbeitskampfmaßnahmen (Streiks, Aussperrungen) ergriffen werden.
Grundsatz der Nachwirkung	Nach Ablauf des Tarifvertrages (nach Kündigung oder nach Ablauf der vereinbarten Dauer) gelten die bisherigen Regelungen weiter, bis sie durch einen neuen Tarifvertrag ersetzt werden.

6.4 Entstehen eines Tarifvertrages

(1) Forderungen der Gewerkschaft

Die Gewerkschaft kündigt den Tarifvertrag unter Einhaltung der entsprechenden Kündigungsfrist und übermittelt dem zuständigen Arbeitgeberverband seine Forderungen für den neuen Tarifvertrag.

(2) Verhandlungen

Der Arbeitgeberverband und die Gewerkschaften bilden jeweils eine Verhandlungskommission. Die Verhandlungen beginnen zwei Wochen vor Ablauf des Tarifvertrages. Ein oder beide Partner können das Scheitern der Verhandlungen erklären.

③ Friedenspflicht

Vier Wochen nach Ablauf des Tarifvertrages endet die Friedenspflicht, die während der Laufzeit des Tarifvertrages gilt.

Nach Ablauf der Friedenspflicht werden die Verhandlungen fortgesetzt. Nötigenfalls unterstützen Gewerkschaftsmitglieder die Verhandlungen mit Warnstreiks, Demonstrationen und Aktionen.

④ Scheitern der Verhandlungen

Die Gewerkschaft bricht die Verhandlungen ab, erklärt das Scheitern der Verhandlungen und fordert eine **Schlichtung**. Scheitert die Schlichtung, ruft die Gewerkschaft ihre Mitglieder zur Urabstimmung auf.

④ Positives Verhandlungsergebnis

Beide Tarifparteien erreichen in Verhandlungen ein Verhandlungsergebnis und stimmen zu. Die Gewerkschaft und der Arbeitgeberverband nehmen das Verhandlungsergebnis an.

⑤ Es gilt der **neue Tarifvertrag.**

⑤ Urabstimmung, Festlegen des Streikbeginns, Streik, Aussperrung

Entscheiden sich mindestens 75 % der aufgerufenen Gewerkschaftsmitglieder in einem Unternehmen für **Streik,** so legt der Vorstand der Gewerkschaft den Streikbeginn fest. Das Arbeitskampfmittel der Arbeitgeber gegen den Streik ist die **Aussperrung.**

Während des Streiks gibt es weitere Tarifgespräche. Es kann auch die **Schlichtung** angerufen werden. Liegt ein Verhandlungsergebnis vor, gibt es darüber eine erneute Urabstimmung.

Entscheiden sich mindestens 25 % der aufgerufenen Gewerkschaftsmitglieder für die Annahme, so steht der neue Tarifvertrag.

⑥ Es gilt der **neue Tarifvertrag.**

Erläuterung der Begriffe Streik, Aussperrung, Schlichtung

- Unter **Streik** versteht man die **gemeinsame Arbeitseinstellung mehrerer Arbeitnehmer** mit dem Ziel, nach Durchsetzung bestimmter Forderungen die Arbeit wieder aufzunehmen. Da dem Streik keine Kündigung der Arbeitsverhältnisse vorausgeht, bleiben diese auch während des Streiks erhalten.
- **Aussperrung** bedeutet, dass die Arbeitnehmer durch den Arbeitgeber gemeinschaftlich daran gehindert werden, zu arbeiten (im Gegensatz zum Streik, bei dem die streikenden Arbeitnehmer nicht arbeiten wollen).
- Die **Schlichtung** hat die Aufgabe, zur Verhinderung bzw. zur Beendigung von Streiks beizutragen.

6.5 Bedeutung der Tarifverträge für Arbeitnehmer und Arbeitgeber

Wichtige Vorteile von Tarifverträgen für Arbeitnehmer und Arbeitgeber sind in der nachfolgenden Übersichtstabelle zusammengestellt.

Vorteile für den Arbeitnehmer	Vorteile für den Arbeitgeber
■ Sicherung der Mindestarbeitsbedingungen (Mindestlohn, Urlaubsgeld, Kündigungsschutz usw.) für die Laufzeit des Tarifvertrages. ■ Gleichstellung der Arbeitnehmer mit gleichen Tätigkeiten, gleichen Berufserfahrungen und gleicher Verantwortung (Schutz vor willkürlicher Behandlung).	■ Einheitliche Kalkulationsgrundlage durch einheitliche Lohn- und Gehaltstarife für die Dauer des Tarifvertrages. ■ Einschränkung der Konkurrenz innerhalb der Branchen bezüglich der Personalanwerbung, geringere Mitarbeiterwechsel in Zeiten der Vollbeschäftigung.

Zusammenfassung

- Ein **Arbeitsvertrag** regelt das Arbeitsverhältnis zwischen Arbeitnehmer (z. B. Verkäufer) und Arbeitgeber (z. B. Einzelhändler).
- In der Praxis wird der **Arbeitsvertrag** regelmäßig schriftlich abgeschlossen.
- Gesetzesvorgaben oder Rahmenvorgaben aus einer Betriebsvereinbarung und einem Tarifvertrag sind zu beachten. Eine **Schlechterstellung des Arbeitnehmers** ist grundsätzlich **nicht möglich.**
- **Sozialpartner** sind die Gewerkschaften einerseits und einzelne Unternehmen oder Arbeitgeberverbände andererseits.
- **Tarifautonomie** ist das Recht der Tarifpartner, selbstständig und ohne staatliche Eingriffe Löhne und Arbeitsbedingungen vereinbaren zu können.
- **Einkommens- und Arbeitsbedingungen** werden zwischen den Tarifpartnern (Gewerkschaften und Arbeitgeberverbänden) ausgehandelt und im **Tarifvertrag** festgelegt.
- Nach dem **Inhalt** unterscheidet man in **Manteltarifverträge** und in **Lohn-** und **Gehaltstarifverträge.**
  - Im **Manteltarifvertrag** sind die Arbeitsbedingungen enthalten, die sich über längere Zeit nicht ändern (z. B. Urlaubsregelungen, Arbeitszeitvereinbarungen).
  - Im **Lohn- und Gehaltstarifvertrag** sind die getroffenen Vereinbarungen über Lohn- und Gehaltshöhe enthalten.

- **Ablauf von Tarifverhandlungen:**

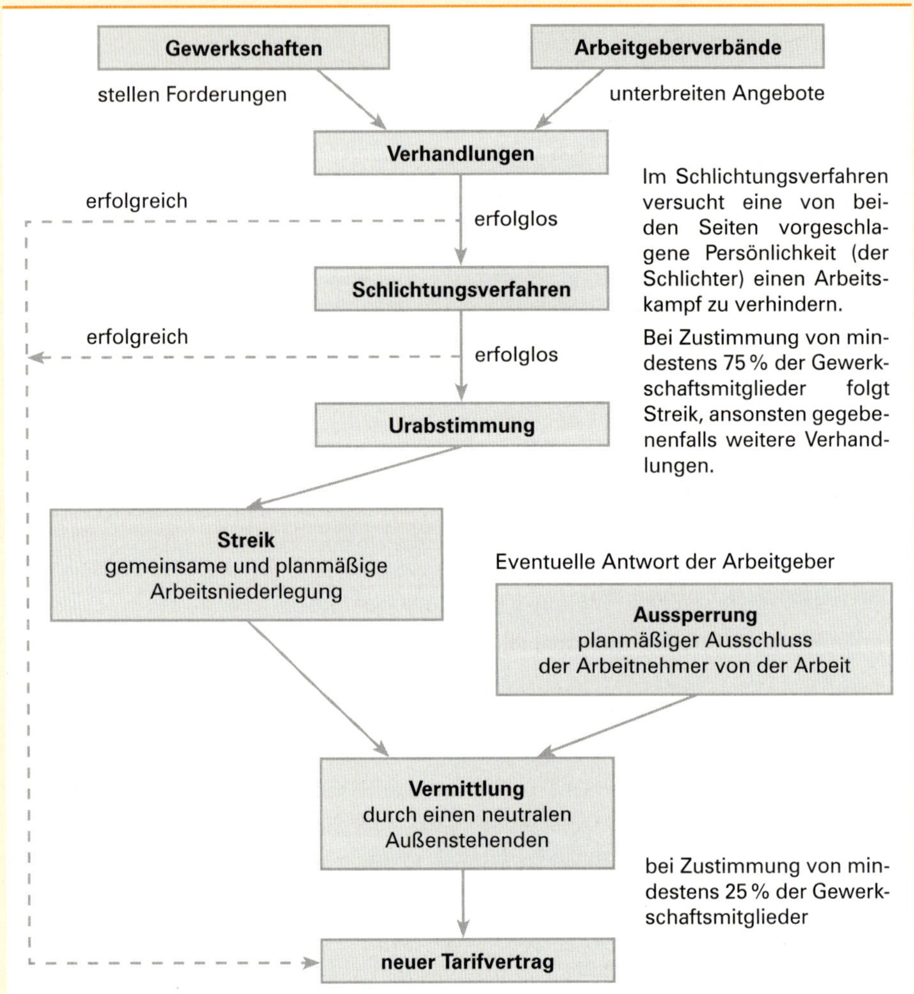

Übungsaufgaben

11 1. Die Einzelhandelskauffrau Beate Braun stellt sich beim Personalchef des Kaufhauses Südring GmbH vor. Dieser sagt ihr, dass sie am 15. des folgenden Monats ihre Arbeit im Kaufhaus als Verkäuferin in der Abteilung Damenoberbekleidung beginnen könne. Beate Braun sagt zu. Schriftlich wird nichts vereinbart.

Aufgabe:

Prüfen Sie, ob der Arbeitsvertrag rechtsgültig geschlossen ist!

2. 2.1 Das Schuhhaus Uhland GmbH möchte sein Angebot erweitern und sucht daher neue Mitarbeiter. Das Schuhhaus ist Mitglied im Einzelhandels-Verband. Notieren Sie das Gesetz bzw. den Vertrag in welchem sich der Einzelhändler über die Höhe der Gehälter der neuen Mitarbeiter informieren kann!
   - 2.1.1 Im Manteltarifvertrag für den Einzelhandel seines Tarifgebietes.
   - 2.1.2 Im Handelsgesetzbuch [HGB].
   - 2.1.3 Im Bürgerlichen Gesetzbuch [BGB].
   - 2.1.4 Im Lohn- und Gehaltstarifvertrag für den Einzelhandel seines Tarifgebiets.

   2.2 Erklären Sie, welche Bedeutung der Lohn- und Gehaltstarifvertrag beim Abschluss eines Arbeitsvertrages hat!

3. Nach Abschluss der Ausbildung wird Leo Steinke als Angestellter der Käsehandlung Kurt Villinger e. K. übernommen.

   Aufgaben:

   3.1 Nennen Sie die gesetzlichen Bestimmungen, die es für den Arbeitsvertrag gibt!

   3.2 Zeigen Sie an zwei Beispielen auf, welche Handlungen Leo Steinke danach nicht vornehmen darf!

12

1. Erklären Sie den Begriff Sozialpartnerschaft!

2. Die Arbeitgeber und die Gewerkschaften vereinbaren eine Regelung über die Entgeltfortzahlung im Krankheitsfall.

   Aufgabe:

   Nennen Sie die Tarifvertragsart, in der eine solche Regelung steht!

3. Erläutern Sie kurz folgende Begriffe:

   3.1 Tarifvertrag,

   3.2 Tarifautonomie,

   3.3 Allgemeinverbindlichkeit,

   3.4 Tarifgebundenheit,

   3.5 Manteltarif,

   3.6 Lohn- bzw. Gehaltstarif.

4. Nennen Sie die Vorteile, die Tarifverträge für Arbeitnehmer und Arbeitgeber bringen!

5. 5.1 Notieren Sie die Vertragspartner beim
   - 5.1.1 Arbeitsvertrag,
   - 5.1.2 Tarifvertrag!

   5.2 Erklären Sie, welche Bedeutung die Entscheidung, Tarifverträge für allgemein verbindlich zu erklären, für die Arbeitnehmer hat!

   5.2 Nennen Sie vier Beispiele dafür, welche Inhalte im Manteltarifvertrag geregelt sind!

6. Das Elektrogeschäft Klar e. K. zahlt seinen Angestellten grundsätzlich 10 % mehr als der Tarifvertrag vorsieht. Lediglich dem Neuling Lahm will er zunächst das Tarifgehalt zahlen. Prüfen Sie, ob beide Maßnahmen rechtlich zulässig sind!

7. Erklären Sie den Begriff Kollektivarbeitsvertrag!

8. 8.1 Beschreiben Sie, wie sich der Lohn in einer Wirtschaft bilden würde, in der es keine Gewerkschaften und Arbeitgeberverbände gibt!

   8.2 Wären die sich auf solchen freien Arbeitsmärkten (siehe Frage 8.1) ergebenden Arbeitslöhne höher oder niedriger als die von den Gewerkschaften ausgehandelten Mindestlöhne? Begründen Sie Ihre Antwort!

9. In einer Pressemitteilung verlangt der Hauptverband des Deutschen Einzelhandels e. V. einen maßvollen Tarifabschluss, um neue Arbeitsplätze schaffen zu können. Er appelliert[1]

1 **Appell**: Aufruf, Weckruf.

dabei an die Bundesregierung, diese Forderung zu unterstützen. Der Pressesprecher der Bundesregierung lehnt diese Forderung mit dem Hinweis ab, die Bundesregierung habe keine Möglichkeit, direkt in Tarifverhandlungen einzugreifen.

Aufgaben:

9.1 Erklären Sie, wer Tarifverträge abschließt!

9.2 Prüfen Sie, ob die Bundesregierung rechtlich die Möglichkeit hat, in Tarifverhandlungen einzugreifen! Begründen Sie Ihre Entscheidung!

9.3 Nennen Sie zwei Gründe die dafür sprechen, dass der Staat nicht in Tarifverhandlungen eingreifen soll!

10. Der neue Lohntarifvertrag im Einzelhandel sieht eine Gehaltssteigerung von 2,5 % vor.

10.1 Notieren Sie die Voraussetzungen, unter denen ein Unternehmen seinen Mitarbeitern 2,5 % mehr Gehalt zahlen muss!

10.2 Prüfem Sie, ob jeweils alle Mitarbeiter Anspruch auf die 2,5 %ige Gehaltserhöhung haben!

7 Betriebliche Mitwirkung und Mitbestimmung der Arbeitnehmer

Handlungssituation:

Aus einem Frankfurter Zeitungsbericht:

Im Kaufhaus Becker KG in Frankfurt haben sich der Geschäftsführer Klaus Werner Beister und sein Betriebsrat nach fast dreiwöchigen Nervenkrieg auf die neuen Arbeitszeiten und die Überstundenregelung geeinigt. Seit Dienstagabend sind nach Angaben der Gewerkschaft alle Verträge unterzeichnet, für die sich das Personal im Hinblick auf die neuen Öffnungszeiten und die ausgehandelten Prämien eingesetzt hat.

Die knapp 80 Beschäftigten des Kaufhauses Josef Becker KG am Sizilienplatz in Frankfurt mussten eine Reihe von Zugeständnissen hinsichtlich der neuen Arbeitszeiten eingehen. Bisher wurde in Frankfurt in der Zeit von montags bis samstags von 8:00 bis 20:00 Uhr gearbeitet. Nun, wo das Ladenschlussgesetz gelockert wurde, sollten die Ladenöffnungszeiten verlängert und von Donnerstag- bis Samstagabend bis 22:00 Uhr für die Kunden geöffnet werden. Viele Mitarbeiter waren sehr aufgebracht und haben sich beim Betriebsrat mit der Begründung beschwert, dass ihr Familienleben nun stark beeinträchtigt wird.

Gemäß § 87 Abs. 1 Nr. 2 und 11 Betriebsverfassungsgesetz [BetrVG] ist die Regelung von Beginn und Ende der täglichen Arbeitszeit einschließlich der Pausen sowie der Prämien und die Verteilung der Arbeitszeit auf die einzelnen Wochentage mitbestimmungspflichtig, erläutert die Betriebsratsvorsitzende des Kaufhauses, Bettina Weigner, rückblickend. Unser Einsatz habe sich gelohnt, so Weigner weiter, man habe bei den Prämien das Dreifache dessen erreicht, was der Arbeitgeber am Anfang der Verhandlungen angeboten habe. Darüber hinaus sei eine gute Regelung im Hinblick auf die neuen Arbeitszeiten gefunden worden. Wichtig sei für die Belegschaft in erster Linie, dass ein friedliches und für beide Seiten erfreuliches Ergebnis erzielt wurde.

Aufgaben:

1. Welchen Erfolg konnte der Betriebsrat des Kaufhauses Josef Becker KG nach den Verhandlungen mit der Geschäftsleitung vermelden?
2. Warum ist eine Mitbestimmung seitens der Belegschaft in Unternehmen besonders wichtig?

Die betriebliche Leistung ist vor allem auf das Zusammenwirken von „Arbeit" und „Kapital" zurückzuführen. Hieraus leitet sich der Anspruch der Arbeitnehmer auf Mitbestimmung ab. Die betriebliche Mitbestimmung ist im Betriebsverfassungsgesetz [BetrVG] festgelegt und enthält gesetzliche Regelungen

- zum **Betriebsrat,**
- zur **Jugend- und Auszubildendenvertretung** und
- zur **Betriebsvereinbarung.**

7.1 Betriebsrat

(1) Begriff, Zusammensetzung und Wahl des Betriebsrats

Begriff Betriebsrat

Der **Betriebsrat** ist eine Vertretung der Arbeitnehmer gegenüber dem Arbeitgeber.

Zusammensetzung und Wahl des Betriebsrats

In Betrieben mit in der Regel mindestens **fünf ständig wahlberechtigten Arbeitnehmern,** von denen **drei wählbar** sind, **kann** ein Betriebsrat gewählt werden.

- **Wahlberechtigte Belegschaftsmitglieder**[1] sind vor allem Arbeiter, Angestellte und Auszubildende des Betriebes sofern sie das 18. Lebensjahr vollendet haben.
- **Wählbar** sind alle wahlberechtigten **Arbeitnehmer,** die mindestens sechs Monate dem Betrieb angehören.[2]

Der Betriebsrat bleibt **vier Jahre** im Amt.

Die **Anzahl der Mitglieder eines Betriebsrats** richtet sich an der **Anzahl der wahlberechtigten Mitglieder im Betrieb** aus. Je mehr Mitarbeiter ein Betrieb hat, desto mehr Mitglieder umfasst der Betriebsrat. In Betrieben mit 5 bis 20 wahlberechtigten Arbeitnehmern besteht der Betriebsrat aus mindestens einer Person. Bei mehr als 20 Arbeitnehmern besteht der Betriebsrat aus mindestens drei Mitgliedern.

Ab einer bestimmten Betriebsgröße sind Mitglieder des Betriebsrats von der beruflichen Tätigkeit freizustellen.

Beispiel:

In Betrieben mit in der Regel 200 bis 500 Arbeitnehmern ist mindestens ein Betriebsrat von seiner beruflichen Tätigkeit freizustellen.

(2) Rechte des Betriebsrats

Die im Betriebsverfassungsgesetz geregelte Mitbestimmung umfasst vier Stufen.

1 Das Recht, wählen zu können, nennt man **„aktives Wahlrecht"**. („Aktiv sein" bedeutet „tätig sein"; wer wählt, „tut etwas".)

2 Das Recht, gewählt zu werden, bezeichnet man als **„passives Wahlrecht"**. (Wenn jemand „passiv" ist, geschieht etwas mit ihm, er lässt etwas mit sich tun. Beim „passiven" Wahlrecht wird also jemand gewählt.)

Rechte des Betriebsrats	Erläuterungen	Beispiele
Informationsrecht	Der Betriebsrat hat einen Anspruch auf rechtzeitige und umfassende Unterrichtung über die von der Geschäftsleitung **geplanten betrieblichen Maßnahmen.**	Information über geplante Neu-, Um- und Erweiterungsbauten, Einführung neuer Arbeitsverfahren und Arbeitsabläufe oder Veränderung von Arbeitsplätzen. Der Arbeitgeber hat mit dem Betriebsrat die vorgesehenen Maßnahmen und ihre Auswirkungen auf die Arbeitnehmer zu beraten.
Beratungsrecht	Der Betriebsrat hat das Recht, aufgrund der ihm gegebenen Informationen seine **Auffassung gegenüber dem Arbeitgeber** darzulegen und **Gegenvorschläge** zu unterbreiten. Eine Einigung ist jedoch nicht erzwingbar.	Personalplanung (gegenwärtiger und künftiger Personalbedarf), Sicherung und Förderung der Beschäftigung, Ausschreibung von Arbeitsplätzen, Rationalisierungsvorhaben, Einschränkung oder Stilllegung von Betriebsteilen, Zusammenschluss von Betrieben, Änderung der Betriebsorganisation.
Mitwirkungsrecht	Der Betriebsrat besitzt ein **Vetorecht (Widerspruchsrecht).** Es umfasst vor allem die „personellen Einzelmaßnahmen“ wie Neueinstellungen, Eingruppierungen in Lohn- und Gehaltsgruppen und Versetzungen von Arbeitskräften. Auch bei Kündigungen hat der Betriebsrat ein Widerspruchsrecht.	Angenommen, einem jungen Arbeitnehmer wird fristgemäß gekündigt. Der Betriebsrat widerspricht. Dieser Widerspruch führt **nicht** zur Aufhebung der Kündigung. Gibt die Geschäftsleitung nicht nach (hat z. B. der Spruch der Einigungsstelle zugunsten des Gekündigten keinen Erfolg), muss der Fall vom Arbeitsgericht geklärt werden. Unter Umständen sichert der Widerspruch die Weiterbeschäftigung des gekündigten Arbeitnehmers bis zur endgültigen gerichtlichen Entscheidung.
	Die volle Mitbestimmung bei personellen Einzelmaßnahmen besteht in Unternehmen mit in der Regel mehr als zwanzig wahlberechtigten Arbeitnehmern.	Hier dürfen Einstellungen und Versetzungen nur mit Zustimmung des Betriebsrats erfolgen. Verweigert der Betriebsrat die Zustimmung, kann der Arbeitgeber das Arbeitsgericht anrufen. Das Arbeitsgericht kann die Zustimmung des Betriebsrats ersetzen.
Mitbestimmungsrecht	Die Mitbestimmung ist **zwingend.** Dies bedeutet, dass der Arbeitgeber bestimmte Maßnahmen **nur mit Zustimmung des Betriebsrats** durchführen kann. Diese eigentliche Mitbestimmung steht dem Betriebsrat vor allem in sogenannten „sozialen Angelegenheiten“ zu, soweit eine gesetzliche oder tarifliche Regelung nicht besteht.	Arbeitszeitregelung, Zeit, Ort und Art der Auszahlung der Arbeitsentgelte, Aufstellung allgemeiner Urlaubsgrundsätze und des Urlaubsplans, Einführung der Arbeitszeitüberwachung (z. B. Stempeluhren), Regelung der Unfallverhütung, Form, Ausgestaltung und Verwaltung der Sozialeinrichtungen (z. B. Kantine, Kinderbetreuung), Zuweisung und Kündigung von Betriebswohnungen, betriebliche Lohngestaltung und der Abschluss der Betriebsvereinbarung.

Informationsrecht

Beratungsrecht
(vor allem in wirtschaftlichen Angelegenheiten)

Mitwirkungsrecht
(vor allem in personellen Einzelmaßnahmen)

Mitbestimmungsrecht
(vor allem in sozialen Angelegenheiten)

↓ weitergehendes Recht

(3) Betriebsversammlung

Der Betriebsrat hat in jedem Kalendervierteljahr eine Betriebsversammlung einzuberufen, die während der Arbeitszeit stattfindet. In der Betriebsversammlung berichtet der Betriebsrat über seine Tätigkeit und der Einzelhändler z. B. über die wirtschaftliche und soziale Lage des Betriebs sowie über den betrieblichen Umweltschutz. Dem Betriebsrat können Anträge unterbreitet und zu Betriebsratsbeschlüssen Stellung genommen werden. Betriebsversammlungen sind **nicht öffentlich.**

Quelle: Adam Opel AG

Der **Einzelhändler** ist zu den Betriebsversammlungen unter Mitteilung der Tagesordnung **einzuladen.** Er ist berechtigt, in der Versamlung zu **sprechen.**

7.2 Jugend- und Auszubildendenvertretung

Handlungssituation:

Daniel Kramer, 19 Jahre alt und Auszubildender zum Verkäufer im zweiten Ausbildungsjahr des Elektrofachhandels Peter Greve Elektro GmbH in Hannover, hat große Schwierigkeiten mit seinem Ausbilder Frank Lükken. Er hat das Gefühl, dass er ständig die gleichen Tätigkeiten, wie das Auffüllen der Regale und das Fegen des Ausstellungsraumes ausführen muss.

Da er in der Berufsschule über die Jugend- und Auszubildendenvertretung informiert wurde, überlegt Daniel nun auch in seinem Ausbildungsbetrieb eine solche zu gründen, um die Interessen der jugendlichen Arbeitnehmer zu vertreten.

Aufgabe:

Was muss Daniel bei der Gründung einer Jugend- und Auszubildendenvertretung beachten?

Die **Jugend- und Auszubildendenvertretung** ist die Vertretung der jugendlichen Arbeitnehmer und Auszubildenden im Betriebsrat.

Sofern der Einzelhandelsbetrieb in der Regel mindestens fünf Arbeitnehmer beschäftigt, die das 18. Lebensjahr noch nicht vollendet haben oder die in ihrer Berufsausbildung stehen und das 25. Lebensjahr noch nicht vollendet haben, **kann** von dem genannten Personenkreis eine **Jugend- und Auszubildendenvertretung** gewählt werden. Die Jugend- und Auszubildendenvertreter können nur Arbeitnehmer des Betriebes sein, die das 25. Lebensjahr noch nicht vollendet haben. Die Jugend- und Auszubildendenvertretung bleibt **zwei Jahre** im Amt. Die Jugend- und Auszubildendenvertretung ist **Teil des Betriebsrats.**

Die **Hauptaufgabe** der Jugend- und Auszubildendenvertretung ist, die Förderung der Berufsbildung zu unterstützen und über die Einhaltung der zugunsten der Arbeitnehmer geltenden Gesetze, Verordnungen und Unfallverhütungsvorschriften sowie der Regelungen des Tarifvertrages und der Betriebsvereinbarungen zu wachen.

7.3 Betriebsvereinbarung

Betriebsvereinbarungen sind Absprachen zwischen Arbeitgeber und Betriebsrat. Die **schriftlich** niedergelegte und von beiden Seiten unterzeichnete Betriebsvereinbarung wird auch **Betriebsordnung** genannt.

Durch Betriebsvereinbarungen können insbesondere zusätzliche Maßnahmen zur Verhütung von Arbeitsunfällen und Gesundheitsschädigungen, die Errichtung von Sozialeinrichtungen und Maßnahmen zur Förderung der Vermögensbildung beschlossen werden.

Ein Sonderfall der Betriebsvereinbarung ist der **Sozialplan.** Er stellt eine vertragliche Abmachung zwischen Arbeitgeber und Betriebsrat über den Ausgleich oder die Milderung wirtschaftlicher Nachteile dar, die der Belegschaft als Folge geplanter Betriebsänderungen entstehen (z.B. Lohnminderungen, Versetzungen, Entlassungen).

Beispiel:

Betriebsänderungen sind z.B. Einschränkungen oder Stilllegung des ganzen Betriebs oder von Betriebsteilen, Änderung des Betriebszwecks, Betriebsverlegung, Zusammenschluss mit anderen Betrieben, grundlegende Änderung der Betriebsorganisation oder der Betriebsanlagen.

Der Sozialplan enthält z.B. Regelungen über Ausgleichszahlungen an entlassene Arbeitnehmer, Umzugsbeihilfen bei Versetzungen an andere Orte, Umschulungsmaßnahmen oder Zuschüsse bei vorzeitiger Pensionierung älterer Mitarbeiter.

7.4 Unmittelbare Rechte der Belegschaftsmitglieder nach dem Betriebsverfassungsgesetz

(1) Recht auf Unterrichtung

Der Arbeitgeber hat die bei ihm beschäftigten Arbeitnehmer über deren Aufgabe und Verantwortung sowie über die Art ihrer Tätigkeit zu unterrichten. Veränderungen in ihren Arbeitsbereichen sind den Arbeitnehmern rechtzeitig mitzuteilen.

(2) Recht auf Anhörung

Das Recht auf Anhörung umfasst:

Einsicht in die Personalakten	Alle Arbeitnehmer haben das Recht, in die über sie geführten Personalakten Einsicht zu nehmen. Sie können (müssen aber nicht) ein Mitglied des Betriebsrats hinzuziehen.
Beschwerderecht	Alle Arbeitnehmer sind berechtigt, sich bei den zuständigen Stellen des Betriebs zu beschweren, wenn sie sich vom Arbeitgeber oder von Kollegen des Betriebes benachteiligt, ungerecht behandelt oder in sonstiger Weise beeinträchtigt fühlen. Der Betriebsrat hat die Beschwerden der Arbeitnehmer entgegenzunehmen und bei berechtigten Beschwerden beim Arbeitgeber auf deren Abhilfe hinzuwirken.

Zusammenfassung

- Zusammenarbeit von Arbeitgeber und Arbeitnehmer nach dem Betriebsverfassungsgesetz:

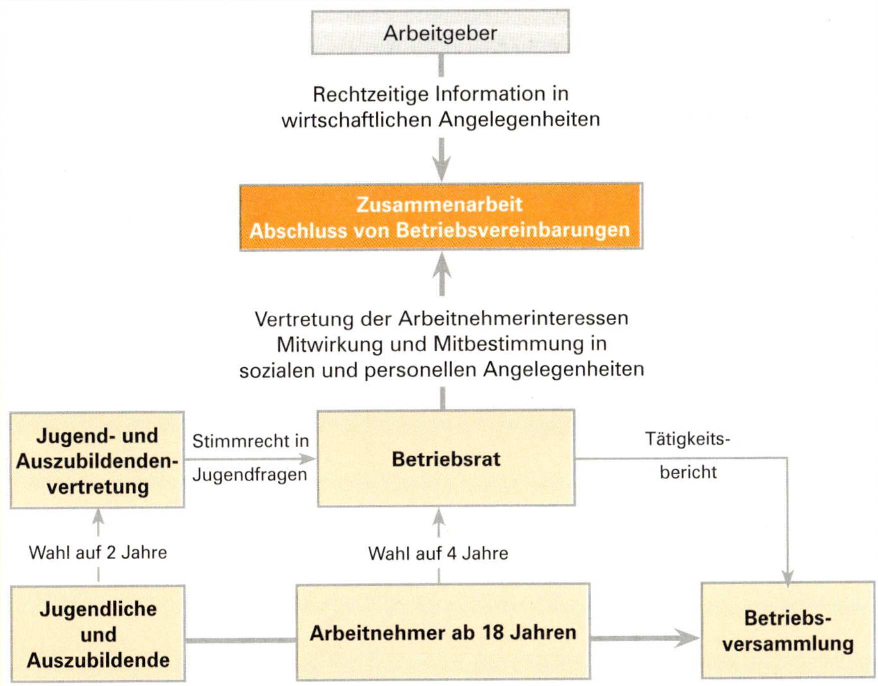

- **Betriebsvereinbarungen** sind Absprachen zwischen Arbeitgeber und Betriebsrat zur Regelung vor allem sozialer Angelegenheiten. Die schriftlich niedergelegte Betriebsvereinbarung heißt auch **Betriebsordnung**.
- Der **Sozialplan** ist eine Sonderform der Betriebsvereinbarung zur Vermeidung oder Milderung sozialer Härten bei Betriebsänderungen.
- **Unmittelbare Rechte** des **Arbeitnehmers** gegenüber dem Arbeitgeber sind: **Recht auf Unterrichtung** und **Recht auf Anhörung**.

7 Speth u.a. - ISBN 978-3-8120-0631-6

Übungsaufgaben

13 Das Textileinzelhandelsgeschäft Hans Ritz e. Kfm. beschäftigt 28 Mitarbeiter. Die Mitarbeiter beschließen, einen Betriebsrat zu wählen.

Aufgaben:

1. 1.1 Nennen Sie das Gesetz, welches die Regelungen zur Wahl des Betriebsrats enthält!
   1.2 Kann sich der Geschäftsinhaber dem Wunsch der Belegschaft widersetzen? Begründen Sie Ihre Meinung!
2. 2.1 Erläutern Sie die Begriffe aktives und passives Wahlrecht!
   2.2 Frau Eva Wenzler ist 35 Jahre alt und seit vier Monaten im Einzelhandelsunternehmen als Verkäuferin tätig.
      2.2.1 Prüfen Sie, ob Eva Wenzler bei der Betriebsratswahl stimmberechtigt ist!
      2.2.2 Erläutern Sie, ob sich Frau Eva Wenzler zur Betriebsrätin wählen lassen darf!
   2.3 Erklären Sie, aus welchem Grund die Mitarbeiter des Einzelhandelsunternehmens die Wahl eines Betriebsrats befürworten!
3. Nennen Sie die Voraussetzungen, die gegeben sein müssen, um in einem Betrieb eine Jugend- und Auszubildendenvertretung wählen zu können!
4. Geben Sie für das Mitwirkungsrecht und das Mitbestimmungsrecht des Betriebsrats jeweils zwei Beispiele an!
5. Die Einrichtung eines Betriebsrats soll dazu beitragen, Konflikte zwischen der Arbeitnehmer- und der Arbeitgeberseite zu vermeiden, zu mildern oder gar zu lösen. Nennen Sie mögliche Konflikte!
6. Stellen Sie dar, welche Voraussetzung gegeben sein muss, damit eine Betriebsversammlung durchgeführt werden kann!

14 Das Schuhhaus Elena Moosbrucker e. Kfr. beschäftigt ständig 50 Arbeitnehmer, darunter 8 Arbeitnehmer im Alter zwischen 18 und 25 Jahren. Ein Betriebsrat besteht bisher nicht.

Aufgaben:

1. Prüfen Sie, ob die Voraussetzungen für die Wahl eines Betriebsrats und einer Jugend- und Auszubildendenvertretung erfüllt sind!
2. Erklären Sie, wer zur Wahl einer Jugend- und Auszubildendenvertretung wahlberechtigt und wer wählbar ist!
3. Geben Sie an, für welche Zeit der Betriebsrat, für welche Zeit die Jugend- und Auszubildendenvertretung gewählt wird!
4. Nennen Sie zwei Angelegenheiten, in denen der Betriebsrat ein Informationsrecht besitzt und zwei Angelegenheiten, in denen er die Geschäftsleitung beraten kann!
5. Elena Moosbrucker hat den Angestellten Schlick zum Leiter der Rechnungswesenabteilung ernannt. Der Betriebsrat widerspricht. Er sähe an dieser Stelle lieber das langjährige Gewerkschaftsmitglied Blau. Prüfen Sie, ob sich der Betriebsrat durchsetzen können wird!
6. Ben Schmider, seit langen Jahren im Betrieb angestellt, hat sich um die neue Stelle als Verkaufsleiter beworben. Er fällt durch. Nunmehr verlangt er Einsicht in die Personalakten. Stellen Sie die Rechtslage dar!
7. Ohne Anhörung des Betriebsrats führt Elena Moosbrucker neue Arbeitszeiten ein. Der Betriebsrat widerspricht dieser Anordnung. Prüfen Sie, ob die Anordnung trotzdem wirksam ist!
8. Die Mitarbeiterin Isa Mennig wird in den Betriebsrat des Schuhhauses Elena Moosbrucker e. Kfr. gewählt.
   8.1 Notieren Sie, welches besondere Recht sie mit dieser Wahl in Bezug auf ihr Dienstverhältnis erworben hat!
   8.2 Isa Mennig erhält Tarifgehalt. Nennen Sie die Vertragspartner, die die Höhe ihres Tarifgehalts ausgehandelt haben!

15

1. Erklären Sie kurz den Begriff Betriebsvereinbarung und nennen Sie zwei Vorgänge, die in einer Betriebsversammlung geregelt werden können!
2. Beschreiben Sie, aus welchen Anlässen heraus Sozialpläne erstellt werden können und nennen Sie Regelungen, die z. B. in den Sozialplänen getroffen werden!

8 Soziale Sicherung der Arbeitnehmer

8.1 Gesetzliche Sozialversicherung

Aus „Betriebsverordnungen für Hamburger Comptoirs und Amtsstuben 1863 bis 1872"

Zur Beachtung des Personals

Gottesfurcht, Sauberkeit und Pünktlichkeit sind die Voraussetzungen für ein ordentliches Geschäft.

Das Personal braucht jetzt nur noch an Wochentagen zwischen 6 Uhr vormittags und 6 Uhr nachmittags anwesend zu sein. Der Sonntag dient dem Kirchgang. Jeden Morgen wird im Hauptbureau das Gebet gesprochen.

Es wird von jedermann Ableistung von Überstunden erwartet, wenn das Geschäft sie begründet erscheinen läßt.

Der dienstälteste Angestellte ist für die Sauberkeit des Bureaus verantwortlich. Alle Jungen und Junioren melden sich bei ihm 40 Minuten vor dem Gebet und bleiben auch nach Arbeitsschluß zur Verfügung.

Einfache Kleidung ist Vorschrift. Das Personal darf sich nicht in hellschimmernden Farben bewegen und nur ordentliche Strümpfe tragen. Überschuhe und Mäntel dürfen im Bureau nicht getragen werden, da dem Personal ein Ofen zur Verfügung steht. Ausgenommen sind bei schlechtem Wetter Halstücher und Hüte. Außerdem wird empfohlen, in Winterszeiten täglich 4 Pfund Kohle pro Personalmitglied mitzubringen.

Während der Bureaustunden darf nicht gesprochen werden. Ein Angestellter, der Zigarren raucht, Alkohol in irgendwelcher Form zu sich nimmt, Billardsäle und politische Lokale aufsucht, gibt Anlaß, seine Ehre, Gesinnung, Rechtschaffenheit und Redlichkeit anzuzweifeln.

Die Einnahme von Nahrung ist zwischen 11.30 Uhr und 12.00 Uhr erlaubt. Jedoch darf die Arbeit dabei nicht eingestellt werden.

Der Kundschaft und Mitgliedern der Geschäftsleitung nebst Angehörigen ist mit Ehrerbietung und Bescheidenheit zu begegnen.

Jedes Personalmitglied hat die Pflicht, für die Erhaltung seiner Gesundheit Sorge zu tragen, im Krankheitsfalle wird die Lohnzahlung eingestellt. Es wird daher dringend empfohlen, daß jedermann von seinem Lohn eine hübsche Summe für einen solchen Fall wie auch für die alten Tage beiseite legt, damit er bei Arbeitsunvermögen und bei abnehmender Schaffenskraft nicht der Allgemeinheit zur Last fällt.

Zum Abschluß sei die Großzügigkeit dieser neuen Bureauordnung betont. Zum Ausgleich wird eine wesentliche Steigerung der Arbeit erwartet.

Es ist noch nicht einmal 150 Jahre her, dass die Arbeitnehmer praktisch ohne sozialen Schutz bei Krankheit oder im Alter dastanden. Heute hingegen haben wir in Deutschland ein „soziales Netz", dessen wichtigster Bestandteil das Sozialversicherungssystem ist.

8.1.1 Notwendigkeit sozialer Absicherung

Die **soziale Sicherung** ist eine wesentliche Lebensgrundlage der Menschen.

Die bedeutsamste Absicherung erfolgt in der Bundesrepublik Deutschland durch die gesetzliche **Sozialversicherung.**

- Die gesetzliche Sozialversicherung ist durch das **Solidaritätsprinzip** gekennzeichnet: „Einer für alle, alle für einen."
- Die Sozialversicherung ist eine **gesetzliche Versicherung,** der die Mehrheit der Bevölkerung **kraft Gesetzes** angehören muss **(Pflichtversicherung).**
- Die **meisten Leistungen** der Sozialversicherung sind **gesetzlich festgelegt.** Der Beitrag richtet sich bis zu einer **Beitragsbemessungsgrenze** an der Höhe des Einkommens aus. Versicherte mit hohen Einkommen tragen so zur Finanzierung von Leistungen für Versicherte mit niedrigen Einkommen bei.

8.1.2 Überblick über die Zweige der Sozialversicherung

Die fünf Zweige der gesetzlichen Sozialversicherung				
Gesetzliche Krankenversicherung Träger z. B.: ▪ Allgemeine Ortskrankenkassen ▪ Betriebskrankenkassen ▪ Innungskrankenkassen ▪ Ersatzkassen (z. B. Barmer GEK, DAK, KKH)	**Soziale Pflegeversicherung** Träger: Pflegekassen (verwaltet von den Krankenkassen)	**Gesetzliche Rentenversicherung** Träger z. B.: ▪ Bundesträger (Deutsche Rentenversicherung Bund) ▪ Regionalträger (Deutsche Rentenversicherung mit Zusatz für jeweilige regionale Zuständigkeiten)	**Gesetzliche Arbeitsförderung** Träger: Bundesagentur für Arbeit in Nürnberg mit den Regionaldirektionen (mittlere Verwaltungsebene) und den Agenturen für Arbeit (örtliche Verwaltungsebene)	**Gesetzliche Unfallversicherung** Träger z. B.: ▪ Gewerbliche und landwirtschaftliche Berufsgenossenschaften ▪ Gemeindeunfallversicherungsverbände
Gesetzliche Krankenkassen	**Pflegekassen***	**Deutsche Rentenversicherung**	**Bundesagentur für Arbeit**	**Berufsgenossenschaften und Unfallversicherungsträger der öffentlichen Hand**
Träger der Sozialversicherung				

* Die soziale Pflegeversicherung ist eine eigenständige Säule im System der gesetzlichen Sozialversicherung, auch wenn die gesetzlichen Pflegekassen organisatorisch in die Träger der gesetzlichen Krankenversicherung eingebunden sind.

8.1.3 Gesetzliche Krankenversicherung

(1) Anmeldung und Versicherungspflicht

Die **Anmeldung** der Versicherungspflichtigen bei der gesetzlichen Krankenkasse hat durch den Arbeitgeber grundsätzlich binnen 14 Tagen nach Arbeitsantritt zu erfolgen.

Die **Versicherungspflicht** umfasst z. B. grundsätzlich alle Angestellten und Arbeiter, wenn sie monatlich durchschnittlich nicht mehr als 4800,00 EUR brutto verdienen,[1] alle Auszubildenden, die Bezieher von Renten aus der Rentenversicherung, Empfänger von Arbeitslosengeld und eine Reihe von Selbstständigen. Bestimmte Beschäftigungsgruppen, wie z. B. Beamte sind nicht versicherungspflichtig. Sie können sich bei einer privaten Krankenkasse versichern lassen.

Alle Bürger müssen einer (gesetzlichen oder privaten) **Krankenversicherung** angehören und dadurch einen Krankenversicherungsschutz erhalten.

(2) Gesundheitsfonds

Die Krankenversicherungsbeiträge werden in einen **Gesundheitsfonds** eingezahlt, aus dem die einzelnen Krankenkassen dann pro **Versicherten** eine **Pauschale** sowie **ergänzende Zu- und Abschläge** – Risikostrukturausgleich genannt – je nach Alter, Geschlecht und Krankheit erhalten.

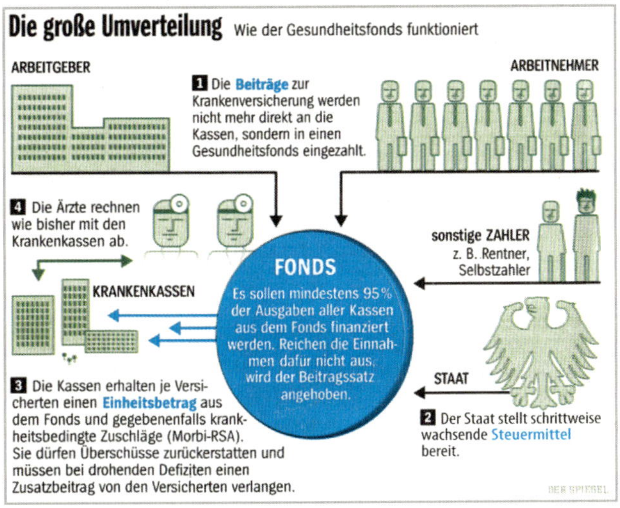

Quelle: DER SPIEGEL Nr. 15/2009 (modifiziert)

(3) Leistungen

Die Leistungen der gesetzlichen Krankenkassen sind gesetzlich vorgeschrieben **(Regelleistungen)**. Über diese Mindestleistungen hinaus können die Krankenkassen in ihren Satzungen **Mehrleistungen** festlegen. Die Tabelle auf S. 102 gibt einen Überblick über die wichtigsten Leistungen der gesetzlichen Krankenversicherung:

1 Diese **Versicherungspflichtgrenze** gilt für das Jahr 2017. Allerdings sind höherverdienende Arbeitnehmer erst dann **krankenversicherungsfrei** – und können damit selbst entscheiden, ob sie weiterhin freiwillig gesetzlich versichert bleiben oder sich privat krankenversichern wollen –, wenn sie **im vergangenen Kalenderjahr mit ihrem Arbeitsentgelt die Jahresarbeitsentgeltgrenze (JAG) überschritten** haben **und im laufenden Jahr überschreiten** werden.

Folgende Leistungen werden erbracht:	Beispiele aus dem Leistungskatalog
Vorbeugung gegen Krankheiten	Aufklärung und Beratung über Gesundheitsgefährdungen und Vorbeugungsmaßnahmen gegen Krankheit, z. B. Verhütung von Zahnerkrankungen, Vorsorgekuren. Für das gesundheitsbewusste Verhalten der Versicherten (z. B. Teilnahme an Vorsorge- und Früherkennungsuntersuchungen, Präventionsprogrammen oder betrieblicher Gesundheitsförderung) können die Krankenkassen einen Bonus einräumen.
Früherkennung von Krankheiten	■ Krebsvorsorge für Frauen (ab dem 20. Lebensjahr) und Männer (ab dem 45. Lebensjahr) jährlich einmal. ■ Vorsorgeuntersuchungen für Kinder. ■ Gesundheits-Check-up ab dem 35. Lebensjahr zur Erkennung von Herz-, Kreislauf- und Nierenerkrankungen alle zwei Jahre. (Weitere Beispiele erfragen Sie bitte bei Ihrer Krankenkasse.)
Krankenbehandlung	■ Ärztliche Behandlung. ■ Zahnärztliche Behandlung. ■ Versorgung mit Arznei-, Verband-, Heil- und Hilfsmitteln. ■ Krankenhausbehandlung. ■ Häusliche Krankenpflege und Haushaltshilfe. ■ Maßnahmen zur Rehabilitation.
Krankengeld	Versicherte, die durch eine Krankheit arbeitsunfähig sind oder stationär in einem Krankenhaus oder einer Rehabilitationseinrichtung behandelt werden, haben Anspruch auf Krankengeld, das 70 % des regelmäßig erzielten Arbeitsentgelts beträgt und 90 % des Nettoarbeitsentgelts nicht übersteigen darf.
Bei Schwangerschaft und Mutterschaft	Sie umfassen z. B. die ärztliche Betreuung, Versorgung mit Arznei-, Verband- und Hilfsmitteln, Hebammenhilfe, die stationäre Entbindung, häusliche Pflege, Haushaltshilfe, Zahlung von Mutterschaftsgeld[1] sowie Zahlung von Elterngeld.[2] Die Bezieher von Mutterschaftsgeld sind beitragsfrei sozialversichert, sofern sie schon vorher dort versichert waren und keine anderen beitragspflichtigen Einnahmen haben.

8.1.4 Soziale Pflegeversicherung

(1) Begriff Pflegebedürftigkeit

- Als **pflegebedürftig** gelten [§ 14 SGB XI]
  - Personen, die gesundheitlich bedingte **Beeinträchtigungen von Selbstständigkeit oder von Fähigkeiten** aufweisen und deshalb der Hilfe durch andere bedürfen.
  - Personen, die **körperliche, kognitive**[3] **oder psychische Beeinträchtigungen** oder **gesundheitliche Belastungen** nicht selbstständig bewältigen können.
- Die Pflegebedürftigkeit muss **dauerhaft** sein, **mindestens** aber für **6 Monate** bestehen.

1 Das **Mutterschaftsgeld** wird von der Krankenkasse bezahlt und beträgt zurzeit höchstens 13,00 EUR täglich. Beträgt nach den gesetzlichen Abzügen vom Einkommen das tägliche Arbeitsentgelt mehr als 13,00 EUR, bezahlt der Arbeitgeber diesen Unterschied als Zuschuss zum Mutterschaftsgeld.
Auch berufstätige werdende Mütter, die nicht in einer Krankenkasse versichert sind, bekommen während der Schutzfrist Mutterschaftsgeld. Sie erhalten es vom Bundesversicherungsamt.
Während die Frau Mutterschaftsgeld bezieht, bleibt sie beitragsfrei sozialversichert (renten-, pflege-, kranken- und arbeitslosenversichert), sofern sie schon vorher dort versichert war und keine anderen beitragspflichtigen Einnahmen hat.

2 Vgl. S. 116.

3 **Kognitiv**: die Erkenntnis betreffend.

Um die Pflegebedürftigkeit zu bestimmen, werden in den folgenden **sechs Lebensbereichen** individuelle Beeinträchtigungen und Fähigkeiten erfasst:

1. **Mobilität** (z. B. Fortbewegen innerhalb des Wohnbereichs, Treppensteigen etc.)
2. **Kognitive und kommunikative Fähigkeiten** (z. B. örtliche und zeitliche Orientierung etc.)
3. **Verhaltensweisen und psychische Problemlagen** (z. B. nächtliche Unruhe, selbstschädigendes und autoaggressives Verhalten)
4. **Selbstversorgung** (z. B. Körperpflege, Ernährung etc.)
5. **Bewältigung von und selbstständiger Umgang mit krankheits- oder therapiebedingten Anforderungen und Belastungen** (z. B. Medikation, Wundversorgung, Arztbesuche, Therapieeinhaltung)
6. **Gestaltung des Alltagslebens und sozialer Kontakte** (z. B. Gestaltung des Tagesablaufs).

(2) Pflegegrad

Pflegebedürftige erhalten je nach Schwere der Beeinträchtigung einen Pflegegrad, der in einem pflegewissenschaftlichen Begutachtungsverfahren, dem **Neuen Begutachtungsassessment (NBA),** abgeklärt wird. Dazu werden die Beeinträchtigungen in den sechs pflegerelevanten Lebensbereichen mit Punkten bewertet. Aus einer gewichteten Gesamtpunktzahl ergibt sich das Maß der Pflegebedürftigkeit, unterschieden nach **fünf Pflegegraden:**

- Pflegegrad 1: geringe Beeinträchtigung der Selbstständigkeit
- Pflegegrad 2: erhebliche Beeinträchtigung der Selbstständigkeit
- Pflegegrad 3: schwere Beeinträchtigung der Selbstständigkeit
- Pflegegrad 4: schwerste Beeinträchtigung der Selbstständigkeit
- Pflegegrad 5: schwerste Beeinträchtigung der Selbstständigkeit mit besonderen Anforderungen an die pflegerische Versorgung

(3) Versicherungspflicht

Die Versicherungspflicht in der **sozialen Pflegeversicherung** besteht für alle Mitglieder der Krankenversicherung (auch freiwillige), ihre nicht berufstätigen Ehepartner und Kinder. Privatversicherte wie z. B. Beamte müssen eine **private Pflegeversicherung** abschließen.

(4) Leistungen

Art der Leistungen (Beispiele)	Erläuterungen
Bei häuslicher Pflege:	
■ Pflegehilfe	Pflegebedürftige haben bei häuslicher Pflege Anspruch auf körperbezogene Pflegemaßnahmen und pflegerische Betreuungsmaßnahmen sowie auf Hilfen bei der Haushaltsführung als **Sachleistung.** Häusliche Pflege wird durch geeignete Pflegekräfte erbracht. Die Höhe der Pflegehilfe hängt von der Pflegebedürftigkeit ab.
■ Pflegegeld	Pflegebedürftige, welche ihre Pflege selbst sicherstellen, können anstelle der häuslichen Pflegehilfe ein nach dem Pflegegrad gestaffeltes monatliches Pflegegeld erhalten.

Art der Leistungen (Beispiele)	Erläuterungen
Teilstationäre Pflege und Kurzzeitpflege: ■ Tages- und Nachtpflege ■ Kurzzeitpflege	Pflegebedürftige haben Anspruch auf teilstationäre Pflege, wenn häusliche Pflege nicht in ausreichendem Umfang möglich ist. Die Höhe der Aufwendungen für Pflege, Betreuung und medizinische Behandlung richtet sich nach dem jeweiligen Pflegegrad. Kann häusliche Pflege zeitweise nicht, noch nicht oder nicht im erforderlichen Umfang erbracht werden und reicht teilstationäre Pflege nicht aus, kann für eine Übergangszeit von maximal 8 Wochen im Jahr vollstationäre Pflege in Anspruch genommen werden.
Vollstationäre Pflege	Ist häusliche oder teilstationäre Pflege nicht möglich, haben Pflegebedürftige Anspruch auf vollstationäre Pflege. Die Pflegekasse trägt die Aufwendungen für Pflege, Betreuung und medizinische Behandlung bis zu einem monatlichen Höchstbetrag.

8.1.5 Gesetzliche Arbeitsförderung (Arbeitslosenversicherung)

8.1.5.1 Anmeldung, Versicherungspflicht und die Leistungen an Arbeitnehmer

(1) Anmeldung und Versicherungspflicht

Die **Anmeldung** erfolgt durch den **Arbeitgeber**. Die **Versicherungspflicht** umfasst vor allem die Auszubildenden, Angestellten und Arbeiter ohne Rücksicht auf die Höhe ihrer Einkommen.

(2) Leistungen der gesetzlichen Arbeitsförderung

■ **Berufsberatung und Arbeitsmarktberatung**

Die Agenturen für Arbeit beraten Jugendliche und Erwachsene, die am Arbeitsleben teilnehmen oder teilnehmen wollen, zum Beispiel über die Berufswahl, die berufliche Entwicklung, über Berufswechsel, über die Lage und Entwicklung des Arbeitsmarkts und der Berufe sowie über die Leistungen der Arbeitsförderung.

■ **Ausbildungs- und Arbeitsvermittlung**

Die örtliche Agentur für Arbeit bietet Ausbildungsuchenden, Arbeitsuchenden und Arbeitgebern eine grundsätzlich unentgeltliche Ausbildungs- und Arbeitsvermittlung an. Zur **ortsnahen Leistungserbringung** sollen die Leistungen der Arbeitsförderung vorrangig durch die **örtlichen Agenturen für Arbeit** erbracht werden. Als einheitliche Anlaufstelle für alle einen Arbeitsplatz oder Ausbildungsplatz suchenden Personen werden von den Agenturen für Arbeit **Jobcenter** eingerichtet. Hier werden diese Personen informiert, der Beratungs- und Betreuungsbedarf geklärt und der erste Eingliederungsschritt in die Arbeit verbindlich vereinbart. Vor allem Langzeitarbeitslose und erwerbsfähige Sozialgeldempfänger sollen hierdurch wieder schneller eine Arbeit vermittelt bekommen.

Arbeitslose können von der Agentur für Arbeit die **Zuweisung in eine Maßnahme** zur Aktivierung und beruflichen Eingliederung verlangen, wenn sie **sechs Monate** nach Eintritt ihrer Arbeitslosigkeit noch arbeitslos sind.

Leistungen an Arbeitnehmer

Leistungen (Beispiele)	Erläuterungen
Unterstützung von Arbeitslosen	Unterstützung von Arbeitslosen und von Arbeitslosigkeit bedrohten Arbeitsuchenden sowie der Ausbildungsuchenden, z. B. durch die Übernahme von Bewerbungs- und Reisekosten.
Hilfen zur Eingliederung in den Arbeitsprozess	■ **Verbesserung der Eingliederungsaussichten** durch Trainingsmaßnahmen, indem z. B. Maßnahmekosten (Lehrgangskosten, Prüfungsgebühren, Fahrkosten) von der Agentur für Arbeit übernommen werden. ■ **Maßnahmen der Eignungsfeststellung** und **Förderung der Aufnahme einer Beschäftigung,** z. B. durch Leistungen aus dem Vermittlungsbudget, Gründungszuschuss, Förderung der Berufsausbildung, der beruflichen Weiterbildung, berufsvorbereitende Bildungsmaßnahmen und Förderung der Teilnahme behinderter Menschen am Arbeitsleben.
Zahlung von Entgelt ersatzleistungen	
■ **Arbeitslosengeld**	Arbeitnehmer haben einen Anspruch auf Arbeitslosengeld bei **Arbeitslosigkeit** oder bei **beruflicher Weiterbildung.** Der Arbeitslose hat sich persönlich bei der zuständigen Agentur für Arbeit arbeitslos zu melden. Wer einen Arbeitsplatz ohne wichtigen Grund aufgibt, erhält Arbeitslosengeld grundsätzlich erst nach 12 Wochen. Überhaupt kein Arbeitslosengeld erhält, wer einen von der Agentur für Arbeit vermittelten zumutbaren Arbeitsplatz auf Dauer ablehnt.[1] Die Dauer des Anspruchs auf Arbeitslosengeld hängt von der Dauer des Versicherungsverhältnisses und dem Lebensalter der arbeitslosen Person bei der Entstehung des Anspruchs ab. Das Arbeitslosengeld beträgt zurzeit 60 % und für die Arbeitslosen, die z. B. mindestens ein Kind haben, 67 % des für den Bemessungszeitraum berechneten pauschalierten Nettoentgelts.
■ **Kurzarbeitergeld**	Kurzarbeitergeld erhalten Arbeitnehmer, wenn ein erheblicher Arbeitsausfall mit Entgeltausfall vorliegt. Das Kurzarbeitergeld wird längstens sechs Monate für den Arbeitsausfall während der Bezugsfrist gezahlt.
■ **Insolvenzgeld**	Insolvenzgeld[2] erhalten Arbeitnehmer, wenn sie z. B. bei der Eröffnung des Insolvenzverfahrens über das Vermögen des Arbeitgebers für die dem Insolvenzereignis vorausgehenden drei Monate des Arbeitsverhältnisses noch Ansprüche auf Arbeitsentgelt haben. Das Insolvenzgeld wird in Höhe des **Nettoarbeitsentgelts** geleistet.

1 Die Dauer der **Sperrzeit** wegen Arbeitsablehnung, wegen Ablehnung einer beruflichen Eingliederungsmaßnahme oder wegen Abbruchs einer beruflichen Eingliederungsmaßnahme beträgt drei oder sechs Wochen, bei unzureichenden Eigenbemühungen zur Beendigung der Arbeitslosigkeit zwei Wochen.

2 Als **Insolvenz** bezeichnet man vorübergehende Zahlungsschwierigkeiten oder die dauernde Zahlungsunfähigkeit eines Schuldners.

8.1.5.2 Grundsicherung für Arbeitsuchende

(1) Aufgabe der Grundsicherung

Die Grundsicherung soll vor allem erwerbsfähige leistungsberechtigte Personen bei der Aufnahme oder Beibehaltung einer **Erwerbsfähigkeit unterstützen** und deren **Lebensunterhalt sichern**.

(2) Berechtigte Personen

Leistungen erhalten Personen, die das 15. Lebensjahr vollendet und das 65. Lebensjahr noch nicht vollendet haben, erwerbsfähig und hilfebedürftig[1] sind und ihren gewöhnlichen Aufenthalt in Deutschland haben **(erwerbsfähige Leistungsberechtigte)**.

(3) Leistungen

Leistungen zur Eingliederung in Arbeit

Durch diese Leistungen soll die Eingliederung der erwerbsfähigen Leistungsberechtigten in Arbeit unterstützt werden. Hierzu soll die Agentur für Arbeit z. B. für jeden erwerbsfähigen Leistungsberechtigten einen **persönlichen Ansprechpartner** benennen und mit diesen Personen die für ihre Eingliederung erforderlichen Leistungen vereinbaren **(Eingliederungsvereinbarungen)**.

Leistungen zur Sicherung des Lebensunterhalts[2]

Einstiegsgeld	Ein zeitlich befristetes Einstiegsgeld (als Zuschuss zum Arbeitslosengeld II) kann arbeitslosen erwerbsfähigen Leistungsberechtigten zur Überwindung ihrer Hilfebedürftigkeit bei Aufnahme einer Erwerbstätigkeit gezahlt werden.
Arbeitslosengeld II	Als Arbeitslosengeld II werden vom Staat Leistungen zur **Sicherung des Lebensunterhalts** einschließlich der angemessenen Kosten für Unterkunft und Heizung gewährt. Zu berücksichtigende Einkommen und Vermögen mindern die Geldleistungen der Agentur für Arbeit und kommunalen Träger (z. B. Gemeinden, Kreise). Der **monatliche Regelbedarf** zur Sicherung des Lebensunterhalts (insbesondere für die Ernährung, Kleidung, Körperpflege, Hausrat, Bedarfe des täglichen Lebens, Beziehungen zur Umwelt und zur Teilnahme am kulturellen Leben) beträgt für Personen, die alleinstehend oder alleinerziehend sind, zurzeit 409,00 EUR.[3] Für Jugendliche zwischen 14 und 17, die in einer Bedarfsgemeinschaft ohne eigenen Haushalt leben, beträgt der Regelbedarf 311,00 EUR pro Monat. Jeweils zum 1. Januar eines Jahres wird der Regelbedarf der aktuellen Preis- und Lohnentwicklung entsprechend angepasst.
Leistungen für Unterkunft und Heizung	Leistungen für Unterkunft und Heizung werden in Höhe der tatsächlichen Aufwendungen erbracht, soweit diese angemessen sind.

1 **Hilfebedürftig** ist, wer seinen Lebensunterhalt nicht oder nicht ausreichend aus dem zu berücksichtigenden Einkommen oder Vermögen sichern kann und die erforderliche Hilfe nicht von anderen, insbesondere Angehörigen oder von Trägern anderer Sozialleistungen, erhält.

2 Personen, die von keiner Sozialleistung erfasst werden, erhalten **Sozialhilfe**. Zuständig ist das Sozialamt der Stadt oder des Landkreises, wo der Hilfesuchende seinen tatsächlichen Aufenthalt hat.

3 Stand: Januar 2017.

8.1.6 Gesetzliche Unfallversicherung

Handlungssituation:

Am „Schwarzen Brett" des Fischmarktes Friedrich Zutter OHG aus Jena wird für die kaufmännischen Auszubildenden und für die Fachkräfte für Lagerlogistik ein kostenloses Seminar zum Thema „Richtige Hebe- und Trageteechniken" in der Betriebskantine an diesem Wochenende angeboten. Weiter ist zu lesen, dass gerade schweres Heben und Tragen vor allem für die Beschäftigten im Einzelhandel zum Arbeitsalltag gehört. Das geht auf den Rücken, vor allem, wenn die richtige Technik nicht angewandt wird. Das Seminar richtet sich besonders an die jungen Beschäftigten und soll ihnen grundlegende Kenntnisse über ihre Wirbelsäule und den richtigen Umgang mit Belastungen aufzeigen.

Welche Gewichte sind zumutbar?

Richtwerte für zumutbare Lastgewichte, die ein gesunder Durchschnittsmensch gelegentlich (sprich 2-mal pro Stunde) heben und tragen kann, ohne dabei ein Risiko einzugehen.

Alter	Männer	Frauen
16 bis 18 Jahre	19 kg	12 kg
18 bis 20 Jahre	23 kg	14 kg
20 bis 35 Jahre	25 kg	15 kg
35 bis 50 Jahre	21 kg	13 kg
über 50 Jahre	16 kg	10 kg

Quelle: Siko 2000/Suva: Hebe richtig – trage richtig. o. J.

Aufgaben:

1. Stellen Sie dar, warum solche Seminare in Betrieben angeboten werden!
2. Nennen Sie außer Rückenschmerzen weitere typische Berufskrankheiten, die im Einzelhandelsgewerbe auftreten können!

(1) Versicherungspflicht

Versicherungspflicht besteht z.B. für alle Arbeitnehmer einschließlich Auszubildende, unabhängig von der Höhe ihres Einkommens, für die meisten Unternehmer (Arbeitgeber), Arbeitslose, Kinder während des Besuchs von Kindergärten, Schüler und Personen während der Rehabilitation.

(2) Leistungen

Die Leistungen der Unfallversicherung bestehen vor allem in der **Unfallverhütung** (die Berufsgenossenschaften erlassen Unfallverhütungsvorschriften) und in den finanziellen Leistungen bei **Unfallfolgen**.

Leistungen (Beispiele)	Erläuterungen
Unfallverhütung	Die Unfallverhütungsvorschriften verpflichten den Unternehmer (Arbeitgeber), die Arbeitsplätze so einzurichten und zu erhalten, dass die Arbeitskräfte im Rahmen des Möglichen gegen Unfälle und Berufskrankheiten geschützt sind.

Leistungen (Beispiele)	Erläuterungen
Finanzielle Leistungen bei Unfallfolgen	■ **Heilbehandlung.** Hierzu gehören vor allem die Kosten für ärztliche und zahnärztliche Behandlung, Arznei- und Verbandmittel, sonstige Hilfsmittel, stationäre Behandlung in Krankenhäusern oder Spezialkliniken. ■ **Leistungen zur Teilhabe am Arbeitsleben.** Diese umfassen z. B. Leistungen zur Erhaltung und Erlangung eines Arbeitsplatzes einschließlich der Leistungen zur Förderung der Arbeitsaufnahme, zur beruflichen Anpassung, Fortbildung, Ausbildung und Umschulung. ■ **Leistungen zur Teilnahme am Leben in der Gemeinschaft und ergänzende Leistungen.** Hierzu gehören z.B. die Kraftfahrzeughilfe, Wohnungshilfe, Haushaltshilfe, Reisekosten, Beratung sowie sozialpädagogische und psychosoziale Betreuung. ■ **Rentenzahlungen.** Renten an Versicherte bei Minderung ihrer Erwerbsfähigkeit infolge eines Versicherungsfalls um mindestens 20 Prozent, an Hinterbliebene als Witwen- und Witwerrente und als Waisenrente für Kinder von verstorbenen Versicherten.

8.1.7 Gesetzliche Rentenversicherung

(1) Anmeldung und Versicherungspflicht

Die **Anmeldung** beim Rentenversicherungsträger erfolgt durch den Arbeitgeber binnen 14 Tagen vom Arbeitsantritt an über die Krankenkasse.

Die **Versicherungspflicht** umfasst vor allem alle Auszubildenden, Arbeiter und Angestellten **ohne Rücksicht auf die Höhe ihres Einkommens.** Pflichtversichert sind u.a. auch Hausgewerbetreibende, Heimarbeiter und bestimmte selbstständig Tätige. Wer aus einem Arbeitsverhältnis ausscheidet (z.B. Frauen, die sich ihrer Familie widmen möchten), kann sich freiwillig weiterversichern lassen.

(2) Leistungen

Rentenart	Erläuterungen
Regelaltersrente	Versicherte haben Anspruch auf Altersrente, wenn sie ihre persönliche Altersgrenze (zwischen dem 65. und 67. Lebensjahr) erreicht und eine Versicherungszeit von fünf Jahren erfüllt haben. Damit die gesetzliche Rentenversicherung ihre Aufgabe – Sicherung eines angemessenen Lebensunterhalts im Alter – angesichts der sinkenden Geburtenzahlen und steigender Lebenserwartung weiterhin erfüllen kann, wird zwischen 2012 und 2029 das Rentenalter schrittweise angehoben. Für die Geburtenjahrgänge 1947 bis 1964 steigt die Altersgrenze für die Regelaltersrente stufenweise von 65 auf 67 Jahre. 2030 ist dieser Übergang zur **„Rente mit 67"** abgeschlossen.
Altersrente für besonders langjährig Versicherte	Voraussetzungen sind, dass die Versicherten das **65. Lebensjahr vollendet** und eine **Wartezeit von 45 Jahren** erfüllt haben.

Rentenart	Erläuterungen
Rente wegen teilweiser Erwerbsminderung	Bis zur Vollendung des 65. Lebensjahrs haben Versicherte einen Anspruch auf eine **Rente wegen teilweiser Erwerbsminderung.** Eine teilweise Erwerbsminderung liegt vor, wenn die Versicherten wegen ihrer Krankheit oder Behinderung auf nicht absehbare Zeit außerstande sind, unter den üblichen Bedingungen des allgemeinen Arbeitsmarktes mindestens sechs Stunden täglich erwerbstätig zu sein.
Rente wegen voller Erwerbsminderung[1]	Einen Anspruch auf eine **Rente wegen voller Erwerbsminderung** haben Versicherte bis zur Vollendung des 65. Lebensjahrs. Versicherte sind grundsätzlich voll erwerbsgemindert, wenn diese wegen ihrer Krankheit oder Behinderung auf nicht absehbare Zeit außerstande sind, unter den üblichen Bedingungen des allgemeinen Arbeitsmarkts mindestens drei Stunden täglich erwerbstätig zu sein.
Renten wegen Todes	Renten an Hinterbliebene werden als große oder kleine **Witwen- bzw. Witwerrenten,** als **Erziehungsrente** (bei Tod des geschiedenen Ehegatten, wenn ein eigenes oder ein Kind des geschiedenen Ehegatten erzogen wird) und als **Waisenrente** bezahlt.

(3) Dynamisierung[2] der Renten

Die Rentenhöhe ist nicht für alle Zeiten absolut festgelegt. Erhöht sich der durchschnittliche Nettoarbeitsverdienst aller Arbeitnehmer, so erhöhen sich grundsätzlich die Renten entsprechend. Die in gewissen Zeitabständen durch **Rentenanpassungsgesetze** erfolgte Anpassung der Renten an die allgemeine Lohnentwicklung ist die sogenannte **Rentendynamisierung.**

(4) Generationenvertrag[3]

Dem deutschen Rentensystem liegt der sogenannte Generationenvertrag zugrunde. Er besagt, dass die **heute Berufstätigen** durch ihre Beiträge zur Rentenversicherung die **Rente der Älteren finanzieren** – in der Erwartung, dass die kommende Generation dann später die Renten für sie aufbringt. Da derzeit die Anzahl der Kinder abnimmt, müssen in den kommenden Jahren weniger Beitragszahler mehr Rentner finanzieren.

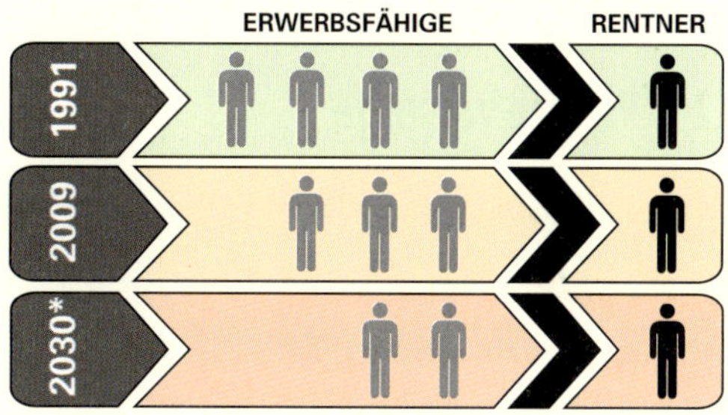

* Prognose

Quelle: Statistisches Bundesamt 2009[4]

8.1.8 Finanzierung der Sozialversicherung

Außer der **Unfallversicherung**, die der Arbeitgeber allein zu tragen hat, müssen Arbeitnehmer und Arbeitgeber je 50 % der Beiträge zur Kranken-, Pflege-, Renten- und Arbeitslosenversicherung zahlen. Die Beiträge für jeden Sozialversicherungszweig werden bis zur jeweiligen Beitragsbemessungsgrenze über einen festen Prozentsatz vom jeweiligen

1 Renten wegen Erwerbsminderung werden auf Zeit (befristet) geleistet.

2 **Dynamisch**: beweglich, sich entwickelnd.

3 Der Generationenvertrag ist nirgendwo schriftlich festgelegt – er ist ein allgemeines gesellschaftliches Übereinkommen.

4 http://www.rente.com/gesetzliche-rentenversicherung/generationenvertrag.

Bruttoverdienst berechnet. Über die Beitragsbemessungsgrenze hinaus werden keine Beiträge zur jeweiligen Sozialversicherung erhoben.

Derzeit gelten für die Sozialversicherung folgende monatliche **Beitragssätze** bzw. **Beitragsbemessungsgrenzen** (2017):[1]

			In den alten Bundesländern	In den neuen Bundesländern
Krankenversicherung:*	14,6 %	Beitragsbemessungsgrenze:[2]	4350,00 EUR	4350,00 EUR
Pflegeversicherung:	2,55 %	Beitragsbemessungsgrenze:[2]	4350,00 EUR	4350,00 EUR
Rentenversicherung:	18,7 %	Beitragsbemessungsgrenze:	6350,00 EUR	5700,00 EUR
Arbeitslosenversicherung:	3,0 %	Beitragsbemessungsgrenze:	6350,00 EUR	5700,00 EUR

* Der Beitragssatz zur Krankenversicherung in Höhe von 14,6 % ist **bundeseinheitlich**. Jede Krankenkasse kann hierauf einen **kassenindividuellen Zusatzbeitrag** erheben. Die Höhe des Zusatzbeitrags hängt insbesondere davon ab, wie wirtschaftlich eine Kasse arbeitet. Am Zusatzbeitrag ist der **Arbeitgeber nicht beteiligt,** d.h., der Arbeitgeberanteil zur Krankenversicherung beträgt somit 7,3 %.

Sonderregelungen zur Finanzierung der Pflegeversicherung

Für alle kinderlosen Pflichtversicherten erhöht sich der Beitrag zur Pflegeversicherung um 0,25 % des beitragspflichtigen Einkommens. Für diesen Personenkreis beträgt daher der Beitragssatz 1,525 %. An dieser Erhöhung ist der **Arbeitgeber nicht beteiligt.** Ausgenommen von diesem Beitragszuschlag sind Personen, die das 23. Lebensjahr noch nicht vollendet haben.

8.1.9 Sozialversicherungsausweis

Jede sozialversicherungspflichtige Person erhält einen Sozialversicherungsausweis. Bei Beginn der Beschäftigung muss sich der Arbeitgeber den Ausweis vorlegen lassen. Geschieht dies nicht, ist die Krankenkasse mittels einer Kontrollmeldung unverzüglich zu verständigen, wenn der Beschäftigte die unterlassene Vorlage nicht innerhalb von drei Tagen nachholt.

8.2 Private Vorsorge

8.2.1 Staatlich geförderte private Altersvorsorge

(1) Problemstellung

Weil das derzeitige Rentenniveau in der gesetzlichen Rentenversicherung langfristig abgesenkt werden muss, steigt die Bedeutung der privaten Altersvorsorge. Der „Einstieg" in eine **staatlich geförderte private Altersvorsorge** erfolgte durch das Altersvermögensgesetz [AVmG].

(2) Voraussetzungen für die Erlangung einer Altersvorsorgezulage

Der Anspruch auf eine vom Staat geleistete Altersvorsorgezulage[3] besteht für zulageberechtigte Personen (Begünstigte) unter folgenden Voraussetzungen (Auswahl):

- Grundvoraussetzung ist, dass die pflichtversicherten Personen **Altersvorsorgebeiträge (Mindesteigenbeiträge)** zugunsten eines auf ihren Namen lautenden Altersvorsorgevertrages leisten.

1 Stand: Januar 2017. Die **Beitragssätze** für die Sozialversicherung bzw. die Beitragsbemessungsgrenzen werden im Regelfall jährlich neu festgelegt. Informieren Sie sich bitte über die derzeit geltenden Beitragssätze und Bemessungsgrenzen.

2 Die bundesweit geltende **Versicherungspflichtgrenze** für die gesetzliche Krankenversicherung und Pflegeversicherung beträgt 4800,00 EUR (2017).

3 Die Berechtigten haben damit die Möglichkeit, ein **kapitalgedecktes Altersvorsorgevermögen** zu bilden.

- Im Altersvorsorgevertrag muss sich der Vertragspartner z. B. verpflichten, in der Ansparphase laufend **freiwillige Aufwendungen (Altersvorsorgebeiträge)** zu leisten.
- Die Leistungen für den Vertragspartner zur Altersvorsorge dürfen auch **nicht vor Vollendung des 60. Lebensjahrs** erbracht werden.
- Die Altersvorsorgebeiträge, die erwirtschafteten Erträge und Veräußerungsgewinne müssen in **bestimmte Anlagen (Produkte)** wie z. B. in Rentenversicherungen, Bankguthaben mit Zinsansammlung oder in Anteilen an Investmentfonds angelegt sein.
- Der Anbieter muss zusagen, dass zu Beginn der Auszahlung **mindestens die eingezahlten Altersvorsorgebeiträge** für die Auszahlungsphase zur Verfügung stehen.
- Der Vertragspartner muss die Möglichkeit haben, den **Vertrag** während der Ansparphase **ruhen zu lassen, zu kündigen**, eine andere Altesvorsorgeanlage zu wählen **oder Auszahlung** zu verlangen.

(3) Beispiel für private Vorsorge: Riester-Rente

Ein Beispiel für eine private Altersvorsorge ist die **Riester-Rente.**[1] Die Beitragszahlungen werden vom Staat in Form von Zulagen und Steuervorteilen gefördert. Wer die höchstmögliche Förderung (154,00 EUR) erreichen möchte, muss 4 % des versicherungspflichtigen Bruttoeinkommens im Jahr sparen. Für jedes Kind erhält der Riester-Sparer 185,00 EUR bzw. 300,00 EUR für nach 2007 geborene Kinder. Allerdings muss wegen der Förderung in der Ansparphase die Rentenzahlung im Alter voll versteuert werden. Die Riester-Verträge gibt es bei Banken, Fonds-Gesellschaften und Versicherungsunternehmen.

Drei Säulen der Altersvorsorge
■ Gesetzliche Rentenversicherung ■ Private Altersvorsorge ■ Betriebliche Altersvorsorge

(4) Betriebliche Altersvorsorge

Jeder Einzelhändler muss seinen Mitarbeitern die Möglichkeit geben, in eine betriebliche Altersvorsorge einzuzahlen. Der Arbeitnehmer hat einen **Rechtsanspruch auf eine Entgeltumwandlung** in Höhe von 4 % der Beitragsbemessungsgrenze (Rentenversicherung). Die Anlage muss förderwürdig sein. Der Arbeitgeber kann die betriebliche Altersvorsorge z. B. über eine Versicherung oder eine Pensionskasse organisieren.

8.2.2 Private Vorsorge für Erwerbs- und Berufsunfähigkeit[2]

Es ist sinnvoll, sich gegen die Folgen einer Berufs- und Erwerbsunfähigkeit abzusichern. Vor allem Berufsanfänger benötigen eine **Berufsunfähigkeitsversicherung,** da sie gerade in der Anfangsphase ihrer Berufstätigkeit nur unzureichend finanziell versorgt sind.

Die Berufsunfähigkeitsversicherung sichert das finanzielle Risiko der Berufs- und Erwerbsunfähigkeit ab. In der Regel sind die Versicherungsverträge so abgefasst, dass der Versicherte die vereinbarte Leistung aus der Berufsunfähigkeitsversicherung (z. B. Rente) erhält, wenn er zumindest 50 Prozent berufsunfähig ist. Generell mitversichert ist heute der Pflegefall. Die Versicherungs- und Beitragszahlungsdauer kann auf ein bestimmtes Alter – zum Beispiel 45 Jahre – beschränkt werden. In der Regel werden Leistungen aus der Berufsunfähigkeitsversicherung nicht über das 65. Lebensjahr hinaus erbracht.

1 Die Bezeichnung Riester-Rente geht auf Walter Riester zurück, der als Bundesminister für Arbeit und Sozialordnung die Förderung der freiwilligen Altersvorsorge durch eine Altersvorsorgezulage vorschlug.

2 Während bei der **Berufsunfähigkeit** nur der erlernte Beruf nicht mehr ausgeübt werden kann, ist bei der **(vollen) Erwerbsunfähigkeit** überhaupt keine Erwerbstätigkeit (keine Berufstätigkeit) mehr möglich.

Zusammenfassung

- **Grundprinzipien** der Sozialversicherung sind das **Solidaritätsprinzip**, die **Pflichtmitgliedschaft**, die **Beitragsbemessung nach der Höhe des Einkommens** und die **gesetzliche Festlegung** der **meisten Leistungen.**
- Zur Sozialversicherung gehören die **gesetzliche Krankenversicherung**, die **soziale Pflegeversicherung**, die **gesetzliche Rentenversicherung**, die **gesetzliche Arbeitsförderung** und die **gesetzliche Unfallversicherung.**
- Die **Träger der Sozialversicherung** sind rechtsfähige Körperschaften des öffentlichen Rechts mit Selbstverwaltungsrecht.
- Die **Beiträge zur gesetzlichen Unfallversicherung** trägt der **Arbeitgeber allein**, die **Beiträge zu den übrigen Sozialversicherungszweigen** (ausgenommen die Sonderbeiträge der Arbeitnehmer) tragen **Arbeitnehmer und Arbeitgeber grundsätzlich je zur Hälfte.**
- Die vielfältigen **personellen Leistungen** (z. B. Aufklärung und Beratung der Versicherten), **Sachleistungen** (z. B. Übernahme der Krankenbehandlungskosten durch die gesetzlichen Krankenkassen) und **finanziellen Leistungen** (z. B. Rentenzahlungen der gesetzlichen Arbeitsförderung und gesetzlichen Unfallversicherung) bezwecken vor allem eine **soziale Absicherung der Versicherten** und ihrer **mitversicherten Angehörigen** bei Krankheit, Pflegebedürftigkeit, Arbeitslosigkeit, Berufsunfällen, Berufskrankheiten und im Alter.
- Die **Grundsicherung für Arbeitsuchende** hat das Ziel, dass diese Personen ihren Lebensunterhalt – unabhängig von der Grundsicherung – aus eigenen Mitteln und Kräften bestreiten können.
- Die Leistungen der Grundsicherung sind: **Leistungen zur Eingliederung in Arbeit** und **Leistungen zur Sicherung des Lebensunterhalts.**
- Die Systeme der Sozialversicherung bilden die soziale **Grundversorgung**. Sie werden ergänzt durch **private Absicherungen.**

Übungsaufgabe

16

1. Nennen Sie die Zweige des Sozialversicherungssystems der Bundesrepublik Deutschland!
2. Als Angestellter des Kaufhauses Franz Ott KG sind sie Mitglied der gesetzlichen Rentenversicherung. Notieren Sie den Träger der Versicherung!
   - 2.1 Berufsgenossenschaft
   - 2.2 Bundesagentur für Arbeit
   - 2.3 Betriebskrankenkasse
   - 2.4 Deutsche Rentenversicherung
   - 2.5 Allgemeine Ortskrankenkasse
3. Nennen Sie zwei Leistungen, die die gesetzliche Arbeitsförderung erbringt!
   - 3.1 Heilbehandlung
   - 3.2 Arbeitslosengeld
   - 3.3 Krankengeld

3.4 Rentenzahlung

3.5 Berufsberatung

3.6 Sozialhilfe

4. Unterscheiden Sie die Begriffe Beitragsbemessungsgrenze und Versicherungspflichtgrenze!

5. Hannes Steiner ist Filialleiter und erhält ein Gehalt in Höhe von 3450,00 EUR. Er ist bei der AOK versichert. Der Beitragssatz liegt bei 8,2 %. Hannes Steiner erhält ab 01. 10. 20.. eine Gehaltserhöhung von 150,00 EUR.

   Aufgabe:

   Ermitteln Sie, welcher Betrag Hannes Steiner jetzt monatlich mehr für die Krankenversicherung abgezogen wird!

6. Frau Schussel, Verkäuferin, fällt im Laden von der Leiter, als sie vom obersten Regal einen Lederkoffer herunterholen will. Sie verletzt sich so schwer, dass sie stationär behandelt werden muss.

   Aufgaben:

   6.1 Nennen Sie die Versicherung, die dafür zuständig ist!

   6.2 Nennen Sie die Leistungen, die von dieser Versicherung zu erbringen sind!

7. Marco Fröhlich arbeitet seit drei Wochen im Lebensmitteleinzelhandel als Auszubildender zum Kaufmann im Einzelhandel und hört, wie sich sein Kollege und Vorgesetzter Stefan Heinrich mit einem Kunden über die „Schieflage" in unserem Staat unterhält.

   Kunde: *„Die Probleme der Sozialversicherung sind doch die gleichen wie in unserem Land. Wenn man die Finanzkrise mal als Beispiel nimmt, dann wird dies auch zu einer Gefahr für den sozialen Frieden und für den Wettbewerbsstandort Deutschland."*

   Heinrich: *„Wenn ich so an meine Abrechnung jeden Monat denke, dann kommen mir die Tränen. Die monatliche Belastung mit Steuern und Sozialabgaben beträgt doch schon über 50%. Ich habe letzte Woche gelesen, dass ein Beschäftigter im Einzelhandel über sechs Monate im Jahr allein für Steuern und Sozialabgaben arbeiten muss. Das ist doch wahnwitzig, wo soll das denn hinführen? Ich finde, die Belastungsgrenze ist schon lange erreicht."*

   Kunde: *„Da gebe ich Ihnen recht, Herr Heinrich, alleine schon die Veränderung in unserer Gesellschaft wird zu einem Umdenken führen müssen. Den Generationenvertrag von früher, den gibt es schon lange nicht mehr. Es stehen doch immer mehr alten Menschen immer weniger junge gegenüber und dazu steigt auch noch die Lebenserwartung unserer Mitbürger und die Geburtenraten gehen dabei gleichzeitig zurück."*

   Heinrich: *„Da bleibt uns wohl nur noch die Maxime,[1] dass jeder am besten für sich selbst sorgen muss. Nächste Woche habe ich einen Termin bei meiner Versicherung und lasse mich hinsichtlich meiner betrieblichen Altersvorsorge beraten."*

1 **Maxime:** Leitsatz.

8 Speth u.a. - ISBN 978-3-8120-0631-6

Nachdem der Kunde das Geschäft verlassen hat, fragt Marco Herrn Heinrich, was eigentlich eine Sozialversicherung ist.

Heinrich: *„Die Sozialversicherung kann durchaus als eine Pflichtversicherung für die Allgemeinheit bezeichnet werden. Sie hat das Ziel, die Grundversorgung in wirtschaftlichen und medizinischen Angelegenheiten aller Arbeitnehmer und ihrer Angehörigen bei Krankheiten, Unfällen, Arbeitslosigkeit und der Rente zu sichern."*

Marco: *„Und wie teuer ist diese Versicherung?"*

Heinrich: *„Das wirst du bald feststellen Marco, denn der Beitrag orientiert sich an der Höhe des Gehaltes und wird im Großen und Ganzen jeweils zur Hälfte vom Arbeitnehmer und vom Arbeitgeber geleistet. So, nun muss ich aber wieder an die Arbeit. Ich hoffe, ich konnte dir helfen."*

Aufgaben:

7.1 Erläutern Sie, was unter dem Generationenvertrag zu verstehen ist und welche Probleme sich daraus für die Zukunft ergeben könnten!

7.2 Diskutieren Sie im Klassenverband, ob eine Reform der Sozialversicherung nötig ist, um den sozialen Frieden für den Wettbewerbsstandort Deutschland zu sichern!

8. Notieren Sie die Zielsetzung, die das Arbeitslosengeld II hat!

   8.1 Eingliederung in den Arbeitsprozess

   8.2 Hilfe bei Berufsunfähigkeit

   8.3 Sicherung des Lebensunterhalts

   8.4 Angebot zur Arbeitsvermittlung

9. Kai Bloom beginnt am 1. März im Spielwarengeschäft der Johann Rupp GmbH zu arbeiten. Der Arbeitgeber versäumt es, ihn bei der Krankenkasse anzumelden. Am 16. März wird Kai ernstlich krank.

   Aufgabe:

   Prüfen Sie, ob Kai Bloom Anspruch auf die Leistungen der Krankenkasse hat!

10. 10.1 Begründen Sie, warum der Staat eine kapitalgedeckte private Altersvorsorge durch finanzielle Anreize zu fördern sucht!

    10.2 Erklären Sie, wodurch sich prinzipiell die staatlich geförderte kapitalgedeckte private Altersvorsorge von der gesetzlichen Rentenversicherung unterscheidet!

9 Gesetzlicher Arbeitsschutz

Die Arbeitsschutzrechte werden untergliedert in

- **sozialer Arbeitsschutz** und
- in **Betriebs-** und **Gefahrenschutz.**

9.1 Ausgewählte soziale Arbeitsschutzrechte

9.1.1 Arbeitszeitgesetz, Mutterschutzgesetz, Gesetz zum Elterngeld und zur Elternzeit, Rehabilitation und Teilhabe behinderter Menschen

Gesetz	Wirkungskreis	Wesentlicher Inhalt
Arbeitszeitgesetz [ArbZG]	Alle Arbeitgeber und die Arbeitskräfte, für die keine Sondervorschriften bestehen (z. B. JArbSchG).	Die werktägliche Arbeitszeit für Arbeitskräfte darf 8 Stunden nicht überschreiten. Die Arbeitszeit kann auf bis zu 10 Stunden täglich erhöht werden, wenn innerhalb von 6 Kalendermonaten oder innerhalb von 24 Wochen im Durchschnitt 8 Stunden werktäglich nicht überschritten werden.[1] Nach Beendigung der täglichen Arbeitszeit müssen der Arbeitskraft mindestens 11 Stunden Freizeit verbleiben. Nach mehr als 6 bis 9 Stunden Arbeitszeit ist eine Ruhepause von mindestens 30 Minuten zu gewähren.
Mutterschutzgesetz [MuSchG]	Alle Arbeitgeber bezüglich der bei ihnen beschäftigten Frauen.	Sobald der Arzt die Schwangerschaft und den errechneten Geburtstermin bestätigt, sollte die Schwangere dem Arbeitgeber die Schwangerschaft mitteilen. Die schwangere Arbeitnehmerin sollte die Bescheinigung des Arztes dem Arbeitgeber im eigenen Interesse möglichst bald vorlegen, damit sie in den Genuss des Gesetzes zum Schutz der erwerbstätigen Mutter kommt. Schwangere Frauen dürfen u. a. **nicht beschäftigt** werden ■ mit schweren körperlichen Arbeiten (z. B. regelmäßiges Heben von Lasten über 5 kg; Arbeiten, die übermäßiges Strecken und Beugen erfordern), ■ mit Arbeiten, bei denen sie erhöhten Unfallgefahren ausgesetzt sind (z. B. bei Gefahr auszurutschen oder zu stürzen), ■ mit Arbeiten, bei denen sie gesundheitsgefährdenden Stoffen, Strahlen, Nässe, Lärm oder Erschütterungen ausgesetzt sind, ■ mit Akkordarbeit und Fließbandarbeit mit vorgegebenem Tempo, ■ nach Ablauf des fünften Schwangerschaftsmonats mit Arbeiten, bei denen sie ständig stehen müssen. Befreiung von der Arbeit für 6 Wochen vor und mindestens 8 Wochen nach der Entbindung. Während der Schwangerschaft, bis zum Ablauf von vier Monaten nach der Entbindung und während der Elternzeit besteht Kündigungsschutz.

1 Aufgrund eines Tarifvertrages oder aufgrund einer Betriebsvereinbarung kann unter bestimmten Bedingungen die werktägliche Arbeitszeit auch über zehn Stunden betragen.

Gesetz	Wirkungskreis	Wesentlicher Inhalt
Gesetz zum Elterngeld und zur Elternzeit (Bundeselterngeld- und Elternzeitgesetz) – [BEEG]	Mütter **oder** Väter, die ihr Kind selbst betreuen und nicht mehr als 30 Stunden pro Woche erwerbstätig sind.	Das **Elterngeld** beträgt 67 % des wegfallenden Nettoeinkommens, mindestens 300,00 EUR, höchstens 1 800,00 EUR mit einer Laufzeit von 12 Monaten, bei Beteiligung des Partners bzw. bei Alleinerziehenden 14 Monate oder doppelte Laufzeit mit dem halben Monatsbetrag. Nach der Geburt ihres Kindes können Eltern gleichzeitig, jeder Elternteil anteilig oder allein bis zu drei Jahren Elternzeit nehmen. Die Elternzeit kann auf 3 Zeitabschnitte verteilt werden. Bis zu 24 Monate der Elternzeit können ab dem 3. Geburtstag bis zum 8. Lebensjahr des Kindes in Anspruch genommen werden. Eine Zustimmung des Arbeitgebers ist **nicht** erforderlich. Für Eltern, deren Kinder nach dem 1. Juli 2015 geboren wurden, gibt es neue Regelungen in Form des Elterngeldes Plus und des Partnerschaftsbonus. Die Eltern haben dann die Wahl zwischen dem **herkömmlichen Elterngeld,** dem **Elterngeld Plus** (es kann bei Teilzeit doppelt so lang bezogen werden wie das Elterngeld, ist aber höchstens halb so hoch wie dieses) oder einer **Kombination von beiden.** Zusätzlich erhalten die Eltern als **Partnerschaftsbonus** auf Antrag vier zusätzliche Monate Elterngeld Plus, wenn beide Elternteile in dieser Zeit Teilzeit arbeiten. Die maximale Bezugsdauer des Elterngeldes beträgt 28 Monate.
Sozialgesetzbuch, Neuntes Buch (Rehabilitation und Teilhabe behinderter Menschen)	Alle Arbeitgeber mit mindestens 20 Arbeitsplätzen (ohne Auszubildende).	Die betroffenen Arbeitgeber sind verpflichtet, einen bestimmten Prozentsatz schwerbehinderter Menschen (Personen mit einer mindestens 50 %igen Behinderung) einzustellen. Für unbesetzte Plätze muss i. d. R. eine Ausgleichsabgabe gezahlt werden.

9.1.2 Kündigungsschutz

Handlungssituation:

Aki Gökdal, Geschäftsführer des PROFI Getränkemarktes GmbH in Osnabrück, ist über das Telefongespräch mit seinem Lagerleiter Herbert Fischer außer sich vor Wut. Herr Fischer hatte die letzten 2 Wochen Urlaub. Heute, am vorletzten Urlaubstag, rief er im Getränkemarkt an und bat Herrn Gökdal um eine weitere Woche Urlaub, weil er mit seiner Ehefrau noch ein Zimmer in seinem Einfamilienhaus umbauen möchte. Da aber, bedingt durch die hohen sommerlichen Temperaturen und dem Ferienbeginn in Niedersachsen, momentan sehr viel zu tun ist und nicht auf die Arbeitskraft von Herrn Fischer verzichtet werden kann, lehnte Herr Gökdal den weiteren Urlaub ab. Darauf erwiderte Fischer: *„Ich werde auf gar keinen Fall in den Markt kommen, dann werde ich eben krank."* Da sich Herr Gökdal nicht sicher ist, wie er mit dieser angespannten Situation umgehen soll, holt er sich bei seinem Freund, dem Rechtsanwalt Dr. Peter Drechsler, Rat. *„Also Aki, da es keine Anhaltspunkte dafür gab, dass Herr Fischer krank war bzw. sich in den letzten Wochen krank fühlte, kannst du ihm fristlos kündigen. Denn droht ein Mitarbeiter mit einer Krankheit, obwohl er weder krank war noch sich krank fühlen dürfte, ist das ein wichtiger Grund für eine fristlose (außerordentliche) Kündigung."*

Aufgaben:

1. Wie soll sich Herr Gökdal in dieser schwierigen beruflichen Situation verhalten?

   Beschreiben Sie zwei mögliche Vorgehensweisen für die PROFI Getränkemarkt GmbH aus Osnabrück!

2. Notieren Sie sich weitere Kündigungsgründe, die in dem Verhalten einer Person begründet sein können!

(1) Allgemeiner Kündigungsschutz

Der allgemeine Kündigungsschutz ist im Kündigungsschutzgesetz [KSchG] geregelt und schützt Arbeitnehmer vor **sozial ungerechtfertigter Kündigung,** wenn das Arbeitsverhältnis im gleichen Unternehmen ohne Unterbrechung länger als sechs Monate bestanden hat und das Unternehmen in der Regel mehr als zehn Arbeitskräfte (Auszubildende nicht mitgerechnet) beschäftigt.

Eine **sozial ungerechtfertigte Kündigung** ist **rechtsunwirksam.** Bei notwendigen Entlassungen müssen z.B. die Dauer der Betriebszugehörigkeit, das Lebensalter und die Unterhaltspflichten der Arbeitnehmer berücksichtigt werden.

Beispiel:

Einem einzelnen Angestellten in einem Unternehmen mit 2000 Belegschaftsmitgliedern wird mit der Begründung gekündigt, es läge Auftragsmangel vor.

Sozial gerechtfertigt ist eine Kündigung z.B. in folgenden Fällen:

Kündigungsgrund	Beispiele
Der Kündigungsgrund liegt in der **Person** des Arbeitnehmers.	Eine Mitarbeiterin ist nicht in der Lage, sich auf die sich ändernden Anforderungen des Arbeitsplatzes umzustellen. Ein Mitarbeiter leidet unter einer schweren Krankheit, sodass er seine Arbeit nicht mehr ausführen kann.
Der Kündigungsgrund liegt im **Verhalten** des Arbeitnehmers.	Eine Mitarbeiterin macht dauernd überdurchschnittlich viel Ausschuss. Eine Kassiererin unterschlägt mehrere tausend Euro.
Die Kündigung ist durch **dringende betriebliche Erfordernisse** bedingt.	Personalabbau aufgrund von erforderlichen Rationalisierungsmaßnahmen. Entlassungen aufgrund von nachhaltigem Absatzrückgang.

Beachte:

Das Arbeitsverhältnis kann von jeder Vertragspartei ohne Einhaltung einer Kündigungsfrist gelöst werden, wenn ein wichtiger Grund vorliegt.

Beispiele:

Verstöße gegen die Schweigepflicht; Diebstahl; grobe Beleidigungen; Tätlichkeiten; Mobbing (soziale Isolierung von Kollegen und Kolleginnen durch üble Nachrede, Missachtung und Unterstellungen); ungerechtfertigte Arbeitsverweigerung.

(2) Besonderer Kündigungsschutz

Einen besonderen Kündigungsschutz genießen z.B.

- Betriebsratsmitglieder, Jugend- und Auszubildendenvertreter,
- Frauen während der Schwangerschaft und bis zum Ablauf von vier Monaten nach der Entbindung,
- Arbeitnehmer höchstens acht Wochen vor dem Beginn der Elternzeit und während der Elternzeit,
- schwerbehinderte Menschen sowie
- Auszubildende nach der Probezeit und während der Berufsausbildung.

9.2 Ausgewählte Gesetze zum Betriebs- und Gefahrenschutz[1]

Situation:

Auszubildende, die ihre Ausbildung beginnen, erleiden öfter Arbeitsunfälle als alle anderen Mitarbeiter, weil sie die Gefahren in ihrem neuen Ausbildungsbetrieb noch nicht kennen. Darum wird vom Arbeitsschutzgesetz [ArbSchG] dem Arbeitgeber vorgeschrieben, die neuen Mitarbeiter, also auch die neuen Auszubildenden, vor Aufnahme ihrer beruflichen Tätigkeiten mit den bekannten gesundheitlichen Gefahren und deren Vermeidung vertraut zu machen. Bei dieser sogenannten Erstunterweisung sollten die langjährigen Beschäftigten den Arbeitgeber unterstützen, weil sie diese Gefahren besser kennen als die Geschäftsleitung.

(1) Arbeitsschutzgesetz [ArbSchG]

Einzelhändler sind verpflichtet, die zur Sicherheit und Gesundheit der Beschäftigten bei der Arbeit erforderlichen Maßnahmen des Arbeitsschutzes zu treffen. Sie müssen z. B. die Arbeit so gestalten, dass eine Gefährdung für Leben und Gesundheit möglichst vermieden und die verbleibende Gefährdung möglichst gering gehalten wird. Gefahren sind an ihren Quellen zu bekämpfen. Arbeitsschutzmaßnahmen müssen den Stand der Technik, Arbeitsmedizin und Hygiene und spezielle Gefahren besonders schutzbedürftiger Beschäftigungsgruppen berücksichtigen. Hierzu sind den Beschäftigten geeignete Anweisungen zu erteilen.

Sicherheitszeichen weisen die Mitarbeiter auf mögliche Gefahren und Risiken hin.[2]

Verbotszeichen	Gebotszeichen	Warnzeichen	Rettungszeichen

Keine offene Flamme	Kopfschutz benutzen	Warnung vor elektrischer Spannung	Rettungsweg Notausgang (rechts)

Für die **Überwachung der Arbeitsschutzbedingungen** sind zuständig:

Gewerbe-aufsichtsämter	Sie überwachen die Arbeitsschutzvorschriften und sorgen dafür, dass Missstände beseitigt werden.
Berufsgenossenschaften[3]	Sie erstellen **Unfallverhütungsvorschriften**, die die Einzelhändler zur Einführung von Schutzmaßnahmen verpflichten. Diese Unfallverhütungsvorschriften müssen im Betrieb ausgelegt oder ausgehängt werden. Mitarbeiter der Berufsgenossenschaften überwachen deren Einhaltung, beraten, beanstanden und verlangen gegebenenfalls die Beseitigung von Mängeln unter Fristsetzung. Werden die Auflagen nicht erfüllt, können Ordnungsstrafen verhängt werden.
Sicherheits-beauftragte	Sie haben darüber zu wachen, dass die Unfallvorschriften eingehalten werden.

1 Auf das Geräte- und Produktsicherheitsgesetz [GPSG] wird im 2. Ausbildungsjahr , Lernfeld 10 eingegangen.

2 Siehe auch S. 343.

3 **Berufsgenossenschaften** sind Verbände mit Zwangsmitgliedschaft für die versicherungspflichtigen Betriebe zur Finanzierung der gesetzlichen Unfallversicherung. Die Berufsgenossenschaften übernehmen den Versicherungsschutz bei Arbeitsunfällen, Wegeunfällen und Berufskrankheiten.

(2) Arbeitssicherheitsgesetz [ASiG]

Das Arbeitssicherheitsgesetz regelt die Pflichten der Einzelhändler zur Bestellung von Betriebsärzten, Sicherheitsingenieuren und anderen Fachkräften für Arbeitssicherheit. Deren Aufgabe ist es, die dem Arbeitsschutz und der Unfallverhütung dienenden Vorschriften den **besonderen Betriebsverhältnissen anzupassen** und ihre **Anwendung zu gewährleisten.**

Der Einzelhändler ist verpflichtet, **Betriebsärzte** zu bestellen. Diese haben die Aufgabe, den Einzelhändler beim Arbeitsschutz und bei der Unfallverhütung in allen Fragen des Gesundheitsschutzes zu unterstützen, die Arbeitnehmer zu untersuchen, arbeitsmedizinisch zu beurteilen und zu beraten.

Der Betriebsrat hat ein **volles Mitspracherecht** in Angelegenheiten des Arbeitsschutzes. Wichtige Bestimmungen des betrieblichen Arbeitsschutzes können somit – sofern sie über die gesetzlichen Regelungen hinausgehen – in einer Betriebsvereinbarung festgeschrieben werden.

(3) Arbeitsstättenverordnung

Sie enthält bestimmte sicherheitstechnische, arbeitsmedizinische und hygienische Anforderungen an Arbeitsstätten (z. B. Arbeits-, Wasch-, Umkleide-, Pausenräume).

Beispiele:

Regelungen zur Lüftung, Raumtemperatur, Beleuchtung, Gase und Lärm, Notausgänge, Fluchtwege, Erste-Hilfe-Räume.

(4) Brandschutz

Um einem Brand im Einzelhandelsbetrieb vorzubeugen, müssen die geltenden Brandschutzbestimmungen eingehalten werden. Wichtige Brandschutzmaßnahmen sind z. B.:

- Das Personal muss im betrieblichen Brandschutz ausgebildet werden und einmal im Jahr ist eine Brandschutzübung mit den Mitarbeitern abzuhalten.
- Die Vorschriften und Regeln zur Brandverhütung und Brandbekämpfung sind an den vorgegebenen Stellen auszuhängen.
- Einbau von Brand- und Rauchmeldern.
- Einbau von Sprinkleranlagen.
- Bereitstellen von Feuerlöscher.

Sicherheitszeichen weisen die Mitarbeiter auf Hilfen bei der Brandbekämpfung hin.

Löschschlauch

Feuerlöscher

Brandmeldetelefon

Brandmelder (manuell)

Leiter

Zusammenfassung

- Das **Arbeitsschutzrecht** umfasst Bestimmungen, Vorschriften, Maßnahmen, welche dem Schutz des Lebens und der Gesundheit der Mitarbeiter dienen.
- Dem **sozialen Arbeitsschutz** dienen z.B. die Vorschriften des Arbeitszeitgesetzes, des Mutterschutzgesetzes, des Jugendarbeitsschutzgesetzes, des Elterngeld- und Elternzeitgesetzes, des Kündigungsschutzgesetzes.
- Dem **Betriebs- und Gefahrenschutz** dienen z.B. das Arbeitsschutzgesetz, das Geräte- und Produktsicherheitsgesetz, das Arbeitssicherheitsgesetz, die Arbeitsstättenverordnung, der Brandschutz u.a.
- Die Einhaltung wird z.B. durch die **Gewerbeaufsichtsämter** und die **Berufsgenossenschaften** überwacht.

Übungsaufgabe

17

1. Eva Müller hat von ihrem Arzt die freudige Nachricht erhalten, dass sie schwanger ist. Sie arbeitet zurzeit als Einzelhandelskauffrau bei einem großen Autohändler.

   1.1 Beschreiben Sie, wie sich Eva Müller nun gegenüber ihrem Arbeitgeber verhalten sollte!

   1.2 Nennen Sie drei Arbeiten, die ihr während der Schwangerschaft nicht übertragen werden dürfen!

2. Notieren Sie, wie lange Arbeitnehmer nach dem Bundeselterngeld- und -elternzeitgesetz [BEEG] Anspruch auf Elternzeit haben!

   2.1 Bis zur Vollendung des ersten Lebensjahres des Kindes.

   2.2 Bis zur Vollendung des zweiten Lebensjahres des Kindes.

   2.3 Bis zur Vollendung des dritten Lebensjahres des Kindes.

   2.4 So lange, bis für das Kind ein Platz in einer Kinderkrippe frei ist.

   2.5 So lange, wie die Eltern eine persönliche Betreuung für notwendig erachten.

3. Das Kaufhaus Otto Weber GmbH möchte seine Mitarbeiterzahl verringern. Bei der Otto Weber GmbH sind u.a. folgende Mitarbeiter beschäftigt:

   Frau Heim 28 Jahre, seit 8 Monaten beschäftigt.

   Frau Krause 40 Jahre, Betriebsrätin.

   Herr Czerny 32 Jahre, zuständig für die Ausbildung.

   Herr Halder 17 Jahre, Auszubildender seit 2 Monaten.

   Herr Wanner 52 Jahre, Schwerbehinderter.

   Aufgabe:

   Notieren Sie die zwei Mitarbeiter, die einen besonderen Kündigungsschutz genießen!

4. Im Baumarkt Trend GmbH arbeiten 40 Mitarbeiter, welche sich auf 30 Vollzeitstellen verteilen und vier Auszubildende.

   Aufgabe:

   Überprüfen Sie, ob die folgenden Kündigungen sozial gerechtfertigt sind!

4.1 Frau Andrea Schlichte ist 40 Jahre alt, ledig und kinderlos. Seit zehn Jahren ist sie in der Abteilung Verkauf tätig. Seit einem Autounfall vor zwei Jahren fehlte sie an insgesamt 156 Arbeitstagen. Mit einer Verbesserung des Gesundheitszustandes ist nicht zu rechnen. Ihr häufiges Fehlen verursacht ständig Kosten, da häufig die Personalplanung abgeändert werden muss, auch sind sehr viele Kunden verärgert, da Vorgänge durch ihre Krankheit nicht termingerecht bearbeitet wurden.

4.2 Herr Klaus Bayer ist 42 Jahre alt, verwitwet und hat drei Kinder. Er arbeitet seit 15 Jahren in der Rechnungserstellung. Aufgrund der Einführung einer vernetzten Auftragsabwicklung kann sein Arbeitsplatz rationalisiert werden, deshalb kündigt ihm sein Chef, Herr Eicher. Mit ihm in der Rechnungserstellung arbeitet noch Herr Munz (29 Jahre, ledig, seit drei Jahren im Betrieb, sehr gute Leistungen).

4.3 Frau Hella Zimmermann ist 28 Jahre alt, ledig. Sie ist seit acht Monaten im Verkauf tätig. Bisher hat sie stets gute Leistungen gezeigt. Sie verhält sich stets korrekt und erledigt die ihr gegebene Arbeit. Ihr Chef, Herr Bitterwolf, kommt mit ihr als Person nicht klar, d. h., er findet sie unsympathisch, deswegen kündigt er ihr.

Verwenden Sie zur Lösung folgendes Schema!

	Andrea Schlichte	Klaus Bayer	Hella Zimmermann
Konkreter Kündigungsanlass			
Möglicher Kündigungsgrund			
Kündigung sozial gerechtfertigt			
Begründung			

5. Nennen Sie zwei Vorgänge im Betrieb, die eine fristlose Kündigung rechtfertigen!

6. Beschreiben Sie die Aufgabe der Arbeitsschutzgesetze, notieren Sie drei Arbeitsschutzgesetze und nennen Sie den betroffenen Personenkreis!

7. 7.1 Die 17-jährige Bürogehilfin Mira Emsig muss nach bestandener Prüfung 45 Wochenstunden ohne Überstundenvergütung arbeiten. Der Chef beruft sich auf das Arbeitszeitgesetz, wonach sogar über 50 Wochenstunden zulässig sind. Prüfen Sie die Rechtslage!

7.2 Nennen Sie drei wesentliche Bestimmungen des Arbeitsschutzgesetzes!

7.3 Welche Maßnahmen sind bei einem Arbeitsunfall zu ergreifen? Holen Sie hierzu auch Informationen von Ihrem Ausbildungsbetrieb ein und berichten Sie in der Klasse!

7.4 Fragen Sie Ihren Ausbildungsleiter nach der Bedeutung des Brandschutzes in Ihrem Betrieb und tragen Sie das Ergebnis im Klassenverband vor!

7.5 Recherchieren Sie, was die angeführten Gefahrenpiktogramme besagen!

Lernfeld 2: Verkaufsgespräche kundenorientiert führen

Vorbemerkungen:

Jedes Verkaufsgespräch ist anders. **Das** Verkaufsgespräch gibt es nicht. Das liegt daran, dass sich ein Gespräch mit einer Kundin oder einem Kunden sehr individuell entwickeln kann. Schon die Art der Kontaktaufnahme kann sehr unterschiedlich sein. Dazu kommt, dass Kundinnen und Kunden, auch wenn sie sich in einigen ihrer Ansprüche gleichen, immer eine eigene Persönlichkeit mit sehr unterschiedlichen Eigenschaften mitbringen. Irgendwie ist doch jeder Mensch und somit auch jede Kundin bzw. jeder Kunde einzigartig. Das macht die Arbeit eines im beratenden Verkauf tätigen Verkäufers schwierig – aber auch besonders interessant.

Auch wenn ein Beratungsgespräch selten dem anderen gleicht, gibt es bestimmt Punkte, die fast in jedem Verkaufsgespräch auftauchen. In vielen Gesprächen muss zunächst der Bedarf ermittelt werden, irgendwann fragt der Kunde nach dem Preis oder es muss auf einen Kundeneinwand reagiert werden. Die Verkäuferin und der Verkäufer müssen spezielle Fähigkeiten haben und entwickeln, um diesen Ansprüchen gerecht werden zu können. Vieles davon kann man lernen und trainieren. Einiges sollte man mitbringen.

Der Verkäufer muss eine Fülle an Informationen über die Waren, die er verkauft, bereithalten. Wer seine Ware nicht kennt, kann nicht überzeugend argumentieren. Kunden sind heute in

vielen Fällen selbst Experten und kommen mit speziellen Warenkenntnissen. Wer sein Sortiment nicht kennt, kann keine Empfehlungen aussprechen. Auch über den Markt haben Kunden heute einen Überblick. Wer argumentieren und empfehlen will, muss zudem sprachliche Fähigkeiten entwickeln. Die Sprache ist eines der wichtigsten Instrumente des Verkäufers.

Wer seine Kunden beraten will, muss sich ihren Problemen erschließen. Dies kann nur, wer gut beobachtet und genau zuhört. Der Verkäufer ist also jemand, der im Tagesablauf konzentriert und aufmerksam zugleich ist. Er muss während eines Verkaufsgespräches flexibel reagieren. Dabei muss er in bestimmten Situationen „Fingerspitzengefühl" und Geduld beweisen. Er muss sich immer wieder auf neue Situationen einstellen und eine Beziehung zum Kunden aufbauen. Er muss erkennen, wann Zuwendung und wann Distanz nötig sind und für welchen Kunden welche Art der Gesprächsführung angemessen ist. Er kann nur dazulernen, wenn er sein eigenes Verhalten kritisch sieht und weiter an sich arbeitet.

Waren- und Sortimentskenntnisse kann sich jeder aneignen. Die kommunikativen und menschlichen Qualifikationen, die in einem Verkaufsgespräch mindestens ebenso wichtig sind, kann man trainieren. Das fällt dem einen sicher schwerer als dem anderen, doch die folgenden Informationen helfen Ihnen dabei. So werden Sie neben Tipps zur Beschaffung von Warenwissen die einschlägigen Techniken zur Führung von Verkaufsgesprächen kennenlernen. Darüber hinaus finden Sie aber auch Hinweise, die nachdenklich machen sollen und dazu anregen sollen, das eigene Handeln zu hinterfragen.

Der Ausbilder wird sich mit seiner Auszubildenden, die Sie auf den folgenden Seiten kennenlernen werden, mit dem Verkaufsgespräch auseinandersetzen. Ob sie immer Recht haben, müssen Sie selbst entscheiden. Vielleicht haben Sie ja auch eine ganz eigene Meinung.

1 Phasen des Verkaufsgespräches

Verkaufen bedeutet mit den Kunden

- zu kommunizieren,[1]
- ihre Wünsche zu erkennen und zu erfüllen,
- sie zu begeistern und
- sie zu überzeugen.

Beide, Verkäufer und Kunde, haben ein gemeinsames Ziel: den Kaufabschluss. Dieser liegt am Ende des Verkaufsgespräches. Um zum erfolgreichen Abschluss für beide Seiten zu gelangen, werden im Allgemeinen **acht Phasen** durchlaufen, die auch als **Stufen des Verkaufsgespräches** bezeichnet werden.

Kontaktaufnahme zum Kunden und die Ermittlung von Kaufmotiven	Der Kunde erwartet vom Verkäufer eine freundliche Begrüßung. Wie die Kontaktaufnahme zwischen Verkäufer und Kunde im Einzelnen geschieht, hängt insbesondere vom **Anspruch des Kunden** (z. B. der Verkäufer bemerkt, dass der Kunde Hilfe beansprucht) und von der **Verkaufsform** (z. B. Vorwahl) ab. Mit der Kontaktaufnahme muss der Verkäufer versuchen, die Kaufmotive des Kunden zu ermitteln.
Ermittlung des Kaufwunschs des Kunden (Bedarfsermittlung)	In dieser Phase sind zwei Fälle zu unterscheiden: ■ Der Kunde nennt genau seinen Kaufwunsch. In diesem Fall muss der Verkäufer die Ware lediglich aushändigen und den Kaufpreis kassieren. ■ Der Kunde hat zwar einen Kaufwunsch, braucht aber noch Informationen. In diesem Fall ist es Aufgabe des Verkäufers, gemeinsam mit dem Kunden den Bedarf präzise zu ermitteln.
Vorlegen der Ware (Angebotsphase)	Der Verkäufer legt dem Kunden eine begrenzte Anzahl von Artikeln vor, die dem Kaufwunsch und der Preisvorstellung genau entsprechen.
Verkaufsargumentation zur Kundenberatung	Aufgabe der Verkaufsargumentation ist es, im Verkaufsgespräch den Kunden davon zu überzeugen, dass die Eigenschaften der vorgelegten Artikel dem ermittelten Kaufwunsch entsprechen. Hierfür ist es erforderlich, dass der Verkäufer über ausgezeichnete Warenkenntnisse verfügt.
Nennen des Preises (Preisargumentation)	Die Preisargumentation sollte möglichst im Anschluss an die Verkaufsargumentation erfolgen, damit der Kunde den Preis in Beziehung setzen kann zur Leistung. Dem Kunden soll damit vermittelt werden, dass der Preis berechtigt ist.

1 Unter **Kommunikation** versteht man hier den Austausch von Informationen zwischen Verkäufer und Käufer.

Behandlung von Kundeneinwänden	Zunächst muss der Verkäufer herausfinden, ob es sich um einen unechten Einwand (der Kunde will nicht kaufen) oder um einen echten Einwand handelt. Im ersten Fall sollte der Verkäufer das Verkaufsgespräch höflich beenden. Im zweiten Fall hat der Verkäufer die Aufgabe, den Kunden durch gute Argumente vom Kauf zu überzeugen.
Kaufabschluss herbeiführen	Gegen Ende der Verkaufs- und Preisargumentation kennt der Kunde alle wichtigen Argumente für den Kauf der Ware. Sind die Einwände beseitigt und entschließt sich der Kunde zum Kauf, sollte der Verkäufer dem Kunden die Richtigkeit seiner Entscheidung nochmals bestätigen.
Kaufabschluss/ Verabschiedung des Kunden	Nach dem Kaufabschluss ist der Kunde zur Kasse zu begleiten, der Kaufpreis zu kassieren, Serviceleistungen anzubieten und der Kunde mit Dank für den Einkauf zu verabschieden.

Ausbildungsgespräch

Azubi:  *„Hat denn jedes Verkaufsgespräch acht Phasen oder Stufen?“*

Ausbilder: *„Sie dürfen das Verkaufsgespräch nicht so statisch sehen. Jedes Gespräch hat seinen individuellen Ablauf. In manchen Kundengesprächen kommt es gar nicht zum Kaufabschluss, in anderen befindet man sich direkt in der Angebotsphase.“*

Azubi: *„Dann sind die Phasen wohl auch nicht alle gleich lang?“*

Ausbilder: *„Genau! Und den Begriff* ***Stufen*** *finde ich hier sehr passend, denn einen Lift gibt es im Verkaufsgespräch nicht. Um an unser Ziel, den ‚Kaufabschluss‘, zu gelangen, müssen wir uns auf jeden Kunden neu einstellen. Dazu hören wir ihm genau zu, damit wir ihm eine entsprechende* ***Problemlösung*** *anbieten können!“*

Azubi: *„Wenn es keine allgemein gültigen Handlungsmuster gibt, um sich auf ein Verkaufsgespräch vorzubereiten, wie kann ich dann* ***das Verkaufen lernen?“***

Ausbilder: *„Gut zu verkaufen bedeutet zunächst, den Kunden als Partner zu begreifen. Das müssen Sie sich immer wieder bewusst machen!“*

2 Voraussetzungen für erfolgreiche Verkaufsgespräche

Ausbildungsgespräch

Azubi:

„Ein Verkaufsgespräch ist ein spontaner und dynamischer Prozess, oder? Ein Kunde kommt auf mich zu und bittet um Rat. Ich muss nun gut zuhören, damit ich dem Kunden weiterhelfen kann, da ich ihn, wenn es nicht gerade ein Stammkunde ist, in den seltensten Fällen kenne."

Ausbilder:

„Ja, da gebe ich Ihnen Recht, wir müssen uns immer wieder neu auf unsere Kunden und ihre Wünsche einstellen. Dennoch meine ich, dass auch wir uns auf ein Verkaufsgespräch angemessen vorbereiten können. Fangen wir bei unserer Ware und unserem Arbeitsplatz an:

- *Der Verkaufsraum sollte stets einladend aussehen.*
- *Es sollte stets ausreichend Ware vorhanden sein.*
- *Die Ware muss mit Preisen versehen und wirkungsvoll in Szene gesetzt sein, bevor der Kunde kommt.*

Wir als Verkäufer können durch unsere persönliche Vorbereitung im Verkaufsgespräch besser auf den Kunden eingehen und ihn kompetent beraten, wenn wir unsere Ware richtig kennen und wissen, an welchem Ort wir sie finden. Am besten erstellen Sie sich einen separaten Warenkundeordner, in dem Sie Informationsbroschüren von Herstellern, Fachaufsätze aus den Fachzeitschriften und eigene Aufzeichnungen aufbewahren."

Azubi: *„Ach, dafür sind die Warenbeschreibungsbögen! Dort kann ich die wichtigsten Daten eines bestimmten Artikels zusammentragen?"*

Ausbilder: *„Ja, ich gebe Ihnen gleich ein Muster, dann können Sie mithilfe der Kriterien Ihr Warenwissen zu einem Produkt zusammentragen."*

Azubi: *„Prima! Gibt es nicht irgendwelche Tipps und Tricks, wie ich einen Kunden beeinflussen kann?"*

Ausbilder: *„Sie brauchen für Ihre Tätigkeit im Verkauf Verkaufstechniken und -strategien. Bei diesen geht es nicht darum, den Kunden ‚über den Tisch zu ziehen', sondern mit ihm einen Kaufabschluss herbeizuführen, der für beide Seiten zufriedenstellend ist."*

Die **Vorbereitung des Verkäufers** auf die Verkaufsgepräche umfasst

- den Erwerb von **Kenntnissen über die Gesprächsführung** und
- den Erwerb von **Fachkenntnissen über die Waren.**

2.1 Kenntnisse über die Gesprächsführung

In der Regel meldet sich im Einzelhandel der Kunde beim Verkäufer nicht an. Der Verkäufer muss daher in der Lage sein, schnell und gezielt auf einen nicht angekündigten Kundenbesuch reagieren zu können. Eine wichtige **allgemeine Hilfe** für eine erfolgreiche Geschäftsführung stellt die **AIDA-Formel** dar.

Attention[1]	Aufmerksamkeit erzeugen	– Atmosphäre schaffen
Interest[1]	Kaufinteresse wecken	– Kundenbedarf ermitteln
Desire[1]	Kaufwunsch erzeugen	– Warennutzen herausstellen
Action[1]	Kaufhandlung vorantreiben	– Kaufabschluss tätigen

Erläuterungen zur AIDA-Formel: [2]

Attention – Aufmerksamkeit erzeugen A	Aufmerksamkeit erzeugen beginnt damit, dass der Kunde mit den Augen empfangen wird. Ihm wird damit signalisiert, dass er willkommen ist und nicht als lästiger Störer empfunden wird. Nach der Begrüßung sollte der Verkäufer versuchen, zügig mit dem Kunden ein angenehmes Gespräch aufzubauen, um eine **positive Atmosphäre** zu schaffen. Gesprächsaufhänger sind z. B. das Wetter *(„Es ist wieder schön heute“)*, der Sport *(„Schauen Sie sich das Spiel von Werder Bremen heute Abend an?“)* oder persönliche Dinge bei Stammkunden *(„Was machen die Kinder?“)*.
Interest – Kaufinteresse wecken I	In dieser Phase des Verkaufsgespräches muss der Verkäufer versuchen, den **Bedarf des Kunden** möglichst präzise zu ermitteln. Genaues Zuhören und gezielte Fragen sind jetzt besonders wichtig.
Desire – Kaufwunsch erzeugen D	Aufmerksamkeit und gewecktes Interesse lösen allein noch keinen Besitzwunsch aus. Damit beim Kunden ein Kaufwunsch aufkommt, muss der Verkäufer jetzt seine **Waren bedarfsgerecht anbieten.** Fachkenntnisse, Herausstellen des Warennutzens, Preisargumentation sowie Einwandbehandlung sind hier besonders wichtig.
Action – Kaufhandlung vorantreiben A	Der Übergang vom erzeugten Besitzwunsch zum Kauf ist eine sehr sensible[2] Phase. Es gilt, die **Abschlussbereitschaft des Kunden** zu erkennen und zu fördern. Zudem gilt es jetzt, die Möglichkeiten zu einem Zusatzverkauf zu nutzen.

1 **Attention**: Aufmerksamkeit; **Interest**: Interesse; **Desire**: Wunsch, Verlangen; **Action**: Handlung.

2 **Sensibel**: empfindlich, feinfühlig.

2.2 Erwerb von Fachkenntnissen

Handlungssituation:

Auf der DIGIEXPO, der Messe für digitale Unterhaltungselektronik in Helsinki, unterhalten sich der Auszubildende zum Einzelhandelskaufmann Karsten Becker und sein Vorgesetzter Michael Meifahrt am Messestand ihres Unternehmens, der Digitalcom AG aus Offenbach, über die Bedeutung von Fachkenntnissen im Verkaufsgespräch.

Quelle: www.mediabank.finnexpo.fi (Kimmo Brandt/Suomen Messut)

Meifahrt: *„Wichtig ist immer eine gute Vorbereitung auf das Gespräch. Nur Fachkenntnisse alleine nützen dir wenig. Du musst dir im Klaren darüber sein, wer sich wofür und aus welchem Grund für unsere Produkte interessiert."*

Karsten: *„Wie soll ich denn wissen, ob der Kunde eine komplette Computeranlage oder nur einen Drucker benötigt?"*

Meifahrt: *„Das erfährst du vom Kunden selbst. Achte auf konkrete Signale. Womit beschäftigt er sich, sucht er vielleicht sogar unsere Hilfe. Du musst dich fragen, was spricht aus unserer Sichtweise für den Kauf bzw. wie möchte ich als potenzieller Käufer von einem Verkäufer behandelt werden. Welches Ziel verfolge ich im Gespräch mit dem Kunden?"*

Karsten: *„Puh, das klingt ziemlich schwierig. Wie soll ich denn all diese Punkte bei unseren Kunden anwenden? Ich kann mich ja schlecht auf jedes einzelne Kundengespräch stundenlang vorbereiten."*

Meifahrt: *„Siehst du, und jetzt kommen unsere Fachkenntnisse ins Spiel. Alles Weitere basiert auf diesen Produktkenntnissen. In der Regel läuft ein Gespräch nach einem gewissen Schema ab. Zuerst wird der Bezug des Produktes zum Kunden hergestellt. Kann unser Produkt die Situation des Kunden möglicherweise verbessern. Dann wird festgestellt, ob der Kunde überhaupt Interesse am Produkt hat. Zum Beispiel haben sich viele Kunden vorher schon einmal schlau gemacht und kennen bereits einige neue Fabrikate, die wir hier auf der Messe vorgestellt haben. Ja, und dann gibt es eigentlich nur zwei Möglichkeiten, entweder der Kunde möchte nun kaufen – oder nicht. Sollte er sich für den Kauf entscheiden, können wir die Kaufentscheidung nochmals unterstützen, indem wir weitere Leistungen, die auch nach dem Kauf ihre Gültigkeit behalten, anbieten."*

Karsten: *„Auf unserem letzten Seminar wurde uns die Bedeutung eines guten Verkaufsgespräches deutlich gemacht. Laut Statistik ist beim Kauf eines Computers vor allen Dingen eine umfassende Beratung und nicht, wie man denken könnte, der Preis das wichtigste Kriterium."*

Meifahrt: *„Ich merke, du hast gut aufgepasst."*

Während sich Karsten und Michael Meifahrt über das letzte innerbetriebliche Seminar in Koblenz unterhalten, tritt ein Kunde an den Messestand und beschäftigt sich mit dem neuen Drucker, dem „Laser RP 40", der hier erstmals präsentiert wird.

Meifahrt: *„Guten Tag, ich sehe, Sie interessieren sich für die neuste Druckergeneration aus unserem Hause, dem ‚Laser RP 40'. Darf ich Ihnen kurz die Vorteile zu anderen Druckern dieser Kategorie zeigen? Dieser Drucker hebt sich deutlich von den anderen ab, die in diesem Segment momentan auf dem Markt angeboten werden. Besonders im Bereich des sehr guten Druckergebnisses bei Texten und auch bei Bildern. Oft müssen Sie sich bei günstigeren Druckern mit hohen Seitenpreisen und mangelnder Ausstattung abfinden. Bei diesem Modell können die Druckaufträge auch per WLAN an das Gerät geschickt werden und Sie können auch die neue Duplex Version anwenden. Der Seitenpreis fällt mit 2 Cent pro Textseite zudem sehr günstig aus. Probieren Sie ihn doch bitte gleich hier aus. Sie werden begeistert sein!"*

Aufgabe:

Lesen Sie zunächst den Text und fassen Sie anschließend die wichtigsten Ratschläge von Michael Meifahrt *„Zur Bedeutung von Fachkenntnissen im Verkaufsgespräch“* zusammen.

(1) Warenkenntnisse

Nur wenn der Verkäufer seine Waren kennt, kann er dem Kunden genau den Artikel anbieten, den dieser zur Deckung seines Bedarfs benötigt. Wichtige **Warenkenntnisse** sind z. B.:

- verwendete Rohstoffe, Materialien, Zutaten, Zusammensetzung,
- Herstellungs- und Veredelungsverfahren,
- Verwendbarkeit und Funktionsweisen der Artikel, mögliche Gefahren,
- Umweltverträglichkeit und Recycelfähigkeit.

Quellen, um sich das Warenwissen über neue Produkte anzueignen, sind z. B.:

- **Fachliteratur,** Fachzeitschriften, Internet, Testergebnisse …
- **Hersteller** mit Prospekten, Katalogen, Angaben auf Verpackungen, Gebrauchs-, Bedienungs- und Montageanleitungen, Schulungen durch die Hersteller, Tipps von Vertretern für den Umgang mit den Waren …
- **Einzelhandelsbetrieb selbst** mit regelmäßigen internen Schulungen durch Vorgesetzte, Vorträge durch externe Fachleute, Erfahrungsaustausch mit Kunden, die die Waren einsetzen …

Informationsquelle Internet

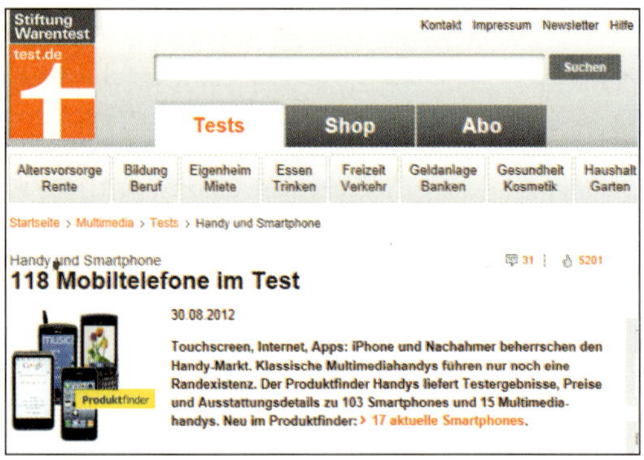

Quelle: www.test.de (Stiftung Warentest)

- **Weiterbildungsprogramme** durch Fachschulen des Einzelhandels, Kurse bei der Industrie- und Handelskammer, Fernlehrgänge …
- **Messen.** Sie sind häufig Fachbesuchern (z. B. Einzelhändlern) vorbehalten. Auf Messen wird an Wiederverkäufer oder gewerbliche Verwender anhand von Mustern verkauft. Messen finden im Allgemeinen in regelmäßigen Zeitabständen am gleichen Ort statt, z. B. Anuga Köln, Grüne Woche Berlin.

(2) Warenbeschreibungsbogen

Das erworbene Warenwissen kann vom Verkäufer in einem Warenbeschreibungsbogen festgehalten werden. Dadurch hat er im Bedarfsfall schnell die Informationen (das **Nutzenprofil** einer Ware) auf einen Blick und kann sie im Verkaufsgespräch einsetzen.

<table>
<tr><th colspan="3">Warenbeschreibungsbogen[1]</th></tr>
<tr><td rowspan="3"></td><td>Genaue Bezeichnung der Ware (Name)</td><td>Brooklyn Jacket (Bikerjacke speziell für Frauen)</td></tr>
<tr><td>Warengruppe und Warenart</td><td>Radbekleidung
Windstopperjacke</td></tr>
<tr><td>Hersteller/ Herkunftsland</td><td>Gore Bike Wear/produziert in China</td></tr>
<tr><td colspan="2">Materialien/Rohstoffe</td><td>100 % Polyester</td></tr>
<tr><td colspan="2">Ausführung der Ware (Farben, Größen, Qualitätsmerkmale etc.)</td><td>Graphit/Schwarz
Größe XS-S-M-L-XL</td></tr>
<tr><td colspan="2">Aussehen</td><td>Spezielle Schnittführung für Frauen
Regulierbarer Stehkragen durch Kordel
Zwei seitliche Lüftungsschlitze
Rückentasche
Reflexstreifen vorne und hinten</td></tr>
<tr><td colspan="2">Pflegehinweise</td><td>40 Grad Celsius Schonwäsche/Feinwaschmittel
Keinen Weichspüler verwenden
Nicht bügeln
Nach dem Waschen in Form ziehen
Nicht Wäschetrockner geeignet</td></tr>
<tr><td colspan="2">Lebensdauer</td><td>Abhängig von der Beanspruchung und Pflege</td></tr>
<tr><td colspan="2">Verwendungszweck/ Gebrauchsnutzen/ Gebrauchseigenschaften/ Vorteile</td><td>Hält den Körper warm und lässt keinen Wind durch
Optimale Bewegungsfreiheit beim Rad fahren
Sicherheit im Straßenverkehr duch Reflektoren
Luftzirkulation durch die Lüftungsschlitze</td></tr>
<tr><td colspan="2">Zusatznutzen</td><td>Macht eine gute Figur</td></tr>
<tr><td colspan="2">Kaufmotive/bestimmter Kundentyp</td><td>Abenteuer und Sicherheit
Sportlicher Frauentyp</td></tr>
<tr><td colspan="2">Ergänzungsartikel</td><td>Stirnband, Funktionsunterwäsche</td></tr>
<tr><td colspan="2">Alternativprodukt</td><td>Z. B. Bikerjacke des Herstellers Adidas</td></tr>
<tr><td colspan="2">Preis</td><td>149,90 EUR</td></tr>
<tr><td colspan="2">Wirksame Vorlage der Ware durch</td><td>Zeigen und Anprobieren</td></tr>
</table>

1 Je nach Branche kann ein Warenbeschreibungsbogen unterschiedliche Inhalte aufweisen.

9 Speth u.a. - ISBN 978-3-8120-0631-6

Ein **Warenbeschreibungsbogen**[1] ist eine stichwortartige Zusammenfassung wichtiger Informationen über die Ware.

Mit dem Warenbeschreibungsbogen ist der Verkäufer in der Lage, jeden Kunden individuell zu beraten, indem er jeweils die Produkteigenschaften in den Vordergrund stellt, die für die konkrete Verwendungssituation entscheidend sind. Er dient dazu, eine **Argumentationskette**[2] für den Beratungsverkauf zu erstellen.

Zusammenfassung

- Man unterscheidet **acht Phasen (Stufen) des Verkaufsgespräches:**
  - Kontaktphase,
  - Phase der Bedarfsermittlung,
  - Angebotsphase,
  - Phase der Verkaufsargumentation,
  - Phase der Preisargumentation,
  - Phase der Behandlung von Kundeneinwänden,
  - Abschlussphase,
  - Phase der Verabschiedung.

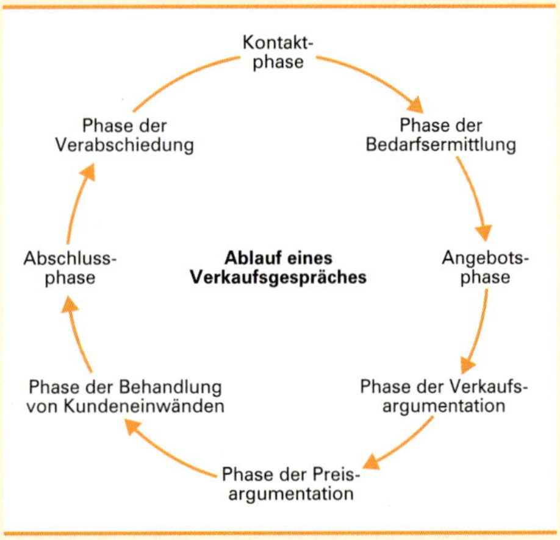

- Dem Verkaufsgespräch geht eine **Gesprächsvorbereitung** voraus. Die Vorbereitung erstreckt sich auf den Erwerb von Kenntnissen über die **Gesprächsführung** und die **Wareneigenschaften.**
- Eine wichtige allgemeine Hilfe zum Erlernen der Gesprächsführung stellt die **AIDA-Formel** dar.

Übungsaufgabe

18

1. Erklären Sie, warum es „das Verkaufsgespräch" nicht geben kann!
2. Sammeln Sie Faktoren, wodurch ein Verkaufsgespräch beeinflusst wird!
3. Versuchen Sie eine Erklärung dafür zu finden, warum ein Verkaufsgespräch sowohl für den Verkäufer als auch für den Kunden ein Lernprozess ist!
4. Gedanklich durchläuft ein Kunde, bis er die gewünschte Ware tatsächlich kauft, vier Phasen. Sie drücken sich in der AIDA-Formel aus.

   Aufgabe:

   Bringen Sie die AIDA-Formel in Zusammenhang zu den Stufen der Verkaufshandlung!

1 Man spricht in diesem Zusammenhang auch von einem „Warensteckbrief".

2 **Argumentation:** Beweisführung, Begründung. Vergleiche hierzu die Ausführungen zur Verkaufsargumentation S. 177ff.

5. In einem Einzelhandelsgeschäft ergeben sich die nachfolgenden Verkaufssituationen.
   5.1 Ein Kunde fragt an der Käsetheke: *„Schmeckt dieser Käse wirklich so gut, wie es in der Werbung heißt?"*

   Verkäuferin: *„Ja, das stimmt."*

   Aufgabe:

   Beurteilen Sie die Äußerung der Verkäuferin!

   5.2 Ein Kunde überlegt lange, ob er einen hochwertigen Rasierapparat mit Desinfektionsset und Wandhalterung für 98,90 EUR kaufen soll. Schließlich hat er sich entschieden und kauft.

   Aufgabe:

   Wie können Sie den Kunden in seiner Kaufentscheidung bestärken? Unterbreiten Sie einen Vorschlag in wörtlicher Rede!

   5.3 Der Blick einer Kundin wandert unentschlossen zwischen zwei Artikeln hin und her. Sie sagt: *„Ich weiß nicht so recht, für was ich mich entscheiden soll. Mir gefallen beide."*

   Aufgabe:

   Wie reagieren Sie auf diese Aussage? Begründen Sie Ihre Reaktion!

6. Erstellen Sie einen Warenbeschreibungsbogen und nehmen Sie Ihre Aufzeichnungen als Grundlage für einen Warenvortrag vor Ihrer Lerngruppe! Der abgedruckte Warenbeschreibungsbogen (siehe S. 129) stellt eine Anregung dar. Je nach Branche sind andere Kriterien relevant. (Tipp: Eine Ware lässt sich besser erklären, wenn Sie sie mitbringen!)

7. Nennen Sie vier Beispiele, wie bzw. wo sich Verkäufer über einen neuen Artikel informieren können!

2.3 Körpersprache, Sprache und Fragetechnik als Elemente erfolgreicher Verkaufsgespräche

2.3.1 Körpersprache

Handlungssituation:

Die Sprache des Körpers ist ein wichtiges Mittel, wenn man sich verständigen möchte, ohne dabei etwas sagen zu müssen. Wenn wir ausländische Kunden, z. B. Touristen bedienen, die kein Deutsch sprechen, verständigen wir uns oft mit „Händen und Füßen", um diesen Kunden beim Einkaufen weiterhelfen zu können.

Kunden beurteilen den Verkäufer zu mehr als 50 % nach dessen Körpersprache. Wenn ein Einzelhandelsunternehmen ein bestimmtes Konzept verfolgt, ist es wichtig, dass dieses auch von den Mitarbeitern positiv für die Kunden dargestellt wird. Der Verkaufserfolg hängt im Wesentlichen von der Wirkung des Verkäufers auf den Kunden ab. Der Körper lügt nicht! Die Körpersprache kann dazu beitragen, dass Kunden den Verkäufer in Verkaufsgesprächen besser einschätzen können.

Sollte ein Kunde beim Einkaufen Hilfe benötigen oder den Verkäufer ansprechen wollen, wendet man sich diesem mit ganzem Körper zu. Die einfachste und wohl auch wichtigste Regel bei der Kundenberatung ist immer noch ein freundliches Lächeln mit einem festen Blickkontakt und ein aufrechter Stand mit ruhiger und entspannter Körperstellung. Oft wird ein fehlender Augenkontakt vom Kunden falsch verstanden und führt deshalb schnell zu einer großen Unzufriedenheit, weil dieser sich vom Verkäufer nicht beachtet fühlt oder der Verkäufer sehr unsicher ist.

Die Körpersprache spiegelt unsere inneren Gedanken und Empfindungen wider und ist auch für den Verkäufer von hoher Bedeutung, um die Signale seiner Kunden einschätzen zu können. Wer die Beweggründe bzw. die Einkaufswünsche des Kunden verstehen will, muss über das Gesprochene hinaus seine Kunden verstehen lernen. Wenn ein Verkäufer nicht nur auf das Wort des Kunden achtet, sondern auch seine körpersprachlichen Signale richtig deutet und dabei den richtigen Abstand einhält, wird er den Kunden besser beraten und bedienen können. Oft wird der Kunde zu wenig beachtet und es wird ihm nicht aufmerksam genug zugehört, was beispielsweise seine eigentlichen Kaufmotive und Interessen für den Einkauf betrifft.

Aufgaben:

1. Notieren Sie, welche Wirkung körpersprachliche Signale in einem Verkaufsgespräch auf den Kunden haben können!
2. Kann ein freundliches Lächeln auch ein „Hindernis“ in einem Verkaufsgespräch sein?

(1) Elemente der Körpersprache

Zur **Körpersprache** gehören

- **Mimik,**
- **Gestik,**
- **Körperhaltung,**
- **Distanzzonen.**

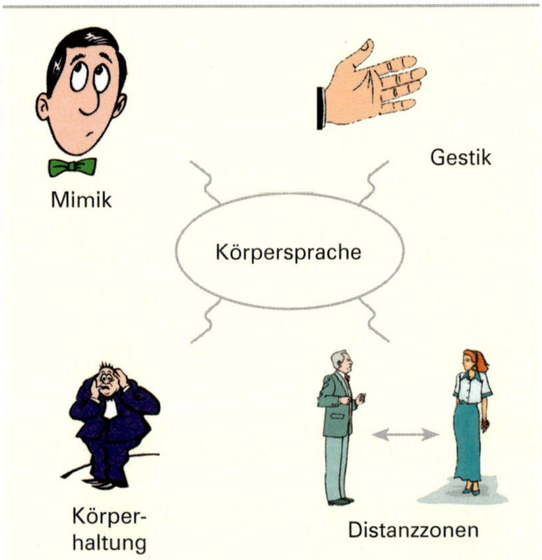

Die Körpersprache ist die Sprache „ohne Worte“. Sie erfolgt normalerweise unbewusst, unwillkürlich und unbeabsichtigt. Die Körpersprache trifft Aussagen, vermittelt Botschaften.

Beispiel:

Wenn der Kunde bei der Vorführung einer Kaffeemaschine den Blickkontakt mit dem Verkäufer meidet, so bedeutet dies Desinteresse, Ablehnung.

(2) Hinweise zum Verständnis der Körpersprache

Mimik

Unter Mimik versteht man den Gesichtsausdruck, d.h. das Mienen- und Gebärdenspiel des menschlichen Gesichts. Mimik spielt sich zwischen der Stirn und dem Kinn ab. Sie ist die Bewegung des Gesichts. Das Gesagte wird unbewusst oder bewusst durch Mimik unterstrichen. Die Mimik des Kunden, den der Verkäufer als Gesamteindruck wahrnimmt, gibt dem Verkäufer Anhaltspunkte über seinen Gefühlszustand, ob er sich freut, unsicher, angespannt, interessiert oder ablehnend ist.

Beispiele:

Mimik, die Interesse und Offenheit signalisiert

Augen sind weit geöffnet; freundliches Lächeln, wobei der Kunde mit dem Verkäufer Augenkontakt hat; Mundwinkel und Augenbrauen sind etwas nach oben gezogen; Konzentrationsfalte über der Nasenwurzel.

Mimik, die Unzufriedenheit, Unbehagen signalisiert

Augen sind etwas zusammengekniffen; gequältes Lächeln, wobei der Kunde mit dem Verkäufer keinen Augenkontakt hat; Mundwinkel sind herabgezogen; zusammengekniffene Lippen; Rümpfen der Nase.

Gestik

Unter Gestik versteht man die Ausdruckbewegungen des Körpers, insbesondere von Kopf, Arm, Hand und den Fingern. Zum einen wird die Gestik dazu benutzt, die Beschreibung eines Sachverhaltes zu unterstützen (z. B. die Größe des Zierbaumes, der in einem Katalog abgebildet ist, wird durch eine entsprechende Handbewegung dem Kunden verdeutlicht). Zum anderen kann die Gestik auch eine innere Haltung ausdrücken.

Beispiel:

Die Hände sind ein Verräter des Gefühlszustandes. Die Hände und insbesondere die Handbewegungen sind mitentscheidend, ob ein Verkäufer überzeugend wirkt. Durch Verlegenheitsgesten wie das Spielen mit den Haaren oder Schmuck wird ein ängstlicher und nervöser Eindruck vermittelt. Auch die Hand vor dem Mund lässt einen Verkäufer gehemmt und unehrlich aussehen. Es scheint so, als ob der Verkäufer seine Worte nicht aus seinem Mund lassen möchte.

Ein Verkäufer, der die Hände ausbreitet und dem Kunden die offenen Handflächen zeigt, signalisiert Offenheit. Ballt er die Hand zu einer Faust oder weist er mit dem Zeigefinger auf den Kunden, so bedeutet dies Aggression bzw. „Ich" weiß es besser.

Körperhaltung

Auch die Körperhaltung, d. h. die Bewegung des Kopfes, des Oberkörpers und der Beine vermittelt deutliche Signale.

Beispiele:

Ausdruck von Interesse, positiver Einstellung, Zustimmung des Kunden

Aufrichten des Kopfes; Zuwendung des Körpers zur Ware bzw. dem Verkäufer; Vorwärtsbewegung von Kopf und Körper.

Ausdruck von Desinteresse, negativer Einstellung, Ablehnung des Kunden

Zurücknehmen des Kopfes; Abwendung des Körpers von der Ware bzw. dem Verkäufer; Rückwärtsbewegung von Kopf und Körper (größere Distanz zur Ware).

Überblick: Was Mimik, Gestik und Körperhaltung bedeuten:

Körperhaltung

Ablehnung:
Körperliches Zurückweichen (Distanz vergrößern); Blick über Schulter; Oberkörper wird abgewendet

Rücksichtslosigkeit/Dominanz:
Sitzen mit breit auseinander gespreizten Beinen; jemandem auf die Schulter klopfen

Sicherheit:
Das Jacket öffnen, aufrechter, lockerer Stand

Unsicherheit/Schutzfunktion:
Die Füße um die Stuhlbeine schlingen; die Hände um die Stuhllehne klammern; sich selbst mit den Armen umarmen

Mimik

Ablehnung:
Den Kopf mehrmals ruckartig zurückwerfen, gerümpfte Nase, zurückgeschobenes Kinn

Arroganz:
Ein Mundwinkel oder die Augenbrauen werden angehoben

Innere Anspannung/Abschottung/Abwehr:
Zusammengekniffene Lippen

Interesse:
Der Blickkontakt wird gehalten

Nachdenklichkeit:
Die Unterlippe wird hochgezogen; das Gesicht wird verdeckt

Skepsis:
Augenbrauen werden angehoben

Gestik

Ablehnung:
Virtuelle[1] Luftschläge von oben nach unten

Unsicherheit:
Mit den Händen ein Spitzdach in Richtung des Gesprächspartners formen

Aggression:
Aneinander legen der Zeigefinger bei Verschränkung der anderen Finger

Aussagen unterstreichen:
Die Fingerkuppen einer Hand aneinander pressen

Informationen zurückhalten:
Einen oder mehrere Finger auf die Lippen legen

Nachdenklichkeit:
Mit den Händen ein Spitzdach formen

Selbstgefälligkeit:
Das Kinn strecken

Sicherheit:
Armbewegungen oberhalb der Taille

Verkrampfung:
Die Hände vor der Brust falten

Verlegenheit/Nachdenklichkeit:
Armbewegungen unterhalb der Taille, sich an die Nase fassen

Verwirrung, Erregung:
Die Brille hastig abnehmen

Zeit gewinnen:
Die Brille hochschieben

- Ein Verkäufer spricht nicht nur mit seiner Stimme, sondern mit dem ganzen Körper. Er unterstreicht das Gesagte durch seine **Mimik,** seine **Gestik** und seine **Körperhaltung.**

1 **Virtuell:** (hier) nicht echt, künstlich.

- Ein Verkäufer achtet auch auf die **Körpersprache des Kunden.**
- **Kein Körpersignal** ist absolut **eindeutig interpretierbar.**

Distanzzonen

Der richtige „Abstand" zum Kunden ist von hoher Bedeutung. Ein Verkäufer, der die Distanzzonen nicht beachtet, dringt in die Privatsphäre des Kunden ein und verletzt diese.

Die **gesellschaftliche Distanz** ist (zumindest zu Beginn des Verkaufsgespräches) der ideale Abstand zwischen Verkäufer und Kunden. In der Bekleidungsbranche, in der auch mal Körperkontakt notwendig wird, herrschen natürlich andere Regeln. Hier sollte der Verkäufer den Kunden um sein Einverständnis fragen, bevor er in „seine Sicherheitszone" eindringt.

Man unterscheidet folgende Distanzen:

- die **Intimdistanz** zwischen Familienmitgliedern. Sie beträgt bis 0,6 m.
- die **persönliche Distanz** zwischen Freunden und Bekannten. Sie beträgt zwischen 0,6 und 1,2 m.
- die **gesellschaftliche Distanz** zwischen fremden Personen. Sie beträgt zwischen 1,20 und 3,00 m.

Distanzzonen

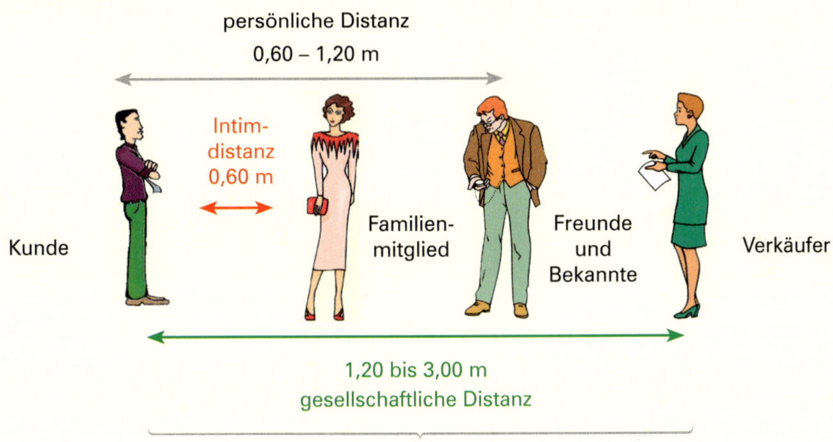

Der richtige Abstand zwischen Kunde und Verkäufer

Zusammenfassung

- Elemente der **Körpersprache** sind:
  - Mimik,
  - Gestik,
  - Körperhaltung,
  - Distanzzonen.

- Die nachfolgende Tabelle zeigt **Zeichen der Körpersprache** und mögliche **Deutungsmuster**:

Typische körpersprachliche Signale	Mögliche Deutung
Kunde reibt sich die Hände	Zufriedenheit
Kunde verschränkt seine Arme	Ablehnung, Verschlossenheit
Kunde zieht den Kopf ein	Verkrampfung, Unbehagen, Nervosität
Kunde ballt die Hand	Wut
Kunde spielt mit einem Gegenstand	Nervosität, Unsicherheit, Halt suchend
Kunde zieht die Oberlippe nach oben	Verachtung, Geringschätzung
Kunde hebt die Augenbrauen	Erstaunen, Unglaube
Kunde nimmt Finger zum Mund	Verlegenheit, Unsicherheit, Nachdenken
Kunde streichelt sich während des Sprechens das Kinn	Nachdenklichkeit, Zufriedenheit
Kunde wippt mit den Füßen	Nervosität
Kunde hält seinen Zeigefinger nach oben gerichtet	Belehrung
Kunde hat die Augen weit geöffnet und die Stirn zeigt waagerechte Falten	Erstaunen
Kunde hat senkrechte Stirnfalten und die Augen werden kleiner	Einwand, negative Überraschung

- Ein Verkäufer achtet auf die **eigene Körpersprache** und die **Körpersprache des Kunden.** Kein Körpersignal ist absolut eindeutig interpretierbar.

Übungsaufgaben

19

1. Drücken Sie verschiedene Situationen durch Körpersprache aus und lassen Sie Ihre Mitschüler diese interpretieren! (Zum Beispiel: 1. Sie sind zufrieden; 2. Sie haben den Eindruck, Ihnen glaubt man nicht; 3. Sie wissen nicht, was Sie sagen wollen und suchen nach einer Antwort.)
2. Erstellen Sie eine Übersicht mit von Ihnen gezeichneten Strichmännchen, die mit ihrem Körper etwas ausdrücken! Zum Beispiel:

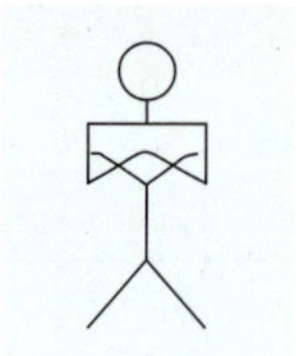

3. Erläutern Sie die Rolle der Distanz in einem Verkaufsgespräch!

4. Erarbeiten Sie eine Gebots- und eine Verbotsliste „körpersprachliches Verhalten" für die Mitarbeiter im Verkauf!
5. Tauschen Sie Ihre Erfahrungen im Klassenverband aus. Nennen Sie Tipps, welche Sie haben, um sich wieder positiv zu stimmen, wenn Sie verärgert sind!
6. Nehmen Sie Stellung zu folgender Verkäuferaussage! Begründen Sie Ihre Meinung!

   „Wenn ich schlechte Laune habe, dann muss meine Umwelt damit zurechtkommen. Die Kunden sind auch oft griesgrämig und ich ertrage sie."

20

1. Erklären Sie, was die Aussage „es spricht jemand mit Händen und Füßen" umschreibt!
2. Nennen Sie Motive und Absichten, die Ursache einer „Kommunikation mit Händen und Füßen" sein können!
3. Übersetzen Sie folgende Verhaltensweisen:
   - 3.1 Weit ausgestreckte Arme bei der Begrüßung.
   - 3.2 Stirn in Falten legen.
   - 3.3 Hochziehen der Augenbrauen.
   - 3.4 Zurückgelehnte Oberkörperhaltung, übereinander geschlagene Beine als Sitzhaltung auf einem Stuhl.
   - 3.5 Im Stehen Schultern nach vorne gezogen und Blick auf den Boden.
   - 3.6 Stuhlbeine mit den Füßen umklammert, beide Arme vor der Brust verschränkt.
   - 3.7 Ausgestreckter Kugelschreiber zeigt auf den Gesprächspartner.
4. Übersetzen Sie folgende Empfindungen in der Körpersprache:
   - 4.1 Anspannung, Nervosität
   - 4.2 Ruhe, Aufmerksamkeit
   - 4.3 Sicherheit, Wohlbefinden
   - 4.4 Engagement
   - 4.5 Unruhe
   - 4.6 Desinteresse

2.3.2 Sprache

> *„Es wird alles immer gleich ein wenig anders,*
> *wenn man es ausspricht."*
>
> Hermann Hesse (1877–1962), deutscher Dichter

Ausbildungsgespräch

Azubi:

„Mit guten Umgangsformen und Fachwissen kann ein Verkäufer das Vertrauen der Kunden gewinnen."

Ausbilder: *„Ja, Umgangsformen sind schon wichtig. Aber auch die Stimme, die Sprache und vor allem die Körpersprache darf man hinsichtlich ihrer Kundenwirkung nicht unterschätzen."*

2.3.2.1 Sprache als Vertrauensauslöser

Die Verkäufer gewinnen insbesondere durch ihre Sprache das Vertrauen der Kunden. Mit der Sprache kann der Verkäufer das Gespräch positiv gestalten und eine angenehme, verkaufsfördernde Atmosphäre schaffen. Die Sprache ist das **wichtigste Verkaufsinstrument** eines Verkäufers. Wer mag schon einem Verkäufer zuhören, der zu laut, zu schnell, einen nicht gewohnten Dialekt, immer in der gleichen Stimmlage (monotone Stimme) oder undeutlich spricht? Von der Stimme geht eine große Wirkung auf andere Menschen aus. Die Stimme entscheidet über Sympathie[1] oder Antipathie.[2] Der Verkäufer muss daher bestrebt sein, sich sympathisch darzustellen, denn Menschen, die einem sympathisch sind, vertraut man und man redet gerne mit ihnen.

Eine Untersuchung belegt:
Es ist nicht so wichtig, **was** ein Verkäufer sagt, sondern **wie** er es sagt.

2.3.2.2 Verwenden von Gesprächsförderern

Handlungssituation:

Daraz Gündogan, Verkäufer in der Sportartikelabteilung eines Kaufhauses in Schwerin, begrüßt einen Kunden, der sich nach neuen Laufschuhen umschaut.

Gündogan: *„Guten Tag, Sie suchen einen Laufschuh?"*

Kunde: *„Ja, ich möchte nun mit dem Joggen beginnen, meine Freunde haben mir dazu geraten."*

Gündogan: *„Laufen ist in Deutschland ja in den vergangenen Jahren zum Volkssport herangewachsen. Da ist vor allem das richtige Schuhwerk gefragt, um diesem Hobby nachgehen zu können."*

Kunde: *„Eine geeignete Kleidung habe ich bei ihren Kollegen in der Textilabteilung erhalten. Nun kann mich auch kein Wind und Wetter vom Laufen abhalten. Zudem habe ich einen Herzfrequenzmesser und eine Einweisung bekommen."*

Gündogan: *„Na, das klingt doch gut. Jetzt finden wir noch den richtigen Schuh, der für Sie gemacht wurde, und Sie können verletzungsfrei und angenehm in Ihr neues Hobby starten."*

Kunde: *„Ja, ich freue mich schon richtig auf das Laufen."*

Gündogan: *„Wie oft wollen Sie in der Woche laufen und wie viele Kilometer wollen sie dabei in Angriff nehmen?"*

Kunde: *„Ich dachte daran, zweimal die Woche mit fünf Kilometern zu beginnen. Steigern kann ich mich dann ja immer noch."*

Gündogan: *„Da bin ich ganz Ihrer Meinung. Der Laufuntergrund ist noch wichtig. Können Sie mir sagen, wo Sie Laufen gehen wollen?"*

Kunde: *„Ich dachte da an unseren Stadtwald. Also eher ein harter Untergrund."*

---

1 **Sympathie**: Zuneigung.

2 **Antipathie**: Abneigung.

Gündogan: *„Ja, da gehen Sie kein Risiko ein. Das bedeutet für Sie aber auch, einen Schuh mit einer guten, atmungsaktiven und mitfedernden Profilsohle zu tragen. Dadurch haben Sie den Vorteil, dass die Belastung nicht so sehr auf Ihre Muskulatur einwirken kann. Wir machen gleich mal eine Laufbandanalyse, die wird uns helfen, den richtigen Schuhtyp für Sie zu finden."*

Kunde: *„Können Sie mir sagen, was eine Laufbandanalyse ist?"*

Gündogan: (nickt) *„Natürlich, dabei wird festgestellt, ob eine Überpronation*[1] *oder eine Supination bei Ihren Füßen vorliegt. Das heißt eigentlich nichts anderes als zu schauen, ob sie eine Fehlstellung beim Laufen haben, die der Schuh dann ausgleichen soll."*

Kunde: *„Ach so, das klingt sehr verständlich."*

Gündogan: *„Dann folgen Sie mir bitte zum Laufband."*

Nach der Analyse der Füße legt Herr Gündogan dem Kunden einen geeigneten Laufschuh im mittleren Preissegment vor.

Kunde: *„Das ist ja Größe 43. Eigentlich habe ich die Größe 41."*

Gündogan: *„Das ist nicht ungewöhnlich, wir verlassen uns nie auf die normale Schuhgröße. Oft fallen Laufschuhe verschieden groß aus. Wichtig ist, es sollte immer eine Daumenbreite Platz zwischen der längsten Zehe und der Spitze des Schuhes sein. Und das ist bei diesem Schuh der Fall."*

Kunde: *„Er passt wirklich sehr gut, liegt im Rahmen meiner finanziellen Möglichkeiten und sieht auch noch gut aus. Ich sehe mich schon durch den Wald joggen. Ja, diese Laufschuhe möchte ich kaufen."*

Gündogan: *„Kommen Sie, ich begleite Sie noch zur Kasse und packe Ihnen die Schuhe in einen Karton ein."*

Aufgabe:

Notieren Sie sich die Gesprächsförderer, die Herr Gündogan in seinem Verkaufgespräch anwendet!

Gesprächsförderer sind Aussagen und Verhaltensweisen des Verkäufers, die dem Kunden signalisieren: *„Ich finde Sie sympathisch und ich werde Sie gerne und gut beraten."* Sie beeinflussen das **Verkaufsgespräch positiv.**

Wichtige Gesprächsförderer sind:

- **aktives Zuhören,**
- **kundenorientierte Sprache,**
- **gute Stimmtechnik.**

(1) Aktives Zuhören

Jeder kennt das Spiel „Stille Post" und jeder ist immer wieder erstaunt, was am Ende der „Flüsterkette" als Ergebnis herauskommt. Sich auf sein Gegenüber zu konzentrieren, ist für einen Verkäufer sehr wichtig, da er nur so die Kundenwünsche ermitteln kann. Dabei muss er auch die mitschwingenden Botschaften (Emotionen) des Kunden heraushören.

1 **Pronation**: Einwärtsdrehung von Fuß und Hand.

Ausbildungsgespräch

Ausbilder:

„Ein wirklich passabler Verkäufer kann gut reden, aber ein professioneller Verkäufer, der kann zuhören."

Azubi: *„Dann werde ich schnell eine Spitzenverkäuferin! Zuhören ist doch einfach."*

Ausbilder: *„Ja, dem Klang der Stimme lauschen, das ist nicht so schwer. Einem Kunden aktiv zuhören bedeutet jedoch, sich in ihn hineinzuversetzen, mit ihm zu denken und mitzufühlen. Wir müssen dazu wirklich an der Meinung des Kunden interessiert sein. Das geht nur, wenn der Kunde zu Wort kommen kann."*

Zuhören ist eine **aktive Tätigkeit,** durch die der Verkäufer dem Kunden zeigt, dass er ihm mit Interesse zuhört, dass er von ihm gerne weitere Informationen erfahren möchte und dass er ihn verstanden hat.

Mit folgenden Reaktionen kann der Verkäufer deutlich machen, dass er dem Käufer zuhört:

Körperliche Signale	Durch positive körpersprachliche Signale kann dem Kunden Aufmerksamkeit signalisiert werden. Dazu gehört der Blickkontakt zum Kunden. Ein Verkäufer, der einen unsteten Blick hat, irritiert den Kunden. Auch ein ständiges Wegschauen vermittelt dem Kunden Desinteresse. Ein Kunde hat eine Antenne dafür, ob der Verkäufer ihm zuhört.
Gesten	Unterstützend kann der Verkäufer an den richtigen Stellen mit Gesten wie Kopfnicken oder Worten (z. B. mh, ja, richtig, ich verstehe ...) seine Aufmerksamkeit zeigen. Durch eine offene Körperhaltung (also z. B. keine verschränkten Arme) und eine freundliche Mimik fühlt sich der Kunde vom Verkäufer akzeptiert. Mit körpersprachlichen Signalen (z. B. Lächeln, hochgezogene Augenbrauen, Stirnrunzeln) kann ein Verkaufsgespräch also positiv unterstützt werden, da dadurch das Gesagte eine noch stärkere Bedeutung erhält.
Notizen mitschreiben	Handelt es sich um komplexe Kundeninformationen, so kann es hilfreich sein, dass der Verkäufer kurze Notizen mitschreibt. Dabei ist darauf zu achten, dass der Blickkontakt zum Kunden nicht verloren geht.
Wiedergabe des Gesagten	Auch eine Wiedergabe des Gesagten mit den eigenen Worten (z. B. *„Darf ich Ihre Vorstellungen noch einmal zusammenfassen? Sie möchten ..."*) im Anschluss an die Ausführungen des Kunden, hilft dem Verkäufer dabei zu zeigen, dass er seinem Kunden gegenüber aufmerksam ist.

(2) Kundenorientierte Sprache

Kunden persönlich ansprechen mit dem „Sie-Stil"

Mit Wörtern wie „ich" oder „man" fühlt sich ein Kunde nicht persönlich angesprochen. Eine kundenorientierte Sprache beinhaltet hingegen die Wörter „Sie", „Ihr", „Ihre" oder „Ihnen". Diese Vorgehensweise wird allgemein als **„Sie-Stil"** bezeichnet. Ein Kunde hört es lieber, wenn ein Verkäufer zu ihm sagt *„Damit können Sie ..."* anstatt *„Damit kann man ..."*.

Der **„Sie-Stil"** bedeutet ein kundenorientiertes Ansprechen des Kunden. Typische Formulierungen beinhalten „Sie", „Ihre", „Ihnen".

Positive und verständliche Formulierungen

Eine wichtige Erkenntnis ist: **Negative Formulierungen** stören die Gesprächsatmosphäre *(„Ich glaube nicht, dass wir etwas Passendes finden")*, **positive Formulierungen** führen zu einer angenehmen Gesprächsatmosphäre *(„Bei Badeanzügen haben wir eine außergewöhnlich reichhaltige Auswahl")*. Positive Formulierungen vermitteln dem Kunden das Gefühl: Der Verkäufer bemüht sich, das Richtige zu finden; er geht auf meine Wünsche und meine Probleme ein. Positive Formulierungen verbreiten den Optimismus,[1] der für das weitere Verkaufsgespräch von großer Bedeutung ist.

Beispiel:

Checkliste: Verkaufs-Formulierungen

- *„Welchen Wunsch darf ich Ihnen noch erfüllen?"*
- *„Kennen Sie unsere neuen Spezialitäten schon?"*
- *„Haben Sie unser dunkles und aromatisches Spezialbrot schon probiert?"*
- *„Technisch ausgereifte Produkte. Das bedeutet für Sie ..."*
- *„Ich bin immer für Sie da. Das bedeutet für Sie ..."*
- *„Sie gehen kein Risiko ein. Sie sparen dadurch ..."*
- *„Sie haben den Vorteil ... Das hilft Ihnen ..."*
- *„Da bin ich ganz Ihrer Meinung!"*

Für den Verkaufserfolg ist es außerdem wichtig, dass der Verkäufer **verständliche Formulierungen** verwendet. Das besagt

- kurze Sätze bilden,
- bekannte Wörter verwenden,
- anschaulich sprechen,
- sich auf das Wesentliche beschränken,
- den „Sie-Stil" einsetzen.

Beispiel:

„Mit dieser Saftpresse sind Sie technisch auf dem neuesten Stand. Sie ist handlich, Sie können jede Frucht schonend bis auf den letzten Tropfen auspressen. Außerdem lässt sich das Gerät sehr leicht reinigen; dies bedeutet eine enorme Zeitersparnis für Sie. Wir gewähren Ihnen zwei Jahre Garantie. Alle Serviceleistungen werden bei uns ausgeführt, dadurch müssen Sie nie lange auf Ihr Gerät verzichten. Wir sind jederzeit Ihr Ansprechpartner. Sie erhalten diese Saftpresse zu einem sensationellen Tiefstpreis, den wir Ihnen aufgrund eines Großeinkaufs einräumen können."

1 **Optimismus:** Neigung, alles als gut zu betrachten; Lebensbejahung.

(3) Gute Stimmtechnik

Stimme und Sprache als Werkzeug des Verkäufers

Stimme und Sprache stellen eine Einheit dar, die unmittelbar zusammengehören. Das bedeutet natürlich nicht, dass der Inhalt und die Argumentation keine Rolle spielen, es geht vielmehr darum, den Inhalt entsprechend zu „servieren“.

- Ein **angenehmer Tonfall,**
- eine **saubere Aussprache,**
- eine **melodische Stimmführung,**
- eine **abwechslungsreiche Lautstärke** und
- **gekonnte Sprechpausen**

machen es dem Kunden leichter und angenehmer, mit dem Verkäufer ein Gespräch zu führen. Dabei ist darauf zu achten, dass die Stimme natürlich klingt.

Bedeutung von Stimme und Sprache

Ausbildungsgespräch

Azubi:

„Die Stimme ist doch unabänderlich! Bin ich mit meiner Stimme für den Verkauf überhaupt geeignet?“

Ausbilder: *„Durch ein ständiges Training können Sie Ihre sprachlichen Fähigkeiten und Fertigkeiten verbessern. Hilfreich sind auch Videoaufzeichnungen. Dadurch erlangen Sie mehr Sicherheit im Verkauf. Ihnen fallen Ihre eigenen Schwächen auf, die Sie dann nach und nach abbauen können.*

Jede Stimme ist ein Original. Sie kann durch Training deutlich verbessert werden. Wer sich zum ersten Mal auf einem Anrufbeantworter oder Diktiergerät hört, ist erstaunt über seine eigene Stimme. Dies lässt sich physikalisch ganz einfach erklären, die Schallwellen des gesprochenen Wortes setzen sich nicht nur in der Luft fort, sondern auch in dem Körper des Sprechers selbst. Dadurch hört man sich „doppelt“.

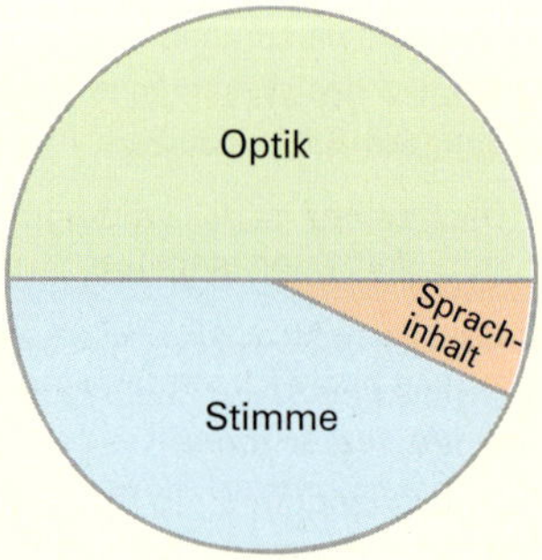

Wer im Verkauf arbeitet, sollte sich bewusst machen, wie wichtig seine Stimme ist. In einer Untersuchung wurde festgestellt, dass sich eine positive persönliche Ausstrahlung aus drei Komponenten zusammensetzt: der Optik (55 %), der Stimme (38 %) und dem Sprachinhalt (7 %).

2.3.2.3 Vermeiden von Gesprächsstörern

Gesprächsstörer sind Aussagen und Verhaltensweisen, die das Verkaufsgespräch **negativ beeinflussen.** Sie sollten unter allen Umständen vermieden werden.

In der nachfolgenden Tabelle finden Sie Beispiele für Gesprächsstörer:

Gesprächsstörer	Erläuterungen	Beispiele
Befehle	Durch sie kommt zum Ausdruck, dass sich der Verkäufer gegenüber dem Kunden überlegen fühlt.	■ *„Greifen Sie sofort zu!"* ■ *„Entscheiden Sie sich jetzt!"* ■ *„Gehen Sie zu Herrn Feist mit Ihrer Beschwerde!"*
Killerphrasen	Es sind abwertende und verletzende Äußerungen, die oft verwendet werden, wenn Sachargumente fehlen.	■ *„Ich bin hier der Fachmann!"* ■ *„Das verstehen Sie nicht!"* ■ *„So ein Quatsch!"*
Überredungsversuche	Dadurch möchte der Verkäufer dem Kunden den Kauf aufzwingen.	■ *„Ich kann nicht oft genug sagen, nehmen Sie ..."* ■ *„An Ihrer Stelle würde ich mit dem Kauf nicht warten, denn ..."* ■ *„Mit diesem Ballkleid sind Sie die Schönste ..."*
Vorwürfe	Sie werden häufig gemacht, wenn der Kunde der Argumentation des Verkäufers nicht folgt.	■ *„Ich habe doch mehrmals gesagt ..."* ■ *„Wären Sie früher gekommen ..."* ■ *„Sie haben meinen Rat nicht befolgt ..."*
Erwartungen dämpfen	Durch sie verunsichert der Verkäufer den Kunden.	■ *„Dieses Handy werden sie kaum bedienen können."* ■ *„Mit diesem Geschenkvorschlag werden wir sicher Schwierigkeiten haben."* ■ *„Mit diesen Ausstattungswünschen wird das Auto aber teuer."*

Zusammenfassung

- Die **Sprache** ist das **wichtigste Verkaufsinstrument** eines Verkäufers. Er kann damit insbesondere **Vertrauen schaffen.**
- **Gesprächsförderer** sind Aussagen und Verhaltensweisen des Verkäufers, die das Verkaufsgespräch **positiv beeinflussen.** Wichtige Gesprächsförder sind:
  - aktives Zuhören,
  - kundenorientierte Sprache,
  - gute Stimmtechnik.
- **Gesprächsstörer** sind Aussagen und Verhaltensweisen, die das Verkaufsgespräch negativ beeinflussen (zu Einzelheiten siehe obige Tabelle).

Übungsaufgabe

21 1. „Die Sprache ist ein wichtiges Instrument in Verkaufsgesprächen." Nennen Sie den Hauptgrund für diese richtige Aussage!

2. Erläutern Sie die Begriffe Gesprächsförderer und Gesprächsstörer jeweils mithilfe eines Beispiels!

3. Auch guten Verkäufern unterläuft immer wieder der Fehler, dass sie negative Formulierungen verwenden. Hier einige Beispiele:
   - *„Da bin ich nicht zuständig."*
   - *„Da muss ich mal nachsehen."*
   - *„Das könnte ein Problem sein."*
   - *„Das geht nicht."*
   - *„Ich werde es versuchen."*

   Aufgabe:

   Formulieren Sie die angeführten Negativ-Formulierungen in Positiv-Formulierungen um!

4. Erklären Sie, wie man einem Kunden signalisieren kann, dass man ihm zuhört!

5. Nennen Sie drei Vorteilsformulierungen für einen Artikel aus dem Sortiment Ihres Ausbildungsbetriebs!

6. Schildern Sie, wie ein Kunde reagiert, wenn der Verkäufer
   6.1 unverständlich spricht,
   6.2 unklare Formulierungen wählt,
   6.3 zu leise spricht,
   6.4 ständig Wörter wiederholt und
   6.5 Kunstpausen macht!

7. Nehmen Sie sich einen bereits angefertigten Warenbeschreibungsbogen und formulieren Sie diesen einmal im „Man-Stil" (z.B. dafür braucht man . . .) und danach im „Sie-Stil"! Achten Sie auf die Veränderungen beim Zuhörer. Zeichnen Sie, wenn möglich, Ihre Stimme auf!

8. Notieren Sie Aspekte, die sich negativ auf ein aktives Zuhören auswirken!

9. Probieren Sie das aktive Zuhören in Ihrer Lerngruppe aus! Bestimmen Sie einen Schiedsrichter, der korrigierend eingreift, sollte jemand die Gesprächsregeln (z. B. ins Wort fallen) verletzen! Reflektieren Sie im Anschluss die Chancen für die zwischenmenschliche Kommunikation durch das aktive Zuhören! Thematisieren Sie auch Ihre Schwierigkeiten!

10. Lesen Sie den Text auf S. 145 laut vor! Wenn möglich, zeichnen Sie Ihre Stimme auf oder holen Sie sich ein Feedback von Ihren Mitschülern!

    Achten Sie dabei auf Folgendes:

Lautstärke:	weder zu laut noch zu leise
Sprechtempo:	weder zu schnell noch zu langsam
Sprechpausen:	weder pausenlos noch mit Kunstpausen
Stimmhöhe:	weder zu hoch noch zu tief
Aussprache:	weder zu wenig betonen noch überbetonen

Für den Kunden sich bewusst Zeit nehmen

Der Aufforderung „Reden Sie ruhig weiter, ich höre schon zu!" sollten Sie nicht nachkommen, wenn sie von jemanden kommt, der dabei gleichzeitig mit einer anderen Arbeit beschäftigt ist. Man kann nur eine Sache richtig machen, niemals zwei zur gleichen Zeit.

Wer zuhören will, muss sich darauf konzentrieren und kann sich nicht gleichzeitig mit etwas anderem beschäftigen. Wenn Sie also wollen, dass Ihre Botschaft voll und ganz von Ihrem Gegenüber aufgenommen wird, dann dürfen Sie nicht mit der Übermittlung beginnen, ehe Sie sicher sind, sein „volles Gehör" zu haben.

Sie benötigen die volle Aufmerksamkeit Ihres Partners, wenn Ihr Gesprächsinhalt Tiefenwirkung besitzen soll. Selbstverständlich brauchen Sie auch den Blickkontakt zu ihm, um eine Rückkopplung zu haben. Lassen Sie sich nicht in eine solche „Zeitfalle" verstricken, sagen Sie vielleicht: „Oh, ich sehe, Sie sind gerade beschäftigt. Ich warte gern, bis Sie fertig sind." Wenn Ihr Partner dann wirklich sehr stark beansprucht ist, wird er Ihr Entgegenkommen und Ihr Verständnis sicherlich anerkennen und Ihnen dafür dankbar sein. Eine gute Voraussetzung für den Erfolg des später erfolgenden Gesprächs!

Quelle: Peter Ebeling, Verkäuferwissen für den Einzelhandel, Düsseldorf 1999, S. 36.

11. Bilden Sie zwei Beispiele, wie ein Verkäufer die Verkaufsatmosphäre positiv beeinflussen kann!

2.3.3 Fragetechnik

Handlungssituation:

In dem Outdoor-Fachmarkt **Nature & More** kommt eine Kundin auf den Verkäufer zu und spricht ihn direkt an.

Kundin: *„Guten Tag! Ich interessiere mich für einen Schlafsack."*

Verkäufer: *„Guten Tag! Da finden wir bestimmt etwas Passendes. Welche Anforderungen stellen Sie an einen Schlafsack?"*

Kundin: *„Ich benötige den Schlafsack nicht für mich, sondern für meinen Sohn."*

Verkäufer: *„Darf ich Sie fragen, wie alt und wie groß Ihr Sohn ist? Ich frage das, weil wir Kinderschlafsäcke für alle Altersstufen haben."*

Kundin: *„Tim ist 6 Jahre alt und ca. 1,20 m groß."*

Verkäufer: *„Dieser Schlafsack wäre dann die richtige Größe für Tim. Sie möchten doch sicher auch, dass der Schlafsack nicht nächstes Jahr schon zu klein ist?"*

Kundin: (schaut sich den Schlafsack prüfend an) *„Ja, der sollte schon 2 bis 3 Jahre halten."*

Verkäufer: *„Die Füllung ist speziell auf Kinderbedürfnisse abgestimmt. Ein Schlafsack für Kinder muss immer wärmender sein, da sie schneller frieren. Das Modell gibt es in zwei Farbvarianten. Bevorzugen Sie gelb-orange oder blau-grün?"*

Kundin: *„Tims Lieblingsfarbe ist Blau, der hier* (zeigt auf den blau-grünen Schlafsack) *wird ihm bestimmt gefallen."*

Verkäufer: *„Hat Ihr Sohn bereits eine Isomatte zum Unterlegen? In den Nächten kann es schon mal recht kühl werden und dann kühlt der Körper schnell von unten aus."*

Kundin: *„Nein, eine Isomatte brauche ich dann auch."*

Aufgabe:

Analysieren und beurteilen Sie die Art der Fragestellung des Verkäufers!

10 Speth u.a. - ISBN 978-3-8120-0631-6

Ausbildungsgespräch

Azubi:

„Schon aus der Sesamstraße weiß doch jedes Kind: ‚Wer nicht fragt, bleibt dumm!' Aber die richtigen Fragen zu stellen ist gar nicht so einfach. In dem Verkaufsgespräch gerade, tauchten ja sehr unterschiedliche Fragen auf. Die ***W-Frage*** *am Anfang habe ich erkannt."*

Ausbilder: *„Nicht umsonst wird die Fragetechnik auch als Königsdisziplin der Rhetorik bezeichnet. Immer wenn wir etwas sagen, betätigen wir uns rhetorisch. Übersetzt heißt Rhetorik Redekunst. Und es ist tatsächlich eine Kunst, die erlernbar ist. Im Verkaufsgespräch sind rhetorische Fähigkeiten unabdingbar."*

2.3.3.1 Bedeutung der Frage für das Verkaufsgespräch

Der Verkäufer kann über den Einsatz gezielter Fragen das Verkaufsgespräch steuern. Der nachfolgende Überblick zeigt, welche Bedeutung der bewusste Einsatz von Fragen für den Verlauf eines Verkaufsgespräches hat.

Durch Fragen bekommt der Verkäufer Informationen über Probleme, Wünsche, Vorstellungen, Erfahrungen, Wissen, Meinungen ... des Kunden.	Informationen sind notwendig, um die Probleme des Kunden lösen zu können.
Fragen binden die Aufmerksamkeit des Kunden.	Der Kunde muss eine Rückmeldung auf Fragen geben.
Fragen veranlassen den Kunden zum Nachdenken.	Der Kunde muss auch rational[1] entscheiden und nicht emotional.[2]
Der Fragende bestimmt das Thema des Gesprächs.	Der Kunde ist gezwungen, zu einem bestimmten Punkt Stellung zu beziehen.
Durch Fragen wird der Gesprächspartner aufgewertet.	Der Verkäufer setzt sich mit dem Problem des Kunden auseinander.
Der Verkäufer gewinnt die Sympathie des Kunden.	Der Verkäufer zeigt Respekt vor der Meinung des Kunden.
Die Gefahr aneinander vorbeizureden wird verringert.	Die Antworten stecken die Rahmenbedingungen ab.
Fragen entspannen die Verkaufssituation.	Behauptungen verhärten und provozieren.

1 **Rational**: vernunftgemäß, auf Vernunft beruhend.

2 **Emotional**: gemütsmäßig, aus dem Gefühl heraus handeln.

- Wer fragt, bekommt Informationen, spart Zeit, bekundet Interesse, bringt seinen Gesprächspartner dazu, seinen Bedarf zu formulieren und/oder sich dessen bewusst zu werden.
- Wer Fragen stellt, führt (steuert) das Verkaufsgespräch.
- Zu beachten ist: Der Kunde darf sich nicht ausgefragt fühlen.

2.3.3.2 Frageformen

Grundsätzlich können im Verkaufsgespräch

- **offene Fragen,**
- **geschlossene Fragen,**
- **Alternativfragen,**
- **Suggestivfragen** und
- **rhetorische Fragen**

eingesetzt werden.

Ausbildungsgespräch

Azubi:

„Wann nehme ich denn welche Frageart?"

Ausbilder:

„Je nachdem welches Ziel verfolgt wird, bietet sich eher die eine oder die andere Frageart an. In der Kontaktphase nimmt man besser offene Fragen. Zum Ende des Verkaufsgespräches sind geschlossene oder Alternativfragen sinnvoll."

(1) Fragen, um Informationen zu erhalten

Offene Fragen (Informationsfragen, Erkundungsfragen)

Offene Fragen beginnen in der Regel mit Fragewörtern wie Wer, Wie, Was, Warum, Weshalb. Sie werden auch **W-Fragen (weite Fragen)** genannt. Hier kann der Kunde nicht mit Ja oder Nein antworten. Sie dienen der Informationsbeschaffung. Um möglichst genaue Informationen über den Kundenbedarf, die Vorstellungen und Gefühle zu bekommen, benutzen die Verkäufer W-Fragen.

Beispiele:

- *„Welche Anforderungen stellen Sie an einen Schlafsack?"*
- *„Wie gefällt Ihnen dieser Mantel?"*
- *„Wozu möchten Sie die Bohrmaschine vor allem verwenden?"*
- *„Wann benötigen Sie die Ware?"*

Offene Fragen eignen sich besonders während der Bedarfsermittlung. Ohne offene Fragen ist es kaum möglich, ein Verkaufsgespräch zu führen. Sie öffnen den Kunden, weil er aufgefordert wird, sich „frei" zu äußern. Mit offenen Fragen erfährt der Verkäufer viel über den Kunden.

Eröffnet ein Verkäufer das Gespräch mit der *„Kann-ich-Ihnen-helfen-Frage"*, besteht die große Gefahr, dass der Kunde diese Frage mit Nein beantwortet. Damit ist das Verkaufsgespräch, bevor es überhaupt begonnen hat, schon wieder beendet. Je mehr Informationen vom Kunden benötigt werden, umso wichtiger ist es, offene Fragen zu formulieren.

Geschlossene Fragen (Kontrollfragen)

Geschlossene oder enge Fragen sind sehr direkte Fragen. Der Kunde wird aufgefordert, eine Aussage zu machen. Hier ist es manchmal sinnvoll, dem Kunden zu erklären, warum diese Frage gestellt wird. Mögliche Erklärungen können z.B. mit *„Ich frage das, weil ..."* eingeleitet werden. Sie dienen der Entscheidungsfindung oder der Richtungsfindung. Die Antwort ist meist ein Ja oder Nein des Kunden. Diese Frageart ist also zu Beginn eines Verkaufsgespräches unpassend.

Beispiele:

- *„Hat Ihr Sohn bereits eine Isomatte zum Unterlegen?"*
- *„Sind Sie damit einverstanden, dass wir den Schrank in Ihrer Wohnung zum Preis von 45,00 EUR aufstellen?"*
- *„Haben Sie die Schuhgröße 42?"*
- *„Möchten Sie einen einfarbigen Rock?"*
- *„Kann ich Ihnen helfen?"*

(2) Fragen, um das Verkaufsgespräch zu lenken

Frageform	Erläuterungen	Beispiele
Alternativfragen[1] (Entscheidungsfragen)	Mit einer Alternativfrage (Entscheidungsfrage) bezweckt der Verkäufer, nachdem er eine ausführliche Warenvorführung durchgeführt hat, beim Kunden eine Entscheidung. Der Kunde muss sich für die eine oder andere Sache entscheiden. Mit einer Alternativfrage wird dem Kunden in der Abschlussphase eine Entscheidung abverlangt.	■ *„Bevorzugen Sie den gelb-orangen oder den blau-grünen Schlafsack?"* ■ *„Sagt Ihnen der Wanderschuh oder der Sportschuh besser zu?"* ■ *„Möchten Sie lieber die Geschirrspülmaschine mit den vier Programmen oder bevorzugen Sie die einfachere, preisgünstigere Maschine?"*
Suggestivfragen[2] (Lenkungsfragen)	Sie sind mit Vorsicht zu benutzen, da sie den Kunden in eine bestimmte Richtung drängen, ihn manipulieren. Sie dürfen vor allem nicht dazu benutzt werden einen Kunden „über den Tisch zu ziehen". Einen suggestiven Charakter üben die vom Verkäufer benutzten Wörter „sicher" und „wohl" aus. Mit dieser Frageart kann der Kunde positiv oder negativ beeinflusst werden.	■ *„Sie möchten doch sicher auch, dass der Schlafsack nicht nächstes Jahr schon zu klein ist?"* ■ *„Sie entscheiden sich doch sicher für das Holzauto, schließlich ist es haltbarer als das Auto aus Plastik und nur geringfügig teurer?"* ■ *„Sie sehen wohl auch, dass Ihnen dieses Kleid steht?"*

1 **Alternativ:** wahlweise; zwischen zwei Möglichkeiten die Wahl lassend.

2 **Suggerieren:** seelisch beeinflussen; jemand etwas einreden.

Frageform	Erläuterungen	Beispiele
Rhetorische[1] Fragen	Einen Sonderfall stellen rhetorische Fragen dar. Diese sind im Grunde gar keine richtigen Fragen, da vom Gefragten keine Antwort erwartet wird. Diese Frageart ist nur in Ausnahmefällen in einem Verkaufsgespräch einsetzbar, und zwar immer dann, wenn der Verkäufer beim Kunden die Aufmerksamkeit erhöhen möchte.	■ *„Sie sind doch bestimmt gegenüber allem Modernen aufgeschlossen?"* ■ *„Haben Sie auch das Gefühl, dass es heute sehr schwül ist?"*

- Jede Frageart hat ihren Platz im Verkaufsgespräch.
- Mit gekonnten Fragen läuft ein Verkaufsgespräch wirkungsvoller ab.

Zusammenfassung

- Wer fragt, bekommt Informationen, spart Zeit, bekundet Interesse, bringt seinen Gesprächspartner dazu, seinen Bedarf zu formulieren und/oder sich dessen bewusst zu werden.
- Die nachfolgende Tabelle zeigt die wichtigsten **Fragearten** im Verkaufsgespräch

Fragearten	Besondere Kennzeichen	Frageabsicht
Offene Fragen (Erkundungsfragen, Informationsfragen)	■ weite Fragen beginnen i.d.R. mit Fragewörtern wie Wer, Wie, Was, Warum, Weshalb ... und werden deshalb auch W-Fragen genannt	■ möglichst genaue Informationen vom Kunden bekommen (aufschließende Fragen) ■ der Kunde soll so zum Reden gebracht werden ■ der Verkäufer gibt die Antwort nicht vor
Geschlossene Fragen (Kontrollfragen)	■ enge Fragen ■ Fragen lassen wenig Spielraum für Antworten ■ meist ist die Antwort Ja oder Nein ■ Verb steht i.d.R. am Anfang der Frage	■ die Entscheidung bzw. ■ die Richtung abverlangen
Alternativfragen (Entscheidungsfragen)	entweder/oder (z.B. 1 oder 2)	Entscheidung für die eine oder andere Ware
Suggestivfragen (Lenkungsfragen)	beinhalten eine Antworttendenz[2]	Beeinflussung des Kunden in eine bestimmte Richtung, diese kann positiv oder negativ sein
Rhetorische Fragen	rhetorisches Mittel	Aufmerksamkeit erhöhen

1 **Rhetorik**: Redekunst.

2 **Tendenz**: erkundbare Absicht, Richtung.

Übungsaufgabe

22

1. Entscheiden Sie, um welchen Fragetyp es sich bei den nachfolgenden Fragen jeweils handelt:
   1.1 *„Möchten Sie lieber die braune oder die schwarze Ledermappe?"*
   1.2 *„Welche Anforderungen stellen Sie an einen Rasenmäher?"*
   1.3 *„Kann ich Ihnen helfen?"*
   1.4 *„Sie möchten doch bestimmt die wiederaufladbaren Batterien!"*
   1.5 *„Sie rechnen nun wahrscheinlich mit einem sehr hohen Preis?"*
2. Stellen Sie Fragen nach dem Verwendungszweck für die nachfolgenden Produkte:
   2.1 Sonnenbrille,
   2.2 Kugelschreiber,
   2.3 Bohrmaschine und
   2.4 Kaffee!
3. Erklären Sie die Bedeutung von offenen Fragen im Verkaufsgespräch!
4. Formulieren Sie aus den geschlossenen Fragen offene Fragen!
   4.1 *„Haben Sie bestimmte Vorstellungen von Ihrem Fahrrad?"*
   4.2 *„Gefällt Ihnen die Farbe Gelb?"*
   4.3 *„Kennen Sie die neue Office-Version?"*
5. Vervollständigen Sie den Satz!

   Offene Fragen werden immer mit einem ... eingeleitet, geschlossene Fragen beginnen mit einem ...
6. Erstellen Sie einen Fragenkatalog für einen Artikel aus Ihrem Sortiment!
7. Mit geschlossenen Fragen erhält man wenig Informationen. Probieren Sie dies aus, indem Sie folgendes Frage-Antwort-Spiel anwenden:

   Einer aus der Lerngruppe denkt sich einen komplexen Sachverhalt aus, gibt jedoch nur einen Teil davon preis, den Rest müssen die Mitschüler mithilfe von geschlossenen Fragen ermitteln. Wer eine Ja-Antwort bekommt, darf so lange weiterfragen, bis er eine Nein-Antwort erhält.

   Beispiel: Folgender Sachverhalt liegt vor. Sie gehen nach der Berufsschule mit drei Mitschülern in die Eisdiele. Sie essen dort immer Spaghettieis. Eine Mitschülerin trinkt dort grundsätzlich einen Milchkaffee. Sie hat sich dort in den Kellner verliebt.
8. Erklären Sie, warum die Alternativfrage gerne im Rahmen des Verkaufsabschlusses benutzt wird!
9. Wagen Sie einen ersten Versuch! Testen Sie Ihre Fragetechnik in einem Rollenspiel! Nehmen Sie hierzu Ihre vorbereiteten Fragen aus Aufgabe 6 als „Stütze"!
10. Begründen Sie, in welcher Phase des Verkaufsgespräches sich folgende Fragen eignen!
    10.1 *„Möchten Sie lieber die gestreifte oder die einfarbige Krawatte?"*
    10.2 *„Zu den Schuhen brauchen Sie bestimmt noch die geeignete Schuhcreme?"*

3 Kontaktaufnahme und die Ermittlung von Kaufmotiven

Stufen des Verkaufsgesprächs								
Kontakt-aufnahme	Kauf-motive	Bedarfs-ermittlung	Vorlage der Waren	Verkaufs-argumen-tation	Preisargu-mentation	Behand-lung von Kunden-einwänden	Kauf-abschluss herbei-führen	Verab-schiedung, Service-leistungen anbieten

3.1 Kontaktaufnahme

Handlungssituation:

In dem Outdoor-Fachmarkt **Nature & More** möchte sich eine Kundin nach dem Bergschuh „Alpin" erkundigen. Der Verkäufer geht auf die Kundin zu und spricht sie an.

Verkäufer: *„Guten Tag! Das ist ein speziell für den Winter konzipierter Bergschuh, der wurde extra für das Eisfallklettern entwickelt."*

Kundin: *„Hallo! Ja, dann ist das wohl nicht das Richtige für mich."*

Verkäufer: *„Für welchen Anlass benötigen Sie einen Schuh?"*

Kundin: *„Ich wandere sehr gerne und möchte mir jetzt endlich das passende Schuhwerk zulegen. Letztes Wochenende habe ich mit meinem Mann eine 3-stündige Wanderung hier in den nahen Wäldern gemacht. Bei dieser Tour habe ich mich in meinen Turnschuhen nicht mehr wohl gefühlt."*

Verkäufer: *„Da haben Sie recht, den Alpin brauchen Sie dafür wirklich nicht. Für Ihre Zwecke bietet sich der Allround Trekkingschuh Aktiv an. Dieser ist durch die Goretex-Membrane wasserabweisend und für jedes Wetter geeignet. Die sehr stabile Profilsohle bewahrt Sie vor unliebsamen Ausrutschern."*

Kundin: *„Das klingt gut, haben Sie den Schuh auch in meiner Schuhgröße vorrätig?"*

Aufgabe:

Analysieren und beurteilen Sie die Kontaktaufnahme des Verkäufers!

3.1.1 Allgemeine Regeln, um mit dem Kunden in Kontakt zu treten

Es ist wichtig, möglichst schnell eine positive **Verkäufer-Kunde-Beziehung** zu schaffen. Dazu muss der Verkäufer dem Kunden so früh wie möglich signalisieren, dass er willkommen ist und dass er sich freut, ihm die Waren des Hauses präsentieren zu können.

Hier einige **allgemeine Regeln,** wie wir mit **Kunden in Kontakt treten:**

Allgemeine Regeln	Erläuterungen
Dem Kunden Zeit für eine Orientierung lassen	Der Kunde muss sich zunächst einen Überblick über den Verkaufsraum verschaffen. ■ Möchte der Kunde beraten werden und geht er auf den Verkäufer zu, so geht dieser ihm entgegen, um anzuzeigen, dass der Kunde willkommen ist. ■ Zeigt der Kunde durch Körpersprache an, dass er sich zunächst umschauen möchte, signalisiert ihm der Verkäufer durch den Blickkontakt: Ich habe dich wahrgenommen. Die eigentliche Kontaktaufnahme erfolgt erst, wenn der Kunde Hilfe braucht.
Blickkontakt mit Kunden herstellen	Durch den Blickkontakt wird Interesse, Offenheit, Zuwendung, Wertschätzung und Ehrlichkeit signalisiert. Er schafft gute Voraussetzung dafür, dass der Kunde sich im Geschäft wohlfühlt.
Den Kunden personen- und situationsgerecht begrüßen	Die Grußformel hängt vom Alter, Geschlecht, Beruf, Titel, Vertrautheit mit dem Kunden ab. *„Guten Abend, Herr Gemeinder"* *„Schönen guten Morgen, Frau Dr. Hanse"* *„Grüß Gott", „Guten Tag"* → Begrüßung Erwachsener *„Hallo Georg", „Hallo"* → Begrüßung von Jugendlichen *„Das ist schön, dass du schon einkaufen kannst."* → Begrüßung von Kindern
Mit einem freundlichen und entspannten Gesichtsausdruck dem Kunden Willkommen signalisieren	Mit Lächeln, einem freundlichen und entspannten Gesichtsausdruck wird dem Kunden signalisiert, dass man über sein Kommen erfreut ist, und dass man seine Kaufwünsche erfüllen möchte.
Einen ausreichenden Gesprächsabstand zum Kunden einhalten[1]	Der Abstand zwischen Verkäufer und Kunde sollte etwa 1,50 bis 3,00 m betragen („gesellschaftliche" Distanz). Eine geringe Gesprächsdistanz führt dazu, dass sich der Kunde bedrängt fühlt.

! Der **erste** Eindruck zählt und hat unmittelbar Auswirkungen auf den Erfolg des einzelnen Verkäufers und des Geschäfts.

3.1.2 Kontaktaufnahme und Verkaufsform

Wie die Kontaktaufnahme zwischen Verkäufer und Käufer im Einzelnen geschieht, hängt insbesondere von dem **Anspruch des Kunden** und von der **Verkaufsform des Einzelhandelsbetriebs** ab. Die Kontaktaufnahme kann sich deshalb von Geschäft zu Geschäft unterscheiden.

1 Siehe hierzu die Ausführungen auf S. 135.

3.1.2.1 Kontaktaufnahme bei Selbstbedienung

Die Selbstbedienung ist darauf ausgerichtet, dass der Kunde seine Waren ungestört zusammenstellt. Der Kunde erwartet keine Kontaktaufnahme durch den Verkäufer. Selbstverständlich ist jedoch, das jeder Kunde von jedem Mitarbeiter, der ihm begegnet, begrüßt wird, und dass ihm geholfen wird, wenn er z. B. eine Ware nicht findet. Grundsätzlich findet jedoch im Selbstbedienungsgeschäft die erste Kontaktaufnahme an der Kasse statt.

3.1.2.2 Kontaktaufnahme bei Bedienung

Da die Ware für den Kunden nicht direkt zugänglich ist (sie befindet sich im Lager, in Vitrinen, Kühltresen oder hinter dem Verkaufstisch) betreut das Verkaufspersonal den Kunden von der Kontaktaufnahme bis zur Verabschiedung. Die Kunden erwarten beim Betreten des Geschäfts oder der Abteilung, dass sie vom Verkäufer angesprochen werden, da sie ohne ihn nicht zurechtkommen. Je nach Geschäft, nach Kundentyp und Alter des Kunden, kann die Begrüßung anders ausfallen. Ein *„Hallo"* oder *„Hey"* passt nicht in jedes Geschäft, nicht zu jedem Verkäufer und auch nicht zu jedem Kunden. Mit *„Guten Tag"* und ähnlichen Formulierungen kann man jedoch fast nie etwas falsch machen.

Mit der Begrüßung ist darauf zu achten, dass sich der Kunde im Geschäft wohl fühlt. Älteren Kunden wird eine Sitzgelegenheit und eine Erfrischung angeboten, Kinder werden beschäftigt und Begleitpersonen werden mit der Begrüßung in das Verkaufsgespräch mit einbezogen.

Beispiele zur richtigen Kundenbegrüßung:

- *„Guten Morgen, wie kann ich Ihnen helfen?"*
- *„Bitte schön, wie kann ich Ihnen behilflich sein?"*
- *„Guten Tag, bei so viel Auswahl fällt die Entscheidung schwer."*
- *„Grüß Gott, was darf ich Ihnen zeigen?"*
- *„Guten Tag, das Kleid, das Sie in den Händen halten, ist die aktuellste Mode. Das Modell ist erst gestern bei uns eingetroffen."*

3.1.2.3 Kontaktaufnahme bei Vorwahl

Bei der **Kontaktaufnahme** im Vorwahlsystem sind prinzipiell **vier Grundsituationen** zu unterscheiden:

(1) Der Verkäufer spricht den Kunden an

Das Verkaufspersonal berät auf Wunsch und gibt Hilfestellung bei der Einkaufsentscheidung. Da der Kunde sich auch selbst bedienen kann und eventuell keine Beratung wünscht oder braucht, muss der Verkäufer den Kunden „im Auge behalten".

Beispiele:

Der Verkäufer sollte versuchen, die Verhaltensweisen des Kunden zu deuten, um anschließend ein gezieltes Verkaufsgespräch führen zu können. Welcher Artikel wird bevorzugt betrachtet? Für welches Produktdetail interessiert sich der Kunde im Besonderen? Werden verschiedene Produkte verglichen? Interessiert sich der Kunde besonders für das Preisetikett?

Ein Aufdrängen von Beratungsleistungen verschreckt und verhindert Kaufentscheidungen.

Zu beachten ist ferner, dass ein Kunde **niemals von hinten** angesprochen werden sollte, da er sich dadurch „überfallen" fühlen könnte und dann ablehnend reagiert. Deshalb sollte zunächst Blickkontakt zum Kunden aufgebaut werden.

(2) Der Kunde zeigt Interesse an der Ware

Folgende **Signale** können ein Hinweis darauf sein, dass der **Kunde angesprochen werden möchte**:

Der Kunde

- schaut sich z. B. suchend im Geschäft nach einem Verkäufer um.
- geht direkt auf das Verkaufspersonal zu.
- betrachtet eine Ware interessiert, prüft diese, indem er sie z. B. in die Hand nimmt.
- steht vor einer verschlossenen Vitrine.
- kratzt sich am Kopf und macht ein ratloses Gesicht.

Entschließt sich der Verkäufer zur Kontaktaufnahme, so kann er dies auf zweierlei Weise tun. Entweder wählt er eine **allgemeine Kontaktaufnahme** *(„Guten Tag, wie kann ich Ihnen helfen?"; „Guten Morgen, was wünschen Sie bitte?")* oder eine **warenbezogene Kontaktaufnahme** *(„Das Modell, das Sie in den Händen halten, hat eine Karbonschiene. Dies hat den Vorteil ..."; „Guten Tag. Diese Stofftiere der Firma XY zeichnen sich durch eine besonders sorgfältige und widerstandsfähige Verarbeitung aus.")*.

(3) Der Kunde möchte nicht angesprochen werden

Wenn ein Kunde nicht angesprochen werden möchte, dann kann man dies manchmal auch an seinem Verhalten erkennen. **Typische Signale** sind z. B.:

Der Kunde
- schaut weg und meidet den Blickkontakt.
- dreht dem Verkäufer bewusst den Rücken zu.
- geht dem Verkaufspersonal aus dem Weg.

Zu welchem Zeitpunkt ein Ansprechen des Kunden sinnvoll ist, hängt von der jeweiligen Situation ab. Als allgemeine Regel kann festgehalten werden, ein Verkäufer sollte immer seinem Kunden zeigen, dass er ihn wahrgenommen hat.

(4) Der Kunde möchte sich zunächst im Geschäft nur umsehen

Einige Kunden fühlen sich schnell „überrumpelt", wenn sie sofort beim Betreten des Ladens vom Personal „überfallen" werden. Für diese Situation muss ein Verkäufer im Laufe seiner Berufspraxis ein Gespür entwickeln. Für eine Reihe von Kunden ist das Bummeln durch die Geschäfte Zeitvertreib und eine willkommene Abwechslung. Sie kommen ohne Kaufabsichten und lieben es, sich umzuschauen, sich zu informieren, Ware aus- oder anzuprobieren und sich inspirieren zu lassen. Ihnen sollte der **Freiraum gelassen werden,** ungestört zu stöbern, natürlich nicht, ohne vorher **Bereitschaft zum Helfen** zu signalisieren.

3.2 Kaufmotive

Stufen des Verkaufsgesprächs								
Kontakt-aufnahme	**Kauf-motive**	Bedarfs-ermittlung	Vorlage der Waren	Verkaufs-argumen-tation	Preisargu-mentation	Behand-lung von Kunden-einwänden	Kauf-abschluss herbei-führen	Verab-schiedung, Service-leistungen anbieten

Handlungssituation:

Es gibt keine zweite Chance für den ersten Eindruck!

Lisa Jensen, Auszubildende zur Verkäuferin im zweiten Ausbildungsjahr beim Bekleidungsgeschäft Naumann e. Kfr. in Iserlohn, hat ein großes Lob von ihrer Chefin und Ausbilderin Carin von Naumann für ihr freundliches und sicheres Auftreten bei Kundengesprächen bekommen.

Frau von Naumann: *„Das machst du wirklich sehr gut, Lisa. Wenn ein Kunde unser Geschäft betritt, lächelst du ihn freundlich an und gibst dem Kunden das Gefühl, herzlich willkommen zu sein. So ist der erste Eindruck nach dem Betreten der Geschäftsräume gleich positiv und der Kunde entscheidet sich zu bleiben. Denn dieser erste Eindruck, den sich ein Kunde*

	macht, ist entscheidend für die weitere Vorgehensweise. Und wie heißt es so schön, es gibt keine zweite Chance für den ersten Eindruck."
Lisa Jensen:	*„Aber nur lächeln reicht ja leider nicht aus. Ich erinnere mich noch sehr gut daran, dass Sie mir vor einem Jahr einen ‚Fahrplan' für die richtige Herangehensweise für das Verkaufsgespräch gegeben haben. Der hat mir am Anfang meiner Ausbildung geholfen, viele Kundenreaktionen richtig einschätzen zu können. Sozusagen eine Art Spickzettel für den Verkäufer beim Umgang mit unseren Kunden."*
Frau von Naumann:	(lacht) *„Ja, als Verkäufer wird man nicht geboren, sondern ausgebildet. Jeder kann mit der richtigen Portion Ehrgeiz und Aufgeschlossenheit die Chance bekommen, ein guter Verkäufer zu werden. Und das fängt schon mit der Begrüßung eines neuen Kunden an. Auch hier gilt es, den ersten positiven Eindruck zu bestätigen, und dem Kunden das Gefühl der Wertschätzung entgegenzubringen, so als ob wir einen guten Freund empfangen würden."*
Lisa Jensen:	*„Stimmt, kein falsches Interesse vorspielen, sondern mich möglichst natürlich und freundlich verhalten, sodass der Kunde sich freut, von mir beraten zu werden."*
Frau von Naumann:	*„Und sich bei der Beratung auch wohlfühlt, nicht zu vergessen. Ist die Begrüßung erst einmal gelungen, geht vieles viel leichter von der Hand. Natürlich vorausgesetzt, er möchte auch beraten werden. Viele Kunden wollen sich am Anfang nur umschauen, da gilt es, die richtigen Signale zu beobachten, ob und wann sie beraten werden wollen. Andere Kunden wiederum brauchen gar keine Beratung, da sie sich am Warenangebot selbst bedienen und auf Nachfragen schon einmal genervt reagieren können."*
Lisa Jensen:	*„Oh ja, richtiges Fragen will gelernt sein. Ich erinnere mich daran, dass ich lange üben musste, bis ich den Bedarf des Kunden mit der richtigen Fragetechnik herausgefunden habe."*
Frau von Naumann:	*„Den Ansprüchen der Kunden zu genügen bzw. ihren Wünschen und Bedürfnissen gerecht zu werden, ist unser höchster Anspruch. Für viele der Kunden ist unsere Empfehlung der Ausgangspunkt, um sich beispielsweise für oder gegen einen Mantel zu entscheiden. Nur wenn der Kunde zufrieden ist, kommt er wieder und empfiehlt uns weiter."*
Lisa Jensen:	*„Und sollte er – ungeachtet einer guten Beratung und einem ansprechenden Ambiente – tatsächlich doch nichts bei uns einkaufen wollen, wird er natürlich trotzdem freundlich und nett verabschiedet. Denn nicht nur der erste, sondern auch der letzte Eindruck bleibt beim Kunden dauerhaft in Erinnerung."*
Frau von Naumann:	*„Und bei deinem Charme, den du bei den Kundengesprächen versprühst, und deinem Aussehen wird der Kunde uns auch nachhaltig nicht vergessen und uns bestimmt gerne weiterempfehlen."*

Aufgaben:

1. Warum ist die Eigentümerin des Bekleidungsgeschäftes, Frau von Naumann, so zufrieden mit ihrer Auszubildenden? Notieren Sie sich die wichtigsten Punkte!
2. Wie sieht eine typische Kontaktaufnahme in Ihrem Ausbildungsbetrieb aus?
3. Woran erkennen Sie, dass ein Kunde bedient werden möchte?

Ausbildungsgespräch

Ausbilder: *„Kunden, die etwas bei uns kaufen, haben immer ein Kaufmotiv."*

Azubi: *„Was ist denn genau ein Kaufmotiv?"*

Ausbilder: *„Ein Motiv ist der Beweggrund oder der Antrieb, aus dem heraus ein Mensch etwas tut. Ein Kaufmotiv ist dementsprechend der Beweggrund eines Kunden, ein bestimmtes Produkt zu kaufen. In jeder Branche gibt es typische Kaufmotive. Bei uns in der Outdoorbranche spielt die Abenteuerlust und die Sicherheit eine große Rolle."*

Azubi: *„Ach so. Es sind also die Gründe, warum Kunden ein bestimmtes Produkt kaufen. Dann hat unser Kunde, der die Sportsonnenbrille gekauft hat, dies getan, weil er beim Ski fahren Sicherheit haben wollte."*

Ausbilder: *„Ja, der Kunde wollte bestimmt auch Sicherheit. Für ihn war es darüber hinaus wichtig, dass ihm die Brille steht und es gab sicherlich noch weitere Beweggründe, weshalb der Kunde dieses Modell gewählt hat."*

Azubi: *„Aber die wissen Sie nicht?"*

Ausbilder: *„Nein. Vieles läuft im Verborgenen ab. Der kleine Prinz sagt es so treffend: Das Wesentliche ist für die Augen unsichtbar."*

(1) Rolle der Kaufmotive und Ansprüche des Kunden im Rahmen des Verkaufsgespräches

Nach der Kontaktaufnahme versucht der Verkäufer, den genauen Bedarf des Kunden zu ermitteln. Die Bedarfsermittlung wird erleichtert, wenn er den Grund (das Kaufmotiv) kennt, das den Kunden zum Kauf veranlasst. Zu unterscheiden sind die Kaufmotive von den Ansprüchen.

- **Kaufmotive** sind Beweggründe, die den Menschen dazu veranlassen, sich für eine Ware zu interessieren und sie gegebenenfalls auch zu kaufen.
- **Ansprüche** sind der Bedarf eines Kunden, den dieser gegenüber dem Verkäufer äußert. Ansprüche können sich richten an den Einzelhandelsbetrieb, an die Ware und an das Verkaufspersonal.

Findet der Verkäufer das Kaufmotiv, dann ist er in der Lage, ein passgenaues Warenangebot zu unterbreiten. Zudem ist es ihm jetzt möglich, das Verkaufsgespräch mit einer **bedarfsgerechten Argumentation** zu untermauern.

(2) Arten von Kaufmotivation

Gliederung der Kaufmotive nach der Erkennbarkeit

Warum Menschen etwas kaufen, wird ihnen oft selbst nicht immer bewusst. Das bedeutet, der Verkäufer muss damit rechnen, dass der vom Kunden geäußerte Anspruch und die Kaufmotive nicht übereinstimmen.

Das Bild des Eisbergs kann diese Situation verdeutlichen. Beim Eisberg ist es so, dass man nur ein Zehntel seines Volumens sehen kann, 90 % schwimmt unter Wasser und ist daher unsichtbar. Ähnlich ist es beim Verkaufsgespräch. Erkennbar für den Verkäufer sind die geäußerten Ansprüche, seine Sprache **(sachliche oder rationale[1] Kaufmotive)**, nicht erkennbar sind die unbewussten Kaufmotive **(gefühlsorientierte oder emotionale[2] Kaufmotive)**. Die Beziehungen zwischen Verkäufer und Käufer verlaufen somit zum einen auf einer bewussten **rationalen Ebene (Sachebene)** und zum anderen auf einer unbewussten, **emotionalen Ebene (Beziehungsebene)**.

Kaufmotive	Erläuterungen	Beispiele
Sachliches (objektives) Kaufmotiv	Es liegt vor, wenn die Kaufentscheidung vom Verstand beeinflusst wird.	Wunsch an Qualität, Geldersparnis, Zeitersparnis, Gesundheit, Umweltschutz, Sicherheit, Streben nach Wissen, Verantwortung gegenüber Angehörigen.
Emotionales (subjektives) Kaufmotiv	Es liegt vor, wenn die Kaufentscheidung von Gefühlen (Emotionen) beeinflusst wird.	Anerkennung, Genuss, Prestige, Schönheit, Nachahmung, Spielleidenschaft, Neugier.

Gliederung der Kaufmotive nach der Dringlichkeit des Bedarfs

Die Kaufmotive können danach gegliedert werden, wie dringend der Bedarf vom Kunden empfunden wird. Die Skala reicht hier vom Kaufmotiv „Grundbedürfnisse" befriedigen bis hin zum Kaufmotiv „Ansehen und Geltung" erlangen.

1 **Rational:** vernunftgemäß.

2 **Emotional:** gefühlsmäßig, aus dem Gefühl heraus handeln.

3 **Instinktiv:** unwillkürlich.

Man spricht in diesem Zusammenhang auch von den **4-P-Bereichen:**

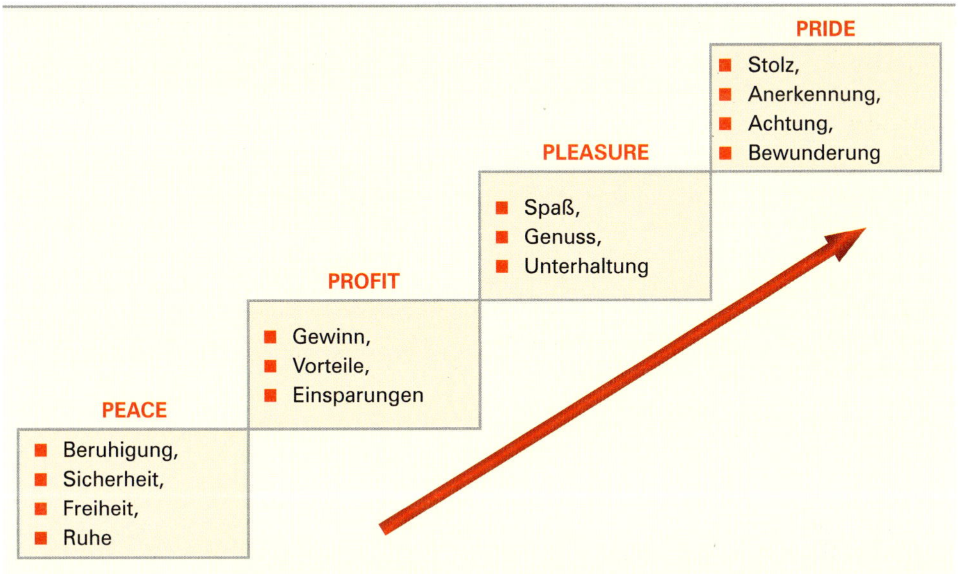

In der Praxis sind es meist mehrere Motive, die für den Kauf einer Ware entscheidend sind. Sie bilden ein **Motivbündel.** Innerhalb dieses Motivbündels haben die einzelnen Motive für den Käufer ein unterschiedliches Gewicht. Einige Motive sind für ihn sehr wichtig, andere sind weniger wichtig.

(3) Ansprüche der Kunden

Aus den Kaufmotiven entwickelt der Kunde Ansprüche an das Geschäft, den Verkäufer und die Ware.

Ansprüche	Beispiele
an das Geschäft	■ *„Es wundert mich, dass Sie diese neue Top-Marke nicht in Ihr Sortiment aufgenommen haben;"* ■ *„Die Möglichkeit, die Sportgeräte in Ihrer Abteilung ausprobieren zu können, finde ich sehr gut."*
an den Verkäufer	■ *„Erklären Sie mir bitte, welche Funktionen dieses Handy besitzt und wie ich sie aufrufen kann."* ■ *„Erläutern Sie mir bitte die Inhaltstoffe dieses Holzschutzmittels für den Innenraum und deren Auswirkungen auf die Atemwege."*
an die Ware[1]	■ *„Bitte führen Sie mir einen geräuscharm konstruierten Rasenmäher vor."* ■ *„Wo finde ich Bio-Eier von Hühnern in Freilandhaltung."* ■ *„Dieser Wäschetrockner hat ein TÜV-Zeichen. Bitte erläutern Sie mir die Bedeutung des TÜV-Zeichens."*

1 Zu Einzelheiten siehe S. 170.

Zusammenfassung

- Der **erste Eindruck** ist entscheidend und hat unmittelbar Auswirkungen auf den Verkaufserfolg.
- Wichtige **allgemeine Regeln zur Kontaktaufnahme** mit dem Kunden sind:
  - dem Kunden Zeit zur Orientierung lassen,
  - Blickkontakt mit dem Kunden herstellen,
  - den Kunden personen- und situationsgerecht begrüßen,
  - mit einem freundlichen Gesichtsausdruck dem Kunden Willkommen signalisieren,
  - einen ausreichenden Gesprächsabstand zum Kunden einhalten.
- Die **Kontaktaufnahme** ist je nach **Verkaufsform unterschiedlich** zu gestalten.
- Bei der **warenbezogenen Kontaktaufnahme** ermittelt der Verkäufer den Bedarf des Käufers, indem er die Ware in den Mittelpunkt stellt und erste Wareninfomationen gibt.
- **Ansprüche** sind der Bedarf des Kunden, den dieser gegenüber dem Verkäufer äußert.
- Ein **Motiv** ist der Beweggrund oder der Antrieb, aus dem heraus ein Mensch etwas tut.
- **Kaufmotive** sind Beweggründe, die den Menschen dazu veranlassen, sich für eine Ware zu interessieren und sie gegebenenfalls auch zu kaufen.
- Es gibt Kaufmotive mit eher **rationaler** und mit eher **emotionaler Tendenz.**
- Die Kaufmotive lassen sich nach der **Dringlichkeit des Bedarfs** gliedern.
- **Viele Kaufmotive** sind im Verkaufsgespräch **nicht erkennbar.**

Übungsaufgaben

23 1. Eine modisch gekleidete Frau, etwa 40 Jahre, betritt ein Fachgeschäft für Herrenmode. Eine Verkäuferin spricht sie an:

V: *„Guten Tag. Schön, dass Sie uns besuchen."*

K: *„Hallo, mein Mann wünscht sich zum Geburtstag eine Jacke. Ich weiß gar nicht, was ich da nehmen könnte."*

V: *„Haben Sie an ein bestimmtes Material gedacht?"*

K: (überlegt) *„Ich weiß nicht so recht. Mein Mann mag Baumwolle."*

V: *„Baumwolle führen wir leider nicht. Wir haben sehr schöne Jacken aus Schurwolle, Goretex und Leder."*

Aufgaben:

1.1 Beurteilen Sie die Kontaktaufnahme!

1.2 Nehmen Sie an, die Kundin hält bereits eine Jacke in der Hand. Formulieren Sie eine Möglichkeit der Kontaktaufnahme in wörtlicher Rede!

1.3 Die Verkäuferin fragt die Kundin nach dem bevorzugten Material. Ist dies sinnvoll? Geben Sie für Ihre Antwort zwei Gründe an!

1.4 Bei der Vorwahl ist es wichtig, im richtigen Moment mit dem Kunden Kontakt aufzunehmen. Beschreiben Sie drei geeignete Möglichkeiten/Situationen für die Kontaktaufnahme!

2. In der Lebensmittelabteilung wird Frischfisch bei Vollbedienung angeboten.

   Aufgaben:

   2.1 Beschreiben Sie den Verkaufsablauf!

   2.2 Erläutern Sie den Aufgabenschwerpunkt des Verkäufers!

   2.3 Nennen Sie zwei Gründe, warum Fische bei Vollbedienung verkauft werden!

   2.4 Nennen Sie zwei weitere Waren- oder Artikelgruppen aus anderen Branchen, die vorwiegend bei Vollbedienung verkauft werden (mit Begründung)!

3. Nennen Sie Waren, die bevorzugt in den beiden Verkaufsformen Bedienung und Vorwahl angeboten werden!

4. Beschreiben Sie typische Verkäufertätigkeiten in den Verkaufsformen Bedienung und Vorwahl!

5. Sie arbeiten in einer Abteilung, in der die Waren in Vorwahl angeboten werden. Eine Kundin hält sich schon eine Weile in der Abteilung auf und zeigt großes Interesse an den Waren.

   Aufgaben:

   5.1 Erklären Sie, welchen Zeitpunkt Sie wählen, um die Kundin anzusprechen!

   5.2 Nennen Sie noch zwei weitere geeignete Verhaltensweisen des Verkäufers bei der Kontaktaufnahme mit Vorwahl!

6. Sammeln Sie mögliche Begrüßungsformeln und erproben Sie diese in Rollenspielen! „Spielen" Sie jede Verkaufsform durch! (Tipp: Achten Sie hier besonders auf den so wichtigen Blickkontakt!)

7. Viele Verkäufer behaupten, dass die persönliche Anrede des Kunden mit seinem Namen und/oder Titel verkaufsfördernd sei.

   Aufgabe:

   Formulieren Sie Ihre Meinung!

8. In der Sportabteilung eines Kaufhauses nimmt ein junger Mann, Anfang 20, nacheinander verschiedene Sportschuhe aus dem Regal, prüft sie eingehend und stellt sie wieder zurück. Er sieht sich dabei immer wieder um und scheint recht unschlüssig.

   Der Verkäufer spricht den Kunden von hinten an:

   V: *„Suchen Sie etwas Bestimmtes?"*

   K: *„Ja, einen Sportschuh."*

   V: *„Welche Größe?"*

   K: *„Normalerweise 42, manchmal auch 43."*

   V: *„Da kommen diese beiden Regale infrage; was möchten Sie denn anlegen?"*

   K: *„Och, was kostet denn ein guter Schuh?"*

   V: *„Das kommt darauf an; welche Sportart betreiben Sie denn vorwiegend?"*

   K: *„Ich gehe jede Woche einmal in die Halle zur Gymnastik, und da spielen wir anschließend Volleyball, Basketball und so."*

   V: *„Ja, das wird natürlich schwierig, da brauchen Sie ja einen Schuh mit heller Sohle."*

   K: *„Das habe ich mir schon gedacht. Haben Sie denn nichts Entsprechendes da?"*

   V: *„Probieren Sie mal diesen hier, der hat eine helle Sohle und ist außerdem mit 59,00 EUR recht günstig."*

11 Speth u.a. - ISBN 978-3-8120-0631-6

Aufgaben:

8.1 Beurteilen Sie das Verhalten und die Vorgehensweise des Verkäufers bei der Kontaktaufnahme!

8.2. Formulieren Sie in wörtlicher Rede, wie Sie als Verkäufer in diesem Fall zu dem Kunden Kontakt aufnehmen würden und begründen Sie die Vorteile Ihrer Vorgehensweise!

24 1. Der Mörder im Krimi hat ein Motiv, der Kunde auch. Erklären Sie in diesem Zusammenhang den Begriff „Motiv"!

2. Formulieren Sie in wörtlicher Rede zu den Kundenansprüchen 2.1 bis 2.4 je eine Verkäuferaussage! (Ware nach eigener Wahl!)

   2.1 Geltungsbedürfnis

   2.2 Sicherheitsbedürfnis

   2.3 Abenteuer

   2.4 Sparsamkeit

3. Untersuchen Sie das nachfolgende Verkaufsgespräch! Erklären Sie, ob der Verkäufer die Kaufmotive des Kunden angemessen berücksichtigt hat!

   Der Kunde möchte eine Spülmaschine erwerben. Er wünscht sich eine mit niedrigem Wasserverbrauch und erwähnt, dass er Single ist.

   Der Verkäufer antwortet darauf: *„Das hier ist unser Preisschnäppchen. Sie sparen 150,00 EUR, wenn Sie sich noch diese Woche entscheiden."*

4. Erstellen Sie eine Tabelle, in der Sie eine Unterteilung stärker rationaler und stärker emotionaler Kaufmotive vornehmen!

5. In einem Textilgeschäft mit Vorwahl möchte eine Kundin für ihren 10-jährigen Sohn Finn-Lukas einen Trainingsanzug kaufen. Es entwickelt sich folgendes Verkaufsgespräch:

Verkäuferin:	*„Guten Tag, wie kann ich Ihnen behilflich sein?"*
Kundin:	*„Ich möchte für meinen 10-jährigen Sohn Finn-Lukas einen Trainingsanzug kaufen."*
Verkäuferin:	*„Gerade bei den preisgünstigen Trainingsanzügen für Kinder haben wir eine große Auswahl."*
Kundin:	(Die Kundin ist unschlüssig) *„Wie viel kostet denn ein Trainingsanzug?"*
Verkäuferin:	*„Bevorzugen Sie ein Markenprodukt oder darf es auch billiger sein?"*
Kundin:	*„Ein ordentlicher Trainingsanzug soll es schon sein, jedoch nicht zu teuer!"*
Verkäuferin:	*„Sicher werden wir bei der großen Auswahl das Richtige finden!"*

Aufgaben:

5.1 Nennen Sie zwei Kaufmotive, welche aufgrund der Aussagen der Kundin erkennbar sind (mit Begründung)!

5.2 Erläutern Sie ein weiteres mögliches Kaufmotiv, das die Kundin zum Kauf eines Trainingsanzugs veranlassen könnte!

5.3 Erklären Sie, warum es für Verkäufer wichtig ist, die Kaufmotive ihrer Kunden zu erkennen!

4 Ermittlung des Kaufwunsches des Kunden (Bedarfsermittlung)

Stufen des Verkaufsgesprächs								
Kontakt-aufnahme	Kauf-motive	Bedarfs-ermittlung	Vorlage der Waren	Verkaufs-argumen-tation	Preisargu-mentation	Behand-lung von Kunden-einwänden	Kauf-abschluss herbei-führen	Verab-schiedung, Service-leistungen anbieten

Handlungssituation:

In dem Outdoor-Fachmarkt **Nature & More** geht ein Verkäufer auf den Kunden zu und spricht ihn an.

Verkäufer: *„Guten Tag!"*

Kunde: *„Guten Tag. Ich bin Brillenträger und suche eine Sonnenbrille für die Berge, vor allem zum Ski fahren."*

Verkäufer: *„Kommen Sie doch bitte mit in die obere Etage. Dort haben wir eine große Auswahl an Sportbrillen extra für Brillenträger."*

Kunde: *„Das hört sich ja gut an! Früher waren die Sportbrillen richtig hässlich. Ich denke noch an den Sportunterricht in der Schule mit meinem schrecklichen Modell!"* (lacht)

Verkäufer: (lacht mit) *„Die Zeiten sind zum Glück vorbei. Dieses Modell hier z. B. hat im Inneren einen Clip, in den Ihre Sehstärken eingearbeitet werden können. Probieren Sie dieses Modell einmal auf!"*

Kunde: *„Die Farbe gefällt mir gar nicht, die ist viel zu auffällig für mich."*

Verkäufer: *„Dieses Modell gibt es in unterschiedlichen Farben. Wie gefällt Ihnen denn die Form?"*

Aufgabe:

Analysieren und beurteilen Sie, wie der Verkäufer den Kundenbedarf ermittelt!

Ausbildungsgespräch

Azubi: *„In dem Gespräch wurde am Anfang gar nicht nach den Vorstellungen des Kunden gefragt, sondern ihm direkt ein Modell vorgelegt."*

Ausbilder: *„Es wurde dem Kunden ein **Testangebot** gemacht und dann auf seine Reaktionen gewartet. Wenn der Kunde mit dem Vorschlag nicht einverstanden ist, muss er reagieren. Dieses Vorgehen im Verkaufsgespräch eben bezeichnen wir als **indirekte Bedarfsermittlung**."*

Azubi: *„Ist so ein Vorgehen nicht gewagt?"*

Ausbilder: *„Nur dann, wenn ein Verkäufer bei Ablehnung des Kunden willkürlich weitere Testangebote macht, ohne weitere Kundenreaktionen zu berücksichtigen."*

(1) Vertrauensauslöser einsetzen

Zu Beginn der Bedarfsermittlung muss der Verkäufer darauf achten, das Vertrauen der Kunden in die Leistungsfähigkeit des Geschäfts zu stärken. Dem Kunden muss das Gefühl vermittelt werden: „Ich bin hier willkommen, ich bin in einem leistungsfähigen Geschäft mit fachkompetenten Verkäufern, die meinen Kaufwunsch verstehen und eine Lösung finden werden." Als Vertrauensauslöser setzt der Verkäufer „Gesprächsförderer"[1] ein.

Beispiele:

- *„Ich bin überzeugt, wir finden für Sie das Richtige."*
- *„Wir haben vor wenigen Tagen neue Ware bekommen."*
- *„Für die Lösung Ihres Problems sind wir der Spezialist."*

(2) Arten der Bedarfsermittlung

Die Bedarfsermittlung kann auf zwei Arten erfolgen: Wird der Bedarf des Kunden über eine **Fragekette konkretisiert,** so spricht man von **direkter Bedarfsermittlung,** erfolgt die Bedarfsermittlung über den **Kontakt mit der Ware,** so liegt eine **indirekte Bedarfsermittlung (warenbezogene Kontaktaufnahme)** vor.

	Direkte Bedarfsermittlung	Indirekte Bedarfsermittlung
Grundüberlegung	Bei der direkten Bedarfsermittlung erkundigt sich der Verkäufer nach dem Zweck, Anlass oder Einsatzbereich der gewünschten Ware. Durch die Kundenantworten kann der Verkäufer eine den Kundenwünschen entsprechende Produktvorauswahl treffen.	Bei der indirekten Bedarfsermittlung stellt der Verkäufer kaum Fragen. Er legt, nachdem der Kundenwunsch formuliert wurde, ein Testangebot aus seinem Sortimentsbereich vor und wartet die Reaktionen des Kunden ab. Wenn die gezeigte Ware nicht den Kundenbedürfnissen entspricht, nähert sich der Verkäufer mit weiteren Angeboten an.
Vorgehensweise	1. Offene Fragen zum Anlass, Zweck, Gelegenheit, Einsatzbereich, Erwartungen etc. 2. Rückschlüsse aus den Kundenantworten ziehen und geeignete Ware vorlegen.	1. Kundenwunsch ermitteln. 2. Testangebot vorlegen. 3. Aus den Kundenreaktionen auf die Erwartungen schließen.
Beispiel	V: *„Für welchen Anlass suchen Sie das Kleid?"* K: *„Für einen festlichen Abend."* V: legt Cocktailkleider vor.	K: *„Ich suche eine Freizeithose."* V: legt Jeans vor. K: *„Kann man damit auch wandern?"* V: *„Besser ist, sie nehmen diese Trekkinghose, sie ist atmungsaktiv, wasserabweisend und hat viele Taschen."*
Vorteile	■ Durch gezielte Fragen kann direkt die Ware vorgelegt werden, die der Kunde wünscht. ■ Die Antworten des Kunden ermöglichen eine gezielte Beratung.	■ Das Interesse wird sofort auf die Ware gelenkt. ■ Ein unnötiges Ausfragen des Kunden wird vermieden. ■ Anhand des Testangebotes können sich die Kundenwünsche herauskristallisieren.

1 Vgl. hierzu die Ausführungen auf S. 138f.

(3) Aushändigungsverkauf

Eine Bedarfsermittlung ist beim Aushändigungsverkauf nicht erforderlich. Ein Aushändigungsverkauf liegt vor, wenn der Kunde genau weiß, was er kaufen möchte. Dies ist insbesondere der Fall beim Verkauf von Waren des täglichen Bedarfs (z.B. bei Brot- und Backwaren, Fleisch- und Wurstwaren, nicht alkoholische Getränke, Zeitungen, Süßigkeiten). Hier kann sich der Verkäufer in der Regel beschränken auf eventuell notwendige Ergänzungsfragen (die sich meist auf die benötigte Art, Menge oder Größe beziehen), auf das Herbeiholen der Ware, auf eine schnelle Überprüfung hinsichtlich Mängeln, auf das Verpacken und Kassieren.

Zusammenfassung

- Die **Bedarfsermittlung** ist bei beratungsintensiver Ware die **Schlüsselstelle zum erfolgreichen Verkaufen.**
- Es werden zwei **Arten der Bedarfsermittlung** unterschieden:
  - die **direkte Bedarfsermittlung:** Über offene Fragen wird die Beschaffenheit der gewünschten Ware ermittelt.
  - die **indirekte Bedarfsermittlung:** Aus der Reaktion des Kunden auf „Testangebote" von verschiedenen infrage kommenden Waren, werden Rückschlüsse auf seinen Bedarf gezogen.

Übungsaufgaben

25

1. Ein Kunde steht im Elektrofachmarkt vor dem Regal mit Druckern und betrachtet diese ratlos. Ein Verkäufer geht auf ihn zu und spricht ihn folgendermaßen an: *„Kann ich Ihnen behilflich sein?"*

   Aufgaben:

   1.1 Beurteilen Sie den Einstieg in das Verkaufsgespräch!

   1.2 Formulieren Sie für diesen Sachverhalt zwei mögliche Gesprächseröffnungen! Wählen Sie einmal die direkte und einmal die indirekte Methode der Bedarfsermittlung!

   1.3 Nennen Sie zwei körpersprachliche Signale, die die Ratlosigkeit eines Kunden zeigen!

2. Überprüfen Sie nachfolgende Aussagen von verschiedenen Verkäufern auf ihre Einsatzfähigkeit in der Kontaktphase!

   2.1 Verkäufer 1: *„Wie kann ich Ihnen helfen?"*

   2.2 Verkäufer 2: *„Sie kommen zurecht?"*

   2.3 Verkäufer 3: *„Suchen Sie etwas Bestimmtes?"*

   2.4 Verkäufer 4: *„Ja bitte?!"*

   2.5 Verkäufer 5: *„Guten Tag!?"*

   2.6 Verkäufer 6: *„Haben Sie an etwas Bestimmtes gedacht?"*

3. Diskutieren Sie die Nachteile der direkten und indirekten Bedarfsermittlung für den Verkäufer und den Kunden!

4. Die immer elegant gekleidete Stammkundin, Frau Wolf, etwa 60 Jahre alt, betritt das Textilfachgeschäft Modetreff GmbH. Die Verkäuferin, Frau Meier, spricht die Kundin an:

   [1] Frau Meier: *„Guten Tag, was kann ich für Sie tun?"*

   Kundin: *„Guten Tag, Frau Meier! Mein Sohn wünscht sich einen neuen Pullover zum Geburtstag. Ich habe mir schon so viele angesehen und weiß jetzt gar nicht mehr, was für einen ich nehmen soll!"*

[2]	Frau Meier:	*„Aus welchem Material sollte der Pullover denn sein?"*
	Kundin:	*„Darüber bin ich mir noch unschlüssig. Merinowolle vielleicht?"*
[3]	Frau Meier:	*„Einen Pullover aus Merinowolle führen wir zurzeit leider nicht. Wir haben jedoch schöne Lambswoolpullover und hochwertige Pullover aus Alpaka."*
	Kundin:	(überlegt)
[4]	Frau Meier:	*„Alpaka ist ein sehr hochwertiges Material, dadurch wird der Pullover natürlich teurer. Wie viel wollen Sie denn anlegen?"*
	Kundin:	*„Darüber habe ich mir bisher keine Gedanken gemacht."*
[5]	Frau Meier:	*„Dann wird es schwierig einen geeigneten Pullover für Ihren Sohn zu finden!"*

Aufgaben:

4.1 Beurteilen Sie die Kontaktaufnahme!

4.2 Wie würden Sie die Kundin ansprechen, wenn diese bereits einen Pullover in den Händen hält? Formulieren Sie in wörtlicher Rede eine geeignete Kontaktaufnahme!

4.3 Die Verkäuferin fragt die Kundin nach ihren Materialvorstellungen. Halten Sie diese Frage für gelungen? Begründen Sie Ihre Meinung!

4.4 Formulieren Sie eine sinnvolle Einstiegsfrage zur Bedarfsermittlung!

4.5 Beurteilen Sie die Formulierung der Verkäuferin in [4]! Stellen Sie dar, wie Sie vorgegangen wären!

4.6 Beurteilen Sie die Schlussformulierung [5] der Verkäuferin! Gehen Sie dabei auf die Kundenwirkung der gewählten Worte ein!

26 Rollenspiele

1. Die 17-jährige Lisa betritt das Jeansgeschäft big easy GmbH. Die beiden Verkäuferinnen Isabella Sommer und Ines Neumann stehen hinter einem Rundständer mit Sonderangeboten. Isabella sortiert die Artikel nach Größen und Farben.

Aufgaben:

Spielen Sie die Situation in zwei Varianten:

1.1 Die Verkäuferinnen verhalten sich nicht korrekt.

1.2 Die Verkäuferinnen verhalten sich angemessen.

1.3 Analysieren Sie beide Versionen und leiten Sie dazu Verhaltensregeln ab!

2. In der Parfümerie Flakon probiert die Stammkundin Daisy Huber das neue Parfüm von Chanel aus. Die Verkäuferin bedient bereits eine Kundin.

Rollenkarte: Daisy Huber	Rollenkarte: Verkäuferin	Rollenkarte: 2. Kundin
Sie möchten sich ein neues Parfüm kaufen, dass in der letzten Zeit stark beworben wurde und probieren dies in einem Geschäft aus.	Heute ist ziemlich viel los. Sie befinden sich in einem Verkaufsgespräch. Die Stammkundin, Frau Huber, betritt das Geschäft und wendet sich den Parfüms zu. Nehmen Sie Kontakt zur Kundin Huber auf.	Sie lassen sich in der Parfümerie von einer Verkäuferin ausführlich beraten.

Aufgabe:

Lassen Sie mehrere Male die Verkäuferin von unterschiedlichen Personen spielen! Vergleichen Sie anschließend die Verhaltensweisen! Halten Sie das richtige Vorgehen schriftlich fest!

27 1. In einem Einzelhandelsgeschäft mit Vorwahlsystem beobachtet ein Verkäufer einen Kunden, der an einer Hose das Preisschild liest und das Pflegeetikett studiert. Daraufhin geht der Verkäufer auf den Kunden zu und spricht ihn an:

Verkäufer: *„Guten Tag!"*
Kunde: *„Guten Tag!"*
Verkäufer: *„Suchen Sie etwas Bestimmtes?"*
Kunde: *„Ich suche eine Hose."*

Aufgaben:

1.1 Formulieren Sie in wörtlicher Rede, wie in diesem Fall eine bessere Kontaktaufnahme erfolgen sollte!

1.2 Der Verkäufer hat im Rahmen der Bedarfsermittlung verschiedene Möglichkeiten, das Verkaufsgespräch weiterzuführen. Beschreiben Sie die Weiterführung des Verkaufsgespräches

1.2.1 im Rahmen der direkten Bedarfsermittlung!

1.2.2 im Rahmen der indirekten Bedarfsermittlung!

2. Barbara Schrode ist Auszubildende im zweiten Ausbildungsjahr in einem Foto-Fachgeschäft. Heute beobachtet sie einen etwa 20-jährigen jungen Mann, der schon einige Zeit vor der verschlossenen Glasvitrine mit den Fotoapparaten steht und die ausgestellte Ware betrachtet. Barbara geht auf den Kunden zu:

A	V: *„Guten Tag, wie kann ich Ihnen helfen?"* K: *„Guten Tag, ich suche einen Fotoapparat."*
B	V: *„Haben Sie schon eine bestimmte Vorstellung?"* K: *„Nein; wissen Sie, ich fahre im Sommer mit meiner Freundin in Urlaub, da möchte ich ein paar Erinnerungsfotos knipsen."* V: *„Mit welcher Kamera haben Sie bisher fotografiert?"* K: *„Na ja, ich hatte die Kamera von meinem Vater; damit bin ich überhaupt nicht zurechtgekommen. Ich habe immer alles falsch eingestellt, die Bilder waren ständig verwackelt."*

Aufgaben:

Beantworten Sie folgende Fragen:

2.1 Um welche Phase des Verkaufsgespräches handelt es sich bei A?

2.2 Wie beurteilen Sie das Vorgehen Barbaras in diesem Punkt? (Begründung!)

2.3 Welche situationsbezogene Lösung wäre hier auch möglich gewesen?

2.4 Um welche Phase des Verkaufsgespräches handelt es sich bei B?

2.5 Wie beurteilen Sie die Fragestellungen Barbaras in diesem Punkt? (Begründung!)

3. Ein Kunde liest in einem Reformhaus das Etikett eines Traubensaftes. Der Verkäufer kommt vorbei und sagt zu ihm: *„Guten Morgen! Diesem Traubensaft ist eine Extraportion Eisen zugefügt."*

Aufgabe:

Nennen Sie die Art der Kontaktaufnahme, die der Verkäufer wählt!

4. Stellen Sie fest, welches Einkaufsproblem die Kunden 1 bis 5 jeweils haben und formulieren Sie in wörtlicher Rede einen Gesprächseinstieg!

4.1 Kunde 1 hält sich prüfend eine Jeans an und betrachtet sich im Spiegel.

4.2 Kundin 2 liest die Rückseite der Verpackung eines Kinderspiels.

4.3 Kundin 3 hält einen mitgebrachten Stoffrest an eine buntgemusterte Bluse.

4.4 Kunde 4 studiert das Etikett einer Rotweinflasche.

4.5 Kundin 5 testet das Make-up auf dem Handrücken.

28

1. Ein älterer Herr betritt ein Spielwarengeschäft und schaut sich einige Zeit bei den Stofftieren um. Eine Verkäuferin tritt auf ihn zu.

Verkäuferin:	*„Guten Tag, kann ich Ihnen helfen?"*
Kunde:	*„Ich suche ein Geburtstagsgeschenk für meinen Enkel."*
Verkäuferin:	*„Haben Sie an etwas Bestimmtes gedacht?"*
Kunde:	*„Ich weiß noch nicht so recht. Er hat schon so viel."*
Verkäuferin:	*„Da ist es natürlich schwierig, etwas zu finden, worüber das Kind sich freut. Wie wäre es mit einem Puzzle?"*

Aufgaben:

1.1 Beurteilen Sie die Kontaktaufnahme durch die Verkäuferin!

1.2 Formulieren Sie – in wörtlicher Rede – eine warenbezogene Kontaktaufnahme zur oben geschilderten Situation!

1.3 Begründen Sie, warum die Vorgehensweise der Verkäuferin bei der Bedarfsermittlung ungeschickt ist!

1.4 Formulieren Sie zwei Fragen der Verkäuferin, die sie bei einer geschickt durchgeführten direkten Bedarfsermittlung stellen könnte!

2. Im Telekommunikationsshop der Lübecker Lücktel GmbH stellt der Außendienstmitarbeiter der Firma Pontius & Pilatus AG, Harald Büttner, das neue Telefon APhone 2 den Mitarbeitern vor:

„Das A2 ist eine Revolution am Telefonmarkt, die einschlagen wird wie eine Bombe. Die Kunden werden Schlange stehen, um Ihnen dieses Telefon aus den Händen zu reißen. Alle Ansprüche, die ein Kunde haben kann, werden mit dem A2 abgedeckt. Sie wissen ja, die Bedarfsermittlung ist Ausgangspunkt für jedes Verkaufsgespräch. Ich stelle Ihnen nun im einzelnen die „big five" der Kundenansprüche vor. Sie werden sehen, als Verkäufer dieses tollen Telefons können Sie alle Register ziehen.

Fangen wir mit dem Gebrauchswert an. Was sollte ein Telefon können? Genau, der Kunde möchte damit telefonieren. Und das kann er natürlich, wohin er auch möchte, und zwar weltweit. Aber in der heutigen Zeit ist das längst nicht alles, was ein Telefon aus der Sicht der Käufer können muss. Hier nun weitere Beispiele, die den Nutzen nochmals deutlich hervorheben. Mit dem A2 können Sie tolle Fotos machen, es als Navigationsgerät einsetzen, Videoaufnahmen in HD durchführen, den integrierten MP3-Player nutzen, mit einem eigens entwickelten Betriebssystem im Internet surfen, alle Inhalte auf der A2 Cloud speichern, Face to Face mit ihren Freunden oder Verwandten kommunizieren, Fernsehen mit dem integrierten DVBT-Player schauen und und und. Sie sehen, es gibt nichts was das A2 nicht kann. Und daher ist der Geltungswert natürlich nicht zu überbieten. Dieses Telefon ist hochmodern und all Ihre Freunde würden auch gerne im Besitz eines solch tollen Gerätes sein.

Wie sieht es mit der Umweltverträglichkeit aus, fragen Sie sich jetzt bestimmt. Das A2 sieht nicht nur toll aus, sondern es wird mit umweltschonenden recycelten Materialien, zum Beispiel mit einem Gehäuse aus wiederverwertbarem Aluminium, produziert. Selbst die Verpackung besteht aus reinem Altpapier und schont damit zu 100% die Umwelt. Auch für die Sicherheit der Kunden ist gesorgt. Eine integrierte Taschenlampe sorgt besonders im Dunkeln für genügend Licht und zusätzlich können Kinder und Jugendliche per Knopfdruck zu Hause anrufen bzw. mit dem integrierten GPS geortet werden.

Und nun kommen wir zum Preis für dieses tolle Telefon. Sie werden begeistert sein, denn wir konnten uns in der Firmenzentrale auf einen unschlagbaren Preis festlegen, obwohl die gesamten technischen Weiterentwicklungen, die dieses Telefon im Vergleich zu seinem Vorgängermodell erfahren hat, zu diesem Preis wohl einmalig auf dem Markt ist. Kurzum, meine Damen und Herren, freuen Sie sich auf das neue A2, das Sie Ihren Kunden ab der nächsten Woche in Ihrer Filiale anbieten können."

Aufgaben:

Fassen Sie die Anspruchsmerkmale des Kunden für das neue Telefon A2 in einer Tabelle zusammen!

5 Vorlage der Ware (Angebotsphase)

Stufen des Verkaufsgesprächs								
Kontakt-aufnahme	Kauf-motive	Bedarfs-ermittlung	**Vorlage der Waren**	Verkaufs-argumen-tation	Preisargu-mentation	Behand-lung von Kunden-einwänden	Kauf-abschluss herbei-führen	Verab-schiedung, Service-leistungen anbieten

Handlungssituation:

In dem Outdoor-Fachmarkt **Nature & More** geht eine Verkäuferin auf den Kunden zu und spricht ihn an.

Verkäuferin: *„Guten Tag! Wie kann ich Ihnen behilflich sein?"*

Kunde: *„Hallo, meine siebenjährige Tochter braucht eine neue Skihose. Die im Schaufenster ausgestellte würde ihr bestimmt gefallen."*

Verkäuferin: *„Das glaube ich auch. Die Skihose sieht nicht nur gut aus, sie erfüllt auch alle für den Wintersport wichtigen Anforderungen. Bitte sehen Sie selbst.* (nimmt die Skihose vom Ständer und legt sie auf den Verkaufstisch) *Damit ist Ihre Tochter bestens ausgerüstet. Das Material ist sehr strapazierfähig. Diese Hose macht alles mit. Fühlen Sie selbst."*

Kunde: (nimmt die Ware in die Hand) *„Ja, die Hose macht wirklich einen sehr stabilen Eindruck."*

Aufgabe:

Analysieren und beurteilen Sie die Vorgehensweise der Verkäuferin!

Ausbildungsgespräch

Azubi:

„Den Kunden möglichst schnell mit der Ware in Kontakt bringen ist gut, oder?"

Ausbilder:

„Ein erfolgreicher Verkäufer wird an dieser Stelle nicht zu viel sagen, sondern die Ware für sich sprechen lassen. Denn der Mensch nimmt seine Umwelt über seine Sinne wahr und erhält z. B. durch das Fühlen des Stoffes einen besseren Eindruck als durch das bloße Anschauen."

(1) Kundenerwartungen ermitteln

Die Kundenerwartungen beziehen sich auf

- das **Einzelhandelsgeschäft**
  (z. B. kundenorientiertes Sortiment, qualifizierte Beratung, gute Serviceleistungen, Einkaufserlebnis);
- das **Verkaufspersonal**
  (z. B. Fachkenntnisse, Freundlichkeit, ansprechendes Erscheinungsbild, verkaufsfördernde Sprache, individuelle Beratung);
- die **Ware**
  (z. B. Gebrauchswert, Geltungswert, Umweltverträglichkeit, Preis).[1]

Die **Ansprüche der Kunden an die Ware** sind verschiedenartig. Sie beziehen sich vor allem auf den Gebrauchswert, den Geltungswert, den Preis, die Umweltverträglichkeit und die Sicherheit.

Anspruchsmerkmale	Erläuterungen	Beispiele
Gebrauchswert (Nutzungswert)	Die Ware hat den Zweck, den der Kunde erwartet, zu erfüllen und dem Kunden damit einen praktischen Nutzen zu bringen.	*„Dieser Anorak ist wärmend, wasserdicht und atmungsaktiv."*
Geltungswert	Die Ware gibt dem Käufer einen persönlichen Zusatznutzen. Sie gibt ihm persönliche Freude, erregt Aufmerksamkeit und verschafft dem Käufer Prestige.[2]	*„Dieser Marken-Anorak ist hochmodisch mit einem tollen Farbmotiv auf der Rücken- und Vorderseite. Man wird Sie beneiden."*
Preis	Leistung und Nutzen der Ware sollte den geforderten Preis rechtfertigen.	*„Der Preis für dieses Markenprodukt ist günstig, wir haben den Preis festgelegt auf ..."*
Umweltverträglichkeit	Die Ware sollte umweltschonend hergestellt sein. Die Ware muss hinsichtlich ihrer nachhaltigen[3] Auswirkung auf die Umwelt betrachtet werden.	*„Sie sehen, dieser Anorak trägt das Siegel* Naturtextil IVN BEST *und steht damit für Nachhaltigkeit in Sachen Umwelt."*
Sicherheit	Die Ware sollte zum einen bezogen auf Material und Funktion alle Sicherheitsauflagen erfüllen und zum anderen, wenn möglich, eine Zusatzsicherheit anbieten.	*„Der Anorak ist aus schwer brennbaren Material und durch die Leuchtstreifen auf dem Rücken und den Ärmeln sind Sie bei Dunkelheit gut erkennbar."*

1 Im Folgenden beschränken wir uns auf die Darstellung der Kundenerwartungen bezüglich der Ware.

2 **Prestige:** Ansehen, Geltung.

3 **Nachhaltigkeit** beschreibt eine dauerhafte umweltgerechte Entwicklung, die die Vorsorge für zukünftige Generationen einschließt.

(2) Zeitpunkt der Warenvorlage bestimmen

Die Warenvorlage ist häufig mit der Phase der Bedarfsermittlung verknüpft. Wenn der Kunde direkt einen bestimmten Artikel im Auge hat, dann ist es sinnvoll, den gewünschten Artikel ohne viele Worte vorzulegen.

Ist der Kaufwunsch noch nicht eindeutig bestimmt, sollte der Verkäufer sofort Testartikel vorlegen, um über ergänzende Fragen den genauen Kaufwunsch des Kunden herauszufinden.

(3) Art der Warenvorlage auswählen

Möchte der Verkäufer die Ware vorlegen, so hat er zu entscheiden, in welcher Form diese erfolgen soll. Grundsätzlich stehen ihm vier Möglichkeiten zur Auswahl:

Ausprobieren	Bei allen dafür geeigneten Waren soll der Verkäufer den Kunden zum Ausprobieren veranlassen und dabei zweckmäßige Angaben machen (einfache Bedienung, Gefahrlosigkeit, Handlichkeit, vielseitige Verwendungsmöglichkeit usw.). Der Besitzwunsch wird durch das Ausprobieren gesteigert und die Chance, einen Verkaufserfolg zu erzielen, erhöht.
Anprobieren	Bei Bekleidung soll der Kunde immer zum Anprobieren angehalten werden, soweit es nicht hygienische Gründe verbieten. Auch hierbei sind geeignete Hinweise nicht nur über die Qualität (z.B. bügelfrei, atmungsaktiv), sondern auch über das Aussehen sehr wichtig.
In die Hände geben	Soweit sich die Ware nicht zum Anprobieren bzw. Ausprobieren eignet, sollte sie der Verkäufer dem Kunden zum Betasten, Anfühlen u.dgl. in die Hände geben. Der Kunde gewinnt dadurch am besten den Eindruck, dass ihm an der Ware nichts verborgen wird.
Kostproben	Alle Esswaren eignen sich für gelegentliche Kostproben. Die Wirkung soll durch geeignete Hinweise (über Geschmack, Bekömmlichkeit usw.) verstärkt werden.

Beispiele:

Produkte	 **Sehen (Zeigen)**	 **Hören (Worte, Geräusche)**	 **Berühren**	 **Riechen**	 **Schmecken**
Pralinen 	Anblick der Verpackung oder der diversen Formen	–	–	Duft der Schokolade	Probieren einer Praline

Produkte	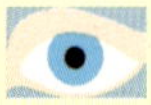 **Sehen (Zeigen)**	 **Hören (Worte, Geräusche)**	 **Berühren**	 **Riechen**	 **Schmecken**
Fahrrad 	Anschauen des Fahrrades Vorführen des Fahrrades durch den Verkäufer	Geräusche bei der Betätigung der Gangschaltung/ Produktinformationen durch das gesprochene Wort im Verkaufsgespräch	Sitzprobe und Testfahrt	Eigengeruch eines neuen Fahrrades (Gummi, Kunststoff)	–
Parfüm 	Betrachtung des Flakons[1]	–	Fühlen der glatten, wohlgeformten Oberfläche des Flakons	Duftprobe am eigenen Körper	–

(4) Preislage für die Warenvorlage entscheiden

Es ist falsch, den Kunden sofort nach der Preislage zu fragen, an die er denkt. Der Verkäufer macht im Allgemeinen auch einen Fehler, wenn er beim Vorzeigen der Ware jedes Mal gleich den Preis der Ware nennt. Er soll vielmehr durch geschicktes Zeigen und Beschreiben zuerst den Besitzwunsch wecken. Vorzeitig genannt kann der Preis den Weg zum Kaufentschluss versperren. (Zum „Zeitpunkt der Preisnennung“ siehe S. 185 f.)

Mit welcher Preislage soll der Verkäufer bei der Vorstellung der einzelnen Warenausführungen nun aber beginnen?

Mittlere Preislage

Einige Verkäufer beginnen grundsätzlich bei der Warenvorlage mit einem Angebot aus der mittleren Preisklasse. Dann ist ein Spielraum vorhanden, der – je nach der Reaktion des Kunden – sowohl einen stufenweisen Rückzug nach unten als auch eine stufenweise Steigerung nach oben zulässt. Dabei ist es anfangs für den Verkäufer noch nicht wichtig, zu wissen, an welchen Preis der Kunde denkt. Der Verkäufer soll sich beim Ausweichen nach unten bzw. oben vielmehr möglichst danach richten, wie sich der Kunde zu den Qualitätswerten und dem Aussehen der Ware verhält.

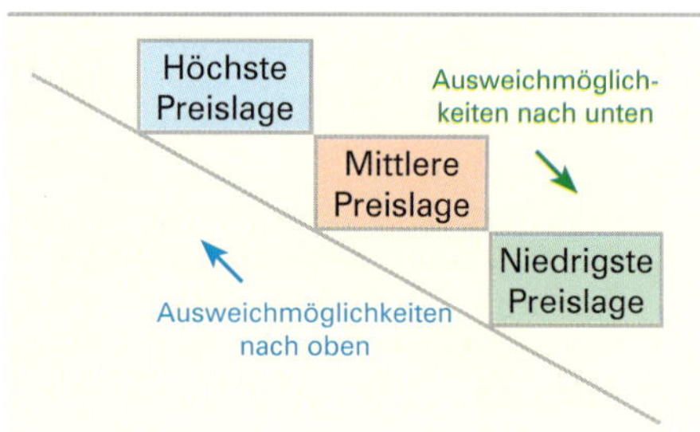

1 **Flakon:** Glasfläschen mit Stöpsel z. B. zum Aufbewahren von Parfüm.

Niedrigste Preislage

Mit dieser Preislage zu beginnen ist unklug.

Begründungen:

- Es fehlt die Ausweichmöglichkeit nach unten, wenn der Kunde noch billigere Ware verlangt.
- Es besteht die Gefahr, dass sich der kaufkräftige Kunde falsch eingeschätzt fühlt und empört ablehnt.
- Mancher Kunde zieht negative Rückschlüsse auf die Leistungsfähigkeit des Geschäfts („Ramschladen").
- Das Anbieten der billigsten Warenausführung liegt nicht im Interesse des Geschäfts.

Höchste Preislage

Mit dieser Preislage zu beginnen ist unklug.

Begründungen:

- Es fehlt die Ausweichmöglichkeit nach oben, wenn der Kunde noch teurere Ware verlangt.
- Billigere Ausführungen gefallen eventuell dem Kunden nicht mehr. Kann sich der Kunde die Ware zu dem hohen Preis nicht leisten, wird er eventuell auf jeglichen Kauf verzichten.
- Der Kunde wird verschreckt. Er vermutet ausschließlich teure Ware im Geschäft („Apotheke").

Der Einstieg bei der Warenvorlage mit der **mittleren Preislage** ist ein **gutes Richtmaß.** Der Verkäufer hat dann noch die Möglichkeit, je nachdem wie der Kunde reagiert, in eine höhere oder eine niedrigere Preislage auszuweichen. Allerdings ist diese Vorgehensweise kein Gesetz, welches immer befolgt werden sollte.

(5) Menge der vorgelegten Waren festlegen

Ausbildungsgespräch

Azubi:

„Sie haben gerade dem Kunden gar nicht unser gesamtes Sonnenbrillensortiment gezeigt! Ich hätte dem Kunden mehr zur Auswahl gegeben."

Ausbilder: *„Sicher hätte ich die Auswahl noch vergrößern können, aber da hätte der Kunde den Überblick verloren."*

Ein Verkäufer, der versucht, sein gesamtes Sortiment zu zeigen, verwirrt den Kunden. Außerdem geht das einzelne Produkt in der Masse unter. Zeigt er aber nur einen Artikel, bekommt der Kunde den Eindruck, dass er keine Auswahl und damit keine Vergleichsmöglichkeit hat.

Nach einer Faustregel ist es sinnvoll, drei Artikel vorzulegen. Im Einzelfall können es auch schon einmal fünf werden. Dadurch wird dem Kunden eine echte Auswahl angeboten. Verlangt der Kunde die Vorlage weiterer Artikel, so legt der Verkäufer weitere Artikel, die dem Kundenanspruch näher liegen, vor. Artikel, die dem Kunden nicht gefallen, werden beiseite geräumt, um auf diese Weise das Angebot schrittweise wieder einzugrenzen.

Beispiel:

Der Kunde möchte eine Sonnenbrille kaufen.

Falsch Verschiedene Sonnenbrillenmodelle liegen (durcheinander) auf der Theke!	**Falsch** Nur eine Sonnenbrille liegt auf der Theke!	**Richtig** 3 bis 5 Sonnenbrillen liegen geordnet auf der Theke!

(6) Warenvorlage unterstützen

Um den Kunden mit der Ware vertraut zu machen, sollte der Verkäufer versuchen, **alle Sinne** bei der Warenvorlage anzusprechen, sowie den **Kunden an der Warenvorlage zu beteiligen.** Dabei sollte der Verkäufer auf Folgendes achten:

- Die vorzuführende Ware muss **fehlerfrei** und **sauber** sein.
- Die Ware muss **sorgfältig** und **sachgemäß** vorgeführt werden, um sie **aufzuwerten.**
- Die Ware ist so vorzulegen, dass sie von ihrer besten Seite gezeigt wird. Dabei kann eine **entsprechende Beleuchtung** helfen, die Wirkung der Ware zu verstärken.
- Die Ware muss auf einer **passenden Unterlage** präsentiert werden (z.B. Schmuck auf einer schwarzen Samtunterlage).
- Die Ware ist so vorzuführen, dass die **Gebrauchs- und Verwendungsmöglichkeiten** deutlich hervorgehoben werden.
- Der **Käufer** sollte, sofern dies möglich ist, in die **Warenvorlage einbezogen** werden, z.B. anziehen, anfassen, bedienen, ausprobieren.

Zusammenfassung

- Die **Warenvorlage** schließt sich an die Phase der Bedarfsermittlung an.
- Die Warenvorlage muss den **Kundenerwartungen** entsprechen.
- Für die Warenvorlage ist Folgendes von Bedeutung:
  - Zeitpunkt der Vorlage
  - Art der Vorlage
  - Preislage der Vorlage
  - Menge der Vorlagen
  - Sinne ansprechen
  - Kundenaktivität

Übungsaufgabe

29

1. Beschreiben Sie, wie Sie sich in der folgenden Situation verhalten!
   Eine Kundin fragt an der Wursttheke: *„Schmeckt der Schinken wirklich so gut wie er aussieht?"*

2. Bei einer Warenvorlage schweifen die Augen des Kunden ab, als Sie ihm die Ware erläutern.

   Aufgabe:

   Beschreiben Sie, was Sie tun!

3. Eine jüngere Frau betritt ein Schuhgeschäft. Eine Verkäuferin tritt auf sie zu.

   Verkäuferin: *„Darf ich Ihnen behilflich sein?"*

   Kundin: *„Ich hätte gerne ein Paar Schuhe gekauft."*

   Verkäuferin: *„Welche Größe haben Sie? Ich zeige Ihnen gerne einige Modelle."*

   Die Verkäuferin rennt weg, um einige Schuhkartons zu holen. Die Schuhe werden von der Kundin mehrfach anprobiert und der Stapel der Schuhkartons wird immer größer.

   Aufgaben:

   3.1 Beurteilen Sie die Kontaktaufnahme!

   3.2 Begründen Sie, ob sich die Verkäuferin bei der Warenvorlage richtig verhalten hat!

4. Auf die Theke aufgestützt, wartete ein Verkäufer in einem Fachmarkt für Unterhaltungselektronik und schaute sehr auffällig und fast herausfordernd wirkend zum Kunden hinüber. Der Kunde ging darauf zu diesem Verkäufer, der ihn weiter in der beschriebenen Weise anblickte und auch nichts sagte, als der Kunde schließlich unmittelbar vor ihm stand. Der Kunde nannte deshalb von sich aus einen Wunsch. Ohne die Haltung zu verändern, und weiterhin mit lässig aufgestütztem Kopf, fragte der Verkäufer: *„Was wollen Sie ausgeben?"* Eingeschüchtert machte der Kunde seine Angaben. Ohne weiteren Kommentar richtete sich der Verkäufer jetzt auf, machte auf dem Absatz kehrt und verschwand hinter den Regalen. Nach kurzer Zeit kehrte er zurück, stellte einen verpackten MP3-Player auf den Tisch und meinte, diesen könnte er wirklich empfehlen, außerdem sei der MP3-Player im Angebot (45,99 EUR statt 79,99 EUR).

   Aufgaben:

   4.1 Stellen Sie fest, ob sich der Verkäufer in der oben beschriebenen Situation kundengerecht verhalten hat im Hinblick auf

   4.1.1 Kontaktaufnahme,

   4.1.2 Bedarfsermittlung,

   4.1.3 Warenvorlage!

   Begründen Sie Ihre Antworten!

   4.2 Im Vorwahlsystem haben Sie als Verkäufer verschiedene Möglichkeiten der Kontaktaufnahme.

   4.2.1. Zeigen Sie an einer selbst gewählten Ware, die im Vorwahlsystem verkauft wird, wie Sie mit einer Kundin, die sich mit der Ware beschäftigt, Kontakt über die Ware aufnehmen (warenbezogene Kontaktaufnahme)!

   Nennen Sie zuerst die Ware und formulieren Sie dann die Kontaktaufnahme in wörtlicher Rede!

   4.2.2. Formulieren Sie außerdem eine kundenbezogene Kontaktaufnahme mit einem Stammkunden!

   4.3 Die Kundin bittet um eine Warenvorlage. Sie haben unterschiedliche Ausführungen der gewünschten Ware.

   Mit welcher Preisklasse beginnen Sie Ihre Warenvorlage? Begründen Sie Ihr Vorgehen!

4.4 Verkäufer: *„Kann ich Ihnen helfen?"*

Kunde: *„Nein, danke. Ich möchte mich erst einmal umschauen."*

Beschreiben Sie, wie Sie als Verkäufer reagieren würden! (Wörtliche Rede!)

4.5 Für den Erfolg eines Beratungsgesprächs ist die Warenvorlage durch den Verkäufer von entscheidender Bedeutung.

4.5.1 Beschreiben Sie an einem Artikel Ihrer Wahl eine Möglichkeit, den Kunden verstärkt in die Verkaufshandlung mit einzubeziehen!

4.5.2 Formulieren Sie zu der in Aufgabe 4.5.1 beschriebenen Möglichkeit der Kundenaktivierung eine Kontrollfrage in wörtlicher Rede!

Begründen Sie, warum eine solche Kontrollfrage sinnvoll ist!

5. In einem Fotogeschäft wird folgendes Verkaufsgespräch geführt:

Kundin: *„Ich hätte gerne eine Kamera."*

Verkäufer: *„Denken Sie an eine bestimmte Marke?"*

Kundin: *„Nein, eigentlich nicht."*

Verkäufer: (holt drei Kameras aus einem Regal und beginnt damit, sie vorzustellen)

Kundin: *„Sie soll nicht zu kompliziert sein, aber gute Bilder machen."*

Verkäufer: *„Wir haben hier eine Kamera mit digitalem Spiegelreflex."*

Kundin: *„Wie funktioniert die Kamera?"*

Verkäufer: *„Die genaue Beschreibung finden Sie in der Bedienungsanleitung."*

Aufgaben:

5.1 Nennen Sie die zwei Kaufmotive, die die Kundin hat!

5.2 Erklären Sie, mit welcher Fragestellung der Verkäufer das Verkaufsgespräch beginnt! Beschreiben Sie, welchen Nachteil diese Fragetechnik hat!

5.3 Beschreiben Sie, welchen Vorteil die vom Verkäufer angewandte Methode der Bedarfsermittlung (Vorlage von drei Kameras) hat!

5.4 Beschreiben Sie, welche Auswirkungen möglich sind, wenn sich der Verkäufer nur mit dem Hinweis auf die Bedienungsanleitung begnügen würde! (Geben Sie drei Auswirkungen an!)

5.5 Nennen Sie zwei Grundsätze der Warenvorlage und erläutern Sie diese!

6. In einem Sportgeschäft sucht ein Kunde einen Laufschuh.

„Ich bin begeisterter Jogger und suche den optimalen Laufschuh. Er sollte auf Waldwegen und Straßen gleich gute Eigenschaften besitzen, er sollte die Gelenke schonen, bequem sein und aus umweltverträglichem Material bestehen. Aus Sicherheitsgründen sollte er Leuchtstreifen am Fersenteil haben. Das Preis-Leistungs-Verhältnis sollte gewährt sein. Bitte zeigen Sie mir den neuesten Laufschuh, den einige Kollegen des Lauftreffs schon besitzen."

Aufgabe:

Erläutern Sie, welche allgemeinen Ansprüche der Kunde an die Ware stellt!

6 Verkaufsargumentation zur Kundenberatung

„Um Erfolg zu haben, musst Du den Standpunkt des anderen einnehmen und die Dinge mit seinen Augen betrachten."

Henry Ford (1863–1947), Industrieller

6.1 Bereiche, aus denen sich die Verkaufsargumente ableiten

Stufen des Verkaufsgesprächs								
Kontakt-aufnahme	Kauf-motive	Bedarfs-ermittlung	Vorlage der Waren	**Verkaufs-argumen-tation**	Preisargu-mentation	Behand-lung von Kunden-einwänden	Kauf-abschluss herbei-führen	Verab-schiedung, Service-leistungen anbieten

- Die **Argumentationsphase** hat das Ziel, dem Kunden **Argumente für seinen Kauf** zu geben.
- Unter **Argumentation**[1] versteht man die Kunst der Beweisführung und der Begründung.

Die nachfolgende Tabelle zeigt auf, aus welchen Bereichen sich die Verkaufsargumente ableiten.

Bereiche der Verkaufsargumentation	Verkaufsargumente	Beispiel Handy
Ware	Eigenschaften der Ware	Umfangreicher Organizer (Kalender, Notizen, 1 000 Kontakte); großes TFT-Farb-Display; Digitalkamera mit 4-fachem Digital-Zoom; Vielzahl von vorinstallierten Spielen; bequemes Telefonieren.
	Warennutzen	Voll ausgestattetes Adressbuch; schneller Datenausgleich möglich; MMC-Speicherkarte; Aktualisierung von E-Mails; Internetanschluss.
	Warenvorteile	Stilvolles Business-Handy; jederzeit E-Mails abarbeiten; Termine koordinieren; Unterhaltung mit Spielen; wasser-, staub- und stoßfest.
	Service	Reparaturen innerhalb 24 Stunden; zwei Jahre Garantie.
	Umweltverträglichkeit	Elemente sind recycelbar.
	Gesundheitsverträglichkeit	Das Gerät ist technisch so abgesichert, dass der Handybenutzer keine Strahlenschäden erleidet.

1 **Argument:** Rechtfertigungsgrund; Punkt einer Beweisführung.

12 Speth u.a. - ISBN 978-3-8120-0631-6

Bereiche der Verkaufsargumentation	Verkaufsargumente	Beispiel Handy
Preis	Preis begründen	Preis-Leistungs-Verhältnis stimmt; Preisvorteile gegenüber vergleichbaren Konkurrenzprodukten.
Kunde	Ansprüche, Kaufmotive	Umweltverträglichkeit; Gesundheit (strahlungsarm); Prestigeobjekt (Neuheit mit vielen Funktionen); Bequemlichkeit (einfaches Handling).

6.2 Anforderungen an Verkaufsargumente

Handlungssituation:

In dem Outdoor-Fachmarkt **Nature & More** geht ein Verkäufer auf die Kundin zu und spricht sie an.

Verkäufer: *„Guten Tag! Wie kann ich Ihnen behilflich sein?"*

Kundin: *„Guten Tag! Ich suche einen Rucksack, den ich bei meinen Skitouren mitnehmen kann."*

Verkäufer: *„Kommen Sie bitte mit."* (Beide gehen zu dem Regal mit Rucksäcken.)
„Dieses Modell können Sie sowohl beim Ski fahren als auch beim Bergsteigen nutzen. Durch diese Lasche haben Sie sogar eine Befestigungsmöglichkeit für die Skier." (Verkäufer reicht der Kundin den Rucksack.) *„Probieren Sie ihn einmal auf."*

Kundin: *„Ohne Gepäck fühlt er sich ganz gut an! Vielleicht können wir den Rucksack mal mit 20 kg befüllen?"*

Verkäufer: *„Gerne!"* (Verkäufer nimmt einige Gegenstände aus dem Sortiment und verstaut sie im Rucksack.) *„So, wenn Sie nun das Notfallset benötigen oder ihre Mütze suchen, dann brauchen Sie nicht den gesamten Rucksack durchzuwühlen, sondern kommen durch die seitlichen Zugänge zu allen Schichten."*

Kundin: *„Das ist ja mal ein Fortschritt."* (Sie probiert den Rucksack auf und geht damit durch das Geschäft.)

Aufgabe:

Analysieren und beurteilen Sie die Argumentationsweise des Verkäufers!

Ausbildungsgespräch

Ausbilder:

„Nicht jeder Verkäufer argumentiert, denn zu argumentieren heißt, etwas zu beweisen. Im Verkaufsgespräch begründet der Verkäufer dem Kunden seinen persönlichen Vorteil, wenn er das Produkt erwirbt. Eine Verkaufsargumentation ist Überzeugungsarbeit und keine Überredungskunst."

Azubi: *„Wann ist denn eine Verkäuferaussage ein Argument?"*

Ausbilder: *„Das müssen wir kleinschrittig klären, das ist ein komplexer Sachverhalt. Verkaufsargumente unterliegen bestimmten Anforderungen und können je nach Kunden unterschiedlich sein, auch wenn Sie sämtlichen Kunden das gleiche Produkt verkaufen."*

Folgende **Anforderungen** werden an Verkaufsargumente gestellt:

(1) Fachkundig, aber verständlich argumentieren

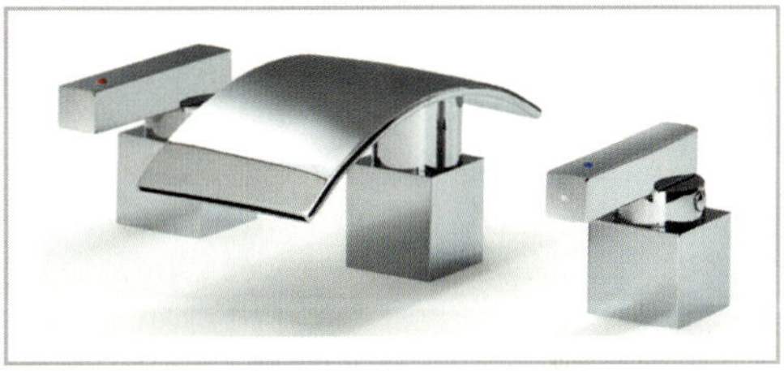

Aufgabe des Verkäufers ist es, im Verkaufsgespräch dem Kunden zu beweisen, dass die Eigenschaften des Artikels den vorgetragenen Ansprüchen gerecht werden. Damit die Beweisführung (Verkaufsargumentation) gelingt, ist es notwendig, dass der Verkäufer Sprachformulierungen wählt, die der Kunde auch versteht. Fachbegriffe sollte der Verkäufer nur verwenden, wenn er erkennt, dass er es bei dem Kunden mit einem Experten zu tun hat.

Beispiel:

V: *„Diese Armarturserie ist aus Chrom, sie hat eine Keramikkatusche und besitzt eine einstellbare Wasser-Mengen-Begrenzung."*

(2) Positive Formulierungen wählen

Beim Informationsaustausch mit dem Kunden muss der Verkäufer **Negativformulierungen vermeiden.** Negative Formulierungen schrecken den Kunden ab. Ein Verkäufer, zu dessen Verkaufswortschatz Begriffe wie teuer, problematisch, schwierig, schädlich oder schwitzen gehören, findet nicht so viel Anklang wie ein Verkäufer, der **Positivformulierungen** benutzt.

Beispiele:

- *„Ich kann Sie gut verstehen ..."*
- *„Das ist ein wichtiger Aspekt, den Sie da ansprechen."*
- *„Gerne!"*
- *„Richtig!"*
- *„Stimmt!"*

(3) Anschaulich, glaubwürdig und informativ argumentieren

Verkaufsphrasen wie z. B. *„Das ist ein wirklich ausgefallenes Stück"*, *„Diese Marke trage ich auch"* oder *„Der Artikel wird gerne gekauft"* stellen für den Kunden keine Information dar. Kunden vermissen in solchen Fällen die Beratungskompetenz des Verkäufers. Die Kunden wünschen sich konkrete Informationen. Beispiele für Informationsinhalte enthält die Tabelle auf S. 180.

Informationsinhalte	Beispiele	
Verwendete Materialien		Socke aus 80 % Baumwolle, 20 % Polyamid mit plüschiger Laufsohle.
Machart		Clog mit verstellbarem Rist- und Fersenriemen; Wasser abweisendes Leder; hochwertiges Naturkork; Luftpolsterbett; rutschhemmende Profilsohle.
Verwendungsmöglichkeiten		 Das variable Aufbewahrungssystem besteht aus engmaschigem Drahtgeflecht. Die vier Würfel lassen sich nach Belieben über- oder nebeneinander anordnen. Lieferung erfolgt zerlegt mit Aufbauanleitung.
Serviceleistungen		Wir bieten Ihnen schnelle und individuelle Beratung! Sie haben mehrere Möglichkeiten. Unser Online-Support im Internet: **www.nokia.de** Immer und überall erreichbar. Sie erhalten 24 Stunden Unterstützung rund um unsere Produkte. Sie finden dort ein interaktives Fehler-Suchsystem, eine Zusammenstellung der häufigst gestellten Fragen und Antworten sowie Bedienungsanleitungen und aktuelle Software-Updates zum Download.

6.3 Nutzenmotive des Kunden in die Argumentation einbeziehen

Handlungssituation:

In dem Outdoor-Fachmarkt **Nature & More** geht eine Verkäuferin auf die Kundin zu und spricht sie an.

Verkäuferin: *„Guten Tag! Die Jacke, die Sie gerade probieren, ist der Testsieger 20 .. und diesen Titel hat sie sich auch bei den vielen Extras verdient."*

Kundin: *„Guten Tag! Ich brauche eine vielseitige Jacke für meine Bergwanderungen."*

Verkäuferin: *„Dann haben Sie sich schon die richtige Jacke ausgesucht. Die Jacke besteht aus Goretex-2-Lagen, XCR-Material. Dieses Material ist atmungsaktiv und absolut wind- und wasserdicht. Damit haben Sie für Ihre Bergtouren eine ausgezeichnete Jacke mit Schutz bei jedem Wetter."*

Aufgabe:

Analysieren und beurteilen Sie die Vorgehensweise der Verkäuferin!

Ausbildungsgespräch

Azubi: *„Hier hat die Verkäuferin argumentiert, oder?"*

Ausbilder: *„Genau. Das Argument hat die Verkäuferin in drei Schritten aufgebaut."*

(1) Nutzenbezogene Argumentation

1. Schritt →	2. Schritt →	3. Schritt
Warenmerkmale	**Warenvorteile**	**Kundennutzen**
Zunächst werden die Warenmerkmale genannt.	Dann wird die Wareneigenschaft, die die Ware für den Anspruch geeignet macht, erläutert.	Die Beweisführung wird abgeschlossen, indem der Kundenanspruch aufgegriffen wird.
„Diese Jacke besteht aus Goretex-2	*„Dieses Material ist atmungsaktiv und absolut wind- und wasserdicht."*	*„Damit haben Sie für Ihre Bergtouren eine ausgezeichnete Jacke mit Schutz bei jedem Wetter."*

Eine Argumentation mit der **Warenmerkmal-Vorteil-Nutzen-Technik (nutzenbezogene Argumentation)** ermöglicht es, den Kundennutzen mit der angebotenen Ware zu verbinden. Um diese Verknüpfung zu erreichen, muss der Verkäufer bei der Nutzenanalyse die Kundenansprüche exakt analysieren. Wenn der Verkäufer die Ansprüche seines Kunden nicht richtig einschätzt, baut er eine völlig falsche Argumentation auf.

Beispiel:

Sachverhalt	Nutzenanalyse	Nutzenargumentation	Kaufentscheidung
Kundin möchte ein Kleid für eine Party, mit dem sie sich von anderen Frauen abhebt und das sie besonders attraktiv macht.	**Nutzenmotiv (Kaufmotiv) erkannt:** Geltungsbedürfnis/ Schönheit	**Nutzenbezogene Argumentation:** Mit diesem raffinierten Kleid sind Sie auf der Party wahrscheinlich ein Hingucker. Alle Frauen werden Sie beneiden.	**wahrscheinlich**
	Nutzenmotiv (Kaufmotiv) nicht erkannt: Pflegeleicht	**Keine nutzenbezogene Argumentation:** Dieses Kleid können Sie in der Waschmaschine waschen, dadurch sparen Sie die Reinigungskosten.	**unwahrscheinlich** (Kundin fühlt sich nicht verstanden)

(2) Vorteilsbezogene Argumentation

Vorteilsformulierungen führen dazu, dass der Kunde den **persönlichen Nutzen (Vorteil)** erkennt. Dies ist bedeutsam, denn in vielen Fällen kauft der Kunde nicht die Ware (z. B. die Waschmaschine, das Fertiggericht), sondern den Nutzen (z. B. die Arbeitsentlastung, die schnelle und einfache Zubereitung).

Der Teil der Wareneigenschaften, der zur Lösung eines bestimmten Bedarfs (Problems) nötig ist, bezeichnet man als **Gebrauchsnutzen.** Daneben gibt es noch Wareneigenschaften, die für die eigentliche Lösung des Bedarfs (Problems) nicht erforderlich sind, die aber dem Kunden Ansehen, Geltung, (stolze) Gefühle verschaffen. Diese Eigenschaften einer Ware bezeichnet man als **Zusatznutzen** bzw. **Geltungsnutzen.**[1]

Beispiel: Kunde möchte eine neue Uhr

Chronometer M VI
Automatik, Chronometer, versilbertes Zifferblatt, Zeiger und Ziffern geschwärzt, Datumsanzeige
Ref. Nr.: M1-29-15/MB

Werk	ETA 2824-2 (Schweiz) Version Mühle (Chronometer)
Gehäuse	Edelstahl, Lünette gebürstet Ø 40,0 mm H 9,7 mm
Glas	kratzfestes Saphirglas
Boden	Mineralglas, geschraubt
Krone	verschraubbar
Bandstege	verschraubt
Band	Edelstahl
Schließe	Faltschließe, Edelstahl
wasserdicht	bis 50 Meter Tiefe
Zifferblatt	versilbert, guillochiert, applizierte Indizes, Zeiger, Ziffern und Indizes geschwärzt
Zertifikat	Qualitätspass, Garantieurkunde und Chronometerzertifikat
Verpackung	edles Holzetui

Gebrauchsnutzen ↓

Mit seiner hohen Ganggenauigkeit ist der Chronometer M VI ein zuverlässiger Begleiter für Menschen mit vollem Terminkalender.

Das elegante Design macht ihn zum passenden Accessoire für viele Gelegenheiten. Die Auflage ist limitiert auf 999 Stück.

↑ **Zusatznutzen**

1 Der Geltungsnutzen geht über den Zusatznutzen hinaus. Er soll vor allem die Person (das Geltungsbedürfnis) des Kunden herausstellen (Beispiel: wertvolle Uhr als Statussymbol).

(3) Personenbezogene Argumentationskette

Durch die **„Sie"-Formulierung** wird der Kunde persönlich angesprochen. Dadurch verstärkt sich der Kaufwunsch, da auf die Belange des Kunden eingegangen wird. Der Kunde fühlt sich verstanden und gut beraten.

Von Bedeutung für den Verlauf der Argumentation ist, dass der Verkäufer seine Argumente **ständig steigern** kann. Das bedeutet, dass das **stärkste Argument** an den **Schluss der Argumentationskette** gehört. Begonnen werden sollte jedoch nicht mit dem schwächsten Argument, sondern mit einem wichtigen Argument, um das Interesse des Kunden zu wecken.

Beispiele für Vorteilsformulierungen sind:

- *„Sie sparen dadurch ..."*
- *„Das hilft Ihnen ..."*
- *„Damit können Sie ..."*
- *„Dadurch verbessern Sie ..."*
- *„Das garantiert Ihnen ..."*
- *„Das erhöht Ihre ..."*
- *„Damit vereinfachen Sie ..."*
- *„Das ersetzt Ihnen ..."*
- *„Dadurch erzielen Sie ..."*

Zusammenfassung

- Unter **Argumentation** versteht man die Kunst der Beweisführung und der Begründung.
- Eine überzeugende Argumentation setzt voraus, dass der Verkäufer das **Vertrauen des Kunden** gewonnen hat und über die fachlichen Kenntnisse verfügt.
- Verkaufsargumente kommen aus den **unterschiedlichsten Bereichen** z.B.
  - Ware,
  - Preis,
  - Service,
  - Gesundheit- und Umwelt,
  - Kundenanspruch,
  - Technischer Fortschritt.
- Die **nutzenbezogene Verkaufsargumentation** verknüpft den **Warennutzen** mit dem **Kundennutzen.** Sie ist umso erfolgreicher, je besser der Verkäufer den vom Kunden angestrebten Nutzen (die Kaufmotive) kennt.
- Die Verkaufsargumentation besteht aus drei Schritten **(Waren-Vorteil-Nutzen-Technik)**:
  - Nennung der Warenmerkmale,
  - Erläuterung der Warenvorteile, die die Ware für den Anspruch geeignet machen,
  - Darstellen des Kundennutzens,
  - Aufgreifen der Kundenanspruchsmöglichkeit im „Sie-Stil".

Übungsaufgabe

30 1. Nachfolgende Verkäuferformulierungen sind etwas „unglücklich".

Aufgaben:

Formulieren Sie die nachfolgenden Verkäuferformulierungen um!

1.1 *„Diese Gesichtspflege macht nicht so schnell alt."*

1.2 *„Der Käse aus dem Angebot riecht sehr stark."*

1.3 *„In diesen Socken befindet sich eine Faser mit antibakterieller Wirkung, dann stinken Ihre Füße nicht so schnell."*

1.4 *„Die Cordhose ist sehr bequem und ‚bollert' nach mehrmaligem Tragen. Das ist bei Cord aber normal."*

1.5 *„Diese Kekse sind garantiert fettfrei. Sie werden dadurch nicht so schnell dick."*

1.6 *„Das sieht bei Ihnen nicht gut aus."*

1.7 *„Dieses Gerät ist nicht das schlechteste auf dem Markt."*

1.8 *„Auch wenn dieser Laptop im Vergleich sehr teuer ist, so ist er doch besser als die anderen."*

1.9 *„Der mittelalte Gouda schmeckt super, aber der junge Gouda wird lieber genommen."*

2. 2.1 Beurteilen Sie die nachfolgenden Verkäuferargumentationen!

   Verkäufer 1: *„Nehmen Sie diese Hose, die ist viel besser als die andere."*

   Verkäufer 2: *„Die Uhr habe ich mir auch gekauft, die muss man einfach haben."*

   2.2 Machen Sie es besser! Formulieren Sie die Verkäuferaussagen 1 und 2 neu! Gehen Sie davon aus, dass Sie

   2.2.1 einen sparsamen Kunden und

   2.2.2 einen prestigeorientierten Kunden bedienen!

   2.3 Ein Verkaufserfolg hängt nicht nur von der Ware und der Sprache ab. Zeigen Sie an zwei Beispielen auf, wie Sie während des gesamten Verkaufsgespräches eine vertrauensvolle Verkaufsatmosphäre aufbauen können!

3. Nennen Sie zu Waren Ihrer Branche je zwei Verkaufsargumente, die sich

   3.1 auf die Eigenschaft beziehen (z. B. farbecht, hitzebeständig, formstabil, schmutzabweisend),

   3.2 auf die Umwelt oder Gesundheit beziehen (z. B. schadstoffarm, naturbelassen, vitaminreich)!

4. Formulieren Sie mithilfe der Wareninformationen (1 bis 3) eine Verkaufsargumentation! Verwenden Sie hierzu die 3 Schritte: Warenmerkmal, Warenvorteil und Kundennutzen!

Wareninformation 1:

Akku-/Netzrasierer: Syncro-System Smart Logic

4fach beweglicher Scherkopf, SMART LOGIC INSIDE für optimale Akkuleistung über die Lebenszeit des Rasierers, LED-Ladekontroll- und Restkapazitätsleuchte, Ladezeit 1 Std., Schnellladezeit: 5 Minuten, Langhaarschneider, automatische Spannungsanpassung, Schnellreinigung, Dauereinschaltsperre, Komfort-Reiseetui.

Wareninformation 2:

Siemens Espressoautomat mit NESPRESSO-System

Einzigartiges Automatik-Kapseleinzugssystem, unterschiedliche Geschmacksrichtungen, integrierte Cappuccino-/Café-Latte-Düse zum Milchaufschäumen, Heißwasserdüse, Wassertank abnehmbar, 1,2 Liter, Entkalkungsprogramm, Pumpendruck 19 bar.

Wareninformation 3:

Waterproof Picknickdecke

Taschenformat und Schlaufe zur Rucksackbefestigung, gefaltet 25 x 8 x 6 cm, 100 % Polyester, Rückseite aus 2 oz Nylon, Wasserdichte bis 3,5 m Wassersäule, Maschinenwäsche bis 40 Grad Celsius.

5. Teilweise formulieren Einzelhandelsbetriebe für einzelne Waren bzw. Warengruppen Warennutzenkarten. Sie enthalten den Namen der Ware; die mögliche Kundengruppe; das Kaufmotiv, das beim Kunden angesprochen wird; die Wareneigenschaften; den Warennutzen sowie Vorteilsformulierungen.

Aufgabe:

Übertragen Sie das Formular in Ihr Heft und legen Sie eine Warennutzenkarte für eine Ware aus Ihrer Branche an!

Ware		
Kundengruppe, -typ		
Kaufmotive		
Eigenschaften der Ware	Nutzen	Vorteilsformulierungen

7 Nennen des Preises (Preisargumentation)

Stufen des Verkaufsgesprächs								
Kontakt-aufnahme	Kauf-motive	Bedarfs-ermittlung	Vorlage der Waren	Verkaufs-argumen-tation	**Preisargu-mentation**	Behand-lung von Kunden-einwänden	Kauf-abschluss herbei-führen	Verab-schiedung, Service-leistungen anbieten

7.1 Beziehungen zwischen Preis und Kundennutzen

Für den Kunden bedeutet jeder Kauf ein mehr oder weniger großes „Opfer". Er muss sich von einem Teil seines Geldes trennen und verzichtet damit auf den Kauf anderer Güter. Der Kunde wird sich deshalb nur dann zum Kauf entschließen, wenn ihm die Ware zum Kaufzeitpunkt einen Nutzen bringt, der höher ist als der Nutzen, den er beim Kauf einer anderen Ware gewinnen könnte.

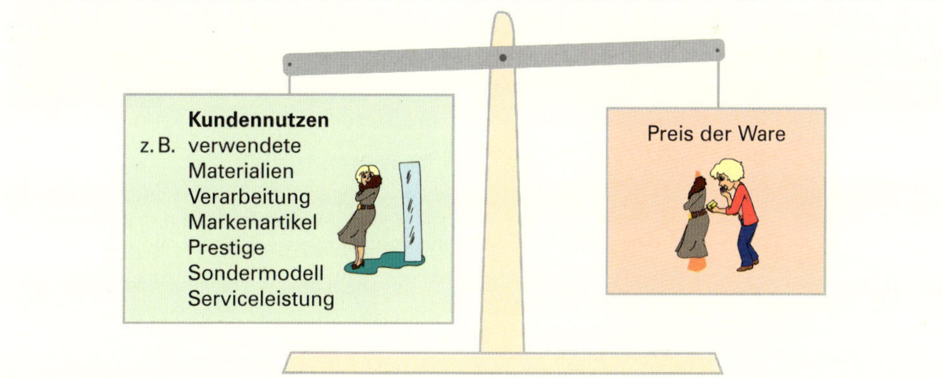

- Zwischen dem Kundennutzen und dem Preis, der für eine Ware bezahlt wird, besteht ein enger Zusammenhang.
- Eine Ware ist so viel wert, wie der Kunde ihr beimisst.
- Ob ein Preis als hoch, angemessen oder niedrig empfunden wird, hängt von der persönlichen Nutzenerwartung des Kunden ab.

7.2 Zeitpunkt der Preisnennung

Handlungssituation:

In dem Outdoor-Fachmarkt **Nature & More** kommt eine Kundin auf den Verkäufer zu und spricht ihn direkt an.

Kundin: *„Was kostet dieser Schuh?"*

Verkäufer: *„Wenn Sie bedenken, dass dieser Freizeitschuh mit einer Goretex-Membrane ausgestattet ist und Ihre Füße bei jedem Wetter trocken bleiben, ist der Preis von 79,90 EUR vergleichsweise niedrig. Der Schuh hat eine sehr stabile Sohle, damit kommen Sie auch bei Eis und Schnee nicht ins Rutschen."*

Aufgabe:

Analysieren und beurteilen Sie die Verkäuferaussage!

Ausbildungsgespräch

Ausbilder: *„Ist Ihnen an der Vorgehensweise des Verkäufers etwas aufgefallen?"*

Azubi: *„Er hat den Preis zwischen zwei Argumente gepackt."*

Ausbilder: *„Dadurch steht der Preis nicht ohne Nutzen bzw. Wert da. Dieses geschickte Vorgehen bei der Preisnennung wird Sandwich-Methode genannt. Der Preis wird von beiden Seiten von Verkaufsargumenten gestützt."*

Azubi: *„Sollte ein Verkäufer bei der Preisfrage immer die Sandwich-Methode benutzen?"*

Ausbilder: *„Auf gar keinen Fall!"*

(1) Frühe Preisnennung

Erkundigt sich der Kunde gleich zu Beginn des Verkaufsgespräches nach Sonderangeboten oder Schnäppchenware, sollte der Verkäufer mit der Warenvorlage sofort auch den Preis nennen. In diesem Fall wird der niedrige Preis zum Warenvorteil und stellt ein wichtiges Verkaufsargument dar.

Das Preisangebot muss der Verkäufer jedoch noch dadurch ergänzen, dass er dem Kunden das Gefühl vermittelt, dass dieser auch mit der preisgünstigen Ware den gewohnten Qualitätsstandard erhält.

Beispiel:

Kunde: *„Ich benötige dringend einen neuen Anzug. Auf aktuelle Mode lege ich dabei keinen Wert. Haben Sie in meiner Größe ein ‚Schnäppchen' anzubieten?"*

Verkäufer: *„Wir haben einige qualitativ hochwertige Einzelstücke in Ihrer Größe stark reduziert."*

(2) Verzögerungsmethode

Fragt der Kunde nach dem Preis, bevor der Kundennutzen deutlich gemacht werden konnte, sollte der Verkäufer die Antwort auf die Frage nach dem Preis hinauszuschieben versuchen, bis er den Nutzen der Ware kurz beschrieben hat **(Verzögerungsmethode).** Die Verzögerung darf nicht lange dauern, weil der Kunde ansonsten annimmt, dass mit dem Preis etwas nicht stimmt.

(3) Sandwich-Methode

Aufgrund der Tatsache, dass zwischen dem Preis und dem Kundennutzen eine enge Beziehung besteht, ist es vorteilhaft, den **Preis erst zu nennen,** wenn der **Kundennutzen aufgebaut ist.** Der Preis muss zwischen zwei Kundenvorteilen verpackt sein, um ihn zu relativieren **(Sandwich-Methode).**

Bei der **Sandwich-Methode** ist der Preis von Argumenten für den Kundennutzen umgeben.

7.3 Arten der Preisnennung

Das Preisgefühl des Kunden hängt eng mit der Art zusammen, wie er den Preis vom Verkäufer erfährt. Um einen „Preisschock" beim Kunden zu verhindern bzw. abzumildern, haben sich in Verkäuferkreisen die nachfolgenden vier Techniken der **Preisargumentation** durchgesetzt.

Techniken der Preisargumentation	Erläuterungen	Beispiele
Methode der sprachlichen und optischen Verkleinerung (Verkleinerungsmethode)	Bei dieser Methode nutzt der Verkäufer Worte wie: nur, bloß, Sonderpreis, Discountpreis, Abholpeis, Jubelpreis, Treuepreis, Schottenpreis, Nimm-mit-Preis usw. Außerdem wird der Preis einer Ware auf eine kleine Menge oder Anzahl bezogen, bzw. der Gesamtpreis wird von der gesamten Nutzungsdauer auf einen kürzeren Zeitabschnitt umgerechnet.	*„Krankenversichert für nur 3,40 EUR pro Tag."* *„Bei unserem Waschmittel XP 05 kostet Sie die einzelne Waschladung bloß 12 Cent."* *„Der Staubsauger kostet 120,00 EUR. Sie können ihn länger als fünf Jahre benutzen. Wenn aber lediglich fünf Jahre zugrunde gelegt werden, sind das nur 24,00 EUR pro Jahr und nur 6,5 Cent pro Tag."*

Techniken der Preisargumentation	Erläuterungen	Beispiele
Vergleichs-methode	Der Preis der Ware wird mit einer erheblich teureren Alternativware verglichen. Dadurch erscheint der Preis weniger hoch.	*„Bitte vergleichen Sie die beiden Fernsehgeräte. Das Fernsehgerät für 680,00 EUR hat die gleichen Funktionen wie das Gerät für 890,00 EUR. Der teurere Fernsehapparat wirkt nur durch die Edelholzblende wertvoller. Wenn Sie auf die Optik verzichten, sparen Sie 210,00 EUR."*
Zerlegungs-methode	Die angebotene Gesamtleistung wird in mehrere Teilleistungen zerlegt. Die Gesamtsumme wird nicht genannt, nur die niedrigeren Teilleistungen. Diese Methode wird gerne beim Autoverkauf angewandt.	*„Die Grundausstattung des Vans kostet 21 400,00 EUR, für Lederpolster kommen noch 890,00 EUR hinzu. Für das preiswerte Navigationssystem bezahlen Sie nur 1 490,00 EUR."*
Verharmlosungs-methode	Der Verkäufer verharmlost den Mehrpreis der preislich höheren Ware, indem er nur den Aufpreis nennt.	*„Bitte fühlen Sie doch selbst, welcher Handtuchhalter stabiler und wertbeständiger ist. Diesen da bekommen Sie im Baumarkt um die Ecke und der hier aus unserem Qualitätsprogramm kostet lediglich 4,50 EUR mehr."*

Zusammenfassung

- Zwischen dem **Kundennutzen** und dem **Preis** einer Ware besteht ein **enger Zusammenhang.**
- Die Ware ist immer nur **so viel Wert,** wie der **Kunde ihr beimisst.**
- Ob ein Preis als hoch, angemessen oder niedrig empfunden wird, hängt von der **persönlichen Nutzenerwartung** des Kunden ab.
- Der Preis kann zwischen zwei Kundenvorteilen „verpackt" werden, um ihn zu relativieren **(Sandwich-Methode).**
- Der Preis sollte erst genannt werden, wenn der Warenwert (Kundennutzen) dargestellt worden ist. Bis zu diesem Zeitpunkt sollte die Preisnennung hinausgezögert werden **(Verzögerungsmethode).**
- In der Praxis haben sich vier **Arten der Preisnennung** durchgesetzt:

Methode der sprachlichen und optischen Verkleinerung	Vergleichs-methode	Zerlegungs-methode	Verharmlosungs-methode

Übungsaufgabe

31 1. Erklären Sie anhand eines selbst gewählten Beispiels, wie die Preisnennung mit der Sandwich-Methode funktioniert!

2. Sammeln Sie Argumente, die für und gegen die Sandwich-Methode sprechen!

3. Kunde: *„Was soll denn das Handy kosten?"*

   Verkäufer: *„149,00 EUR."*

   Kunde: *„Das erscheint mir aber viel!"*

   Verkäufer: *„Das verstehe ich, es handelt sich jedoch um ein Markenprodukt aus dem Hause ComeTalk!"*

   Kunde: *„Gut, ich überlege es mir noch mal!"*

   Aufgabe:

   Formulieren Sie in wörtlicher Rede eine verkaufsaktivere Preisnennung! Verwenden Sie hierzu die nachfolgende Wareninformation!

   Überzeugender Handschmeichler in trendigem Design

   - 5 Zoll großes Display, Auflösung 720 x 1 280 Pixel (HD)
   - Testergebnis: optimale Kontrastwerte, enorme Helligkeit
   - Xperia M4 Aqua LTE Cat4 für schnelle Online-Ausflüge
   - Acht-Kern-CPU
   - Update-Option für die kommende OS-Version Android ...
   - 13-Megapixel-Rück- und 5-Megapixel-Frontkamera
   - optionale microSD-Karte
   - interner Speicher (8 GByte)
   - Akku-Online-Laufzeit: 6:27 Stunden (Dauersurf-Szenario)
   - mit wasserdichtem Gehäuse

4. Erklären Sie an einem Beispiel, in welchen Fällen die „nackte Preisnennung" die richtige Vorgehensweise sein kann!

5. Erproben Sie die Preisnennung in Rollenspielen! Wählen Sie hierzu unterschiedliche Produkte:
   - hochwertiges Markenprodukt (langlebig),
   - Produktneuheit,
   - Auslaufmodell,
   - günstiges Me-too-Produkt!

6. Ferris Straub, ein guter Kunde, benötigt eine Spaltaxt.

   Als Ferris Straub nach dem Preis fragt, wollen Sie einen Preisschock vermeiden.

   Aufgaben:

   6.1 Erläutern Sie zwei Methoden der Preisnennung, die Sie in diesem Falle anwenden könnten!

   6.2 Formulieren Sie für beide von Ihnen genannten Methoden eine mögliche Verkäuferantwort in wörtlicher Rede!

   6.3 Ferris Straub fragt nach einem Preisnachlass. Wie verhalten Sie sich? Formulieren Sie Ihre Aussage in wörtlicher Rede!

7. Bei der Vorlage einer Ware sagt der Kunde: *„Das ist aber teuer!"* Geben Sie in wörtlicher Rede eine Antwort am Beispiel eines Artikels aus Ihrer Branche!

7.4 Zusatz-, Ergänzungs- und Alternativangebote

7.4.1 Zusatz- und Ergänzungsangebote

Handlungssituation:

In dem Outdoor-Fachmarkt **Nature & More** kommt eine Kundin auf den Verkäufer zu und spricht ihn direkt an.

Kundin: *„Der Halbschuh passt mir prima! Ich merke ihn gar nicht."*

Verkäufer: *„Ja, der Schuh wiegt in Ihrer Größe nur 970 g. Er ist ein komfortables Leichtgewicht, trotzdem ist der Schuh durch seine EDGE Hike-Sohle mit einer guten Dämpfung ausgestattet, sodass Sie ihn auch auf längeren Strecken ausgezeichnet tragen können."*

Kundin: *„Ich bin begeistert! Da drückt gar nichts! Das ist gar kein Vergleich zu meinen alten Schuhen."*

Verkäufer: *„Dieses gute Ergebnis können Sie noch verbessern, indem Sie speziell abgestimmte Wandersocken dazu tragen. Möchten Sie den Unterschied einmal ausprobieren? Wir haben Probesocken da."*

Kundin: *„Sportsocken habe ich eigentlich genug!"*

Verkäufer: *„Diese Wandersocke ist extra für leichte Hikingschuhe entwickelt worden. Durch die Polsterungen an den Belastungszonen kommen Sie ohne Druckstellen von jeder noch so langen Wanderung zurück."*

Kundin: *„Wenn das so viel ausmacht, dann nehme ich direkt zwei Paar mit! Danke, dass Sie mich darauf aufmerksam gemacht haben."*

Aufgabe:

Analysieren und beurteilen Sie die Verkaufsstrategie!

Ausbildungsgespräch

Azubi: *„Bei ihren Wanderungen wird die Kundin bestimmt noch häufiger an unseren Verkäufer denken."*

Ausbilder: *„Und sich über den Verkäuferhinweis freuen."*

(1) Begriff und Arten Zusatzartikel (Ergänzungsartikel)

- **Zusatzartikel**[1] sind Waren, die den **Hauptartikel** sinnvoll **ergänzen,** seinen **Wert steigern** oder ihn erst **einsatzfähig** machen.
- Zusatzartikel, die den Hauptartikel erst **einsatzfähig machen,** bezeichnet man auch als **Ergänzungsartikel.**[2]

1 **Zusatzartikel** können auch in keiner Verbindung zur gekauften Ware stehen. Sie dienen dann einzig dazu, den Umsatz zu steigern (z. B. Anbieten von Süßigkeiten, Zigaretten, Spielwaren usw. im Kassenbereich eines Lebensmittelgeschäftes).

2 Im Folgenden werden die Begriffe **Zusatzartikel** und **Ergänzungsartikel** synonym (sinnverwandt) verwendet.

Einige Verkäufer halten das Anbieten von Zusatzartikeln für aufdringlich. Wenn es sich jedoch um nützliche, notwendige oder wertsteigernde Zusatzartikel handelt, sollte ein Verkäufer nicht zögern, seinen Kunden darauf aufmerksam zu machen. Der Verkäufer zeigt damit, dass er sich für das Kundenproblem interessiert und dass er bemüht ist, Artikel auszuwählen, die den Kunden zufriedenstellen.

Zusatzartikel nutzen nicht nur dem Kunden. Sie erhöhen auch den Umsatz des Einzelhändlers. Es gilt hier: Was man nicht anbietet, kann man auch nicht verkaufen.

Nach der **Art, wie der Hauptartikel ergänzt wird,** unterscheidet man folgende Zusatzartikel:

Notwendige Zusatzartikel (Ergänzungsartikel)

Ein notwendiger Zusatzartikel macht den **Hauptartikel erst einsatzbereit oder verwendbar.** Wenn hier der Verkäufer versäumt den Kunden darauf hinzuweisen, den Zusatzartikel zu kaufen, kann dieser sogar enttäuscht sein, da er nun unter Umständen einen zusätzlichen Weg hat. Notwendige Zusatzartikel sollten also immer angeboten werden.

Beispiele:

- Batterie zum Funkwecker,
- Glühbirnen für die Deckenleuchte,
- Blasebalg für das Schlauchboot,
- Software zum PC,
- Füller und Patrone.

Nützliche Zusatzartikel

Diese Zusatzartikel ergänzen den Hauptartikel, erhalten bzw. erweitern seine Einsatz- und Verwendungsmöglichkeiten, steigern den Wert des Hauptartikels oder verbessern das Aussehen. Nützliche Zusatzartikel verschaffen dem Käufer einen **Zusatznutzen.**

Beispiele:

- Passendes Hemd und farblich abgestimmte Krawatte sowie ein Gürtel für den Anzug.
- Schutzhülle für die Gitarre.
- Passende Perlenclips zur Perlenkette.
- Zusatzgeräte für eine Feinschnittsäge (siehe nebenstehende Abbildungen).

Maschinenleuchte mit Leuchtstoffröhre

Dreibeiniger Maschinenständer

Feinschnittsäge

Not-Aus-Schlagtaster

Sägeblatt-Klemme

Fußschalter

Vierkantschlüssel für Sägeblatt-Klemme

(2) Anbieten von Zusatzartikeln

Das Anbieten von Zusatzartikeln setzt zum einen gute Verkaufs- und Sortimentskenntnisse des Verkäufers voraus. Zum anderen wird der Verkauf von Zusatzartikeln durch ein bedarfsorientiertes Warensortiment und eine Verbundplatzierung[1] der Ware im Verkaufsraum unterstützt.

Im Verkaufsgespräch muss der Verkäufer den entsprechenden Kundennutzen des Zusatzartikels überzeugend herausstellen. Dies gelingt ihm insbesondere dann, wenn er

- den Zusatznutzen anschaulich präsentiert,
- den Hauptartikel und Zusatzartikel im Beratungsgespräch gemeinsam präsentiert,
- den Kunden an der Präsentation des Zusatzartikels teilnehmen lässt, damit dieser sich von dessen Vorteilen selbst überzeugen kann.

Beispiele für Vorteilsformulierungen sind:

- Der Autoverkäufer schaltet die Sitzheizung im Pkw ein, damit der Kunde überprüfen kann, wie angenehm sich ein angewärmter Lederbezug anfühlt.
- Die Jeans werden mit der dazugehörenden Bluse und einem passenden Gürtel angeboten.
- *„Bitte setzen Sie doch diesen frechen Hut auf und sehen Sie in den Spiegel. Die Farbe des Mantels wird dadurch deutlich betont."*

(3) Zeitpunkt für ein Zusatzangebot

Ein Zusatzangebot kann **zusammen mit dem Kauf des Hauptartikels** oder **nach der Kaufentscheidung eines Kunden** gemacht werden.

- Wird das Zusatzangebot **während des Hauptkaufs** gemacht, hat der Verkäufer die Möglichkeit, die Bedeutung des Zusatzartikels für den Hauptartikel in seine Argumentation einfließen zu lassen. Er kann die Vorteile des Zusatzartikels mit den Eigenschaften des Hauptartikels verbinden. Dadurch wird der Eindruck vermieden, dass der Zusatzartikel dem Kunden aufgeschwatzt wird.

  Beispiele:

  - *„Ihre Tagliatelle sollten Sie unbedingt durch einen frisch geriebenen Parmesankäse verfeinern. Außerdem könnte ich Ihnen aus unserer großen Auswahl an italienischen Weinen den passenden Rotwein anbieten."*
  - *„Es wäre sinnvoll, wenn Sie für dieses teure Mountainbike bei uns gleich eine Diebstahlversicherung abschließen würden, um sich vor Schaden zu schützen."*

- Ist der **Hauptkauf getätigt,** fällt es schwer, einen Zusatzartikel noch sinnvoll anzubieten. Oftmals bleibt es hier bei plumpen Redewendungen *(„Brauchen Sie noch ... ?", „Wäre das noch etwas für Sie ... ?")* oder negativen Suggestivfragen *(„Ein Ladegerät haben Sie sicher schon?", „Ich darf Ihnen zu Ihrer Bluse sicher noch den passenden Schal zeigen?").* An der Kasse ist es in der Regel für einen Zusatzverkauf zu spät.

1 Vgl. hierzu die Ausführungen auf S. 333.

7.4.2 Alternativangebote

Handlungssituation:

In dem Outdoor-Fachmarkt **Nature & More** kommt eine Kundin auf den Verkäufer zu und spricht ihn direkt an.

Kundin: *„Hallo. Ich suche eine ‚Schöffeljacke'. Ich habe in einer Fachzeitschrift gelesen, dass es von Schöffel ultraleichte Funktionsjacken gibt."* (Artikel des Herstellers Schöffel werden bei Nature & More nicht geführt.)

Verkäufer: *„Wir haben uns für den Hersteller ‚Berghaus' entschieden.* (Verkäufer legt eine ebenfalls ultraleichte Funktionsjacke des Herstellers Berghaus vor.) *Die Berghaus PACLITE SMOCK garantiert Ihnen neben einem besonders guten Wetterschutz auch einen optimalen Tragekomfort. Sie findet im kleinsten Rucksack Platz und wiegt weniger als 4 Tafeln Schokolade."*

Kundin: *„Genau darauf kommt es mir bei meiner nächsten Sommertour an."*

Aufgabe:

Analysieren und beurteilen Sie die Verkäuferaussage!

Ausbildungsgespräch

Azubi: *„Die Kundin wollte doch eine ‚Schöffeljacke'. Und jetzt gibt sie sich mit einer anderen zufrieden?"*

Ausbilder: *„Einige Markenartikel sind bereits zu ‚Warennamen' geworden. Sie haben einen hohen Bekanntheitsgrad und werden vom Kunden als Synonym*[1] *für bestimmte Artikel benutzt. Zu diesen Artikeln gibt es jedoch eine Vielzahl von gleichwertigen Alternativen."*

Azubi: *„Ach so. Wie bei den Papiertaschentüchern? Da spreche ich auch immer nur vom Tempo."*

(1) Alternativangebote sollen den Kunden überzeugen

Die Vielfalt der Waren zu ähnlichen oder gleichen Bedarfsgebieten ist groß. Jeder Einzelhändler muss sich bei der Zusammenstellung seines individuellen Angebotes auf eine Auswahl beschränken, die den Bedürfnissen seiner Kunden entspricht.

1 **Synomym:** gleich, ähnlich, sinnverwandt.

13 Speth u.a. - ISBN 978-3-8120-0631-6

Dabei ist es kaum zu vermeiden, dass ein Kunde nach einer Ware fragt,

- die **nicht zum Sortiment** gehört,
- die **zurzeit nicht vorrätig** ist,
- zu der es bereits ein **Nachfolgemodell** gibt.

Der Kunde, der nach einer Ware fragt, hat sich für ein bestimmtes Einzelhandelsgeschäft entschieden. Dafür kann es unterschiedliche Gründe geben. Das Einzelhandelsgeschäft kann empfohlen worden sein oder gehört bereits zu den bevorzugten Einkaufsstätten des Kunden. Deshalb sollte auch zu fehlenden Waren eine Alternative geboten werden.

Damit ein Verkäufer Alternativen kundengerecht anbieten kann, muss er sein Sortiment und „seine" Waren sehr gut kennen. Darüber hinaus sollten auch Waren, die nicht zum eigenen Sortiment gehören bekannt sein. Nur dann können die eigenen Waren herausgestellt und erfolgreich empfohlen werden.

Ein Alternativangebot sollte nur dann angeboten werden, wenn die Alternativware den **gleichen** oder einen **höheren Standard** aufweist wie die nachgefragte Ware.

Ware nicht vorhanden

↓

Alternativangebot nur bei gleichem oder höherem Standard bzw. bei Zusatznutzen

(2) Vorgehensweise beim Alternativangebot

Folgende Aussagen **leiten geschickt** auf die **eigene Ware** über:	■ *„Wir haben uns für den Hersteller ‚Berghaus' entschieden, …"* ■ *„Wir führen die Artikel der Marke ‚Berghaus', …"* ■ *„Probieren Sie doch einmal das Modell der Marke ‚Berghaus', …"* ■ *„Der Artikel der Marke ‚Berghaus' hat für Sie den Vorteil, …"* ■ *„Der Hersteller ‚Berghaus' hat ein ganz neues Produkt entwickelt, …"* ■ *„Für Sie eignet sich das Modell der Marke ‚Berghaus', …"* Nachdem die eigene Ware positioniert wurde, wird sie mit entsprechenden Argumenten von der gewünschten Ware positiv abgegrenzt.
Ungeeignet sind **Aussagen** wie:	■ *„Jacken der Marke ‚Schöffel' führen wir leider nicht."* ■ *„Ich kann Ihnen nur die Jacke der Marke ‚Berghaus' anbieten."* ■ *„Die Funktionsjacke der Marke ‚Berghaus' ist auch ganz gut."* Sie setzen das eigene Sortiment herab. Dies wirkt negativ auf das gesamte Einzelhandelsunternehmen. Um das eigene Sortiment und die entsprechenden Waren positiv herauszustellen, sollten sie direkt mit ihren Vorteilen positioniert werden.

- Fehlt eine nachgefragte Ware, sollte der Verkäufer nach einer **passenden Alternative** suchen.
- Der Verkäufer sollte **positive Formulierungen** wählen, die dem Kunden deutlich machen, dass diese Alternative eine gleichwertige oder bessere Ware ist.

Steht **kein gleichwertiges Alternativangebot** zur Verfügung, sollte dies dem Kunden mit einem Bedauern mitgeteilt werden. Der Verkäufer sollte Verständnis dafür zeigen, dass der Kunde keinen Kauf tätigt und ihn freundlich verabschieden.

Ware nicht vorhanden
↓
Kein gleichartiges Alternativangebot vorhanden, daher kein Angebot an den Kunden. Verständnis zeigen, dass kein Kauf zustande kommt.

Zusammenfassung

- **Zusatzartikel (Ergänzungsartikel)** sind Waren, die den Hauptartikel sinnvoll ergänzen, seinen Wert steigern oder ihn erst einsatzfähig machen.
- Man unterscheidet

notwendige Zusatzartikel	**nützliche Zusatzartikel**
z. B. Füller – Patrone Taschenlampe – Batterie	z. B. Schuhe – Schuhcreme Handy – Freisprechanlage PC – Scanner

- **Notwendige Zusatzartikel** müssen **immer empfohlen** werden, da der Kunde den Hauptartikel ansonsten nicht verwenden kann.
- Es gibt nicht **den** „richtigen" Zeitpunkt für das Anbieten eines Zusatzartikels. Oft ist es sinnvoll, den Zusatzartikel **während des Hauptkaufs** anzubieten.
- **Alternativangebote** sind Ausweichangebote, wenn ein nachgefragter Artikel in der verlangten Ausführung, Farbe, Form oder Ausstattung nicht vorrätig oder nicht im Angebot ist.
- Das Alternativangebot muss **geeignet sein,** das Einkaufsproblem des Kunden zu lösen.
- Das Anbieten von Zusatz- und Alternativangeboten hat **zwei positive Seiten**:
  - Der Verkäufer zeigt dem Kunden, dass er mitdenkt.
  - Das Einzelhandelsgeschäft erhöht seine Umsätze.

Übungsaufgaben

32

1. In einem Verkaufsgespräch ist es die Aufgabe des Verkäufers, den Kunden auf Ergänzungsartikel aufmerksam zu machen.

   Aufgabe:

   Erklären Sie den Begriff Ergänzungsangebot! Finden Sie hierzu drei passende Beispiele!
2. Diskutieren Sie, an welcher Stelle Zusatzangebote im Verkaufsgespräch sinnvoll sind!
3. Formulieren Sie in wörtlicher Rede, wie Sie einen Zusatzartikel anbieten bzw. empfehlen! (Ware nach eigener Wahl!)
4. 4.1 Notieren Sie zu zwei Artikeln Ihrer Wahl jeweils einen notwendigen und einen sinnvollen Zusatz-/Ergänzungsartikel!

4.2 Nennen Sie Vorteile, die der Kauf eines Zusatzartikels für den Kunden und für den Einzelhändler hat!

4.3 Erklären Sie, zu welchem Zeitpunkt es sinnvoll ist, Zusatz-/Ergänzungsartikel im Verkaufsgespräch anzubieten!

5. Erproben Sie Verkaufsabschnitte, in denen Sie Ihren Kunden adäquate Zusatzartikel anbieten!

6. Erklären Sie an einem Beispiel, warum ein Verkäufer seinem Kunden ein Alternativangebot unterbreitet, wenn das Einzelhandelsgeschäft den gewünschten Artikel nicht führt!

7. Erklären Sie an einem Beispiel, in welchem Fall der Verkäufer darauf verzichten sollte, dem Kunden ein Alternativangebot zu unterbreiten!

8. Der Kunde entschließt sich zum Kauf eines Sportschuhs. Der Verkäufer bietet Zusatzartikel an.

Aufgaben:

8.1 Nennen Sie zwei Beispiele, warum es auch für Kunden vorteilhaft ist, wenn der Verkäufer Zusatzartikel anbietet!

8.2 Zeigen Sie an einem Artikel aus Ihrem Sortiment, wie Sie ein Zusatzangebot anbieten! Formulieren Sie Ihr Angebot in wörtlicher Rede!

33 1. Eine junge Frau betritt ein Sportfachgeschäft mit Vorwahl.

V: *„Guten Tag, kann ich etwas für Sie tun?"*

K: *„Noch nicht, ich will mich zuerst mal umsehen!"*

Aufgaben:

1.1 Beurteilen Sie die Kontaktaufnahme der Verkäuferin!

1.2 Formulieren Sie in wörtlicher Rede eine geeignete Antwort der Verkäuferin!

2. Wenig später sagt die Kundin: *„Ich suche für mich einen schicken Jogginganzug in Größe 38."*

Die Verkäuferin geht mit der Kundin zum entsprechenden Regal, zieht drei Artikel heraus und führt den ersten vor.

V: *„Dieser weiße Jogginganzug der Weltmarke ‚M & S' ist aus hochwertiger Baumwolle, er wirkt sehr sportlich und Sie können ihn hervorragend kombinieren."*

Aufgaben:

2.1 Begründen Sie, welche Art der Bedarfsermittlung die Verkäuferin anwendet!

2.2 Beschreiben Sie zwei Vorteile dieser Art von Bedarfsermittlung!

3. Kundin bei der Anprobe vor dem Spiegel: *„Er gefällt mir schon. Aber beim Joggen verschmutzt ein weißer Anzug sehr leicht."*

Aufgabe:

Entkräften Sie in wörtlicher Rede diesen Kundeneinwand mit der Ja-Aber-Methode (Ja-Doch-Methode)!

4. Die Verkäuferin präsentiert der Kundin noch zwei andere Jogginganzüge in anderen Farben. Danach kommt für die Kundin der weiße oder ein blauer Jogginganzug infrage.

Aufgabe:

Unterbreiten Sie einen Vorschlag in wörtlicher Rede, wie hier die Verkäuferin am besten die Kaufentscheidung herbeiführen kann!

5. Die Kundin entscheidet sich für den weißen Jogginganzug.

Aufgaben:

5.1 Finden Sie zwei Zusatzartikel, die ihr spätestens jetzt angeboten werden sollten!

5.2 Nennen Sie Vorteile, die Zusatzangebote (je ein Vorteil)
- der Kundin,
- der Verkäuferin,
- dem Geschäft bringen!

6. **Rollenspiel:**

Formulieren Sie in wörtlicher Rede ein kurzes Verkaufsgespräch, in dem Sie einen Zusatzartikel anbieten!

Rolle des Verkäufers: Er möchte einen Zusatzartikel verkaufen, aber den Kunden nicht dazu drängen.

Rolle des Kunden 1: Der Kunde ist nicht abgeneigt, das Angebot anzunehmen.

Rolle des Kunden 2: Der Kunde ist nicht bereit, das Angebot anzunehmen.

8 Kundeneinwände

Stufen des Verkaufsgesprächs								
Kontaktaufnahme	Kaufmotive	Bedarfsermittlung	Vorlage der Waren	Verkaufsargumentation	Preisargumentation	**Behandlung von Kundeneinwänden**	Kaufabschluss herbeiführen	Verabschiedung, Serviceleistungen anbieten

8.1 Gründe und Arten von Kundeneinwänden

Handlungssituation:

Im Bekleidungsgeschäft Naumann e. Kfr. in Iserlohn ist Lisa Jensen, die Auszubildende zur Verkäuferin im 2. Ausbildungsjahr, heute im Ausbildungsbetrieb auf sich alleine gestellt. Frau von Naumann, die Inhaberin, ist an diesem Wochenende auf einem Seminar für elastische Textilien in Wuppertal und Britta Kleinert, Fachverkäuferin im Betrieb, musste sich für den heutigen Tag aus gesundheitlichen Gründen krankmelden. Nachdem Lisa das Geschäft pünktlich um 9.00 Uhr aufgeschlossen und die Kassen angemeldet hat, ordnet sie noch eine nächtliche Anlieferung von unterschiedlichen Herrenhemden in die entsprechenden Regale ein. Kurz nachdem sie mit dieser Arbeit fertig ist, kündigt das Türsignal an, dass ein Kunde das Bekleidungsgeschäft betritt. Eine ältere Dame, sehr elegant gekleidet, geht mit mürrischem Gesichtsausdruck auf Lisa zu, begrüßt sie und fragt:

Kundin: *„Ist Frau von Naumann gar nicht da?"*

Jensen: *„Guten Morgen, nein, leider nicht. Frau von Naumann ist auf einem Seminar und erst ab Montag wieder im Geschäft anzutreffen. Kann ich Ihnen vielleicht behilflich sein?"*

Kundin: *„Das ist ja typisch für diesen Laden, ist die Katze aus dem Haus, tanzen die Mäuse auf dem Tisch. Eigentlich hatte ich gehofft, dass mich die Chefin höchstpersönlich bedient."*

Jensen: *„Das geht heute leider nicht. Aber ich kann Ihnen auch behilflich sein. Suchen Sie etwas Bestimmtes oder möchten Sie sich erst einmal umschauen?"*

Kundin: *„Nein, vielen Dank fürs Angebot. Sie sind doch hier die Auszubildende, oder? Können Sie mich denn überhaupt qualifiziert beraten?"*

Jensen: *„Das werde ich gerne versuchen. Ich bin zwar nicht Frau von Naumann, aber ich werde Ihnen so gut es geht helfen."*

Kundin: *„Ich suche einen Wintermantel, draußen wird es ja immer kälter und mein alter Mantel hat seine besten Tage auch schon hinter sich gebracht."*

Jensen: *„Dann folgen Sie mir bitte, ich werden Ihnen unsere schönsten Mäntel einmal vorführen."*

Kundin: *„Hoffentlich sind auch genügend Mäntel vorhanden, denn eine große Auswahl hatte dieses Geschäft ja noch nie. Letzten Monat habe ich mich hier nach einer Bluse umgeschaut und da waren dann nur noch zwei in meiner Größe vorrätig. Das nenne ich nicht gerade eine große Warenvielfalt."*

Nachdem Lisa Jensen mehrere Mäntel vorgeführt hat, probiert die Kundin einen Mantel aus der offiziellen Winter-Kollektion vor einem Spiegel an.

Jensen: *„Dieser Mantel war auf der Messe in Lugano in Italien der große Renner. Er sieht nicht nur sehr modern aus, sondern ist auch noch sehr bequem und hält Sie bei niedrigen Temperaturen schön kuschelig warm."*

Kundin: *„Also bei diesem Hersteller bin ich mir nicht ganz sicher, ob die Qualität der Ware auch meinen Erwartungen entspricht. Meine Freundin hatte mal ein ähnliches Modell, da wehte ihr ständig der Wind unter den Mantel und sie hat dann immer sehr gefroren. Ich erinnere mich daran, dass sie den Mantel dann auch nur noch sehr selten getragen hat."*

Jensen: *„Also, die Qualität der Ware ist absolut einwandfrei. Dieser Mantel ist mit kuschelweichem Kapuzenfutter und mit sehr dicken und weichen Strickbündchen am Ärmel und am Kragen ausgestattet, sodass überhaupt keine Chance für den Wind besteht, in den Mantel einzudringen. Wir können gerne kurz nach draußen gehen, damit Sie sich voll und ganz überzeugen können. Heute haben wir ja nicht gerade sommerliche Außentemperaturen."*

Kundin: *„Aber der Preis ist mir eigentlich viel zu hoch. So einen Mantel können Sie mir doch sicherlich auch noch günstiger anbieten. Passt die Farbe überhaupt zu meinem Kostüm?"*

Jensen: *„Der Mantel steht Ihnen wirklich ausgezeichnet und bildet die notwendige Abschlussnote für jedes Ihrer Kostüme. Eine feminine Linienführung mit wertvollen und exquisiten Stoffen rechtfertigt diesen Preis in allen Belangen. Diesen Mantel gibt es auch nur in streng limitierter Auflage, sodass wir preislich ohnehin gebunden sind. Aber Sie haben natürlich recht, ganz günstig ist der Mantel nicht, doch im Vergleich zu anderen Mänteln, die in dieser Preisklasse angeboten werden, hebt er sich doch eindeutig durch die Qualität ab. Diesen Mantel können Sie auch noch in einigen Jahren ohne Bedenken tragen."*

Kundin: *„Kann ich denn diesen Mantel überhaupt waschen? Oder muss ich ihn aufwendig reinigen lassen?"*

Jensen: *„Nein, diesen Mantel können Sie natürlich nicht waschen. Ich würde Ihnen bei einem Kauf noch kostenlos ein Imprägnierspray mitgeben. Zudem erhalten Sie vom Hersteller drei Jahre Garantie auf das Material."*

Kundin: *„Ich weiß nicht, ich glaube, ich überlege mir das noch einmal."*

Jensen: *„Das dürfen Sie gerne machen. Überlegen Sie sich das in Ruhe und schauen Sie gerne wieder bei uns vorbei. Ich wünsche Ihnen noch einen schönen Tag."*

Aufgaben:

1. Welche unterschiedlichen Arten von Kundeneinwänden wurden in dem Verkaufsgespräch aufgeführt? Unterscheiden Sie diese voneinander!
2. Nennen Sie Kundeneinwände aus Ihrem Ausbildungsbetrieb! Beantworten Sie die Frage anhand eines von Ihnen gewählten typischen Beispiels!
3. Warum kann ein Kundeneinwand uns im Verkaufsgespräch helfen?
4. Beschreiben Sie, an welchen Stellen das Verkaufsgespräch zwischen Lisa Jensen und der Kundin besonders gut war! Begründen Sie Ihre Meinung!

Kundeneinwände treten irgendwann im Laufe des Verkaufsgespräches auf. Sie sind normaler Bestandteil im Ablauf des Verkaufsgespräches. Sie zeigen, dass der Kunde an der Ware interessiert ist, ihm aber z.B. der Nutzen des Kaufs noch nicht deutlich ist oder er ganz sichergehen will, dass seine Kaufentscheidung richtig ist. Kundeneinwände zeigen dem Verkäufer somit auf, an welcher Stelle er seine Argumentation anzusetzen hat. Einwände stellen für den Verkäufer eine Chance dar, den Kunden doch noch von der Richtigkeit seines Kaufwunsches zu überzeugen. Deshalb sind „Einwänder" besser als „Schweiger".

(1) Gründe für Kundeneinwände

Kundeneinwände geben wichtige Hinweise für den weiteren Gesprächsverlauf. Der Kunde zeigt dem Verkäufer, dass er noch offene Fragen hat.

Gründe für Einwände	Beispiele
Der Kunde möchte **weitere Informationen** z.B. über die Eigenschaften, Vor- und Nachteile sowie über Verwendungsmöglichkeiten des Artikels.	■ *„Ist die Jacke auch wirklich wind- und wasserundurchlässig?"* ■ *„Handelt es sich bei diesem Laptop um das neueste Modell?"*
Der Kunde ist sich **noch nicht schlüssig,** ob er den **Artikel überhaupt erwerben** möchte. Er ist weder vom Geschäft noch von den Argumenten des Verkäufers oder von den Eigenschaften des Artikels ganz überzeugt.	■ *„Ich bin mir nicht sicher, ob die Farbe des Teppichs in unser Wohnzimmer passt."* ■ *„Hält der Filter in diesem Staubsauger wirklich alle eingesaugten Pollen zurück?"*
Der Kunde möchte den Artikel **nicht kaufen** und sucht einen **Vorwand,** um das Geschäft verlassen zu können **(unechter Einwand).** Der Verkäufer sollte hierfür Verständnis zeigen, damit der Kunde bei diesem „Rückzug" aus dem Verkaufsgespräch keinen „Gesichtsverlust" erleidet. Auf diese Weise erleichtert er dem Kunden einen späteren Einkauf.	■ *„Ich will mich noch woanders umschauen."* ■ *„Das muss ich mir noch einmal in Ruhe überlegen."* ■ *„Ich komme morgen wieder, heute habe ich keine Zeit mehr."*

(2) Kundeneinwände gegenüber der Ware, dem Geschäft und dem Personal

Arten von Kundeneinwänden	Erläuterungen	Beispiele
Einwände gegen die Ware	z. B. ■ Warenmerkmale wie Material, Herstellung, Verarbeitung ■ Qualität und Frische der Ware ■ Aussehen der Ware	■ *„Die verwendeten Materialien sind nicht recycelbar.“* ■ *„Die Salate sehen nicht gerade frisch aus.“* ■ *„Ihre Kleiderauswahl entspricht nicht dem neuesten Modetrend.“*
Einwände gegen das Geschäft	z. B. ■ Umfang der Warenauswahl ■ Art der Serviceleistungen ■ Art des Sortiments	■ *„Ist das alles, was Sie an Blusen haben?“* ■ *„Früher hatten Sie eine großzügigere Umtauschregelung.“* ■ *„Sie haben zu wenig Auswahl für unsere Altersstufe.“*
Einwände gegen das Personal	z. B. ■ mangelnde Fachkompetenz ■ zu wenig Personal ■ mangelnde Freundlichkeit	■ *„Ich habe nicht den Eindruck, dass Sie mich fachkompetent beraten können.“* ■ *„Ich warte hier schon zehn Minuten auf einen Verkäufer, der mich beraten kann.“* ■ *„Sie könnten mir die Ware ruhig etwas freundlicher zeigen.“*

(3) Kundeneinwände gegenüber dem Preis

Ausbildungsgespräch

Azubi:

„Was sind denn die Taktiken der Preisfüchse?“

Ausbilder: *„Typische Kundenverhaltensweisen sind, dass sie das Preis-Leistungs-Vehältnis infrage stellen, dass sie eine zukünftige Verbilligung des Artikels erwarten oder dass sie Preisvergleiche mit angeblich günstigeren Anbietern anstellen.“*

■ Einwände des Kunden gegen das Preis-Leistungs-Verhältnis

Wenn während des Verkaufsgespräches irgendwann ein Preisnachlass thematisiert wird, sollte der Verkäufer zunächst höflich austesten, wie ernsthaft der Kunde diese Absicht meint. Dies kann er dadurch erreichen, dass er die Rabattwünsche des Kunden freundlich, aber bestimmt ablehnt. Ein einfaches Nein wird dem Kunden nicht genügen, deshalb stellt der Verkäufer heraus, dass die **Preiskalkulation** in seinem Geschäft **fair** ist.

Argumentationen bezüglich des **Warennutzens** und der **besonderen Serviceleistungen** verdeutlichen dem Kunden die **Angemessenheit des Preises.** Ferner sollte der Verkäufer darauf hinweisen, dass es besser ist, qualitativ höherwertige Ware zu kaufen, weil sie länger gebraucht werden kann und deshalb auf Dauer gesehen den größeren Nutzen bringt, also preiswerter als billigere Ware ist. Es wäre falsch, sofort eine billigere Ausführung anzubieten.

Gelegentlich reicht auch der Hinweis aus, dass **alle Kunden gleich behandelt werden,** um den Wunsch des Kunden nach einem Preisnachlass abzuwehren.

Beachte:

Wer feilschenden Kunden gegenüber schnell nachgibt, gewöhnt diese daran, dass sie grundsätzlich einen niedrigeren Preis zahlen dürfen als der, der auf dem Preisetikett steht.

Kunde erwartet zukünftig eine Verbilligung der Ware

Wenn der Kunde äußert, dass er mit dem Kauf der Ware noch etwas warten will, weil sie seiner Meinung nach in absehbarer Zeit billiger wird, gibt es je nach Sachlage verschiedene Antwortmöglichkeiten (z. B. dass es sich bereits um ein preisgünstiges Sonderangebot handelt). Muss tatsächlich angenommen werden, dass der Preis einer Ware fallen wird, darf der Verkäufer dem Kunden gegenüber zumindest nicht das Gegenteil behaupten. Der Verkäufer wird allerdings darauf hinweisen, dass der Kunde während der Wartezeit auf den Warennutzen verzichten muss. Ferner besteht die Gefahr, dass zu einem späteren Zeitpunkt die Ware bereits vergriffen ist.

Preisvergleiche mit angeblich günstigeren Anbietern

Wenn der Kunde behauptet, er habe das gleiche Stück woanders billiger ausgezeichnet gesehen, darf der Verkäufer keinesfalls erwidern, dass das unmöglich sei. Er soll vielmehr zuerst einmal nähere Angaben über das billigere Konkurrenzangebot erbitten und auf die dafür denkbaren Ursachen eingehen. So werden viele Waren in verschiedenen Größen hergestellt und die Preise sind dementsprechend gestaffelt. Qualitätsunterschiede können oft nicht ohne Weiteres am Äußeren erkannt werden usw. Der Verkäufer wird diese oder andere Gründe möglichst an Waren seines Geschäfts verdeutlichen.

Auf jeden Fall muss dem Einwand, dass die Konkurrenz billiger sei, auch nach dem Verkaufsgespräch noch besondere Aufmerksamkeit gewidmet werden (durch Überprüfung der Kundenbehauptung). Ein Geschäft kann schnell den Ruf bekommen, teuer zu sein, wenn die Preise nicht konkurrenzfähig gestaltet werden.

Ausbildungsgespräch

Azubi:

„Ich verstehe. Wenn ein Kunde hartnäckig auf einen Rabatt besteht, müssen wir uns entscheiden, entweder wir gewähren diesen oder wir verzichten auf den Kaufabschluss."

Ausbilder: *„Merken Sie sich folgende strategische Reihenfolge, wenn Sie unseren Kunden einen Preisnachlass gewähren wollen:*

1. *erst eine kleine Zugabe,*
2. *dann eine kleine Serviceleistung und*
3. *erst dann eine kleine Preisreduktion gewähren.*

Also, nachgeben ja, aber in kleinen Schritten."

8.2 Methoden der Einwandbehandlung

Handlungssituation:

Kundin: *„Bei Tchibo gibt es zurzeit auch Rucksäcke im Angebot und die kosten nur die Hälfte."*

Verkäufer: *„Sie haben recht, unser Preis erscheint auf den ersten Blick hoch. Beachten Sie jedoch, dass dieser Tragerucksack mit dem AIR ZONE-Tragesystem ausgestattet ist. Dadurch haben Sie eine optimale Ventilation am Rücken, keine Schneehaftung bei diversen Wintersportaktivitäten und einen sicheren elastischen Sitz."*

Kundin: *„Sie haben Recht, für meine Belange ist dieser Rucksack sicherlich besser. Gerade beim Skifahren macht dieses Tragesystem Sinn. Für ein Mehr an Komfort gebe ich dann wohl besser 30,00 EUR mehr aus, ansonsten ärgere ich mich spätestens auf der Piste."*

Aufgabe:

Analysieren und beurteilen Sie die Verkäuferaussage!

Es gibt unterschiedliche Methoden auf Kundeneinwände angemessen zu reagieren. Nachfolgend werden sechsgängige Einwandbehandlungsmethoden vorgestellt:

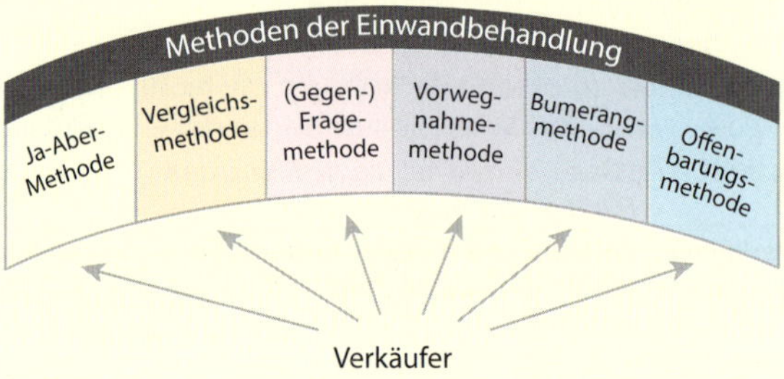

Ja-Aber-Methode[1]

Dem Kunden wird **zunächst zugestimmt** und damit gezeigt, dass der vorgebrachte Einwand ernst genommen wird. Danach wird dem Kunden mit einem **Gegenargument widersprochen.**

Die **Ja-Aber-Methode** ist die bekannteste und älteste Methode, um Einwände zu widerlegen. Das „Aber", auch wenn es nicht als Wort ausgesprochen wird, wirkt belehrend, deshalb ist diese Methode vorsichtig anzuwenden.

Beispiele:

Kunde: *„Die Jacke gibt es bei ebay zu einem viel günstigeren Preis!"*

Verkäufer: *„Natürlich bekommen Sie diese Jacke bei ebay zu einem anderen Preis. Sie sollten jedoch nicht übersehen, dass Sie sich hier bei uns vor Ort die Jacke direkt anschauen und anprobieren können. Außerdem erhalten Sie von mir noch wichtige Zusatzinformationen."*

Weitere mögliche Verkäuferformulierungen sind:

- *„Sie haben Recht, allerdings ..."*
- *„Genau. Dies gilt jedoch nur ..."*
- *„Bedenken Sie bitte, ..."*
- *„Dafür erhalten Sie jedoch ..."*
- *„Darf ich Sie (aber) darauf hinweisen, ..."*

Vergleichsmethode

Der Verkäufer vergleicht das Produkt mit einer alternativen Ware, um so die Vorteile besonders herauszustellen und den Einwand des Kunden abzuschwächen.

Beispiel:

Kunde: *„Mir genügt eine einfache Sportsocke!"*

Verkäufer: *„Wenn Sie die Skisocken mit den normalen Sportsocken vergleichen, dann sehen Sie, dass diese speziell auf die Bedürfnisse in Skistiefeln abgestimmt sind. Der Schaft ist höher und die Polsterungen befinden sich an den richtigen Stellen."*

(Gegen-)Fragemethode (Rückfragemethode)

Der Verkäufer antwortet auf den Einwand des Kunden mit einer Frage, um herauszufinden, welche Bedenken der Kunde konkret hat. Diese Einwandbehandlungsmethode ist dann sinnvoll, wenn der Kunde ungenaue Einwände hervorbringt (z. B. *„Das gefällt mir nicht!"*).

Beispiel 1:

Kunde: *„Das Fahrrad ist wohl nicht das Richtige für meinen Sohn."*

Verkäufer: *„Welche Bedenken haben Sie? Worin liegen Ihre Zweifel?"*

Beispiel 2:

Kunde: *„Schuhe aus Rauleder sind nicht gerade pflegeleicht."*

Verkäufer: *„Meinen Sie, dass Sie viel Arbeit mit dem Reinigen haben?"*

1 Man spricht in diesem Zusammenhang auch von der **Ja-Doch-Methode**.

Die Fragemethode kann auch dann eingesetzt werden, wenn der Verkäufer durch die Körpersprache des Kunden erkennt, dass unausgesprochene Einwände vorliegen. Durch die Aufforderung an den Kunden, seine Einwände offen zu sagen, erfährt der Verkäufer, welche Ansprüche der Kunde stellt.

Vorwegnahmemethode

Schon häufiger von Kunden angeführte Einwände können im Verkaufsgespräch vom Verkäufer, schon bevor der Kunde diesen Einwand geltend machen kann, angesprochen und ausgeräumt werden.

Beispiele:

Verkäufer: *„Ihnen ist vielleicht auch schon aufgefallen, dass dieses Modell einen höheren Preis als sein Vorgängermodell hat. Dafür erhalten Sie jetzt eine Nachkaufgarantie auf alle Ersatzteile innerhalb der nächsten 10 Jahre."*

Weitere mögliche Einleitungen sind z. B.:

- *„Eine Frage, die häufig gestellt wird, ..."*
- *„Sie wundern sich vielleicht, ..."*

Bumerangmethode (Umkehrmethode)

Der Kunde führt einen Nachteil an. Der Verkäufer versucht dem Kunden deutlich zu machen, dass der scheinbare Nachteil aus anderer Sicht für ihn eigentlich ein Vorteil ist.

Beispiele:

Kunde: *„Das Handy ist viel zu klein!"*

Verkäufer: *„Gerade das ist das Besondere an diesem Handy. Es braucht keinen unnötigen Platz. Sie können es sogar in der Hemdtasche tragen."*

Weitere mögliche Verkäuferformulierungen sind:

- *„Genau aus diesem Grund ..."*
- *„Gerade deshalb ..."*
- *„Dafür haben Sie ..."*
- *„Deswegen ist ..."*

Offenbarungsmethode

Der Verkäufer versucht (als letztes Mittel), dem Verkaufsgespräch dadurch eine positive Wendung zu geben, dass er den Kunden direkt fragt, unter welchen Bedingungen er zum Kauf bereit wäre.

Beispiele:

- *„Machen Sie mir einen Vorschlag, unter welchen Bedingungen Sie diesen Artikel kaufen würden."*
- *„Was muss ich tun, damit ...?"*

Die **Einwandbehandlungsmethoden** sind auf gar keinen Fall schematisch im Verkaufsgespräch anzuwenden. Jeder Verkäufer muss für sich die richtige Methode finden und situations- und kundenbezogen einsetzen.

8.3 Allgemeine Regeln und Vorgehensweisen bei Kundeneinwänden

Folgende **Regeln** sollten bei Kundeneinwänden grundsätzlich eingehalten werden, damit das Verkaufsgespräch wieder auf der richtigen Ebene stattfindet:

Ein Verkäufer sollte

- stets **ruhig, freundlich** und **sachlich** bleiben,
- dem Kunden aufmerksam **zuhören** und ihn **ausreden lassen,**
- **Verständnis** für den Einwand zeigen,
- die Meinung des Kunden **respektieren** und ihn nicht belehren,
- auf seine **Körpersprache achten** (Gestik und Mimik dürfen ihm nicht entgleiten),
- sich im Vorfeld bereits auf etwaige **Einwände vorbereiten.**

Bei der Beantwortung von Kundeneinwänden hat sich in der Praxis die nachfolgende Vorgehensweise bewährt **(Vier-Schritt-Methode)**:

1. Schritt: Überprüfung

Echter Einwand: Ja!

2. Schritt:
Kunden ernst nehmen.
Genau analysieren, was den Kunden stört oder unsicher macht.

3. Schritt:
Einwand mit der passenden Einwandbehandlungsmethode beantworten/entkräften.

4. Schritt:
Gespräch fortsetzen.

Unechter Einwand: Ja!

- Kann nicht widerlegt werden.
- Eventuell Suche nach dem verborgenen Einwand.
- Verkäufer ermöglicht dem Kunden einen freundlichen Abgang.

Zusammenfassung

- **Gründe für Einwände** durch Kunden können sein:
  - Kunde möchte **weitere Informationen,**
  - Kunde ist noch **nicht überzeugt,**
  - Kunde sucht einen **Vorwand (unechter Einwand).**
- Die Kundeneinwände können sich gegen die **Ware,** das **Geschäft,** das **Personal** oder gegen den **Preis** richten.
- In Verkäuferkreisen haben sich sechs **Einwandbehandlungsmethoden** durchgesetzt:
  - Ja-Aber-Methode
  - Vergleichsmethode
  - (Gegen-)Fragemethode
  - Vorwegnahmemethode
  - Bumerangmethode
  - Offenbarungsmethode

Übungsaufgaben

34 1. Die Stammkundin Frau Weber interessiert sich für eine Ware. (Setzen Sie hier eine Ware Ihrer eigenen Wahl ein!) Der Preis erscheint ihr jedoch zu hoch.

Aufgabe:

Entgegnen Sie mit der Ja-Aber-Methode! Nehmen Sie hierzu die nachfolgenden Formulierungshilfen zum Argumentationsaufbau!

(JA) Kunden Recht geben	(ABER) Gegenargument
– *„Ich stimme Ihnen zu, ...“* – *„Im Großen und Ganzen haben Sie Recht, ...“* – *„Sicherlich, das stimmt wohl, ...“*	– *„(aber) beachten Sie bitte, ...“* – *„allerdings ...“* – *„es stellt sich jedoch die Frage, ob ...“* – *„Sie sollten aber bedenken, ...“*

2. Entscheiden Sie begründet, mit welcher Einwandbehandlungsmethode der Verkäufer auf den folgenden Einwand antwortet!

   K: *„Schwarze Pullover habe ich en masse!“*

   V: *„Welche weiteren Farben kämen noch infrage?“*

3. Ein Kunde weist im Verkaufsgespräch darauf hin, dass ein Mitbewerber die Ware zu einem günstigeren Preis verkauft.

   Aufgabe:

   Wie verhalten Sie sich? Begründen Sie Ihr Handeln!

4. Eine Kundin möchte für ein Paar Turnschuhe nicht so viel Geld ausgeben.

   Aufgabe:

   Was entgegnen Sie der Kundin? Begründen Sie Ihre Antwort!

5. Eine Auszubildende ist ziemlich entsetzt über das Verhalten einiger Kunden. Neulich hat ein Kunde wörtlich zu ihr gesagt: *„Sie als Azubi haben ja keine Ahnung.“*

   Aufgabe:

   Diskutieren Sie in Ihrer Lerngruppe mögliche Vorgehensweisen einer Einwandbehandlung!

6. Erstellen Sie eine Übersicht mit den drei wichtigsten Einwänden in Ihrer Branche! Formulieren Sie anschließend in wörtlicher Rede, wie Sie diese Einwände entkräften können!

7. Planen und führen Sie Rollenspiele durch, in denen Sie die Einwände Ihrer Kunden entkräften! Achten Sie hier besonders auf die Vorgehensweise! Begründen Sie, ob die Einwände wirklich ausgeräumt wurden!

8. Probieren Sie die Einwandbehandlungsmethoden in der Praxis aus und berichten Sie darüber! Vielleicht kennen Sie noch ganz andere Möglichkeiten mit Einwänden umzugehen. Stellen Sie diese in Ihrer Klasse zur Diskussion!

9. Ein Verkäufer soll einen Kundeneinwand niemals als Kritik betrachten. Durch sein Verhalten kann er die Kaufstimmung auch bei einem Einwand positiv gestalten. Erklären Sie an drei Beispielen, wie er das machen könnte!

10. Manche Einwände sind sogenannte Scheineinwände.
    - 10.1 Nennen Sie einen Grund, den ein Kunde für einen solchen Scheineinwand haben könnte!
    - 10.2 Zeigen Sie auf, wie Sie als geschulter Verkäufer reagieren sollten!

11. Entscheiden Sie jeweils, mit welcher Methode die Verkäuferin folgende, auch mögliche Einwände der Kundin beantwortet! Begründen Sie Ihre Entscheidung!
    - 11.1 K: *„In Weiß habe ich schon genug Kleidungsstücke."*
      V: *„Welche weiteren Farben bevorzugen Sie noch?"*
    - 11.2 K: *„Dieser Jogginganzug fällt in Größe 38 wohl sehr groß aus."*
      V: *„Sie haben recht, gerade deshalb eignet er sich gut zum Joggen. Sie haben darin viel Bewegungsfreiheit."*
    - 11.3 K: *„Sind dafür 169,00 EUR nicht zu viel?"*
      V: *„Im Unterschied zu den preiswerteren Jogginganzügen ist dieser atmungsaktiver und eine hochwertige Markenware."*

35 In einem Sportfachgeschäft:

Eine Kundin, ca. 40 Jahre alt, will einen Skianzug kaufen. Der Verkäufer zeigt ihr einen weißen Anzug, den sie anprobiert.

1 K: *„In diesem Anzug könnte man sich wohlfühlen.*
2 *Eigentlich möchte ich ein Modell, in dem man mich schon von Weitem sehen kann."*
3 V: *„Wie wär's mit dem hier in orange?"*
4 K: *„Führen Sie eigentlich auch Modelle von Bogner?"*
(Anmerkung: Bogner-Modelle gehören zu einer der höchsten Preisklassen.)

Aufgaben:

1. Leiten Sie aus den Aussagen der Kundin zwei mögliche Kaufmotive ab!
2. Formulieren Sie die Verkäuferfrage (aus Zeile 3) in eine kundenbezogene Argumentation um!
3. Erklären Sie, welchen Vorteil eine kundenbezogene Verkaufsargumentation für den Verkäufer hat!
4. Während des Verkaufsgespräches kommt eine zweite Kundin ins Geschäft. Sie beschäftigt sich mit einer Ware und sucht nach einiger Zeit Blickkontakt zum einzigen im Geschäft anwesenden Verkäufer.

   Beschreiben Sie, wie Sie sich in dieser Situation als Verkäufer verhalten würden!

36 In einem Möbelhaus mit Vorwahlsystem:

Ein etwas über 60-jähriger Kunde kommt in einem Einrichtungshaus zufällig an der Freizeitmöbelabteilung vorbei. Eigentlich spielt er schon seit geraumer Zeit mit dem Gedanken, neue Gartenmöbel zu kaufen. Er setzt sich in einen Stuhl der Serie GartaLux (siehe Produktinformation am Ende der Aufgaben) und probiert gerade die Verstellmöglichkeiten aus, als ein Verkäufer hinzukommt.

1 V: *„Guten Tag. Kann ich Ihnen helfen?"*
2 K: *„Nein, danke. Was kostet denn so ein Sessel?"*
3 V: *„Dieser hier liegt bei 129,00 EUR.*

V: *Die Auflagen sind in diesem Preis aber nicht inbegriffen."*

K: *„Das ist aber nicht gerade wenig. Bedenken Sie, wenn ich den Preis mal 4 nehme. Ich brauche vier Stück."*

V: (Keine Reaktion des Verkäufers.)

K: *„Hält der Sessel auch was aus?"*

V: *„Ja, ich denke schon."*

K: *„Da muss ich auf jeden Fall mit meiner Frau vorbeikommen."*

Aufgaben:

1. Beurteilen Sie die Kontaktaufnahme durch den Verkäufer in Zeile 1!
2. Formulieren Sie in wörtlicher Rede zwei verschiedene Kontaktmöglichkeiten, die Sie in dieser Situation anwenden würden!
3. Beurteilen Sie die Preisnennung durch den Verkäufer in Zeile 3 und 4!
4. Erstellen Sie in wörtlicher Rede eine eigene Lösung für die Preisnennung!
5. Reagieren Sie in wörtlicher Rede auf den Preiseinwand (Zeile 5 und 6) nach zwei verschiedenen Methoden und benennen Sie die Methode, die Sie jeweils anwenden!

Produktinformation

GartaLux, die neue, wetterfeste Serie im klassischen Design

- leicht, robust, stabil und bequem
- pflegeleichte, epoxidbeschichtete Gartenmöbel in weiß und braun
- mehrfach verstellbar und platzsparend zusammenklappbar, garantiert rostfrei
- passende Auflagen aus der HKS-Kissenkollektion

3 JAHRE GARANTIE

Artikel	Sessel, niedrig
Preis/EUR	129,00
Farbe	weiß und braun

9 Kaufabschluss

Stufen des Verkaufsgesprächs								
Kontakt-aufnahme	Kauf-motive	Bedarfs-ermittlung	Vorlage der Waren	Verkaufs-argumen-tation	Preisargu-mentation	Behand-lung von Kunden-einwänden	**Kauf-abschluss herbei-führen**	Verab-schiedung, Service-leistungen anbieten

Situation:

Der Kaufabschluss ist eine ganz besondere und sensible Phase und daher auch das Ziel und die wichtigste Station eines jeden Verkaufsgespräches zwischen dem Kunden und dem Verkäufer. Hier wird entschieden, mit welchem Gefühl der Kunde das Geschäft verlässt. Wurde er gut beraten, sind die Bedürfnisse des Kunden richtig eingeschätzt worden und wurden die Abschlusssignale (Kaufsignale) richtig gedeutet?

Studien, die das Kaufverhalten im deutschen Einzelhandel beobachtet haben, belegen, dass eine Kaufentscheidung erst nach durchschnittlich jedem dritten Beratungsgespräch von den Kunden getroffen wird. Jeder Verkäufer sollte ein Gespür für die Signale haben, die eine Kaufbereitschaft seitens des Kunden erkennen lassen. Ist der Kunde beispielsweise teilnahmslos und nicht wirklich interessiert, ist ein Kaufabschluss noch weit entfernt.

9.1 Abschlusssignale des Kunden (Kaufsignale)

Eine bevorstehende Kaufentscheidung löst beim Kunden ganz unterschiedliche Gefühle aus. Je nach Kaufmotiv geraten Kunden am Ende eines Verkaufsgespräches, dann wenn sie sich entscheiden sollen, unterschiedlich stark unter Druck.

Beispiele:

- *„Ob ich das wirklich brauche? Oft kommen mir zu Hause Zweifel, ob dieser Spontankauf wirklich richtig war."*
- *„Ob ich damit auf der Hochzeit wirklich gefalle?"*
- *„Diese Bohrmaschine ist wirklich gut, sie hat alle Funktionen, die ich brauche. Ob der Preis nicht doch zu hoch ist?"*
- *„Ob das jetzt endlich der richtige Schlafsack für mich ist?"*

Die Zweifel des Kunden, ob er sich für oder gegen den Kauf entscheiden soll, äußern sich in **sprachlichen** wie in **körpersprachlichen Kaufsignalen.**

Sprachliche Kaufsignale (verbale Kaufsignale)	**Körpersprachliche Kaufsignale** (nonverbale Kaufsignale)
Zum Beispiel: ■ Der Kunde äußert sich zustimmend zur Ware. ■ *„Mit der Autorennbahn spielt mein Sohn sicher sehr gerne."* ■ Der Kunde wiederholt wichtige Argumente. ■ *„Die Bahnelemente sind sehr stabil, die Bahn ist schnell auf- und abgebaut, die Bahn kann erweitert werden ..."* ■ Der Kunde erkundigt sich nach Einzelheiten. ■ *„Kann man die Steilkurven der Bahn noch verlängern?"* ■ Der Kunde stellt Fragen zum Service. ■ *„Reparieren Sie beschädigte Bahnen selber? Wie lange garantieren Sie die Lieferung von Bahnteilen und Autos?"*	Zum Beispiel: ■ Der Kunde nickt zustimmend. ■ Er nimmt die Ware mehrmals hintereinander in seine Hände und prüft sie eingehend. ■ Er wendet den Blick nicht mehr von der Ware ab. ■ Er tritt etwas zurück und begutachtet die Ware aus einigem Abstand. ■ Er hat eine gelockerte Haltung und macht humorvolle Bemerkungen. ■ Er führt die Ware noch einmal selbst vor. ■ Er greift unbewusst nach seinem Geldbeutel, der BankCard bzw. der Kreditkarte.

Wichtig ist in dieser Phase das **richtige Verhalten des Verkäufers.** Richtig ist nach wie vor ein sicheres und ruhiges Auftreten, so als sei die Kaufbereitschaft des Kunden eine ganz normale Angelegenheit. Falsch ist es dagegen, wenn der Verkäufer entweder Unsicherheit oder freudige Erregung zeigt. Beide Verhaltensweisen wecken unter Umständen das Misstrauen des Kunden. Wichtig ist aber vor allem, dass der Verkäufer die Abschlusssignale überhaupt bemerkt und die günstige Gelegenheit, den Abschluss endgültig herbeizuführen, nutzt.

14 Speth u.a. - ISBN 978-3-8120-0631-6

9.2 Abschlusstechniken

Ausbildungsgespräch

Azubi: *„Ein Verkaufsgespräch zu Ende zu bringen, das ist eine schwierige Sache. Haben Sie nicht ein paar grundsätzliche Techniken, die Sie mir zeigen können?"*

Ausbilder: *„Ja. Wir unterscheiden ‚harte' und ‚weiche' Techniken. Dadurch können wir dem Kunden helfen, sich richtig zu entscheiden."*

9.2.1 Abschlusstechniken, die sich bei einer fast sicheren Kaufentscheidung eignen und den Kaufabschluss zielstrebig herbeiführen

Alternativfragen	Kontrollfragen	Positive Suggestivfragen	Direkte Kaufaufforderung

(1) Alternativfrage formulieren

Der Verkäufer stellt mit zwei positiv formulierten Alternativen den Kunden vor die Wahl, sich für einen Produktvorteil bzw. einen Artikel zu entscheiden.

Beispiele:

- *„Genügt Ihnen die Normalpackung oder möchten Sie gleich die günstigere Familienpackung?"*
- *„Möchten Sie den Artikel gleich mitnehmen oder nutzen Sie unseren Lieferservice?"*
- *„Möchten Sie lieber die Stichsäge oder die Fuchsschwanzsäge?"*

(2) Kontrollfragen formulieren

Bei dieser Abschlusstechnik stellt der Verkäufer einige Kontrollfragen, die der Kunde mit großer Wahrscheinlichkeit mit *„Ja"* beantwortet. Mit der letzten Frage möchte er dann die Zustimmung des Kunden zum Kauf erreichen.

Beispiele:

Verkäufer: *„Sie sagten, Sie wollten einen Brustbeutel mit verschiedenen schiedliche Währungen, Karten und Ausweise?"*

Kunde: *„Ja."*

Verkäufer: *„Sie wollten den Brustbeutel aus hochwertigem Nylon?"*

Kunde: *„Ja."*

Verkäufer: *„Der Brustbeutel sollte auch unter der Hose getragen und am Gürtel befestigt werden können?“*
Kunde: *„Ja.“*
Verkäufer: *„Dann ist das der richtige Brustbeutel für Sie.“*
Kunde: *„Ja, den Brustbeutel nehme ich, der gefällt mir wirklich gut.“*

(3) Positive Suggestivfrage formulieren

Diese Abschlusstechnik legt dem Kunden eine positive Antwort in den Mund. Der Grundgedanke dabei ist, dass jede zustimmende Antwort die Kaufbereitschaft des Kunden erhöht und ihm die Kaufentscheidung erleichtert. Diese Technik ist nur einsetzbar, wenn der Verkäufer die Ansprüche des Kunden an die Ware genau kennt.

Beispiele:

- *„Sie möchten das neue Make-up doch sicher bereits heute Abend tragen?“*
- *„Sie wünschen doch bestimmt, dass wir Ihr Altgerät bei der Lieferung des neuen Gerätes mitnehmen und umweltgerecht entsorgen?“*

(4) Eine direkte Kaufaufforderung formulieren

Sind alle Fragen geklärt und hat sich der Kunde im Grunde entschieden, kann diese Technik sehr schnell zum Kaufabschluss und zum Ende des Beratungsgesprächs führen. Aber auch hier gilt: Vorsicht, den Kunden nicht unter Druck setzen!

Beispiele:

- *„Darf ich Ihnen den Wanderführer als Geschenk einpacken?“*
- *„Greifen Sie zu, solange der Aktionspreis noch gilt!“*

9.2.2 Abschlusstechniken, die sich bei einer noch nicht ganz sicheren Kaufentscheidung eignen und den Kaufabschluss positiv beeinflussen

Verringerung der Auswahl	Empfehlung und Begründung des Verkäufers	Zusammenfassung wichtiger Argumente	Hinweis auf kundenindividuelle Serviceleistungen

(1) Verringerung der Auswahl

Damit dem Kunden die Qual der Wahl erleichtert und seine Entscheidung beschleunigt wird, soll der Verkäufer die Auswahl geschickt verringern. Die Überlegungen des Kunden werden dadurch bewusst auf wenige Warenausführungen (bzw. auf ein Stück) gelenkt.

Falls die vorgestellte Auswahl nicht stillschweigend und unauffällig verkleinert werden kann, ist es besser, eine Beeinflussungs- als eine Entscheidungsfrage zu stellen.

Beispiel:

„Diese Ausführung kommt ja wohl nicht mehr infrage, ich darf sie doch beiseite legen?" anstatt zu fragen: *„Darf ich das wegräumen?".*

(2) Empfehlung und Begründung des Verkäufers

Unsichere Kunden neigen mitunter dazu, die Entscheidungsverantwortung für den Kauf auf den Verkäufer zu übertragen. In diesem Fall erwartet der Kunde vom Verkäufer, als dem Fachmann, einen objektiven Rat. Seine Empfehlung muss der Verkäufer in jedem Fall mit stichhaltigen Argumenten begründen.

Beispiel:

Kunde: *„Welche Heckenschere würden Sie an meiner Stelle kaufen?"*

Verkäufer: *„Ich empfehle Ihnen die Heckenschere Hs 8365 S. Sie hat 500 Watt, eine nutzbare Messerlänge von 650 mm und ist für Ihre Heckenart völlig ausreichend."*

(3) Zusammenfassung der wichtigsten Argumente

Diese Technik ist dann geeignet, wenn sich der Kunde noch nicht eindeutig entschieden hat. Die wichtigsten Kundenwünsche werden noch einmal zusammengefasst, das erzeugt eine sogenannte „Ja-Stimmung". Die Technik verlangt vom Verkäufer aktives Zuhören und ein gutes Gedächtnis. Am Ende des Verkaufsgespräches muss er zeigen, dass er aufmerksam zugehört und das Kundenproblem vollständig erfasst hat.

Beispiel:

„Diese Tasche ist sehr strapazierfähig und trotzdem leicht, sie hat ein separates Fach für Ihren Laptop und viele kleine Fächer für Schlüssel, Handy und Notizbücher. Sie hat einen gepolsterten, breiten Tragegurt und ist somit für Sie genau das Richtige."

(4) Hinweis auf kundenindividuelle Serviceleistungen

Bestimmte Entscheidungshemmnisse können mit Hinweisen auf Serviceleistungen ausgeräumt werden. Folgende Hinweise erleichtern dem Kunden die Entscheidung:

- Hinweis auf **Umtauschmöglichkeit,**
- Hinweis auf **Finanzierungsmöglichkeit,**
- Hinweis auf **Nachkauf von Zubehör,**
- Hinweis auf **langlebige Qualität,**
- Hinweis auf **Serviceleistungen.**

- Ein Verkäufer muss, was seine Argumente betrifft, ehrlich sein und die Bedenken seines Kunden ernst nehmen.
- Die Fülle an Waren überfordert viele Kunden, da das Gefühl sich vollständig über Qualitäten und Preise informieren zu müssen, eine schwierige und oft unbefriedigende Situation für den modernen Konsumenten darstellt.
- Ein guter Verkäufer zeigt seinem Kunden, dass er ein Partner ist, der nicht um jeden Preis verkaufen will, sondern seinen Kunden zufriedenstellen möchte, und zwar so, dass er gerne wiederkommt.

9.3 Abschlussverstärker einsetzen

Hat sich der Kunde für eine Ware entschieden, begleitet der Verkäufer ihn zur Kasse und kassiert entweder selbst den Kaufpreis oder übergibt an das Kassenpersonal. In dieser Situation kann der Verkäufer dem Kunden noch einmal das Gefühl geben, dass er richtig und gut überlegt entschieden hat.

Beispiele:

- *„An dieser Tasche werden Sie viel Freude haben, schwarz ist immer passend."*
- *„Mit diesem Computerspiel haben Sie sich richtig entschieden, Ihr Neffe wird damit viel Spaß haben."*

Außerdem besteht die Gelegenheit für

- Pflegetipps,
- Servicehinweise,
- Garantiehinweise,
- Ergänzungsangebote,
- die Wiederholung des wesentlichen Kaufarguments und
- die Qualität und Haltbarkeit.

Beispiele:

- *„Die passenden Batterien erhalten Sie an der Kasse."*
- *„Pflegen Sie diese Tasche mit unserem preiswerten Wildlederspray, es imprägniert und schützt das schöne Veloursleder."*
- *„Diesen Blazer können Sie wirklich zu jedem Anlass tragen."*

Zusammenfassung

- Kann sich der Käufer am Ende der Phase der Verkaufs- und Preisargumentation noch nicht zum Kauf entschließen, lässt er aber Kaufbereitschaft erkennen, so tritt das Verkaufsgespräch in die **Abschlussphase** ein.
- Die **Kaufbereitschaft** kann der Verkäufer an **sprachlichen (verbalen)** und **körpersprachlichen (nonverbalen) Kaufsignalen (Abschlusssignalen)** erkennen.
- Für die Abschlussphase haben sich folgende **Verkaufstechniken** herausgebildet:
  - Bei **fast sicherer positiver Kaufentscheidung**
    - Alternativfragen
    - Kontrollfragen
    - Positive Suggestivfragen
    - Direkte Kaufaufforderung
  - Bei **noch nicht sicherer Kaufentscheidung**
    - Verringerung der Auswahl
    - Empfehlung und Begründung des Verkäufers
    - Zusammenfassung wichtiger Argumente
    - Hinweis auf kundenindividuelle Serviceleistungen
- **Abschlussverstärker** dienen dazu, die Kaufentscheidung des Kunden abzusichern.
- Wichtige **Serviceleistungen an der Kasse** sind:
  - Zahlungserleichterungen anbieten,
  - Waren zustellen,
  - Aufstellen, Montagearbeiten und Arbeiten für die Inbetriebnahme der gekauften Artikel durchführen,
  - Verpacken der Ware.

Übungsaufgaben

37 1. Erstellen Sie eine Übersicht mit verschiedenen Kaufsignalen! Unterscheiden Sie hierbei körpersprachliche und sprachliche Kaufsignale!

2. Ein Kunde entscheidet sich nach längerem Zögern für einen Multifunktionsschuh mit XCR (wasserdichte und atmungsaktive Goretex-Membran).

Aufgabe:

Wie können Sie den Kunden bei seiner Kaufentscheidung bestärken? Formulieren Sie Ihren Lösungsvorschlag in wörtlicher Rede!

3. Erklären Sie den Begriff „Abschlussverstärker"!

4. Diskutieren Sie in Ihrer Lerngruppe folgende Verkäuferaussagen:
   - *„Einen Kunden muss man auch schon mal zu seinem Glück zwingen."*
   - *„Nach dem Kauf ist vor dem Kauf!"*

38 In einer Boutique für Damenoberbekleidung entwickelt sich zwischen einer ca. 25-jährigen Kundin und der Verkäuferin nach der Begrüßung folgendes Gespräch:

K: *„Ich suche eine schicke Bluse für eine große Party."*

V: *„Wozu soll sie denn passen?"*

K: *„Zu einem schwarzen Lederrock."*

V: *„Schauen Sie mal, da habe ich etwas ganz Edles. Die müsste Ihnen passen, schlüpfen Sie doch mal rein."*

K: *„Gefällt mir ganz gut. Was kostet sie denn?"*

V: *„99,00 EUR."*

K: *„Ganz schön teuer."*

V: *„Das scheint tatsächlich recht teuer, aber fühlen Sie mal. Sie ist aus hochwertiger reiner Seide, sehr aufwendig gearbeitet."*

K: *„Ja schon, aber 100,00 EUR für einen Abend?"*

V: *„Das müssen Sie entscheiden."*

Aufgaben:

1. Beurteilen und begründen Sie die Preisnennung durch die Verkäuferin!
2. Erklären Sie, auf welchen Warennutzen bei dieser Kundin eingegangen werden sollte!
3. Unterbreiten Sie einen Vorschlag in wörtlicher Rede, wie in diesem Fall der Preis Erfolg versprechender genannt werden könnte!
4. Beurteilen Sie, wie die Verkäuferin mit dem Preiseinwand *„ganz schön teuer"* umgeht!
5. Unterbreiten Sie einen Vorschlag in wörtlicher Rede, wie Sie besser auf den Einwand *„aber 100,00 EUR für einen Abend"* reagieren können!
6. Angenommen, die Kundin ist noch unschlüssig. Erläutern Sie zwei Abschlussmöglichkeiten, mit denen Sie die Kundin evtl. zum Kauf führen können!

39 1. In einem Lederwarenfachgeschäft: Nach einem ausführlichen Beratungsgespräch kann sich eine Kundin nicht entscheiden.

K: *„Diese schwarze Handtasche gefällt mir sehr gut. Aber auch diese Modelle in dunkelbraun und in rot sind sehr schön."*

V: *„Ja, Sie haben recht, alle drei Handtaschen sind sehr schöne Modelle."*

K: *„Sie gefallen mir alle. Ich weiß nicht, welche ich nehmen soll."*

V: *„Da kann ich Ihnen auch nicht helfen. Sie müssen sich schon selber entscheiden."*

...

Aufgaben:

1.1 Beurteilen Sie das Verkäuferverhalten!

1.2 Beschreiben Sie zwei Methoden der Abschlusstechnik, die Sie in einer solchen Situation einsetzen könnten!

1.3 Beschreiben Sie, wie Sie der Kundin die Entscheidung erleichtern können!

1.4 Formulieren Sie in wörtlicher Rede ein personenbezogenes Verkaufsargument, um die Kundin endgültig von einer Handtasche zu überzeugen!

2. In der Abschlussphase eines Verkaufsgespräches ergibt sich Folgendes:

V: *„Sie möchten einen Rasierapparat, der als Netz- oder Batteriegerät verwendet werden kann?"*

K: *„Genau, so ein Apparat soll es sein!"*

V: *„Soll der Akku im Rasierapparat eingebaut sein?"*

K: *„Richtig!"*

V: *„Muss er klein und handlich sein?"*

K: *„Ja!"*

V: *„Dann erfüllt dieser Rasierapparat von Roth all Ihre Wünsche."*

K: *„Gut, den Apparat nehme ich."*

Aufgaben:

2.1 Nennen Sie die Fragetechnik (-art), die der Verkäufer angewandt hat!

2.2 Erläutern Sie eine weitere Abschlussmethode (-technik) und formulieren Sie in wörtlicher Rede ein Beispiel mit einem Artikel Ihrer Wahl!

3. Bei der Warenvorlage legt der Verkäufer dem Kunden eine Aktentasche vor. Daraufhin bringt der Kunde folgenden Einwand:

K: *„Diese Aktentasche ist ja aus Kunstleder!"*

V: *„Ja, sie braucht gegenüber Leder nicht gepflegt zu werden und ist wasserdicht."*

K: *„Was kostet diese Aktentasche?"*

V: *„78,00 EUR."*

K: *„Die ist ja 12,00 EUR teurer als bei der Konkurrenz."*

Aufgaben:

3.1 Nennen Sie die Methode, mit der der Verkäufer auf den Einwand des Kunden gegen die Ware reagiert!

3.2 Beschreiben Sie eine weitere Methode, wie Einwände gegen die Ware ausgeräumt werden können!

3.3 Formulieren Sie in wörtlicher Rede ein Beispiel mit einem Artikel Ihrer Wahl!

3.4 Wie würden Sie auf den Einwand gegen den Preis reagieren? Begründen Sie Ihr Handeln!

3.5 Der Verkäufer berät den Kunden ausführlich. Nennen Sie je zwei körpersprachliche und verbale Kaufsignale, an denen der Verkäufer die Bereitschaft zum Kauf erkennen kann!

10 Serviceleistungen an der Kasse und Verabschiedung des Kunden

10.1 Serviceleistungen an der Kasse

10.1.1 Begriff Serviceleistungen

Stufen des Verkaufsgesprächs								
Kontaktaufnahme	Kaufmotive	Bedarfsermittlung	Vorlage der Waren	Verkaufsargumentation	Preisargumentation	Behandlung von Kundeneinwänden	Kaufabschluss herbeiführen	**Verabschiedung, Serviceleistungen anbieten**

Serviceleistungen sind entgeltliche oder unentgeltliche Dienstleistungen des Einzelhandelsunternehmens, die dem Kunden mit dem Kauf eines Produkts oder nach erfolgtem Kauf angeboten werden.

Durch die Servicepolitik möchte sich das Geschäft von den Mitbewerbern abheben (profilieren), um einen Wettbewerbsvorteil zu gewinnen. **Ziel der Servicepolitik** ist es, Stammkunden zu halten und neue Kunden zu gewinnen.

Beispiel:

Die Kaufentscheidung eines Kunden, der ein Fernsehgerät kaufen möchte, wird erleichtert, wenn er erfährt, dass das Gerät in die Wohnung geliefert, angeschlossen und eingestellt wird, dass es bei einer Störung zu einem festen Preis abgeholt, von geschultem Personal repariert und anschließend in die Wohnung zurückgebracht wird.

10.1.2 Allgemeine Serviceleistungen

Allgemeine Serviceleistungen kommen allen Kunden zugute und sollen den Einkauf erleichtern helfen.

Beispiele:

- Bereitstellen von kostenlosen Kundenparkplätzen.
- Betreuung von Kindern während des Einkaufs.
- Anbieten von Einkaufserleichterungen wie Einkaufswagen, Kinderbuggys, Rolltreppen, Fahrstuhl.
- Führen einer Imbissecke, einer Cafeteria oder eines Restaurants im Haus.
- Vermietung von Werkzeugen und Geräten.
- Zusenden einer Kundenzeitschrift an die Stammkunden.

10.1.3 Serviceleistungen in Verbindung mit dem Kauf einer Ware

Die meisten Serviceleistungen, die ein Einzelhandelsgeschäft anbietet, hängen mit dem Verkauf der Waren zusammen. Diese Serviceleistungen sollen zum einen den Gebrauchswert der Ware erhöhen bzw. erhalten und zum anderen können sie notwendig sein, um den Warenverkauf erst zu ermöglichen. Im Folgenden werden wichtige technische und kaufmännische Serviceleistungen des Einzelhandels vorgestellt.

Beispiele:

- Technische Beratung (z.B. Planung einer Küche) und Installation (z. B. Einbau der Küchenmöbel und Küchengeräte).
- Reparaturservice (z.B. Reparatur einer Uhr) und Änderungsservice (z.B. Kürzen der Ärmellänge bei einem Sakko).
- Ersatzteilservice (z.B. Bereithalten von Dichtungen und Schrauben bei Armaturen).
- Entsorgung (z.B. Rücknahme von Batterien).
- Fachgerechte Verpackung und Zustellung der Ware in die Wohnung.
- Bereitstellen einer Auswahlsendung (z.B. Teppiche, HiFi-Boxen).
- Bereitstellen von Werbeinformationen, Textberichten, Fachzeitungen u.Ä.
- Gewährung einer Garantie (z.B. Ausweitung der Herstellergarantie von 3 Monate auf 6 Monate), großzügige Kulanzleistungen (z.B. kostenlose Reparatur nach Ablauf der Garantiezeit) und Rückgabe-Garantie (für alle Waren, die nicht vom Umtausch ausgeschlossen sind).

10.1.4 Serviceleistungen beim und nach dem Zahlungsvorgang

(1) Zahlungserleichterungen ermöglichen[1]

Der Einzelhandel bietet seinen Kunden, neben der **Barzahlung,** eine Vielzahl weiterer Zahlungsmöglichkeiten. Insbesondere die **elektronischen Zahlungsarten** (z.B. Girocard-Zahlung, die Zahlung mit Kredit-, Geld- oder Kundenkarte) sollen dem Kunden die Zahlung vereinfachen.

Vereinbart das Einzelhandelsgeschäft mit dem Kunden die **Zahlung gegen Rechnung,** so erhält dieser dadurch eine Zahlungsfrist eingeräumt. Bei langlebigen, höherwertigen Gebrauchsgütern (z.B. Haushaltsgeräte, Möbel, Unterhaltungselektronik) bieten die Einzelhandelsgeschäfte ihren Kunden in der Regel auch eine **Raten- oder Teilzahlung** an. Autos, Motorräder, Fotokopiergeräte kann der Kunde auch gegen eine einmalige Leasingsonderzahlung und monatlichen Ratenzahlungen **leasen.**[2]

(2) Waren zustellen

Bei unhandlichen bzw. schweren Waren oder größeren Warenmengen ist die Hauszustellung durch firmeneigene oder firmenfremde Transportmittel üblich. Der Kunde soll auf diese Möglichkeit hingewiesen und gegebenenfalls um seine genaue und vollständige Anschrift gebeten werden. In Übereinstimmung mit dem Tourenplan der Versandabteilung soll auch ein Anlieferungszeitpunkt, der bestimmt eingehalten werden kann, festgelegt und dem Kunden mitgeteilt werden. Oft ist es auch wichtig, dass bestimmt wird, wem die Ware bei Abwesenheit des Kunden ausgehändigt werden darf.

1 Zu Einzelheiten siehe S. 258ff.

2 Unter **Leasing** versteht man das Mieten (bzw. Pachten) von Anlagegegenständen. Die Behandlung der Leasingzahlung ist im Lehrplan nicht vorgesehen.

(3) Aufstellen, Montagearbeiten und Arbeiten für die Inbetriebnahme der gekauften Artikel durchführen

Müssen die gekauften Artikel eingebaut, aufgestellt oder eingestellt werden (z. B. Küchengeräte, Möbel, Fernseher, Hi-Fi-Geräte, Lampen, Reifen), so übernehmen eigene Fachkräfte des Einzelhandelsgeschäfts oder ein beauftragtes Unternehmen diesen Service. Ob die Servicearbeiten kostenlos sind oder ob eine Kostenpauschale erhoben wird, muss mit dem Verkäufer bzw. dem Kassenpersonal vereinbart werden.

Serviceleistungen im Kassenbereich
■ Zahlungserleichterungen
■ Ware zustellen
■ Ware in Betrieb setzen
■ Verpacken der Ware
■ Zusatzartikel anbieten

(4) Verpacken der Ware

Im Rahmen einer **Mängelkontrolle** muss die Ware vor dem Verpacken noch einmal auf Mängel (z. B. hinsichtlich der Beschaffenheit, der Menge, der Unversehrtheit der Aufmachungsverpackung) überpüft werden.

Das **Packmaterial** soll nach Art und Größe der Ware passend ausgewählt werden (angemessene Tüten-, Tragetaschen- und Kartongröße, geeignete Tragegriffe usw.). Ist die Ware empfindlich, muss die Verpackung besonders sorgfältig sein; ist sie schwer, muss die Verpackung besonders stabil sein. Der Verpackungsaufwand muss jedoch in einem vernünftigen Verhältnis zum Einkaufsbetrag des Kunden stehen.

Dem Anspruch des Kunden auf Bequemlichkeit und Sicherheit der Verpackung steht zum einen die Notwendigkeit gegenüber, dass sich die **Verpackungskosten** für das Geschäft im Rahmen des Vertretbaren halten. Zum anderen muss der Einzelhändler an die **Entsorgungsmöglichkeit** denken. Nach der Verpackungsverordnung ist der Einzelhändler verpflichtet, die Transportverpackung zurückzunehmen. Außerdem hat der Kunde das Recht, die Umverpackung beim Kauf zu entfernen und zurückzugeben.

10.2 Verabschiedung des Kunden

Der Kunde soll sich während des gesamten Verkaufsgespräches wohl und angenommen fühlen. Das muss sich, nach der Übergabe des Kunden an das Kassenpersonal durch den Verkäufer, fortsetzen. Schließlich vermittelt die Verabschiedung dem Kunden einen letzten Eindruck vom Geschäft und ist deshalb mitentscheidend für die Erinnerung an das Geschäft. Der Verkäufer bzw. das Kassenpersonal muss sich bei der Verabschiedung nochmals für den Kauf bedanken *(„Vielen Dank für Ihren Einkauf.“)*, um bereits die Grundlage für den nächsten Kauf zu schaffen. Denn: Nach dem Kauf ist vor dem Kauf.

Ist der Kunde namentlich bekannt oder zahlt der Kunde mit „Karte“, verabschieden Sie ihn mit seinem Namen und wählen situationsbezogene Worte:

- *„... ein schönes Wochenende.“*
- *„... einen erholsamen Urlaub.“*
- *„... eine schöne Feier.“*

- *„... schöne Feiertage."*
- *„... und denken Sie daran, unser Serviceangebot steht Ihnen immer zur Seite."*

Möchte sich der Kunde mit Händedruck verabschieden, sollten Sie die ausgestreckte Hand des Käufers nicht übersehen. Zufriedene Kunden verabschieden sich gern per Handschlag.

Zusammenfassung

- Durch **Serviceleistungen** kann sich das Einzelhandelsunternehmen positiv von seinen Konkurrenten unterscheiden.
- Serviceleistungen sind **Dienstleistungen des Einzelhandelsunternehmens,** die dem Kunden mit dem Kauf eines Produkts oder nach dem Kauf des Produkts angeboten werden. Die Serviceleistungen können unentgeltlich oder entgeltlich sein.
- Die **Servicepolitik** hat die Aufgabe, die einzelnen Serviceleistungen auf die Bedürfnisse der Kunden abzustimmen.
- **Ziel der Servicepolitik** ist es, Stammkunden zu halten und neue Kunden zu gewinnen.
- Man unterscheidet folgende **Arten von Serviceleistungen**:
  - **Allgemeine Serviceleistungen.** Sie kommen allen Kunden zugute und sollen den Einkauf erleichtern.
  - **Serviceleistungen in Verbindung mit dem Kauf einer Ware.** Sie sollen zum einen den Gebrauchswert der Ware erhöhen bzw. erhalten und zum anderen können sie notwendig sein, um den Warenverkauf zu ermöglichen.
  - **Serviceleistungen an der Kasse.** Sie dienen dazu, die Kaufabwicklung für den Kunden angenehm zu gestalten.

Übungsaufgabe

40

1. Ermitteln Sie, welche Serviceleistungen in Ihrem Ausbildungsbetrieb angeboten werden:
   1.1 Allgemeine Serviceleistungen,
   1.2 Serviceleistungen in Verbindung mit dem Kauf einer Ware,
   1.3 Serviceleistungen an der Kasse!
2. Nennen Sie drei Serviceleistungen, die letztlich über den Ladenpreis vom Kunden bezahlt werden müssen!
3. Serviceleistungen bringen Vorteile für den Kunden und für das Geschäft. Nennen Sie jeweils zwei!
4. Zeigen Sie an einem Beispiel aus Ihrer Branche, wie Sie Kunden auf Ihre Serviceleistungen aufmerksam machen können!
5. Kunden sind mit perfektem Service an den Fachhandel zu binden. Nennen Sie
   5.1 je drei allgemeine Serviceleistungen,
   5.2 Serviceleistungen in Verbindung mit der Ware!
6. Nennen Sie die Kundendienstleistungen, die die Kunden beim Kauf folgender Waren erwarten!
   6.1 Hose,
   6.2 Gardinen,

6.3 Waschmaschine,

6.4 Teppichboden.

7. Beschreiben Sie, wie der Verkäufer zu reagieren hat, wenn kein Kauf zustande kommt!

8. Durch eine geeignete Verabschiedung möchten Sie erreichen, dass Ihr Geschäft beim Kunden in guter Erinnerung bleibt.

   Aufgabe:

   Formulieren Sie zwei Vorschläge in wörtlicher Rede!

9. 9.1 Begründen Sie, warum ein kundenorientiertes Verhalten an der Kasse besonders wichtig ist!

   9.2 Sie sind in einem Lebensmittelgeschäft an der Kasse eingesetzt. Notieren Sie vier kundenorientierte Verhaltensregeln!

10. **I: Situation**

    Zwischen der Kundin und der Kassiererin entsteht folgender Dialog:

    Kundin: *„Ich habe mir dieses Kleid gegönnt!"*

    Kassiererin: *„Schön, das haben wir schon über zwanzig Mal verkauft. Das macht 149,90 EUR."*

    Kundin: *„Kann ich mit einem 200,00-EUR-Schein bezahlen?"*

    Kassiererin: *„Ja, aber ich muss zuerst prüfen, ob er nicht gefälscht ist."*

    Nach der Pfüfung legt die Kassiererin das Geld in die Kasse und entnimmt das Wechselgeld.

    „Das sind dann 50,10 EUR zurück. Soll ich Ihnen eine Tüte geben?"

    Kundin: *„Ja, bitte. Auf Wiedersehen."*

    II: Aufgaben

    10.1 Beurteilen Sie das Verhalten der Kassiererin an der Kasse! Nennen Sie gegebenenfalls ein Fehlverhalten der Kassiererin und machen Sie jeweils einen Verbesserungsvorschlag!

    10.2 Die Hauptkassiererin hat den Dialog verfolgt und möchte ihrer Kollegin ein Feedback zu ihrem Verhalten geben.

    10.2.1 Nennen Sie drei Regeln, die beim Geben von Feedbacks[1] zu beachten sind!

    10.2.2 Formulieren Sie das Feedback als Dialog zwischen der Hauptkassiererin und ihrer Kollegin!

1 Vergleichen Sie hierzu die Ausführungen auf S. 405.

Lernfeld 3: Kunden im Servicebereich Kasse betreuen

1 Rechtsfragen an der Kasse

1.1 Rechtsfähigkeit und Geschäftsfähigkeit

Handlungssituation:

Im Spielwarengeschäft Fidibus OHG in Nürnberg sind Valentin Fennen, Auszubildender zum Kaufmann im Einzelhandel im ersten Ausbildungsjahr, und die Eigentümerin Dorothea Huesmann an diesem Tag mit dem Dekorieren des Geschäftes für das anstehende Halloweenfest beschäftigt, als ein kleiner Junge an die Kasse tritt, um seinen ausgesuchten Artikel zu bezahlen. Valentin Fennen geht zur Kasse und begrüßt den jungen Kunden freundlich:

Herr Fennen: *„Guten Tag, junger Mann, kann ich dir helfen?"*

Junge: *„Ich möchte dieses Taschenmesser bei Ihnen bezahlen."*

Herr Fennen: *„Ja, kein Problem, das kostet 4,95 EUR."*

Junge: *„Gut, hier ist ein 5-Euro-Schein, das müsste ja reichen, oder?"*

Herr Fennen: *„Na klar, du bekommst sogar noch Rückgeld wieder. Bitte schön* (händigt das Rückgeld und das Taschenmesser an den Jungen aus), *dann wünsche ich dir viel Spaß damit."*

Nachdem der Junge das Geschäft verlassen hat, geht Valentin wieder zu Frau Huesmann, um mit der Halloweendekoration fortzufahren. Etwa 15 Minuten später betritt ein Kunde das Geschäft und spricht ihn direkt an.

Kunde: *„Haben Sie meinem Sohn Johann dieses Taschenmesser hier verkauft?"* (zeigt auf das Messer und den Kassenbeleg)

Herr Fennen: (schaut sich das Taschenmesser an) *„Ja, kann sein, warum?"*

Kunde: *„Mein Sohn ist erst sechs Jahre alt. Der darf überhaupt noch gar nichts einkaufen – und vor allem kein Messer. Ich möchte, dass Sie das umgehend wieder zurücknehmen und mir das Geld wieder auszahlen."*

Bevor Valentin Fennen antworten kann, spricht Frau Huesmann den Kunden ruhig und beschwichtigend an.

Frau Huesmann: *„Sie haben recht, wir hätten Ihrem Sohn dieses Taschenmesser nicht verkaufen dürfen. Entschuldigen Sie bitte, aber Herr Fennen befindet sich noch in der Ausbildung und hat das nicht gewusst. Natürlich nehmen wir das Messer wieder zurück."*

Aufgaben:

1. Warum erhält der Vater von Johann das Geld für die Ware wieder zurück? Begründen Sie Ihre Meinung!
2. Wie hätte sich der Auszubildende Valentin Fennen an der Kasse verhalten müssen? Führen Sie das Verkaufsgespräch (in wörtlicher Rede) mit dem jungen Kunden nochmals und stellen Sie dieses anschließend Ihren Mitschülern vor!

1.1.1 Rechtsfähigheit

Rechtsfähigkeit ist die Fähigkeit von Personen, Träger von Rechten und Pflichten sein zu können.

Rechtsfähig sind natürliche Personen (Menschen) und juristische Personen. Man nennt die **Personen** auch **Rechtssubjekte.**[1]

(1) Natürliche Personen

Natürliche Personen sind **alle Menschen**. Der Gesetzgeber verleiht ihnen **Rechtsfähigkeit.**

Beispiele:

- Das Recht des Erben, ein Erbe antreten zu dürfen.
- Das Recht des Käufers, Eigentum zu erwerben.
- Recht auf körperliche Unversehrtheit.
- Die Pflicht, Steuern zahlen zu müssen. (Das Baby, das ein Grundstück erbt, ist Steuerschuldner, z. B. in Bezug auf die Grundsteuer.)

Die **Rechtsfähigkeit des Menschen** (der **natürlichen Personen**) **beginnt** mit der Vollendung der Geburt und **endet** mit dem Tod. **Jeder Mensch** ist rechtsfähig.

(2) Juristische Personen

Juristische Personen[2] sind **„künstliche" Personen,** denen der Staat die Eigenschaft von Personen kraft Gesetzes verliehen hat. Sie sind damit **rechtsfähig,** d. h. Träger von Rechten und Pflichten.

Beispiele:

Eingetragene Vereine, Gesellschaft mit beschränkter Haftung [GmbH], Aktiengesellschaft [AG], Anstalten des öffentlichen Rechts (Schule, Krankenhaus), Industrie- und Handelskammern, Stadt/Gemeinde.

1.1.2 Geschäftsfähigkeit

Geschäftsfähigkeit ist die Fähigkeit gültige Rechtsgeschäfte selbstständig abzuschließen.

Zum **Schutz Minderjähriger** hat der Gesetzgeber die folgenden Vorschriften erlassen.

(1) Geschäftsunfähigkeit

Kinder vor Vollendung des **siebten Lebensjahres** und **Menschen,** die sich in einem dauernden Zustand **krankhafter Störung der Geistestätigkeit** befinden, sind **geschäftsunfähig.**

Rechtswirkung:

Verträge mit Geschäftsunfähigen sind immer von vornherein **ungültig.**

1 Die „Gegenstände" des Rechtsverkehrs bezeichnet man als **Rechtsobjekte.** Hierzu gehören die **Sachen** als körperliche Gegenstände (z. B. Kauf eines Pkws) und die **Rechte** (z. B. Miet- und Pachtrechte, Patent- und Lizenzrechte).

2 **Juristisch**: rechtlich.

Da Geschäftsunfähige keine Rechtsgeschäfte abschließen können, brauchen sie einen **Vertreter,** der für sie handeln kann. Bei Kindern sind dies in der Regel kraft Gesetzes die Eltern. Man bezeichnet die Eltern daher auch als **„gesetzliche Vertreter".**

(2) Beschränkte Geschäftsfähigkeit

Minderjährige, die zwar das **siebte** Lebensjahr, aber noch **nicht** das **achtzehnte** Lebensjahr vollendet haben, sind **beschränkt geschäftsfähig.**

Rechtsgeschäfte mit einem beschränkt Geschäftsfähigen bedürfen der **vorherigen Einwilligung** des gesetzlichen Vertreters. Sie können aber auch durch eine **nachträgliche Genehmigung** des gesetzlichen Vertreters rechtswirksam werden.

Rechtswirkung:

Solange die Genehmigung des gesetzlichen Vertreters fehlt, ist ein durch den beschränkt Geschäftsfähigen abgeschlossenes **Rechtsgeschäft schwebend unwirksam.** Dies bedeutet: Wird die **Genehmigung verweigert,** ist der **Vertrag von Anfang an ungültig.** Wird **sie erteilt,** ist der **Vertrag von Anfang an wirksam.**

Beispiel:

Die 17-jährige Schülerin Sabine kauft sich ein Handy mit 2-jähriger Vertragsbindung, ohne dass sie die Eltern vorher gefragt hat. Genehmigen die Eltern nachträglich den Kauf, ist der Kauf rechtswirksam. Verweigern sie die Genehmigung, kommt kein Kaufvertrag zustande.

Keiner Zustimmung bedürfen folgende Rechtsgeschäfte:

Ausnahmen	Beispiele
Bringt nur rechtlichen Vorteil	Der 15-jährige Volker erhält zum Geburtstag einen DVD-Player geschenkt.
Erfüllung mit frei zur Verfügung stehenden Mitteln („Taschengeldparagraf" gemäß § 110 BGB)	Die 17-jährige Auszubildende kauft von ihrem Taschengeld eine Jeans.
Im Rahmen eines Arbeits- und Dienstverhältnisses	Eine 17-jährige Verkäuferin darf Vereinbarungen mit dem Arbeitgeber über Arbeitszeit, Urlaub, Gehalt treffen, ohne dass der gesetzliche Vertreter zustimmen muss.
Im Rahmen eines selbstständigen Erwerbsgeschäftes	Betreibt ein 16-jähriger Schüler mit Einwilligung der Eltern einen Internethandel mit Münzen, so darf er etwa die Münzen selbstständig ein- und verkaufen sowie damit zusammenhängende Rechnungen bezahlen. Für den Kauf eines neuen Fernsehers muss er jedoch die Einwilligung der Eltern einholen.[1]

1 Ausgenommen sind Verträge, zu denen der Vertreter der Genehmigung des Familiengerichts bedarf (z. B. Kauf eines Grundstücks, Aufnahme eines Kredits), sowie Berufsausbildungsverträge nach dem Berufsbildungsgesetz.

(3) Unbeschränkte Geschäftsfähigkeit

Personen, die das achtzehnte Lebensjahr **vollendet** haben, sind **unbeschränkt geschäftsfähig.** Ausnahmen bestehen nur für Personen, die sich in einem dauernden Zustand krankhafter Störung der Geistestätigkeit befinden.

Rechtswirkung:

Jedes Rechtsgeschäft kann, soweit dies gesetzlich erlaubt ist, **rechtsgültig abgeschlossen** werden.

Zusammenfassung

- **Rechtsfähigkeit** bedeutet, Rechte und Pflichten haben zu können.
- Die **Geschäftsfähigkeit** ist in Abhängigkeit vom Alter in **drei Stufen** gegliedert:

Geschäftsunfähige	Beschränkt Geschäftsfähige	Unbeschränkt Geschäftsfähige
Geburt – **7.**	**7.** – **18.**	**18.** – **Alter in Jahren**

- **Geschäftsunfähigkeit** heißt, dass die Erklärungen geschäftsunfähiger Personen rechtlich unerheblich sind. Geschäftsunfähige können keine Rechtsgeschäfte abschließen, ändern und auflösen.
- **Beschränkte Geschäftsfähigkeit** bedeutet, dass Rechtsgeschäfte beschränkt Geschäftsfähiger grundsätzlich der Zustimmung des gesetzlichen Vertreters bedürfen. Ausgenommen sind folgende Rechtsgeschäfte:

Rechtsgeschäft bringt lediglich einen rechtlichen Vorteil	Die eingesetzten Mittel sind zur freien Verfügung überlassen worden	Rechtsgeschäfte im Rahmen des genehmigten Arbeits- u. Dienstverhältnisses	Rechtsgeschäfte im Rahmen des genehmigten selbstständigen Erwerbsgeschäfts

- **Unbeschränkte Geschäftsfähigkeit** bedeutet, Rechtsgeschäfte ohne Zustimmung des gesetzlichen Vertreters abschließen, ändern und auflösen zu können.

Übungsaufgaben

41

1. Unterscheiden Sie die Begriffe Rechtsfähigkeit und Geschäftsfähigkeit!
2. 2.1 Erklären Sie, welche Rechtsgeschäfte eine beschränkt geschäftsfähige Person ohne Einwilligung des gesetzlichen Vertreters abschließen darf! Bilden Sie hierzu jeweils ein eigenes Beispiel!

   2.2 Franziska ist am 20.10.2012 geboren. Nennen Sie das Datum, ab dem Franziska beschränkt geschäftsfähig ist!

3. Begründen Sie, warum das BGB bei den Stufen (Arten) der Geschäftsfähigkeit feste Altersgrenzen zugrunde legt! Nennen Sie die Altersgrenzen!
4. Erklären Sie, welche Rechtsfolgen eintreten, wenn geschäftsunfähige, beschränkt geschäftsfähige oder voll geschäftsfähige Personen Willenserklärungen abgeben!

42 Lösen Sie folgende Rechtsfälle! Prüfen Sie jeweils die Rechtslage und begründen Sie Ihre Lösungen!

1. Ein Kranker, der sich in einem Zustand dauernder Störung der Geistestätigkeit befindet, erhält von seinem Bruder ein Mietshaus geschenkt. Kann der Kranke Eigentümer des Hauses und wegen der Mieteinkünfte steuerpflichtig werden?
2. Das Finanzamt verlangt von einem 4 Jahre alten Kind die Bezahlung rückständiger Steuern. Ist dies überhaupt möglich?
3. Ein 6-jähriges Kind erhält von seinem Patenonkel zu Weihnachten Spielzeug geschenkt. Kann das Kind die Schenkung annehmen?
4. Felix, 12 Jahre, ist Sohn eines Millionärs. Er erhält monatlich 250,00 EUR Taschengeld zur freien Verfügung. Davon kauft er sich einen CD-Player für 230,00 EUR, bezahlt diesen bar und nimmt ihn mit. Die Eltern sind nicht einverstanden.
5. Angenommen, der 12-jährige Felix hätte den CD-Player nicht bar bezahlt, sondern nur 100,00 EUR angezahlt, um den Rest in 20,00-EUR-Raten „abzustottern". Die Eltern sind wiederum dagegen.
6. Linus, 9 Jahre, erhält von seiner Tante Anna 20,00 EUR. Als Gegenleistung verpflichtet er sich, den Sommer über ihren Rasen zu mähen.
7. Nachdem Tante Anna mit ihren neuen Inlineskates gestürzt war, hat sie die Lust daran verloren. Sie ist bereit, die Inlineskates zum Freundschaftspreis von 20,00 EUR an den 9-jährigen Linus zu verkaufen. Dafür reicht aber sein Taschengeld nicht und er müsste an seine Sparbüchse. Dennoch möchte er sie gerne kaufen, weil er wiederum eine Nachbarin kennt, an die er die Inlineskates für 150,00 EUR verkaufen könnte.
8. Die Oma von Adrian (6 Jahre) schickt diesen mit einem Einkaufszettel (s. u.) zum Dorfladen, damit er für sie einige Besorgungen erledigt.

Beurteilen Sie die Rechtslage! Beachten Sie auch den nachfolgenden Auszug aus den Vorschriften des Jugendschutzgesetzes!

§ 9 Alkoholische Getränke

(1) In Gaststätten, Verkaufsstellen oder sonst in der Öffentlichkeit dürfen

1. Branntwein, branntweinhaltige Getränke oder Lebensmittel, die Branntwein in nicht nur geringfügiger Menge enthalten, an Kinder und Jugendliche,

2. andere alkoholische Getränke an Kinder und Jugendliche unter 16 Jahren weder abgegeben noch darf ihnen der Verzehr gestattet werden.

(2) Absatz 1 Nr. 2 gilt nicht, wenn Jugendliche von einer personensorgeberechtigten Person begleitet werden.

15 Speth u.a. - ISBN 978-3-8120-0631-6

1.2 Zustandekommen und Arten von Rechtsgeschäften

Handlungssituation:

Im Rahmen des kaufmännischen Unterrichts an einer Berufsschule in Kaiserslautern sind heute Gregor Huber und Lasse Albrecht mit ihrer Einzelhandelsklasse zu einer Auktion zum zentralen Fundbüro in das benachbarte Offenbach gefahren. Ganz gespannt hören sie dem Auktionator mit 30 weiteren interessierten Käufern zu, wie dieser verschiedene Fundstücke aus den letzen zwei Jahren an die Teilnehmer versteigert.

Höhepunkt der heutigen Auktion ist die Versteigerung einer drei Jahre alten Harley Davidson. Nach einer detaillierten Beschreibung des Auktionators wird das Eröffnungsgebot für das schwere Motorrad auf 2500,00 EUR taxiert. Da zu diesem Zeitpunkt noch viele neue Interessenten in den Versteigerungsraum gekommen sind, wiederholt der Auktionator noch einmal die Vorgehensweise. *„Wer ein Gebot abgeben möchte, hebt die Hand, um zu signalisieren, dass er mit diesem von mir genannten Betrag einverstanden ist. Es wird in 100,00-EUR-Schritten gesteigert und denken Sie bitte daran, ein Gebot ist bindend."*

Nach dem Beginn schnellt der Preis für die Harley auf über 20000,00 EUR hoch. Gregor und Lasse schauen begeistert zu, wie sich der Preis langsam aber sicher der finanziellen Schmerzgrenze aller Beteiligten nähert. Als das Gebot bei 23600,00 EUR angekommen ist, bemerkt Gregor seine Mitschülerin Leonie, die erst jetzt zu der Versteigerung dazugekommen ist und winkt ihr vergnügt zu.

„Ah, da haben wir ja noch ein Gebot, 23700,00 EUR, danke an den jungen Herren, hier in der dritten Reihe. Sie warten ja wirklich bis zur letzten Sekunde mit Ihrem Gebot. Zum Ersten, zum Zweiten und zum Dritten. Sie erhalten den Zuschlag. Herzlichen Glückwunsch." „Du, ich glaube, der meint dich", sagt Lasse zu Gregor, dem jetzt klar wird, dass sein Winken vom Auktionator als Gebot auf das Motorrad gedeutet worden ist.

Aufgabe:

Diskutieren Sie im Klassenverband, ob in diesem Fall ein Rechtgeschäft zustande gekommen ist!

1.2.1 Begriff Rechtsgeschäft

Wenn wir Rechtsgeschäfte abschließen wollen (z. B. einen Kauf tätigen möchten), müssen wir unseren Willen äußern (erklären). Dies geschieht durch sog. **Willenserklärungen.**

- **Rechtsgeschäfte** kommen durch **Willenserklärungen** zustande.
- **Willenserklärungen** sind solche Äußerungen (Handlungen) einer Person, die mit der Absicht vorgenommen werden, eine **rechtliche Wirkung herbeizuführen.**[1]

1.2.2 Arten von Rechtsgeschäften

(1) Einseitige Rechtsgeschäfte

Rechtsgeschäfte, die nur **eine Willenserklärung** benötigen, bezeichnet man als **einseitige Rechtsgeschäfte.**

1 Dazu zählt auch eine mittelbare Handlung, z. B. Münzeinwurf in einen Automaten, Einsteigen in die Straßenbahn.

Rechtsgeschäfte	Erläuterungen	Beispiele
Empfangsbedürftige Willenserklärungen (Rechtsgeschäfte)	Bei **empfangsbedürftigen Willenserklärungen (empfangsbedürftigen Rechtsgeschäften)** ist die Willenserklärung erst rechtswirksam, wenn sie demjenigen **zugegangen ist,** für den sie bestimmt ist.	Eine **Kündigung** ist erst dann rechtswirksam, wenn sie dem Erklärungsempfänger rechtzeitig zugegangen ist.
Nicht empfangsbedürftige Willenserklärungen (Rechtsgeschäfte)	Bei **nicht empfangsbedürftigen Willenserklärungen (nicht empfangsbedürftigen Rechtsgeschäften)** ist die Willenserklärung rechtswirksam, sobald sie **abgegeben worden ist.**	Ein **Testament** ist bereits mit der Niederschrift rechtswirksam und nicht erst dann, wenn der Erbe das Testament empfangen oder gelesen hat.

Beim Zugang der empfangsbedürftigen Willenserklärung ist zu unterscheiden, ob sie unter Anwesenden oder unter Abwesenden abgegeben wird.

Unter Anwesenden	Unter Anwesenden abgegebene Willenserklärungen sind mit ihrer **Abgabe rechtswirksam.**
Unter Abwesenden	Die Willenserklärung ist dann zugegangen, wenn der Empfänger normalerweise von ihr **Kenntnis nehmen kann** (z. B. die Kündigung liegt im Briefkasten des Mitarbeiters zu Hause. Ob er sie liest, ist seine Sache).

Beachte:

Solange eine Willenserklärung **noch nicht rechtswirksam** geworden ist, kann sie **widerrufen** werden. Es reicht, wenn der Widerruf dem Empfänger spätestens gleichzeitig mit der Erklärung zugeht.

(2) Zweiseitige Rechtsgeschäfte (Verträge)

Rechtsgeschäfte, die zu ihrer Gültigkeit **mindestens zwei sich inhaltlich deckende Willenserklärungen benötigen,** sind **mehrseitige (zweiseitige) Rechtsgeschäfte.** Sie bezeichnet man als **Verträge**.et.

Je nachdem, ob sich aus den abgeschlossenen Verträgen nur für einen oder für beide Vertragspartner (Vertragsparteien) Leistungsverpflichtungen ergeben, unterscheidet man folgende Vertragsarten:

Rechtsgeschäfte	Erläuterungen	Beispiele
Einseitig verpflichtende Verträge	Sie liegen vor, wenn nur einem Vertragspartner eine Verpflichtung zur Leistung auferlegt ist.	Ein einseitig verpflichtender Vertrag ist der Schenkungsvertrag. Der Schenker verpflichtet sich, dem Beschenkten das Geschenk zu übergeben und zu übereignen, während der Beschenkte keine Gegenleistung zu erbringen hat.

Rechtsgeschäfte	Erläuterungen	Beispiele
Mehrseitig verpflichtende Verträge	Es handelt sich um Rechtsgeschäfte, bei denen jeder Vertragsteil zu einer Gegenleistung als Entgelt für die Leistung des anderen Vertragsteils verpflichtet ist. Die weitaus meisten Rechtsgeschäfte sind zweiseitig verpflichtende Verträge.	■ Kaufvertrag, ■ Mietvertrag, ■ Pachtvertrag, ■ Darlehensvertrag, ■ Berufsausbildungsvertrag und ■ Reisevertrag.

Zusammenfassung

- **Rechtsgeschäfte** kommen durch Willenserklärungen zustande.
- **Willenserklärungen** sind solche Äußerungen einer Person (oder mehrerer Personen), die mit der Absicht abgegeben werden, eine **rechtliche Wirkung** herbeizuführen.
- Willenserklärungen können **nicht empfangsbedürftig** oder **empfangsbedürftig** sein.
- Die meisten Willenserklärungen sind **empfangsbedürftig,** d.h., sie sind an bestimmte Personen zu richten. Sie werden rechtswirksam, wenn sie der Erklärungsempfänger rechtzeitig erhalten hat.
- Die Willenserklärung ist **rechtswirksam:**
  - bei **Abwesenden:** wenn sich die Willenserklärung im Zugriffsbereich des Empfängers befindet.
  - bei **Anwesenden:** mit der Abgabe der Willenserklärung.
- 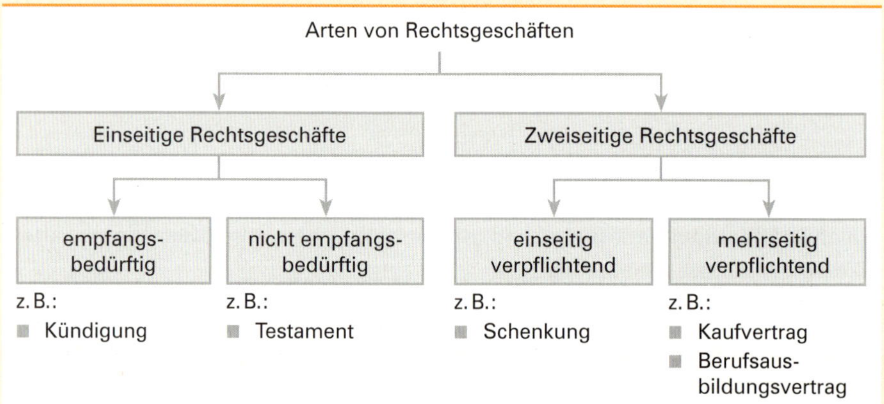

Übungsaufgabe

43

1. Erklären Sie den Begriff „Rechtsgeschäft"!
2. Prüfen Sie, ob ein- oder zweiseitige Rechtsgeschäfte vorliegen:
   2.1 Der Hauseigentümer schließt mit Ihren Eltern einen Vertrag über die Benutzung von Wohnräumen ab.

2.3 Mike Detzel steigt in Kiel in den Linienbus ein.

2.4 Jan Mossel bestellt bei der Buchhandlung Natterer zwei Bücher.

2.5 Der Angestellte Bert Baltian kündigt seinen Arbeitsvertrag.

2.6 Herr Westermeyer verliert seinen wertvollen Ring und lässt öffentlich bekanntgeben, dass er dem ehrlichen Finder 300,00 EUR Finderlohn zahlt (man nennt dies „Auslobung").

3. Erklären Sie den Unterschied zwischen einseitig verpflichtenden und zweiseitig verpflichtenden Verträgen!

4. Nennen Sie zwei einseitig und drei zweiseitig verpflichtende Verträge!

5. Prüfen Sie, inwieweit es rechtlich von Bedeutung ist, ob eine empfangsbedürftige Willenserklärung unter Anwesenden oder unter Abwesenden abgegeben wurde!

6. Erklären Sie, bis zu welchem Zeitpunkt Willenserklärungen von dem Erklärenden widerrufen werden können!

7. 7.1 Ein Arbeitgeber kündigt einem Angestellten. Die schriftliche Kündigung erfolgt mit Schreiben vom 16. September. Am 19. September erhält der Angestellte die Kündigung durch „Einschreiben-Eigenhändig" vom Briefzusteller ins Haus gebracht.

   Aufgabe:

   Entscheiden Sie begründet, wann ein Widerruf der Kündigung spätestens beim Angestellten hätte eingetroffen sein müssen!

   7.2 Sie sind als Auszubildende(r) beim Möbelfachgeschäft Möbel-Wetzel-GmbH in Leipzig beschäftigt. Herr Wetzel gibt Ihnen den Auftrag, bei der Kleinert-Möbelfabrik e. Kfm. in Erfurt 8 Wohnzimmerschränke nach Katalog Nr. G/74.9 zu bestellen. Am 24. Juni wird die schriftliche Bestellung um 18:00 Uhr zur Post gebracht. Am nächsten Morgen kommt Herr Wetzel zu Ihnen und beauftragt Sie, die Bestellung zu widerrufen. Er habe festgestellt, dass von den bestellten Schränken noch genügend im Lager stehen.

   Aufgabe:

   Prüfen Sie, ob Sie die Bestellung noch widerrufen können; wenn ja, stellen Sie dar, wie Ihnen dies gelingen könnte!

1.3 Kaufvertrag

1.3.1 Begriff Kaufvertrag und Möglichkeiten des Kaufvertragabschlusses

Handlungssituation:

Der 19-jährige Schüler Max bietet seinem gleichaltrigen Klassenkameraden Arne in einem Pausengespräch zwischen zwei Vormittagsstunden seinen gebrauchten Laptop für 200,00 EUR an. Max will den PC sofort verkaufen, Arne kann sich jedoch nicht entscheiden.

Am Nachmittag desselben Tages verkauft Max den Laptop seinem 18-jährigen Freund Hannes und vereinbart mit diesem einen Kaufpreis von 210,00 EUR. Die Übergabe des Laptops soll in 4 Tagen erfolgen.

Am nächsten Tag willigt Arne in den Kauf ein. Er besteht auf Erfüllung, weil nur er Rechte aus dem abgeschlossenen Kaufvertrag habe.

Aufgabe:

Überlegen Sie, ob Max seinem Freund Arne den Laptop liefern muss!

(1) Begriff Kaufvertrag

Ein **Kaufvertrag** kommt durch **inhaltlich übereinstimmende,** rechtsgültige **Willenserklärungen** von mindestens **zwei Personen** und **rechtzeitigem Zugang** der zweiten Willenserklärung beim Erklärungsempfänger zustande.

(2) Möglichkeiten des Kaufvertragsabschlusses

- **Der Verkäufer macht ein verbindliches Angebot, der Käufer (Verbraucher) bestellt rechtzeitig und ohne Änderung.**

Der Kaufvertrag ist zustande gekommen, sobald der Verkäufer die Bestellung erhalten hat und diese ihm **rechtzeitig zugegangen** ist.

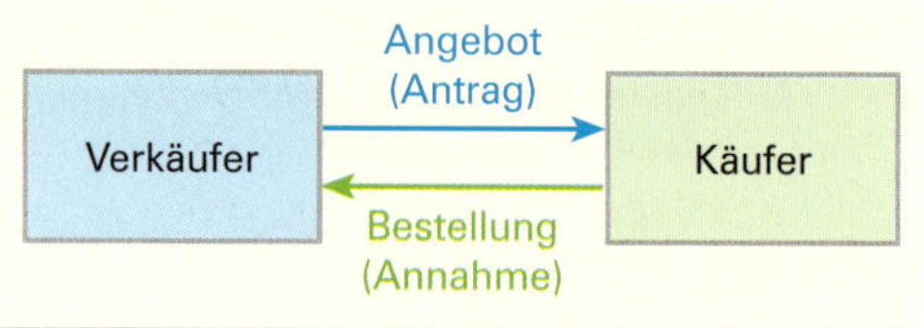

- **Der Käufer bestellt ohne vorhergehendes verbindliches Angebot des Verkäufers und der Verkäufer nimmt die Bestellung rechtzeitig und ohne Änderung an.**

Dies kann z.B. der Fall sein, wenn der Käufer den Verkäufer (seine Waren, Preise) aus früheren Lieferungen kennt und aufgrund gültiger Verkaufsprospekte mit Preislisten oder aufgrund eines unverbindlichen Angebots bestellt.

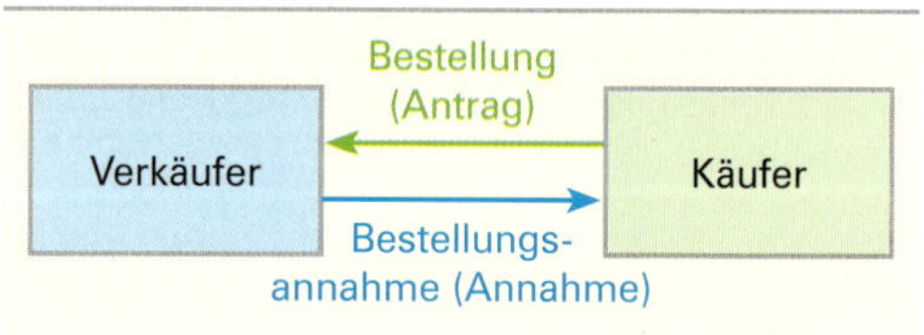

Der Kaufvertrag ist zustande gekommen, sobald die Bestellungsannahme des Verkäufers dem Käufer rechtzeitig zugegangen ist.

- **Der Verkäufer macht ein verbindliches Angebot, der Käufer bestellt jedoch zu spät oder mit Abänderungen des Angebots, z.B. mit kürzerer Lieferzeit, höheren Mengen, niedrigeren Preisen.**

Der Kaufvertrag kommt erst zustande, wenn der Verkäufer die verspätete oder abgeänderte Bestellung des Käufers (neuer Antrag) angenommen hat, d.h. durch die Bestellungsannahme des Verkäufers und nach deren rechtzeitigem **Zugang** beim Käufer.

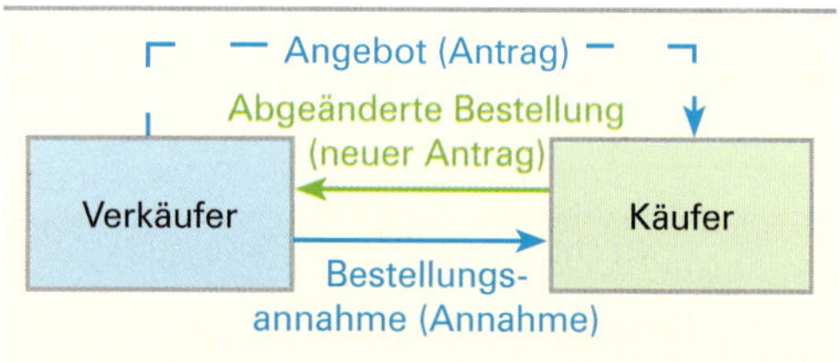

Sind Verkäufer und Käufer **Privatpersonen,** so liegt ein **bürgerlicher Kauf (Privatkauf)** vor. Hier finden die Vorschriften des **Bürgerlichen Gesetzbuches [BGB]** Anwendung. Sind beide Vertragspartner **Kaufleute,** so spricht man von einem **zweiseitigen Handelskauf,** für den das **Handelsgesetzbuch [HGB]** gilt. Ist der **Käufer Privatmann** (Verbraucher) und der **Verkäufer Kaufmann,** so handelt es sich um einen **Verbrauchsgüterkauf.** Zum Schutz des Verbrauchers hat der Gesetzgeber besondere Schutzvorschriften erlassen.

1.3.2 Verpflichtungsgeschäft

Handlungssituation:

Alessia Sciutto, neunzehnjährige Kauffrau im Einzelhandel, hat sich dazu entschlossen, das Geld vom ersten eigenen Gehalt für den Kauf eines neuen Tablet-Computers auszugeben. Sie möchte aber nicht mehr als 650,00 EUR für diesen Tablet-PC ausgeben und erkundigt sich bei unterschiedlichen Computerfachhändlern und im Internet nach den Preisen. Wichtig sind innovatives Zubehör, ein extrem scharfes Display und eine hohe Akkulaufleistung.

Ein Angebot von einer Firma aus dem Internet sagt ihr vor allem wegen des günstigen Preises besonders zu. Allerdings soll es ein weißes Tablet sein. Im Internet wird das Gerät nur in der Farbe Schwarz angeboten. Nach einem kurzen E-Mail-Austausch mit der Firma wird Alessia der Computer zum gleichen Preis auch in der Farbe Weiß angeboten. Nachdem ihr die Auftragsbestätigung einen Tag später zugesandt worden ist, unterschreibt Alessia diese und schickt sie an das Internetunternehmen zurück.

Eine Woche später wird ihr der Computer durch ein Versandunternehmen zugeschickt. Die Begeisterung ist natürlich groß bei Alessia. *„Toll, genau so habe ich mir meinen neuen Computer vorgestellt."* Im Karton ist ein Lieferschein und die Rechnung in Höhe von 598,00 EUR, die sie ohne Abzüge innerhalb der nächsten Tage überweisen soll. Am nächsten Morgen überweist sie den fälligen Betrag, mit ihrem neuen Tablet-PC via Internetbanking, an den Computerhändler.

Aufgaben:

1. Ab welchem Zeitpunkt sind Alessia und der Computerhändler gegenseitige Verpflichtungen eingegangen und wann wurden diese erfüllt?
2. Ab wann ist Alessia Eigentümerin des Tablet-PC?

Mit dem Abschluss z. B. eines Kaufvertrages ist nichts weiter bewirkt, als dass sich

- der Verkäufer verpflichtet hat, die verkaufte Sache dem Käufer frei von Sach- und Rechtsmängeln zu liefern (zu übergeben und zu übereignen) , und
- der Käufer die Verpflichtung eingegangen ist, die gekaufte Sache abzunehmen und vor allem zu bezahlen.

Der Abschluss des Kaufvertrages ist daher ein **Verpflichtungsgeschäft,** dem ein **Erfüllungsgeschäft** folgen muss.

- **Verpflichtungsgeschäft: Übernahme von Rechten und Pflichten**

Pflichten des Verkäufers (Rechte des Käufers)	← Kaufvertrag →	Pflichten des Käufers (Rechte des Verkäufers)
■ Der bestellte Pkw muss mängelfrei und fristgemäß übergeben werden. ■ Das Eigentum an dem Pkw muss auf den Käufer übertragen werden.		■ Der bestellte Pkw muss abgenommen werden. ■ Der ordnungsgemäß gelieferte Pkw muss vereinbarungsgemäß bezahlt werden.

- **Erfüllungsgeschäft: Erfüllung der eingegangenen Verpflichtungen**

Das Verpflichtungsgeschäft erlischt, wenn Verkäufer und Käufer die geschuldeten Leistungen nach den Vereinbarungen des Kaufvertrages **erfüllt haben.**

1.3.3 Erfüllungsgeschäft

1.3.3.1 Vertragspflichten des Verkäufers

Die **Erfüllung** des **Kaufvertrages** durch den **Verkäufer** umfasst:

- die **Besitzverschaffung** und
- die **Eigentumsverschaffung** des Kaufgegenstandes.

(1) Besitzverschaffung

Besitz ist die **tatsächliche Gewalt** über eine Sache.

Der Besitz wird bei **beweglichen Sachen** durch **Übergabe,** bei **unbeweglichen Sachen** durch **Gebrauchsüberlassung** verschafft.

Beispiel:

Ein Kunde lässt sich von einem Medienhaus zur Probe einen Fernseher zu Hause aufstellen. Der Kunde ist Besitzer, das Medienhaus bleibt Eigentümer.

(2) Eigentumsverschaffung

- **Eigentum und dessen Übertragung**

Eigentum im Privatrecht [BGB] ist die **rechtliche Verfügungsgewalt** einer Person über Sachen.

Handelt es sich bei der Kaufsache um eine **bewegliche Sache** (z.B. Möbel), so erfolgt die **Eigentumsübertragung** durch **Einigung** und **Übergabe.**

Beispiel:

Die Inhaberin des Modegeschäfts Frieda Fröhlich e.Kfr. übergibt Frau Schnurr das gekaufte Kleid. Mit der Einigung und der Übergabe des Kleids ist Frau Schnurr Eigentümerin geworden.

Handelt es sich bei der Kaufsache um eine **unbewegliche Sache** (z.B. Gebäude), so erfolgt die **Eigentumsübergabe** durch **Einigung (Auflassung)** und **Eintragung des Eigentumsübergangs** im Grundbuch.

Erläuterung:

Die Einigung über den Eigentumsübergang bezeichnet man in diesem Fall als **Auflassung.** Da ein Grundstück nicht wie eine bewegliche Sache „übergeben" werden kann, tritt anstelle der körperlichen Übergabe die Eintragung ins Grundbuch, aus dem jeder, der ein berechtigtes Interesse hat, ersehen kann, wie die Eigentumsverhältnisse bei einem bestimmten Grundstück sind.

Eigentumsvorbehalt[1]

Will der Käufer sofort in den Besitz der Kaufsache kommen, aber erst zu einem späteren Zeitpunkt bezahlen, so können Verkäufer und Käufer vereinbaren, dass der **Verkäufer** bis zur Zahlung des Kaufpreises **Eigentümer der Kaufsache** bleibt.

Beispiel:

„Die Ware bleibt bis zur restlosen Bezahlung aller Forderungen aus laufenden Rechnungen unser Eigentum. Ein Weiterverkauf ist bis zur restlosen Bezahlung der Ware nicht zulässig."

Der **Eigentumsvorbehalt** ist eine zusätzliche Vereinbarung beim Abschluss eines Kaufvertrages, wonach der Käufer mit der Übergabe der Kaufsache zunächst nur **unmittelbarer Besitzer, nicht aber Eigentümer** werden soll.

Der **Eigentumsvorbehalt erlischt** z. B., wenn die Ware

- vom Käufer bezahlt wird,
- verarbeitet oder umgebildet wird,
- mit einem Grundstück als wesentlicher Bestandteil fest verbunden wird,
- an einen gutgläubigen Dritten veräußert wird,
- zerstört wird, oder wenn
- der Verkäufer vom Kaufvertrag zurücktritt und die Kaufsache zurückverlangt.

1.3.3.2 Vertragspflichten des Käufers

Die **Erfüllung** des **Kaufvertrages** durch den **Käufer umfasst**

- die **Abnahme** des **Kaufgegenstandes** und
- die **Zahlung** des **Kaufpreises.**

(1) Abnahme des Kaufgegenstands

Vertragsgemäß gelieferte Waren muss der Käufer **abnehmen** (körperliche Entgegennahme).

Beachte:

Bereits bei der Übergabe der Ware muss der Käufer die Unversehrtheit der Verpackung, die Übereinstimmung der gelieferten Stückzahlen, Gewichte und/oder Volumeneinheiten mit den auf den Warenbegleitpapieren (Lieferscheine, Frachtbriefe) angegebenen Zahlen und, soweit möglich, die unverpackten Waren selbst prüfen.

Ist von vornherein erkennbar, dass die Waren beschädigt oder unvollständig sind, ist die Abnahme zu verweigern. In diesem Fall wird vom Überbringer eine Bescheinigung über den festgestellten Mangel verlangt **(Tatbestandsaufnahme).**

1 Ein **Eigentumsvorbehalt** kann nur beim **Kauf beweglicher Sachen** vereinbart werden.

(2) Zahlung des Kaufpreises

Der Käufer ist verpflichtet, dem Verkäufer den vereinbarten Kaufpreis zu zahlen. Er übernimmt im Zweifel[1] die Gefahr und die Kosten der Geldübertragung. Die Zahlungsart ist in der Regel dem Käufer überlassen.

Zusammenfassung

- **Abschluss des Kaufvertrages**
  - Der **Kaufvertrag** kommt durch mindestens **zwei inhaltlich übereinstimmende** und rechtzeitig aufeinanderfolgende empfangsbedürftige Willenserklärungen zustande.
  - Die erste Willenserklärung ist der **Antrag,** die auf den Antrag folgende zweite Willenserklärung die **Annahme.**
  - Da die erste Willenserklärung sowohl vom Verkäufer als auch vom Käufer abgegeben werden kann, kann ein Kaufvertrag sowohl durch ein **Angebot** (1. Willenserklärung) und die **Bestellung** (2. Willenserklärung) als auch durch eine **Bestellung** (1. Willenserklärung) und die **Bestellungsannahme** (2. Willenserklärung) zustande kommen.
  - Durch den Abschluss eines Kaufvertrages ist zunächst ein **gegenseitiges Schuldverhältnis** entstanden, das zu gegenseitigen Leistungen verpflichtet: das sogenannte **Verpflichtungsgeschäft.**
- **Erfüllung des Kaufvertrages**
  - Dem **Verpflichtungsgeschäft** muss das **Erfüllungsgeschäft** folgen.
  - Der **Verkäufer** ist **verpflichtet,** dem **Käufer** die verkaufte Sache in der richtigen Art und Weise, mängelfrei, rechtzeitig und am richtigen Ort **zu übergeben** und dem **Käufer** das **Eigentum** an dem **Kaufgegenstand** frei von Rechtsmängeln zu übertragen.
  - Der **Käufer** ist **verpflichtet,** den vereinbarten **Kaufpreis** zu **zahlen** und die ordnungsgemäß gelieferte **Kaufsache abzunehmen.**
- Unter **Besitz** versteht man die tatsächliche **Verfügungsgewalt** über eine Sache. („Besitz hat man.")
- Unter **Eigentum** versteht man das **Recht,** über eine Sache (oder eine Forderung) im Rahmen der gesetzlichen Vorschriften frei verfügen zu können. („Eigentum gehört einem.")
- Wichtige **Möglichkeiten des Eigentumserwerbs** sind
  - an **beweglichen Sachen:**

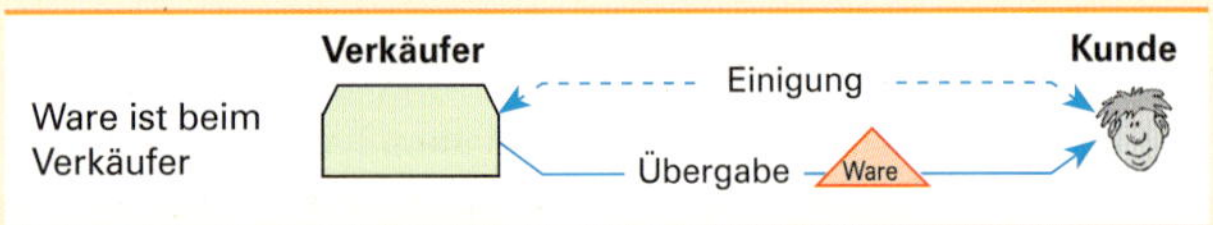

  - an **unbeweglichen Sachen:**
    - **Einigung (Auflassung)**
    - **Eintragung im Grundbuch.**
- Beim **Eigentumsvorbehalt** vereinbaren Verkäufer und Käufer, dass der Käufer mit der Übergabe der Kaufsache zunächst nur Besitzer und nicht Eigentümer werden soll. Der Eigentumsvorbehalt muss vereinbart werden. Eine einseitige Erklärung des Verkäufers, nur unter Eigentumsvorbehalt zu liefern, reicht nicht.
- Mit der **vollständigen Zahlung des Kaufpreises** geht das Eigentum ohne weitere Willenserklärungen (automatisch) auf den Käufer über.

1 **Im Zweifel** bedeutet, dass es sich um eine Auslegungsregel handelt, die dann **nicht gilt,** wenn in vertraglichen Vereinbarungen etwas anderes bestimmt ist.

Übungsaufgabe

44 1. Beschreiben Sie, unter welchen Bedingungen ein Kaufvertrag bereits mit der Bestellung zustande kommt!

2. Notieren Sie die Ziffer, unter welchen Bedingungen ein Kaufvertrag erst mit der Bestellungsannahme zustande kommt, wenn ein verbindliches Angebot vorliegt!
   2.1 Sie bestellen unmittelbar per E-Mail.
   2.2 Sie schließen den Kaufvertrag telefonisch ab.
   2.3 Sie kürzen die Bestellmenge.
   2.4 Sie bestellen in der angegebenen Frist per Brief.

3. Die Großhandlung Marc Grohe GmbH macht dem Einzelhandelsgeschäft Fritz Krause e.Kfm. unter dem 24. April 20.. ein Angebot über eine Bohrmaschine zum Preis von 140,00 EUR. Unter Bezugnahme auf das Angebot bestellt das Einzelhandelsgeschäft Florian Krause e.Kfm. am 28. Mai 20.. zum Preis von 140,00 EUR. Die Großhandlung Marc Grohe GmbH nimmt die Bestellung von Florian Krause e.Kfm. vom 28. Mai 20.. am 2. Juli 20.. an.

   Aufgabe:

   Prüfen Sie die Rechtslage!

4. Die Elektrogroßhandlung Groß OHG, Berlin, verfügt über einen Restposten an Kühlschränken. Sie bietet diese in einer Fachzeitschrift zum Vorzugspreis von 350,00 EUR je Stück an.

   Aufgaben:

   4.1 Auf die Anzeige hin bestellt das Elektrogeschäft Alexander Kraft e.Kfm. 5 Kühlschränke des angebotenen Modells zu je 350,00 EUR. Begründen Sie, ob die Groß OHG liefern muss!

   4.2 Aufgrund einer Anfrage des Supermarkts Neumann GmbH gibt die Groß OHG am 25. März ein schriftliches Angebot mit folgendem Inhalt ab: „Preis 330,00 EUR bei Abnahme von 20 Stück, Zahlung netto Kasse".

   Am 10. April bestellt die Neumann GmbH 15 Stück zu je 330,00 EUR. Muss an die Neumann GmbH geliefert werden? Erläutern Sie die bestehende Rechtssituation!

5. Nennen Sie die Hauptpflichten des Verkäufers und des Käufers!

6. Begründen Sie, warum es bei einem Kaufvertrag zwei Gläubiger und zwei Schuldner gibt!

7. Erklären Sie den Unterschied zwischen Verpflichtungsgeschäft und Erfüllungsgeschäft!

8. Notieren Sie die Ziffer, in welchem Fall ein zweiseitiger Handelskauf vorliegt!
   8.1 Frau Petzer kauft ihrer Nachbarin den Pkw ab.
   8.2 Ein Textileinzelhändler kauft sich in der Buchhandlung einen Bestsellerroman.
   8.3 Ein Unternehmer verkauft seinen Privatwagen an einen Mitarbeiter.
   8.4 Ein Schreibwarenhändler kauft beim Papiergroßhändler 100 Packungen Kopierpapier.

9. Der Schulleiter Sebastian Wägele kauft bei seinem Fahrradhändler ein Mountainbike. Welche Kaufvertragsart liegt vor? Begründen Sie Ihre Entscheidung!

10. Notieren Sie die Ziffer, welche der folgenden Aussagen richtig ist!
   10.1 Besitz ist die rechtliche Herrschaft, Eigentum die tatsächliche Verfügungsgewalt.
   10.2 Eigentum ist die rechtliche Herrschaft, Besitz die tatsächliche Verfügungsgewalt.
   10.3 Eigentum ist gleich Vermögen.
   10.4 Solange ein Auszubildender ein Schulbuch ausgeliehen hat, ist er Eigentümer.
   10.5 Der Eigentümer ist immer auch der Besitzer einer Sache.

11. Herr Schmidt hat sich ein Einfamilienhaus gebaut. Er nennt sich jetzt stolz „Hausbesitzer".

    Aufgabe:

    Beschreiben Sie, inwiefern dieser Ausdruck zutreffend ist! Begründen Sie Ihre Antwort, wenn Herr Schmidt das Haus mietet!

12. Das Eigentum wird vom Gesetz grundsätzlich geschützt. Klären Sie, ob dies auch für den Besitz zutrifft!

13. Begründen Sie, warum Eigentum nicht gleich Vermögen ist!

14. Erklären Sie Begriff und Zweck des Eigentumsvorbehalts!

15. 15.1 Begründen Sie, warum ein Eigentumsvorbehalt nur durch eine Vereinbarung zwischen dem Verkäufer und Käufer und nicht allein durch die Willenserklärung des Verkäufers, nur unter Eigentumsvorbehalt zu liefern, rechtswirksam werden kann!

    15.2 Stellen Sie dar, welchen Vorteil der Eigentumsvorbehalt für den Lieferanten bietet!

    15.3 Nennen Sie drei Gründe, bei deren Vorliegen der Eigentumsvorbehalt erlischt!

16. In den nachfolgenden Abbildungen sind symbolisch zwei verschiedene Möglichkeiten der Eigentumsübertragung durch Rechtsgeschäft dargestellt.

Die Symbole bedeuten:

——→ Übergabe einer Sache

←- - -→ Einigung zwischen Erwerber und Veräußerer

□ Veräußerer

○ Erwerber

 bewegliche Sache

Aufgaben:

16.1 Beschreiben Sie, welche rechtsgeschäftlichen Möglichkeiten der Eigentumsübertragung dargestellt werden!

16.2 Erklären Sie, durch welche Vereinbarung im Kaufvertrag sich der Verkäufer das Verfügungsrecht über die Ware bis zum Zahlungseingang sichern kann!

1.4 Vertragsfreiheit, Form der Rechtsgeschäfte und allgemeine Geschäftsbedingungen

1.4.1 Vertragsfreiheit

Handlungssituation:

Die Kundin Petra Kühn hat im Textilfachgeschäft Fritz Bauer e.Kfm. eine sehr schöne antike Brosche an einem dekorierten Sommerkleid gesehen, die sie gerne erwerben möchte. Der Einzelhändler Bauer lehnt den Verkauf der Brosche ab, da er sie auch weiterhin als Dekorationsstück verwenden möchte.

Aufgabe:

Muss der Einzelhändler Bauer diese Brosche an die Kundin verkaufen?

Die Rechtsordnung der Bundesrepublik Deutschland beruht auf dem **Grundsatz der Vertragsfreiheit.** Die Vertragsfreiheit ist im Grundgesetz durch die persönlichen Freiheitsrechte verfassungsrechtlich verbrieft [Art. 2 GG].

Die Vertragsfreiheit ist durch folgende **Merkmale** gekennzeichnet:

Abschlussfreiheit	Sie besagt, dass jeder in eigener Verantwortung selbst darüber entscheiden kann, ob, wann und mit wem er ein Rechtsgeschäft (z. B. einen Vertrag) abschließen will oder nicht abschließen will. Niemand wird zum Abschluss von Rechtsgeschäften gezwungen. Es besteht somit kein Abschlusszwang.
Inhaltsfreiheit, Vertragsgestaltungsfreiheit	Sie besagt, dass jeder Einzelne bzw. die Vertragspartner das Recht hat (haben), über den Inhalt der abgeschlossenen Rechtsgeschäfte selbst bestimmen zu können. Treffen die Vertragspartner keine Abmachungen, dann gilt die gesetzliche Regelung.
Auflösungsrecht	Wurden Rechtsgeschäfte für eine bestimmte oder auf unbestimmte Zeit abgeschlossen (z.B. ein Miet-, Pacht-, Leih- oder Dienstvertrag), so ist es den Vertragspartnern grundsätzlich möglich, diese Rechtsgeschäfte im Rahmen der hierüber getroffenen Vereinbarungen auch wieder aufzulösen (z.B. den Miet-, Pacht-, Leih- oder Dienstvertrag unter Wahrung bestimmter gesetzlicher oder vertraglich vereinbarter Fristen zu kündigen).

Die **Grenzen der Vertragsfreiheit** hat der Gesetzgeber dort gesetzt, wo die Gefahr besteht, dass der wirtschaftlich **schwächere Vertragspartner benachteiligt** wird. Im Folgenden werden zwei Einschränkungen der Vertragsfreiheit dargestellt: **Einhaltung von Formvorschriften** und **Grenzen von allgemeinen Geschäftsbedingungen.**

1.4.2 Form der Rechtsgeschäfte

Handlungssituation:

Die achtzehnjährige Sina kann sich nicht entscheiden. Nach ihrem Hauptschulabschluss im Sommer hat sie sich auf mehrere Ausbildungsplatzangebote beworben. Zum einen hat sie sich schriftlich beim Lebensmittelgeschäft Husmann KG in ihrer näheren Umgebung beworben und gleichzeitig hat sie dank ihrer Mutter die Möglichkeit, eine Ausbildung zur Verkäuferin beim Drogeriemarkt Revensburg GmbH anzufangen. Nachdem sie ein Bewerbungsgespräch beim Inhaber, Herrn Revensburg, hatte, möchte dieser Sina gerne zur Verkäuferin in seinem Unternehmen ausbilden. Da sie noch keine Mitteilung vom Lebensmittelgeschäft Husmann hat, gibt Sina Herrn Revensburg die Zusage, die Ausbildung bei ihm zu beginnen. Allerdings würde sie erst einmal für die nächsten zwei Wochen in ihren geplanten Sommerurlaub nach Italien fahren und erst im Anschluss daran ihre Ausbildungsstelle beim Drogeriemarkt Revensburg GmbH antreten.

Als Sina wieder zu Hause bei ihren Eltern aus dem Urlaub eintrifft, erwartet ihre Mutter sie schon freudestrahlend mit einem Brief vom Lebensmittelgeschäft Husmann. Sina reißt diesen sofort auf und liest: *„... würden wir uns freuen, Sie am 01.08.20.. als neue Auszubildende bei uns im Hause begrüßen zu dürfen. ... unterzeichnen Sie bitte die mit einem Kreuz gekennzeichneten Stellen, des als Anhang 3 beigefügten Berufsausbidungsvertrags ...“*

Nachdem sie den Brief gelesen hat, fährt sie mit ihrer Mutter zu Herrn Revensburg, um mit ihm über die neue Situation zu reden. Dieser ist aber alles andere als bereit, Sina gehen zu lassen. *„Vertrag ist Vertrag sagt er, denn auch mündlich geschlossene Verträge sind verpflichtend und rechtlich bindend.“*

Auf dem Rückweg nach Hause überlegen Mutter und Tochter, wie sie mit der Situation nun umgehen sollen.

Aufgaben:

1. Ist ein rechtswirksamer Vertrag zwischen Sina und dem Drogeriemarkt Revensburg GmbH geschlossen worden? Begründen Sie Ihre Meinung!
2. Warum sollten Verträge nach Möglichkeit immer schriftlich abgeschlossen werden?

(1) Formfreiheit und Formzwang

Formfreiheit

Formfreiheit bedeutet, dass die Rechtsgeschäfte in jeder möglichen Form abgeschlossen werden können. Im Rahmen unserer geltenden Rechtsordnung besteht für die weitaus meisten Rechtsgeschäfte der Grundsatz der Formfreiheit.

Beispiele:

Die meisten Rechtsgeschäfte können mit beliebigen Mitteln, z. B. durch **Worte** (mündlich, fernmündlich, per Fax oder E-Mail), durch **schlüssige Handlungen** (Kopfnicken, Handheben, Einsteigen in ein Taxi usw.) und in bestimmten Fällen sogar durch **Schweigen** abgeschlossen werden.

Formzwang

Abweichend von dem Grundsatz der Formfreiheit gibt es bestimmte Gruppen von Rechtsgeschäften, für die das Gesetz bestimmte Formen vorschreibt **(gesetzliche Formen)** oder für die zwischen den Vertragsparteien eine bestimmte Form vereinbart wurde (**vertragliche Formen** genannt). Dieser sogenannte Formzwang dient vor allem

- der **Beweissicherung,**
- dem **Schutz vor voreiligen Verpflichtungen** (z. B. des Schenkers) und
- einer genauen **Abgrenzung zwischen unverbindlichen Vorverhandlungen und verbindlichen Aufzeichnungen** (z. B. beim Testament und Erbvertrag).

(2) Gesetzliche Formen[1]

Gesetzliche Formen	Erläuterungen	Beispiele
Schriftform	Die Schriftform verlangt, dass die Erklärung schriftlich festgehalten und durch den Erklärenden unterschrieben wird. Bei Verträgen müssen alle Vertragsparteien unterschreiben.	■ Beendigung von Arbeitsverhältnissen durch Kündigung, ■ Berufsausbildungsvertrag (Auszubildende haben unverzüglich nach Abschluss des Berufsausbildungsvertrages, spätestens vor Beginn der Berufsausbildung, den wesentlichen Inhalt des Vertrages schriftlich niederzulegen).
Elektronische Form	Zur Rechtswirksamkeit muss der Aussteller der Erklärung seinen Namen hinzufügen und das elektronische Dokument mit einer qualifizierten elektronischen Signatur nach dem Signaturgesetz versehen.	■ Onlinebanking, ■ Kreditkartennutzung, ■ Pay-TV, Teleshopping, ■ elektronische Ausweispapiere, ■ automatische Empfangsbestätigung von Schriftstücken im Schriftverkehr mit Behörden.
Öffentliche Beglaubigung	Die öffentliche Beglaubigung ist eine Schriftform, bei der der Notar die **Echtheit der eigenhändigen Unterschrift des Erklärenden** beglaubigt.	Anmeldungen ■ zum Handelsregister, ■ zum Vereinsregister, ■ zum Güterrechtsregister.

1 Die jeweils strengere („höhere") Form kann die weniger strenge („niedere") Form generell ersetzen. Wird z. B. die Textform gefordert, dann kann diese durch eine elektronische Form oder (erst recht) auch durch die gesetzliche Schriftform ersetzt werden.

Gesetzliche Formen	Erläuterungen	Beispiele
Notarielle Beukundung	Der Notar beurkundet die Unterschrift **und** den Inhalt der Erklärung. Es handelt sich um eine öffentliche Urkunde.	■ Grundstücksverträge, ■ Schenkungsversprechen.

Rechtsgeschäfte, die **nicht** in der vom **Gesetz vorgeschriebenen Form** erfolgt sind, sind grundsätzlich **nichtig.**

1.4.3 Allgemeine Geschäftsbedingungen

Handlungssituation:

Der Auszubildende Karlo Radosovic bestellt die neue Outdoor-Funktionsjacke „Feel Good" in einem bekannten Online-Kaufhaus und ist voller Vorfreude. Die Jacke hat eine besonders positive Kundenbewertung erhalten und besteht hauptsächlich aus qualitativ hochwertigen Materialien. Da Karlo in seiner Freizeit gerne wandern geht, ist ihm besonders die Wind und Wasser abweisende Oberfläche und die Atmungsaktivität der Jacke wichtig. Zudem ist die Jacke mit einem Verkaufspreis von 69,90 EUR sehr günstig und schon in 24 Stunden lieferbar.

Beim Bestellvorgang macht er wie immer ein Kreuz bei den AGB, ohne diese genau zu lesen, da sie meist über mehrere Seiten gehen und er auch noch nie Probleme mit dem Onlineanbieter hatte. Nach einem Tag wird ihm eine Funktionsjacke geliefert, aber zu seinem Erstaunen nicht das von ihm bestellte Modell „Feel good", sondern eine ähnliche, allerdings nicht atmungsaktive Jacke mit der Bezeichnung „Feelland". Nach einem kurzem Telefonat mit dem Kundendienst des Online-Kaufhauses weist die freundliche Kundenberaterin Karlo auf die Allgemeinen Geschäftsbedingungen [AGB] des Unternehmens hin, die er beim Abschluss des Vertrages ja schließlich auch gesondert angekreuzt, also auch angenommen habe. Und dort heißt es unter 5.3: *„Sollte ein vom Kunden bestelltes Produkt wider Erwarten trotz rechtzeitiger Disposition aus vom Unternehmen nicht zu vertretenden Gründen nicht verfügbar sein, ist das Unternehmen berechtigt, anstatt des bestellten Produktes ein in Qualität und Preis gleichwertiges Produkt zu liefern."*

Aufgaben:

1. Diskutieren Sie im Klassenverband, wie sich der Auszubildende Karlo Radosovic in diesem Fall verhalten soll!
2. Überlegen Sie, warum ein Unternehmen Allgemeine Geschäftsbedingungen verwendet!

Die Einzelhändler sind unter Berufung auf den Grundsatz der Vertragsfreiheit bestrebt, durch **verbindliche allgemeine Geschäftsbedingungen** für sie günstigere vertragliche Vereinbarungen zu erzielen. Außerdem werden allgemeine Geschäftsbedingungen formuliert, um nicht immer wieder in jedem neuen Vertrag dieselben Dinge neu regeln zu müssen (z. B. Festlegung der Zahlungsbedingungen).

(1) Begriff „Allgemeine Geschäftsbedingungen"

Allgemeine **G**eschäfts**b**edingungen **[AGB]** sind **vorformulierte Vertragsbedingungen,** die **eine** Vertragspartei (z. B. der Einzelhändler) der anderen Vertragspartei (den Kunden) bei Abschluss eines Vertrages stellt.

Werden „Allgemeine Vertragsbedingungen" zwischen den Vertragsparteien im Einzelnen ausgehandelt, liegen keine AGB vor. Solche **Individualvereinbarungen** gehen den AGB immer vor.

Beispiel:

In den allgemeinen Geschäftsbedingungen eines Unternehmens steht: „Liefertermine sind unverbindlich". Haben sich Käufer und Verkäufer auf den Liefertermin 15. Juli geeinigt, so gilt diese Vereinbarung.

(2) Allgemeine Geschäftsbedingungen und Verbraucherschutz

Gültigkeit der allgemeinen Geschäftsbedingungen

Ein „Trick" mancher Verwender allgemeiner Geschäftsbedingungen ist, diese möglichst klein[1] in für Kunden unverständlicher juristischer Sprache in einer blassen Farbe auf die Rückseite der Angebote oder gar Auftragsbestätigungen bzw. Rechnungen zu drucken. Solche Unterschiebungen sind nach dem BGB verboten.

Allgemeine Geschäftsbedingungen werden nur dann **Vertragsbestandteil,** wenn

- der Verwender (z. B. der Einzelhändler) beim Vertragsabschluss die andere Vertragspartei **ausdrücklich** auf sie hinweist,
- der **andere Vertragspartner in zumutbarer Weise vom Inhalt der AGB Kenntnis nehmen kann** und
- mit deren Geltung **einverstanden** ist.

Vorschriften zum Verbraucherschutz

Die nachfolgende Tabelle enthält Beispiele für unwirksame AGB-Klauseln.

Klauseln	Erläuterungen	Beispiele
Überraschende Klauseln	Es sind Klauseln, mit denen der Verwender nicht zu rechnen braucht.	Der Käufer eines Pkw wird verpflichtet, den Service allein beim verkaufenden Autohaus durchführen zu lassen.
Kurzfristige Preiserhöhungen	Räumen die allgemeinen Geschäftsbedingungen die Möglichkeit ein, dass bei einer Warenlieferung innerhalb von vier Monaten nach Abschluss des Kaufvertrages eine kurzfristige Preiserhöhung erlaubt ist, so ist diese für Verbraucher unwirksam.	In einem am 2. März abgeschlossenen Kaufvertrag über die Lieferung eines Pkw ist als Liefertermin der 15. Mai festgelegt. Eine in der Zwischenzeit eingetretene Preiserhöhung ist für den Käufer ohne Bedeutung.
Leistungsverweigerungsrecht	Ein Gewährleistungsausschluss[2] bei neu hergestellten Waren und eine Einschränkung des Leistungsverweigerungsrechts sind unwirksam.	■ Die AGB eines Elektrofachgeschäfts legen fest, dass der Kunde im Fall einer zu Recht bestehenden Beanstandung lediglich ein Recht auf Beseitigung des Mangels haben soll.

1 Deswegen werden die AGB in der Umgangssprache auch als das „Kleingedruckte" bezeichnet.

2 Zu **Gewährleistungsrechten** zählen z. B. das Recht auf Mängelbeseitigung oder Ersatzlieferung, Rücktritt vom Kaufvertrag und das Recht auf Schadensersatz.

Klauseln	Erläuterungen	Beispiele
		■ Die AGB eines Baumarkts enthalten folgende Klausel: „Bei Ratenkäufen entbindet auch eine berechtigte Reklamation den Käufer nicht von seiner Verpflichtung zur pünktlichen Ratenzahlung.“
Pauschalierung von Schadensersatzansprüchen	Eine Schadenspauschalierung ist stets unwirksam, wenn dem anderen Vertragsteil z. B. nicht ausdrücklich der Nachweis gestattet wird, dass ein Schaden oder eine Wertminderung gar nicht oder nur in wesentlich niedrigerer Höhe eingetreten ist.	In den AGB einer Autovermietung steht: Bei jedem Unfall, bei dem ein Schaden an dem gemieteten Pkw entsteht, wird, ohne dass der Vermieter einen Nachweis zu führen hat, ein Mindestentgelt von 750,00 EUR fällig.
Haftungsausschluss bei Verletzung von Leben, Körper, Gesundheit und bei grobem Verschulden	Der Anspruch auf Schadensersatz wegen **Verletzung des Lebens, des Körpers** oder **der Gesundheit** kann nicht ausgeschlossen werden. Auch die Haftung für **sonstige Schäden** kann für vorsätzliche oder grobe Fahrlässigkeit nicht ausgeschlossen werden. **Ausgeschlossen** werden kann jedoch ein Schadensersatzanspruch, der auf einer **einfachen Fahrlässigkeit** beruht, sofern der Schaden untypisch für den Vertrag ist.	Eine Fahrradfabrik schließt in ihren AGB einen Schadensersatzanspruch für Verletzungen wegen eines Materialfehlers aus.

Zusammenfassung

- **Vertragsfreiheit** ist das Recht, Rechtsgeschäfte nach Belieben abschließen, auflösen und gestalten zu können.

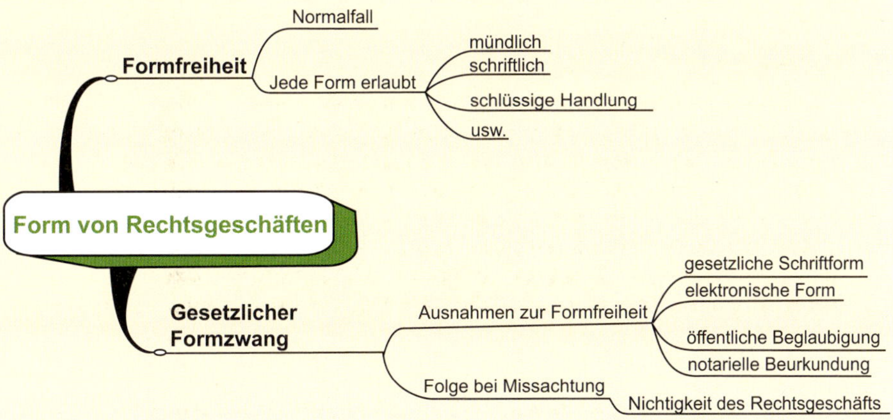

16 Speth u.a. - ISBN 978-3-8120-0631-6

- **Allgemeine Geschäftsbedingungen [AGB]** haben den Zweck, für die Unternehmen günstige und über längere Zeit gleichbleibende Vertragsbedingungen zu schaffen.
- Um die wirtschaftlich schwächeren **Verbraucher vor einer möglichen unangemessenen Benachteiligung** durch die Unternehmer **zu schützen,** hat der Gesetzgeber die Vertragsfreiheit durch **besondere Vorschriften** zu den allgemeinen Geschäftsbedingungen eingeschränkt.

Übungsaufgaben

45

1. Erklären Sie den Begriff Vertragsfreiheit und deren Bedeutung!
2. Begründen Sie die Notwendigkeit einer Einschränkung der Vertragsfreiheit anhand von zwei Beispielen!
3. Begründen Sie, warum die Vorschriften des BGB zur Geschäftsfähigkeit eine Einschränkung der Vertragsfreiheit darstellen!
4. Erklären Sie, warum die Abmachungen zwischen Käufer und Verkäufer grundsätzlich Vorrang vor den gesetzlichen Vorschriften haben!
5. Begründen Sie, warum in der Bundesrepublik Deutschland für die weitaus meisten Rechtsgeschäfte der Grundsatz der Formfreiheit gilt!
6. Zeigen Sie an zwei Beispielen auf, warum gesetzliche Formvorschriften notwendig sind!
7. Erklären Sie, welchen Zweck die Vertragsparteien verfolgen, wenn diese für die abzuschließenden Rechtsgeschäfte eine bestimmte Form vereinbaren!
8. 8.1 Erklären Sie den Unterschied zwischen der öffentlichen Beglaubigung und der notariellen Beurkundung!

   8.2

   Urkundenrolle Nummer: 333

   Vorstehende, vor mir vollzogene (bzw. anerkannte) Unterschrift des Herrn Franz Müller, Kaufmann, wohnhaft in Karlsruhe, Benzstraße 57, geboren am 1. Januar 1952, beglaubige ich. Herr Müller wies sich durch seinen Personalausweis aus.

   Karlsruhe, den 5. März 20..
   (Ort und Datum)

   Erläutern Sie die abgebildete Urkunde!
9. Erklären Sie, welchen Zweck das BGB verfolgt, wenn es bestimmt, dass Rechtsgeschäfte, die nicht in der vorgeschriebenen gesetzlichen Form erfolgt sind, grundsätzlich nichtig sind!

46

1. Erläutern Sie die Bedeutung der „Allgemeinen Geschäftsbedingungen"
   1.1 aus der Sicht des Einzelhändlers,
   1.2 aus der Sicht der Käufer (insbesondere der Konsumenten)!
2. Die allgemeinen Geschäftsbedingungen der Tüchtig Handelsgesellschaft mbH sollen neu formuliert werden.

   Aufgaben:

   2.1 Prüfen Sie, ob folgende Formulierung möglich ist!

   – „Erfolgen Preiserhöhungen 8 Wochen nach Vertragsabschluss, gelten die neuen Preise."

- „Liefertermine sind unverbindlich. Wir bemühen uns jedoch um eine pünktliche Lieferung."
- „Wir erkennen Reklamationen bei offensichtlichen Mängeln nur an, wenn sie einen Tag nach Warenempfang abgesandt werden."

2.2 Stellen Sie dar, unter welchen Voraussetzungen die AGB Vertragsbestandteil werden!

3. Welchen Vorteil hat die Formulierung von allgemeinen Geschäftsbedingungen? Notieren Sie die entsprechende Ziffer!
   3.1 Die AGB beschleunigen den Abschluss eines Vertrages.
   3.2 Die AGB führen dazu, dass der Käufer bessere Bedingungen erhält.
   3.3 Die AGB erleichtern Vertragsabschlüsse, weil sie die Grundlage für viele Verträge bilden.
   3.4 Die AGB erschweren häufig einen Vertragsabschluss.
   3.5 Die AGB werden vom Gesetzgeber festgelegt.
4. Ein Autohaus verweist den Käufer eines Neuwagens bei einem Motordefekt an den Autohersteller.

   Aufgabe:

   Beurteilen Sie diese AGB-Klausel rechtlich!
5. Prüfen Sie, ob folgende Klauseln in allgemeinen Geschäftsbedingungen gegenüber Nichtkaufleuten rechtswirksam sind: Lesen Sie hierzu §§ 308, 309 BGB! Besorgen Sie sich den Gesetzestext aus dem Internet!

   Aufgaben:

   5.1 „Wir sind berechtigt, die vereinbarte Leistung zu ändern oder von ihr abzuweichen."
   5.2 „Erfolgt die Lieferung nicht zum vereinbarten Termin, so kann uns der Käufer eine dreimonatige Nachfrist setzen mit der Erklärung, dass er nach deren fruchtlosem Ablauf vom Kaufvertrag zurücktreten werde."
   5.3 „Wir sind jederzeit berechtigt, vom Kaufvertrag zurückzutreten."
   5.4 „Kleinere fabrikationstechnisch bedingte Farbabweichungen müssen wir uns vorbehalten."
   5.5 „Verlangt ein Käufer aufgrund berechtigter Reklamation Nacherfüllung, müssen wir eine Nutzungsgebühr in Höhe von 50 % des Barverkaufspreises verlangen."
   5.6 „Bis zur Auslieferung des Kaufgegenstandes eintretende Preiserhöhungen gehen zu Lasten des Käufers."
   5.7 „Verlangt der Kunde Nachbesserungen, muss er die dadurch entstehenden Aufwendungen, insbesondere Fahrt-, Arbeits- und Materialkosten, tragen."
   5.8 „Der Sonderverkauf erfolgt unter Ausschluss jeder Gewährleistung."
   5.9 Aus den AGBs einer Reinigung: „ Für Schäden haften wir nur bis zum 10-Fachen des Reinigungspreises."

1.5 Nichtigkeit und Anfechtbarkeit von Rechtsgeschäften

Handlungssituation:

Herr Wagner möchte seinem Nachbarn, Herrn Herrmann, schriftlich einen gebrauchten Pkw zum Kauf anbieten, vertippt sich jedoch und schreibt statt 5 500,00 EUR nur 4 500,00 EUR. Herr Herrmann nimmt das Angebot an. Der Wagen wird am folgenden Tag übergeben. Als Herr Herrmann kurz darauf bezahlen will, klärt sich alles auf.

Aufgabe:

Was kann Herr Wagner unternehmen?

1.5.1 Nichtigkeit von Rechtsgeschäften

Rechtsgeschäfte, die nach dem Gesetz **ungültig** sind, gelten als **von Anfang an** nichtig (ungültig).

Die folgenden **Mängel** führen dazu, dass Rechtsgeschäfte von Anfang an nichtig sind:

Arten der Mängel	Beispiele
Geschäftsunfähigkeit	■ Rechtsgeschäfte von Geschäftsunfähigen. ■ Rechtsgeschäfte beschränkt Geschäftsfähiger, sofern die Zustimmung vom gesetzlichen Vertreter verweigert wird. ■ Rechtsgeschäfte, die im Zustand der Bewusstlosigkeit oder vorübergehender Störung der Geistestätigkeit abgeschlossen werden. (Beispiel: Ein Betrunkener verkauft sein Auto.)
Scheingeschäfte/ Scherzgeschäfte	■ Zum Schein abgegebene Willenserklärungen, die ein anderes Rechtsgeschäft verdecken sollen. (Beispiel: Grundstückskaufvertrag über 230 000,00 EUR, wobei mündlich ein Kaufpreis von 280 000,00 EUR vereinbart wird, um Grunderwerbsteuer zu sparen.) ■ Offensichtlich nicht ernst gemeinte Willenserklärungen. (Beispiel: Das Angebot eines Witzbolds, seine Fahrkarte zum Mars für 5 000,00 EUR verkaufen zu wollen.)
Verstoß gegen ein gesetzliches Verbot	Rauschgift- und Waffengeschäfte, Verkauf von Alkohol an 14-Jährige.
Verstoß gegen Formvorschriften	Ein mündlich abgeschlossener Verbraucherdarlehensvertrag; Kauf eines Grundstücks ohne notarielle Beurkundung.

1.5.2 Anfechtbarkeit von Rechtsgeschäften

(1) Begriff Anfechtbarkeit

Anfechtbare Rechtsgeschäfte sind bis zu der erklärten Anfechtung **voll rechtswirksam** (gültig). Nach einer **rechtswirksamen** Anfechtung wird das Rechtsgeschäft jedoch **von Anfang an nichtig (ungültig).**

Die Anfechtung eines Rechtsgeschäfts ist möglich

- bei **Irrtum,**
- bei **arglistiger Täuschung** und
- bei **widerrechtlicher Drohung.**

(2) Anfechtung wegen Irrtum

Formen des Irrtums	Beispiele
Irrtum in der Erklärungshandlung Hier verspricht oder verschreibt sich der Erklärende.	Der Verkäufer eines Autos will dieses für 12 000,00 EUR anbieten, schreibt in seinem Angebot jedoch nur 10 000,00 EUR.
Irrtum über den Erklärungsinhalt In diesem Fall hat sich der Erklärende über den Inhalt seiner Willenserklärung geirrt.	Jemand möchte ein Auto mieten, unterschreibt jedoch keinen Miet-, sondern einen Kaufvertrag.
Irrtum bei der Übermittlung einer Willenserklärung	Ein Vertreter übermittelt ein Angebot falsch. Statt des richtigen Angebotspreises von 500,00 EUR enthält das Fax nur einen Preis von 50,00 EUR, weil sich die Sekretärin des Vertreters vertippt hat.
Irrtum über verkehrswesentliche Eigenschaften einer Person oder einer Sache	Eine Bank stellt einen Kassierer ein, über den sie nachträglich erfährt, dass dieser bereits Unterschlagungen bei seinem früheren Arbeitgeber begangen hat.

Beachte:

Nicht anfechtbar sind Rechtsgeschäfte, deren geplante Folgen nicht eintreten **(Motivirrtum).**

Beispiel:

Ein Anleger kauft eine Aktie in der Erwartung, dass deren Kurs steigt. Sinkt der Kurs, kann er den Kaufvertrag nicht rechtswirksam anfechten.

(3) Anfechtung wegen arglistiger Täuschung und widerrechtlicher Drohung

Anfechtungsgründe	Erläuterungen	Beispiele
Arglistige Täuschung	Sie liegt vor beim **Vorspiegeln falscher** oder bei der **Unterdrückung wahrer Tatsachen.**	Ein Verkäufer verkauft einen Unfallwagen, verschweigt dem Käufer jedoch den Unfall, da dieser den Wagen bei Kenntnis des Unfalls nicht gekauft hätte. Der Käufer kann den Kaufvertrag wegen arglistiger Täuschung durch den Verkäufer anfechten.
Widerrechtliche Drohung	Dem Betroffenen wird, falls er sich weigert, ein „Übel" (z. B. eine Körperverletzung) angedroht. Die Drohung muss **widerrechtlich** sein und der Drohende muss sich außerdem bewusst sein, dass seine Drohung den **Willensentschluss des Bedrohten herbeiführt oder mitbestimmt** hat.	■ Ein Räuber droht Ihnen: „Geld her oder das Leben!" ■ Ein Gläubiger droht: „Bezahlung der Schulden oder das Leben"; oder er droht „sanft": „Wenn Sie nicht zahlen, erzähle ich Ihrer Frau, dass ich Sie am letzten Sonntag mit Ihrer Sekretärin gesehen habe."

Beachte:

Eine **Widerrechtlichkeit** liegt **nicht** vor, wenn der Betroffene ein Recht auf eine Erklärung des anderen hat und er ihn hierzu mit angemessenen Mitteln zwingt.

Beispiel:

Der Gläubiger droht dem säumigen Schuldner damit, ihn – falls er nicht leistet – „zu verklagen" oder „den Kaufvertrag durch Rücktritt aufzulösen".

Zusammenfassung

- **Nichtige Rechtsgeschäfte** sind **von Anfang an ungültig.** Sie kommen erst gar nicht zustande. Das BGB versagt ihnen jede Rechtswirkung (Rechtsfolge).

- **Anfechtbare Rechtsgeschäfte** sind bis zur Anfechtung **voll rechtswirksam** (gültig). Nach einer rechtswirksamen **Anfechtung** werden die anfechtbaren Rechtsgeschäfte **rückwirkend, d. h. von Anfang an, nichtig.**

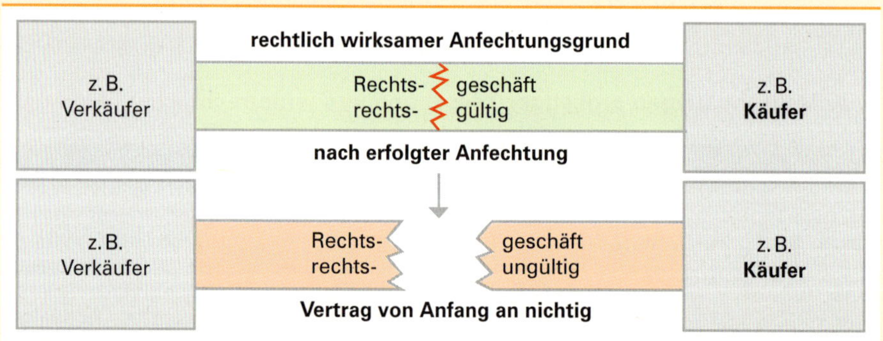

Übungsaufgabe

47

1. Unterscheiden Sie Nichtigkeit und Anfechtbarkeit von Rechtsgeschäften, insbesondere hinsichtlich der Rechtsfolgen!
2. Erklären Sie, welchen Zweck der Gesetzgeber mit der Nichtigkeit bestimmter Rechtsgeschäfte verfolgt!

3. Herr Huber möchte seinen Pkw verkaufen, bekommt ihn aber nicht los. Unter der Drohung, er werde ihn wegen Fahrens ohne Führerschein anzeigen, zwingt Huber seinen Freund Wolf zur Unterschrift des Vertrages. Der Wagen wird übergeben und sofort bezahlt.

   Aufgabe:

   Stellen Sie dar, was Wolf, dessen Mut erst einige Zeit später erwacht, gegen Huber unternehmen kann!

4. Geben Sie für die folgenden Rechtsgeschäfte an, ob sie voll gültig, nichtig, anfechtbar oder schwebend unwirksam sind! Begründen Sie jeweils Ihre Lösung!

   4.1 In einem Angebot werden die Ziffern vertauscht, sodass der Stückpreis mit 58,00 EUR statt mit 85,00 EUR angegeben wird.

   4.2 Um seinem Freund die Aufnahme eines Kredits über 12 000,00 EUR zu ermöglichen, verbürgt sich der wohlhabende Prokurist Kellermann mündlich gegenüber einem Kreditinstitut.

   4.3 Die 16-jährige Schülerin Rebecca bestellt eine Zeitschrift im Abonnement. Monatlich sind 18,50 EUR zu zahlen.

   4.4 Ein Kaufmann kauft auf Anraten eines gut informierten Geschäftsfreunds Aktien, bei denen Kurserhöhungen mit Sicherheit zu erwarten seien. Schon am nächsten Tag fällt der Kurs dieser Aktien beträchtlich.

   4.5 Der 17-jährige Lehmann ist vor einem Jahr mit Zustimmung seiner Eltern ein Arbeitsverhältnis eingegangen. Jetzt kündigt er schriftlich seinem Arbeitgeber, ohne seine Eltern gefragt zu haben.

5. Herr Kern kommt in ein Spielwarengeschäft und erklärt, er wolle den Kaufvertrag anfechten, den ein Verkäufer mit seiner sechsjährigen Tochter Leonie abgeschlossen hat. Er begründet seine Erklärung damit, dass Leonie nicht seine Zustimmung gehabt habe.

   Aufgabe:

   Nehmen Sie zu seiner Erklärung Stellung!

6. Im Vertragsrecht unterscheidet man zwischen Nichtigkeit und Anfechtbarkeit.

   Aufgaben:

   Notieren Sie die Ziffer, in welchem Fall Nichtigkeit vorliegt!

   6.1 Verstoß gegen eine gesetzliche Formvorschrift,

   6.2 Fehlen einer zugesicherten Eigenschaft,

   6.3 Irrtum in der Erklärungshandlung,

   6.4 arglistige Täuschung,

   6.5 widerrechtliche Drohung.

7. Notieren Sie die Ziffer, in welchem der folgenden Fälle der Kaufvertrag zwischen einem Einzelhändler und seinem Großhändler vom Großhändler angefochten werden kann!

   7.1 Der Hersteller der Ware kann den Großhändler nur verspätet beliefern.

   7.2 Der Hersteller erhöht die Preise gegenüber dem Großhändler.

   7.3 Der Großhändler stellt fest, dass der Preis im Angebot anstatt mit 510,00 EUR mit 150,00 EUR angegeben wurde.

   7.4 Der Großhändler erfährt, dass der Einzelhändler angeblich Zahlungsschwierigkeiten hat.

   7.5 Der Kaufvertrag wurde nur mündlich abgeschlossen.

2 Erstellen von Rechnungen unter Beachtung umsatzsteuerrrechtlicher Vorschriften

Kauft ein Kunde Ware, z. B. eine Polstergarnitur, ein Auto oder einen Fernseher und wird die Ware zugestellt, so erfolgt die Zahlung oftmals unter Einräumung eines Zahlungsziels (z. B. Zahlung in 30 Tagen, 2 % Skonto innerhalb von 8 Tagen). In diesem Fall stellt der Einzelhändler eine Rechnung aus. Die Rechnung enthält die Zusammensetzung des Preises, den Zeitraum, in dem die Rechnung zu bezahlen ist, sowie die gesetzliche Umsatzsteuer. Zusätzlich sind auf der Rechnung noch andere Informationen enthalten, die in Verbindung mit dem Kauf der Ware stehen (z. B. „Es bediente Sie Herr Mitschke") oder umsatzsteuerrechtlich vorgeschrieben sind (z. B. Rechnungsnummer, Ausstellungsdatum).[1]

2.1 Rechtliche Grundlagen der Umsatzsteuer[2]

Rechtsgrundlage für die Erhebung der Umsatzsteuer ist das Umsatzsteuergesetz [UStG]. Es regelt insbesondere folgende Fragen:

Wer ist umsatzsteuerpflichtig?	Der **Einzelhändler**, der die Leistung ausführt. Er ist **Steuerschuldner**.
Welche Umsätze sind steuerpflichtig?	■ **Lieferungen**, die ein Unternehmer im Inland gegen Entgelt im Rahmen seines Unternehmens ausführt (z. B. Verkauf von Waren). ■ **Leistungen**, die ein Unternehmer im Inland gegen Entgelt im Rahmen seines Unternehmens ausführt (z. B. Reparaturen, Transport von Waren, Errichtung neuer Anlagen usw.). ■ **Innergemeinschaftlicher[3] Erwerb** von Waren und Dienstleistungen im Inland gegen Entgelt (z. B. Kauf von Waren, eines Kassensystems, Zahlung von Frachtkosten, Strom). ■ **Einfuhr** von Gegenständen aus einem Drittlandsgebiet[4] in das Inland (Einfuhrumsatzsteuer).
Welche Umsätze sind steuerfrei (Beispiele)?	■ Gewährung und Vermittlung von Krediten. ■ Vermietung von Gebäuden, Verpachtung von Grundstücken. ■ Zahlung von Versicherungsbeiträgen. ■ Umsätze aus der Tätigkeit als Arzt, Zahnarzt. ■ Briefmarken. ■ Ausfuhr von Waren. ■ Geschäfte unter Privatleuten.

1 Vgl. S. 250.

2 Das Umsatzsteuersystem wird im Einzelnen im Lernbereich 11, im 3. Ausbildungsjahr behandelt.

3 **Gemeinschaftsgebiet** umfasst das Gebiet der europäischen Staaten, die der Europäischen Union angehören. EU-Länder sind: Belgien, Bulgarien, Dänemark, Deutschland, Estland, Finnland, Frankreich, Griechenland, Großbritannien, Irland, Italien, Kroatien, Lettland, Litauen, Luxemburg, Malta, Niederlande, Österreich, Polen, Portugal, Rumänien, Schweden, Slowakei, Slowenien, Spanien, Tschechien, Ungarn und Zypern (griechischer Landesteil).

4 **Drittlandstaaten** sind Staaten, die nicht zur Europäischen Union (EU) gehören.

<table>
<tr><td>Wie viel Prozent beträgt der Steuersatz?</td><td>
<ul><li>Allgemeiner Steuersatz 19 %.</li><li>Ermäßigter Steuersatz 7 %.</li></ul>
Dem ermäßigten Steuersatz unterliegen z. B. die Personenbeförderung im Linienverkehr; der Verkauf von Lebensmitteln (außer dem Verzehr an Ort und Stelle); Verkauf von Büchern und Zeitschriften, Kulturveranstaltungen wie Theater, Konzerte; Übernachtung in Hotels, Gaststätten. Mit dem ermäßigten Steuersatz soll vor allem der Grundbedarf der Menschen geringer besteuert werden.
</td></tr>
<tr><td>Von welchem Betrag wird die Umsatzsteuer berechnet?</td><td>
Die Umsatzsteuer wird vom Entgelt berechnet. Das ist der vom Empfänger der Leistung zu entrichtende Nettobetrag (Bemessungsgrundlage).

Beispiel:
Verkauf einer Stichsäge: Nettoverkaufspreis 299,00 EUR, 10 % Handwerkerrabatt, 19 % Umsatzsteuer.
<table>
<tr><td></td><td>Nettoverkaufspreis</td><td>299,00 EUR</td></tr>
<tr><td>–</td><td>10 % Rabatt</td><td>29,90 EUR</td></tr>
<tr><td></td><td>Nettobetrag</td><td>269,10 EUR</td></tr>
<tr><td>+</td><td>19 % Umsatzsteuer</td><td>51,13 EUR</td></tr>
<tr><td>=</td><td>Bruttorechnungsbetrag</td><td>320,23 EUR</td></tr>
</table>
</td></tr>
</table>

2.2 Ausweis der Umsatzsteuer auf Belegen

Nach der Preisangabenverordnung sind alle Preise brutto, d. h. einschließlich der Umsatzsteuer, auszuzeichnen. Auf Belegen wie Rechnungen, Quittungen oder Kassenbons muss jedoch – sofern der **Betrag 250,00 EUR übersteigt** – die im Bruttoverkaufspreis enthaltene Umsatzsteuer **gesondert ausgewiesen** werden.

Nach dem Umsatzsteuergesetz muss eine **Rechnung** folgende Angaben enthalten:

- **Vollständiger Name** und **vollständige Anschrift** des leistenden Unternehmers und des Leistungsempfängers,
- die **Steuernummer** oder die **Umsatzsteuer-Identifikationsnummer,**
- das **Ausstellungsdatum,**
- eine **fortlaufende Nummer** mit einer oder mehreren Zahlenreihen, die zur Identifizierung der Rechnung vom Rechnungssteller einmal vergeben wird **(Rechnungsnummer),**
- die **Menge** und die **Art** sowie die handelsübliche Bezeichnung der **gelieferten Gegenstände** oder die Art und den Umfang der **sonstigen Leistung,**
- den **Zeitpunkt der Lieferung** oder **sonstigen Leistung,**
- das nach **Steuersätzen** und einzelnen **Steuerbefreiungen** aufgeschlüsselte Entgelt für die Lieferung oder sonstige Leistung sowie jede im Voraus vereinbarte Minderung des Entgelts,
- der **anzuwendende Steuersatz** sowie der auf das Entgelt entfallende Steuerbetrag oder im Falle einer Steuerbefreiung der Hinweis darauf, dass für die Lieferung oder sonstige Leistung eine Steuerbefreiung gilt.

Beispiel für eine korrekte Rechnung nach dem Umsatzsteuergesetz:

Name und Anschrift des leistenden Unternehmens →

Wilhelm Kralle OHG *Bürogroßhandlung Fürth*

Wilhelm Kralle OHG · Biberstr. 15 · 90766 Fürth

Fürth, Telefon 0911 2371
Bankkonten:
Deutsche Bank Fürth
IBAN DE16 7607 0024 0003 1010 11
BIC DEUTDEDB764
Commerzbank Fürth
IBAN DE62 7624 0011 0000 1174 60
BIC COBADEFF762

Name und Anschrift des Kunden →

Lebensmittelgeschäft
Franz Keller e. Kfm.
Sudetenstraße 15
71032 Böblingen

Bei Bezahlung und Schriftwechsel angeben		
Kundennummer	Rechnungsnummer	Datum
411/721	679	31. Juli 20..

← Ausstellungsdatum; ← fortlaufende Rechnungsnummer

Rechnung

Menge und Bezeichnung der Ware → · Zeitpunkt der Lieferung → · Steuersatz →

Lieferdatum	Menge	ME	Bezeichnung	Einzelpreis in EUR	Gesamtpreis in EUR
17. Juli 20..	18	St.	Lagerregale	790,00	14 220,00
			+ 19 % USt		2 701,80
					16 921,80

← Nettorechnungsbetrag; ← Steuerbetrag; ← Bruttorechnungsbetrag

Bei Barzahlung innerhalb 8 Tagen 2 % Skonto. Die Ware bleibt bis zur völligen Bezahlung mein Eigentum.
Sitz der Gesellschaft: Fürth; RG Fürth: HRA 2785 Steuer-Nr.: 91479/17040
USt.-IdNr.: DE 105710111

← Steuernummer bzw. Umsatzsteuer-Identifikationsnummer

Übungsaufgabe

48 1. Notieren Sie die Vorgänge, die umsatzsteuerpflichtig sind!

1.1 Ein Großhändler verkauft Kleider an ein Bekleidungshaus.
1.2 Das Bekleidungshaus verkauft ein Kleid an eine Kundin.
1.3 Das Bekleidungshaus kauft Briefmarken.
1.4 Die Inhaberin des Bekleidungshauses erhält Miete für eine Privatwohnung.
1.5 Eine Mitarbeiterin kauft ein Kleid aus der Kollektion des Bekleidungshauses.
1.6 Die Inhaberin verkauft ihren privaten Pkw an die Nachbarin.
1.7 Eine Bank stellt dem Bekleidungshaus einen Kredit zur Verfügung.

2. Berechnen Sie die Umsatzsteuer!

2.1 Ein Baumarkt verkauft eine Werkbank: Nettoverkaufspreis 1 080,00 EUR, Frachtkosten 45,00 EUR.
2.2 Verkauf von Milch: Nettoverkaufspreis 65 Cent.
2.3 Verkauf eines Fernsehers: Nettoverkaufspreis 840,00 EUR.
2.4 Verkauf von Trüffelpralinen: Nettoverkaufspreis 7,95 EUR.
2.5 Verkauf einer Bohrmaschine: Nettoverkaufspreis 108,00 EUR, 5 % Jubiläumsrabatt.

3. Erklären Sie, warum Privatentnahmen von Waren für den Geschäftsinhaber umsatzsteuerpflichtig sind!

4. 4.1 Entspricht der abgebildete Beleg dem Umsatzsteuergesetz? Begründen Sie Ihre Entscheidung!

Topauer KG
Büromöbel

Büromöbel Topauer KG, Tengstr. 28, 80796 München

Herrrn
X. Topauer
im Hause

Kundennummer	Auftragsnummer	Auftragsdatum	Bestellnummer
–	–	–	–

Rechnung

Pos.	Art.-Nr.	Bezeichnung	Menge	Einzelpreis EUR	Gesamtpreis EUR
1	20400	Computertisch Studio Line zur privaten Nutzung	1	700,00	700,00
			Nettopreis		700,00
			+ 19 % Umsatzsteuer		133,00
			Rechnungsbetrag		833,00

Zahlungsbedingungen: Innerhalb 14 Tagen 2 % Skonto = 16,66 EUR; 30 Tage netto

Registergericht München	Tengstr. 28	Postbank München
HRA 8966	80798 München	IBAN DE94 7001 0080 0134 3834 64; BIC PBNKDEFFXXX
USt-IdNr. DE 129 000 000	Tel. 089 259 19-0	Hypo-Vereinsbank München
Steuer-Nr. 9143/105/00001	Fax 089 259 19-10	IBAN DE17 7002 0270 0004 6462 32; BIC HYVEDEMMXXX

4.2 Übertragen Sie den Rechnungsausschnitt in Ihr Heft und berechnen Sie den Bruttoverkaufspreis!

BÜROZENTRUM – B. SIEGLINGER e.Kfm.
Feldrain 10 · 47228 Duisburg

Industriewerke
Franz Keller K
Hauptstraße 12
40597 Düsseldorf

Ihre Bestellung	Versandart	Unsere Zeichen	Liefer-datum	Rechnungs-datum
15.01.20..	Spedition	Kl/Ps	15.01.20..	21.01.20..

Menge	Art.-Nr.	Bezeichnung	Einzelpreis	Gesamtpreis
2	125/67	Schreibtisch	450,00 EUR	
1	479/98	Tischlampe	140,00 EUR	
4	915/54	Drehstuhl	115,00 EUR	
			+ 19 % USt	

Sitz der Gesellschaft: Duisburg; Registergericht Duisburg: HRB 910 Steuer-Nr. 705/4411

Bankverbindung: Sparkasse Duisburg
IBAN: DE14 3601 0105 0006 7899 32
BIC: DUISDE33XXX

3 Abwicklung von Zahlungsvorgängen (Zahlungsarten)

Handlungssituation:

Fast alle Auszubildenden im Einzelhandel kennen die Situation, im Betrieb an der Kasse zu sitzen und die Einkäufe der Kunden abzurechnen. Vor allem in den letzten fünf bis zehn Jahren hat sich die Art der Bezahlung drastisch verändert. Speziell die Möglichkeiten, Online-Einkäufe mit Zahlungsmöglichkeiten wie PAYPAL oder mit einem Smartphone abzurechnen, sind weiter auf dem Vormarsch.

Auch die neusten Untersuchungen des Kölner EHI Retail Institutes von 2012 zeigen, dass die kartengestützte Zahlung im deutschen Einzelhandel deutlich zunimmt. So wurden 2011 etwa 144 Mrd. EUR in deutschen Geschäften (ohne Versandhandel, Tankstellen und Apotheken) mit Karte bezahlt. Gemessen am gesamten Einzelhandelsumsatz des Jahres 2011 (etwa 375 Mrd. EUR) bedeutet dies, dass knapp 58 % unserer Kunden ihre Einkäufe bar bezahlen (Tendenz stark sinkend) und etwa 42 % einen Einkauf mit einer Karte bevorzugen. Vergleicht man diese Zahlen mit denen aus dem Jahr 1994 fällt auf, dass damals gerade einmal 21 Mrd. EUR von 340 Mrd. EUR (6,2 %) mit Karte getätigt worden sind. Dieser Anteil hat sich also bis zum Jahr 2012 fast versiebenfacht.

Glaubt man den Prognosen, wird der Umsatzanteil von kartengestützten Zahlungen an den unterschiedlichen Zahlungsarten in den nächsten drei Jahren bis auf 50 % steigen. Die Einflüsse der neuen Bezahlmedien wie beispielsweise kontaktlos ohne Karten, mobiles Bezahlen usw. sind in dieser Prognose noch nicht einmal berücksichtigt. Vor allem aber der Anteil der Girocards[1] am gesamten Kartenumsatz wird auf über 85 % steigen.

Laut einer Umfrage unter SB-Warenhäusern, Baumärkten und Elektronikfachmärkten wird die kontaktlose Bezahlfunktion auf Mobilgeräten wie Handys, iphone, Tablets usw. in den nächsten Jahren die am häufigsten gewählte Möglichkeit an den Kassensystemen im Einzelhandel sein.

Barzahlung liegt vor, wenn der Zahler mit Bargeld (Banknoten, Münzen) zahlt und der Zahlungsempfänger Bargeld erhält. Diese Zahlungsform wird im Geschäftsleben immer weniger praktiziert.

Aufgaben:

1. Welchen Stellenwert hat die Barzahlung im Vergleich zu den anderen Zahlungsarten in Ihrem Ausbildungsbetrieb?
2. Welche Vor- und Nachteile hat die Barzahlung für den Einzelhändler?

3.1 Barzahlung

3.1.1 Begriff Barzahlung, Banknoten und Münzen

Bei der **Barzahlung** erfolgen die Zahlungen durch Hingabe und Annahme von **Banknoten** und **Münzen.**

Banknoten	Das alleinige Recht zur Ausgabe von Banknoten besitzt die Europäische Zentralbank in Frankfurt **(Notenprivileg)**. Die Banknoten sind die gesetzlichen Zahlungsmittel der Bundesrepublik Deutschland. Für sie besteht Annahmezwang, d. h., ein Gläubiger muss sie grundsätzlich in unbegrenzter Höhe entgegennehmen.

1 Zur **Girocard** siehe S. 259 ff.

Münzen	Die in der Bundesrepublik Deutschland umlaufenden Euro-Münzen sind durchweg **Scheidemünzen,** weil ihr Materialwert niedriger als ihr Nennwert ist. Eurocent-Münzen müssen bis zu fünfzig Münzen im Gesamtbetrag von höchstens 100,00 EUR in Zahlung genommen werden. Die deutschen Euro-Münzen werden im Auftrag der Bundesregierung von den staatlichen Prägeanstalten geprägt **(Münzregal)** und von der Deutschen Bundesbank in Umlauf gebracht.

Die Barzahlung hat für den Einzelhändler folgende Bedeutung:

Vorteile	Nachteile
■ Er ist sofort im **Besitz von Bargeld.** ■ Er trägt **kein Risiko** (z. B. Forderungsausfall). ■ Es fallen **keine Mahnkosten** an	■ Geldverlust durch **falsche Herausgabe** oder **Diebstahl.** ■ Einnahme von **Falschgeld.**[1]

3.1.2 Kassenbon und Quittung

Wichtige Beweismittel für den Kunden, dass er die gekaufte Ware im Ladengeschäft bar bezahlt hat, sind der **Kassenbon** und die **Quittung.**

(1) Kassenbon[2]

Der Kassenbon wird vom jeweils benutzten Kassensystem ausgedruckt. Der Bon ist gleichzeitig der Rechnungs- und Quittungsbeleg für die gekaufte und bar bezahlte Ware. Der Kassenbon enthält in der Regel die nachfolgenden Bestandteile:

***Firmenname**

Textzeile 1 – 3 (freier Text)

	Datum	
Artikelkurzbez1		Zeilenpreis 1 (MS)
Artikelkurzbez2		Zeilenpreis 2 (MS)
Artikelkurzbez3	Bruttopreis	
	Menge	Zeilenpreis 3 (MS)
Artikelkurzbezn		Zeilenpreis n (MS)
Summe EUR		Bonsumme
Gegeben EUR		Gegeben Betrag
Zurück EUR		Rückgeld
	– Mehrwertsteuerausweis –	
MwSt	**St-Betrag**	**Nettobetrag**
7 %	MwSt-7	Netto-7
19 %	MwSt-19	Netto-19

Schlusszeile 1 – 3 (freier Text)

Beispiel:

****
QUITTUNG
****
SKY-Markt 757
Prima Tiefpreise
Gelb spart Geld
... schon ueber 1000 Artikel
zum Discountpreis!
Steuernummer 19 292 000 83
EUR
DORATI FLUTES KAESE 0,99 E
WOLF GOLDFI.SESAM 0,89 E
OBST-GEMUESE 0,99 E
Summe 2,87

Gesamt 2,87
Euro 20 20,00

Rueckgeld 17,13

Gekaufte Artikel: 3
MwSt-SatzBetrag ---- MwSt EUR
E 7% 2,68 0,19

88239 Wangen
Karl-Hirnbein-Str. 1
Tel.: 07522/20922
Vielen Dank fuer Ihren Einkauf!
MK:0757 KS:4 KA:COIV TA:44891
18:58 16/04/20..

1 Technische Hilfsmittel zur Falschgelderkennung sind z. B. Infrarotgeräte, UV-Lampen und Magnetierungsleser.

2 Siehe auch S. 300.

(2) Quittungsvordruck

Eine Quittung sollte folgende Bestandteile enthalten:

- Name des Zahlers,
- Zahlungsgrund,
- Zahlungsbetrag in Ziffern und Buchstaben,
- Empfangsbestätigung,
- Ausstellungsort und Ausstellungstag,
- Unterschrift des Zahlungsempfängers.

Beispiel:

Quittung

Netto EUR	890,00
+19%MwSt./EUR	169,10
Gesamt EUR	1059,10

Nr.

EUR in Worten: eintausendneunundfünfzig (Cent wie oben)

von: Herrn Klaus Freuer, 85049 Ingolstadt

für: Rechnung 83/398 vom 10. Sept. 20..

Möbellieferung für ein Kinderzimmer — dankend erhalten.

Ort/Datum: 85055 Ingolstadt 11.09.20..

Buchungsvermerke

Stempel/Unterschrift des Empfängers: Möbelhaus Krause e.K. Fridolin Krause

Quittung

3.1.3 Tätigkeiten im Kassenbereich

(1) Gesprächsführung an der Kasse

Ist das Verkaufsgespräch erfolgreich verlaufen, begleitet der Verkäufer den Kunden zur Kasse und „übergibt" ihn – sofern er nicht selbst den Kaufpreis kassiert – an den Mitarbeiter an der Kasse. Während der Kassierarbeiten ist es angebracht, mit dem Kunden ein Gespräch zu führen, z.B. über die **gekaufte Ware** oder über **persönliche Belange,** sofern der Kunde persönlich bekannt ist.

Beispiele:

- *„Mit diesen Gummistiefeln sind Sie für nasses Wetter bestens gerüstet."*
- *„Das sind hochwertige Weingläser, die Ihre Gäste sicher zu schätzen wissen."*
- *„Gefällt es Ihrem Enkel im Kindergarten?"*
- *„Über diesen Pullover wird sich Ihr Mann sicher freuen."*

Sofern der Kunde keine Serviceleistung beansprucht, ist er mit einem freundlichen Gruß (z.B. *„Vielen Dank für Ihren Einkauf", „Danke und auf Wiedersehen"*) zu verabschieden.

(2) Arbeiten an der Kasse

Vor Geschäftseröffnung[1] muss der Mitarbeiter die Kasse verkaufsbereit machen. Zu den **Vorbereitungsarbeiten** zählen:

- Übernahme und Zählen des Wechselgeldes. Das Wechselgeld wird in die Kasse gelegt, die Bonrolle und das Datumsdruckwerk wird überprüft, eine Ersatzkassenrolle wird bereitgelegt und der Kassenplatz wird auf Sauberkeit überprüft. Anschließend meldet sich der Mitarbeiter an der Kasse an.
- Überprüfen, ob alle notwendigen Belege (z.B. Vordrucke, Quittungen, Gutscheine ...), der Stempel sowie das Stempelkissen und genügend Schreibstifte vorhanden sind.
- Sicherstellen, dass genügend Tragetaschen in den verschiedenen Größen sowie Packmaterial in ausreichender Menge bereitliegen.

1 Zur Kassenabrechnung siehe S. 305ff.

(3) Kassierregeln

Für ein korrektes Verhalten beim Kassiervorgang sind vom Mitarbeiter folgende Regeln zu beachten:

- Alle Waren müssen auf den Ladentisch bzw. auf das Band gelegt werden. Es ist eine Sichtkontrolle des Einkaufswagens vorzunehmen. Außerdem ist darauf zu achten, dass weder der Kunde noch ein Begleiter Waren in der Hand halten.
- Der Kaufpreis ist einzuscannen bzw. über die Tastatur einzugeben. Dem Kunden ist der zu zahlende Betrag deutlich zu nennen.
- Der Geldbetrag des Kunden ist auf das Zahlbrett so zu legen, dass er für den Kunden sichtbar bleibt. Anschließend ist der Geldschein auf Echtheit zu überprüfen. Erst danach wird das Rückgeld aus der Kasse entnommen und dem Kunden laut vorgezählt.
- Das Geld des Kunden wird in die Kassenschublade gelegt und diese dann sofort geschlossen.
- Die Ware und der Kassenbon werden dem Kunden erst übergeben, wenn der Zahlungsvorgang abgeschlossen ist.

Die Kassierregeln verdeutlichen, dass an die Mitarbeiter an der Kasse hohe Anforderungen gestellt werden. Sie müssen konzentriert, ehrlich, zuverlässig, selbstständig, freundlich und aufmerksam gegenüber dem Kunden sein. Darüber hinaus benötigen sie ein technisches Verständnis, um die Kasse bedienen zu können.

3.1.4 Sicherheitsmerkmale von Banknoten

(1) Grundlegendes[1]

Am 1. Januar 2002 wurde von zwölf Ländern das gemeinsame Euro-Bargeld eingeführt. Derzeit haben 19 europäische Länder mit dem Euro eine gemeinsame Währung.

Die bisher eingeführten Euro-Banknoten werden seit 2013 durch eine zweite Euro-Banknotenserie ersetzt. Von der sogenannten **Europa-Serie** sind bisher 5-, 10,- 20- und 50-Euro-Banknoten in Umlauf. Beide Serien sind derzeit gesetzliches Zahlungsmittel. Auf den neuen Banknoten sind auf der Vorderseite Fenster und Türen und auf der Rückseite Brücken dargestellt. Sie zeigen Architekturstile aus sieben Epochen (Zeitabschnitten) europäischer Baugeschichte. Die Abbildungen stellen keine bestimmten Bauwerke dar.

1 Quelle: www.bundesbank.de/euro-banknoten. Die nachfolgenden Abbildungen sind entnommen aus: Deutsche Bundesbank (Hrsg.): Die Euro-Banknoten [Stand: August 2016].

Beispiele:

10-Euro-Schein (neu)
Romanik

20-Euro-Schein (neu)
Gotik

50-Euro-Schein (neu)
Renaissance

(2) Sicherheitsmerkmale

Ein wichtiger Grund, neue Euro-Banknoten in Umlauf zu bringen, ist die Erhöhung der Fälschungssicherheit. Folgende Punkte sollen dazu beitragen, Fälschungen ohne spezielle Hilfsmittel zu erkennen.

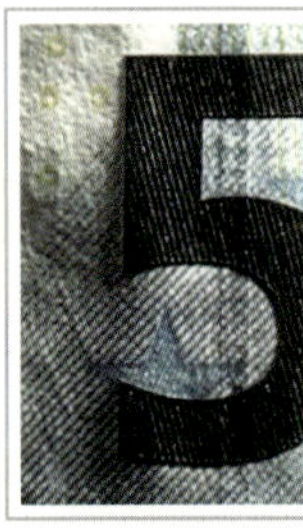

Fühlen

Zur Herstellung der Euro-Banknoten wird ein Spezialpapier aus Baumwollfasern verwendet. Dieses Papier lässt sich durch seine griffige, charakteristische Struktur gut erkennen. Zudem sind einige Stellen auf der Vorderseite der Banknote durch ein fühlbares Relief[1] hervorgehoben.

Sehen

Einige Merkmale erscheinen erst, wenn die Banknote gegen das Licht gehalten wird. Im Wasserzeichen werden bei der ersten Serie das Hauptmotiv und die Wertzahl der Banknote, bei der Europa-Serie das Porträt der Europa, das Hauptmotiv sowie die Wertzahl sichtbar. In der Mitte der Banknote erscheint der Sicherheitsfaden als dunkler Streifen.

Kippen

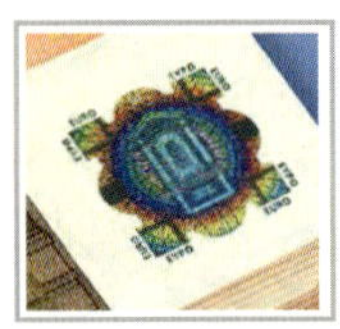

Wenn die Banknoten gekippt werden, verändern einige Merkmale je nach Betrachtungswinkel ihre Motive oder Farbe. Bei der 5-Euro-, 10-Euro- und 20-Euro-Banknote sind u. a. im Hologrammstreifen[2] die Wertzahl und das €-Symbol zu erkennen, auf der Rückseite erscheint ein goldfarbener Glanzstreifen. Bei der 50-Euro-Banknote wechselt die Wertzahl auf der Rückseite die Farbe. Im Hologramm erscheinen abwechselnd die Wertzahl und das Hauptmotiv.

1 **Relief:** Geländeoberfläche oder deren plastische Nachbildung; hier Hervorhebung.

2 **Hologramm:** Speicherbild; dreidimensionale Aufnahme eines Gegenstandes.

(3) Einzelheiten zu den einzelnen Sicherheitsmerkmalen am Beispiel der 50-Euro-Banknote

Die Euro-Banknoten Seiten 16/17

Sicherheitsmerkmale Europa-Serie: 20 Euro, 50 Euro

Porträt-Wasserzeichen (s. rechte Seite)

Smaragdzahl
Die Smaragdzahl ist eine glänzende Zahl auf der Vorderseite der Banknote. Beim Kippen der Banknote bewegt sich darauf ein Lichtbalken auf und ab. Je nach Blickwinkel verändert sich ihre Farbe von Smaragdgrün zu Tiefblau.

Fühlbares Druckbild
Auf der Vorderseite der Banknote lässt sich am linken und rechten Rand jeweils eine Reihe kurzer erhabener Linien ertasten. Bei Hauptmotiv, Schrift und großer Wertzahl ist ebenfalls ein Relief spürbar.

Porträt-Hologramm mit Fenster
Im silbernen Streifen auf der Vorderseite erscheinen beim Kippen das €-Symbol, das Hauptmotiv, mehrfach die Wertzahl der Banknote sowie das Porträt der Europa im „Fenster".

Porträt-Fenster
Die Banknote weist oben am Hologrammstreifen ein transparentes Fenster auf, in dem auf beiden Seiten der Banknote ein Porträt der Europa erscheint, wenn der Geldschein gegen das Licht gehalten wird. Auf der Rückseite sind beim Kippen im Fenster regenbogenfarbene Wertzahlen zu erkennen.

Glanzstreifen
Je nach Betrachtungswinkel erscheint der Glanzstreifen golden glänzend oder als fast unsichtbarer Schatten. Er weist Aussparungen in Form des €-Symbols und der Wertzahl auf.

Sicherheitsfaden
Der in das Papier eingearbeitete Sicherheitsfaden ist im Gegenlicht von beiden Seiten als dunkler Streifen erkennbar. Abwechselnd erscheinen in kleiner Schrift das €-Symbol und die Wertzahl der Banknote.

Porträt-Wasserzeichen
Das Wasserzeichen ist im Gegenlicht auf der Vorder- und Rückseite zu sehen. Es wird ein schemenhaftes Motiv sichtbar, in dem ein Porträt der mythologischen Gestalt Europa, das Hauptmotiv und die Wertzahl der Banknote zu erkennen sind.

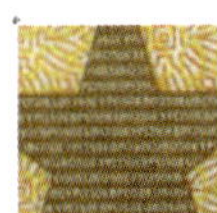

Mikroschrift
An verschiedenen Stellen im Motiv der Banknote befindet sich eine Mikroschrift, die unter der Lupe gestochen scharf erkennbar ist.

Quelle: Deutsche Bundesbank (Hrsg.): Die Euro-Banknoten [Stand: August 2016].

Zusammenfassung

- **Barzahlung** liegt vor, wenn der Zahler mit Bargeld (Banknoten, Münzen) zahlt und der Zahlungsempfänger Bargeld erhält.
- Im Ladengeschäft dient insbesondere der **Kassenbon** bzw. **Kassenzettel** als Quittung.
- Die **Quittung** ist eine schriftliche Empfangsbescheinigung des Empfängers einer Sach- oder Geldleistung.
- Der Kunde ist **freundlich zu begrüßen** und **zu verabschieden.**
- Während der Kassierarbeiten sollte der Mitarbeiter eine **Gesprächsmöglichkeit** mit dem Kunden suchen.

17 Speth u.a. - ISBN 978-3-8120-0631-6

- Vor der Geschäftseröffnung muss auf die **Verkaufsbereitschaft** der Kasse geachtet werden.
- Beim Kassieren müssen die **Kassierregeln** eingehalten werden.
- **Banknoten** sind auf ihre **Echtheit zu überprüfen.**

Übungsaufgabe

49

1. Beschreiben Sie, wodurch die Barzahlung gekennzeichnet ist!
2. Nennen Sie Belege, die im Einzelhandel bei der Barzahlung als Zahlungsbestätigung gelten!
3. Unter bestimmten Voraussetzungen ist eine Quittung eine beweiskräftige Urkunde für die Zahlung.

   Aufgabe:

   Nennen Sie die Voraussetzungen!
4. Das Elektroeinzelhandelsgeschäft Fritz Holzmüller e.Kfm., Hansastraße 2, 18057 Rostock, möchte für seine Monteure, die kleine Reparaturen gegen Barzahlung vornehmen, ein neues Quittungsformular einführen.

   Aufgabe:

   Entwerfen Sie dieses Formular!
5. Zeigen Sie auf, worin aus Ihrer Sicht bei der Barzahlung der wesentlichste Vorteil für den Zahlungsempfänger bzw. wesentlichste Nachteil besteht!
6. Erläutern Sie zwei Maßnahmen, die zur Vorbereitung der Verkaufsbereitschaft der Kasse getroffen werden müssen!
7. Eine Kundin möchte den Kaufpreis für ein Kleid begleichen. Der Kaufpreis beträgt laut Preisetikett 69,90 EUR. Der Preis erscheint der Mitarbeiterin an der Kasse zu niedrig, da es sich um ein wertvolles Kleid der aktuellen Kollektion handelt.

   Aufgabe:

   Erläutern Sie, wie Sie sich in dieser Situation verhalten sollten!
8. Ein Kunde legt eine Ware auf den Ladentisch, bei der das Preisetikett fehlt.

   Aufgabe:

   Beschreiben Sie, wie Sie den Kaufpreis ermitteln!

3.2 Bargeldlose (unbare) Zahlung

Handlungssituation:

Norbert Bayer hat am 1. Oktober sein Berufsausbildungsverhältnis als Einzelhandelskaufmann bei dem Küchen-Center Josef Niederhuber OHG in 97082 Würzburg begonnen. Sein Gehalt erhält der Auszubildende auf das Konto 118925 bei der Volksbank Würzburg eG überwiesen. Nach der ersten Gehaltsauszahlung wird er von seinem Ausbilder gefragt, ob er denn sein Gehaltskonto auch richtig nutzt.

Aufgaben:

1. Welche Vor- und Nachteile hat das Gehaltskonto für Norbert?
2. Welche Vor- und Nachteile hat die bargeldlose Zahlung für den Einzelhändler?

3.2.1 Eröffnung eines Girokontos

Voraussetzung für die Teilnahme am bargeldlosen Zahlungsverkehr ist die Eröffnung eines Kontos bei einer Bank. Hauptaufgabe dieser Konten – man nennt sie **Giro- bzw. Kontokorrentkonten** – ist es, Geldzahlungen allein durch Umbuchungen abzuwickeln. Den Geld- oder Kreditbetrag, der sich auf einem Konto befindet, bezeichnet man als **Buchgeld (Giralgeld)**.

Das **Buchgeld (Giralgeld)** entsteht durch Bareinzahlung der Kunden auf Girokonten[1] und durch Kreditgewährung der Kreditinstitute. Vernichtet wird es durch Barabhebung und Kredittilgung durch die Bankkunden.

Auf dem **Girokonto** der Banken werden die Forderungen und Verbindlichkeiten der Banken gegenüber dem Kunden einander gegenübergestellt.

- **Forderungen der Bank** (Schulden des Kunden) werden im **Soll, Verbindlichkeiten der Bank** (Guthaben des Kunden) werden im **Haben** gebucht.
- Der Kontoinhaber kann über die auf dem Girokonto gebuchten Gelder bzw. über einen eingeräumten Kredit **täglich und uneingeschränkt** verfügen.

3.2.2 Zahlungen an der Kasse mit der Girocard

3.2.2.1 Begriff Girocard[2]

Girocards werden von Banken ausgegeben. Sie sind mit einer Geheimzahl **(Personal Identification Number: PIN)** ausgestattet. Jeder Karte ist ein **Girokonto zugeordnet,** das bei einer Zahlung sofort belastet wird.

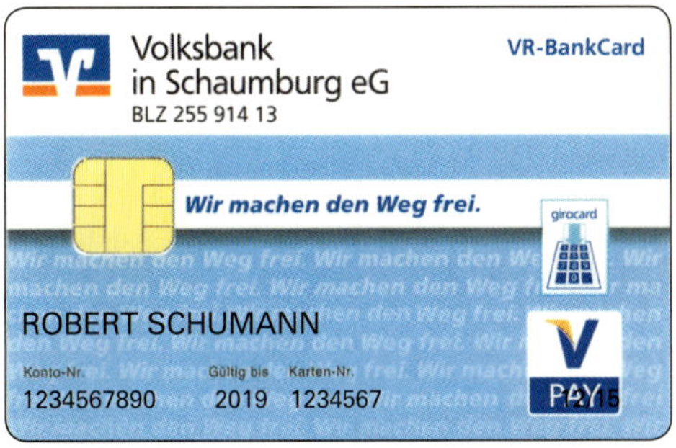

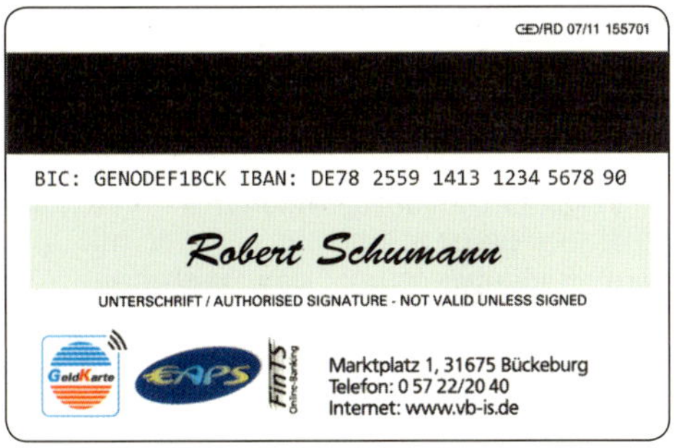

Erläuterung wichtiger optischer Zeichen:

girocard	Das **Logo „girocard"** ist das Symbol für die beiden Zahlungssysteme Bargeldbeschaffung am Geldautomaten und Kartenzahlung mit persönlicher Geheimzahl.
V PAY	Akzeptanzsymbol für das länderübergreifende bargeldlose Bezahlen und die Benutzung des weltweiten Geldautomatennetzes. An den so gekennzeichneten Geldautomaten kann dann im Ausland mittels Girocard und PIN Bargeld in der jeweiligen Landeswährung beschafft werden.

1 Das Wort **„Giro"** kommt von „Kreis", „Ring". Gelder, die auf Girokonten liegen, kann man nämlich von Konto zu Konto überweisen, weil die Kreditinstitute gewissermaßen „ringförmig" miteinander in Verbindung stehen.

2 Die **Girocard** bezeichnet man auch als **Debitkarte.** Debit (engl.): Schulden, Belastung (des Kontos).

	Neu ausgegebene Girocards sind mit einem fälschungssicheren SECCOS-Chip (Secure Chip Card Operating System) ausgestattet. Dieser Chip ersetzt nach und nach den bisher verwendeten Magnetstreifen.
GeldKarte	Die Karte fungiert auch als **Geldkarte** (elektronische Geldbörse), mit der (derzeit) Beträge bis zu 200,00 EUR bezahlt werden können.

3.2.2.2 Formen der Girocard-Zahlung

(1) Begriff Girocard-Zahlung

Girocard-Zahlung ist eine bargeld- und beleglose Zahlung, bei der die Zahlung an einer automatischen Ladenkasse unter Verwendung einer Girocard direkt am Verkaufsort **(Point of Sale)** vorgenommen wird.

Die elektronischen Zahlungen mithilfe der maschinell lesbaren Karten sind möglich, weil die Einzelhandelsgeschäfte, Kaufhäuser und Tankstellen, in Verbindung mit den Banken, elektronische Kassen (Girocard-Terminals) eingerichtet haben. Werden die Karten bei der Zahlung vertragsgemäß verwendet, garantieren die Banken die Einlösung der Kartenzahlung. Die Girocard-Zahlung kann online oder offline abgewickelt werden.

(2) Girocard-Zahlungen

Ist die Kaufsumme vom Verkäufer in die Kasse eingegeben und vom Kunden kontrolliert, gibt der Kunde seine Girocard und die Geheimnummer (PIN) in einen Kartenleser ein, der mit dem Rechenzentrum des betreffenden Netzbetreibers verbunden ist. Das Rechenzentrum überprüft bei der Bank, die die Karte ausgestellt hat, in Sekundenschnelle die Geheimnummer, die Echtheit der Karte, eine mögliche Sperre sowie das Guthaben bzw. das Kreditlimit **(Autorisierungsprüfung).**[2] Wird die Zahlung genehmigt (autorisiert), erhält der Kunde den quittierten Kassenbeleg ausgehändigt. Die Summe wird zunächst im Kassenterminal gespeichert und in der Regel täglich an die Bank weitergeleitet.

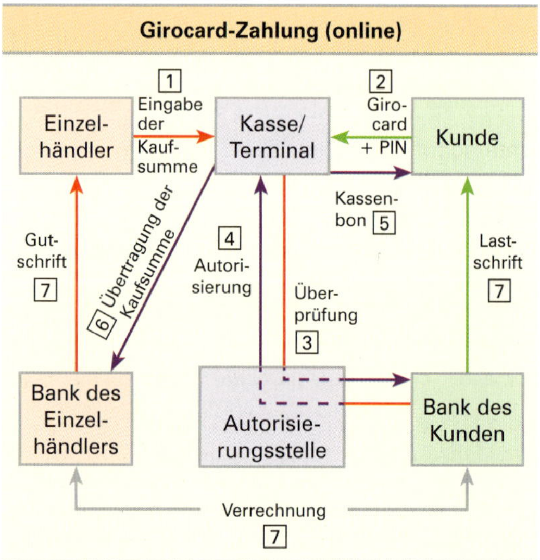

1 **Point of Sale (POS):** „Punkt des Verkaufs"; Verkaufsort.
Wenn eine Girocard gestohlen wird und Kriminelle damit Geld abheben, **können** die Banken den Kunden mit bis zu 150,00 EUR an dem Schaden beteiligen, selbst wenn dieser nicht grob fahrlässig gehandelt hat.

2 **Autorisieren:** ermächtigen.

Der Verkäufer erhält automatisch von seiner Bank die Gutschrift (abzüglich Gebühren). Der Käufer erhält automatisch die Lastschrift von seiner Bank.

(3) Kosten

Die Kosten für den Händler (ohne Geräte-, Netzbetreiber-, Verbindungsentgelte) betragen in der Regel 0,3 % der Kaufsumme, mindestens jedoch 0,08 EUR je Zahlungsvorgang. Die Girocard-Zahlung mit Chip ist für den Händler vorteilhaft, da eine Autorisierung nur in Einzelfällen erforderlich ist und somit weniger Kosten anfallen.

(4) Vorteile für die Unternehmen

- Elektronische Zahlungssysteme **verkürzen** die **Durchlaufzeiten an den Kassen.** Zeitaufwendige Arbeiten wie die Herausgabe des Wechselgeldes oder die Erstellung von Einzahlungsformularen entfallen bzw. werden vermindert.
- Die Unabhängigkeit von Bargeld fördert die Bereitschaft der Kunden zu Spontankäufen und **erhöht** dadurch die **Umsatzzahlen.**[1]
- Durch die Entlastung an der Kasse kommt es zu einer **Steigerung der Servicequalität,** da die Mitarbeiter mehr Zeit für das eigentliche Verkaufen und die Kundenberatung haben.
- Es kommt zu einer **Kosteneinsparung,** da die Kosten für die Abwicklung elektronischer Zahlungen deutlich niedriger sind als für die Bargeldabwicklung.
- Die elektronische Zahlungsabwicklung gibt **Sicherheit,** da Probleme mit Falschgeld, Diebstahl, Überfall oder Unterschlagung durch sinkende Bargeldsummen in der Kasse reduziert werden.
- Bei automatisierten Girocard-Zahlungen besteht kein Ausfallrisiko, d. h., die **Zahlung** ist **garantiert.**

3.2.2.3 Geldkarte

Der in der Girocard integrierte Chip kann an speziellen Ladegeräten (Ladeterminals), die sich in den Banken befinden, bis zu einem Betrag von 200,00 EUR aufgeladen werden. Mit dem gespeicherten Bargeld („elektronische Geldbörse“) können die Kunden ohne Eingabe einer PIN und ohne Unterschrift bezahlen. Beim Zahlungsvorgang wird der Kaufbetrag vom Chip abgebucht. Der Zahler kann mithilfe eines Lesegeräts (als Schlüsselanhänger) stets kontrollieren, wie viel Geld noch im Speicherchip ist.

Das Händlerterminal protokolliert die Umsätze. Bei Kassenabschluss werden die gespeicherten Umsätze online an die Hausbank übertragen. Diese veranlasst die Zahlung des Karten ausgebenden Kreditinstituts, unter Abzug der Gebühren, an den Händler.

3.2.2.4 Elektronisches Lastschriftverfahren (ELV)

Beim elektronischen Lastschriftverfahren werden die Kontodaten (Kontonummer und Bankleitzahl) elektronisch von der Girocard gelesen. Es werden zwei Zahlungsbelege (Lastschriften) ausgedruckt. Ein Zahlungsbeleg wird vom Kunden unterschrieben. Der Mitarbeiter an der Kasse vergleicht die Unterschrift des Kunden auf dem Beleg mit der auf der Karte. Gegebenenfalls verlangt er noch den Ausweis des Kunden. Der Mitarbeiter behält die unterschriebene Lastschrift ein und gibt den anderen Zahlungsbeleg, die Karte sowie gegebenenfalls den Ausweis an den Kunden zurück. Der Einzelhändler zieht die Lastschrift über seine Hausbank ein.

1 Spontankäufe können aber auch dazu führen, dass es zu Verbraucherüberschuldungen kommt.

Diese Zahlungsform ist für den Händler zwar kostengünstig, aber auch risikoreich, da weder eine Autorisierungs- noch eine Sperrenprüfung der Girocard vorgenommen wird. Für den Händler besteht kein Anspruch auf Adressenangabe bei Nichtbezahlung der Lastschrift.

3.2.3 Kreditkarte

(1) Einkauf mit einer Kreditkarte

Wer eine Kreditkarte erwerben will, schließt sich einem bestimmten Kreditkartensystem (z.B. Diners Club, VISA, American Express, MasterCard) an. Von der gewählten Kreditkartengesellschaft erhält der Kunde gegen Zahlung einer **jährlichen Gebühr** eine Kreditkarte (Ausweiskarte), mit der er bei allen Einzelhandelsgeschäften, die **Vertragspartner** der betreffenden Kreditkartengesellschaft sind, Rechnungen bargeldlos bis zu einem bestimmten Verfügungsrahmen begleichen kann. Vertragspartner können sein: Einzelhandelsunternehmen, Restaurants, Hotels, Reisebüros u.Ä.

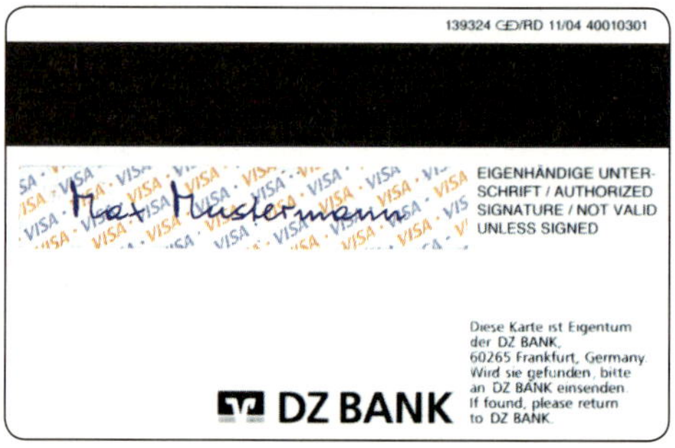

Beim Zahlungsvorgang an der Kasse wird die Kreditkarte, nachdem der Rechnungsbetrag in die Kasse eingetippt wurde, in das Kartenlesegerät gesteckt. Ergibt die Onlineüberprüfung, dass die Karte nicht gesperrt ist, wird die Zahlung freigegeben. Es werden zwei Zahlungsbelege ausgedruckt, wobei ein Zahlungsbeleg vom Kunden unterschrieben wird. Danach vergleicht der Mitarbeiter an der Kasse die Unterschrift auf dem Beleg mit der Unterschrift auf der Kreditkarte. Anschließend behält er den unterschriebenen Zahlungsbeleg und gibt den zweiten Zahlungsbeleg sowie die Kreditkarte an den Kunden zurück. Die Kreditkartenorganisation überweist den Rechnungsbetrag an den Einzelhändler unter Abzug eines Disagios (Abschlags) in Höhe von in der Regel 2–4% und belastet den Karteninhaber im Normalfall monatlich. Gleichzeitig erhält der Karteninhaber eine Zusammenstellung über die in dem Abrechnungszeitraum angefallenen Beträge zugestellt.

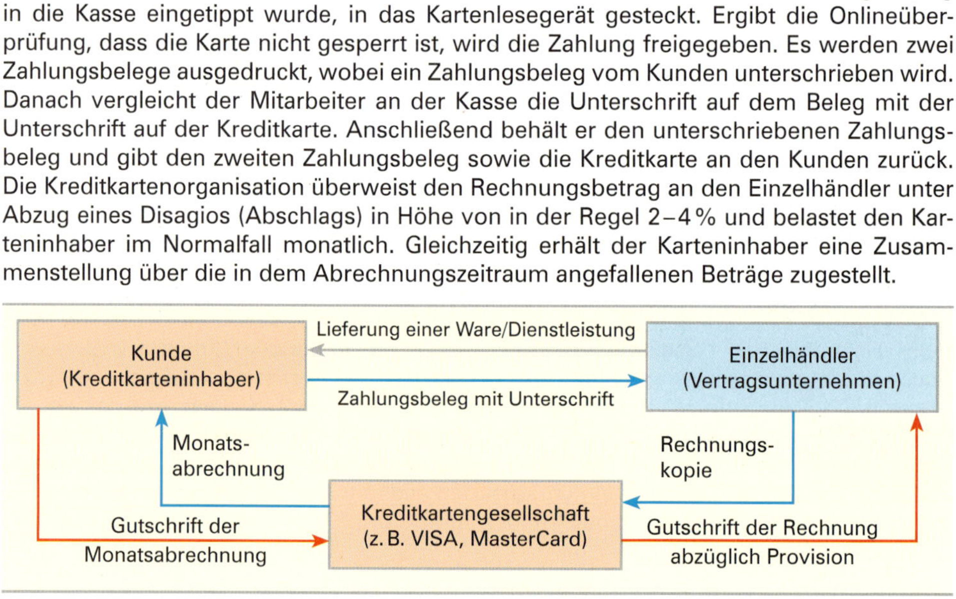

(2) Vorteile der Kreditkarte

- **Begrenzte Haftung** des Kreditkarteninhabers bei Verlust oder Diebstahl der Karte (z. B. bis zu 50,00 EUR);
- **Mietwagenservice** (der Mieter muss z. B. keine Kaution leisten);
- zusätzliche **Unfallversicherung** bei Reisen, die mit der Kreditkarte bezahlt wurden;
- **weltweite Hilfe** in Notfällen.

Die Kreditkarten sind **nicht übertragbar**. Sie sind nur für den auf der Kreditkarte angegebenen Zeitraum gültig.

3.2.4 Bezahlen per Handy

Das bargeldlose Bezahlen per Handy **(mobile Payment)** wird seitens der Anbieter sehr unterschiedlich realisiert. Insbesondere zwei Verfahren sind in Deutschland im Einsatz: die Nutzung der NFC-Technologie[1] oder eines gescannten QR-Codes[2] sowie jeweils einer speziellen, auf dem Handy installierten App.

Die bisherige Zurückhaltung der Kunden ist neben der technischen Hürde vermutlich auch durch Sicherheits- und Datenschutzbedenken mitbestimmt. Dennoch gewinnt das Bezahlen per Handy, auch aufgrund einflussreicher Kooperationspartner (z. B. ALDI-Nord, OTTO, REWE), zunehmend an Bedeutung.

(1) Bezahlen mit einem NFC-fähigen Handy[3]

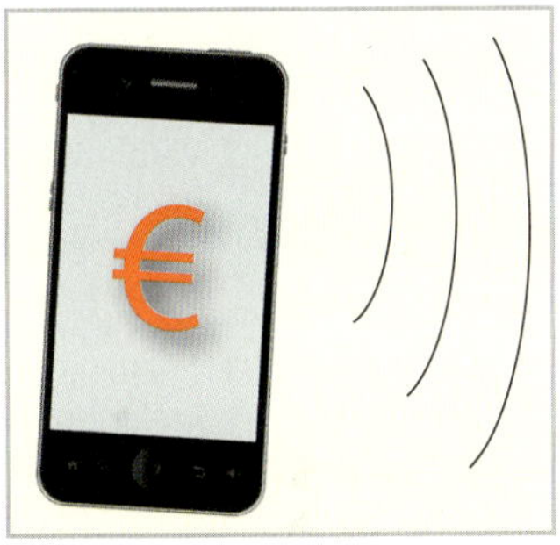

Für den Bezahlvorgang muss der Kunde lediglich das NFC-fähige Smartphone in einem Abstand von bis zu vier Zentimetern über das Display des Bezahlterminals (NFC-Lesegerät) an der Kasse halten. Der entsprechende Betrag wird dann mithilfe der Wallet-App des genutzten Mobilfunkanbieters vom Girokonto abgebucht. Die Datenübertragung zwischen Handy und Terminal erfolgt dabei sicher über NFC. Ähnlich wie bei der Girocard-Zahlung ist eine PIN-Eingabe erforderlich.

(2) Bezahlen durch Scannen des QR-Codes

Bei diesem Verfahren scannt der Kunde per Smartphone-Kamera einen QR-Code, der ihm auf dem Kassendisplay (oder dem Monitor beim Online-Einkauf) angezeigt wird, ein und startet so den Bezahlvorgang. Der Nutzer muss sich vor dem erstmaligen Einsatz bei dem Dienst (z. B. Girocode) anmelden und die Bezahl-App auf seinem Smartphone installieren. Das System funktioniert wie die Geldkarte nach dem Prepaid-Prinzip, d. h., der Kunde zahlt vor dem Einkauf Geld auf sein Konto ein.

1 **NFC**: **N**ear **F**ield **C**ommunication (engl.): Datenaustausch im Nahbereich von wenigen Zentimetern.

2 **QR**: **Q**uick **R**esponse (engl.): schnelle Antwort durch programmierten Link.

3 Vgl. http://www.teletarif.de/2mobile-payment; 11. 01.2016.

3.2.5 Bevorzugte Zahlungsformen beim E-Commerce

Zahlungsformen	Erläuterungen
Vorauskasse	Nach Eingang des Überweisungsbetrags versendet der Anbieter die vom Kunden im Internet oder per E-Mail bestellte Ware bzw. erbringt die Dienstleistung.
Kauf auf Rechnung	Beim Kauf auf Rechnung ist der Rechnungsbetrag erst **nach** Erhalt der Ware vom Käufer zu begleichen (z. B. durch eine Überweisung).
Nachnahme	Die vom Anbieter als Nachnahmesendung z. B. mit der Post versandte Ware wird erst dann ausgehändigt, wenn die Barzahlung an die Zustellkraft erfolgt ist. 
Lastschrift	Hier übermittelt der Kunde bei seiner Bestellung dem Anbieter elektronisch eine einmalige Ermächtigung zum Einzug des Kaufpreises.
Kauf mit Kreditkarte	Hier gibt der Zahler dem Anbieter seinen Namen, seine Kreditkartennummer und das Verfalldatum der Kreditkarte an. Die Unterschrift des Zahlers ist nicht erforderlich. Für den Käufer besteht das Risiko, dass der Anbieter z. B. unberechtigte Zahlungen veranlasst. Außerdem können Kreditkartendaten von „Hackern" ausgespäht (entziffert) und anschließend missbräuchlich verwendet werden. Der Nutzer kann bereits im Vorfeld sein Risiko verringern, indem er z. B. nur **SSL** (**S**ecure **S**ocket **L**ayer)-verschlüsselte Verbindungen wählt. Sie sind daran zu erkennen, dass die Internetadresse mit **https://** beginnt (statt mit **http://**) und am angezeigten Schloss-Symbol. SSL **verschlüsselt die Kreditkartendaten** bei dem Transport durch das Internet und stellt einen sicheren Übertragungsweg zwischen Zahlungspflichtigem (Sender) und Zahlungsempfänger dar. Das SSL-Verfahren wird heute von den meisten Onlineshops angeboten.
Giropay	Die Kunden, die bei einem Unternehmen kaufen, das dem Internetbezahlsystem „Giropay" angeschlossen ist, werden nach dem Kaufabschluss mit einem Klick auf die **Online-Banking-Seite ihrer Hausbank** geleitet. Dort steht eine ausgefüllte Überweisung zur Genehmigung (Autorisierung) durch eine Transaktionsnummer (TAN) bereit. Der Kunde erhält die Bestätigung, dass die Überweisung vorgenommen wurde und das Unternehmen erhält elektronisch eine Zahlungsgarantie. Das Internet-Bezahlsystem „Giropay" wird von den Sparkassen, Volks- und Raiffeisenbanken sowie der Postbank angeboten.
PayPal	Bei PayPal-Zahlungen überweist der Käufer von seinem Bankkonto den entsprechenden Betrag auf das PayPal-Konto. Nach Eingang des Betrags auf dem PayPal-Konto wird dieses sofort automatisch dem PayPal-Konto des Verkäufers gutgeschrieben. **Ausnahme**: Wenn der Käufer den **Käuferschutz** beantragt, erfolgt die Zahlung an den Verkäufer später.
Karten mit Geldkartenfunktion	Für die Zahlung von Kleinstbeträgen (Micropayments) sind Karten mit einer Geldkartenfunktion (z. B. Bankkarten und andere **SmartCards,** die mit einem Geldbetrag aufgeladen werden können) besonders geeignet.

3.2.6 Kundenkarte

Handlungssituation:

In einem Kaufhaus in Rostock stehen die beiden angehenden Verkäufer Akgün Özer und Beeke Petersen in der Nähe des Point of Sale an einem Informationsstand, um den Kunden des Ausbildungsbetriebes die neue Kundenkarte anzubieten. Als sich ein Kunde dem Info-Stand nähert, hält Beeke die neue Karte gut sichtbar in die Höhe und Akgün spricht den Kunden höflich, aber bestimmt an.

Akgün: *„Guten Tag der Herr, haben Sie schon unsere neue Kundenkarte?"*

Kunde: *„Nein Danke, und ich brauche keine. Ich habe schon 20 Stück, eine weitere würde meine Geldbörse sprengen."*

Akgün: *„Schade, ich wünsche Ihnen trotzdem noch einen schönen Tag."*

Beeke: *„Na, das hätte er aber auch freundlicher sagen können. Wir wollen dem Kunden ja nichts Böses."*

Akgün: (lacht) *„Vielleicht ist er ja ein Geheimagent und will seine persönlichen Daten bzw. seine wahre Identität nicht preisgeben."*

Beeke: *„Nein, mal ganz im Ernst, ich verstehe die Reaktionen unserer Kunden manchmal nicht. Die Erwartungen bezüglich der Kundenkarten scheinen ja außerordentlich hoch zu sein. Selbst wenn wir beim Einkauf unserer Waren mit Kundenkarte 5 % Rabatt gewähren würden, hätten die Kunden wahrscheinlich immer noch kein Interesse."*

Akgün: *„Na ja, andererseits sind die Daten unserer Kunden für das Kaufhaus ja auch nicht gerade unerheblich. Mit den Informationen, die der Kunde beim Ausfüllen der Anträge hinterlässt, können wir zum Beispiel viel gezielter für neue Produkte werben."*

Beeke: *„Stimmt, aus der Sichtweise der Händler können Kunden gezielter an das Unternehmen gebunden und zu noch mehr Umsatz bewegt werden."*

Aufgaben:

1. Nennen Sie neben den finanziellen Anreizen wie Rabattaktionen weitere Vorteile, die Kundenkarten im Einzelhandel für den Kunden haben können!
2. Informieren Sie sich bei Ihren Mitschülern, in welchen Ausbildungsbetrieben Kundenkarten auch als Zahlungsmittel eingesetzt werden! Welche Vorteile hat dies für die Betriebe?

Größere Einzelhandelsunternehmen, Kaufhäuser, Tankstellen geben für kreditwürdige Kunden, in Zusammenarbeit mit einem Kreditinstitut, **Kundenkarten** aus.

Mögliche Kundendaten auf der Kundenkarte:

- **Persönliche Daten,** z. B. Name, Vorname, Geburtstag, Nationalität.
- **Berufliche Daten,** z. B. ausgeübter Beruf, Branche, Arbeitgeber.
- **Bankdaten,** z. B. Bankverbindung, Besitzer einer Kreditkarte.

Der Inhaber einer Kundenkarte erhält häufig einen Nachlass auf die Ware, er wird vor Sonderverkäufen benachrichtigt, er erhält Nachricht, wenn neue Produkte ins Sortiment aufgenommen werden usw. Der Einzelhändler versucht, mit der Kundenkarte den Kunden an das Unternehmen zu binden.

Einige Kundenkarten sind mit einer Kreditfunktion ausgestattet und können beim betreffenden Unternehmen wie eine Kreditkarte genutzt werden. Besitzt die Kundenkarte eine Kreditfunktion, kann der Käufer bis zu einer vorher festgelegten Höchstgrenze (Kreditgrenze) Waren einkaufen, ohne diese sofort zu bezahlen, d. h., von der Kasse werden lediglich die Daten der Kundenkarte erfasst. Der aufgelaufene Zahlungsbetrag wird dann vom Einzelhändler in bestimmten Zeitabständen (z. B. monatlich) vom Bankkonto des Kunden abgebucht. Für jeden Kunden führt das Karten ausgebende Einzelhandelsunternehmen somit ein eigenes Kundenkonto. Der Einzelhändler trägt die Gefahr, dass die Lastschrift (z. B. mangels Deckung) nicht eingelöst wird.

Kundenkarten bringen dem **Kunden** insbesondere folgende **Vorteile**:

- Der Kunde erhält vom Verkäufer kurzfristig einen **kostenlosen Kredit.**
- Der Kunde kann **Spontankäufe** tätigen und **Sonderangebote** nutzen.
- Der Kunde erhält häufig nachträglich noch einen **Sonderrabatt (Bonus),** sofern er innerhalb einer festgelegten Zeit (z. B. vierteljährlich oder jährlich) für eine bestimmte Kaufsumme einkauft.
- Der Kunde wird persönlich über Sonderangebote, Neuheiten und Aktionen informiert **(Direktwerbung).**
- Mit der Kundenkarte können **Zusatzangebote** verbunden sein (z. B. Parkausweis, Nutzung als Geldkarte, sofern die Kundenkarte mit einem Mikrochip ausgestattet ist).

Die Zahlung an der Kasse kann auch mit einem **Gutschein**[1] oder einem **Coupon**[1] erfolgen.

Zusammenfassung

- Voraussetzung für den bargeldlosen Zahlungsverkehr ist das Vorhandensein eines **Girokontos** bei einer Bank.
- **Vergleich der Zahlungsverfahren**

	Electronic Cash Onlineverfahren	**Elektronisches Lastschriftverfahren (ELV)**	**Geldkarte**	**Kreditkarte**
Kartensysteme	Girocard	Girocard	Girocard	Kreditkarte
Akzeptanzzeichen	girocard	ec	GeldKarte	EUROCARD MasterCard VISA
Kurzbeschreibung	Elektronisches Zahlungssystem für inländische Debitkarten	Verfahren zwischen Händlern und Netzbetreibern	Bezahlfunktion für Kleinzahlungen über Chip – integriert in der Debitkarte (Girocard)	Ausweis für ein elektronisches Bezahlsystem im In- und Ausland
Legitimation	Persönliche Geheimzahl	Unterschrift	Keine	Unterschrift, ggf. persönliche Geheimzahl
Sperrabfrage	Ja	Nein	Nein	Je nach Bedarf

1 Vgl. hierzu S. 375.

	Electronic Cash Onlineverfahren	**Elektronisches Lastschriftverfahren (ELV)**	**Geldkarte**	**Kreditkarte**
Autorisierung	Ja	Nein	Im Chip	Je nach Bedarf
Ablauf	Zahlung wird mit Kontostand verglichen und freigegeben	Kunde unterschreibt einmalige Einzugsermächtigung für Lastschrift	Rechnungsbetrag wird vom Guthaben der „elektronischen Geldbörse" abgebucht	Zahlung wird über die Kreditkartenbank des Händlers und über das Karten ausgebende Kreditinstitut abgewickelt
Sicherheit für Händler	Zahlung garantiert bis max. 2000,00 EUR/Tag	Nein, daher hohes Risiko	Zahlung garantiert bis max. Chip-Guthaben bzw. 200,00 EUR	Zahlung garantiert
Kosten	0,3 % vom Umsatz, mind. 0,08 EUR	Nur geringe Verbindungskosten + übliche Bankgebühren für Lastschrifteinzug	0,3 % vom Umsatz, mind. 0,01 EUR	Werden mit Kreditkartenbank des Händlers ausgehandelt, z. B. abhängig vom Jahresumsatz

- Bei der **Geldkarte** wird der Betrag vom Chip der Girocard abgebucht und dem Einzelhändler gutgeschrieben.
- Mit der **Kundenkarte** kann der Kunde bis zur Kreditobergrenze einkaufen. Der aufgelaufene Zahlungsbetrag wird dann vom Einzelhändler in bestimmten Zeitabständen vom Bankkonto des Kunden eingezogen. Allerdings haben nicht alle Kundenkarten eine Kreditfunktion.
- Die Zahlung an der Kasse kann auch mit einem **Gutschein** oder einem **Coupon** erfolgen.

Übungsaufgabe

50 1. Sie befinden sich in Ausbildung zum Kaufmann/zur Kauffrau im Einzelhandel bei Nico Füller Textilhaus e. K., einem bekannten Fachgeschäft in Berlin.

Aufgaben:

1.1 Hans Füller entschließt sich, die bargeldlose Zahlungsmöglichkeit mittels Girocard in seinem Fachgeschäft einzuführen. Lediglich über die Art des Verfahrens hat Hans Füller noch keine Entscheidung getroffen.

Stellen Sie die Abläufe bei der Zahlung mit Girocard (online) und dem elektronischen Lastschriftverfahren (ELV) dar!

1.2 Beschreiben Sie den Zahlungsvorgang bei einer Zahlung mit der Kreditkarte!

1.3 Erklären Sie, welchem Zweck die Kreditkarte dient!

1.4 Nennen Sie zwei Vorteile der Kreditkarte aus Sicht des Karteninhabers!

1.5 Erläutern Sie zwei Vorteile und zwei Nachteile der Kreditkartenzahlung aus Sicht des Einzelhändlers!

1.6 Erklären Sie die Unterrichtungs- und Anzeigepflichten des Karteninhabers (Kontoinhabers) beim Verlust oder bei einer missbräuchlichen Verfügung mit seiner Girocard!

2. Nico Füller beabsichtigt auch, an kreditwürdige Kunden eine Kundenkarte auszugeben. Beschreiben Sie den Ablauf eines Einkaufs mit Kundenkarte!

3. Beschreiben Sie den Zahlungsvorgang mit einer Geldkarte!
4. Begründen Sie, ob die Zahlung mit dem elektronischen Lastschriftverfahren und mit der Girocard für den Einzelhändler das gleiche Risiko beinhalten!
5. Entwerfen Sie aufgrund der nachfolgenden Angaben eine korrekte Rechnung nach dem Umsatzsteuergesetz!

   Lieferer: Elektrohaus Thomas Gross e. Kfm., Klugstr. 20, 70197 Stuttgart

   Kunde: Ben Wetzel, Kolpingstr. 101, 96450 Coburg

   Ware: Solar-Gartenlampe, Art.-Nr. 857160, Preis 123,76 EUR je Stück einschließlich 19 % USt, gekaufte Anzahl: 3 Stück, Fracht und Verpackung pauschal 12,00 EUR zuzüglich 19 % USt.

   Weitere Angaben: Rechnungsnummer: 101/05; Rechnungsdatum: 20. Mai 20..; Lieferungszeitpunkt: 18. Mai 20..; Zahlungsbedingungen: 2 % Skonto bei Zahlung innerhalb 8 Tagen, Zahlungsziel 20 Tage; Registergericht Stuttgart HRA 171850; St.-Nr. 1934/106/17; Tel. 0711 15920-0; Deutsche Bank Stuttgart, IBAN DE 72 6007 0070 0000 0187 00.

3.2.7 SEPA-Überweisung

Beim bargeldlosen Zahlungsverkehr wird mit Buchgeld gezahlt, indem der entsprechende Geldbetrag vom Konto des Zahlungspflichtigen abgebucht und dem Konto des Empfängers gutgeschrieben wird. Diesen Vorgang nennt man Überweisung.

Bei einer **Überweisung** wird ein Geldbetrag vom Girokonto des Zahlers auf ein Konto (z. B. Girokonto, Sparkonto) des Zahlungsempfängers umgebucht.

(1) Begriff SEPA-Überweisung[1]

SEPA-Überweisungen können im Inland und in 32 Nationen des einheitlichen Euro-Zahlungsverkehrsraums, kurz SEPA, durchgeführt werden. Für SEPA-Überweisungen gilt:

- IBAN/BIC sind Leitwegkriterien,
- Entgeltregelung: der Zahlungspflichtige trägt die Entgelte und Auslagen bei seinem Kreditinstitut, der Zahlungsempfänger trägt die übrigen Entgelte und Auslagen,
- Ausführungsfrist maximal ein Arbeitstag (beleghaft eingereichte Aufträge einen Tag mehr),
- Ausstellung in Euro.[2]

Beispiel:

Die Software Raabe GmbH, Kantstr. 12, 88213 Ravensburg, bezahlt eine Rechnung über 9500,00 EUR an die ABC Europe PC-Systems AG Niederlande, durch einen Überweisungsauftrag an die Kreissparkasse Ravensburg.

1 **SEPA:** Single Euro Payments Area. Die SEPA-Überweisung löst ab Februar 2014 die bestehenden unterschiedlichen Verfahren ab.

2 Für Zahlungen in anderen europäischen Währungen (z. B. Britische Pfund oder dänische Kronen) müssen besondere Formulare (z. B. Auslandsüberweisungen) verwendet werden. Außerdem gelten andere Abwicklungskonditionen (z. B. Entgelte, Ausführungsfristen).

€uro-Überweisung SOLADE1RVB
KREISSPARKASSE RAVENSBURG

Für Überweisungen in Deutschland, in andere EU-/EWR-Staaten und in die Schweiz in Euro.
Überweisender trägt Entgelte und Auslagen bei seinem Kreditinstitut; Begünstigter trägt die übrigen Entgelte und Auslagen.
Bitte Meldepflicht gemäß Außenwirtschaftsverordnung beachten!

Angaben zum Begünstigten: Name, Vorname/Firma (max. 27 Stellen, bei maschineller Beschriftung max. 35 Stellen)
ABC Europe PC-Systems AG

IBAN
NL 13 ABNA 0541 1234 59

BIC des Kreditinstituts (8 oder 11 Stellen)
ABNANL2A

Betrag: Euro, Cent
9 500,00

Kunden-Referenznummer - Verwendungszweck, ggf. Name und Anschrift des Überweisenden - (nur für Begünstigten)
Kunden-Nr. 3040

noch Verwendungszweck (insgesamt max. 2 Zeilen à 27 Stellen, bei maschineller Beschriftung max. 2 Zeilen à 35 Stellen)

Angaben zum Kontoinhaber: Name, Vorname/Firma, Ort (max. 27 Stellen, keine Straßen- oder Postfachangaben)
Software Raabe GmbH Ravensburg

IBAN
DE79 6505 0110 0000 1243 59 16

Datum
17. 04. 20. .

Unterschrift(en)
Stefan Raabe

€URO-ÜBERWEISUNG (S€PA)

Erläuterungen:

- **BIC (Bank Identifier Code):** Der BIC, auch SWIFT-Code genannt, ermöglicht eine weltweit eindeutige **Identifikation eines Kreditinstituts.** Die Angaben des BICs ist im SEPA-Raum für **Euro-Zahlungen** nicht erforderlich. Sie ist nur bei Zahlungen in die Länder Monaco, Schweiz und San Marino sowie bei Zahlungen außerhalb der SEPA-Länder erforderlich.

Beispiel: BIC → Deutsche Bank Frankfurt

DEUT DE FF XXX

- DEUT → Bank-Code
- DE → Länder-Code (Country Code)
- FF → Orts-/Location Code (hier FfM)

\+ ggf. Filial-/Branch-Code → drei optionale alphabetische Zeichen

- **IBAN-Code (International Bank Account Number):** Es handelt sich hier um eine international standardisierte **Bank- und Kundenkontonummer.** Sie dient der **Identifikation des Kontos des Zahlungsempfängers.**

Beispiel: Für Deutschland 22 Stellen

DEUTSCHE BANK DÜSSELDORF : DE 71 30070024 07 890 445 00

- DE → Länderkennzeichen
- 71 → Prüfziffer
- 30070024 → Bank-Code
- 07 890 445 00 → Kontonr. einschl. Unterkonto

(2) Ablauf des Zahlungsvorgangs

Der **Zahlungsvorgang** ist Folgender:

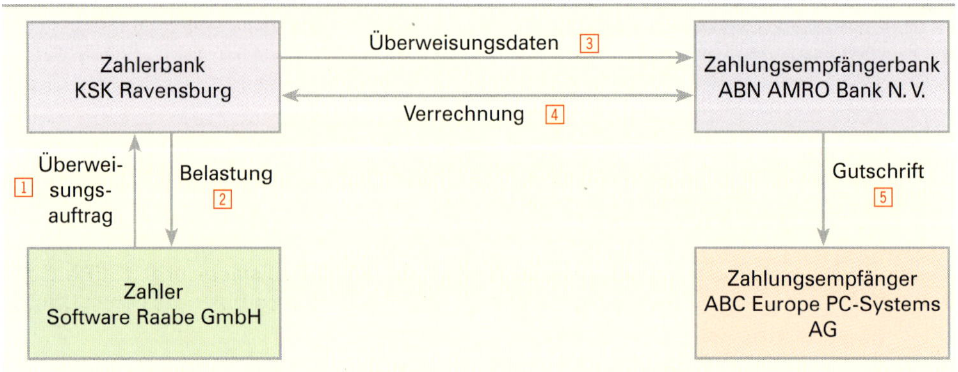

- Bei der beleghaften Überweisung füllt der Zahler (Software Raabe GmbH) einen Überweisungsvordruck aus. Den Überweisungsauftrag autorisiert er durch seine Unterschrift. Den Vordruck reicht er dann bei der Bank ein.

  Als beleglose Überweisung kommen für den Zahler verschiedene Formen infrage: z. B. das Onlinebanking[1] oder die Benutzung eines Selbstbedienungsterminals in den Räumlichkeiten seiner Bank.
- Die Bank des Zahlers (die Kreissparkasse Ravensburg) erteilt über die zuständigen Zentralen der Bank des Zahlungsempfängers (ABN AMRO Bank N. V.) den Auftrag, dem Zahlungsempfänger (der ABC Europe PC-Systems AG) den Überweisungsbetrag gutzuschreiben.
- Dem Zahler (Software Raabe GmbH) wird der überwiesene Betrag belastet (Sollbuchung). Der Zahlungsempfänger (die ABC Europe PC-Systems AG) erhält den Kontoauszug mit der Gutschrift über 9 500,00 EUR. Ein Vermerk im Kontoauszug informiert ihn über die Person des Überweisenden (den Zahler) und den Zweck der Zahlung.

(3) Dauerauftrag

Hier erteilt der Zahlungspflichtige seiner Bank einen **einmaligen** Überweisungsauftrag (Dauerauftrag), bis auf Widerruf regelmäßig von seinem Konto einen **feststehenden** Betrag zu **bestimmten Terminen** (z. B. jeweils zum 1. jeden Monats) auf das angegebene Konto des Zahlungsempfängers zu überweisen.

Beispiel:

Das Reformhaus Erika Plauel e. Kfr. lässt die Miete für die Geschäftsräume von dem Geschäftskonto monatlich abbuchen und auf das Konto des Vermieters überweisen.

3.2.8 SEPA-Lastschrift

(1) Begriff Lastschriftverfahren

Im Gegensatz zur Überweisung bzw. zum Dauerauftrag geht bei einer Lastschrift die Initiative nicht vom Zahlungspflichtigen, sondern vom **Zahlungsempfänger** aus. Der Zahlungsempfänger übermittelt das für die Lastschrift notwendige Datenmaterial an seine Hausbank.

1 Onlinebanking gibt dem Bankkunden die Möglichkeit, eine Vielzahl von Bankgeschäften (z. B. Abrufen des Finanzstatus, Überweisung) über das Internet zu tätigen.

Diese schreibt die Beträge gut und zieht sie bei der Bank des Zahlungspflichtigen ein. Das Lastschriftverfahren wird angewandt, wenn Beträge abgebucht werden sollen, die im Zeitablauf in **wechselnder Höhe** und/oder zu **verschiedenen Zeitpunkten** anfallen.

Beispiele:

Gas-, Wasser-, Fernsprechentgelte, Feuerversicherungsumlagen; unterschiedlich hohe Rechnungen zwischen Hersteller und Lieferer, die bei einem Rahmenvertrag anfallen.

Beim **Lastschriftverfahren** ist ein Kontoinhaber damit einverstanden, dass von seinem Konto wiederkehrende, jedoch unterschiedlich hohe Zahlungen vom Zahlungsempfänger (Gläubiger) abgerufen werden.

Für die SEPA-Lastschrift gibt es zwei Verfahren: die **SEPA-Basislastschrift (SEPA Core Direct Debit)** sowie die **SEPA-Firmenlastschrift (SEPA Business to Business Direct Debit).**

(2) SEPA-Basislastschriftverfahren (SEPA Core Direct Debit)

Der Zahlungsempfänger hat dafür zu sorgen, dass der Zahlungspflichtige mit dem SEPA-Basislastschriftverfahren einverstanden ist. Dies geschieht in der Regel dadurch, dass der **Zahlungspflichtige den Zahlungsempfänger dazu ermächtigt** (ein **Mandat**[1] erteilt), bestimmte Beträge durch Lastschriften einzuziehen **(SEPA-Lastschriftmandat).**

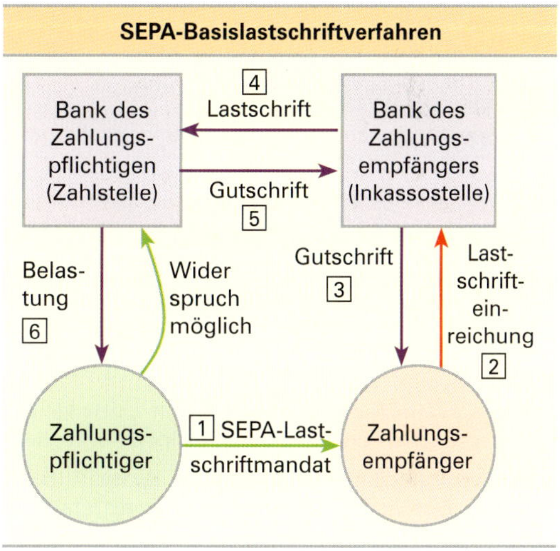

SEPA-Lastschriften haben ein **festes Fälligkeitsdatum,** an dem die Kontobelastung erfolgt. Jeder **Lastschrifteinreicher (Zahlungsempfänger)** erhält eine individuelle Kennzeichnung zur Identifi-zierung,[2] die sogenannte **Gläubiger-Identifikationsnummer.** Diese Nummer und die vom Zahlungsempfänger jedem SEPA-Mandat zugeordnete **Mandatsreferenz**[3] (z.B. Kundennummer) ermöglichen dem Zahler einen einfachen Abgleich von Belastungen auf seinem Zahlungskonto (Girokonto). Die Gläubiger-Identifikationsnummer wird von der Deutschen Bundesbank vergeben.

SEPA-Lastschriften können bis zu **acht Wochen** nach dem Belastungstag ohne Angabe von Gründen zurückgegeben werden. Bei unberechtigten Lastschriften (z.B. der Kunde hat kein Lastschriftmandat erteilt) gilt die gesetzliche Rückerstattungsfrist von dreizehn Monaten.

1 **Mandat:** Auftrag, hier im Sinne einer Ermächtigung.
2 **Identifizieren:** genau wiedererkennen.
3 **Referenz:** (vertrauenswürdige) Auskunft.

Die Bank des Zahlungspflichtigen zieht bei einem Widerspruch den Geldbetrag bei der Bank des Zahlungsempfängers (Inkassostelle) ein und schreibt ihn dem Zahlungspflichtigen wieder gut. Die Inkassostelle haftet für die Erstattung des belasteten Betrags.

(3) SEPA-Firmenlastschriftverfahren (SEPA Business to Business Direct Debit)

Das SEPA-Firmenlastschriftverfahren findet ausschließlich Anwendung im Geschäftsverkehr zwischen Unternehmen. Bei der SEPA-Firmenlastschrift kann der Zahler der Lastschrift **nach der Einlösung nicht mehr widersprechen.** Der Zahlungsempfänger hat somit eine **Zahlungssicherheit,** da eine **spätere Rückgabe der Lastschrift ausgeschlossen** ist.

3.2.9 Bedeutung des bargeldlosen Zahlungsverkehrs für den Einzelhandel

Der bargeldlose Zahlungsverkehr beinhaltet für den Einzelhandel Vorteile und Nachteile.

Vorteile	Nachteile
■ Erleichterung der Zahlung: Zahlung ohne großen Aufwand mit einem Formular. ■ Zahlung kann terminiert werden, Terminüberwachung übernimmt die Bank. ■ Billiger als Barzahlung. ■ Keine Aufbewahrung und Sicherung von Bargeld.	■ Teurer für den Einzelhandel. ■ Investitions- bzw. Mehrkosten an die Bank für die Hardware. ■ Verluste durch gefälschte bzw. gestohlene Girocards.

Zusammenfassung

- Eine wichtige Art des Zahlungsauftrags ist die **Überweisung.** Bei der Überweisung wird der Zahlende belastet, der Empfänger erhält eine Gutschrift.
- **SEPA-Überweisungen** können im Inland und in 32 Nationen des einheitlichen Euro-Zahlungsverkehrsraums durchgeführt werden. Sie können **ausschließlich in Euro** abgewickelt werden.
- Beim **Dauerauftrag** führen Banken wiederkehrende Zahlungen in fester Höhe zu bestimmten Terminen aufgrund einer einmaligen Auftragserteilung an bestimmte Empfänger aus.
- Beim **Lastschriftverfahren** ist ein Kontoinhaber damit einverstanden, dass von seinem Konto wiederkehrende, jedoch unterschiedlich hohe Zahlungen vom Zahlungsempfänger abgerufen werden.
- Das **SEPA-Basislastschriftverfahren** ist durch folgende Kriterien charakterisiert: Kundenkennung durch IBAN und BIC; Gläubiger-Identifikationsnummer; Vorgabe eines Fälligkeitsdatums; Erteilung eines SEPA-Lastschriftmandats durch den Zahler an den Zahlungsempfänger; Widerspruchsrecht des Zahlers innerhalb 8 Wochen ab Belastungstag.

Übungsaufgabe

51 1. Besorgen Sie sich von einer Bank ein bankneutrales Überweisungsformular und füllen Sie diese Überweisung nach folgenden Angaben aus:

Sie überweisen 1 500,00 EUR vom Girokonto bei der Commerzbank Ulm IBAN DE 75 7714 0001 0000 8231 50 des Einzelhandelsunternehmens Lennart Hieber e. K., Kornhausplatz 7, 89073 Ulm an die Möbelfabrik Möbel-Center GmbH, Lindenstraße 30, 42275 Wuppertal. Bankverbindung: Credit- und Volksbank Wuppertal, IBAN DE 40 3306 0098 0000 0147 81. Vermerk: Rechnung vom 16. August d. J.

2. 2.1 Unterscheiden Sie den Dauerauftrag vom SEPA-Lastschriftverfahren und bilden Sie zu jeder Überweisungsart drei Beispiele!

   2.2 Nennen Sie den gemeinsamen Vorteil, den Zahlungen mit Dauerauftrag und SEPA-Lastschriftverfahren für den Zahlenden haben!

3. Begründen Sie, welche Zahlungsart Sie in den nachfolgenden Fällen wählen!

   3.1 Ein Kunde hat bei seinem Elektrohändler eine teure Reparatur für einen neuwertigen Fernsehapparat beglichen. Nach Reklamation des Händlers beim Werk erhält der Kunde eine Gutschrift von 80,00 EUR. Der Kunde hat ein Girokonto.

   3.2 Jens Maier hat von einem Autohaus einen Pkw geleast. Wie wird er die fälligen monatlichen Leasingraten über jeweils 419,00 EUR bezahlen?

   3.3 Das Textilhaus Schwalbe GmbH sucht nach einer günstigen Zahlungsart für die monatlichen Wasser- und Telefonrechnungen.

   3.4 Das Lebensmittelgeschäft Dirk Breme e.K. möchte eine Rechnung über Waschmittel in Höhe von 480,00 EUR begleichen. Es hat ein Girokonto bei der Kreissparkasse des Orts. Auf der Rechnung ist folgendes Konto angegeben:
   WestLB Dortmund, IBAN DE 35 4405 0000 0004 1432 90.

   3.5 Der Flaschnermeister Timo Zwicker hat eine kleine Reparatur an der Dachrinne des Textilhauses Felix Glück KG vorgenommen. Er möchte das Geld für die Reparatur sofort haben.

4 Rechenarten zur Lösung kaufmännischer Sachverhalte

4.1 Dreisatz

4.1.1 Dreisatz mit geradem Verhältnis

Beispiel:

Der Verkaufserlös für 108 kg eines Artikels beträgt 345,60 EUR.

Aufgabe:

Berechnen Sie den Verkaufserlös für 42 kg!

Lösung:

Gegeben: 108 kg bringen einen Erlös von 345,60 EUR ← Bedingungssatz

Gesucht: 42 kg bringen einen Erlös von x EUR ← Fragesatz

$$x = \frac{345{,}60 \cdot 42}{108} = \underline{\underline{134{,}40\ \text{EUR}}}$$ ← Bruchsatz

Ergebnis: Der Verkaufserlös von 42 kg beträgt 134,40 EUR.

Allgemeiner Lösungsweg

- Schreiben Sie den **Bedingungssatz** so auf, dass die gefragte Größe am Ende des Satzes steht.
- Schreiben Sie den **Fragesatz** darunter. Achten Sie darauf, dass gleiche Bezeichnungen (z.B. kg, EUR, m usw.) immer untereinander stehen.
- Bei der Erstellung des **Bruchsatzes** ist von dem gegebenen Wert **(Erlös für 108 kg)** auszugehen. Er ist dann immer auf den Wert einer Einheit zurückzuführen **(Erlös für 1 kg)**, und anschließend ist der Wert für die gesuchte Mehrheit zu berechnen **(Erlös für 42 kg ≙ x EUR)**. Die Erstellung des Bruchsatzes erfolgt also über die folgenden drei Sätze:

18 Speth u.a. - ISBN 978-3-8120-0631-6

1. Satz:	108 kg bringen einen Erlös von	345,60 EUR	je weniger, desto weniger
2. Satz:	1 kg bringt einen Erlös von	$\frac{345{,}60}{108}$ EUR	je mehr, desto mehr
3. Satz:	42 kg bringen einen Erlös von	$\frac{345{,}60 \cdot 42}{108}$ EUR	

- Beim 2. Satz gilt im Verhältnis zum 1. Satz: **Je weniger, desto weniger.** (Je weniger verkauft wird, desto niedriger ist der Erlös.) Es handelt sich um ein **gerades Verhältnis.** Es wird dividiert.
- Beim 3. Satz gilt im Verhältnis zum 2. Satz: **Je mehr, desto mehr.** (Je mehr verkauft wird, desto höher ist der Erlös.) Es handelt sich um ein **gerades Verhältnis.** Es wird multipliziert.

Übungsaufgabe

52

1. Ein Kaufhaus bezieht eine Wagenladung Kartoffeln mit einem Gesamtnettogewicht von 785 kg zu 439,60 EUR.
   Berechnen Sie den Preis für einen Beutel mit 2,5 kg Nettogewicht!
2. Für die Ausstattung einer Ausstellungshalle werden 85 m Stoff benötigt. Der benötigte Vorhangstoff wird von einem Ballen genommen, der 110 m umfasst und 1925,00 EUR gekostet hat.
   Ermitteln Sie die Kosten für die Ausstattung der Halle, wenn für Vorhangschienen 264,00 EUR, für Leisten 83,00 EUR und für Arbeitslohn 560,00 EUR anfallen!
3. Eine Aushilfskraft erhält für 26 Arbeitsstunden einen Bruttolohn von 364,00 EUR.
   Ermitteln Sie den Bruttolohn, wenn die Arbeitszeit 34 Stunden beträgt!
4. Der Heizölvorrat von 8410 Litern reicht bei normalem Verbrauch 145 Tage.
   Berechnen Sie, wie viel Tage ein Vorrat von 5180 Litern reicht!
5. Die Kosten für die Reinigung der Geschäftsräume belaufen sich im Monat März bei 24 Arbeitstagen auf insgesamt 620,00 EUR. Berechnen Sie die Reinigungskosten
   5.1 für den Monat Mai (22 Arbeitstage) und
   5.2 für den Monat Juli (18 Arbeitstage wegen Betriebsferien)!
6. 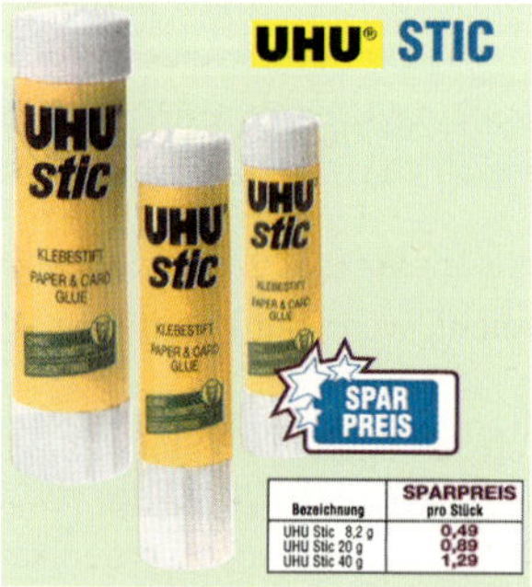

Bezeichnung	SPARPREIS pro Stück
UHU Stic 8,2 g	0,49
UHU Stic 20 g	0,89
UHU Stic 40 g	1,29

   6.1 Berechnen Sie, wie viel jeweils 10 g Klebstoff bei den einzelnen Packungsgrößen kosten!
   6.2 Nennen Sie Gründe, die das Unternehmen veranlasst haben könnten, diese Preisgestaltung zu wählen!
7. Für einen Umsatz von 820,00 EUR erhält eine Verkäuferin 20,50 EUR Umsatzprämie.
   Berechnen Sie die Umsatzprämie, die ihre Kollegin erhält, die einen Umsatz von 580,00 EUR erzielt hat!

4.1.2 Dreisatz mit ungeradem Verhältnis

Beispiel:

Der Vorrat an einer bestimmten Warenart reicht bei einem täglichen Verkauf von 42 kg noch 18 Tage.

Aufgabe:

Ermitteln Sie, wie viel Tage der Vorrat reicht, wenn es sich herausstellt, dass pro Tag nur 36 kg verkauft werden!

Lösung:

Gegeben: 42 kg täglicher Verkauf → Verbrauchszeit 18 Tage ← Bedingungssatz

Gesucht: 36 kg täglicher Verkauf → Verbrauchszeit x Tage ← Fragesatz

$x = \frac{18 \cdot 42}{36} = \underline{\underline{21 \text{ Tage}}}$ ← Bruchsatz

Ergebnis: Bei einem täglichen Verkauf von 36 kg reicht der Vorrat 21 Tage.

Allgemeiner Lösungsweg

Für die Aufstellung der drei Sätze gilt die gleiche Vorgehensweise wie beim Dreisatz mit geradem Verhältnis.

1. Satz: Bei einem täglichen Verkauf von 42 kg beträgt die Verbrauchszeit 18 Tage

2. Satz: Wird täglich nur 1 kg verkauft, reicht der Vorrat $18 \cdot 42$ Tage

3. Satz: Werden täglich 36 kg verkauft, reicht der Vorrat $\frac{18 \cdot 42}{36}$ Tage

(1. → 2. Satz: je weniger, desto mehr; 2. → 3. Satz: je mehr, desto weniger)

- Beim 2. Satz gilt im Verhältnis zum 1. Satz: **Je weniger, desto mehr.** (Je weniger an einem Tag verkauft wird, desto mehr Tage reicht der Vorrat.) Es handelt sich um ein **ungerades Verhältnis.** Es wird multipliziert.
- Beim 3. Satz gilt im Verhältnis zum 2. Satz: **Je mehr, desto weniger.** (Je mehr der Tagesverkauf zunimmt, desto weniger Tage reicht der Vorrat.) Es handelt sich um ein **ungerades Verhältnis.** Es wird dividiert.

Übungsaufgabe

53

1. Der Vorrat an Gemüsedosen reicht bei einem täglichen Verkauf von 48 Stück 24 Tage.

   Berechnen Sie, wie viel Tage der gleiche Vorrat reicht, wenn aufgrund einer Werbeaktion der tägliche Verkauf auf 72 Stück ansteigt!

2. 20 Arbeiter brauchen für einen bestimmten Auftrag 15 Tage zu je 8 Stunden.

   Ermitteln Sie, wie viel Arbeiter noch hinzugezogen werden müssten, wenn der Auftrag in 10 Tagen fertig sein soll, die tägliche Arbeitszeit jedoch nicht erhöht werden kann!

3. Die monatliche Spesenpauschale für einen Mitarbeiter reicht für 26 Tage, wenn er täglich 24,00 EUR ausgibt.

   Ermitteln Sie, wie viel Tage die Spesen reichen, wenn er täglich nur 20,00 EUR ausgibt!

4. Zum Auslegen der Geschäftsräume mit Teppichboden benötigen wir 32 Rollen mit einer Breite von 1,20 m.

   Berechnen Sie die Anzahl der Rollen, die man braucht, wenn die Breite 1,80 m beträgt!

5. Bei einem täglichen Bedarf von 140 Blatt reicht das Fotokopierpapier noch 66 Tage.

   Ermitteln Sie, wie viel Tage der Vorrat reicht, wenn der Tagesbedarf auf 180 Blatt ansteigt!

6. Zum Auffüllen eines Ladenregals benötigen 4 Angestellte 6 Stunden.

   Berechnen Sie, in welcher Zeit die Arbeit von 3 Angestellten erledigt werden könnte!

7. Zum Abladen eines Lkws werden 3 Verkäufer für 4 Stunden abgestellt.

   Ermitteln Sie, nach wie viel Stunden der Lkw abgeladen ist, wenn der Fahrer des Lkws mithilft!

8. 16 Einzelhändler eines Einkaufszentrums starten eine gemeinsame Werbeaktion, wobei jeder anteilige Kosten in Höhe von 362,40 EUR zu tragen hat.

   Berechnen Sie den Kostenanteil je Einzelhandelsgeschäft, wenn alle 24 Einzelhandelsgeschäfte des Einkaufszentrums die Aktion mittragen würden!

Den **Unterschied** zwischen dem **Dreisatz mit geradem Verhältnis** und dem **Dreisatz mit ungeradem Verhältnis** zeigt die folgende Gegenüberstellung auf:

Gerades Verhältnis	Ungerades Verhältnis
Beispiel: 20 kg Zucker kosten 24,00 EUR 5 kg Zucker kosten 6,00 EUR	**Beispiel:** 10 Arbeiter benötigen 8 Tage 4 Arbeiter benötigen 20 Tage
Allgemein: **Weniger** Zucker – **weniger** Geld **Mehr** Zucker – **mehr** Geld	**Allgemein:** **Weniger** Arbeiter – **mehr** Tage **Mehr** Arbeiter – **weniger** Tage
Die **Größen** (Zucker und Geld) verändern sich **gleichgerichtet.**	Die **Größen** (Arbeiter und Tage) verändern sich **entgegengerichtet.**
Das Zurückführen auf **eine Einheit** (1 kg Zucker) erfordert eine **Division.**	Das Zurückführen auf **eine Einheit** (ein Arbeiter) erfordert eine **Multiplikation.**
Das Schließen von der Einheit auf die gesuchte Mehrheit erfordert eine **Multiplikation.**	Das Schließen von der Einheit auf die gesuchte Mehrheit erfordert eine **Division.**

Übungsaufgabe

54 Lösen Sie die nachfolgenden Dreisatzaufgaben mit geradem und ungeradem Verhältnis!

1. Die Lederwaren Kuhn OHG bezahlte für ihre Geschäftsräume bei einem Mietpreis von 13,50 EUR je m^2 bisher monatlich 2767,50 EUR.

   Berechnen Sie die künftige Monatsmiete, wenn der Hauseigentümer die Miete um 0,80 EUR je m^2 erhöht!

2. Die Glasversicherung für die Schaufensterscheiben der Einzelhandlung Martin Weber e.Kfm. wird nach m^2 berechnet. Bei einer Glasfläche von 18 m^2 beträgt sie 225,00 EUR jährlich. Durch den Ladenausbau erweitert sich die Glasfläche um $4^1/_2$ m^2.

   Ermitteln Sie die jährliche Versicherungssumme!

3. Das Farbengeschäft Christian Bunt e. Kfm. füllt 400 Liter Farbe in 2-l-Dosen ab und erhält somit 200 Dosen.

   Ermitteln Sie, wie viel Dosen abgefüllt werden können, wenn der Doseninhalt $^1/_2$ Liter beträgt!

4. Ein Warenhaus versendet 2400 Teller an den Festwirt eines Volksfestes. Ein Teller wiegt 210 g. Die Teller werden in Kartons mit je 80 Stück verpackt und mit dem eigenen Kombiwagen transportiert. Die maximale Zuladung beträgt 410 kg.

   Berechnen Sie, ob die Teller mit einer Fahrt zum Festwirt transportiert werden können, wenn die zulässige Zuladung eingehalten wird!

5. Für unsere Inventur brauchen 3 Angestellte 12 Tage. Nach 4 Tagen wird ein weiterer Angestellter abgestellt, um die Arbeiten zu beschleunigen.

   Geben Sie an, wie viel Tage nun für die Inventur benötigt werden!

6. Die 6 Einzelhandelsgeschäfte einer Geschäftsstraße starten gemeinsam eine Werbekampagne. Jedes Einzelhandelsgeschäft hat anteilige Kosten in Höhe von 2070,00 EUR zu tragen.

   Berechnen Sie den Kostenanteil eines Einzelhandelsgeschäfts, wenn sich in der Parallelstraße noch 3 weitere Einzelhandelsgeschäfte der Aktion anschließen!

7. Ein Mitarbeiter im Außendienst erhält für den Verkauf von 240 Stück einer Ware eine Provision von 4400,00 EUR.

   Berechnen Sie, welchen Betrag der Mitarbeiter erhält, wenn sich beim nächsten Abrechnungstermin der Verkauf auf 195 Stück beläuft!

8. Ein Übersetzungsbüro berechnet einem Einzelhandelsgeschäft für die Übersetzung eines Textes von 96 Seiten 840,00 EUR.

   Ermitteln Sie den Preis für die Übersetzung einer Arbeit, die 120 Seiten umfasst!

9. 9.1 Ermitteln Sie den Preis für jeweils eine Hängemappe bei den beiden Packungsgrößen!

   9.2 Ein Bürogeschäft bestellt 12 Packungen mit je 25 Hängemappen.

   Berechnen Sie den Bezugspreis, wenn der Großhändler 4,10 EUR an Porto berechnet!

   9.3 Geben Sei an, wie lange der Vorrat an Hängemappen reicht, wenn das Bürogeschäft im Durchschnitt 12 Hängemappen pro Tag verkauft und die neue Bestellung bei einem Mindestbestand von 48 Hängemappen erfolgt!

HÄNGEREGISTRATUR

Hängeregistratur mit multi-kompatiblem Sichtreitersystem in 5 Farben.

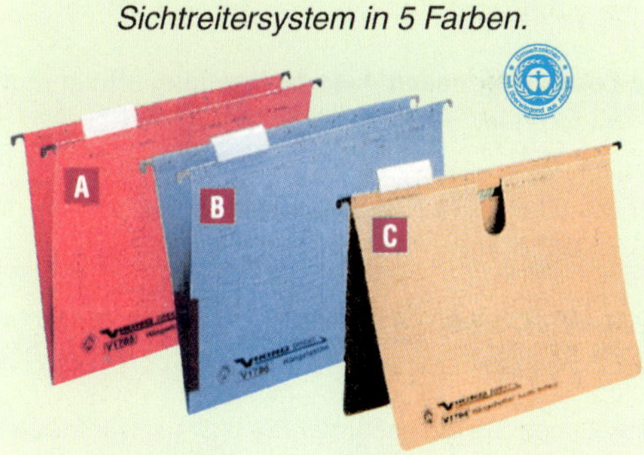

Bezeichnung	Inhalt pro Pack	SPARPREIS pro Pack
Hängemappen	12	7,56
Hängemappen	25	14,50

4.2 Prozentrechnung

4.2.1 Einführung in die Prozentrechnung

Die Prozentrechnung ist dazu geeignet, Zahlenverhältnisse besser zu durchschauen und vergleichen zu können. Zum Vergleich benötigt man einen einheitlichen **Vergleichsmaßstab.** Beim **Prozentrechnen** ist es die Zahl **100.** Bei der **Promillerechnung** ist es die Zahl **1 000.**

Prozent bedeutet stets: bezogen auf 100

pro → für

centum → 100

Beispiel:

Einem Einzelhändler liegen 2 Rechnungen zur Zahlung vor:

Rechnung 1: Rechnungspreis 480,00 EUR

Rechnung 2: Rechnungspreis 1 440,00 EUR

Auf jede Rechnung wird ein Rabatt von 144,00 EUR gewährt. Obwohl der Rabatt betragsmäßig in beiden Fällen gleich hoch ist, ist der Rabatt auf der ersten Rechnung im Verhältnis zur zweiten Rechnung wesentlich höher.

Aufgabe:

Weisen Sie die Richtigkeit dieser Aussage nach!

Lösung:

Das **Verhältnis Rechnungsbetrag zu Rabatt** bei den beiden Rechnungen ist **direkt nicht vergleichbar,** da die Rechnungsbeträge unterschiedlich hoch sind. Ein Vergleich ist erst möglich, wenn der Rabatt auf einen **gleich großen Betrag (Vergleichszahl)** bezogen wird. Als Vergleichszahl wird zweckmäßigerweise die **Zahl 100** genommen.

Neue Aufgabenstellung: Wie viel EUR beträgt der Rabatt, bezogen auf 100,00 EUR?

Die **Lösung der neuen Aufgabenstellung** erfolgt mithilfe des **Dreisatzes:**

Rechnung 1:

Bei 480,00 EUR Re.-Betrag 144,00 EUR Rabatt
Bei 100,00 EUR Re.-Betrag x EUR Rabatt

$$x = \frac{144 \cdot 100}{480} = \underline{\underline{30{,}00 \text{ EUR Rabatt}}}$$

Der Rabatt beträgt
30,00 EUR je 100,00 EUR Rechnungsbetrag
→ entspricht: 30 vom Hundert (pro centum)
→ kürzer: 30 v. H. → 30 Prozent → 30 %

Rechnung 2:

Bei 1 440,00 EUR Re.-Betrag 144,00 EUR Rabatt
Bei 100,00 EUR Re.-Betrag x EUR Rabatt

$$x = \frac{144 \cdot 100}{1\,440} = \underline{\underline{10{,}00 \text{ EUR Rabatt}}}$$

Der Rabatt beträgt
10,00 EUR je 100,00 EUR Rechnungsbetrag
→ 10 vom Hundert (pro centum)
→ 10 v. H. → 10 Prozent → 10 %

Ergebnis: Verglichen mit einem Rechnungsbetrag von 100,00 EUR sind die beiden Rechnungsnachlässe verschieden hoch. Der Rabatt bei Rechnung 1 beträgt 30 %, bei Rechnung 2 nur 10 %.

- Der **Prozentsatz** gibt an, wie hoch ein Wert ist, wenn man die Zahl 100 (1 000) als Bezugsgrundlage wählt.
- Die **Prozentrechnung** ist eine **Vergleichsrechnung.** Verschiedene Werte (EUR-Beträge, kg, Liter, cm usw.) werden vergleichbar gemacht, indem man sie auf die **Vergleichszahl 100** bezieht.[1]

Die Prozentrechnung ist eine angewandte Dreisatzrechnung. Wir unterscheiden **drei Begriffe:**

Beispiel:

Ein Einzelhändler verkauft Waren an einen Kunden im Wert von 480,00 EUR. Der Einzelhändler gewährt 30 % Sonderrabatt. Das sind 144,00 EUR.

Rechnungsbetrag 480,00 EUR	**Rabattsatz** 30 %	**Rabattwert** 144,00 EUR
↓	↓	↓
Grundwert ist der Ausgangswert, der das Ganze betrifft. In Prozenten ausgedrückt, muss er immer 100 % betragen.	**Prozentsatz** gibt an, wie viel Teile vergleichsweise auf 100 entfallen (Anzahl der Hundertstel).	**Prozentwert** ist der wertmäßige (absolute) Betrag (EUR, kg, Liter usw.), der dem Prozentsatz entspricht.

Von den **drei Größen** Prozentwert (bzw. Promillewert), Grundwert und Prozentsatz (bzw. Promillesatz) müssen stets **zwei Größen in der Aufgabe gegeben sein,** um die dritte Größe mithilfe des Dreisatzes errechnen zu können.

4.2.2 Prozentrechnung vom Hundert

4.2.2.1 Berechnung des Prozentwertes

Beispiel:

Auf eine Lieferantenrechnung über 1 450,00 EUR erhält ein Einzelhandelsgeschäft 3 % Skonto.

Aufgabe:
Berechnen Sie den Skontobetrag!

Lösung:

Gegeben:	Grundwert:	1 450,00 EUR
	Prozentsatz:	3 %
Gesucht:	Prozentwert:	?

1 Ist die Vergleichszahl 1 000, so spricht man von **Promillerechnung**. 5 ‰ entspricht 5 von 1 000.

Bedingungssatz	100 % ≙ 1450,00 EUR	
Fragesatz	3 % ≙ x EUR	
Bruchsatz	$x = \frac{1450 \cdot 3}{100}$	⟷
	$x = \underline{\underline{43{,}50 \text{ EUR}}}$	

Ergebnis: Der Skonto beträgt 43,50 EUR.

Berechnung des Prozentwertes mithilfe der Formel:

$$\text{Prozentwert} = \frac{\text{Grundwert} \cdot \text{Prozentsatz}}{100}$$

$$\frac{\text{Grundwert}}{100} = 1\,\%\ \text{des Grundwertes}$$

Prozentwert = 1 % des Grundwertes · Prozentsatz

Rechenvorteil

Wichtige **bequeme Prozentsätze** sind der folgenden Tabelle zu entnehmen:

Prozentsatz		Teiler									
$1\frac{1}{4}$ %	→	80	$3\frac{1}{3}$ %	→	30	$8\frac{1}{3}$ %	→	12	25 %	→	4
$1\frac{1}{3}$ %	→	75	4 %	→	25	10 %	→	10	$33\frac{1}{3}$ %	→	3
$1\frac{2}{3}$ %	→	60	$4\frac{1}{6}$ %	→	24	$11\frac{1}{9}$ %	→	9	50 %	→	2
2 %	→	50	5 %	→	20	$12\frac{1}{2}$ %	→	8			
$2\frac{1}{2}$ %	→	40	$6\frac{1}{4}$ %	→	16	$16\frac{2}{3}$ %	→	6			
			$6\frac{2}{3}$ %	→	15	20 %	→	5			

Übungsaufgabe

55 1. Lösen Sie die folgenden Aufgaben durch Kopfrechnen!

1.1	$6\frac{1}{4}$ %	von	20,80 EUR	897,60 EUR	72,32 EUR
1.2	$8\frac{1}{3}$ ‰	von	540,00 EUR	187,20 EUR	1476,00 EUR
1.3	$16\frac{2}{3}$ %	von	95,40 EUR	2910,00 EUR	151,80 EUR
1.4	$33\frac{1}{3}$ %	von	435,00 EUR	46,95 EUR	76,50 EUR
1.5	$1\frac{2}{3}$ ‰	von	34800,00 EUR	31800,00 EUR	27300,00 EUR

2. Ein Kaufmann hat für den Kauf einer Registrierkasse drei Angebote vorliegen.

   Angebot 1: 3250,00 EUR bar ohne Abzug.

   Angebot 2: 3310,00 EUR bar bei 3 % Skonto.

   Angebot 3: 3380,00 EUR bar bei 5 % Rabatt.

   Ermitteln Sie das billigste Angebot!

3. Ein Fernseher ist mit 999,00 EUR ausgezeichnet. Bei Barzahlung werden 2 % Skonto gewährt.

   Berechnen Sie, um welchen Betrag der Ratenkauf teurer ist, wenn der Händler 225,00 EUR Anzahlung und 8 Monatsraten zu 100,00 EUR verlangt!

4. Das Bruttogehalt einer Verkäuferin betrug 2680,00 EUR. Durch Tarifänderungen hat sich das Gehalt innerhalb eines Jahres zunächst um $3\frac{1}{2}$ % und dann nochmals um $1\frac{3}{4}$ % erhöht. Am Ende des Geschäftsjahres erhielt die Verkäuferin noch eine hausinterne Leistungszulage von $1\frac{1}{2}$ %.

   Nennen Sie den Bruttolohn nach diesen Erhöhungen!

5. Das Elektrohaus Carsten Lanz e.K. bietet seinen Kunden die Zahlung mit Girocard und mit Kreditkarte an. Ein Kunde kauft einen Kühlschrank für 389,00 EUR.

   Aufgabe:

   Ermitteln Sie die Gutschrift, die das Elektrohaus Carsten Lanz e.K. bei Zahlung mit der Kreditkarte bzw. bei Girocard-Zahlung erhält, wenn folgende Gebühren anfallen: Kreditkarte 2,5 % vom Umsatz, Girocard 0,4 % vom Umsatz, mindestens 0,10 EUR!

6. Überprüfen Sie den nachfolgenden Lieferschein auf seine Richtigkeit! Nehmen Sie außerhalb des Buches eventuell erforderliche Korrekturen bei den Einzelposten und beim Nettobetrag vor und berechnen Sie die anfallende Umsatzsteuer (19 %)!

Lt. Lieferschein Nr. 407 lieferten wir Ihnen am 10. April 20..

Artikel-Nr.	Artikel-Bezeichnung	Menge	Einzelpreis	Gesamtpreis
10001	Nähnadel lang 3/7	25	2,40 EUR	60,00 EUR
10016	Glaskopf-Stecknadel bunt	12	4,20 EUR	50,40 EUR
11011	Gummiband glatt 3 m	5	2,90 EUR	14,50 EUR
12440	Zwirn 2er schwarz	30	1,29 EUR	83,70 EUR
13041	Klebefilm-Ersatzrolle	40	1,39 EUR	45,60 EUR
20005	Herrenkamm Celluloid	18	1,48 EUR	26,64 EUR
40020	Vokabelheft 32 Blatt A6	95	0,99 EUR	54,54 EUR
40161	Spiralkassetten A7	60	1,02 EUR	6,12 EUR
41256	Micro-Feinschreiber blau	15	3,99 EUR	59,85 EUR
	Nettobetrag			421,34 EUR
	+ 19 % Umsatzsteuer			
	Bruttobetrag			

4.2.2.2 Berechnung des Grundwertes

Beispiel:

Ein Einzelhandelsgeschäft hat für die Versicherung des Warenlagers 1692,60 EUR Prämie zu begleichen. Das sind $2\frac{1}{3}$ % der Versicherungssumme.

Aufgabe:

Berechnen Sie die Versicherungssumme!

Lösung:

Gegeben: Prozentsatz: $2\frac{1}{3}$ %
Prozentwert: 1692,60 EUR

Gesucht: Grundwert: ?

Bedingungssatz → $2\frac{1}{3}\,\% \mathrel{\hat=} 1692{,}60$ EUR

Fragesatz → $100\,\% \mathrel{\hat=} x$ EUR

Bruchsatz → $x = \dfrac{1692{,}60 \cdot 100}{2\frac{1}{3}}$

$$x = \frac{1692{,}60 \cdot 100 \cdot 3}{7}$$

$$x = \underline{\underline{72540{,}00 \text{ EUR}}}$$

Berechnung des Grundwertes mithilfe der Formel:

$$\text{Grundwert} = \frac{\text{Prozentwert} \cdot 100}{\text{Prozentsatz}}$$

Ergebnis: Die Versicherungssumme für das Lager beträgt 72540,00 EUR.

Übungsaufgabe

56 1. Bei einem Räumungsverkauf wurden die nachfolgenden Nachlässe festgesetzt.

Nr.	Nachlass in %	Nachlass in EUR	Nr.	Nachlass in %	Nachlass in EUR
1.1	15 %	209,25 EUR	1.4	2,5 %	105,00 EUR
1.2	11,5 %	402,50 EUR	1.5	3 %	81,00 EUR
1.3	8 %	1081,60 EUR	1.6	18 %	2214,00 EUR

Berechnen Sie den ursprünglichen Ladenverkaufspreis (Bruttoverkaufspreis)!

2. Ein Teppichhaus bietet folgende Sonderangebote an:

Berechnen Sie jeweils den ursprünglichen Verkaufspreis!

3. Die veranschlagten Kosten für Renovierungsarbeiten der Büroräume wurden um 1092,25 EUR überschritten. Das sind $8^1/_2$ % über dem Kostenvoranschlag.

   3.1 Berechnen Sie den ursprünglichen Kostenvoranschlag!

   3.2 Geben Sie an, wie viel die Renovierungsarbeiten tatsächlich kosten!

4. Der Einzelhändler Schlau hat eine private Hausratversicherung abgeschlossen. Die jährliche Versicherungsprämie beträgt 533,60 EUR oder 2,32 ‰.

   Berechnen Sie die Versicherungssumme!

5. Ein Einzelhändler konnte im Monat August den Umsatz um $4^1/_2$ % oder 6221,25 EUR steigern.

   Berechnen Sie den Umsatz im Juli!

6. Auf der Eingangsrechnung E 61 ist ein Umsatzsteueranteil von 446,88 EUR ausgewiesen. Der Umsatzsteuersatz beträgt 19 %.

   Berechnen Sie den Nettoeinkaufspreis!

7. Ein Versicherungsvertreter erhält für den Abschluss einer Lebensversicherung eine Provision von $5^1/_2$ ‰. Das sind 194,70 EUR.

   Berechnen Sie die Versicherungssumme der vermittelten Lebensversicherung!

8. Der Inhaber des Textilhauses „Haus Kleidegut GmbH" zahlt an die Feuerversicherung eine Prämie von vierteljährlich 165,00 EUR.

   Ermitteln Sie, mit welcher Summe das Geschäftsgebäude einschließlich Lager versichert ist, wenn die jährliche Versicherungsprämie $1^1/_4$ % der Versicherungssumme beträgt!

4.2.2.3 Berechnung des Prozentsatzes

Beispiel:

Ein Einzelhandelsgeschäft bestellt Waren im Wert von 1 500,00 EUR. Es erhält einen Mengenrabatt von 60,00 EUR.

Aufgabe:
Berechnen Sie den Rabattsatz!

Lösung:

Gegeben: Grundwert: 1 500,00 EUR
Prozentwert: 60,00 EUR

Gesucht: Prozentsatz: ?

Bedingungssatz → 1 500,00 EUR ≙ 100 %
Fragesatz → 60,00 EUR ≙ x %

Bruchsatz → $x = \frac{100 \cdot 60}{1500} = \underline{\underline{4\,\%}}$

Ergebnis: Der Rabattsatz beträgt 4 %.

Berechnung des Prozentsatzes mithilfe der Formel:

$$\text{Prozentsatz} = \frac{100 \cdot \text{Prozentwert}}{\text{Grundwert}}$$

oder verkürzt:

Prozentsatz = Prozentwert : 1 % des Grundwertes

Übungsaufgabe

57 1. Ermitteln Sie die Preiserhöhung der folgenden Waren in Prozent durch Kopfrechnen!

Nr.	Warenart	Alter Preis	Neuer Preis
1.1	Kopfsalat	0,50 EUR	0,56 EUR
1.2	Schokolade	1,20 EUR	1,26 EUR
1.3	Lampe	150,00 EUR	180,00 EUR
1.4	Kaffee	4,75 EUR	5,23 EUR
1.5	Anzug	280,00 EUR	322,00 EUR

Nr.	Warenart	Alter Preis	Neuer Preis
1.6	Batterie	0,90 EUR	1,08 EUR
1.7	Taschenbuch	4,00 EUR	5,20 EUR
1.8	Waschmittel	9,00 EUR	9,27 EUR
1.9	Kleid	85,00 EUR	97,75 EUR
1.10	Trauben	1,20 EUR	1,44 EUR

2. Geben Sie an, wie viel Prozent der Verbraucher bei diesem Sonderangebot des Sportgeschäftes spart!

3. Beim Abfüllen von 310 Liter Wein in Literflaschen beträgt der Abfüllverlust (Leckage) 7,75 Liter.

   Berechnen Sie den Abfüllverlust in Prozent!

4. Ein Lebensmittelgeschäft bietet als Kundendienst die kostenlose Zustellung der gekauften Waren ab einem Warenwert von 100,00 EUR zum Kunden an. Der hierzu benötigte Lieferwagen verursacht folgende Kosten: Abschreibungen 3750,00 EUR im Jahr, ferner jeweils monatlich laufende Kfz-Unterhaltskosten 650,00 EUR, Kosten für den Fahrer 1950,50 EUR und 120,00 EUR Verwaltungskosten. Die Kosten für die Warenzustellung sind selbstverständlich in der Kalkulation zu berücksichtigen.

   Berechnen Sie, welcher Zuschlagssatz für die Warenzustellung kostendeckend ist, wenn monatlich im Durchschnitt Waren im Werte von 121320,00 EUR zugestellt werden!

5. Die Stromkosten eines Geschäftes für die Schaufensterbeleuchtung betragen monatlich 246,20 EUR. Durch Kürzung der Beleuchtungszeit um täglich eine halbe Stunde konnten die Kosten auf 230,60 EUR gesenkt werden.

   5.1 Ermitteln Sie die Ersparnis in Prozent!

   5.2 Ermitteln Sie die verminderten Stromkosten, die auf die einzelnen Schaufenster entfallen!

   Schaufenster I: 76 m² Ausstellungsfläche
   Schaufenster II: 42 m² Ausstellungsfläche
   Schaufenster III: 108 m² Ausstellungsfläche

6. Das Monatseinkommen unseres Mitarbeiters im Außendienst setzt sich aus einem Festgehalt (Fixum) von 880,00 EUR und einer Umsatzprovision zusammen.

   Berechnen Sie, wie viel Prozent der Mitarbeiter vom Umsatz erhält, wenn er bei einem durchschnittlichen Umsatz von 90000,00 EUR ein durchschnittliches Monatseinkommen von insgesamt 6000,00 EUR erzielt!

7. Bei einer Warenzustellung wird unser Lieferwagen in einen Unfall verwickelt. Die mitgeführte Ware ist verdorben. Die Versicherung kommt teilweise für den Schaden auf. Der Schaden beläuft sich auf 388,00 EUR. Als Entschädigung erhalten wir 318,16 EUR.

   Berechnen Sie den Prozentsatz, den die Versicherung ersetzt hat!

8. Berechnen Sie den Mengenrabatt in Prozent, den der Großhändler ab einer Abnahme von 12 Bleistiften gewährt!

4.2.3 Prozentrechnung im Hundert (verminderter Grundwert)

Beispiel:

Wegen kleiner Fehler verkauft ein Einzelhändler eine Ware mit einem Nachlass von 15 % zum Sonderpreis von 104,55 EUR.

Aufgaben:

1. Berechnen Sie den regulären Preis!
2. Berechnen Sie die Preissenkung!

Problemstellung

Die Preissenkung von 15 % bezieht sich auf den ursprünglichen (regulären) Preis (wir sprechen hier vom reinen Grundwert). Der reine Grundwert entspricht 100 %. Der herabgesetzte Preis entspricht daher in Prozenten ausgedrückt 85 % **(verminderter Grundwert)**. Da der gegebene Betrag unter (und damit **innerhalb**) 100 % liegt, spricht man auch von **Prozentrechnung im Hundert**.

Sonderpreis 85 %		**Preissenkung** 15 %		**regulärer Preis** 100 %
↑		↑		↑
verminderter Grundwert	+	**Prozentsatz**	=	**reiner Grundwert**

Lösungen:

Die Lösung erfolgt mithilfe des Dreisatzes.

Gegeben:	Prozentsatz:	15 %
	Verminderter Grundwert in Prozent:	85 %
	Verminderter Grundwert in EUR:	104,55 EUR
Gesucht:	Grundwert:	?

Bedingungssatz → 85 % ≙ 104,55 EUR

Fragesatz → 100 % ≙ x EUR

Bruchsatz → $x = \frac{104{,}55 \cdot 100}{85} = 123{,}00$ EUR

	Regulärer Preis	123,00 EUR
−	Sonderpreis	104,55 EUR
=	Preissenkung	18,45 EUR

Anmerkung: Es ist auch möglich, zuerst die Preissenkung von 15 % in EUR zu errechnen. Allerdings wäre es ein Umweg. Man steuert vielmehr im Ansatz direkt auf die gefragte Größe zu. Das ist der alte Preis, anders ausgedrückt: der reine Grundwert. Dieser entspricht 100 % (Fragesatz).

Ergebnisse:

1. Der reguläre Preis betrug 123,00 EUR.
2. Die Preissenkung beträgt 18,45 EUR.

Allgemeiner Lösungsweg

- Beginnen Sie den Rechenansatz mit dem verminderten Grundwert, für den ja der Prozentsatz (unter 100 %) und der absolute Betrag bekannt sind.
- Berechnen Sie den Grundwert bzw. den Prozentwert mithilfe des Dreisatzes.

Übungsaufgabe

58 1. Im Sonderangebot wurden Waren zu folgenden Auszeichnungspreisen angeboten:

Nr.	Sonderpreis	Preisnachlass
1.1	118,90 EUR	18 %
1.2	158,76 EUR	16 %
1.3	152,75 EUR	35 %

Ermitteln Sie die ursprünglichen Verkaufspreise, wenn die angegebenen Preisnachlässe gewährt wurden!

2. Die Auszubildende Frieda bekommt vom Geschäft einen Personalrabatt von $12^1/_2$ %.

   Ermitteln Sie den ursprünglichen Auszeichnungspreis für das Kleid, wenn Frieda es für 112,00 EUR kaufte!

3. Auf dem Bankkonto von Karin Wipper e. Kfr. geht eine Gutschrift der Heimann KG ein.

   Aufgabe:

   Berechnen Sie den Skontobetrag und den Rechnungsbetrag!

IBAN			BIC
DE59 3305 0000 0009 4006 94	STADTSPARKASSE WUPPERTAL		WWPSDE33XXX
Buchungstag	Tag der Wertstellung	Verwendungszweck/Buchungstext	alter Kontostand 4791,20+
12.05.	12.05.	Heimann KG Urbanstr. 2 33106 Paderborn Rechnung-Nr. 2007 ./. 2 % Skonto 9224	2507,33+

Bitte beachten Sie die Hinweise auf der Rückseite

Karin Wipper e. Kfr.
Freiheitsstr. 15
42277 Wuppertal

7 298,53+ neuer Kontostand

Kontoauszug vom	Auszug	Blatt
12.05.20..	24	1

4. Das Textilhaus Oliver Nadi e. Kfm. verkauft von 200 Anzügen zunächst 60 Stück. Nachdem der Preis um $16^2/_3$ % herabgesetzt wurde, konnten weitere 40 Anzüge verkauft werden. Um den Restbestand veräußern zu können, musste dieser Preis nochmals um 20 % gesenkt werden, sodass der Verkaufspreis noch 180,00 EUR betrug.

   4.1 Berechnen Sie den ursprünglichen Auszeichnungspreis!

   4.2 Berechnen Sie den Gesamterlös!

   4.3 Ermitteln Sie die Umsatzeinbuße, die das Textilhaus hinnehmen musste!

5. Der Preis eines Liegestuhls war um 20 % ermäßigt worden. Da der Liegestuhl immer noch nicht verkauft werden konnte, wurde dieser Preis nochmals um 30 % gesenkt. Er kostet jetzt 24,50 EUR.

   5.1 Berechnen Sie den ursprünglichen Preis!

   5.2 Ermitteln Sie, um wie viel Prozent der Liegestuhl insgesamt billiger wurde!

6. Berechnen Sie den ursprünglichen Preis des stapelbaren Rollers!

4.2.4 Prozentrechnung auf Hundert (vermehrter Grundwert)

Beispiel:

Der Umsatz eines Einzelhandelsgeschäftes stieg gegenüber dem Vorjahr um $8^1/_3$% auf 410 150,00 EUR an.

Aufgaben:

1. Berechnen Sie den Umsatz des vergangenen Jahres!
2. Ermitten Sie die Umsatzsteigerung!

Problemstellung

Die Umsatzsteigerung von $8^1/_3$% bezieht sich auf den Umsatz des vergangenen Jahres **(reiner Grundwert** und damit 100 %). Der diesjährige Umsatz ist daher um $8^1/_3$% höher **(vermehrter Grundwert)**. In Prozenten ausgedrückt beträgt er $108^1/_3$%. Da der gegebene Betrag über 100 % liegt, spricht man auch von der **Prozentrechnung auf Hundert**.

Umsatz in diesem Jahr $108^1/_3$%	**Umsatzsteigerung** $8^1/_3$%	Umsatz im vergangenen Jahr 100 %
↑	↑	↑
vermehrter Grundwert –	**Prozentsatz** =	**reiner Grundwert**

Lösungen:

Die Lösung erfolgt mithilfe des Dreisatzes.

Gegeben:	Prozentsatz:	$8^1/_3$%
	vermehrter Grundwert in Prozent:	$108^1/_3$%
	vermehrter Grundwert in EUR:	410 150,00 EUR
Gesucht:	Grundwert:	?

Bedingungssatz → $108^1/_3$% ≙ 410 150,00 EUR

Fragesatz → 100 % ≙ x EUR

Bruchsatz → $x = \frac{410\,150 \cdot 100}{108^1/_3} = \underline{\underline{378\,600{,}00 \text{ EUR}}}$

Umsatz in diesem Jahr	410 150,00 EUR
– Umsatz im vergangenen Jahr	378 600,00 EUR
= Umsatzsteigerung	31 550,00 EUR

Beachten Sie: Die rechnerische Vorgehensweise entspricht dem allgemeinen Lösungsweg, der beim Rechnen mit dem verminderten Grundwert aufgezeigt wurde. Ausgangspunkt ist hier der vermehrte Grundwert, für den der Prozentsatz (über 100 %) und der absolute Wert bekannt sind.

Ergebnisse:

1. Der Umsatz im vergangenen Jahr beträgt 378 600,00 EUR.
2. Die Umsatzsteigerung beträgt 31 550,00 EUR.

Übungsaufgabe

59 1. Verschiedene Waren wurden neu ausgezeichnet.

Nr.	Auszeichnungspreis	Preiserhöhung
1.1	192,28 EUR	$4^{1}/_{2}$ %
1.2	33,15 EUR	2 %
1.3	297,00 EUR	$12^{1}/_{2}$ %
1.4	419,75 EUR	15 %

Berechnen Sie den bisherigen Verkaufspreis vor den angegebenen Preiserhöhungen!

2. Die Monatsmiete für unsere Geschäftsräume hat sich um $6^{1}/_{4}$ % erhöht. Sie beträgt nun 2316,25 EUR.

   Ermitteln Sie den Mietanstieg!

3. Der Rechnungsbetrag für einen Wareneinkauf beträgt einschließlich 19 % Umsatzsteuer 4630,29 EUR.

   Berechnen Sie den Nettowarenwert und die Umsatzsteuer!

4. Nach einer Werbeaktion für französischen Käse konnte ein Supermarkt in der Käseabteilung eine Umsatzsteigerung für den Monat Juli um $8^{1}/_{4}$ % auf 6087,98 EUR gegenüber dem Vormonat erzielen.

   Berechnen Sie die Umsatzsteigerung!

5. Ein Einzelhandelsgeschäft hat den Listenverkaufspreis eines Artikels mit 24,15 EUR neu ausgezeichnet, nachdem der bisherige Listenverkaufspreis um einen Teuerungszuschlag von 5 % angehoben wurde.

   Geben Sie den Listenverkaufspreis vor der Preiserhöhung an!

6. Der Mitarbeiter Franz Helm erhält in diesem Jahr eine Gehaltserhöhung von $2^{1}/_{2}$ %. Das sind monatlich 65,00 EUR. Letztes Jahr betrug die Gehaltserhöhung 3,2 %.

   6.1 Berechnen Sie den derzeitigen Lohn des Mitarbeiters!

   6.2 Berechnen Sie die Gehaltserhöhung des letzten Jahres sowie das ursprüngliche monatliche Gehalt!

7. Nach 2 Unfällen wurde unser Geschäftswagen in der Haftpflichtversicherung aus der Schadensklasse SF4 (45 % des Beitragssatzes) in SF3 zurückgestuft (entspricht 80 % des Beitragssatzes). Die neue Prämie für die Kfz-Haftpflichtversicherung beläuft sich jetzt auf 741,30 EUR.

   Berechnen Sie die Prämie in der Schadensklasse SF4!

8. Berechen Sie den Nettowarenwert und die Umsatzsteuer (siehe nebenstehende Abb.)!

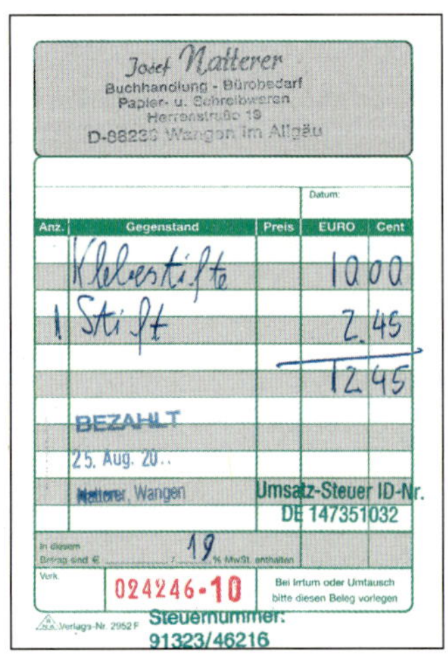

Aufgabe aus den verschiedenen Gebieten der Prozentrechnung

60 1. Die Statistik eines Einzelhandelsbetriebs weist folgende Zahlen aus:

Jahr	Umsatz	Anzahl der Verkäufer/Verkäuferinnen
Vorjahr	2400000,00 EUR	40
Berichtsjahr	3000000,00 EUR	32

Ermitteln Sie, um wie viel Prozent sich der durchschnittliche Umsatz je Verkäufer/Verkäuferin verändert hat!

2. Bei einem Sonderangebot wird ein Artikel um 20 % herabgesetzt und für 248,80 EUR angeboten.

   Berechnen Sie den Preis des Artikels vor der 20 %igen Ermäßigung!

3. Laut Katalog bestellen wir 156 Stück einer Ware, wobei folgende Bedingungen gelten:

   Listeneinkaufspreis je Artikel: 14,20 EUR
   Mengenrabatt: bei Abnahme von mindestens 100 Stück: 5 %
   bei Abnahme von mindestens 200 Stück: 6 %
   Bis zu einer Abnahme von 200 Stück wird eine Frachtpauschale von 45,00 EUR erhoben.

   Berechnen Sie den Bezugspreis!

4. Die für das 1. Quartal ermittelte Umsatzsteuer (Steuersatz 19 %) beträgt 59956,40 EUR.

   Geben Sie die Umsatzerlöse einschließlich Umsatzsteuer an!

5. Die Zahl der Mitarbeiter in einer Filialkette verringerte sich von 851 Mitarbeitern im vergangenen Jahr auf 796 in diesem Jahr. Im gleichen Zeitraum stiegen die gesamten Personalkosten von 33614500,00 EUR auf 33957360,00 EUR an.

   Ermitten Sie, um wie viel Prozent die Personalkosten je Mitarbeiter anstiegen!

6. Ermitteln Sie den Preisnachlass in Prozent (siehe nebenstehende Abb.)!

7. Ein Mitarbeiter erhält folgende Gehaltsabrechnung:

Bruttogehalt:	2850,00 EUR
Lohnsteuer/Solidaritätszuschlag:	385,00 EUR
Kirchensteuer:	26,95 EUR
Sozialversicherungsabgaben:	587,82 EUR
Auszahlungsbetrag:	1857,40 EUR

   Berechnen Sie, wie viel Prozent die Abzüge betragen!

8. Einem Kunden wurde ein Kassenzettel über 454,58 EUR ausgeschrieben. Auf Bitten des Kunden wird die darin enthaltene Umsatzsteuer gesondert ausgewiesen.
   Steuersatz: 19 %

   Berechnen Sie die eingerechnete Umsatzsteuer!

19 Speth u.a. - ISBN 978-3-8120-0631-6

9.

Fritz Pfennig OHG · Fröbelstraße 10 · 09126 Chemnitz

Bürozentrum
Adler GmbH
Lukasstr. 57
04315 Leipzig

FRITZ PFENNIG OHG GfB

Großhandlung für Bürobedarf

Rechnung Nr. 58/102

Rechnungsdatum: 30. Juni 20..

Menge	Artikel-Bezeichnung	Einzelpreis	Betrag EUR
	Warenlieferungen laut beiliegender Lieferkarte: Mai – Juni 20..		
	10 % Rabatt		______
	19 % USt		______
			299,88

Sitz der Gesellschaft: Chemnitz Registergericht: Chemnitz: HRA 107 Steuer-Nr.: 54710/91520

Aufgabe:

Stellen Sie die fehlenden Beträge fest!

10. Aufgrund einer Mängelrüge gewährt uns der Lieferant einen Nachlass von 15 %. Nach Abzug von 3 % Skonto überweisen wir 2626,86 EUR.

    Berechnen Sie den ursprünglichen Rechnungsbetrag!

11. Die Frequenzanalyse[1] eines Einzelhandelsunternehmens weist folgende Daten aus:

Samstag, 18. Febr. 20..		
Zeitraum	Kunden	Umsatz (EUR)
08:00–09:00 Uhr	73	3170,00
09:00–10:00 Uhr	120	5424,00
10:00–11:00 Uhr	260	12272,00
11:00–12:00 Uhr	95	3781,00
Summe	548	24647,00

11.1 Ermitteln Sie, wie viel Prozent des Tagesumsatzes in der Zeit von 10:00–11:00 Uhr erwirtschaftet werden!

11.2 Ermitteln Sie, wie viel Prozent der Kunden in der Zeit von 10:00–11:00 Uhr in diesem Einzelhandelsunternehmen einkaufen!

11.3 Berechnen Sie den durchschnittlichen Kaufbetrag je Kunde, bezogen auf den Tagesumsatz!

11.4 Berechnen Sie den durchschnittlichen Kaufbetrag je Kunde in der Zeit von 10:00–11:00 Uhr!

1 Die Aufgliederung der Umsatzerlöse nach dem Kaufzeitpunkt und nach der Anzahl der Kunden über einen Verkaufstag verteilt bezeichnet man als Frequenzanalyse. Im Einzelnen wird die Frequenzanalyse im Lernfeld 9, im 2. Ausbildungsjahr, behandelt.

4.3 Durchschnittsrechnung

4.3.1 Einfacher Durchschnitt

Beispiel:

Ein Einzelhandelsgeschäft möchte am 30. Juni den durchschnittlichen Lagerbestand einer Warenart zu Einstandspreisen für die vergangenen 6 Monate ermitteln. Für die einzelnen Monate waren folgende Werte festgehalten worden:

30. Januar	142500,00 EUR	30. April	142090,00 EUR
28. Februar	198610,00 EUR	31. Mai	84610,00 EUR
31. März	124080,00 EUR	30. Juni	76350,00 EUR

Aufgabe:

Berechnen Sie den durchschnittlichen Lagerbestand!

Lösung:

$$\varnothing \text{ Lagerbestand} = \frac{142\,500 + 198\,610 + 124\,080 + 142\,090 + 84\,610 + 76\,350}{6} = \underline{\underline{128\,040{,}00 \text{ EUR}}}$$

Ergebnis: Der durchschnittliche Lagerbestand beträgt 128040,00 EUR.

Allgemeiner Lösungsweg

- In einem ersten Schritt werden die einzelnen Werte addiert.
- In einem zweiten Schritt wird die Summe der Werte durch die Anzahl der Werte geteilt.

$$\text{Einfacher Durchschnitt} = \frac{\text{Summe der Werte}}{\text{Anzahl der Werte}}$$

Übungsaufgabe

61 1. Der Lagerbestand einer Ware beträgt im zweiten Halbjahr 20..

Monat	Anzahl	Wert
Juli	1200	3640,00 EUR
August	940	2020,00 EUR
September	820	1590,00 EUR
Oktober	1740	4010,00 EUR
November	1020	2110,00 EUR
Dezember	742	1620,00 EUR

1.1 Berechnen Sie die Anzahl der Lagerbestände im Durchschnitt!

1.2 Berechnen Sie den durchschnittlichen Lagerbestand!

2. Das Textilgeschäft Schlaf GmbH ermittelte in der vergangenen Woche die Kundenzahlen, um den durchschnittlichen Umsatz je Kunde zu errechnen.

Tag	Kundenzahl	Tageslosung
Montag	120	2980,40 EUR
Dienstag	98	1770,80 EUR
Mittwoch	105	5160,00 EUR
Donnerstag	72	940,20 EUR
Freitag	111	4319,60 EUR
Samstag	142	8220,60 EUR

2.1 Ermitteln Sie den Durchschnittsumsatz je Tag!

2.2 Berechnen Sie die durchschnittliche Kundenzahl je Tag!

2.3 Ermitteln Sie den Durchschnittsumsatz je Kunde in der vergangenen Woche!

3. Ein Lebensmittelgeschäft stellt fest, dass für seinen Hauswein „Das Weinreberl" in den letzten 5 Jahren folgende Preise erzielt wurden: 1. Jahr: 7,10 EUR; 2. Jahr: 6,60 EUR; 3. Jahr: 7,90 EUR; 4. Jahr: 8,20 EUR; 5. Jahr: 6,30 EUR.

   Ermitteln Sie den Durchschnittspreis, den das Lebensmittelgeschäft für den Wein in den vergangenen 5 Jahren erzielt hat!

4. Ein Schuhgeschäft hatte im vergangenen Geschäftsjahr folgende Monatsumsätze:

Monat	Umsatz	Monat	Umsatz	Monat	Umsatz
Januar	32400,00 EUR	Mai	45380,00 EUR	September	29420,00 EUR
Februar	25200,00 EUR	Juni	51420,00 EUR	Oktober	34370,00 EUR
März	34150,00 EUR	Juli	28410,00 EUR	November	38910,00 EUR
April	28700,00 EUR	August	27700,00 EUR	Dezember	66720,00 EUR

4.1 Berechnen Sie den Jahresumsatz!

4.2 Ermitteln Sie den durchschnittlichen Monatsumsatz!

4.3 Ermitteln Sie den durchschnittlichen Tagesumsatz bei 295 Verkaufstagen!

4.4 Berechnen Sie den Umsatz je Verkäufer, wenn das Geschäft 3 Mitarbeiter beschäftigt!

5. Ein Mitarbeiter im Außendienst legte in der Woche vom 2. April bis 6. April mit dem Pkw folgende Tagesstrecken für Kundenbesuche zurück:

2. April	280 km	4. April	364 km	6. April	304 km
3. April	125 km	5. April	212 km		

   Berechnen Sie, wie viele km der Außendienstmitarbeiter am Tag durchschnittlich gefahren ist!

6. Um sich ein Urteil über die Preisentwicklung auf dem Markt für Südfrüchte bilden zu können, notiert sich der Inhaber einer Früchtehandlung eine Woche lang die Preise für ein 5-kg-Netz Orangen auf dem Großmarkt. Die Preise an den verschiedenen Wochentagen betrugen:

Montag	5,25 EUR	Donnerstag	4,85 EUR
Dienstag	5,60 EUR	Freitag	5,40 EUR
Mittwoch	4,90 EUR	Samstag	6,20 EUR

   Ermitteln Sie den durchschnittlichen Großmarktpreis für 5 kg Orangen!

4.3.2 Gewogener Durchschnitt

Beispiel:

Ein Einzelhandelsgeschäft möchte am Eingang des Ladens einen großen Korb mit Sonderangeboten aufstellen. Die im Korb angebotenen Waren sollen zu einem Einheitspreis verkauft werden. Vorhanden sind:

Anzahl	bisheriger Verkaufspreis je Einheit
6	12,60 EUR
12	27,80 EUR
8	26,10 EUR
20	16,40 EUR

Aufgabe:

Stellen Sie dar, mit welchem Durchschnittspreis der Einzelhändler die Waren auszeichnen muss, wenn der gesamte Verkaufserlös unverändert bleiben soll!

Lösung:

	Einzelmenge		Preis je Einheit		Gesamtwert je Einzelmenge
	6	·	12,60 EUR	=	75,60 EUR
	12	·	27,80 EUR	=	333,60 EUR
	8	·	26,10 EUR	=	208,80 EUR
	20	·	16,40 EUR	=	328,00 EUR
Gesamtmenge →	46		**Gesamtwert** →		946,00 EUR
	1				x EUR

$$x = \frac{946 \cdot 1}{46} = \underline{\underline{20{,}57\ \text{EUR}}} \text{ (genau: 20,565217)}$$

Probe:

46 · 20,565217 EUR ergibt einen Gesamterlös von 946,00 EUR.

Ergebnis: Die Ware muss mit einem Preis von 20,57 EUR ausgezeichnet werden.

Erläuterungen zur Aufgabe:

Die Preise für die einzelnen Waren dürfen nicht wie beim einfachen Durchschnitt nur zusammengezählt und dann durch die Anzahl der Sorten (in unserem Beispiel 4) geteilt werden. **Begründung:** Da von der Ware zu 27,80 EUR noch 12 Stück vorhanden sind, fallen diese stärker ins Gewicht als etwa die 6 Stück zu 12,60 EUR, d. h., unterschiedliche Einzelmengen müssen bei der Berechnung eines Durchschnittspreises berücksichtigt (gewichtet) werden.

Es ist der **Gesamtwert der jeweiligen Warenart** zu ermitteln (Einzelmenge · Preis je Einheit, z. B. 6 · 12,60 EUR = 75,60 EUR). Die Summe der Gesamtwerte ist dann durch die **Gesamtmenge zu dividieren.**

$$\text{Gewogener Durchschnitt} = \frac{\text{Einzelmenge} \cdot \text{Preis je Einheit}}{\text{Gesamtmenge}}$$

Allgemeiner Lösungsweg

- Die Einzelmengen und der jeweilige Preis je Einheit sind im Lösungsschema festzuhalten.
- Die Multiplikation von Einzelmenge · Preis je Einheit ergibt den Gesamtwert je Einzelmenge.
- Durch Addition der Einzelmengen und der Gesamtwerte je Einzelmenge sind die Gesamtmenge und der Gesamtwert zu errechnen.
- Den gewogenen Durchschnittspreis je Einheit erhält man, indem man den Gesamtwert durch die Gesamtmenge dividiert.

Übungsaufgabe

62

1. Ein Einzelhändler stellt einen Wühlkorb aus 3 Warenarten zusammen, die zu einem Durchschnittspreis als Sonderangebot verkauft werden sollen.

   16 Stück zum bisherigen Preis von 3,12 EUR je Stück
   34 Stück zum bisherigen Preis von 2,74 EUR je Stück
   10 Stück zum bisherigen Preis von 0,68 EUR je Stück

   Berechnen Sie, mit welchem Stückpreis der Wühlkorb ausgezeichnet wird!

2. Das Lebensmittelhaus Fritz Straub e, Kfm. mischt seine beliebte Mischung „Hustenbonbons“. Dazu verwendet der Einzelhändler fünf Sorten von Bonbons:

Salbeigeschmack:	5 kg Preis je kg 13,10 EUR
Malzgeschmack:	8 kg Preis je kg 12,40 EUR
Huflattichgeschmack:	2 kg Preis je kg 14,10 EUR
Kamillengeschmack:	10 kg Preis je kg 11,90 EUR
Honiggeschmack:	12 kg Preis je kg 11,85 EUR

   Ermitteln Sie den Verkaufspreis für einen 125-g-Beutel!

3. Das Textilhaus „Kleider-Froh GmbH“ hat einen Sonderposten Mäntel wie folgt verkauft: 120 Stück zum regulären Preis von 99,80 EUR, 65 Stück zu einem Sonderpreis von 79,90 EUR und den Rest von 30 Stück in einem Aktionsverkauf zu 59,90 EUR.

   Nennen Sie den Durchschnittspreis je Mantel, den das Textilhaus erzielt!

4. Ein Lebensmittelhändler mischt drei Sorten Kaffee:

   Sorte I: 16 kg zu je 9,20 EUR
   Sorte II: 24 kg zu je 8,10 EUR
   Sorte III: 12 kg zu je 6,90 EUR

   Beim Rösten entsteht ein Gewichtsverlust von 16 %.

   Berechnen Sie den Preis für $^1/_4$ kg der Mischung, wenn für die Herstellung der Mischung ein Arbeitslohn von 26,80 EUR einkalkuliert wird!

5. Das Textilhaus Fritz Wolle e. Kfm. stellt am Ladeneingang einen Wühltisch mit Hemden, Blusen, T-Shirts und Röcken auf. Alles soll zu einem Einheitspreis verkauft werden. Vorhanden sind:

15 Hemden	zu 21,90 EUR	18 T-Shirts	zu 12,80 EUR
11 Blusen	zu 15,40 EUR	24 Röcke	zu 28,50 EUR

   Berechnen Sie, welchen Durchschnittspreis Fritz Wolle e. Kfm. verlangen muss, damit der gesamte Verkaufserlös unverändert bleibt!

4.4 Verteilungsrechnung

Beispiel 1:

Ein Einzelhändler hat für das Geschäftshaus eine monatliche Miete von 4032,00 EUR zu bezahlen. Um für die einzelnen Abteilungen eine genaue Kalkulation vornehmen zu können, teilt der Kaufmann die Geschäftsmiete auf die einzelnen Abteilungen nach folgendem Schlüssel auf: Warenabteilung I: 80 m^2, Warenabteilung II: 56 m^2, Büro: 48 m^2 und Lager: 72 m^2.

Aufgabe:

Berechnen Sie den Mietanteil, der auf die einzelnen Abteilungen entfällt!

Lösung:

Aufteilungsgrund	Verteilungsschlüssel	Teile	Anteile	
Abteilungen	Größe in m^2	gekürzte Anteile	Kostenanteile	
Warenabteilung I	80 →	10	1 260,00 EUR	← 10 · 126
Warenabteilung II	56 →	7	882,00 EUR	← 7 · 126
Büro	48 →	6	756,00 EUR	← 6 · 126
Lager	72 →	9	1 134,00 EUR	← 9 · 126

Summe der Teile: 32 Teile ≙ 4032,00 EUR Miete (Gesamtwert)

1 Teil ≙ 4032,00 EUR : 32 = 126,00 EUR

Ergebnis: Die verschiedenen Abteilungen werden durch die Miete wie folgt belastet: Warenabteilung I: 1 260,00 EUR, Warenabteilung II: 882,00 EUR, Büro: 756,00 EUR, Lager: 1 134,00 EUR.

Probe:	Die Addition der Kostenanteile ergibt wiederum die Gesamtmiete: 1 260,00 EUR + 882,00 EUR + 756,00 EUR + 1 134,00 EUR = 4032,00 EUR.

Allgemeiner Lösungsweg

- Es ist zu überprüfen, ob sich der Verteilungsschlüssel durch Kürzen vereinfachen lässt.
- Addition der Teile.
- Über die Division des Gesamtwertes durch die Summe der Teile erhält man den Wert **eines** Teils.
- Durch die Multiplikation der einzelnen Teile mit dem Wert eines Teiles erhält man den Wert für die Anteile. **Probe:** Die Addition der einzelnen Anteile muss wiederum den Gesamtwert ergeben.

Beispiel:

Bei der Liquidation (Auflösung) eines Möbelhauses wird das Vermögen im Wert von 350 000,00 EUR aufgeteilt. Jeder der drei Gesellschafter Ahner, Bühner und Cecan soll gleich viel erhalten. Der Gesellschafter Bühner hat jedoch für eine private Investition schon 31 000,00 EUR entnommen. Gleiches gilt für den Gesellschafter Cecan, der für den Kauf eines Grundstücks 90 000,00 EUR entnommen hatte.

Aufgabe:

Ermitteln Sie den Betrag, den jeder Gesellschafter ausbezahlt erhält!

Lösung:

Gesellschafter	Teile		Vorleistungen	Auszahlungsbetrag	
Ahner	1			157 000,00 EUR	1 · 157 000 EUR
Bühner	1	–	31 000,00 EUR	126 000,00 EUR	1 · 157 000 EUR – 31 000 EUR
Cecan	1	–	90 000,00 EUR	67 000,00 EUR	1 · 157 000 EUR – 90 000 EUR
	3	–	121 000,00 EUR	≙ 350 000,00 EUR	
			3 Teile	≙ 471 000,00 EUR	
			1 Teil	≙ 157 000,00 EUR	

Erläuterungen zur Aufgabe:

Bei dieser Aufgabe haben 2 Gesellschafter schon vor der Liquidation Gelder (Anteile ihres Vermögens) erhalten. Diese Vorauszahlungen sind selbstverständlich zu dem zu verteilenden Vermögen zunächst **hinzuzurechnen.** Wären nämlich die Zahlungen nicht erfolgt, wäre das Vermögen **größer,** d.h., ohne Hinzurechnung der schon gezahlten Beträge würden diese gar nicht zur Verteilung kommen. Bei der Berechnung der einzelnen Auszahlungsbeträge sind die bisherigen Zahlungen dann abzuziehen, da die Gesellschafter diesen Teil des ihnen zustehenden Betrages ja schon erhalten haben.

Übungsaufgabe

63

1. Verteilen Sie die folgenden Kapitalien im angegebenen Verhältnis!

   1.1 7 200,00 EUR Kapital im Verhältnis 3 : 4 : 2

   1.2 975,00 EUR Kapital im Verhältnis 2 : 5 : 7 : 1

   1.3 38 000,00 EUR Kapital im Verhältnis 3 : 2 : 9 : 5

   1.4 2 400,00 EUR Kapital im Verhältnis 3 : 4 : 5

2. Aus Anlass des 25-jährigen Geschäftsjubiläums zahlt ein Einzelhändler an seine Mitarbeiter 8 400,00 EUR an Treueprämie. Der Betrag wird nach der Betriebszugehörigkeit der Mitarbeiter gezahlt.

   Mitarbeiter A arbeitet seit 25 Jahren, B seit 20 Jahren, C seit 9 Jahren und D seit 2 Jahren im Geschäft.

   Berechnen Sie die Treueprämie, die die einzelnen Mitarbeiter erhalten!

3. An dem Modehaus Kempter OHG sind drei Geschwister beteiligt.

   Anna mit 144 000,00 EUR   Beate mit 216 000,00 EUR   Centa mit 360 000,00 EUR

   Der Reingewinn beläuft sich auf 88 560,00 EUR und wird entsprechend der Beteiligung verteilt.

   Ermitteln Sie den Teil des Reingewinns, den Centa erhält!

4. Am Warrenhaus Centralpark GmbH sind drei Gesellschafter beteiligt: Franz Abt mit 36 400,00 EUR, Holger Bär mit 44 800,00 EUR und Fritz Ceh mit 67 200,00 EUR. Ceh ist Geschäftsführer und erhält von dem auszuschüttenden Gewinn eine Zusatzleistung von 4 200,00 EUR. Da Bär einen Großverkauf vermittelt hat, erhält er eine Zusatzprämie von 2 500,00 EUR. Der Bilanzgewinn beläuft sich auf 88 320,00 EUR. Verteilungsgrundlage sind die Kapitalanteile.

   Berechnen Sie, welchen Gewinnanteil jeder Gesellschafter gutgeschrieben erhält!

5. Ein Lebensmittelgroßmarkt hat neben seinem Hauptgeschäft noch 2 Filialen. Im laufenden Geschäftsjahr wurden 37 120,00 EUR für Werbeaktionen ausgegeben. Aus kostenrechnerischen Gründen sind diese Ausgaben auf die 3 Geschäfte zu verteilen. Verteilungsgrundlage sind die Jahresumsätze.

Hauptgeschäft: 720 000,00 EUR Filiale I: 480 000,00 EUR Filiale II: 540 000,00 EUR

Berechnen Sie, welcher Anteil an Werbekosten auf jedes Geschäft entfällt!

6. Drei Spielwarengeschäfte stellen gemeinsam auf der Frühjahrsmesse aus. Dabei wird ein Umsatz von 14 200,00 EUR erzielt. Der Einstandspreis der Spielwaren betrug 8 100,00 EUR. An Kosten fielen 3 100,00 EUR an. Der Reingewinn wird folgendermaßen verteilt: 300,00 EUR sollen dem „Roten Kreuz" gespendet werden, der Rest wird entsprechend der Arbeitsleistung am Messestand verteilt (A: 80 Stunden, B: 96 Stunden, C: 64 Stunden).

   6.1 Ermitteln Sie den Reingewinn sowie den gespendeten Betrag!

   6.2 Berechnen Sie die Gewinnanteile von A, B, und C!

7. Nach Abschluss des Weihnachtsgeschäftes verteilt der Geschäftsinhaber an die fest angestellten Verkäuferinnen und 2 Aushilfskräfte eine Prämie in Höhe von 1 585,50 EUR. Die Aufteilung erfolgt nach den geleisteten Überstunden. Die Mitarbeiter haben folgende Überstunden geleistet:

   Maria: 42 Paula: 32 Olga: 28 Nora: 35 Anna: 14

   Berechnen Sie, welche Prämie jede Mitarbeiterin ausbezahlt bekommt!

5 Kassenorganisation, Zusatzangebote an der Kasse und die Kassenabrechnung

5.1 Kassenorganisation

5.1.1 Kassensysteme

Die Vielfalt des Einzelhandels bedingt, dass je nach betrieblichen Erfordernissen, noch eine Vielzahl an unterschiedlichen Kassen im Einsatz sind. Das Spektrum reicht von einfachen **Kassenarten,** die nur der **Zahlungsabwicklung dienen,** bis zu **Datenkassen,** die an ein **Rechnersystem** angeschlossen sind **(Kassensysteme).**

Beachte:

Seit 2017 dürfen nur noch solche elektronischen Kassen eingesetzt werden, die die Einzelumsätze aufzeichnen und für mindestens zehn Jahre unverändert abspeichern können **(Kassendokumentationspflicht).**

(1) Kassenarten

Offene Ladenkasse	Sie ist eine einfache Schublade, in die das Wechselgeld und die Kasseneinnahmen gelegt werden. Diese Kassenform ist noch im Markt- und Straßenhandel anzutreffen.
Mechanische Registrierkassen	Sie haben in der Regel Tipptasten und ein mechanisches Rechenwerk, das die eingetippten Geldbeträge erfasst und zusammenzählt. Das Geld wird in die eingebaute Ladenkasse gelegt. Solche Kassen sind nur noch selten anzutreffen. 

Elektronische Registrierkassen	Sie sind eine Weiterentwicklung der mechanischen Registrierkassen mit elektronischen Bauteilen. Die Ausstattung umfasst Warengruppenunterteilungen, Festpreisspeicher und mehrstellige Textvorgaben. Diese Kassen sind nicht systemfähig und können nicht an ein Warenwirtschaftssystem angeschlossen werden.	

(2) Scanner, Kartenlesegerät, Bondrucker

Scanner Lesepistole	Scanner dienen im Einzelhandel dazu, mithilfe des auf der Ware aufgebrachten Strichcodes alle wichtigen Warendaten zu erfassen. Ist der Scanner im Kassenterminal fest integriert, spricht man von einer **Scannerkasse.** Bewegliche Scanner bezeichnet man als **Lesepistole.**	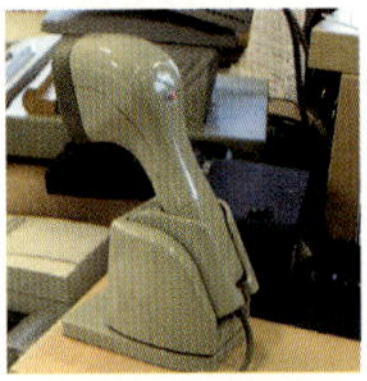
Kartenlesegerät	Damit werden die Daten der Girocard, der Kreditkarte oder der Kundenkarte gelesen. Die Zahlung erfolgt dadurch, dass der Kunde die Karte und die Geheimnummer (PIN) in das Lesegerät eingibt, das mit dem Rechenzentrum des betreffenden Netzbetreibers verbunden ist. Das Kartenlesegerät kann im Kassenterminal fest integriert sein, es gibt aber auch mobile Kartenlesegeräte, die außerhalb der Geschäftsräume eingesetzt werden können (z. B. Wochenmarkt, Sonderverkaufsstand).	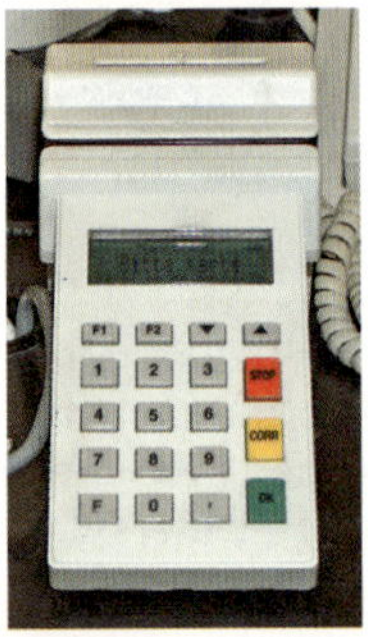
Bondrucker	Er erstellt den Beleg (Kassenbon),[1] den der Kunde für die erfolgte Zahlung erhält. Der Bondrucker kann im Kassenterminal fest integriert sein.	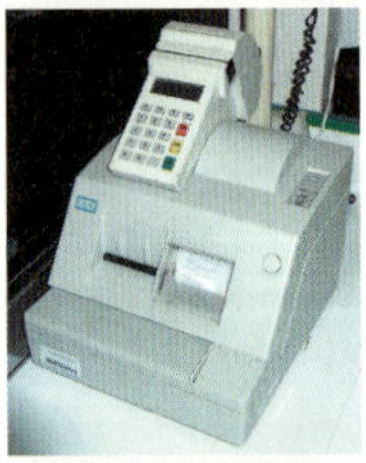
Kundendisplay	Auf dem Display wird jeder einzelne Preis beim Scannen des Strichcodes angezeigt. Der Kunde kann somit seinen Einkauf unmittelbar kontrollieren. Das Kundendisplay ist in der Regel fest in das Kassenterminal integriert.	

1 Zu Einzelheiten siehe S. 253 und S. 300.

Datenwaagen	Sie werden für gewichtsabhängige Frischwaren (z. B. Obst, Gemüse, Fleisch- und Wurstwaren) eingesetzt. Die auf der Waage liegenden Waren werden über die Eingabe einer PLU-Nummer[1] erfasst. Die Daten werden dem Kunden über den Kassenbon mitgeteilt. Derzeit werden in der Praxis insbesondere die Bedienungswaagen sowie die Check-out-Waagen (sie sind im Kassentisch integriert) eingesetzt. 

(3) Elektronische Datenkassen

Aufbau der Hardware

Die Hardware einer Datenkasse umfasst folgende Einheiten:

- Kassenschublade,
- Tastatur,
- Rechen- und Steuereinheit,
- Monitor,
- Bondrucker,
- Kartenleser,
- Scanner.

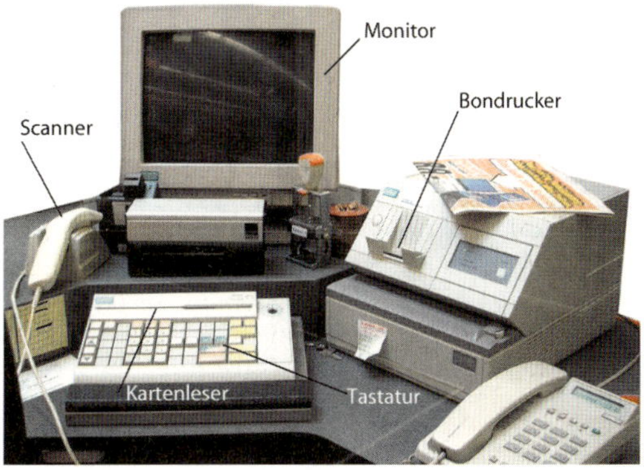

Die Einheiten können in einem Gerät integriert sein (siehe Abbildung) oder als Einzelgeräte (Module) eingesetzt werden **(modulare Kassensysteme).**

Dezentrale Systeme und Verbundsysteme

Dezentrale Systeme	Datenkassen können eine selbstständige Einheit bilden **(Stand-alone-Terminal),** die unabhängig **(offline)** von anderen EDV-Anlagen arbeiten. Die Kassendaten werden in diesem Fall im Speicher der Kasse oder in einem angeschlossenen Datenträger (Disketten, CD-ROM, Magnetbandkassette) erfasst und in einer EDV-Anlage ausgewertet.
Verbundsysteme	In einem Verbundsystem sind alle Geräte miteinander vernetzt und stehen in direkter Verbindung zu einem übergeordneten Rechner (Netzwerkserver). Die Verwaltung der Daten und der Datenaustausch werden in diesem Fall vom Server oder von einer festgelegten Leitkasse übernommen. Beim Verbundsystem kann der Einzelhändler z. B. über folgende Informationen verfügen: ■ Stammdaten für Artikel, Warengruppen, Kassierer, Lieferanten. ■ Automatischer Zugriff auf die Artikeldatenbank. ■ Preislisten für verschiedene Kundengruppen, Angebote. ■ Preisnachlass- und Rabattfunktionen. ■ Auf Verkäufer ausgerichtetes Kassieren. ■ Ein- und Auszahlungen, Storno, Kassenbericht. ■ Verwaltung der Warengruppen.

1 Zu Einzelheiten siehe S. 300.

(4) Kassiervorgang im Warenwirtschaftssystem

Das Warenwirtschaftsprogramm dokumentiert, steuert und überwacht alle Vorgänge, die bei der Beschaffung, der Lagerung und dem Verkauf der Waren anfallen. Es handelt sich um ein **Datenbanksystem,** das aus einer **Datenbank, unterschiedlichen Dateien** und einem **Datenverwaltungsprogramm** besteht.

Der Kassiervorgang mithilfe eines Warenwirtschaftssytems läuft wie folgt ab:

Die **Artikelnummer,** die in Form eines **Strichcodes (GTIN-Barcode)**[1] auf der Verpackung bzw. dem Etikett aufgedruckt ist, wird vom Scanner optisch-elektronisch **(Scanning)** erfasst und dem **Kassenterminal** (bzw. dem Zentralrechner) zur Verarbeitung gemeldet. Das installierte Rechensystem ruft daraufhin die zu dieser Artikelnummer gespeicherte Artikeldatei (z.B. Artikelbezeichnung, Preis) ab und überträgt sie in die Kasse. Da der **Preis** und die **Artikelbezeichnung** nicht aus dem Strichcode, sondern **aus dem Rechensystem abgerufen** werden, ist es stets möglich, den Preis eines jeden einzelnen Artikels der jeweiligen Marktsituation (z.B. Sonderaktionen) anzupassen. Dieses Verfahren wird als **„Price-look-up-(PLU-)Verfahren"** bezeichnet.

Nach der Zuordnung des Preises zur Ware werden die Daten auf dem Kassenmonitor und dem Kundendisplay angezeigt. Anschließend wird der Kassenbon gedruckt.

Nach Ablauf des Kassiervorgangs wird der betreffende Artikelbestand automatisch um die verkaufte Ware verringert.

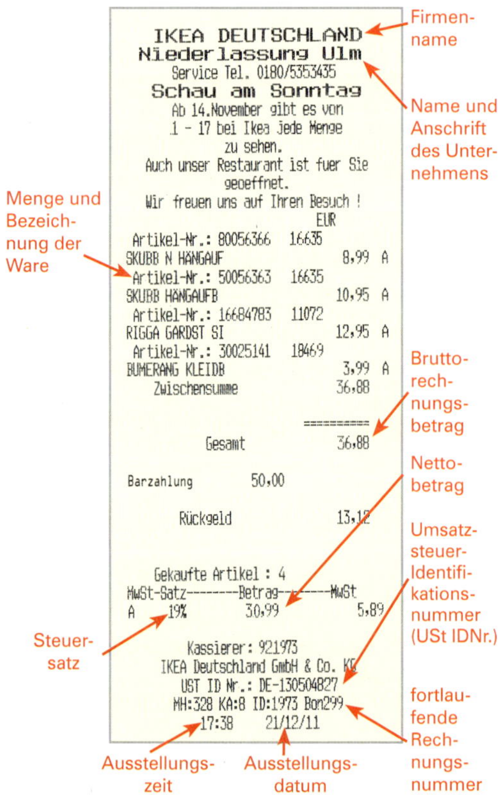

(5) Vorteile von Kassenterminals für das Einzelhandelsunternehmen

Wichtige Vorteile, die mit dem Einsatz eines Kassenterminals verbunden sind, liegen u.a. in der:

- Preissicherheit beim Kassieren,
- exakten Verkaufskontrolle,
- Entlastung des Kassenpersonals,
- Beschleunigung des Kassiervorgangs,
- nicht erforderlichen Einzelartikelauszeichnung,
- Möglichkeit innerbetrieblicher Datenauswertung (z.B. Erstellen von Umsatzstatistiken, artikelgenaue Erfolgskontrolle, Ermittlung des richtigen Bestellzeitpunktes).

1 **GTIN** ist eine weltweit abgestimmte Artikelnummer, die in Form eines Strichcodes (Barcodes) abgebildet ist und vom Hersteller auf die Warenverpackung aufgedruckt wird. GTIN wird im 2. Ausbildungsjahr, im Lernfeld 7 ausführlich dargestellt.

5.1.2 Kassieranweisungen

Große Einzelhandelsgeschäfte, Kaufhäuser, Filialketten oder Selbstbedienungsläden verfügen über mehrere Einzelkassen. Es ist daher unverzichtbar, dass die jeweilige Unternehmensleitung für das Kassenpersonal bestimmte Kassieranweisungen erlässt, um die Kassiervorgänge zu vereinheitlichen. Neben den speziellen Kassieranweisungen für einzelne abgegrenzte Kassenvorgänge, werden noch allgemeine Kassieranweisungen vorgegeben, die für alle Kassiervorgänge Gültigkeit besitzen.

(1) Allgemeine Kassieranweisungen

Beim Kassieren des Warenpreises sind vom Kassenpersonal folgende allgemeine Kassieranweisungen zu beachten:

- dass der Kunde alle **Waren auf das Laufband** bzw. den Kassentisch legt,
- dass der **Gesamtpreis festgestellt** und dem **Kunden mitgeteilt** wird,
- dass das **Rückgeld dem Kunden vorgezählt** und ausgehändigt sowie der **Kassenbon übergeben** wird,
- dass das Rückgeld, auf das der Kunde verzichtet hat, nicht registriert, sondern als **Kassendifferenz in die Kassenschublade** gelegt wird,
- dass **Eigeneinkäufe** einer Kassiererin/eines Kassierers immer **von einem Kollegen/einer Kollegin kassiert** werden,
- dass **kein Privatgeld** mit an die Kasse genommen wird.

(2) Besondere Kassieranweisungen

Besondere Kassieranweisungen, für die die jeweiligen Arbeitsschritte im Einzelnen vorgegeben werden, werden z. B. für folgende Kassenvorgänge festgelegt:

- Artikel erfassen mit Scanner
- Artikel erfassen ohne Scanner
- Bezahlen mit Bargeld
- Bargeldlos bezahlen
- Bezahlen mit mehreren Zahlungsmitteln
- Verkauf von Gutscheinen
- Einlösen von Gutscheinen
- Retouren, Umtausch, Reklamationen
- Rabatte, Nachlässe
- Abbruch und Storno eines Vorgangs
- Übergabe der Kasse
- Kassenabschluss

Beispiele für besondere Kassieranweisungen: [1]

Beispiel 1: Artikel erfassen ohne Scanner

(1) Dies muss unter folgenden Umständen gemacht werden:

- wenn Strichcode nicht mehr lesbar,
- wenn Scanner defekt,
- wenn bei der nächtlichen Übertragung ein Fehler aufgetreten ist.

In allen drei Fällen kommt die Fehlermeldung: „Artikel nicht gefunden/Artikel nicht vorhanden".

(2) Vorgehensweise:

- wenn nötig **Verkäufernummer** eingeben,
- **Artikelnummer** mit Tastatur eingeben (volle Länge, d. h. wie auf dem Etikett) und Taste **„Enter"** drücken,
- **Größe** mit Tastatur eingeben (immer 3-stellig) und Taste **„Enter"** drücken. Wenn Artikel **keine Größe** hat (z. B. bei Taschen) „1" eingeben.

1 Die Kassieranweisungen sind der „Organisationsanweisung für die Handhabung der Kassenabrechnung" des Schuhhauses Werdich, Dornstadt entnommen.

(3) Vorgehensweise, wenn Fehlermeldung (Artikel nicht vorhanden) immer noch kommt:

- Die Taste **„Funktionen"** auf dem Bildschirm drücken.
- Dann Taste **„PLU"** auf dem Bildschirm drücken (es erscheint in gelber Schrift „kein PLU").
- Jetzt kann der Artikel wie oben beschrieben auf jeden Fall eingegeben werden.

Beispiel 2: Bezahlen mit Bargeld

(1) Nachdem die zu kassierenden Artikel gescannt wurden, die Taste **„Kasse"** drücken.

(2) Im Feld oben rechts (Bildschirm) Betrag mit Tastatur eingeben und **2x „Enter"** drücken.

- Betrag immer mit den zwei Stellen nach dem Komma eingeben:
  100,00 EUR = „10000"
  139,90 EUR = „13990"
  9,90 EUR = „990"
- Bon für Kunden wird ausgedruckt und auf dem Bildschirm angezeigt/Kassenschublade öffnet sich (nach dem Geldkassieren gleich wieder schließen).
- Auf dem Bildschirm „OK" drücken, um zum Programm für die Artikelerfassung zurückzukehren.

Zusammenfassung

- Unter einem **Kassensystem** versteht man die Art und Weise, wie die jeweiligen Kassenvorgänge von einer Kasse erfasst und verarbeitet werden.
- Die **Hardware einer Datenkasse** umfasst folgende Einheiten: Kassenschublade, Tastatur, Rechen- und Steuereinheit, Monitor, Bondrucker, Kartenleser, Scanner. Die Einheiten können in einem Gerät integriert sein oder als Einzelgeräte eingesetzt werden.
- Datenkassen können als **selbstständige Einheit (Stand-alone-Terminal)** oder im **Datenverbund** arbeiten.
- Das **Warenwirtschaftssystem** ist ein **Datenbanksystem,** das aus einer **Datenbank,** unterschiedlichen **Dateien** und einem **Datenverwaltungsprogramm** besteht.
- **Aufgabe des Warenwirtschaftssystems** ist, alle Vorgänge, die bei der Beschaffung, der Lagerung und dem Verkauf der Waren anfallen, zu dokumentieren, steuern und überwachen.
- Das **Rechensystem** ruft aufgrund der Artikelnummer die **Artikelbezeichnung** und den hinterlegten **Preis** ab **(„Price-look-up-(PLU-)Verfahren")** und übermittelt die Daten in die Kasse.
- Man unterscheidet **allgemeine** und **besondere Kassiervorschriften.** Sie werden in der Regel von der Unternehmensleitung schriftlich festgehalten und sind für das Kassenpersonal verbindlich.

Übungsaufgabe

64

1. Beschreiben Sie den Vorgang der elektronischen Datenerfassung!
2. 2.1 Beschreiben Sie das Grundprinzip des „Price-look-up"-Verfahrens (PLU)!
   2.2 Nennen Sie den Hauptvorteil, der mit dem PLU-Verfahren verbunden ist!
3. In einem Warenhaus sind sämtliche 5 Kassen untereinander und mit einem Server verbunden. Notieren Sie, welche Aussagen zu diesen Verbundkassen richtig sind!
   3.1 Um eine Kasse nutzen zu können, müssen alle 5 Kassen in Betrieb sein.
   3.2 Aufgrund des Anschlusses an den Server kann jede Kasse allein genutzt werden.

3.3 Ein Sonderrabatt für ein Kleid wegen einer kleinen Farbabweichung löst bei den übrigen Kassen – beim gleichen Artikel – ebenfalls eine Preisreduktion aus.

3.4 Der Einzelhändler kann jederzeit den Kassen-Ist-Bestand der einzelnen Kassen abrufen.

4. Aufgrund einer Sonderaktion für Krawatten und Hemden hat sich am Kassenterminal der Herrenabteilung eines Kaufhauses eine lange Warteschlange gebildet. Beim Kassieren einer Seidenkrawatte zum Sonderpreis von 9,95 EUR fehlt die Artikelnummer. Trotz des bekannten Preises erfragt die Kassiererin bei einem Kollegen die Artikelnummer, was einige Minuten Zeit in Anspruch nimmt.

   Die Kunden haben für die Vorgehensweise der Kassiererin kein Verständnis und ärgern sich wegen der damit verbundenen längeren Wartezeit. Die Kassiererin entschuldigt sich für die Verzögerung und behauptet, dass sie den Preis nicht ohne Artikelnummer eintippen könne.

   Aufgabe:

   Prüfen Sie, ob die Kassiererin Recht hat!

5. Notieren Sie vier Informationen, die Sie durch das Warenwirtschaftssystem ermitteln können!

6. Sie stellen fest, dass ein Warenverkauf von 5 Bohrmaschinen im Warenwirtschaftssystem nicht erfasst wurde.

   Aufgaben:

   6.1 Erläutern Sie die Auswirkungen, die dies auf den Lagerbestand der Bohrmaschinen hat!

   6.2 Welche Maßnahmen ergreifen Sie? Begründen Sie Ihre Entscheidung!

7. Nennen Sie die Einheiten, die in der Regel ein Kassenterminal umfasst!

8. Informieren Sie sich über das in Ihrem Ausbildungsbetrieb installierte Kassensystem und berichten Sie darüber, nach Rücksprache mit Ihrem Ausbilder, in der Klasse!

9. Erklären Sie, warum immer weniger Selbstbedienungswaagen installiert werden!

10. Formulieren Sie drei Vorteile, die mit dem Einsatz eines Kassenterminals für das Einzelhandelsunternehmen verbunden sind!

11. Die Kassiererin tippt in die Kasse für einen Mantel 180,00 EUR ein, anstelle des tatsächlichen Preises von 160,00 EUR. Um den Fehler auszugleichen, reduziert sie das ebenfalls gekaufte Kleid um 20,00 EUR.

    Aufgabe:

    Beurteilen Sie das Verhalten der Kassiererin!

5.2 Zusatzangebote an der Kasse

Zusatzangebote können Artikel sein, die den Hauptartikel sinnvoll ergänzen, seinen Wert steigern oder ihn erst einsatzfähig machen. In diesem Sinn sind Zusatzangebote **Ergänzungsartikel** (z. B. Batterie für Funkuhr, Schutzhülle für die Gitarre, passende Ohrringe zur Goldkette).[1] Daneben gibt es Zusatzangebote, die in **keiner direkten Verbindung** zur gekauften Ware stehen. Sie dienen einzig dazu, den Umsatz zu steigern.

1 Wiederholen Sie hierzu die Ausführungen von S. 190f.

Beispiele:

Anbieten von Kleinigkeiten des täglichen Bedarfs (Süßigkeiten, Zigaretten, Spielwaren usw.) im Lebensmitteleinzelhandel; Vorstellen von Trendartikeln (z. B. T-Shirts zu einem aktuellen Sportereignis) und Produktneuheiten; Aufstellen von Warenträgern mit Sonderangeboten oder Saisonartikeln; Auslegen von Prospekten und Hauszeitschriften.

Solche Zusatzangebote werden in der Regel vom Kassenpersonal nicht aktiv angeboten. Man wartet vielmehr darauf, dass sich der Kunde spontan zum Kauf entschließt.

5.3 Kassenabrechnung

5.3.1 Tageslosung

Im Einzelhandel werden die Warenverkäufe zum Großteil als Barverkäufe getätigt. Im Warenverkaufspreis ist die Umsatzsteuer eingerechnet, d. h., der Wert eines jeden Barverkaufs umfasst den Warennettowert und die Umsatzsteuer. Den Wert für den täglichen Barverkauf nennt man **Tageslosung.**

Beispiel:

Die Tageslosung des Baumarktes Albert Hage e. Kfm. am 15. Oktober beträgt 10 008,50 EUR.

Aufgabe:

Berechnen Sie bei der angegebenen Tageslosung den Warenwert und die Umsatzsteuer!

Lösung:

119 % ≙ 10 008,50 EUR
100 % ≙ x EUR

$$x = \frac{10\,008{,}50 \cdot 100}{119} = \underline{\underline{8\,410{,}50\ \text{EUR}}}$$

Ergebnis:

Der Warennettowert beträgt 8 410,50 EUR, die USt 1 598,00 EUR.

Den Wert für den täglichen Barverkauf nennt man **Tageslosung.** In der Tageslosung ist die Umsatzsteuer enthalten.

5.3.2 Berechnung der Tageslosung mithilfe des Kassenberichtes

5.3.2.1 Aufbau des Kassenberichtes

Der Kassenbericht hat die Aufgabe, die Barverkäufe (Tageslosung) eines Tages zu ermitteln. Die Tageslosung lässt sich wie folgt berechnen:

- Nach dem Ladenschluss wird der **tatsächliche Kassenbestand (Kassenschlussbestand)** durch Zählen des Bargelds ermittelt.
- Alle **Ausgaben**, die aus der Kasse getätigt werden, müssen zum **Kassenschlussbestand wieder hinzugerechnet** werden. Würde dies nicht gemacht, wäre der Betrag des Barverkaufs um den Ausgabebetrag zu niedrig. Schließlich wurden ja die Kassenausgaben erst dadurch ermöglicht, dass zuvor Waren verkauft (Geld eingenommen) worden sind.

Grundschema des Kassenberichtes	
	Kassenschlussbestand
+	Ausgaben
–	Wechselgeld
–	sonstige Einnahmen
=	Barverkäufe des Tages (Tageslosung)

Beispiele:

Wareneinkäufe bar; Geschäftsausgaben wie Barzahlung für Frachtkosten, kleine Reparaturrechnungen, Kauf von Briefmarken; Entnahme von Geld für den Privathaushalt; Entnahme von Geld aus der Kasse im Lauf des Tages, um den Bargeldbestand zu verringern (Kassenabschöpfung) und Einzahlung auf das Bankkonto.

- Das **Wechselgeld,** das vom Vortag stammt (Kassenanfangsbestand), muss vom Kassenbestand des heutigen Tages abgezogen werden.
- **Alle Einnahmen** des Tages, die **nicht aus Wareneinkäufen stammen,** müssen vom **Kassenschlussbestand abgezogen werden.**

Beispiele:

Privateinlagen des Einzelhändlers; Barabhebungen vom Bankkonto und Einlage des Geldes in die Kasse.

Beispiel für einen Kassenbericht:

Das Lebensmittelgeschäft Ralf Rohmer e. Kfm. weist für den 13. Juni 20.. folgende Kassenvorgänge aus:

Das Wechselgeld beträgt 2 100,00 EUR. Am 13. Juni 20.. werden folgende Ausgaben und Einnahmen getätigt: Barzahlung für Waren 1 200,00 EUR, Entnahme für private Zwecke 350,00 EUR, Zahlung an den Landwirt Dieter Halder für die Gemüselieferung der vorigen Woche 420,00 EUR, Barabhebung vom Bankkonto 500,00 EUR und Einlage des Geldes in die Tageskasse.

Am 13. Juni 20.. beträgt der Kassenschlussbestand nach Ladenschluss 4 150,00 EUR.

Aufgabe:

Berechnen Sie den Barverkauf des Tages für den 13. Juni 20..!

20 Speth u.a. - ISBN 978-3-8120-0631-6

Lösung:

	Kassenschlussbestand		4 150,00 EUR
+	**Ausgaben**		
	Barzahlung für Waren	1 200,00 EUR	
	bar bezahlte Rechnung (Landwirt Dieter Halder)	420,00 EUR	
	private Entnahme	350,00 EUR	1 970,00 EUR
–	**sonstige Einnahmen**		
	Abhebung vom Bankkonto und Einlage in die Kasse		500,00 EUR
–	**Wechselgeld**		2 100,00 EUR
=	Barverkauf (Tageslosung, Bareinnahmen)		3 520,00 EUR

5.3.2.2 Führen der Kassenaufzeichnungen, Kassendifferenzen, Kassensturz

(1) Führen der Kassenaufzeichnungen

Kassenaufzeichnungen müssen **zeitnah** – das bedeutet **täglich** – aufgezeichnet werden. Sie müssen so organisiert sein, dass ein täglicher Abgleich des Bargelds mit den Aufzeichnungen (z. B. Kassenbuch) möglich ist (sogenannte „Kassensturzfähigkeit"). Einzelunternehmen mit einer Vielzahl von Barumsätzen müssen als Beleg den **Kassenendsummenbon (Tagesendsummenbeleg)** aufbewahren.

Der Kassenendsummenbon ist ein **eigenständiger Kassenbeleg.** Er wird von der Datenkasse erstellt, indem die Tageslosung abgerufen wird. Mit dem Ausdruck wird der Speicher der Kasse gelöscht und der Nullstellungszähler um 1 erhöht.

Die **Kassenendsummenbons** müssen folgende Angaben enthalten:

- den Namen des Geschäfts
- das Datum
- die Tagesendsumme
- Stornos und Retouren
- Zahlungsweg (bar, Scheck, Girocard, Kredit-, Geldkarte)
- die Z-Zähler mit fortlaufender Summe.

Nach Erstellung des Kassenendsummenbons wird der Beleg an die Buchhaltung weitergeleitet.

(2) Kassendifferenzen

Eine Kassendifferenz liegt vor, wenn der gezählte Bargeldbestand **(Ist-Barverkäufe)** von dem ausgedruckten Kassenbericht der Kasse **(Soll-Barverkäufe)** abweicht. Die Kassendifferenz kann ein **Kassenüberschuss** oder ein **Kassenfehlbetrag** sein. Ein Kassenüberschuss kann z. B. dadurch entstehen, dass einem Kunden zu wenig Wechselgeld zurückgegeben wurde. Ein Kassenfehlbetrag kann z. B. durch zu hohe Wechselgeldrückgabe, Unterschlagung oder Diebstahl entstehen.

(3) Kassensturz

Beim Kassensturz wird ein überraschender Soll-Ist-Vergleich des Kassenbestands vorgenommen. Der Kassensturz ist ein wichtiges Kontrollmittel zur sofortigen Aufklärung von Kassendifferenzen (z. B. wenn sich ein Kunde beschwert, er habe zu wenig Wechselgeld erhalten). Der Kassensturz ist eine nicht angemeldete Kassenkontrolle, die immer neben der normalen Kassenabrechnung durchgeführt wird.

5.3.2.3 Auswerten der wirtschaftlichen Kassendaten

Berichtsformen	Erläuterungen	Beispiele	
Finanzbericht	Er gibt an:		
	Bruttoumsatz einschließlich USt		4 522,00 EUR
	Nettoumsatz ohne USt		3 800,00 EUR
	Umsatzsteuer 19 %		722,00 EUR
	Anzahl der verkauften Artikel		448
	Anzahl der Kunden		320
	gekaufte Artikel je Kunde	$\frac{448}{320}$	1,4
	Bruttoumsatz je Kunde	$\frac{4522}{320}$	14,13 EUR
	Barumsatz (Tageslosung)		3 292,00 EUR
	Kartenumsatz[1]		1 230,00 EUR
Verkäufer-bericht	Er gibt an, wie viel Artikel ein Verkäufer im Tagesverlauf verkauft hat und welchen Umsatz in EUR er damit erzielt hat.	Verkaufte Artikel Umsatz	50 810,00 EUR
Frequenz-bericht	Über die Kassendaten kann ermittelt werden, wie viel Kunden das Geschäft in einem bestimmten Zeitraum aufgesucht haben, wie viel Artikel in diesem Zeitraum verkauft wurden und welchen Umsatz dies erbracht hat.	17:00–18:00 Uhr Kunden Artikel Umsatz	 45 38 724,50 EUR
Warengruppen-bericht	Über einen Code kann für eine Warengruppe die Anzahl der verkauften Artikel, der Warengruppenumsatz und der Anteil am Gesamtumsatz ermittelt werden.	Warengruppe Kosmetik: Artikel Umsatz Anteil am Gesamtumsatz	 28 532,80 EUR 11,76 %

Übungsaufgabe

65 1. 1.1 Ein Einzelhändler hat am 12. April 20.. eine Tageslosung in Höhe von 10 782,73 EUR. Von der Tageslosung unterliegen 8 095,57 EUR einem Umsatzsteuersatz von 19 %. Der Restbetrag der Tageslosung unterliegt dem ermäßigten USt-Satz von 7 %.

Berechnen Sie die USt und die Nettobeträge!

1.2 Wechselgeld 140,00 EUR, Entnahme von Geld für den Privathaushalt 150,00 EUR, Barabhebung von Bankkonto und Einlage des Geldes in die Kasse 500,00 EUR, Bestand bei Geschäftsschluss 4 180,00 EUR.

Aufgabe:

Ermitteln Sie den Tagesumsatz!

1 Der Kartenumsatz wird in der Regel nach Art der Karte (z. B. Girocard, Geldkarte, Gutschein) weiter aufgegliedert.

2. Erstellen Sie einen Kassenbericht für den 25. November 20.. aufgrund folgender Angaben:

Kassenanfangsbestand am 25. November 20..	246,32 EUR
Entnahmen:	
– Ausgabe für Reinigungsmittel	63,84 EUR
– Barzahlung einer Eingangsrechnung	866,85 EUR
– für Privatzwecke	342,00 EUR
Bargeldbestand bei Geschäftsschluss am 25. November	800,28 EUR

Aufgaben:

2.1 Ermitteln Sie die Bareinnahmen am 25. November 20..!

2.2 Berechnen Sie die USt (Steuersatz 19 %) und den Nettobetrag des Warenverkaufs!

3. Bei der Kassenabrechnung zum Geschäftsschluss liegen folgende Daten vor: Geldscheine 4400,00 EUR, Münzen 103,20 EUR. Bankeinzahlung 4000,00 EUR, Wechselgeld 480,00 EUR, Ergebnis des elektronischen Kassenberichts 8028,40 EUR.

Aufgaben:

3.1 Berechnen Sie die tatsächliche Kasseneinnahme!

3.2 Vergleichen Sie die tatsächliche Kasseneinnahme mit dem Ergebnis des elektronischen Kassenberichtes!

3.3 Erläutern Sie die Begriffe Kassenüberschuss und Kassenfehlbetrag!

3.4 Erläutern Sie die Zielsetzung eines Kassensturzes!

4. Erstellen Sie einen Kassenbericht für den 10. Januar 20.. aufgrund folgender Angaben:

Kassenanfangsbestand am 10. Januar 20..	1168,80 EUR
Auszahlung für Wareneingang	1504,80 EUR
Privateinlage	5264,40 EUR
Barzahlung der Garagenmiete für das Privatauto	91,20 EUR
Kassenbestand bei Geschäftsschluss am 10. Januar 20..	22116,00 EUR

Aufgabe:

Berechnen Sie den Barverkauf des Tages!

5. Bei der Kassenabrechnung des Sonderverkaufs vor dem Geschäft wird festgestellt, dass 85 Artikel zum Preis von je 9,99 EUR verkauft wurden. Bei Geschäftseröffnung befand sich 116,00 EUR Wechselgeld in der Kasse. Der Kassenbestand bei Geschäftsschluss beträgt 966,15 EUR.

Aufgaben:

5.1 Ermitteln Sie die Kasseneinnahmen!

5.2 Berechnen Sie die Kassendifferenz!

5.3 Nennen Sie Gründe, worauf die Kassendifferenz zurückzuführen sein könnte!

6. Berechnen Sie die fehlenden Beträge im abgebildeten Finanzbericht eines Lebensmittelgeschäfts!

Finanzbericht	
Bruttoumsatz	4408,40 EUR
Nettoumsatz	
Umsatzsteuer 7 %	
Anzahl der verkauften Artikel	1140
Anzahl der Kunden	380
verkaufte Artikel je Kunde	
Bruttoumsatz je Kunde	

Lernfeld 4: Waren präsentieren

1 Verkaufsraumgestaltung und die Konzeption des Visual Merchandisings

Handlungssituation:

Frank Riedel, Auszubildender zum Einzelhandelskaufmann im zweiten Ausbildungsjahr beim Warenhaus Hansen und Sohn e. Kfm. in Lübeck, wird für das anstehende Weihnachtsfest vom Abteilungsleiter Herrn Lorenzen für die Gestaltung der Geschenk- und Bastelabteilung in den nächsten Tagen eingeteilt. Hilfe bei der Gestaltung des Verkaufsraumes bekommt er von Hendrik Walther, Schulpraktikant für zwei Wochen im Lübecker Warenhaus.

Lorenzen: *„Bei der Gestaltung des Verkaufsraumes würde ich mich freuen, wenn wir uns an das Konzept halten würden, das wir im letzten Jahr verwendet haben. Das Feedback, das wir von unseren Kunden erhalten haben, war im Großen und Ganzen recht gut."*

Riedel: *„Stimmt. Ich erinnere mich vor allem an den singenden Elch. Der hat besonders bei den Kindern gepunktet."*

Lorenzen: *„Den Elch sollten wir wieder im Eingangsbereich platzieren. Dazu müssten wir dann auch noch eine entsprechende Weihnachtslandschaft um ihn herum aufbauen. Darum kann sich Hendrik kümmern. Am einfachsten wäre es, er benutzt die Materialien vom letzten Jahr. Die liegen gut verpackt und trocken im Lagerraum."*

Riedel: *„Ich kümmere mich dann um die Gestaltung des Schaufensters unserer Abteilung."*

Lorenzen: *„Achte im Besonderen auf die visuellen Aspekte. Im letzen Jahr wurden zu viele Lichter im Fenster platziert. Die wirkten sehr grell und ausladend. Auch die Farben passten nicht immer gut zueinander. Wir wollen den Verkauf ja fördern und nicht die Kunden abschrecken."*

Riedel: *„Neben der Dekoration sollten wir auch in diesem Jahr wieder Weihnachtslieder abspielen und einen großen Weihnachtsbaum mit Duftkerzen aufbauen. Dann sieht es in der Abteilung nicht nur alles nach Weihnachten aus, sondern es riecht auch nach Weihnachten."*

Lorenzen: *„Ja, das klingt gut. Das wird unseren Kunden bestimmt gefallen."*

Aufgaben:

1. Notieren Sie weitere Möglichkeiten, die Frank Riedel bei der Gestaltung des Verkaufsraumes für das anstehende Weihnachtsfest hätte!
2. Warum ist das Feedback der Kunden für Einzelhandelsgeschäfte wichtig? Begründen Sie Ihre Meinung!

1.1 Elemente der Verkaufsraumgestaltung

Aufgabe der Verkaufsraumgestaltung ist es, die Verkaufsräume so zu gestalten, dass sie auf den Kunden sowohl von außen als auch von innen möglichst einladend wirken. Wichtige Elemente der Verkaufsraumgestaltung sind:

Gestaltung des Ladenumfeldes	■ Hierzu zählt zunächst die Gestaltung des **Gebäudes** und der **Schaufenster** sowie des Eingangsbereichs. Die äußere Gestaltung des Gebäudes hat das Ziel, einen möglichst hohen Wiedererkennungswert beim Kunden zu erreichen, z. B. über das Anbringen des Firmenlogos, durch eine gleichartige Gebäudeform bei Filialbetrieben (z. B. Aldi, Penny Markt) oder über die Gestaltung der Außenfassade als kostenlose Werbefläche. ■ Ergänzt werden muss das Gebäudedesign durch einen **Eingangsbereich,** der zum Betreten des Verkaufsraums einlädt. 
Gestaltung der Verkaufsräume	■ Hierzu zählen insbesondere die eingesetzten Materialien, Formen, Farben, Licht, Düfte, Bilder, Raumklima sowie die Art der Wegeführung durch die Verkaufsräume. ■ Es können grundsätzlich zwei Strategien angewandt werden: – die **Discountstrategie** oder – die **Erlebnisstrategie**. **Discountstrategie**  **Erlebnisstrategie** 
Platzierung der Waren	■ Hier geht es zum einen darum, zu klären, an welchem **Platz** die Warengruppen und die einzelnen Artikel angeordnet werden, und zum anderen ist festzulegen, wie viel **Verkaufsfläche** ihnen jeweils zugeordnet wird.  ■ Außerdem sind die einzelnen Elemente der Ladeneinrichtung wie Warenträger (z. B. Regale, Vitrinen, Tische), Verkaufshilfen (z. B. Einkaufswagen, Kasse, Umkleidekabinen), interne Werbemittel (z. B. Plakate, Schwarzes Brett, Informationstafeln) oder sonstigen Einrichtungsgegenständen (z. B. Recyclingbehälter, Diebstahlsicherung, Videoüberwachung) zu bestimmen und ihre Anordnung festlegen.

1.2 Begriff und Ziele des Visual Merchandisings

„Visual“	Visual bedeutet Sichtbarmachung einer Sache. In unserem Fall soll ein Angebot in das Blickfeld der Kunden gerückt werden – in den Verkaufsräumen, im Schaufenster, an der Geschäftsfassade, in der Werbung.
„Merchandising“	Merchandising umfasst alle Maßnahmen, die für die Förderung des Absatzes nützlich sind.

Visual Merchandising sind alle absatzfördernden Maßnahmen, die das Warenangebot im Geschäft für den Kunden sichtbar bzw. wahrnehmbar machen.

Generelles Ziel des Visual Merchandising ist es, durch die Kombination von Kaufatmosphäre und Warenangebot den Absatz zu fördern und den Gewinn zu steigern.

1.3 Möglichkeiten der Absatzförderung durch das Visual Merchandising

(1) Überblick

Das Visual Merchandising ist eine Konzeption, die darauf ausgerichtet ist, **alle fünf Sinnesorgane des Menschen (Auge, Ohr, Nase, Zunge, Haut) anzusprechen** und für die Förderung des Absatzes nutzbar zu machen.

Förderung des Absatzes durch

visuelle[1] Impulse	akustische[2] Impulse	olfaktorische[3] Impulse	gustatorische[4] Impulse	haptische[5] Impulse
▪ Licht ▪ Farbe ▪ Dekorationen ▪ Bilder	▪ Musik ▪ Verkaufsgespräch ▪ Video u. a. audiovisuelle Mittel	▪ Düfte ▪ Luft ▪ Klima	▪ Warenproben ▪ Getränke ▪ Essen	▪ Materialien ▪ Formen ▪ Temperatur ▪ Pflanzen

1 **Visuell:** das Sehen betreffend. Sinnesorgan Auge: Sehen.

2 **Akustik:** Schall, Klangwirkung. Sinnesorgan Ohr: Gehörsinn.

3 **Olfaktorisch:** Geruch. Sinnesorgan Nase: Geruchssinn.

4 **Gustieren:** kosten, schmecken. Sinnesorgan Zunge: Geschmackssinn.

5 **Haptisch:** dem Tastsinn angehörend. Sinnesorgan Haut: Temperatursinn.

(2) Visuelle Kommunikation[1]

Die visuelle Kommunikation eignet sich besonders gut für die Vermittlung von emotionalem[2] Empfinden und Erleben. Die visuelle Kommunikation lässt sich vor allem mit Beleuchtung, Farbe und Dekoration vermitteln.

Beleuchtung

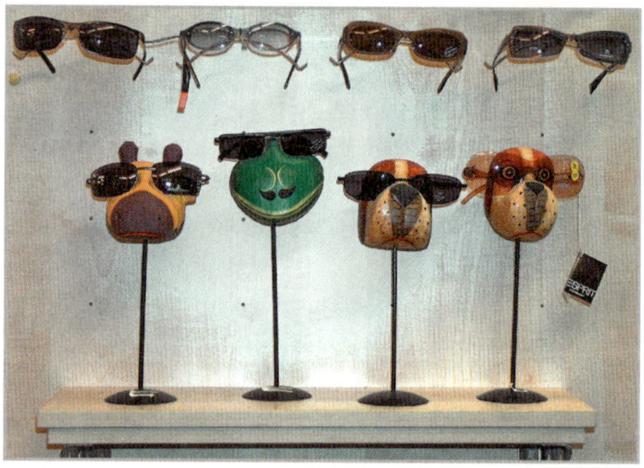

Mithilfe von **Licht** und **Lichtfarben** können unterschiedliche Empfindungen ausgelöst und damit die Kaufbereitschaft und Stimmungen der Kunden beeinflusst werden. Durch die Beleuchtung und ihre Wirkung von Helligkeit und Schatten lässt sich der Erlebniseinkauf besonders gut verwirklichen. Hauptaufgabe der Beleuchtung ist es, für ausreichendes Licht im Verkaufsraum zu sorgen **(Grundbeleuchtung)** und gleichzeitig bestimmte Waren im Wandbereich **(Warenwandbeleuchtung)** sowie Dekorationsinseln und Warenbilder **(Akzentbeleuchtung)** durch Lichteffekte hervorzuheben und zu betonen. Alle drei Beleuchtungsbereiche werden mit unterschiedlichen Leuchtmitteln geplant und erzeugen zusammen eine Lichtqualität, die als **Mischlicht** bezeichnet wird.

Eine wichtige **Aufgabe der Beleuchtung** ist es, die Farbe der Artikel wiederzugeben. Während es z.B. am Gemüsestand gewollt ist, dass durch ein warmes Licht die Tomaten tiefrot erscheinen, müssen im Mode- und Textilbereich die Farben durch das künstliche Licht möglichst naturgetreu wiedergegeben werden. Eine Kundin, die im Laden eine hellblaue Bluse gekauft hat, möchte bei Tageslicht nicht feststellen, dass die Bluse eher grünlich ist.

Licht ist somit nicht nur wichtig, um die Bedeutung der Ware zu zeigen, das richtige Licht ist auch bedeutsam zur Erreichung der gewünschten Stimmung. Licht macht nicht nur sichtbar, Licht schafft auch die Stimmungen.

Dazu ist es notwendig, ein flexibles Beleuchtungssystem mit verschiedenen Lichtquellen (Richtstrahler und Spots, Fluter, Pendelleuchten, Standleuchten, „Sternenhimmel", Lichtbänder u.a.) und variable Lichtstärkenregler zu verwenden.

Farbe

Ein wichtiges Element für die Ladenatmosphäre sind die im Verkaufsraum verwendeten **Farben** und **Farbkombinationen.** Die Farben haben drei Aufgaben zu erfüllen.

1 **Kommunikation:** Mitteilung, Verbindung.

2 **Emotion:** Erregung; **emotional:** gefühlsmäßig.

- Die Farbe ist besonders als **Ordnungs- und Gliederungselement** geeignet. Durch Farbkontraste wie z. B. helle und dunkle, warme und kalte, leuchtende und trübe Farben können verschiedene Warengruppen voneinander abgegrenzt, die unterschiedlichen Bereiche im Verkaufsraum herausgehoben und Kundenwege markiert werden.

- Die Farbe kann **als Element zum Wohlfühlen** eingesetzt werden, um erwünschte Stimmungen bei den Kunden zu erzeugen.

Mit dem Befinden der Menschen durch Farben beschäftigt sich die Farbenpsychologie.[1] Die psychologischen Wirkungen der einzelnen Farben sind in der nachfolgenden Tabelle zusammengestellt.

Farbe	Mögliche Wirkung auf die Kunden
rot	aktiviert, stärkt Leben, Kraft, Liebe, Feuer, Signal, Leidenschaft, Gefahr
gelb	strahlt, hell, heiter, bringt Licht, Wärme, Erfolg, Offenheit
orange	wirkt anregend, warm, freundlich, signalisiert Spaß, Tatkraft, Ausdauer
blau	wirkt kühl, distanziert, schafft Klarheit, Weite, Himmel, Treue, Ruhe, Harmonie
grün	zeigt Natürlichkeit, Frische, lebensfroh, entspannend, signalisiert Wachstum, Hoffnung, Natürlichkeit
weiß	sauber, frisch, festlich, Unschuld
schwarz	feierlich, Ernst, Trauer, Auflehnung, Eleganz, Abgeschlossenheit

Beispiele:

Bei teuren und beratungsintensiven Waren wird eine entspannte Atmosphäre durch „kältere Farben" (grün oder blau) erzeugt.

Bei Impulsartikeln oder preiswerten bzw. problemlosen Angeboten wird ein aktivierendes Umfeld durch „warme" Farben (Rot- oder Gelbtöne) geschaffen.

1 **Psychologie:** Seelenlehre, Seelenkunde.

- Farbe dient der **Wiedererkennung (Corporate Colour).** Die Wiedererkennung wird erreicht durch eine einheitliche Farbgebung für Fassade, Innenraum, Werbeprospekte, Plakate, Geschäftsgebäude. Man spricht in solchen Fällen von der „Hausfarbe" eines Unternehmens (z. B. blau, gelb, rot von Lidl).

- **Dekoration**[1]

Die Dekoration leistet einen wesentlichen Beitrag zur Ladenatmosphäre. Der Dekoration steht ein weiter Spielraum zur Verfügung, der vom herkömmlichen Dekorationsstoff über Dekorationspuppe, Körperteile (Kopf, Beine, Füße, Arme), Warenbilder, Blumen, Kerzen, Kunstwerke bis hin zu „branchenfremden" Schaustücken (z. B. Formel-1-Rennwagen von Ferrari in einem Bekleidungshaus zur Unterstützung einer Aktionswoche für Sportbekleidung) reichen kann. Für alle Dekorationsobjekte gilt eine einheitliche Regel: Die Objekte müssen im weitesten Sinne positiv und sympathietragend sein.

Neben dem Einsatz von Dekorationsobjekten versteht man unter dem Begriff Dekoration auch die Präsentation von Warengruppen unter einer bestimmten Thematik.

Beispiele:

Frühjahrs- und Winterstimmung in der Bekleidungsabteilung

Man kann mittels Dekoration die entsprechende (kommende) Jahreszeit ins Geschäft holen, um die Kunden auf die neue Mode einzustimmen.

Urlaubsstimmung im Reisebüro

„Urlaub von Anfang an" beginnt mit dem Betreten des Reisebüros; z. B. durch große Flugzeugmodelle, Sand, Palmen und helles Licht wie im sonnigen Süden kann ein Hauch von Urlaubsstimmung und Fernweh produziert werden.

Das Frische-Erlebnis in der Lebensmittelabteilung

Aufbau eines kleinen Bauernhofs oder einer Plantage.

(3) Akustische (audiovisuelle) Kommunikation

Das Image eines Einzelhandelsgeschäfts transportiert sich auch durch die Art der akustischen Reize. Der Einsatz von akustischen Reizen bedarf allerdings eines besonderen Feingefühls, denn die Hörempfindungen der Kunden sind sehr unterschiedlich. Eine Grundregel scheint sehr wichtig zu sein: Die ausgewählte Musik muss auf die geschaffene (visualiserte) Erlebniswelt genau abgestimmt sein.

1 **Dekoration:** das Ausschmücken, Ausgestalten.

Beispiel:

Beruhigende weiche Klangteppiche im Supermarkt oder in Fachgeschäften mit hochwertiger teurer Ware lassen die Kunden länger bei den Regalen verweilen. Laute und schnelle Stücke sorgen hingegen für eine deutliche Aktivierung. Sie sind in szenigen Läden mit einer jungen Zielgruppe angebracht.

Neben der traditionellen Hintergrundmusik über Lautsprecher sollte im Bereich der jungen Mode die Spannung der Musik durch Video- bzw. TV-Geräte noch gesteigert werden. Laute Musik und rasche Bildabfolgen lassen dem Kunden keine Zeit zum Verweilen. Der Impulskauf wird gesteigert.

(4) Kommunikation[1] durch Gerüche, Düfte, Temperatur

Ein Erlebniskonzept, das die Menschen ansprechen und ihr Wohlbefinden erhöhen will, muss den Geruchssinn mit einbeziehen. Ob sich ein Kunde in einem Ladengeschäft wohlfühlt oder nicht, wird sehr stark durch die in der Luft befindlichen Geruchsstoffe beeinflusst. Der Duft orientiert, er beeinflusst und stimuliert die Konsumenten.

Dabei reicht es nicht aus, nur die negativen Stoffe zu vermeiden oder herauszufiltern, vielmehr müssen der Luft „Duftnoten“ **(olfaktorische Stoffe)** hinzugeführt werden, um eine Atmosphäre zu schaffen, in der sich der Kunde wohlfühlt. Das kann durch speziell auf die Ladenatmosphäre abgestimmte Duftsäulen, aber auch durch natürliche Maßnahmen erfolgen. Bereits ein großer Korb oder eine Schale mit frischem Obst verbreitet einen angenehmen Duft. Wird der Duft über eine industriell gefertigte Anlage zugeführt, ist darauf zu achten, dass dies zu keinen gesundheitlichen Schädigungen (insbesondere des Verkaufspersonals) führt.

Die Wissenschaft hat herausgefunden, dass beim richtigen Duft die Kaufbereitschaft steigt und die Verweildauer im Geschäft um bis zu 15 Prozent erhöht wird. Außerdem bleiben olfaktorische Reize dem Menschen am längsten in Erinnerung.

Beispiel:

Die Düfte der Natur, von Wiesen, Wäldern oder Blumen sind dem Wohlbefinden des Menschen am zuträglichsten und werden in der Regel unabhängig von persönlichen Vorlieben als positiv empfunden. Sie vermitteln ein Gefühl der Frische und regen zum tiefen Durchatmen und Entspannen an.

Die Qualität der Raumluft steht auch in einem engen Zusammenhang mit der **Raumtemperatur**. Der Kunde erwartet spezifische Geschäftstemperaturen. Untersuchungen ergaben, dass je nach Branche oder Abteilung, in der sich der Kunde gerade befindet, eine spezifische Temperatur erwünscht ist. In der Obst- und Gemüseabteilung rechnet man mit kühlen, frischen Temperaturen, während in Ruhezonen oder Boutiquen warme Temperaturen erwartet werden.

1 **Kommunikation**: Verständigung untereinander.

(5) Kommunikation durch Materialien

Materialwirkungen werden durch die Qualität der Oberfläche und durch den Bezug, den der Kunde mit dem Material verbindet, bestimmt.

Beispiele:

- Edle Hölzer, polierter Marmor, glänzendes Messing oder Glasoberflächen wirken luxuriös und teuer.
- Roh belassene Materialien wie rauhe Steinstrukturen oder unbehandelte Holzoberflächen spiegeln die Naturbezogenheit des Produkts und die Bodenständigkeit des Unternehmens wider.

Materialien und deren Oberfläche können anziehende oder abstoßende Wirkungen haben. So erzeugen z. B. hinterleuchtete Glasböden ein Gefühl von Unsicherheit, während ein alter Holzdielenboden Behaglichkeit verströmt und Vertrauen weckt.

(6) Kommunikation in Ruhezonen

Der Kunde ist nicht nur ein möglicher Käufer von Waren aller Art, sondern ist in erster Linie ein Mensch und unterliegt als solcher dem natürlichen menschlichen Rhythmus. So sehnt sich ein Kunde bei einem erlebnisreichen Einkauf nach einer Ruhezone, in der er sich erholen und erfrischen kann. Die Ruhezonen variieren zwischen einer Sitzecke, einem kleinen Imbiss und der Espressobar bis hin zum Bistro oder Restaurant.

Ruhe- und Erfrischungszonen sind meist zentral platziert, damit sie von überall schnell erreichbar sind und man sich von da aus wieder nach allen Richtungen in den Warenbereich begeben kann.

Zusammenfassung

- Wichtige **Elemente der Verkaufsraumgestaltung** sind:
  - Gestaltung des Ladenumfeldes
  - Gestaltung der Verkaufsräume
  - Platzierung der Waren
- Bei der **Ladengestaltung** stehen prinzipiell zwei Strategien zur Wahl: die **Erlebnisstrategie** und die **Discountstrategie (Versorgungsstrategie).**

- Unter **Visual Merchandising** versteht man alle absatzfördernden Maßnahmen, die das Warenangebot im Geschäft für den Kunden sichtbar bzw. wahrnehmbar machen.
- Visual Merchandising ist bestrebt, zur Förderung des Absatzes **alle Sinne des Käufers** anzusprechen. Dies geschieht über
  - visuelle (das Sehen betreffende) Impulse,
  - akustische (das Hören betreffende) Impulse,
  - olfaktische (den Geruch betreffende) Impulse,
  - gustatorische (den Geschmack betreffende) Impulse,
  - haptische (den Tastsinn betreffende) Impulse.
- Die absatzfördernden Impulse werden für eine **atmosphärische Ladengestaltung** eingesetzt.

Übungsaufgabe

66

1. Erläutern Sie den Begriff „Visual Merchandising"!
2. Wichtige Elemente der visuellen Kommunikation sind Beleuchtung und Farbe.

   Aufgaben:

   2.1 Welche Aufgaben kommen der Beleuchtung zu? Bilden Sie zu jeder Aufgabe jeweils ein Beispiel!

   2.2 Erklären Sie, warum Farben ein wichtiges Element zur Verkaufsraumgestaltung darstellen!

   2.3 Erklären Sie, warum der Duft ein wichtiger Faktor für die Verkaufsraumgestaltung ist!

   2.4 Sollte der Einzelhandel Ihrer Meinung nach gezielt Riechstoffe im Verkaufsraum einsetzen? Sammeln Sie zu dieser Thematik Pro- und Contra-Argumente und diskutieren Sie darüber in der Klasse!
3. Daniel Zwister, 35 Jahre alt, ist begeisterter Snowboarder im Winter und Kletterer im Sommer. Er hat beschlossen, ein Sportfachgeschäft für Snowboards in Essen zu eröffnen. Einen Namen für das Geschäft hat er sich bereits ausgedacht *„Daniels Snowboard-Point"*. Im Zentrum kann er in der innerstädtischen Nebenlage einen Laden (200 m^2) anmieten. Als Zielgruppe will er vor allem junge Leute ansprechen.

   Aufgaben:

   3.1 Daniel macht sich Gedanken über die Gestaltung seines Geschäfts. Er will eine Verkaufsatmosphäre schaffen, die zur Zielgruppe und zu der Sportart passt und zudem alle fünf Sinnesorgane der Käufer anspricht.

   Benennen Sie die fünf Sinne und bilden Sie jeweils ein Beispiel, wie Sie diese im Hinblick auf die Zielsetzung von Daniel Zwister ansprechen! Begründen Sie Ihre Vorschläge! Verwenden Sie hierzu folgende Tabelle:

Sinne	Beispiele für die Verkaufsraumgestaltung

   3.2 Daniel möchte die Snowboards an einer Wand besonders wirkungsvoll präsentieren. Beschreiben Sie die Gestaltung der Wand!

   3.3 Zur Eröffnung möchte Daniel besondere Maßnahmen zur Absatzförderung durchführen. Beschreiben Sie zwei geeignete Maßnahmen!

2 Kundenlaufstudien, Wegeführung und Verkaufszonen

Handlungssituation:

Im Textilhaus Peer Schmidt KG in Ludwigshafen wird per Stellenannonce eine Kinderbetreuerin für die neu eingerichtete Kinderspielecke gesucht. Die Arbeitszeiten richten sich nicht nach den Öffnungszeiten des Textilhauses, sondern sind auf bestimmte Tageszeiten ausgerichtet. So soll in der Woche von Montag bis Freitag zwischen 13:00 Uhr und 17:00 Uhr und am Wochenende von 8:00 Uhr bis 18:00 Uhr gearbeitet werden.

Sabine Lübbers, eine erfahrene Verkäuferin, ist mit der neuen Stellenbesetzung überhaupt nicht einverstanden und hätte sich lieber eine neue Kollegin im Verkauf gewünscht. Sie fragt sich, warum der Kinderbetreuung im Textilhaus eine so große Bedeutung eingeräumt wird.

Aufgabe:

Nennen Sie Gründe, die für bzw. gegen die Einrichtung einer Kinderbetreuung im Textilhaus sprechen und beantworten Sie anschließend die Frage von Sabine Lübbers!

2.1 Raumaufteilung

Handlungssituation:

Dagistan Celik, im dritten Ausbildungsjahr zum Kaufmann im Einzelhandel bei einem Lebensmitteldiscounter in Berlin, wird auf einer betriebsinternen Fortbildung zum Thema Kundenführung von Finn Künkel, ebenfalls Auszubildender und Teilnehmer des Seminars, auf die Umbaumaßnahmen in ihrem Ausbildungsbetrieb angesprochen.

Künkel: *„Jetzt bauen wir erneut die Verkaufsräume in unserem Betrieb um. Das haben wir doch schon vor zwei Jahren gemacht. Weißt du, warum diese neuerlichen Baumaßnahmen nötig sind?"*

Celik: *„Na ja, vor zwei Jahren wurde die Außenfassade und der Eingangsbereich neu gestaltet. Nun wird im zweiten Bauabschnitt der Innenbereich komplett umgebaut und es sollen neue Abteilungen entstehen."*

Künkel: *„Stimmt, auch die Gänge sollen breiter gemacht werden und eine Rollstuhlrampe im Eingangsbereich ist auch geplant. Man wird das Geschäft kaum noch wiedererkennen."*

Celik: *„Hauptsache, die Kunden wissen dann noch, wo die einzelnen Artikel stehen. Ich habe gehört, dass sogar die Kassen einen anderen Platz im Verkaufsraum bekommen sollen."*

Künkel: *„Und das Obst und Gemüse soll nun direkt am Eingangsbereich platziert werden. Da werden wir uns wahrscheinlich erst einmal eine Laufkarte anfertigen müssen, um uns selbst nicht zu verlaufen."*

Celik: *„Nach meinem Informationsstand wurde von der Geschäftsleitung vor dem Umbau genau festgelegt, wie unsere Geschäftsstellen in Zukunft auszusehen haben und wie die Innenräume zu gestalten sind. Da wird nichts dem Zufall überlassen."*

Künkel: *„Ja, und selbst die Laufwege in unserem Geschäft sind nun auf unser Sortiment abgestimmt worden. Und wenn den Kunden die Kondition zum Einkaufen verloren* *geht, können sie sich mit einem Glas Wasser und einer Sitzmöglichkeit vom vielen Laufen erholen."*

Celik: *„Ja schon krass, aber ich freue mich schon voll auf die neuen Räumlichkeiten."*

Aufgaben:

1. Erläutern Sie, warum die Geschäftsleitung des Lebensmitteldiscounters für alle Filialen die gleichen Ausstattungen, Laufwege und Raumaufteilungen gewählt hat!
2. Warum werden Ruhezonen mit Getränkeecken und Sitzmöglichkeiten für die Kunden eingerichtet? Könnten diese Bereiche nicht besser zum Platzieren und Verkaufen des Sortiments verwendet werden? Begründen Sie Ihre Meinung!
3. Wie sind die Laufwege in Ihrem Ausbildungsbetrieb gekennzeichnet? Vergleichen Sie diese mit denen von den Ausbildungsbetrieben Ihrer Mitschüler!

Im Allgemeinen wird bei der Aufteilung des Verkaufsraums zwischen drei **Aufgabenzonen** unterschieden:

Warenfläche	Sie umfasst den Teil des Verkaufsraums, in dem die Waren auf Warenträgern präsentiert werden.
Kundenfläche	Sie ist jener Teil der Fläche, der dem Kunden als Weg zu den Produkten zur Verfügung steht (Laufwege, Ein- und Ausgänge, Treppen usw.).
Übrige Verkaufsfläche	Sie umfasst je nach Betriebstyp Kassenanlagen, Vorführ- und Anprobierräume, Ruhe- und Erfrischungsbereiche.

Im Rahmen der Erlebnisvermittlung kommt der „übrigen Verkaufsfläche" eine immer höhere Bedeutung zu. In den Verkaufsraum werden zunehmend Kommunikationsbereiche eingeplant, die auf verschiedene Weise gestaltet werden können: z. B. als Ruhezone, Informationszentrum, Beratungsraum, Kindergarten.

2.2 Raumordnung

2.2.1 Aufgaben der Raumordnung

Die Hauptaufgabe der Raumordnung ist es, den **Verkaufsraum zu gliedern,** d. h. ihn in Zonen aufzuteilen, Teilbereiche abzugrenzen, Abteilungen anzuordnen und großzügige Laufwege einzurichten.

- Ein gedachter oder markierter **Laufweg** erschließt die Sortimentsbereiche.
- Die **Platzierung der Waren entlang des Laufwegs** hat so zu erfolgen, dass die Kunden in die einzelnen Warenbereiche „hineingeführt" werden.
- Die Raumordnung legt zudem fest, wie die einzelnen Warengruppen im Verkaufsraum angeordnet werden **(qualitative Raumzuordnung)** und welcher Umfang an Verkaufsfläche ihnen zusteht **(quantitative Raumzuordnung).**
- Außerdem wird durch die Raumordnung festgelegt, nach welchen Gesichtspunkten die **Ware innerhalb der einzelnen Warenträger** platziert wird.

Das Hauptanliegen der Raumordnung ist es, möglichst viele Kunden in möglichst viele Zonen des Verkaufsraums zu lenken, damit sie mit dem Großteil des Warensortiments in Kontakt kommen. Außerdem soll erreicht werden, dass der „Kundenstrom" flüssig durch den Verkaufsraum geführt wird.

2.2.2 Laufwege (Kundenführung)

Handlungssituation:

Eine Kundin des Lebensmitteldiscounters aus Berlin möchte für ihre Familie einen Kuchen backen. Um die Zutaten für den Kuchen einzukaufen, besucht sie den Discounter am Tag nach der Neueröffnung erwartungsfroh. Vor der Neueröffnung musste sie, oft ohne Abweichung, durch die einzelnen Abteilungen laufen, um so alle Zutaten zusammenzutragen.

Nachdem der Discounter umgebaut hat, wird sie nun aufgrund der neuen Wegführung durch das gesamte Geschäft geführt. Dabei kann sie unterschiedliche Wege eigenständig auswählen und erhält dadurch viele Kontakte zum gesamten Sortiment.

Aufgaben:

1. Welche Formen der Laufwege werden hier beschrieben?
2. Nach welchem Laufprinzip durchlaufen die Kunden nach der Neueröffnung das Geschäft?

(1) Formen der Laufwege (Kundenführung)

Ein auffallender Laufweg[1] wird mit unterschiedlichen Bodenbelägen, Flächenbegrenzungen durch Linien, durch farbliche Gestaltung oder mit Licht erreicht. Die Kunden folgen diesen Merkmalen wie einer Fährte. Sie werden so durch das Geschäft gelenkt, dass ein möglichst großer Teil des Sortiments im Blickfeld liegt.

Bei der Festlegung der Laufwege wird angestrebt, den Kunden einen **Loop[2] (Rundlauf)** zu ermöglichen, damit er keinen Weg doppelt gehen muss. Die Anzahl der Loops richtet sich am Umfang des Warensortiments und an der Größe des Verkaufsraums aus. Die unterschiedlichen Sortimentsbereiche sind durch **Warenleitbilder** deutlich zu kennzeichnen.

Der Loop kann als Zwangsumlauf oder als Individualumlauf angelegt sein.

- Beim **Zwangsumlauf** ist die Verkaufsfläche mithilfe der Warenträger so gegliedert, dass der Kunde vom vorgegebenen Laufweg nicht abweichen kann. Er muss von Abteilung zu Abteilung gehen und so das gesamte Geschäft und Sortiment durchlaufen, um zur Kasse zu gelangen.

  Der Zwangsweg ist in der Praxis nur noch selten anzutreffen.

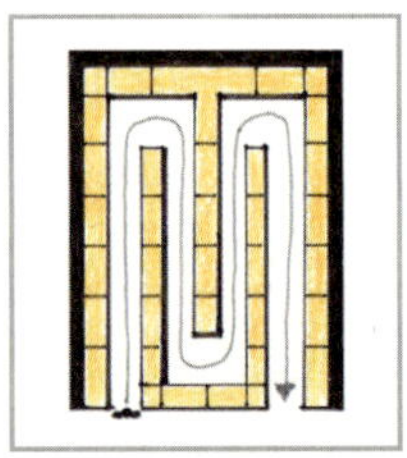

(In Anlehnung an: Kreft, W.: Ladenplanung, 2. Aufl., Stuttgart, S. 555.)

- Der **Individualumlauf** ermöglicht es dem Kunden, den Verlauf des Weges bzw. der Weglänge **eigenständig** zu wählen. Der Individualumlauf kommt in vielfältigen Formen vor.

1 An den Laufwegen müssen Hinweise auf **Flucht- und Rettungswege** angebracht werden. Sie weisen auf einen **Notausgang** hin, der im Notfall benutzt werden soll.

2 **Loop** (engl.): Schleife, Schlinge.

Beispiele:[1]

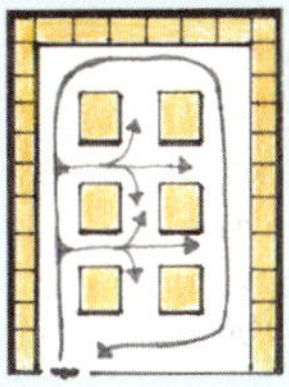

Das **Kreuzprinzip**: Es wird sehr oft angewandt – weiterentwickelt in Lebensmittelmärkten.

Das **Sternprinzip**: Es ermöglicht die Steuerung aus der Mitte. Gut geeignet für Fachgeschäfte mit vielen unterschiedlichen Waren. Anwendung auch in Kaufhäusern.

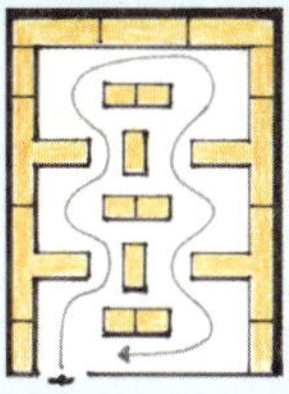

Das **Kojenprinzip**: Dies ist ein ausgetüfteltes System mit vielen Kontaktzonen zwischen Konsument und Ware.

(2) Gestaltung der Laufwege

Bei der Gestaltung der Laufwege sind folgende Grundprinzipien zu beachten:

- Die Laufwege sind so zu gestalten, dass **alle Sortimentsbereiche wahrgenommen** werden.
- Die Sortimentsbereiche sind durch **„Deko-Punkte"** zu kennzeichnen. „Deko-Punkte" sollen zum Besuch der Abteilung einladen und sind daher attraktiv zu gestalten.

Beispiele:

Regalanlagen bekommen eine Frontanlage, Gondeln einen Fronthänger, womit Ausstellungsstücke ins Blickfeld gerückt werden; Aufstellen von Display-Einheiten, d.h. Präsentation von Waren in kleinen Stückzahlen (sogenannte „Stopper").

- Die **Rückwand eines Laufwegs** ist besonders aufwendig zu gestalten. Die Gestaltung gibt den Ausschlag, ob der Kunde bis dahin vordringt und so alles erlebt, was bis dorthin aufgebaut ist, oder ob er vorzeitig die Richtung wechselt.
- Da Farben schon von einer weiten Distanz erkennbar sind, kann auf eine Warengruppe auch durch die **Gruppierung der Ware nach Farben** aufmerksam gemacht werden. Dabei ist möglichst die Farbe senkrecht und die Größe waagerecht anzuordnen.

1 In Anlehnung an: Kreft, W.: Ladenplanung, 2. Aufl., Stuttgart, S. 555.

21 Speth u.a. - ISBN 978-3-8120-0631-6

- Lange, gerade Laufwege sind durch sogenannte **„Faszinationspunkte“** zu unterbrechen. Es handelt sich hierbei um eine Kombination von Dekorationsflächen und Warenträger.
- Die Laufwege sind durch **Ruhezonen** zu unterbrechen, die zum Verweilen, zur Erfrischung und zur Kommunikation einladen.

Beispiele:

Positionierung einer Sitzgruppe im Bereich eines Fensters, das den Blick nach außen zulässt; Einrichten einer Getränkeecke.

- Es ist wichtig, dass der Kunde vom Hauptlaufweg einen ungehinderten Blick auf die Wanddekoration hat. Die Warengruppen müssen daher **stufenweise aufgebaut werden** wie in einer Arena. Vorne Waren auf Podesten oder Tischen (1. Ebene: 0,8 m–1,40 m), anschließend Waren in halbhohen Regalen oder Warenträgern (2. Ebene: 1,40–1,60 m) und schließlich die Wanddekoration (3. Ebene: so hoch wie möglich. Ideal: 2,30 m–2,50 m). Der Kunde muss einen freien Blick auf alle drei Warenebenen haben, um zu erkennen, **wo** und **welche Ware** das Geschäft bietet **(Arenaprinzip)**.

- **Warenträger im Mittelraum** dürfen nicht höher als ca. 1,50 m sein, damit der Verkaufsraum vom Laufweg aus noch überschaubar ist. Höhere Warenträger lassen Nischen und Gänge entstehen, die zwar das Gefühl der Behaglichkeit fördern, aber den Nachteil haben, dass ein Sackgasseneindruck entsteht – wie in einer Falle, aus der sich der Kunde schnell befreien möchte.

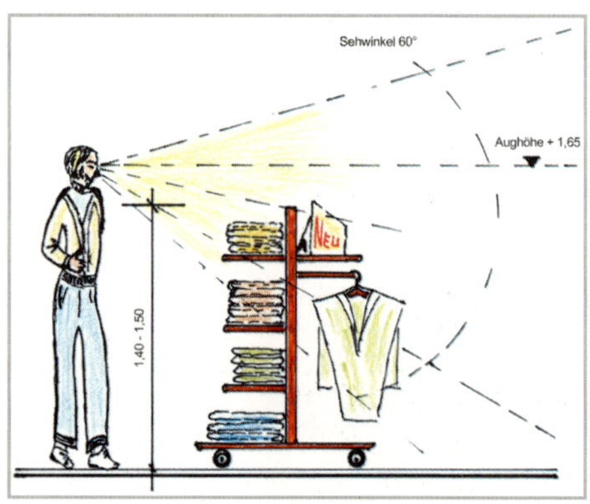

(In Anlehnung an: Grundmann/Wiedemann: Design im Verkaufsraum, Frankfurt, S. 102.)

2.3 Verkaufszonen

(1) Kundenlaufstudien

Empirische Kundenlaufstudien haben folgende Ergebnisse erbracht:

- Kunden bevorzugen Außengänge, halten sich vorwiegend rechts (ca. 70 %) und laufen entgegen dem Uhrzeigersinn (Linkslauf).
- Kunden laufen im ersten Teil des Einkaufs eher schnell („Rennstrecke"), dann langsam und gegen Ende des Einkaufs wieder schneller. Breite Gänge erhöhen die Laufgeschwindigkeit der Kunden.
- Kunden schauen vornehmlich nach rechts. Mittelbereiche werden deutlich schwächer besucht, weil sie nicht in der Laufrichtung liegen.
- Kunden vermeiden Kehrtwendungen und Ladenecken, so weit es geht.
- Helle Ladenbereiche wirken anziehend, dunkle Bereiche werden gemieden.
- Warenplatzierungen an den Wänden und an den Kopfseiten von Gondeln, auf die die Kunden zulaufen (Auflaufflächen), werden stark beachtet.

Beispiel:

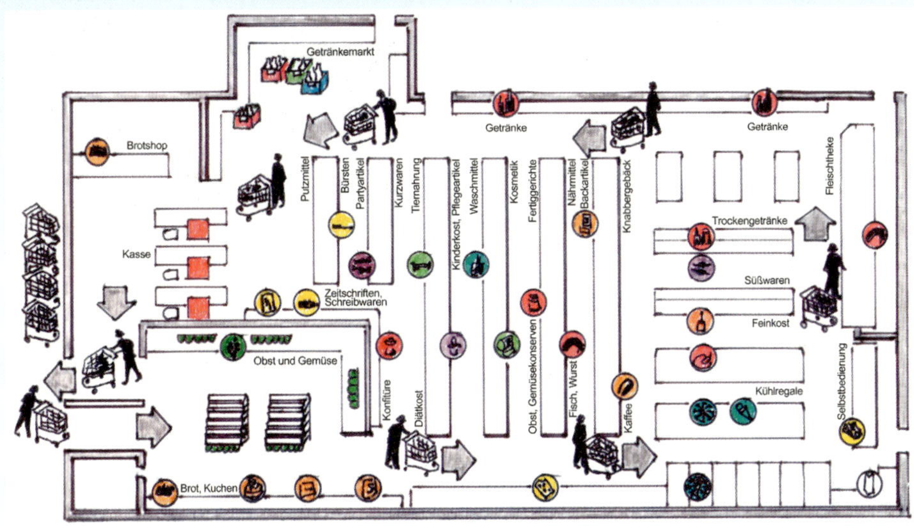

(In Anlehnung an: DIE ZEIT v. 14. März 1997, zitiert in: EinzelHandelsBerater spezial No. 1/97.)

Nach dem **Kundenverhalten** unterscheidet man **verkaufsstarke Zonen** und **verkaufsschwache Zonen.**

Verkaufsstarke Zonen	■ Verkaufsflächen, die rechts des Hauptlaufweges liegen, ■ Flächen, auf die der Kunde automatisch blickt („Auflaufflächen", Kopfseiten von Gondeln), ■ Gangkreuzungen und Zonen um Beförderungseinrichtungen (z.B. Lift, Treppe), ■ Kassenzone.

Verkaufs-schwache Zonen („tote Zonen")	■ Verkaufsflächen, die links des Hauptlaufweges bzw. an Mittelgängen liegen, ■ Eingangsbereiche, die schnell passiert werden, ■ Sackgassen des Verkaufsraums und Ladenecken, ■ dunkle Ladenbereiche, ■ breite Laufwege, ■ Bereiche hinter der Kasse.

Die Kenntnisse über verkaufsstarke und verkaufsschwache Zonen sowie über umschlagsstarke und umschlagsschwache Warengruppen werden dazu genutzt, die einzelnen Warengruppen strategisch zu platzieren.

(2) Kundenlauf und Wertigkeit von Verkaufszonen

Bei der Platzierung der Waren im Verkaufsraum sollten folgende allgemeine Vorgehensweisen beachtet und an die betriebsindividuelle Situation des jeweiligen Einzelhandelsunternehmens angepasst werden:

- Das **Warenangebot im Eingangsbereich** ist die Visitenkarte des Geschäfts. Es muss dem Konsumenten interessante Warenkontakte vermitteln, Neues und Aktuelles **(Impulskaufartikel)**[1] zeigen, für **Zusatzkäufe** geeignet sein, Fachkompetenz ausstrahlen, Sympathieträger sein (dieses Geschäft ist „in" und hat für dich, lieber Kunde, immer eine Überraschung bereit). Zu den Warengruppen, die im Eingangsbereich platziert werden sollten, zählen auch **Sonderangebote, preisgünstige Gebinde** und **Verkaufsförderaktionen.** Sie sollen das Interesse der Kunden wecken. Gleiches gilt auch für **Magnetartikel,**[2] die häufig in Sonderständen vor dem Geschäft stehen.

  Die Waren können auf sogenannten „Stoppern" (Warenträger mit Aktionspräsentationen) oder auf Tischen als „Willkommensgruß" präsentiert werden, um den Kundenstrom im Eingangsbereich zu verlangsamen, zu ordnen und in „Kaufstimmung" zu versetzen. Trotzdem ist die Eingangszone in der Regel eine **verkaufsschwache Zone.**

Beispiel:

In einem Wäsche- und Bettenfachgeschäft findet man im Eingangsbereich einen Tisch mit flauschigen Frottierbadetüchern für Kinder, der als Stopper wirkt und durch eine farbenfrohe Präsentation zum Einkauf einstimmt.

1 **Impulskaufartikel** werden vom Kunden spontan und meistens unbewusst gekauft.

2 **Magnetartikel** sind attraktive Waren und Projektartikel, die die Kunden in das Geschäft bzw. zu einem bestimmten Regal locken sollen.

- Da die Mehrzahl der Kunden sich zunächst nach **rechts** bewegt und dabei zudem die Aufmerksamkeit der Blicke zuerst nach rechts geht, sind in dieser **verkaufsstarken Zone** ein Teil der **absatzstarken Artikel (Renner)** sowie Artikel mit **hohen Gewinnspannen** zu platzieren. Zwischen den umsatzstärksten Warengruppen können auch **absatzschwache Artikel („Penner")** angeboten werden, um den Abverkauf zu steigern.

  Der **„Linksblick"** wird erreicht durch die Platzierung attraktiver Artikel links vom Kundenlauf. Deko, Attraktionen, Licht, Farbe, Tischpräsentationen weisen auf diese Artikel hin. Dadurch wird die Wahrnehmungs- und Bewegungsrichtung der Kunden verändert.

- Die **Mitte des Verkaufsraums** ist durch die Rechtsorientierung der Kunden eher benachteiligt. Sie stellt eine **verkaufsschwache Zone** dar. Hier werden das **Standardsortiment** sowie **Mussartikel, Sonderangebote** und **Aktionsartikel** platziert. Es wird aufgewertet durch **Zweitplatzierungen**[1] von **Waren mit Magnetwirkung.** Werden umsatzstarke Warengruppen an mehreren Stellen des Verkaufsraums platziert, spricht man von **Mehrfachplatzierung.**

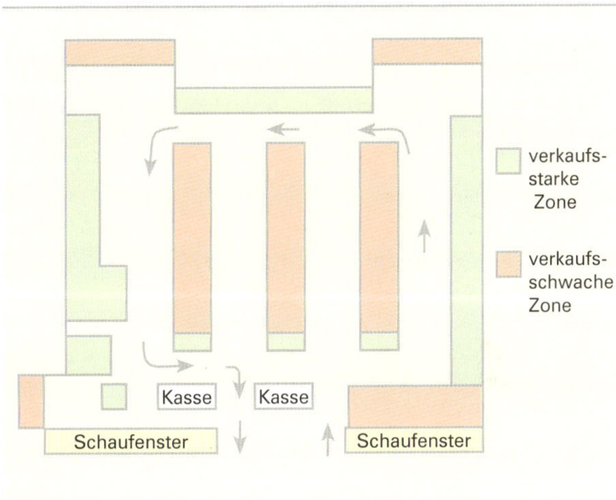

Außerdem gilt für die Erschließung der Raummitte bzw. der Rückwände als Faustregel: Positionierung von **visuellen Anziehungspunkten (Eyecatcher)** in den Wahrnehmungsabständen von ca. 7–10 m.

Gleichzeitig sollte – möglichst in der Ladenmitte – ein **Kommunikationspunkt** (z. B. Informationsstand, Getränkeautomat, Cafeteria) geschaffen werden, der zum Verweilen einlädt.

- Der **hintere Bereich des Verkaufsraums** sowie die **Ecken** zählen zu den **verkaufsschwachen Zonen.** Hier sollte die **bedienungsintensive Ware,** das **Spezialsortiment,** die **Musskaufartikel**[2] (z. B. Milch, Mehl, Zucker in Lebensmittelgeschäften) und **Schnäppchenware** platziert werden. Eine **allgemeine Platzierungsregel** lautet: Die Ware staffelt sich **von vorn nach hinten,** von der **unproblematischen zur problematischen Ware.**

1 Bei der **Zweitplatzierung** werden Artikel mehrfach an verschiedenen Standorten im Verkaufsraum angeboten.

2 Die sogenannten **Musskaufgruppen** werden in den entlegensten Ecken des Geschäfts platziert (z. B. Frischfleisch- und Käsetheke im Lebensmittelmarkt, Holzschnitt im Baumarkt), damit der Kunde den gesamten Verkaufsraum durchqueren muss. Allerdings könnte der Kunde dies schnell als Einkaufsmühe empfinden, sodass sich kein positives Einkaufserlebnis bei ihm einstellt.

Musskaufartikel bezeichnet man auch als **Such-** oder **Plankaufartikel.** Es handelt sich um Artikel, deren Kauf der Kunde bereits zu Hause plant.

- Es ist sinnvoll, am Laufweg mit **„Stoppern"** auf eine neue Warengruppe hinzuweisen. Stopper bieten eine optimale Gelegenheit, vorhandene **Einzelstücke** und **Saisonartikel** – geschmackvoll mit neuer Ware kombiniert – schnell abzuverkaufen und dennoch attraktiv wirken zu lassen.

  Restbestände haben am Gang nichts zu suchen, denn niemand empfängt seine Gäste im ältesten Kleid. Mit Ausnahme von Aktionstagen, wo preisorientierte Kunden überwiegen, sollten Restposten diskret in die Abteilung integriert werden.

- Im **Kassenbereich** wird der Kundenlauf durch Wartezeiten an der Kasse gebremst. Er ist der Ort für kleine Artikel und Accessoires, mit denen der Zusatz- und Spontankauf gefördert wird. Auch diebstahlgefährdete Waren (z. B. Schmuck, Uhren u. Ä.) werden in der Nähe der Kasse platziert, um sie im Blickfeld zu behalten.

  Der Kassenbereich stellt eine **verkaufsstarke Zone** dar.

	Verkaufsstarke Zone		**Verkaufsschwache Zone**		
	Rechts vom Kundenlauf/Außengänge/Auflaufflächen	Kassenbereich	Eingangsbereich	Hinterer Ladenbereich/Ecken	Mittelgänge
Impulsartikel		X	X		
Magnetware			X		X
absatzstarke Artikel	X				
gut kalkulierte Artikel	X				
Sonderangebote			X	X	X
Penner	X				
Standardsortiment					X
Spezialsortiment				X	
bedienungsintensive Artikel				X	
Mussartikel				X	X
Aktionsplatzierung			X	X	X
Neuheiten		X	X		
niedrigpreisige Artikel		X	X		

Zusammenfassung

- Bei der Aufteilung des Verkaufsraums wird im Allgemeinen zwischen **drei Aufgabenzonen** unterschieden:
  - der **Warenfläche** (auf ihr werden die Waren präsentiert),
  - der **Kundenfläche** (Laufwege, Ein- und Ausgänge, Treppen u.Ä.),
  - der **übrigen Verkaufsfläche** (Kassenanlagen, Ruhe- und Erfrischungsräume, Kabinen u.Ä.).
- Die Laufwege werden in der Regel als **Loops (Rundläufe)** angelegt, damit der Kunde keinen Weg doppelt gehen muss.
- Aufgrund von Kundenlaufstudien unterscheidet man **verkaufsstarke Zonen** und **verkaufsschwache Zonen**. Zur Warenzuordnung siehe Tabelle auf S. 326.

Übungsaufgabe

67 1. In vielen Einzelhandelsgeschäften wird sehr viel Wert auf die Planung eines Laufweges gelegt.

Aufgaben:

1.1 Erklären Sie, warum es wichtig ist, einen Laufweg durch den Verkaufsraum zu planen!

1.2 Beschreiben Sie, wie der Laufweg in Ihrem Ausbildungsbetrieb angelegt ist!

1.3 Nennen Sie wichtige Ergebnisse von Kundenlaufstudien!

2. Nennen Sie die Zonen, in die sich der Verkaufsraum aufteilen lässt!

3. Eine Einzelhändlerin betreibt seit einigen Jahren im Zentrum einer Kleinstadt ein Haushaltswarenfachgeschäft. Zusammen mit ihren Mitarbeitern und einem Unternehmensberater will sie das Geschäft kundenattraktiver gestalten. Bei dieser Gelegenheit soll die Verkaufsform von der Vollbedienung auf die Vorwahl umgestellt werden.

Aufgaben:

3.1 Erläutern Sie, weshalb viele Kunden Geschäfte mit Vorwahlsystem bevorzugen! Geben Sie dazu drei Gesichtspunkte an!

3.2 Nennen Sie zwei Erwartungen, die die Einzelhändlerin durch die Änderung der Verkaufsform hat!

3.3 Ihr Verkaufsraum hat folgenden Grundriss:

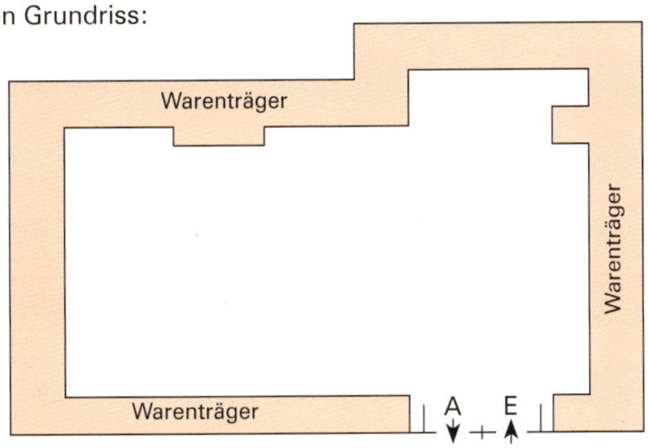

3.3.1 Entwickeln Sie einen Vorschlag zur verkaufsaktiven Gestaltung/Nutzung der Ladenmitte!

3.3.2 Erklären Sie, weshalb es ratsam ist, den Kundenstrom in einem Geschäft mit Vorwahlbedienung oder Selbstbedienung sinnvoll zu lenken!

3.3.3 *„Teile des Kernsortiments können auch in verkaufsschwachen Zonen platziert werden."* Nehmen Sie Stellung zu dieser Behauptung!

4. Im Folgenden wird der Grundriss eines Frischemarktes dargestellt.

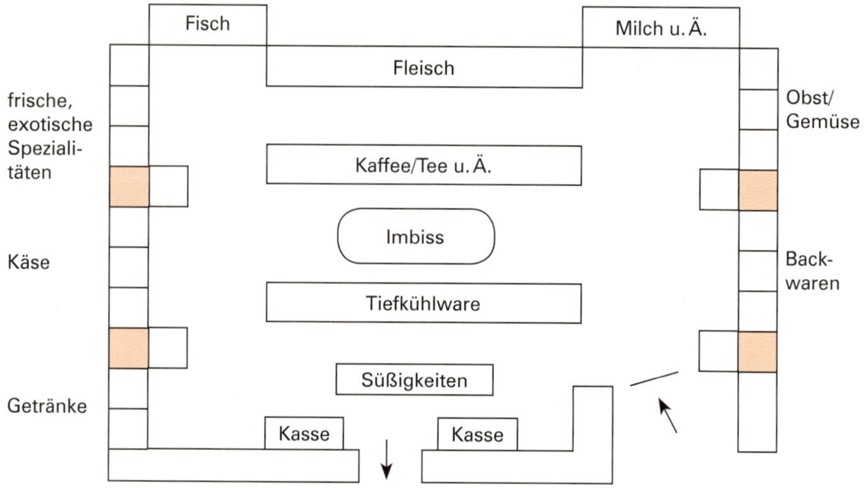

Aufgaben:

4.1 Zeichnen Sie den Hauptkundenleitweg in den Grundriss ein!

4.2 Nennen Sie das Prinzip, das der Laufwegführung zugrunde liegt!

4.3 Beschreiben Sie, worauf bei der Laufwegführung besonders geachtet wurde!

4.4 Geben Sie an, welche Bereiche sich in verkaufsschwachen Zonen befinden!

4.5 Notieren Sie (bezogen auf den Grundriss) zwei Beispiele, wie Sie eine verkaufsschwache Zone aufwerten würden!

3 Warenplatzierung und Warenpräsentation

3.1 Warenplatzierung

Die **Warenplatzierung** fasst zum einen die Artikel des Sortiments zusammen und zum anderen legt sie den Standort fest, an dem die Ware angeboten wird.

3.1.1 Warenträger

Handlungssituation:

Cord Tucholski, kaufmännischer Angestellter bei einem Hamburger Sportartikelgeschäft, möchte für die anstehende Sommersaison die Verkaufsräume (etwa 100 m²) in der Hamburger Innenstadt hinsichtlich der Warenträger neu gestalten.

Eine besondere Herausforderung bilden dabei die unterschiedlichen Regalwände. Diese sind aus massiven Stahl und mit den Wänden fest verbunden. Da sie nicht einfach umgestellt werden können, müssen diese für die Präsentation der Waren optimal genutzt werden. Sie müssen für den Kunden leicht zugänglich sein und zudem erfüllen sie auch den Zweck, die Waren aufzubewahren, da es kein eigenes Warenlager gibt.

Cord überlegt zudem, wie er die neue Sommerkollektion der Bademode im Verkaufsraum ausstellen möchte. Er entscheidet sich, die großen Glasvitrinen mit der neuen Kollektion zu bestücken. *„Da die Vitrinen beleuchtet sind, werden die Kunden schon alleine durch das Licht angezogen werden"*, denkt er und überlegt, welche Möglichkeiten er hat, mit den vorhandenen Einrichtungsgegenständen die Waren zu präsentieren.

Aufgabe:

Helfen Sie Cord und überlegen Sie, welche weiteren Mittel er hat, um die Waren zu präsentieren!

Warenträger sind zum einen (als Einrichtungsgegenstände) ein **Mittel der Ladengestaltung** und zum anderen übernehmen sie die Aufgabe, die **Waren zu präsentieren.** Warenträger ordnen die Waren, sie zeigen die Besonderheiten der Ware und bestimmen deren Wert. Sie sind so zu gestalten, dass die Kunden die Waren optimal sehen und greifen können. Nachfolgend werden einige wichtige Warenträger kurz vorgestellt.[1]

Wo wird die Ware platziert?

(1) Regale

Regale präsentieren die Waren in Fächern, Kästchen, Böden oder an Schienen eingehängt auf verschiedenen Ebenen. Sie sind aus Metall, Holz, Glas oder Kunststoff. Regale stehen an der Wand als Rückwandregale oder sie stehen als Mittelregale frei im Raum. Eine besondere Form des Rückwandregals sind die Nutwände (Lammellen- oder Schlitzwände). Die Nutwände sind waagerecht geschlitzt zum Einhängen von Trägern, Kästchen, Böden oder Waren.

1 In Anlehnung an: Kreft, W.: Ladenplanung, 2. Aufl., Stuttgart, S. 388 ff.

(2) Vitrinen

Vitrinen werden eingesetzt, um das Besondere bzw. den Wert der Ware hervorzurufen. Die Tatsache, dass in diesem Fachgeschäft etwas Besonderes auch besonders aufbewahrt wird, weckt erst das Interesse für das Besondere. Das Image des Einzelhandelsgeschäfts wird gefestigt.

Viele Vitrinen stehen, um das Besondere der Ware noch hervorzuheben, frei im Raum, ringsum verglast, der Inhalt bewegt sich, die Tableaus drehen sich und werden angestrahlt.

(3) Podeste, Tische, Ständer

Unter **Podesten** versteht man Kastenwürfel, nach oben geschlossen, aus den verschiedensten Materialien, sehr oft grell farbig, aber auch leuchtende Glaskästen, sogenannte Leuchtpodeste. Häufig werden auf Podesten Waren in verschiedenen Größen und Farben zu einer Gesamtgruppe inszeniert. Kleinere Gegenstände, die die Nähe des Auges benötigen, brauchen immer die spezielle Ausstellungshöhe durch Podeste.

Tische sind traditionelle Innenmöbel, auf denen die Waren ausgelegt werden können. Sehr oft werden antike Möbel verwendet, aber auch interessante Glaskonstruktionen. Tische werden häufig mit Aufbauten versehen. Die Stapelung der Ware erfolgt mit der Ware selbst, mit Kartons, Verpackungen oder mit Podesten in verschiedenen Höhen.

Ständer werden im Innenraum aufgestellt und werden dazu genutzt, eine Vielzahl von Waren (Kleider, Anzüge, Brillen usw.) kompakt anzubieten.

(4) Display

Ein Display ist eine besondere Form der Verkaufspräsentation. Hierbei wird unter Verwendung von verschiedenem Displaymaterial (Schilder, Figuren, Plakate, Aufstecker u.Ä.) ein bestimmtes Warenbild geschaffen. So ist z.B. die Zusammenfassung von unterschiedlichen Schokoladensorten in einer repräsentativen Verkaufsform ein Display. Displays werden insbesondere zur auffälligen verkaufsfördernden Zweitplatzierung eines Artikels bzw. einer Artikelgruppe im Verkaufsraum verwendet.

(5) Stopper

Durch Stopper soll der Schritt des Kunden verlangsamt werden. Außerdem sollen die Stopper dazu dienen, die Aufmerksamkeit der Käufer auf reguläre Ware oder Aktionsware zu lenken. Regale, Ständer, Figuren oder Tische können als Stopper eingesetzt werden.

3.1.2 Warenplatzierung im Verkaufsraum

Handlungssituation:

Für die anstehende Fußball-Weltmeisterschaft möchte das Hannoveraner Kaufhaus Teipen & Goos KG eine besondere Gestaltung für die eigenen Verkaufsräume vornehmen. Die beiden Geschäftsführer Martin Teipen und Malte Goos treffen sich daher, um über die vorzunehmenden Gestaltungsmöglichkeiten zu sprechen.

Goos: *„Schon wieder sind vier Jahre vergangen und die nächste Weltmeisterschaft im Fußball steht vor der Tür."*

Teipen: *„Ja, die Zeit rennt. Wir können ja wieder die Sportartikel, die mit dem Fußball zu tun haben, besonders herausstellen. Die Kunden suchen ja sowieso gezielt nach den neuen Fußballschuhen von Ronaldo, Götze oder Messi."*

Goos: *„Da gebe ich dir aber nicht ganz recht, Martin. Für mich bedeutet die anstehende Weltmeisterschaft auch eine Chance, die nicht aktiven Fußballer für unsere Produkte zu gewinnen. Es wird ja nicht nur Fußball gespielt, sondern vor allen Dingen auch geschaut."*

Teipen: *„Du meinst, wir sollten das Ereignis auch in der TV- und Medienabteilung zum Thema machen und zwischen den Fernsehern noch ein paar Fußbälle platzieren?"*

Goos: *„Ja, das wäre eine Möglichkeit. Aber so müssten wir ja alle Warengruppen mit dem Thema Fußball verbinden. Das hieße, in jeder Abteilung eine Umplatzierung vorzunehmen. Das können wir in dieser kurzen Zeit gar nicht leisten."*

Teipen: *„Das würde ja auch am Kundenbedarf vorbei gehen. Nein, besser wäre es doch, alles was mit dem Thema Fußball zu tun hat, in einer Art Sonderausstellung im Kaufhaus zu präsentieren. Denk doch gerade an unsere verkaufsschwachen Zonen. Die bieten doch den optimalen Platz für diese Aktion an."*

Goos: *„Stimmt, das wäre was. Ich denke da vor allem an die Kunden, die für den Fernsehabend mit Freunden Bier kaufen wollen und dann noch einen Grill und Würstchen kaufen oder eine Deutschlandfahne für ihre Kinder mitnehmen."*

Teipen: *„Du hast recht, Malte. Die Kunden werden das bestimmt gut annehmen."*

Aufgaben:

1. Welche Möglichkeiten bietet eine Sonderplatzierung mit dem Thema Fußball-Weltmeisterschaft dem Hannoveraner Kaufhaus noch? Begründen Sie Ihre Meinung!
2. Wie würden Sie das Thema Fußball-Weltmeisterschaft in Ihrem Ausbildungsbetrieb gestalten? Erläutern Sie die verschiedenen Maßnahmen Ihren Mitschülern!

(1) Platzierung nach der Anforderung der Warenträger

Längsplatzierung	Sie ist gekennzeichnet durch lange Regale, an denen der Kunde vorbeigeführt wird. Die Waren werden sehr übersichtlich dargeboten, was günstig ist für die Auffüllung der Regale durch das Personal. 
Querplatzierung	Sie ist gekennzeichnet durch kurze, unterschiedlich hohe, schmale und tiefe Warenträger, die sich für eine abwechslungsreiche Warenpräsentation eignen. 
gemischte Platzierung	Hier werden bestimmte Artikel im Verbund mit anderen Waren auf einer Vielzahl von Warenträgern (z. B. Regale, Podeste, Verkaufsinseln) präsentiert (z. B. miteinander harmonierende Dekorations- und Gebrauchswaren wie Kunstblumen, Bilderrahmen, Becher und Vasen). 

(2) Platzierung nach Warengruppen

In vielen Unternehmen wird das Sortiment nach Warengruppen (z. B. Herrenanzüge, Kleider, Brot, Toilettenartikel) platziert. Werden viele verschiedene Artikel innerhalb der Warengruppe angeboten, liegt ein tiefes Sortiment vor. Das bedeutet, dass der Kunde aus einer Vielzahl gleichartiger Artikel verschiedener Hersteller, Qualitäten, Preisstufen auswählen kann.

(3) Platzierung nach Kundenbedarf

Die **Bedarfsbündelung** spielt in der Warenplatzierung eine zunehmend bedeutende Rolle. Gemeint ist damit die Zusammenführung von Waren quer durch alle Warengruppen, um den Bedarf der Kunden in einem bestimmten Lebensbereich zu befriedigen. Themen für die Bedarfsbündelung sind z. B. Damenbekleidung (die Bluse zusammen mit dem passenden Rock, Tuch und Hut, Gürtel und Tasche), Teezeit (Teesorten, Kandis, Teegebäck, Teegeschirr) u. Ä. Werden die Waren nach dem Bedarf der Kunden zusammengestellt und platziert, spricht man auch von **Verbundplatzierung.**

Durch die Verbundplatzierung lässt sich zum einen die Anzahl der Impulskäufe steigern und zum anderen wird der Kunde, durch das Angebot von sich ergänzenden Artikeln, dazu ermuntert, Zusatzkäufe zu tätigen.

(4) Platzierung nach dem Flächenkonzept

Beim Flächenkonzept werden der Industrie Vertragsflächen angeboten. Es handelt sich um Verkaufsflächen, die der Hersteller gestaltet, um seine Produkte gebündelt präsentieren und verkaufen zu können. Die Hersteller gestalten die Vertragsfläche in allen Einzelhandelsgeschäften einheitlich, um bei den Kunden einen Wiedererkennungswert zu schaffen.

(5) Aktionsplatzierung

Bei der Aktionsplatzierung werden die Waren für ein **bestimmtes Thema** zusammengestellt. Es handelt sich um **zeitlich begrenzte** Maßnahmen.

Die Aktion kann in Verbindung mit Herstellern, Einkaufsvereinigungen oder einer Region organisiert werden (z. B. „Wurst und Bier aus dem Münsterland").

Beispiel:

„Alles für den Schulanfänger." Auf einer Aktionsfläche werden Schultüten, Ranzen, Stifte, Mäppchen, Hefte, Zeichenblöcke, Kleidung für Schulkinder usw. angeboten.

3.1.3 Warenplatzierung im Regal

Handlungssituation:

Lasse van der Vies, Verkäufer in einem Grenzshop in Flensburg, möchte nach dem Umbau und der Erweiterung des Betriebes die neu bestellten Waren in die Regale einräumen. *„Am besten überprüfe ich das Gewicht jedes einzelnen Kartons und packe dann die schweren Waren aus den Kartons nach unten ins Regal und die leichten Artikel ganz nach oben. Alle anderen Waren werde ich dann in die mittleren Regalzonen packen. Dann bin ich mit dem Einräumen der Regale auch ganz schnell fertig und kann mich anschließend der Dekoration des Schaufensters widmen."*

Nachdem Herr van der Vies das erste Verkaufsregal bestückt hat, tritt eine Kundin an das Regal und fragt nach einer kurzen Suchphase:

Kundin: *„Können Sie mir sagen, wo der Kaffee zu finden ist? Ich kann ihn irgendwie nicht finden."*

Van der Vies: (runzelt die Stirn) *„Schauen Sie, den habe ich etwas weiter nach oben in das Regal gepackt. Den haben Sie bestimmt auf den ersten Blick gar nicht gesehen."*

Kundin: *„Was soll denn der Kaffee oben im Regal? Das war hier ja noch nie so. Und wo sind jetzt die Kaffeefilter?"*

Van der Vies: *„Die habe ich in das oberste Regal gelegt."*

Kundin: *„Also, ich weiß ja nicht, nach welchen Kriterien Sie in diesem Geschäft die Regale einräumen, aber vielleicht sollten Sie noch einmal darüber nachdenken, ob Sie das auch richtig machen."*

Nachdem die Kundin den Kaffee bezahlt und den Grenzshop verlassen hat, überlegt Herr van der Vies, ob seine Vorgehensweise beim Bestücken des Verkaufsregals tatsächlich zu verbessern ist.

Aufgaben:

1. Nach welchen Kriterien werden die Waren in Ihrem Ausbildungsbetrieb platziert?
2. Machen Sie Vorschläge, wie Herr van der Vies die Waren platzieren sollte!

Neben der Raumzuteilung für Warengruppen und der Frage, in welcher Ordnung die Waren präsentiert werden sollen, ist noch die Raumzuordnung der Ware innerhalb des Regals zu regeln.

Diese Zuteilung ist von Bedeutung für den Verkauf, denn auch die Regalflächen lassen sich für die Anordnung der Waren in Zonen einteilen. Bestimmte Bereiche in den Regalen werden dabei besser, andere schlechter bewertet.[1]

(1) Wahrnehmung der Regalzonen durch den Kunden

Aus **horizontaler Sicht** betrachtet, bietet das Regal die besten Regalzonen in der Regalmitte und rechts von der Mitte.

Aus **vertikaler Sicht** unterteilt man das Regal in **fünf Zonen**: Informationszone, Reckzone, Sichtzone, Greifzone und Bückzone.[2]

- Die **Informationszone** wird für Warenbilder bzw. zur Beschriftung der Warengebiete, die sich in diesem Regal befinden, benutzt.

1 Diese Zuordnung gilt für alle Warenträger, die mehrere Regale umfassen, z. B. Vitrinen, Warenwand.

2 Stellt der Einzelhändler dem Hersteller oder einem Großhändler das Regal gegen Entgelt zur Verfügung und übernimmt dieser die Regalbestückung, so spricht man von **Rackjobber-System**. Die Ware wird auf Rechnung des Rackjobbers angeboten.

- Die **Reckzone** ist für die Warenpräsentation die **drittbeste Platzierung.** Hier werden **leichte, nicht verkaufsintensive Waren** angeboten.
- Die **Sichtzone** ist die Zone mit der **größten Verkaufswirksamkeit.** Hier werden **teure Artikel, qualitativ hochwertige Artikel,** Artikel die **gefördert werden sollen** sowie Artikel mit **hohem Gewinnanteil** angeboten.
- Die **Greifzone** ist die **zweitbeste Platzierung.** Hier werden vor allem **Impulskaufartikel** und **Ergänzungsartikel,** die mit den Hauptartikeln (Sichtzone) in Verbindung stehen, platziert.
- Die **Bückzone** ist die **schlechteste Platzierung.** Hier werden **Massenartikel, Plankaufprodukte,** Artikel mit **geringer Gewinnspanne** sowie **Großpackungen** angeboten.

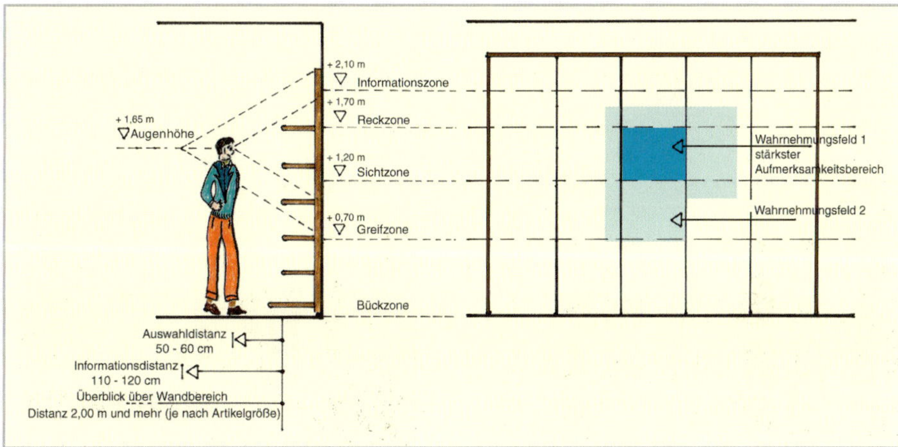

(In Anlehnung an: Grundmann/Wiedemann: Design im Verkaufsraum, Frankfurt, S. 152.)

An das Regalende bzw. den Regalkopf sollten kleine Artikel des Alltags (z. B. Schokoriegel, Batterien, Zwieback, Papiertaschentücher u. Ä.) eingeordnet werden, die spontan und häufig unbewusst gekauft werden. Dazu gehören auch saisonale Artikel wie Zuckerhasen an Ostern, Lebkuchen in der Weihnachtszeit, Badeartikel im Sommer.

(2) Möglichkeiten der Warenplatzierung im Regal

Horizontale Warenplatzierung (Regalzonen- oder Bandplatzierung)

Werden die **Artikelgruppen** nach Regalzonen, also **horizontal** angeordnet, so spricht man von **Regalzonen- oder Bandplatzierung.** Bei dieser Form der Platzierung wird eine Artikelgruppe nebeneinander platziert, und zwar unabhängig von der Artikelgröße und vom Hersteller. In diesem Falle können nicht jeder Artikelgruppe „gute Plätze" zur Verfügung gestellt werden.

Beispiel:

Reckzone →	Pullover	Pullover	Pullover	Pullover	Pullover
Sichtzone →	Hemden	Hemden	Hemden	Hemden	Hemden
Greifzone →	Hosen	Hosen	Hosen	Hosen	Hosen
Bückzone →	T-Shirts	T-Shirts	T-Shirts	T-Shirts	T-Shirts

Vertikale Warenplatzierung (Blockplatzierung)

Werden die **Artikelgruppen vertikal** platziert, so spricht man von einer **Blockplatzierung.** Bei dieser Form der Warenplatzierung wird je Regalteil die **Artikelgruppe untereinander** platziert. Der Vorteil dieser Warenplatzierung ist, dass der Kunde alle angebotenen Artikel einer bestimmten Artikelgruppe mit einem Blick übersehen kann. Die Blockplatzierung kann auch sehr gut mit einer Farbsortierung kombiniert werden (siehe S. 313f.).

Beispiel:

Reckzone →	Pullover	Hemden	Hosen	T-Shirts	Westen
Sichtzone →	Pullover	Hemden	Hosen	T-Shirts	Westen
Greifzone →	Pullover	Hemden	Hosen	T-Shirts	Westen
Bückzone →	Pullover	Hemden	Hosen	T-Shirts	Westen

Blockplatzierung

Regalzonen- oder Bandplatzierung

Kreuzblock-Platzierung

Die Kreuzblock-Platzierung leitet sich aus der Kombination der horizontalen und vertikalen Platzierungsform ab. Vertikal in der Mitte wird der **Marktführer** platziert. Horizontal werden rechts und links **vergleichbare Markenartikel** angeordnet. An den Enden des Regals können Zusatzartikel platziert werden. Die Kreuzblock-Platzierung kann auch sehr gut mit einer Farbsortierung kombiniert werden.

Bei dieser Warenanordnung überblickt der Kunde die Artikel- und Herstellerpalette und kann schnell einen Preis und Artikelvergleich vornehmen.

Beispiel:

Pullover	Hemden[3]	Hemden[1]	Hemden[2]	Westen
Pullover	Hemden	Hemden	Hemden	Westen
Pullover	Hemden	Hemden	Hemden	Westen
Pullover	Hemden	Hemden	Hemden	Westen

1 Hemden des Marktführers
2 Hemden des zweitstärksten Herstellers
3 Hemden des drittstärksten Herstellers

Zusammenfassung

- Die **Warenplatzierung** fasst zum einen die Artikel des Sortiments zusammen und zum anderen legt sie den Standort fest, an dem die Waren angeboten werden.
- Wichtige **Formen der Warenplatzierung** sind:
  - Längsplatzierung
  - Querplatzierung
  - gemischte Platzierung
  - Warengruppenplatzierung
  - Bedarfsbündelplatzierung (Verbundplatzierung)
  - Flächenkonzept.
- **Horizontal** gesehen bietet das Regal die **besten Regalzonen** in der Regalmitte und rechts von der Mitte. Werden die Artikelgruppen nach Regalzonen platziert, spricht man von **Regalzonen- oder Bandplatzierung.**
- **Vertikal** gesehen unterteilt man das Regal in **fünf Zonen:** Informationszone, Reckzone, Sichtzone, Greifzone und Bückzone. Werden die Artikel vertikal platziert, spricht man von **Blockplatzierung.**

Übungsaufgaben

68

1. 1.1 Das Warenhaus Elvis Martis e. Kfm. hat eine neuartige energiesparende Glühlampe in das Sortiment aufgenommen. Der Abteilungsleiter ist mit dem Abverkauf dieser Glühlampe nicht zufrieden.

   Aufgabe:

   Unterbreiten Sie zwei begründete Platzierungsvorschläge, durch die die Absatzchancen erhöht werden könnten!

   1.2 Sie sollen für einen neuen Modetrend drei Kleider im Verkaufsraum platzieren. Unterbreiten Sie einen Vorschlag und begründen Sie diesen!

   1.3 Nennen Sie drei Maßnahmen aus Ihrer Branche, wodurch die Warenplatzierung kundenorientierter gestaltet werden kann!

2. 2.1 Erläutern Sie den Begriff Längsplatzierung!

   2.2 Erläutern Sie den Begriff Blockplatzierung!

   2.3 Erklären Sie, in welchem Bereich die Längsplatzierung bzw. die Blockplatzierung anfällt!

3. Nennen Sie die fünf Regalzonen und erklären Sie deren Verkaufswirksamkeit!

4. Unterscheiden Sie die Suchkaufprodukte von den Impulskaufprodukten!

5. Das Warenhaus Anton Geller e. K. in Ulm macht einen etwas angestaubten Eindruck. Deshalb sollen die einzelnen Abteilungen auf den neuesten Stand der Warenpräsentation gebracht werden. Die Beraterfirma schlägt unter anderem vor, verstärkt eine Verbundplatzierung (Bedarfsbündelung) vorzunehmen.

   Aufgaben:

   5.1 Erklären Sie den Begriff Verbundplatzierung (Bedarfsbündelung)!

   5.2 Beschreiben Sie je einen Vorteil für den Kunden und für das Geschäft, den diese Art der Warenpräsentation mit sich bringt!

   5.3 Die Lebensmittelabteilung im Untergeschoss soll attraktiver gestaltet werden. Nennen Sie vier absatzfördernde Maßnahmen, die geeignet sind, den Umsatz zu steigern!

   5.4 Zwei Wochen nach der Wiedereröffnung möchte die Unternehmensleitung den Erfolg der durchgeführten Maßnahmen feststellen. Erläutern Sie zwei Möglichkeiten der Erfolgskontrolle!

22 Speth u.a. - ISBN 978-3-8120-0631-6

69 Formulieren Sie in Gruppen Kriterien, die ein Geschäft erfüllen muss, damit von Erlebnishandel gesprochen werden kann! Präsentieren Sie anschließend Ihre Ergebnisse der Klasse!

70 Eine Einzelhandelsgruppe hat über drei Tage alle Kundenfragen – insgesamt waren es 361 Fragen –, die an die Mitarbeiter gestellt wurden, erfasst. Die nachfolgende Grafik zeigt das Ergebnis der Auswertung:

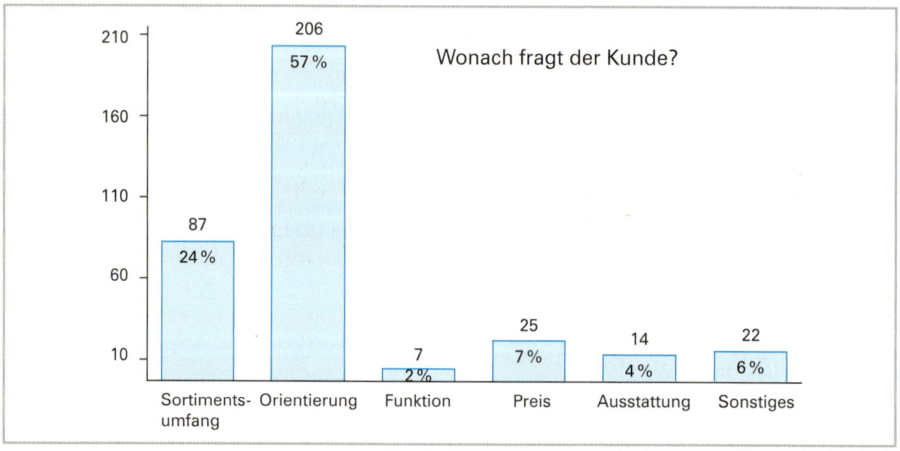

Aufgaben:

1. Analysieren Sie die Grafik!
2. Erläutern Sie, welche Schlussfolgerung der Einzelhändler aus der Befragung ziehen sollte!

3.2 Warenpräsentation

3.2.1 Allgemeine Grundsätze

Die **Warenpräsentation** umfasst alle Maßnahmen, wie die Ware am Verkaufsort gezeigt wird.

Ziel der Warenpräsentation ist es, den Kunden durch die Art der Warendarbietung zum Kauf anzuregen. Wichtige Grundsätze der Warenpräsentation sind:

Wie wird die Ware dargeboten?

(1) Sauberkeit

Die Ladenzonen, Gänge, Warenträger müssen sauber sein. Das gleiche gilt für das einzelne Regal. Schmutzige Spiegel, Türen oder Fenster wirken abschreckend auf den Kunden. Sie signalisieren, dass in diesem Einzelhandelsgeschäft nicht sorgfältig und kundenorientiert gearbeitet wird.

(2) Übersichtlichkeit

Die Kunden erwarten, dass die Ware **gut sichtbar** und **übersichtlich angeordnet** ist. Die Regale müssen gut gefüllt sein und **„Grifflücken"** sind zu vermeiden. Die **Produktbeschriftung** muss für den Kunden gut lesbar sein. Kleinere Waren gehören vor die größeren. **Gleichartige Produkte** sind möglichst **nahe beieinander** zu präsentieren, damit der Kunde die Produkte vor der Kaufentscheidung miteinander vergleichen kann. Den einzelnen Waren müssen die **Preise immer richtig zugeordnet** sein. In größeren Einzelhandelsgeschäften mit mehreren Abteilungen oder Stockwerken sind **Wegweiser** oder **Hinweisschilder** auf Sortimentsbereiche in Sichthöhe des Kunden anzubringen.

Ergänzt werden muss die Übersichtlichkeit durch ein **ansprechendes optisches Erscheinungsbild.** Der zielgerichtete Einsatz von Licht, besonderen Warenträgern und Dekorationsmaterial führt zu Kaufimpulsen beim Kunden.

3.2.2 Warenkennzeichnung

Handlungssituation:

Im Warenhaus Dörner KG in der Düsseldorfer Innenstadt wird am Schwarzen Brett, das für jeden gut sichtbar im Aufenthalts- und Pausenraum der kaufmännischen Angestellten des Betriebes hängt, eine Fortbildung zur Warengruppe der DSL-Reciever von der Firma Remmers Elektronik angeboten. Die beiden Auszubildenden Ismet Dögat und Jaqueline Brauers stehen vor dem Schwarzen Brett und unterhalten sich über das neue Fortbildungsangebot der Firma.

Dögat: *„Gehst du auch zu der Fortbildung?"*

Brauers: *„Na klar, du weißt doch, was Herr Löken, unser Ausbildungsleiter, zum Thema Schlüsselqualifikationen sagt."*

Dögat: (lacht) *„Richtig, was nützt das schönste Lächeln ohne Fach- bzw. Warenwissen. Und gerade im Bereich der Digitaltechnik haben die Kunden einen erhöhten Beratungsbedarf."*

Brauers: *„Viele Kunden sind, seit das analoge Signal abgeschaltet wurde, verunsichert hinsichtlich der Möglichkeiten, wie sie ihren Fernseher anschließen können. Da hat sich seitdem einiges am Markt getan."*

Dögat: *„Dem Kunden nur die Produktinformationen auf der Packung vorzulesen oder ihm den Preis der Waren zu nennen, wird in Zukunft sowieso nicht mehr ausreichen. Mittlerweile muss man auch die einzelnen Funktionen der Produkte kennen oder wissen, ob es zum Beispiel auch umweltgerecht hergestellt wurde."*

Brauers: *„Nicht zu vergessen, ob das Produkt auch den nötigen Sicherheitsvorschriften entspricht."*

Dögat: *„Unser Fachwissen ist also absolut wichtig für das Verkaufsgespräch mit unseren Kunden und daher nutze ich immer jede Möglichkeit, mich intensiv mit der Ware zu beschäftigen. Wir können ja zusammen zu der Veranstaltung fahren."*

Aufgaben:

1. Aus welchem Grund werden von den unterschiedlichen Unternehmen im Einzelhandel Fortbildungen angeboten? Begründen Sie Ihre Meinung!
2. Haben Sie in Ihrem Ausbildungsbetrieb Fortbildungsangebote, an denen Sie (in den nächsten Jahren) teilnehmen können? Stellen Sie diese gegebenenfalls Ihren Mitschülern vor!

(1) Produktinformationen

Beispielhaft für die Angabe von Produktinformationen wird die Kennzeichnung von Lebensmitteln dargestellt. Sie ist gesetzlich vorgeschrieben.

Beispiel: Lebensmittel

Die weitaus meisten Lebensmittel werden in fertig verpacktem Zustand angeboten. Sie müssen EU-weit einheitlich gekennzeichnet sein.[1] Die wichtigsten Kennzeichnungselemente sind:

Bezeichnung des Lebensmittels (Warenname)	z. B. natürliches Mineralwasser, Schmelzkäse
Name des Herstellers, Verpackers oder Verkaufsgeschäfts	z. B. Südzucker AG, 68028 Mannheim; Dallmayer GmbH München
Verzeichnis der Zutaten (Zutaten, die Allergien und bestimmte Unverträglichkeiten auslösen können, sind anzugeben)	z. B. Zucker, pflanzliches Öl, Stärke, Farbstoff E 150 b (Glutenhaltiges Getreide, Eier, Fische, Erdnüsse, Soja, Milch, verschiedene Nussarten, Sellerie, Senf, Sesamsamen, Krebstiere und Schwefeldioxyd)
Mindesthaltbarkeitsdatum oder Verbrauchsdatum	z. B. Verfalldatum: 08. 2016
Mengen- und Preisangabe	z. B. 250 g 2 116019 002442
Los- bzw. Chargennummer[2]	z. B. LOAB 46 8

Neben diesen grundlegenden Kennzeichnungselementen gibt es weitere, vor allem produktspezifische Kennzeichnungen. So ist z. B. bei natürlichem Mineralwasser die Angabe der Analysenwerte vorgeschrieben, bei Schokolade die Angabe der Menge der Kakaobestandteile und bei Konfitüren der Gesamtzuckergehalt. Bei abgepackter Milch und Milcherzeugnissen muss angegeben sein, ob sie z. B. wärmebehandelt, ultrahocherhitzt oder sterilisiert wurde. Nach der Käseverordnung muss die Fettgehaltsstufe (z. B. Rahmstufe) oder der Fettgehalt in der Trockenmasse (Fett i. Tr.) angegeben sein. Für diätetische Lebensmittel gelten zusätzliche Kennzeichnungsvorschriften, z. B. für die Angabe des durchschnittlichen Gehalts an Kohlenhydraten, Fetten und Eiweißstoffen.

1 **EU-weit** einheitlich zu kennzeichnen sind z. B. Textilien. Für sie besteht eine Textilkennzeichnungsverordnung. Sie beinhaltet eine Kennzeichnungspflicht für Textilerzeugnisse und verlangt, das die textilen Rohstoffe (z. B. Wolle, Goretex) mit ihrer Zusammensetzung angegeben werden.

2 Ein **„Los"** ist die Gesamtheit von Verkaufseinheiten eines Lebensmittels, das unter praktisch gleichen Bedingungen erzeugt, hergestellt und verpackt wurde.

Außerdem sind gentechnische Verfahren oder die ionisierende Bestrahlung von Lebensmitteln anzugeben.[1] Bei unverpackten Lebensmitteln, wie Obst und Gemüse, müssen unter anderem Art und Sorte sowie das Herkunftsland angegeben werden.

Die richtige Kennzeichnung wird durch die amtliche Lebensmittelüberwachung kontrolliert.

(2) Namen und Warenzeichen

Beim Namen unterscheidet man in **Produktnamen** (z.B. Schweizer Käse, Parmaschinken) und in **Herstellernamen** (z.B. Maggi GmbH Singen, Daimler AG Stuttgart). Wenn bestimmte Hersteller sich bewusst von anderen Herstellern abheben wollen, verwenden sie **Warenzeichen (Markenzeichen).** Kennzeichen (insbesondere Wörter, Abbildungen, Zahlen, sogenannte **Labels**) sollen den Ursprung und die Qualität einer Ware oder Dienstleistung zum Ausdruck bringen und ein bestimmtes Image aufbauen.

- Eine **Marke** ist dazu bestimmt, Waren und Dienstleistungen eines Unternehmens von denjenigen anderer Unternehmen zu unterscheiden.
- Durch die „**Markierung**“ wird die Ware zum Markenartikel.

Die Marke dient als einprägsames Werbemittel und wird durch das Markengesetz geschützt.

(3) Gütezeichen und Güteklassen

Gütezeichen werden für **gleichartige Waren** verschiedener Hersteller verliehen, sofern die Produkte bestimmte **Mindestanforderungen** erfüllen. Vergeben werden die Gütezeichen vom Güteverband der betreffenden Branche.

Gütezeichen genießen **Rechtsschutz** gegen Verwendung oder Nachahmung durch Unternehmen, die nicht dem Hersteller- oder Händlerverband angehören.

Gütezeichen haben den Zweck, dem Verbraucher eine gleichbleibende, hochwertige Qualität der Ware zuzusichern. Die Qualitätssteuerung und -sicherung basiert auf **Warentests,** denen sich die Mitglieder des jeweiligen Hersteller- bzw. Händlerverbands unterwerfen. Die Einhaltung der Gütebedingungen wird vom **„Deutschen Institut für Gütesicherung und Kennzeichnung e.V. (RAL)“** überwacht.

Die Qualität von Lebensmitteln wird nach verschiedenen Merkmalen (z.B. Aussehen, Geschmack, Größe, Reifegrad) in verschiedenen **Güteklassen** klassifiziert.

1 Ausführliche Informationen finden Sie im Internet unter www.transgen.de.

(4) Umweltzeichen (Ökolabel)

Umweltzeichen kennzeichnen zum einen die **ökologische Erzeugung der Produkte** und zum anderen die **sozialen Bedingungen** des Herstellungsprozesses (z. B. keine Kinderarbeit). Zwei wichtige Umweltzeichen sind z. B. der „Blaue Engel" und die „Euro-Blume" für die Verwendung umweltfreundlicher Materialien und Herstellungsverfahren.

Auch in der Landwirtschaft werden Ökolabel benutzt, um zu zeigen, dass bestimmte ökologische Auflagen erfüllt werden.

Fairer Handel begreift sich als alternatives Konzept von weltweiten Handelsbeziehungen auf partnerschaftlicher Ebene mit Produzenten aus der Dritten Welt, die durch die geltende Weltwirtschaftsordnung benachteiligt sind.

Beispiel:

Der Förderverein TransFair vermarktet Produkte von 400 Genossenschaften aus 19 Ländern. So bieten heute über 25 000 Geschäfte u. a. Kaffee mit dem TransFair-Siegel an.

Wesentliches Prinzip des fairen Handels ist die **Nachhaltigkeit.**[1]

(5) Schutz- und Prüfzeichen

Schutz- und Prüfzeichen werden vom **Technischen Überwachungsverein (TÜV),** dem **Verband der Elektrotechniker (VDE)** und vom **Deutschen Institut für Normung (DIN)** festgelegt und überprüft und garantieren einen Mindestsicherheitsstandard von Erzeugnissen. Technische Produkte dürfen innerhalb der EU nur mit den CE-Zeichen in den Verkehr gelangen.

Zeichen	Bedeutung
TÜV PRODUCT SERVICE GS geprüfte Sicherheit	Wird auf Produkte angebracht, die die sicherheitstechnischen Anforderungen des TÜV erfüllen.
VDE	Wird für solche elektrische Geräte vergeben, die den Sicherheitsvorschriften des VDE entsprechen.
CE	Das CE-Zeichen ist ein Symbol dafür, dass ein Industrieprodukt den Vorschriften der EU auf dem Gebiet der Technik entspricht.

1 **Nachhaltiges Wirtschaften** erfordert, dass wir heute so leben und handeln, dass künftige Generationen überall eine lebenswerte Umwelt vorfinden und ihre Bedürfnisse befriedigen können.

(6) Warnzeichen

Vor Gesundheits- und Umweltschäden, welche von **chemischen Inhaltsstoffen** ausgehen können, warnen **Gefahrensymbole**. Waren, die so gekennzeichnet sind, dürfen ausschließlich über die Sondermüll-Annahmestellen entsorgt werden.

Giftig

Explosionsgefährlich

Umweltgefährlich

(7) Typenschilder und Zahlenangaben

Die an den Produkten angebrachten **Typenschilder** geben Auskunft über Sicherheitsstandards, Energie- und Wasserverbrauch, Schutzisolierung, Frostsicherheit, Abriebfestigkeit u. Ä.

Zahlenangaben informieren insbesondere über Maße (z. B. Vollmilch 0,5 l), Gewicht (z. B. Vollmilchschokolade 100 g), Leistung (z. B. 40 Watt), Spannung (z. B. 220 V), Haltbarkeit (z. B. bis 14. 10. 20 . .), Zusammensetzung (z. B. 12 % Alkohol) u. Ä.

3.2.3 Preisauszeichnung

Die Preisauszeichnung ist in der Preisangabenverordnung [PAnGV][1] vorgegeben. Sie regelt, wie die Preise anzugeben sind. Die Grundvorschrift besagt, dass der Einzelhandel seine Waren mit dem **Endpreis (Bruttopreis),** d. h. einschließlich der Umsatzsteuer, auszeichnen muss. Ferner müssen die Verkaufseinheit (z. B. 100 g) und die Gütebezeichnung angegeben sein.

Auszeichnungspflicht besteht für alle Waren, die in **Schaufenstern, Schaukästen** oder **Verkaufsständen** ausgestellt werden. Außerdem besteht eine Preisangabenpflicht für Waren, die nach **Musterbüchern, Katalogen, Warenlisten** oder auf **Bildschirmen** angeboten werden. Die Preisangaben sind an der Ware selbst bzw. auf deren Abbildung anzubringen. Zulässig ist auch eine Beschriftung der Regale, in denen die Waren angeboten werden.

4 Schaufenster

(1) Ziele und Aufgaben der Warenpräsentation im Schaufenster

Das Schaufenster ist das Aushängeschild des Einzelhändlers. Es muss durch eine entsprechende Warenpräsentation Sehnsüchte wecken, neugierig auf das Innere des Geschäfts machen, Nachfrage nach mehr Informationen auslösen, den Passanten einladen, das Geschäft zu betreten.

1 Auf die Preisangabenverordnung wird im 2. Ausbildungsjahr im Lernfeld 9 im Einzelnen eingegangen.

Die folgende Auflistung zeigt, wozu das Schaufenster heute dient:

- es liefert einen **visuellen Eindruck** des Unternehmens;
- es stellt eine **Kontaktbrücke** zu den Passanten her;
- es werden Waren ausgestellt, die **typisch sind für das Warenangebot** des Unternehmens;
- es möchte durch **gute Dekorationen** oder **witzige und originelle Ausstellungsstücke** Aufmerksamkeit erzeugen;
- es übermittelt **Informationen** über Sortiment, Qualität, Preise u. Ä.;
- es möchte **Zielgruppen emotional ansprechen.**

Der Passant geht in drei bis vier Sekunden an einem Schaufenster vorbei. In diesem Augenblick muss das Warenbild mit seiner Botschaft den Passanten erreichen, ihn interessieren und so überzeugen, dass er entweder stehen bleibt oder das Geschäft betritt. Diese Zeit reicht natürlich nicht, um komplizierte Informationen zu übermitteln. Die Schaufensterbotschaft muss so aufbereitet sein, dass beim Passanten unmittelbar ein aussagekräftiges Bild entsteht.

(2) Schaufenstertypen

Im Allgemeinen unterscheidet man fünf Schaufenstertypen:

- Das **Übersichtsfenster** zeigt einen Überblick über das Sortiment des Geschäfts.

  Ein vollständiger Überblick über das Sortiment ist nur in seltenen Fällen möglich.

- Das **Fantasiefenster** möchte durch eine originelle Thematik die Fantasie, Sehnsüchte und Träume der Passanten anregen.

  Fantasiefenster stehen immer unter einem bestimmten Leitgedanken (z. B. Karneval; Sonnenschutz; Schulanfang; „Unser Nachbar"; Schweiz).

- Im **Stapelfenster** wird eine bestimmte Warengruppe vorgestellt (z. B. nur Kinderkleidung; nur Bürostühle; nur Weine; „Alles für den Fahrradfahrer").

- Das **Durchblickfenster** (Einblickfenster) gibt freie Sicht in den Verkaufsraum, in dem eine attraktive Warenpräsentation bei Tag und Nacht angestrahlt wird und auf die Straße hinausleuchtet.

- Das **Anlassfenster** bezieht besondere Themen in die Gestaltung des Schaufensters ein, z. B. Weihnachten, ein lokales Jubiläum, Freizeit. Im Mittelpunkt steht ein Leitgedanke.

Zusammenfassung

- Die **Warenpräsentation** umfasst alle Maßnahmen, wie die Ware am Verkaufsort gezeigt wird.
- Wichtige **allgemeine Grundsätze** der Warenpräsentation sind:
  - Sauberkeit
  - Übersichtlichkeit
- Die **Warenkennzeichnung** gibt Informationen über:
  - das Produkt,
  - Namen und Warenzeichen,
  - Gütezeichen,
  - Schutz- und Prüfzeichen,
  - Warnzeichen,
  - Typenschilder, Zahlenangaben.
- Der Einzelhandel muss seine Waren mit einem **Endpreis (Bruttopreis)** versehen. Ferner müssen die Verkaufseinheit und die Gütebezeichnung angegeben sein.
- Im **Schaufenster** werden die Waren präsentiert, die der Kunde in den Verkaufsräumen vorfinden kann.

Übungsaufgabe

71 1. Die Kennzeichnung von Waren bietet dem Verkäufer Informationen für die Verkaufsberatung und dem Käufer hilft sie bei der Warenauswahl in der Selbstbedienung.

Aufgaben:

1.1 Nennen Sie die Angaben, die eine Brotfabrik, die ihre Brote in einer Klarsichtverpackung auf den Markt bringt, zur Warenkennzeichnung auf der Verpackung anbringen muss!

1.2 Die Grundlage einer fachkundigen Beratung ist ein solides Warenwissen. Nennen Sie vier unterschiedliche Kriterien für eine Warenbeschreibung!

1.3 Erklären Sie, warum Marken, Gütezeichen, Schutz- und Prüfzeichen, Typenschilder, Zahlenangaben und Umweltzeichen Argumentationshilfen im Verkaufsgespräch darstellen!

1.4 Bilden Sie je ein Beispiel für die in 1.3 genannten sechs Zeichen!

1.5 Die in der Farbenhandlung Klecks e.K. angebotenen Lacke für Innenräume sind mit dem „Blauen Engel" ausgezeichnet. Notieren Sie, welches der nachfolgend genannten umweltpolitischen Ziele damit unterstützt wird!

1.5.1 Weniger Lackverbrauch beim Streichen.

1.5.2 Geringere Entsorgungskosten.

1.5.3 Geringere Schadstoffbelastung.

1.5.4 Einsparung von Rohstoffen.

1.5.5 Geringere Produktionskosten.

1.6 Nennen Sie drei Merkmale, wodurch ein Markenartikel gekennzeichnet ist!

2. Erläutern Sie die vier abgebildeten Zeichen!

3. Ein Schaufenster soll unter der Thematik „Sommerurlaub" mit Freizeitkleidung dekoriert werden.

3.1 Welche Farben würden Sie bei der Schaufensterdekoration bevorzugen? Begründen Sie Ihre Entscheidung!

3.2 Welchen Schaufenstertyp würden Sie dabei bevorzugen? Begründen Sie Ihre Meinung!

3.3 Erläutern Sie den Begriff „Übersichtsfenster" und bilden Sie hierzu ein Beispiel!

4. Beschreiben Sie den Unterschied zwischen Warenpräsentation und Warenplatzierung!

Lernfeld 5: Werben und den Verkauf fördern

1 Werbung

„Werbung ist der Versuch, Leuten Geld aus der Tasche zu ziehen, das sie nicht haben, damit sie Sachen kaufen, die sie nicht brauchen, um Leuten zu gefallen, die sie nicht mögen."

(Unbekannt)

Werbung sind alle Maßnahmen, die dazu dienen, das Kaufverhalten von Kunden zu beeinflussen, um den Absatz einer Ware oder Dienstleistung zu fördern.

1.1 Arten der Werbung

Handlungssituation:

Die fünfköpfige Familie Schürmann aus Aschaffenburg, bestehend aus Vater Peter, 38 Jahre, Versicherungsvertreter, Mutter Maike, 31 Jahre, Hausfrau, und den drei Kindern Johann, sieben Jahre, Carla, fünf Jahre, und Noah Paul, zwei Jahre, sind an diesem verkaufsoffenen Wochenende in die Aschaffenburger Innenstadt gefahren, um für die drei Kinder Winterkleidung zu kaufen.

Vor allem die in der Werbung angekündigten Rabattaktionen bei diversen Bekleidungsgeschäften und die damit verbundenen Preissenkungen bei den Kinder- und Schuhfachgeschäften sorgen für gute Stimmung innerhalb der Familie.

Eigentlich wollte die Familie noch bis zum Ende des Jahres mit den Neuanschaffungen für die Kinder warten. Doch dass die Aktionen nur an diesem Wochenende in den Einzelhandelsgeschäften der Stadt durchgeführt werden, hat zu einem Umdenken innerhalb der Familie geführt. *„Natürlich wird die Stadt aus allen Nähten platzen und wir werden bestimmt nicht die Einzigen sein, die Winterkleidung kaufen möchten"* denkt Vater Peter, *„aber die Rabatte die in dem Prospekt von einem Kinderfachgeschäft eingeräumt werden, sind einfach zu verlockend."*

Sollte, nachdem die Kinder eingekleidet sind, noch Geld übrig sein, plant die Familie den Besuch einer Kinderveranstaltung in einem Aschaffenburger Kaufhaus, die in der Tageszeitung für den späten Nachmittag angekündigt ist. Während die Kinder mit dem Vater auf der Veranstaltung sind, könnte Mutter Maike die

Gelegenheit nutzen und die neue Schuhkollektion bei ihrem Schuhfachhändler begutachten. Frau Schürmann ist seit Jahren dort Kundin und wurde persönlich zu diesem Event eingeladen.

Bevor die Familie wieder nach Hause fährt, erwägt Vater Peter, noch einen Abstecher zum Hi-Fi-Händler Wendland e. Kfm. zu machen, um sich dort den neuen Plasma-Fernseher der Firma XRON anzuschauen, da dieser in der Kundenzeitschrift des Händlers als Testsieger aufgeführt ist.

Aufgaben:

1. Welche Bedeutung haben verkaufsoffene Sonntage für den Einzelhändler und für die Kunden? Begründen Sie Ihre Meinung!
2. Wie würden Sie diesen Tag für Ihren Ausbildungsbetrieb bewerben? Nennen Sie Ihnen bekannte Möglichkeiten!

(1) Nach der Anzahl der umworbenen Personen unterscheidet man:

Direktwerbung	Bei der Direktwerbung werden einzelne Personen direkt und persönlich angesprochen bzw. angeschrieben. **Beispiel:** Durch einen Werbebrief werden Stammkunden auf einen bevorstehenden Aktionsverkauf aufmerksam gemacht und zu einem Vorabkauf eingeladen.
Massenwerbung	Die Massenwerbung richtet sich an die Allgemeinheit. Gezielt ist die Massenwerbung dann, wenn eine bestimmte Gruppe (z. B. Campingfreunde, Radsportler, Heimwerker, Jugendliche, Senioren) angesprochen werden sollen. 

(2) Nach der Anzahl der werbenden Unternehmen unterscheidet man:

Alleinwerbung (Einzelwerbung)	Hier wirbt ein Einzelhändler mit dem eigenen Namen für sein Warenangebot und sein Unternehmen. 
Kollektivwerbung ■ **Gemeinschaftswerbung**	Hier tritt ein ganzer Wirtschaftszweig (z. B. die deutsche Milchwirtschaft) als Werber auf. Die Namen der beteiligten Unternehmen bleiben unbekannt.
■ **Verbundwerbung (Sammelwerbung)**	Sie liegt vor, wenn mehrere Einzelhandelsbetriebe aus unterschiedlichen Branchen gemeinsam werben. Die Namen der beteiligten Unternehmen werden genannt. **Beispiel:** Alle Einzelhändler des Einkaufszentrums Gänsbühl werben gemeinsam für das Zentrum.

1.2 Zielsetzungen der Werbung

Bei jeder Werbemaßnahme überlegt sich der Einzelhändler, was er mit der Werbemaßnahme erreichen will. Möchte er durch seine Werbung eine Steigerung von Absatz[1] und Umsatz[2] erreichen, muss er neue Kunden gewinnen und seine Stammkundschaft zu Mehrkäufen veranlassen **(Expansionswerbung)**.[3]

Beispiel:

Ein Möbelhaus wirbt im Regionalteil einer Tageszeitung, um Kunden zu gewinnen, die nicht im unmittelbaren Einzugsbereich des Möbelhauses wohnen.

1 **Absatz:** Anzahl der verkauften Waren.

2 **Umsatz:** Wert der verkauften Waren.

3 **Expansion:** Ausdehnung, Ausbreitung.

Möchte der Einzelhändler seine gegenwärtige Geschäftssituation nur festigen und einen sicheren Kundenstamm aufbauen, so wird er versuchen, seine Produkte regelmäßig ins Gespräch zu bringen bzw. im Gespräch zu halten **(Erinnerungswerbung).**

Beispiel:

Das Textilhaus Peter Weber e. Kfm. stellt in einer vierteljährlich erscheinenden Kundenzeitschrift neue Modetrends, aktuelle Sonderangebote, Veränderungen beim Personal, neue Stoffqualitäten oder Termine von Modeschauen vor.

Eine andere Form der Werbung ist gefragt, wenn der Einzelhändler ein neues Produkt vorstellen möchte **(Einführungswerbung).**

Beispiel:

Der Vertragshändler eines Autoherstellers kündigt die Vorstellung eines neuen Pkw-Modells zum 15. Juni 20.. an. Er will das neue Modell im Rahmen eines Aktionstages mit Bewirtung, Tombola und begleiteten Probefahrten mit Mitarbeitern des Autohauses präsentieren.

1.3 Werbegrundsätze

Wichtige **Grundsätze der Werbung** sind:

Klarheit und Wahrheit	Die Werbung muss für den Kunden klar und leicht verständlich sein. Sie sollte sachlich unterrichten, die Vorzüge eines Artikels eindeutig herausstellen, keine Unwahrheiten enthalten und nicht täuschen.
Wirksamkeit	Die Werbung muss die Wünsche der Umworbenen ansprechen bzw. verstärken. Eine wirksame Werbung muss genau auf die Zielgruppe abgestimmt sein.
Einheitlichkeit, Stetigkeit, Einprägsamkeit	Die Werbung sollte stets einen gleichartigen Stil aufweisen (bestimmte Farben, Symbole, Figuren, Slogans), um beim Kunden einen Wiedererkennungseffekt[1] zu erzielen. Durch die regelmäßige Wiederholung der Werbebotschaft wird deren Einprägsamkeit erhöht.
Wirtschaftlichkeit	Die Aufwendungen der Werbung müssen in einem wirtschaftlichen Verhältnis zum Erfolg stehen. Der auf die Werbung zurückzuführende zusätzliche Erfolg muss höher sein als der Werbeaufwand.
Soziale Verantwortung	Die Werbung darf keine Aussagen oder Darstellungen enthalten, die gegen die guten Sitten verstoßen oder ästhetische,[2] moralische[3] oder religiöse Empfindungen verletzen.

Zusammenfassung

- Um auf die Leistungsfähigkeit seines Einzelhandelsbetriebs aufmerksam zu machen, setzt der Einzelhändler Maßnahmen der **Werbung** ein.
- Bei der Durchführung der Werbung sind **Werbegrundsätze** zu beachten.
- Wichtige **Arten der Werbung** sind:
  - Direktwerbung
  - Massenwerbung
  - Alleinwerbung
  - Kollektivwerbung
    - Gemeinschaftswerbung
    - Verbundwerbung

1 **Effekt:** Wirkung, Erfolg.

2 **Ästhetisch:** geschmackvoll.

3 **Moralisch:** sittlich.

Übungsaufgabe

72 1. Erläutern Sie, um welche Art der Werbung es sich bei den nachfolgenden abgebildeten Anzeigen handelt!

1.1

1.2

1.3

2. Bilden Sie zu den vorgestellten Werbegrundsätzen (siehe S. 349) jeweils ein Beispiel aus Ihrer Branche!

3. Frau Liebig ist Geschäftsführerin eines Modehauses. Frau Liebig kann sich nicht zwischen Einzel- und Kollektivwerbung entscheiden.

Aufgaben:

3.1 Unterscheiden Sie diese beiden Werbearten!

3.2 Geben Sie für jede Werbeart zwei Vorteile an!

1.4 Erstellen eines Werbeplans

1.4.1 Werbeplan

Der **Werbeplan** beinhaltet alle werbepolitischen Maßnahmen sowie die Höhe der voraussichtlichen Werbekosten, die der Einzelhändler in einem bestimmten Zeitabschnitt einsetzt, um Kunden zu gewinnen.

Werbeziele formulieren → Werbegegenstand bestimmen → Streukreis/-gebiet festlegen → Höhe des Werbeetats bestimmen → Umsetzung[1]

1.4.1.1 Werbeziele

Der Einzelhändler muss die Frage klären, warum er werben will. Ziele können sein: Ausweitung der Geschäftstätigkeit, Sicherung des Kundenstamms durch ständiges Erinnern der Kunden an das Warensortiment oder Einführung neuer Artikel.

1.4.1.2 Gegenstand der Werbung (Werbeobjekte)

Gegenstand der Werbung eines Einzelhändlers kann ein **einzelnes Produkt,** eine **Warengruppe,** das **gesamte Sortiment** oder das **Einzelhandelsunternehmen** selbst sein.

- Bei der **Produktwerbung** stellt der Einzelhändler einzelne Artikel seines Geschäfts heraus. Häufig wird diese Werbung durch die Hersteller erstellt und finanziert.

Beispiel:

Beispiel:

- Ist das Sortiment oder sind Teile des Sortiments Gegenstand der Werbung, so spricht man von **Sortimentswerbung.** Durch die Sortimentswerbung, die die Breite, Tiefe und das Niveau des Sortiments präsentiert, möchte das Einzelhandelsgeschäft seine Leistungsfähigkeit demonstrieren.

1 Zur Umsetzung des Werbeplans siehe S. 356 f.

- Bei der **Firmenwerbung** stellt das Unternehmen neben dem Warenangebot noch den Namen des Unternehmens (die Firma) sowie die Leistungsfähigkeit (z. B. „Wir garantieren Qualität zu fairen Preisen") besonders heraus.

Beispiel:

Foto: Nordsee

- Bei der **Verkaufsförderungs-, Sonderangebots-, Preiswerbung** sollen die Kunden auf Aktionen aufmerksam gemacht werden. Ziel der Aktionen ist, Produkte (z. B. Winterkleidung, Lebensmittel kurz vor dem Verfalldatum) kurzfristig abzuverkaufen.

1.4.1.3 Auswählen von Streukreis und Streugebiet

(1) Auf welchen Streukreis (Zielgruppe) soll die Werbebotschaft ausgerichtet werden?

Der **Streukreis** beschreibt den Personenkreis, der umworben werden soll.

- **Umworbener Personenkreis** für die **meisten Einzelhandelsbetriebe** sind **alle Verbraucher,** die im Einzugsgebiet des Geschäfts wohnen oder dort ihre Besorgungen vornehmen und einen Bedarf nach den angebotenen Waren oder Dienstleistungen haben.
- Werden **besondere Waren oder Dienstleistungen angeboten,** z. B. Motorräder, Brautmoden, Campingbedarf, Versicherungen, Bankkredite, so ist es sinnvoll, die dafür infrage kommende **Zielgruppe direkt anzusprechen.** Die hierfür notwendigen Informationen kann der Einzelhändler von Datenbanken erwerben, die Adressen nach allen verlangten Merkmalen (z. B. Berufsgruppe, Alter, Geschlecht, Kaufkraft, Ortsteil, Straße) anbieten. Auf diese Weise ist eine gezielte **Direktwerbung** möglich.

(2) Welches Streugebiet soll beworben werden?

Das **Streugebiet** ist das Gebiet, in welchem die Werbemaßnahmen durchgeführt werden sollen.

Die Werbung soll sich auf das Einzugsgebiet des Geschäfts beschränken, um Werbekosten einzusparen. Möchte der Einzelhändler die Werbung jedoch über sein Einzugsgebiet hinaus ausdehnen, so hat er darauf zu achten, dass mit zunehmender Entfernung zwischen Wohn- und Einkaufsort die Bereitschaft der Verbraucher sinkt, die durch die Werbung übermittelten Einkaufsvorteile auszunutzen. Es ist daher oft wesentlich wirksamer, das Kerneinzugsgebiet intensiver zu bewerben, da hier sehr viel einfacher und auch weniger kostspielig Umsatzsteigerungen erzielt werden können.

1.4.1.4 Festlegung des Werbeetats

Handlungssituation:

Im Kaufhaus des Nordens KG in Schwerin ist für heute Nachmittag ein Treffen der Geschäftsleitung mit den beiden Abteilungsleitern des Verkaufs Herrn Henry Sassen und Frau Sunita Rakesh angesetzt. Ziel des Treffens ist die Neuausrichtung des Kaufhauses in der Öffentlichkeit, also bei den Kunden. Im Schweriner Umland ist das Kaufhaus vor allem für seine hochwertigen Geschenkartikel und die gute, persönliche Beratung bekannt. Herr Trautmann sen., langjähriger Eigentümer, ist mit den Umsätzen in der neu gestalteten Parfümerie- und Kosmetikabteilung und der im Untergeschoss eigens eingerichteten Feinschmeckerabteilung unzufrieden.

Herr Trautmann: *„Wissen denn die Leute gar nicht, dass es unsere neuen Abteilungen überhaupt gibt? Die Neugestalltung der Verkaufsflächen und die zahlreichen Mitarbeiterschulungen haben enorme Kosten verursacht. Ganz abgesehen von den bisherigen Werbeaktionen, die ja anscheinend überhaupt keinen Erfolg hatten."*

Frau Rakesh: *„Offenbar müssen wir unseren Werbeplan komplett neu ausrichten. Aufgrund der Kundenbefragungen in den letzten zwei Wochen konnten wir feststellen, dass in unserem Hause so gut wie gar keine Kunden aus den ländlichen Einzugsgebieten eingekauft haben."*

Herr Sassen: *„Dabei galt doch genau diesen Regionen unsere größte Aufmerksamkeit, besonders für das Sortiment aus der neuen Feinschmeckerabteilung. Ich denke da an die vielen unterschiedlichen Käsesorten, die wir nun im Angebot haben, oder die tollen Wurst- und Schinkenspezialitäten. Allein dreimal pro Woche erhalten wir über vierzig verschiedene Arten frischen Fisch aus Übersee im direkten Bezug."*

Frau Rakesh: *„Gerade bei dem Kundenstamm, der täglich bei uns einkauft, sind unsere neuen Aktionen, wie zum Beispiel das neue Catering-Service-Angebot, bei dem bis zu fünfhundert Gäste mit Kalt- und Warmspeisen bewirtet werden können, so gut wie gar nicht angekommen."*

23 Speth u.a. - ISBN 978-3-8120-0631-6

Herr Trautmann: *„Das ist wirklich sehr ärgerlich und enttäuschend. Wir müssen nun überlegen, wie wir das so schnell wie möglich ändern können. Mein Vorschlag wäre, wir überprüfen noch einmal unsere Zielgruppen und das Gebiet, in dem wir unsere nächsten Werbemaßnahmen durchführen wollen. Vielleicht sollten wir uns tatsächlich nur auf den Bereich innerhalb Schwerins konzentrieren."*

Herr Sassen: *„Und in diesem Zusammenhang wird die Leistung noch einmal in den Vordergrund gerückt. Gerade die beiden neuen Abteilungen müssen noch mehr herausgestellt werden. Das gilt im Besonderen für das neue Catering und unseren bekannt guten Service."*

Frau Rakesh: *„Und in der Parfümerie- und Kosmetikabteilung muss noch mehr der spezielle Nutzen für die Kunden herausgestellt werden. Auch hier sollten wir uns im Wesentlichen auf unser Einzugsgebiet in Schwerin beschränken, um unser Budget nicht weiter zu belasten."*

Herr Trautmann: *„Da gebe ich ihnen recht, vielleicht sollten wir weniger in der regionalen Tageszeitung mit unseren Anzeigen werben. Im Werbeetat sind diese Kosten schon sehr hoch angesetzt und führten bisher nicht zum erwünschten Erfolg. Wenn ich die Ausgaben unseres direkten Mitbewerbers in diesem Bereich mit unserem Budget vergleiche, müssen wir uns deutlich verbessern. Wir bewerben mit unseren Anzeigen ein weit größeres Gebiet und schalten diese auch viel häufiger. Das hat dazu geführt, dass im Vergleich zum Vorjahr schon jetzt Mehrausgaben von über 12 % zu Buche stehen. Sie sehen also, das Budget ist mehr als voll ausgeschöpft für dieses Jahr."*

Aufgaben:

1. Welche weiteren Möglichkeiten bieten sich dem Kaufhaus, um die beiden neuen Abteilungen mit deren Serviceleistungen bekannter zu machen? Stellen Sie Ihre Ergebnisse den anderen Mitschülern vor!
2. Diskutieren Sie, welche Fehler die Abteilungsleiter des Verkaufsteams bei der Festlegung der Zielgruppen begangen haben!

Der **Werbeetat**[1] **(Werbebudget)**[2] weist die Geldmittel aus, die zur Durchführung der Werbemaßnahmen in einer bestimmten Zeit ausgegeben werden sollen.

Die Planung des Werbeetats sollte sich in der Regel auf ein Jahr erstrecken und die dafür notwendigen **Plankosten (Sollkosten)** ausweisen. Die Abbildung auf S. 355 zeigt einen Monats-Werbeplan einschließlich des Werbeetats eines Discounthauses.

1 **Etat:** Geldmittel, Haushaltsplan.

2 **Budget:** Haushaltsplan, Voranschlag.

Werbeplan einschließlich des Werbeetats für den Monat: Februar

Discounthaus: Markus Böhlen e. Kfm.

Nr.	Werbemaßnahme[1]	Reichweite in Tsd.	Umfang/ Dauer	Anzahl der Werbemaßnahmen	Kosten f. 1000 Kontakte	Kosten für Gestaltung/ Druckvorlagen/ Dekoration insg.	Kosten für Werbeverbreitung insg.	Werbedispositionen:[2] Februar			
								KW 5	KW 6	KW 7	KW 8
1.	Schaufenster	14	14 Tage	2		840,00	–	x	x	x	x
	Thema: Fastnacht-Dekoration							Wintersport		Frühjahrsmode	
2.	Anzeigen Titel/Ausgaben										
	2.1 Tageszeitung	180	$^1/_4$ Seite	10	8,40	1800,00	15120,00	2	2	3	3
	2.2 Anzeigenblatt	210	$^1/_2$ Seite	4	5,10	2200,00	9400,00	1	1	1	1
3.	Prospekte Titel/Ausgaben										
	3.1 Weine/Spirituosen	22	6 Seiten	2	5,40	7200,00	9100,00	1		1	
	3.2 Fleisch/Konserven	22	4 Seiten	2	4,10	4400,00	4800,00		1		1
4.	Hörfunk Sender										
	4.1 SWR III	3300	30 Sekunden	5	1,12	3800,00	298000,00	1	1	1	2
	4.2 Bayern III	2400	45 Sekunden	8	1,30	2900,00	310400,00	2	2	2	2

1 Der Werbeplan kann problemlos um weitere Werbemaßnahmen erweitert werden.

2 Soll der Werbeplan für ein ganzes Jahr gelten, ist die Spalte „Werbedispositionen" auf 12 Monate zu erweitern.

1.4.2 Umsetzung des Werbeplans[1]

Handlungssituation:

In Iserlohn im Bekleidungsgeschäft Naumann e. Kfr. sind die Umsätze in den letzten Wochen stark zurückgegangen. Besonders bei den Damenhosen im mittleren Preissegment ist eine Nachfrage kaum noch vorhanden. Frau von Naumann, die Eigentümerin, hat Britta Kleinert, Fachverkäuferin der Boutique, und die Auszubildende zur Verkäuferin, Lisa Jensen an diesem Nachmittag zu einem Gespräch eingeladen.

Frau von Naumann: *„Diese Woche wurde nicht eine einzige Damenhose verkauft und das obwohl wir gerade unsere aktuellen Modelle deutlich im Preis gesenkt haben."*

Frau Kleinert: *„Meiner Meinung nach konzentrieren wir uns zu sehr auf die klassischen und eleganten Modelle. Im Trend sind zurzeit vor allem die Röhrenhosen und Chinos. Bei mir haben Kunden mehrfach nachgefragt, ob wir diese Modelle führen. Leider konnte ich ihnen nicht weiterhelfen und sie verließen dann unsere Boutique, ohne bei uns einzukaufen."*

Lisa Jensen: *„Ich weiß, dass meine Freundin Selina und ihre Schwester Caro insbesondere wegen dieser Hosenmodelle extra nach Bochum fahren, um sie dort einzukaufen. Die beiden sind immer am Puls der Zeit und suchen schöne, stylische und zeitgemäße Kleidung, die über die üblichen Produkte von der Stange hinausgehen."*

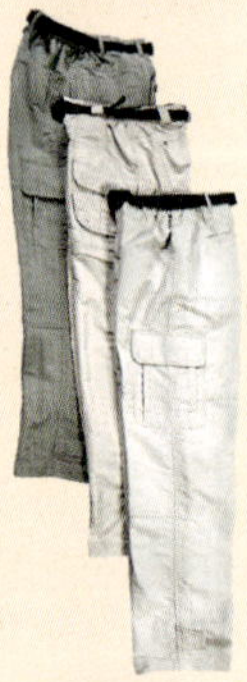

Frau von Naumann: *„Also genau das, was auch wir unseren Kunden anbieten, wenn sie elegant und gleichzeitig geschmackvoll gekleidet sein wollen."*

Frau Kleinert: *„Aber wenn wir diese Hosen nicht mit in unser Sortiment aufnehmen, enthalten wir unseren Kunden die Ware ja vor. Sie verlassen dann das Geschäft und fahren 50 km nach Bochum, um sie sich dort zu kaufen. Im schlechtesten Fall lassen sich die Kunden von uns beraten und bestellen dann die klassischen Hosen im Internet. Man muss ja nicht jeden Trend mitmachen, aber diesen sollten wir auf keinen Fall verschlafen."*

Frau von Naumann: *„Richtig, auf der Modemesse Anfang des Jahres in Zürich wurde diese neue Hosenlinie als „Vintage-" bzw. „Edgy-style" vorgestellt. Ich werde Herrn Huber, unseren Lieferanten, bitten, uns zwanzig verschiedene Modelle dieser neuen Produktserie zukommen zu lassen. Um die Hosen bei unseren Stammkunden und im Raum Iserlohn einzuführen, werden wir eine regionale Werbekampagne starten. Für diese Kampagne bin ich bereit, 5 000,00 EUR zur Verfügung zu stellen. Damit wir dieses ‚stilvolle Statement' auch fachgemäß durchführen können, müssen wir einen umfangreichen Werbeplan entwickeln."*

Lisa Jensen: *„Oh toll, das wollte ich schon immer einmal machen. Dann fangen wir am Besten sofort damit an."*

1 Bezug zur Handlungssituation Lernfeld 2, 3.2 Kaufmotive (S. 155 f.) und Handlungssituation 8.1 Gründe und Arten von Kundeneinwänden (S. 197 f.) im Bekleidungsgeschäft/Boutique Naumann e. Kfr. in Iserlohn.

Aufgaben:

1. Helfen Sie dem Verkaufsteam der Boutique und entwickeln Sie einen Werbeplan für die Einführung der neuen Hosenlinie im Raum Iserlohn!
2. Legen Sie Werbeziel, Werbeetat, Werbeobjekte, Zielgruppe(n), Steugebiet- und Streuzeit, Werbebotschaft, Werbemittel und Werbeträger fest und begründen Sie Ihre Entscheidung!
3. Stellen Sie dar, welche verkaufsfördernden Maßnahmen für das Bekleidungsgeschäft Naumann e. Kfr. noch infrage kommen könnten. Notieren Sie sich diese stichpunktartig und diskutieren Sie anschließend Ihre Ergebnisse im Klassenverband!

Die Umsetzung des Werbeplans erfolgt in folgenden Schritten:

Werbebotschaft festlegen → Werbemittel bestimmen → Werbeträger festlegen → Streuzeit festsetzen → Werbeerfolgskontrolle[1] durchführen

1.4.2.1 Werbebotschaft

Ist die Zielgruppe bestimmt, muss festgelegt werden, welche Inhalte der Zielgruppe durch die Werbung vermittelt werden sollen.

Die **Werbebotschaft** enthält Inhalte, die einer Zielgruppe durch die Werbung vermittelt werden sollen.

Wichtige **Inhalte der Werbebotschaft** sind:

- Die Ware muss für den Verbraucher **eindeutig erkennbar** sein (z. B. über eine Marke, ein Logo, ein Symbol, eine Farbzusammenstellung, einen einprägsamen Namen).
- Der **spezielle Nutzen der Ware** für die Zielgruppe muss deutlich herausgestellt und glaubhaft vermittelt werden.
- Der Verbraucher muss davon überzeugt werden, dass das **werbende Einzelhandelsunternehmen am besten geeignet** ist, die angebotene Ware zu liefern.

Damit die Werbung bei den Kunden haften bleibt, wird sie häufig kurz und einprägsam als **Slogan**[2] formuliert.

Beispiele:

Haribo macht Kinder froh...; ich bin doch nicht blöd; Geiz ist geil...

1.4.2.2 Werbemittel

Werbemittel sind alle Maßnahmen, die den Inhalt der Werbebotschaft gestalten. Werbemittel sprechen die Sinne der möglichen Kunden an.

1 Zur Erfolgskontrolle der Werbung siehe S. 362 ff.

2 **Slogan**: Werbeschlagwort, wirksam formulierte Redewendung.

Je nachdem, **welche Sinne angesprochen** werden sollen, gliedert man die Werbemittel in:

Optische Werbemittel	Plakate, Anzeigen, Prospekte, Werbebriefe, Schaufensterdekorationen, E-Mails, TV- und Kino-Spots, Internetseiten und Short Message Service (SMS).
Akustische Werbemittel	Verkaufsgespräche, Werbevorführungen, Werbespots im Radio
Geschmackliche Werbemittel	Proben von Käse, Gebäck, Fertiggerichte, Pralinen...
Geruchliche Werbemittel	Parfümproben, Hautcremes, Badelotion...

1.4.2.3 Werbeträger

Werbeträger sind die Medien, die die Werbebotschaft verbreiten.

Wichtige Werbeträger (Streumedien) im Einzelhandel sind:

Werbeträger

- **Printmedien**
  - Zeitungen, Zeitschriften, Anzeigenblätter
  - Werbebrief, Kundenzeitschrift
  - ....
- **Schaufenster**
- **Hörfunk**, **Fernsehen**, **Kino**
- **Plakatanschlagstellen**, **Nah- und Fernverkehrsmittel**, **Bandenwerbung**
- **Internet**, **CD-Werbung**
- **Werbegeschenke**

Dadurch, dass die Werbemittel über die Werbeträger verbreitet werden, besteht zwischen Werbemittel und Werbeträger ein enger Zusammenhang. Häufig ist mit der Entscheidung für ein bestimmtes Werbemittel auch die Art des Werbeträgers bereits festgelegt (z.B. Werbemittel „Anzeige" und Werbeträger „Zeitung" oder Werbemittel „bedruckte Folie" und Werbeträger „Verkehrsmittel").

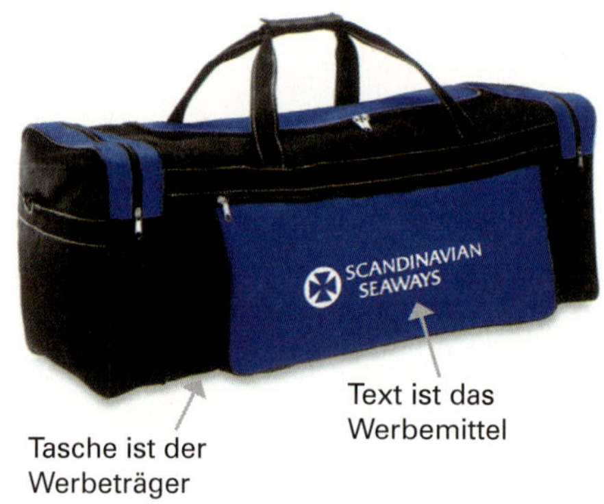

Der Einsatz von Werbemitteln und Werbeträgern sollte möglichst kostengünstig erreicht werden. Eine Orientierungshilfe ist hier die Berechnung und der anschließende Vergleich des **Tausender-Preises.** Er gibt an, wie hoch der Preis pro 1000 Kontakte zur festgelegten Zielgruppe ist.

Beispiel:

Die Anzeige in einer Tageszeitung kostet 2400,00 EUR. Die Auflagenhöhe der Zeitung beträgt 200000 Stück. Die Zeitung wird im Durchschnitt von 3 Personen gelesen.

Der Preis pro 1000 Kontakte wird wie folgt berechnet:

$$\text{Tausender-Preis} = \frac{2400 \cdot 1000}{200000 \cdot 3} = \underline{\underline{4{,}00\ \text{EUR}}}$$

Allgemein:

$$\text{Tausender-Preis} = \frac{\text{Preis für Werbeträger} \cdot 1000}{\text{Zahl der erreichten Personen}}$$

1.4.2.4 Streuzeit

Die **Streuzeit** bestimmt Beginn und Dauer der Werbung sowie den zeitlichen Einsatz der Werbemittel und Werbeträger.

Grundsätzlich hat der Einzelhändler **drei Möglichkeiten** für die zeitliche Planung von Werbeaktionen:

- **einmalig** bzw. **zeitlich begrenzt** und intensiv zu werben,
- **regelmäßig** zu werben (pro Tag, pro Woche, pro Monat),
- in **unregelmäßigen Abständen** kurz, aber intensiv zu werben.

Vergleicht man die Wirkung von kurzzeitigen Werbeaktionen mit Werbeaktionen, die über einen längerfristigen Zeitraum angelegt sind, so gilt: Je länger und je häufiger geworben wird, desto schneller treten wirtschaftliche Werbewirkungen ein.

Die **Vergessenskurve** aus der Lernforschung zeigt, dass binnen weniger Stunden 50 % der empfangenen Informationen bereits wieder vergessen sind.

Dennoch sprechen auch **Gründe** für einen **kurzzeitigen, intensiven Werbeeinsatz.**

Vergessenskurve bei Werbeabbruch nach einmaliger Veröffentlichung

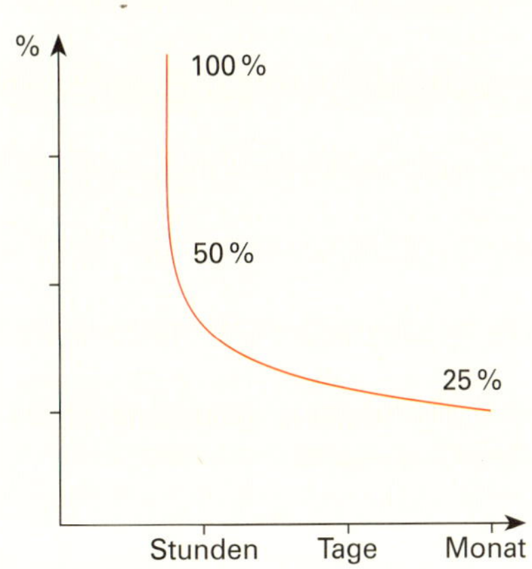

Beispiele:

- Ein Autohaus veranstaltet ein Frühlingsfest, um ein neues Pkw-Modell vorzustellen.
- Ein Fitnesscenter eröffnet in neuen Räumen und möchte schnell einen hohen Bekanntheitsgrad erreichen.
- Ein Lebensmittelgeschäft eröffnet eine neue Fleischwarenabteilung. Die örtlichen Metzgereien reagieren mit Anzeigen in der Tageszeitung, im Anzeigenblatt und mit Handzetteln, in denen sie Sonderangebote vorstellen.

Zusammenfassung

- Der **Werbeplan** erfasst alle Maßnahmen sowie die Höhe der voraussichtlichen Werbekosten, die der Einzelhändler in einem bestimmten Zeitabschnitt einsetzt, um Kunden zu gewinnen.
- Wichtige **Werbeziele** sind:
  - Ausweitung der Geschäftstätigkeit
  - Sicherung des Kundenstamms
  - Einführung neuer Artikel
- Die **Werbebotschaft** enthält die Werbeinhalte, die der Zielgruppe durch die Werbung vermittelt werden sollen.
- **Gegenstand der Werbung** kann ein Produkt, das Sortiment oder das Unternehmen sein.
- Der **Streukreis** beschreibt den Personenkreis, der umworben werden soll.
- Das **Streugebiet** ist das Gebiet, in welchem die Werbemaßnahmen durchgeführt werden sollen.
- Der **Werbeetat** weist die Geldmittel aus, die zur Durchführung der Werbemaßnahmen in einer bestimmten Zeit ausgegeben werden sollen.
- **Werbemittel** sind alle Maßnahmen, die den Inhalt der Werbebotschaft gestalten.
- Je nachdem, welche Sinne angesprochen werden, unterscheidet man folgende **Werbemittel**:
  - optische Werbemittel,
  - akustische Werbemittel,
  - geschmackliche Werbemittel,
  - geruchliche Werbemittel,
  - gemischte Werbemittel.
- **Werbeträger** sind die Medien, die die Werbebotschaft verbreiten. Zu den Arten von Werbeträgern siehe Abbildung auf S. 358.

Übungsaufgaben

73

1. Durch verstärkte Werbeaktivitäten möchte die Geschäftsleitung eines Einzelhandelsgeschäfts bisherige Kunden des Damenoberbekleidungsbereichs stärker an das Einzelhandelsgeschäft binden. Dabei wird eine deutliche Umsatzsteigerung angestrebt. Zwei Vorschläge stehen zur Auswahl: Prospektverteilung an alle Haushalte oder eine Werbebriefsendung an die Kunden.

   Aufgaben:

   1.1 Beschreiben Sie jeweils zwei Vorteile der genannten Vorschläge!

   1.2 Nennen Sie zwei zusätzliche Möglichkeiten eines Einzelhandelsgeschäfts zur Kundenbindung!

1.3 In Verbindung mit der Sortimentsänderung wird auch an eine Neugestaltung des Verkaufsraums gedacht. Dabei sollen verstärkt „Bedarfsbündel“ (Verbundplatzierung) gebildet und über „Visual Merchandising“ umgesetzt werden.

Erläutern Sie, was unter „Bedarfsbündelung“ und „Visual Merchandising“ verstanden wird!

1.4 Nennen Sie Werbeträger, die in einer Kleinstadt eingesetzt werden können! Machen Sie drei Vorschläge und begründen Sie Ihre Entscheidung!

2. Der Inhaber eines Sportgeschäfts sieht sich durch eine verschärfte Konkurrenzsituation gezwungen, sich Gedanken über seine Werbemaßnahmen zu machen.

Aufgaben:

2.1 Erklären Sie drei Werbegrundsätze, welche der Geschäftsinhaber berücksichtigen sollte!

2.2 Schlagen Sie drei verschiedene Werbeträger vor, die Sie für das Sportgeschäft als geeignet ansehen! (Begründung!)

3. Sie sind Mitarbeiter des Haushaltswarengeschäfts Frida Holzbauer e.Kfr. Frau Holzbauer überlegt, ob sie Einzelwerbung betreiben oder sich an der Sammelwerbung des Gewerbevereins beteiligen soll. Sie fragt Sie nach Ihrer Meinung.

Aufgabe:

Beraten Sie Frida Holzbauer, indem Sie die Vor- und Nachteile der beiden Werbearten gegenüberstellen!

4. 4.1 Erklären Sie, warum es sinnvoll ist, alle Werbemaßnahmen in einem Werbeplan zusammenzufassen!

4.2 Nennen Sie die Inhalte eines Werbeplans!

4.3 Nennen Sie die Schritte zur Umsetzung des Werbeplans!

4.4 Erläutern Sie, wovon die Höhe des Werbeetats abhängig ist!

5. Formulieren Sie zu dem abgebildeten Produkt einen werbewirksamen Slogan!

74 1. Für die anstehende Fahrradsaison werden im Kaufhaus Central GmbH die abgebildeten Artikel auf einer Verkaufsinsel platziert.

Aufgaben:

1.1 Nennen Sie den Fachbegriff für diese Form der Warenplatzierung!

1.2 Formulieren Sie einen werbewirksamen Slogan für das Plakat über der Verkaufsinsel!

1.3 Nennen Sie drei Ziele, die das Kaufhaus Central GmbH mit dieser Platzierung auf der Sonderverkaufsfläche verfolgt!

1.4 Die Fahrradartikel sollen im regionalen Umkreis beworben werden. Nennen Sie vier geeignete Werbemittel!

2. Die Umsatzentwicklung des Modehauses Else Sauter e. Kfr. seit der Eröffnung stellt sich folgendermaßen dar:

	1. Jahr	2. Jahr	3. Jahr
Damenoberbekleidung	832000	845000	839000
Junge Mode	286000	299000	325000
Kinderbekleidung	104000	91000	52000
Herrenbekleidung	390000	383500	377000

Aufgaben:

2.1 Beschreiben Sie die Umsatzentwicklung der Warengruppen in der obigen Tabelle!

2.2 Die Einzelhändlerin Else Sauter entschließt sich zur Aufgabe der Warengruppe Kinderbekleidung und zur Erweiterung des Sortimentsbereichs „Junge Mode" um hochwertige Markenartikel.

Erläutern Sie zwei Maßnahmen, die einen schnellen Abverkauf der Kinderbekleidung ermöglichen!

1.4.3 Werbeerfolgskontrolle

(1) Begriff

Die **Werbeerfolgskontrolle** überprüft,

- in welchem Umfang die gesetzten Werbeziele durch die eingesetzten Werbemittel und Werbeträger erreicht wurden und
- ob sich die Werbemaßnahmen gelohnt haben.

Gegenstand der Werbeerfolgskontrolle kann der nicht wirtschaftliche Werbeerfolg oder der wirtschaftliche Werbeerfolg sein. Die nicht wirtschaftliche Werbeerfolgskontrolle fragt danach, wie die Werbung bei den Umworbenen „angekommen" ist. Die wirtschaftliche Werbeerfolgskontrolle möchte den mithilfe der Werbung erzielten Erfolg feststellen.

(2) Nicht wirtschaftliche Werbeerfolgskontrolle

Die nicht wirtschaftliche Werbeerfolgskontrolle möchte ermitteln, ob sich die Einstellung der Kunden zum Sortiment, zu den Dienstleistungen oder insgesamt zum Einzelhandelsgeschäft durch die Werbung positiv verändert hat. Kleinere und mittlere Einzelhandelsgeschäfte führen in der Regel eine generelle nicht wirtschaftliche Werbeerfolgskontrolle nicht durch, da sie äußerst schwierig und aufwendig ist.

In Einzelfällen lässt sich eine nicht wirtschaftliche Werbeerfolgskontrolle jedoch auch durch kleine und mittlere Einzelhandelsgeschäfte ohne großen Aufwand selbst realisieren (verwirklichen).

Beispiel:

Ein Haushaltswarengeschäft möchte seinen Kunden ein neues Kochtopfsortiment vorführen. Dabei soll ein Probekochen mit einem stadtbekannten Koch durchgeführt werden. Eine persönliche Einladung ergeht an 80 Kunden.

Von den eingeladenen Kunden erscheinen 60 Personen. Daraus lässt sich eine Kennzahl ermitteln, nämlich der **Berührungserfolg.**

Er errechnet sich wie folgt:

$$\text{Berührungserfolg} = \frac{\text{Zahl der anwesenden Kunden}}{\text{Zahl der eingeladenen Kunden}}$$

In unserem Beispiel ergibt sich: $\text{Berührungserfolg} = \frac{60}{80} = \underline{\underline{0{,}75}}$

Das bedeutet, dass $^{3}/_{4}$ der eingeladenen Kunden von der Werbung berührt worden sind.

Haben von den 60 erschienenen Personen 48 einen Prospekt mitgenommen, zeigt das, dass diese Personen zumindest von der Werbung beeindruckt worden sind. Der **Beeindruckungserfolg** kann daher folgendermaßen berechnet werden:

$$\text{Beeindruckungserfolg} = \frac{\text{Zahl der von der Werbung beeindruckten Kunden}}{\text{Zahl der eingeladenen Kunden}}$$

In diesem Beispiel beträgt der Beeindruckungserfolg $= \frac{48}{80} = \underline{\underline{0{,}6}}$

Die Zahl bedeutet, dass 60 % der eingeladenen Kunden von der Werbung beeindruckt waren.

Angenommen, 20 der erschienenen Personen haben zumindest einen Kochtopf nach der Veranstaltung gekauft. Der **Erfüllungserfolg** kann dann wie folgt ermittelt werden:

$$\text{Erfüllungserfolg} = \frac{\text{Zahl der Käufer}}{\text{Zahl der eingeladenen Kunden}}$$

In diesem Fall lautet das Ergebnis: $\text{Erfüllungserfolg} = \frac{20}{80} = \underline{\underline{0{,}25}}$

Die Kennzahl sagt aus, dass $^{1}/_{4}$ der eingeladenen Kunden den Werbezweck erfüllt haben.

Allgemein lässt sich also sagen, dass der nicht wirtschaftliche Werbeerfolg umso größer ist, je höher die ermittelte Kennzahl ist.

(3) Wirtschaftliche Werbeerfolgskontrolle

Die wirtschaftliche Werbeerfolgskontrolle wird im Einzelhandel über die Auswertung von betrieblichen Kennzahlen und die Kassenbons ermittelt. Wichtige Kennzahlen in diesem Zusammenhang sind die Absatzzahlen, die Frequenzanalyse, der Umsatz je m^2 Verkaufsfläche und der durchschnittliche Umsatz je Kunde.

Unabdingbare Voraussetzung für eine wirtschaftliche Werbeerfolgskontrolle ist, dass das Einzelhandelsgeschäft über ein computergestütztes Warenwirtschaftssystem verfügt, aus dem alle benötigten Informationen schnell abgerufen werden können.

Beispiel:

Ein Kaufhaus setzt für die Warengruppe „Sommerkleider" für das letzte Wochenende im Juni einen Sonderverkauf an. Dazu werden folgende Werbemittel und Werbeträger eingesetzt: Anzeigen in der Tageszeitung, Prospektverteilung am Freitag, Handzettel am Eingang des Kaufhauses, Ausweitung der Verkaufsfläche durch Sonderplatzierungen.

Die Verkaufsstatistik des Kaufhauses weist für den Monat Juni folgende Daten auf:

	vom 1.–29. Juni durchschnittlich	Samstag, 30. Juni
Absatz pro Tag	146 Stück	511 Stück
Preis je Kleid	59,90 EUR	39,90 EUR
Anzahl der Kunden	350	980
Verkaufsfläche	46 m^2	70 m^2

Auswertung der Daten:

Absatz: Der Absatz konnte von durchschnittlich 146 Kleider auf 511 Kleider gesteigert werden. Das entspricht einer Steigerung von 250 %.

Frequenz: Die Kundenzahl steigt von durchschnittlich 350 Kunden auf 980 Kunden an. Die Kundenzahl hat sich damit fast verdreifacht.

	bis 29. Juni	am 30. Juni
Umsatz:		
Umsatz insgesamt:	146 Stück · 59,90 EUR = 8 745,40 EUR	511 Stück · 39,90 EUR = 20 388,90 EUR
Umsatz je Kunde:	$\frac{8\,745{,}40 \text{ EUR}}{350 \text{ Kunden}}$ = 24,99 EUR/Kunde	$\frac{20\,388{,}90 \text{ EUR}}{980 \text{ Kunden}}$ = 20,81 EUR/Kunde

Die Ergebnisse zeigen, dass der Umsatz zwar mehr als verdoppelt worden ist, der Umsatz je Kunde aber trotzdem zurückgegangen ist.

Umsatz je m^2 Verkaufsfläche:	$\frac{8\,745{,}40 \text{ EUR}}{46 m^2}$ = 190,12 EUR/m^2	$\frac{20\,388{,}90 \text{ EUR}}{70 m^2}$ = 291,27 EUR/m^2

Das Ergebnis zeigt, dass der Umsatz je m^2 Verkaufsfläche gesteigert werden konnte.

Die wirtschaftliche Werbeerfolgskontrolle wertet neben den Kennziffern auch noch die **Kassenbons** aus. Dadurch soll festgestellt werden, ob die Werbemaßnahmen für eine bestimmte Warenart auch zu Umsatzsteigerungen bei anderen Produkten geführt haben.

Beispiel:

Im vorgegebenen Beispiel wird das Kaufhaus anhand der Kassenzettel überprüfen, in welchem Umfang der Absatz an Schuhen, Blusen, Gürteln u. Ä. zugenommen hat.

Zusammenfassung

- Durch die **Werbeerfolgskontrolle** wird überprüft, wie erfolgreich der Werbeplan umgesetzt werden konnte.
- Zu unterscheiden sind die **wirtschaftliche Werbeerfolgskontrolle** und die **nicht wirtschaftliche Werbeerfolgskontrolle.**

Übungsaufgaben

75 1. Die Geschäftsleitung des Elektrohauses Lotte Stumpp KG beschließt, ihr Sortiment um einen neuen, energiesparenden „Ökospüler" zu erweitern!

Aufgaben:

1.1 Schlagen Sie der Geschäftsleitung begründet drei Werbemittel bzw. -medien vor, die geeignet sind, das neue Produkt erfolgreich auf den Markt zu bringen!

1.2 Die Werbung sollte bestimmten Grundsätzen genügen. Nennen Sie drei wichtige Werbegrundsätze!

1.3 In der Diskussion über die durchzuführenden Werbemaßnahmen fallen auch die Begriffe Streukreis und Streugebiet. Erläutern Sie diese Begriffe!

1.4 Nach Meinung der Geschäftsleitung soll vor allem Massenwerbung und Alleinwerbung betrieben werden. Nennen Sie noch weitere Arten der Werbung

1.4.1 nach der Zahl der Umworbenen und

1.4.2 nach der Anzahl der Werbenden!

1.5 Begründen Sie, warum die Lotte Stumpp KG die unter 1.4 genannten Werbearten bevorzugt!

1.6 Die Lotte Stumpp KG möchte den Erfolg ihrer geplanten Werbung kontrollieren. Machen Sie einen Vorschlag, wie eine Werbeerfolgskontrolle durchgeführt werden könnte!

2. Ein Medienhaus setzt für die Warengruppe DVD für den letzten Tag im Januar einen Sonderverkauf an. Die Verkaufsstatistik für den Monat Januar weist folgende Daten auf:

	vom 1.–30. Januar durchschnittlich	Samstag 31. Januar
Absatz pro Tag	48 Stück	124 Stück
Preis je DVD	17,49 EUR	10,99 EUR
Anzahl der Kunden	38	74
Verkaufsfläche	55 m^2	82 m^2

Aufgaben:

2.1 Ermitteln Sie, um wie viel Prozent der Tagesabsatz gesteigert werden konnte!

2.2 Ermitteln Sie, um wie viel Prozent der Tagesumsatz gesteigert werden konnte!

2.3 Berechnen Sie den Umsatz je Kunde!

2.4 Berechnen Sie den Umsatz je m^2!

2.5 Beurteilen Sie den finanziellen Erfolg des Sonderverkaufs!

PROJEKT
PROJEKT

76 Projekt: Wir entwerfen Prospekte und Anzeigen

I. Sachverhalt

Das Kaufhaus Xaver Weiner KG erweitert sein Sortiment um den Bereich Sportartikel. Die neue Sportabteilung umfasst die Bereiche Wintersport, Fahrradsport, Ballspiele, Bergwandern und Klettern. Die Sportartikel werden auf 400 m^2 Verkaufsfläche angeboten. Für alle Sportarten wird ein eigener Servicebereich eingerichtet, der auch Reparaturen übernimmt. Für die neue Sportabteilung wird ein eigener Parkplatz zur Verfügung gestellt, sodass der Kunde die Serviceabteilung direkt erreichen kann.

Die Eröffnung der Sportabteilung findet am 15. Mai 20.. im Rahmen eines großen Events mit bekannten Sportlern, einer Band, Spielen, Bewirtung und einem Gewinnspiel zugunsten der Sportjugend der heimischen Vereine statt. In der Eröffnungswoche wird mit einer Sonderpreisaktion gestartet, um die Kunden von der Attraktivität der Sportabteilung zu überzeugen.

Aufgaben:

1. Bilden Sie Teams und entwerfen Sie je Team
   1.1 einen Prospekt für eine der genannten Sportarten!
   1.2 zwei Anzeigen für die gewählte Sportart, die sich gegenseitig ergänzen!
2. Beantworten Sie vor Beginn Ihrer Arbeit folgende Fragen zur Teamarbeit:[1]
   2.1 Nennen Sie vier Voraussetzungen für eine erfolgreiche Teamarbeit!
   2.2 Erläutern Sie den Ablauf einer Teamarbeit!
   2.3 Was zeichnet eine gute Teamarbeit aus? Nennen Sie drei Merkmale!
   2.4 Erläutern Sie drei Stärken (Vorteile) eines guten Teams!
3. Erstellen Sie ein Konzept, wie die Teams bei der Planung der beiden Werbeaktionen vorgehen sollten!

Information 1: Vom Werbeziel zur Gestaltung der Werbebotschaft

Bis zur Gestaltung von Werbebotschaften sind vier Schritte erforderlich.

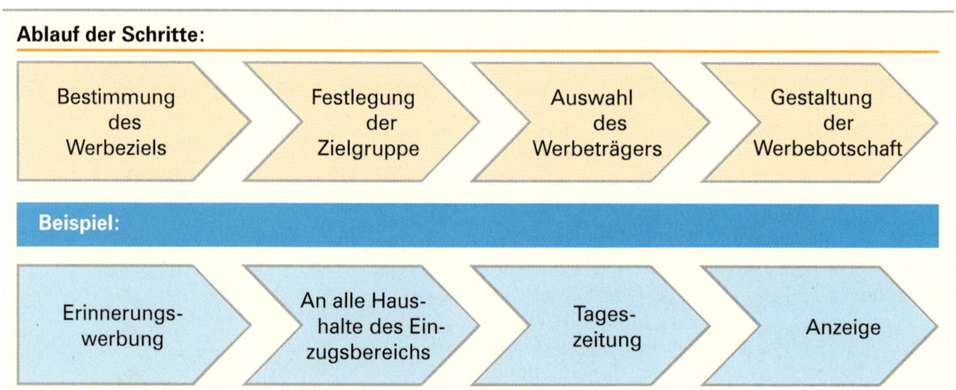

1 Vgl. hierzu die Ausführungen zu „Brainstorming-Methoden" auf S. 399 f.

Information 2: Wichtige Regeln zur Gestaltung der Werbebotschaft (Werbemittel)[1]

<table>
<tr><th>Regeln</th><th>Erläuterungen</th><th>Beispiele</th></tr>
<tr><td>Aufmerksamkeitsprinzip</td><td>Wichtige Elemente um Aufmerksamkeit zu erzielen sind:
■ emotionale Bilder, Zeichnungen
■ plakative Überschriften (Headlines)
■ hervorgehobene Preisangabe
■ Verwendung einer „reißerischen" Sprache mit vielen
– Eigenschaftswörtern,
– Superlativen,
– Steigerungen,
die eine besondere Reizwirkung vermitteln können
■ kurze, auch unvollkommene Sätze
■ Verwendung einheitlicher Schriftbilder</td><td>

preiswert, modern, neu, stark, edel; „Der absolute Preisknaller", „Die superlativste Schrankwand".
Markenartikel extrem günstig
Achtung Preisgefälle

</td></tr>
<tr><td>Abgrenzungsprinzip</td><td>Das Geschäft muss eindeutig zu erkennen sein. Dazu dient insbesondere eine unverwechselbare Firmenschrift sowie ein Firmenlogo.</td><td>

</td></tr>
<tr><td>Beschränkungsprinzip</td><td>Je mehr Informationen dem Verbraucher zugemutet werden, umso stärker sinkt die Beachtung der Werbebotschaft. Überfüllte Werbeflächen wirken häufig unordentlich und unsympathisch. Es gilt: Sage es so kurz und so einfach wie möglich (KISS-Prinzip, englisch: Keep it short and simple.)[2] und beginne immer mit einem Vorteilsversprechen für den Leser.</td><td>Beispiele für die Einhaltung des KISS-Prinzips:
„Sparen Sie Geld, aber nicht an der Qualität"; „Unser Bestes vom Besten"; „Ja, das ist Ihr Stil"; „Wohnen erster Klasse".</td></tr>
<tr><td>Personalisierungsprinzip</td><td>Werbebotschaften mit sympathischen Personenfotos sprechen den Verbraucher an und werden weniger anonym empfunden. Auch handgeschriebene Texte finden mehr Beachtung als Maschinenschrift.
Es gilt: Menschen vor Sachen; Kinder vor Erwachsenen; Gruppen vor Einzelpersonen; Handschrift vor Druckschrift.</td><td>
</td></tr>
</table>

1 Quelle: Heinrich Happel, Werbung für den Einzelhandel, 3. Aufl., Frankfurt a. M., S. 290 ff.

2 „Halte es kurz und einfach."

Information 3: Beispiel: Prospektwerbung[1]

Durch **Prospekte** möchte der Einzelhändler über **ausgewählte Artikel** seines Warensortiments **informieren**. Prospekte umfassen in der Regel zwischen vier und zwölf Seiten, sind mehrfarbig und meistens sehr aufwendig gestaltet. Sie werden als Infobrief oder als Beilage in den örtlichen Zeitungen verschickt. Viele Einzelhandelsbetriebe beziehen die Prospekte fix und fertig, einschließlich ihres Firmenschriftzuges (Firmenlogos), von ihrer Einkaufsorganisation. Einseitig bedruckte Prospekte bezeichnet man als **Handzettel** oder **Flyer.**

(1) Gestaltungselemente der Prospekttitelseite

Von besonderer Bedeutung ist die Gestaltung der Prospekttitelseite. Sie soll den flüchtigen Betrachter einladen, den Prospekt aufzuschlagen und wenigstens durchzublättern. Für eine attraktive Prospekttitelseite sind vier Elemente von Bedeutung:

- ein **interessantes Blickfangmotiv** mit einer starken emotionalen Ausstrahlung,
- eine **positive Headline** nach dem KISS-Prinzip,
- der **Firmenschriftzug (das Firmenlogo)** sowie
- ein **Wegwerfstopper.**

Positive Headline	Eine herausragende Stellung auf der Prospekttitelseite nimmt die **Headline** ein. Sie muss einprägsam sein, die wichtigste Werbeaussage enthalten, Neugier wecken und so eine Türöffner-Funktion für den nachfolgenden Werbetext übernehmen.	
Interessantes Blickfangmotiv	Eine **emotionale Blickfangwirkung** kann von einer **Person** bzw. **Personengruppe** (prominenter Schauspieler, Sport-Stars, Musiker, Kunde oder einer Gruppe von Mitarbeitern), von einer **Fantasiefigur** oder von der **Ware selbst** übernommen werden. Dabei gilt: Aktion vor Ruhe. Bildmotive strahlen immer dann eine gewisse Dynamik aus, wenn Menschen in Bewegung sind. Bewährt hat sich für die Titelseite auch die Hervorhebung eines einzelnen, besonders attraktiven Angebots (**„Eye-Catcher“**, Aufreißangebot).	
Firmenschriftzug (Firmenlogo)	Der **Firmenname** und das **Firmenlogo** sind so **herausgehoben zu platzieren,** dass auch der flüchtigste Betrachter die Werbebotschaft schnell und fehlerfrei dem werbenden Unternehmen zuordnen kann.	
Wegwerfstopper	**Wegwerfstopper** sollen verhindern, dass der Prospekt schnell beiseite gelegt wird. Geeignete Wegwerfstopper sind z. B. Rätsel, Preisausschreiben, Suchspiele, Puzzles oder das Angebot eines Preisnachlasses, sofern der Prospekt mit in das Geschäft gebracht wird.	

1 Die Ausführungen lehnen sich an Heinrich Happel, Werbung für den Einzelhandel, 3. Aufl., Frankfurt a. M., S. 405 ff. an.

(2) Gestaltungselemente der Prospektinnenseiten

Beschränkung bei Informationen und Artikeldichte

Die einzelnen Seiten sollten **nicht** mit **zu vielen Informationen** überlastet werden, denn mit zunehmender Informationsmenge sinkt die Werbebeachtung ab. Ein wichtiges Kriterium für die Beachtungsdauer ist auch, wie viele Artikel auf einer Prospektseite abgebildet werden **(„Artikeldichte")**.

Beispiele:

Durchschnittliche Artikeldichte pro Seite:

Großmöbel	3
Bekleidung (Ganz- und Halbfiguren)	4
Haushaltsgroßgeräte	6
Sportartikel	9
Lebensmittel	12
Uhren, Schmuck	16

Je übersichtlicher die Seite angeordnet ist, desto größer ist die Kaufwahrscheinlichkeit für den einzelnen Artikel.

Einheitliches Ordnungsprinzip (Raster) einhalten

Um dem Prospektleser die Informationsaufnahme zu erleichtern, sollten alle Prospektinnenseiten nach einem **einheitlichen Ordnungsprinzip (Raster)** aufgebaut sein. Beispielsweise Produktdarstellung in etwa gleich großen Feldern, etwa die gleiche Artikeldichte je Prospektseite, abgestimmte Hintergrundfarbe usw.

24 Speth u.a. - ISBN 978-3-8120-0631-6

PROJEKT

PROJEKT

PROJEKT

■ **Platzierung der Preisangabe im Prospekt**

Für das **Lesen einer Werbeanzeige** gelten folgende Regeln:

- Direkt in oder an der Abbildung platzierte Teile werden eher gelesen als ein von der Abbildung etwas weiter weg platzierter Textblock.
- Warenbeschreibungen unter einer Abbildung werden eher gelesen als solche, die über der Abbildung stehen.
- Eine Warenbeschreibung rechts neben dem Bild findet eine höhere Beachtung als die auf der linken Bildseite.

Diese Gesetzmäßigkeiten haben ihren Ursprung darin, dass wir gelernt haben, von links nach rechts und von oben nach unten zu lesen.

Aus diesen Regeln ist für **die Platzierung der Preise** abzuleiten:

- Bei Artikeln mit einem besonders **günstigen Preis-Leistungs-Verhältnis** ist der **Preis direkt zum Artikel,** und zwar so auffallend wie möglich, zu platzieren (z. B. in einem Kreis mit einer Zusatzfarbe).
- Bei **höheren Preislagen** sollte die Preisangabe am **Schluss der kompletten Warenbeschreibung** stehen, um zu verhindern, dass der Leser vorschnell zu einem negativen Urteil kommt („Das ist aber teuer").

Information 4: Beispiel: Anzeige

(1) Allgemeine Anforderungen an eine Werbeanzeige

Eine Anzeige erzielt dann eine **hohe Werbewirkung,** wenn sie

- **kurz** und **prägnant** informiert,
- durch die Art der Gestaltung **Aufmerksamkeit** erzielt,
- die **Wareneigenschaften** sofort vermittelt,
- **Sympathie** ausstrahlt und
- den werbenden **Einzelhandelsbetrieb unverwechselbar** erkennen lässt.

(2) Regeln für die Gestaltung einer Werbeanzeige mit Beispiel

Erläuterungen:

1 Der **Firmenschriftzug (Einzelhandelsbetrieb, Hersteller)** ist so zu platzieren, dass zu den übrigen Werbeelementen genügend Abstand gehalten wird und er dadurch sofort erkennbar ist. Die Firmenbezeichnung stellt die wichtigste Werbebotschaft dar, denn sie sichert selbst dem flüchtigsten Betrachter die fehlerfreie Zuordnung der Werbebotschaft **(Abgrenzungsprinzip).**

Beispiel:

Zur Anzeige: Der Firmenschriftzug (Autohaus Mielke GmbH & Co KG) und die Herstellermarke (Ford) können der Werbebotschaft leicht zugeordnet werden.

2 Die Texte sind so zu gestalten, dass auch Nichtkunden in der Lage sind, die **Leistungsfähigkeit des Einzelhandelsbetriebs** schnell zu erkennen. Die **Information** muss in wenigen, kurzen Sätzen vermittelt werden (KISS-Prinzip), denn mit zunehmender Informationsüberlastung wächst die Gefahr, dass die Anzeige nicht gelesen wird. Weniger ist mehr! **(Beschränkungsprinzip!)**

Beispiel:

Zur Anzeige: Die Information ist in einem Kästchen bzw. über dem Firmenschriftzug konzentriert und kann somit schnell aufgenommen werden. Der Autopreis ist zurückgenommen, die Leistungsfähigkeit des Autohauses wird herausgehoben („Hier winken 2500,00 EUR").

3 Die Anzeige soll sich vom **übrigen Anzeigenfeld** abheben und auf sich aufmerksam machen. Gestaltungsmittel hierzu sind: möglichst frei stehende **Bilder** (Menschen, Ware, Landschaft), positiv formulierte, plakative Überschriften **(Headlines)** und **Texte,** herausgehobene **Preisinformation (Bild-Text-Preis-Prinzip).** Bilder und Preisangaben sind dabei gleichwertig mit dem Text zu präsentieren **(Aufmerksamkeitsprinzip).**

PROJEKT

Beispiel:

Zur Anzeige: Sie ist übersichtlich angeordnet. Bilder, Überschriften und Informationstext können daher mit einem Blick aufgenommen werden. Die Headlines und Texte sind einprägsam und positiv formuliert („Hier winken...“; „Mehr als gerecht“; „Besser ankommen“).

4 Bilder dienen in Anzeigen nicht nur als **Blickfang**, sie haben auch eine **Informationsfunktion**. Sie sollen die Leistungsfähigkeit des Einzelhandelsbetriebs realistisch und für den Anzeigenbetrachter optisch anschaulich herausstellen. Außerdem haben sie die Aufgabe, eine **emotionale**[1] **Atmosphäre**[2] zu vermitteln und die Anzeige aus der Anonymität herauszuholen **(Personalisierungsprinzip)**.

Beispiel:

Zur Anzeige: Die abgebildeten Personen unterstützen durch ihre Armbewegung die Headline („Hier winken...“). Sie wirken sympathisch und führen dazu, dass die Anzeige persönlich und weniger anonym empfunden wird.

2 Verkaufsförderung und Public Relations als Ergänzung der Werbung

2.1 Verkaufsförderung (Salespromotion)[3]

Handlungssituation:

Im Sportfachgeschäft Janßen und Sohn GmbH in Dortmund sind die Absatzzahlen bei den Inlineskates im Vergleich zum Vorjahr um fast 7 % gesunken. Damit wurde der Negativtrend aus den Vorjahren deutlich bestätigt.

Herrn Schulten, Geschäftsführer des Fachgeschäftes, liegen Zahlen vor, die erste Rückschlüsse auf die möglichen Ursachen dieses drastischen Rückgangs zulassen. Zum einen kaufen immer mehr Kunden Sportartikel im seit zwei Jahren existierenden Einkaufszentrum der Stadt ein, weil dort vor allem die Parkmöglichkeiten und auch die Sonderangebote sehr attraktiv sind. Zum anderen vermutet er, dass die Kunden mit dem Einkauf von Sportartikeln auch ein außergewöhnliches Kauferlebnis verbinden. Die Einkaufsmöglichkeiten im Sportfachgeschäft sind sehr auf die angebotenen Waren und auf die intensiven Beratungen des Verkaufpersonals bezogen.

Um den Verkauf der Inliner wieder abwechslungsreicher zu gestalten, überlegt Herr Schulten, am Point of Sale eine kleine Halfpipe aufzubauen. In dieser könnte dann am nächsten Wochenende der deutsche Meister im Inlinern den Kunden sein Können mit den neuen Inlinern BT3, die an diesem Tag im Fachgeschäft präsentiert werden sollen, zeigen.

Zusätzlich sollen hochwertige Preise und Autogramme des Sportlers an die Kunden verlost und unterschiedliche Prospekte und Kataloge verteilt werden. Kunden können die Halfpipe nutzen, um die unterschiedlichen Inliner intensiv auszuprobieren und diese anschließend zum Selbstkostenpreis zu erwerben.

Eine spezielle Schulung des Verkaufspersonals für die neuen Inliner soll der Aktion vorausgehen.

Aufgabe:

Welche Vor- und Nachteile hat eine solche Aktion für das Sportfachgeschäft? Begründen Sie Ihre Meinung!

1 **Emotional:** einer inneren Erregung folgend.

2 **Atmosphäre:** Stimmung.

3 **Sale:** Verkauf; **Promotion:** Förderung

Die **Werbung** dient dazu, die Verbraucher auf das Einzelhandelsgeschäft und sein Sortiment aufmerksam zu machen und sie anzuregen, das Geschäft aufzusuchen. Die **Verkaufsförderung (Salespromotion)** setzt diese Werbeanstrengungen **im Verkaufsraum** fort und zielt darauf ab, den Kunden an die Waren heranzuführen. Sie möchte die Kaufentscheidung am **Ort des Verkaufs (Point of Purchase[1] [POP]/Point of Sale [POS])** beeinflussen. Im Gegensatz zur Werbung sind derartige Aktionen eher kurzfristig, haben den Charakter einer Aktion und dienen auch der Profilierung des Einzelhandelsunternehmens.

Verkaufsförderung (Salespromotion) sind alle Maßnahmen am Verkaufsort, die dazu geeignet sind, den Absatz der Waren zu steigern.

2.1.1 Kunden-, Mitarbeiter- und Händlerpromotion

Je nachdem, wer durch die Aktion angesprochen wird, wird zwischen Kundenpromotion, Mitarbeiterpromotion und Händlerpromotion unterschieden.

(1) Kundenpromotion (Verbraucherpromotion)

Die Kundenpromotion zielt darauf ab, den Verkaufsvorgang am Verkaufsort durch **kurzfristige Aktionen** zu fördern. Die Bedeutung dieser Form der Verkaufsförderung hat in den letzten Jahren vor allem deshalb zugenommen, weil ein Großteil der Kaufentscheidungen erst am Verkaufsort fallen und daher noch kurzfristig eine Information der Kunden möglich ist.

© KaDeWe Presseabteilung, Berlin

Beispiele:

- Veranstaltung mit Prominenten, z. B. Autogrammstunde eines Radrennfahrers.
- Einsatz von Verkaufspropagandisten, z. B. Verkostungen, Warenproben, Warenvorführungen, Verteilen von Werbegeschenken.
- Gewinnspiele, Gutscheine, Preisausschreiben.
- Lautsprecherdurchsagen im Verkaufsraum, z. B. „In unserer Lederabteilung bieten wir Ihnen Lederjacken für Sie und Ihn zum Aktionspreis an".
- Organisation und Durchführung von Aktionen, z. B. Modeschauen, Malwettbewerbe für Kinder, computergestützte Beratung bei der Auswahl von Skischuhen, Kochvorführungen.

Vorteile der Kundenpromotion sind insbesondere: direktes Ansprechen des Kunden; unter Umständen schneller Verkaufserfolg; direkter Kontakt zum Kunden. **Nachteile der Kundenpromotion** sind insbesondere: nur wenige Kunden werden erreicht; nur bei wenigen Waren und Zielgruppen einsetzbar; hohe Kosten und hoher Arbeitsaufwand.

1 **Purchase**: Kauf.

(2) Mitarbeiterpromotion (Verkaufspromotion)

Die Mitarbeiterpromotion zielt auf die Motivierung der Verkaufsmitarbeiter sowie auf die Erhöhung der Qualität des Verkaufsvorgangs ab.

Beispiele:

- Schulung der Mitarbeiter, wenn neue Produkte in das Sortiment aufgenommen werden bzw. wenn neue Geräte im Verkauf eingesetzt werden, z. B. neue Kassenautomaten.
- Verkaufstraining, Argumentationstraining, Vermittlung neuer Verkaufstechniken.
- Stärkung der Mitarbeitermotivation durch Verkaufswettbewerbe mit attraktiven Preisen, Prämien- und Provisionssystemen.
- Bereitstellen von verkaufsunterstützendem Material, z. B. Proben, Muster, Displays, Prospekten, Werbegeschenken, Vorführgeräten u. Ä.

(3) Händlerpromotion

Die Händlerpromotion wird von den Herstellern und Großhändlern betrieben. Dabei bieten diese dem Einzelhändler Anreize dafür an, dass er ihre Produkte verstärkt anbietet bzw. neu in das Sortiment aufnimmt.

Beispiele:

- Gewährung von Einführungsrabatten, Gratisware, Rücknahmegarantien, Regalmiete u. Ä. bei Einführung eines neuen Produkts.
- Beratung bei der Verkaufsraumgestaltung, Bereitstellung von Display-Materialien, Einrichtungsgegenständen (Verkaufsständern, Vitrinen, Regalen), Verpackungsmaterial, Schaufensterdekorationen, Ausrichten von Verkaufsshows bzw. Produktdemonstrationen.
- Erhöhung der Händlermotivation durch Verkaufsförderungsprämien, Verkaufswettbewerbe, Anerkennungsprogramme und Werbegeschenke.

2.1.2 Couponing

Viele Einzelhändler versuchen derzeit über Bezugsberechtigungen (Coupons) Kunden zu gewinnen. Coupons werden über Zeitungen, Zeitschriften, durch Kundenbriefe oder durch Ausgabe im Verkaufsraum verteilt.

Wichtige **Formen von Coupons** sind:

Einkaufsgutscheine (Shopping Coupons)	Beim nächsten Einkauf erhält der Kunde – unabhängig vom eingekauften Produkt – einen festgelegten Betrag von der Gesamteinkaufssumme abgezogen.
Warengutscheine (Free-Offer-Coupons)	Als Anreiz für einen Einkauf erhält der Kunde eine Zugabe.
Treue- bzw. Rabattcoupons (Cash-Coupons)	Der Kunde erhält einen Gutschein (z. B. Bonuskarte, Meilen, bestimmten Euro-Betrag), der einen Nachlass auf ein Produkt oder eine Einkaufssumme gewährt. Die Coupons können auch zunächst vom Kunden gesammelt und dann in einer Summe eingelöst werden.

2.1.3 Gutscheine

Gutscheine können in fast allen Einzelhandelsgeschäften gekauft werden. In der Regel handelt es sich dabei um **Geschenkgutscheine.** Daneben geben Einzelhandelsgeschäfte noch **Umtauschgutscheine** aus, wenn sie z. B. einer Warenrückgabe aus Kulanzgründen zustimmen. Die Einlösung eines Gutscheins kann vom Einzelhändler befristet werden! Die First darf jedoch nicht kürzer als ein Jahr sein.

Mit dem Gutschein erwirbt der **Inhaber des Gutscheins** das Recht, im Gegenwert des Gutscheins Waren beim ausgebenden Einzelhandelsgeschäft zu kaufen. Liegt der Betrag des Gutscheins höher als der Kaufpreis der Ware, wird ein neuer Gutschein über den Restbetrag ausgestellt. Eine **Auszahlung** des Geldbetrages kann **nicht verlangt** werden. **Ausnahme**: Weigerte sich der Einzelhändler, nach Ablauf der Frist den Gutschein einzulösen, dann hat der Berechtigte einen Anspruch auf Auszahlung des Betrags, abzüglich des entgangenen Gewinns des Einzelhändlers.

Wenn der Kunde den Gutschein einlöst, hat der Verkäufer darauf zu achten, dass er entwertet wird.

2.1.4 Themenorientierte Aktionen und Preisaktionen

Bei **themenorientierten Aktionen** fasst das Einzelhandelsgeschäft Sortimentsteile zu Bedarfsbündeln zusammen und präsentiert sie unter einem bestimmten Thema, z. B. „Französiche Woche“, „Weihnachtsbasar“, „Ab in den Urlaub“. Solche Aktionen zeigen die Sortimentsstärke auf und stärken damit das Image des Geschäfts.

Bei **Preisaktionen** werden bestimmte Warengruppen bzw. Artikel zu Tiefstpreisen bzw. hohen Rabatten angeboten, um die Kunden in das Geschäft zu locken. Schlagworte hierfür sind: „Sale“, „Geiz ist geil“, „Ich bin doch nicht blöd“ u. Ä.

2.2 Public Relations (Öffentlichkeitsarbeit)

Handlungssituation:

Die 16-jährige Fatma Tezgül und ihr Freund Thomas Lottner aus Potsdam besuchen am Wochenende ein Fußballspiel eines Kreisligisten aus der Region, bei dem Thomas' Bruder mitspielt. Fatma macht eine Ausbildung zur Kauffrau im Einzelhandel im Möbelhaus Flessner OHG in der Innenstadt von Potsdam.

Auf dem Weg zum Fußballspiel fällt ihr auf, dass an einigen Plakatwänden und an einer Litfaßsäule Werbung von ihrem Ausbildungsbetrieb zu finden war. Richtig überrascht ist sie aber, dass bei dem Fußballspiel am Rande des Platzes *„Möbelhaus Flessner OHG – ihr Partner für die Region!"* an den Banden zu lesen ist. Sogar auf den Trikots der heimischen Fußballmannschaft ist das Möbelhaus mit seinem Namen aufgedruckt.

Als sie ihren Freund Thomas auf die Werbung ihres Ausbildungsbetriebes anspricht, erklärt er ihr, dass zwischen dem Kreisligisten und dem Möbelhaus seit dem Aufstieg in die neue Spielklasse ein Kooperationsvertrag bestehen würde. Thomas erklärt: *„Die Mannschaft hat nicht nur neue Trikots bekommen, sondern bekommt beim Einkauf im Möbelgeschäft sogar besondere Einkaufsrabatte und Vergünstigungen. Darüber hinaus wurde nach dem Aufstieg in die neue Spielklasse die komplette Mannschaftsfahrt nach Spanien vom Unternehmen Flessner gesponsert."*

Fatma blickt Thomas skeptisch an und fragt sich, warum ihr Ausbildungsbetrieb eine Fußballmannschaft aus der Kreisliga im Raum Potsdam so unterstützt.

Aufgaben:

1. Notieren Sie sich stichpunktartig mögliche Gründe für das Engagement[1] des Möbelhauses bei dem unterklassigen Fußballverein!
2. Wären diese Werbemaßnahmen auch für Ihren Ausbildungsbetrieb sinnvoll? Begründen Sie Ihre Meinung!

(1) Begriff

Öffentlichkeitsarbeit sind alle Maßnahmen des Einzelhändlers, die darauf ausgerichtet sind, den Bekanntheitsgrad, den guten Ruf und das Ansehen des Einzelhandelsbetriebs zu pflegen und zu verbessern (Imagebildung)[2].

Mithilfe der Öffentlichkeitsarbeit soll z. B. gezeigt werden, dass das Einzelhandelsunternehmen besonders fortschrittlich, sozial oder ein guter Steuerzahler ist oder dass es die Belange des Umweltschutzes in besonderem Maße berücksichtigt.

Beispiele:

- Das Kaufhaus Christina Eberle OHG stiftet der Jugendmannschaft des örtlichen Fußballclubs Trikots mit der Aufschrift: „Kaufhauserlebnis Christina Eberle OHG" **(Sponsoring).**
- Ein Möbelhaus veranstaltet an einem Sonntag einen Tag der offenen Tür mit Kinderprogramm, Verköstigung, Küchengewinnspiel usw. Ein Verkauf findet an diesem Tag nicht statt **(Event).**
- Ein Einkaufszentrum spendet einer Berufsschule einen EDV-Raum mit 15 PCs und gibt anlässlich der Übergabe eine Pressekonferenz **(Spende).**
- Eine Parfümerie gibt kostenlos eine Kundenzeitschrift heraus mit Tipps für Gesichtspflege, Modeschmuck, Parfüm, Kreuzworträtsel, u. Ä. **(Kundenbetreuung).**

1 **Engagement:** innere Bindung an etwas.

2 **Image:** Bild, Vorstellung.

(2) Formen der Public Relations

■ Events

Events (Veranstaltungen) stellen das Unternehmen und seine Produkte erlebnisorientiert dar. Eine zielgruppenspezifische Mixtur aus Show-, Musik-, Mode- und/oder Sportaktionen, dekoriert mit populären Persönlichkeiten als Publikumsmagnet, entfaltet eine aufnahmewillige Kommunikationsbasis. Das Ereignis soll aus dem üblichen Rahmen herausstechen. Die Reizüberflutung und Informationsüberlastung der Zielgruppe durch klassische Werbeformen wird spielerisch umgangen und in eine Image fördernde Meinungsbildung gelenkt.

© Dodenhof

Wenn es darum geht, gefühlsbetonte und nachhaltige Eindrücke zu erzielen, ist das Event mit seiner Konzeption aus Information, Emotion, Aktion und Motivation das Erfolgsmodell einer erlebnisorientierten Begegnungskommunikation. Eine mediale Berichterstattung, häufig in Anzeigeblättern, erhöht die Wirkung solcher Veranstaltungen.

> **Events** sind eine erlebnisorientierte Darstellung des Unternehmens und seiner Produkte in einer Mixtur aus Show-Aktionen, die den Erwartungshorizont der Zielgruppe treffen.

■ Sponsoring

> Beim **Sponsoring** stellt der Sponsor dem Gesponserten Geld oder Sachmittel zur Verfügung. Dafür erhält er Gegenleistungen, die zur Erreichung der Marketingziele beitragen sollen.

Sponsoring basiert auf dem Prinzip des gegenseitigen Leistungsaustauschs. So stellt ein Unternehmen Fördermittel nur dann zur Verfügung, wenn es hierfür eine Gegenleistung vom Gesponserten (z.B. die Duldung von Werbemaßnahmen) erhält.

Beispiele:

Ein Sportgeschäft stattet den örtlichen Fußballverein mit Trikots aus; die Buchläden einer Stadt fördern eine Theaterveranstaltung.

Zusammenfassung

- Als **Verkaufsförderung (Salespromotion)** bezeichnet man alle Maßnahmen am Verkaufsort, die dazu geeignet sind, den Absatz der Waren zu steigern.
- Wichtige **Arten der Verkaufsförderung** sind:
  - Die **Kundenpromotion** wendet sich mit besonderen Aktionen am Verkaufsort direkt an den Kunden.
  - Die **Mitarbeiterpromotion** richtet sich an das Verkaufspersonal, um dessen Leistungsfähigkeit zu verbessern.
  - Unterstützen Hersteller und Großhändler den Einzelhandel bei seinem Bemühen, Waren an den Verbraucher zu verkaufen, so bezeichnet man dies als **Händlerpromotion.**
  - Weitere Formen der Verkaufsförderung sind das **Couponing,** die Ausgabe von **Gutscheinen, themenorientierte Aktionen** und **Preisaktionen.**
- **Public Relations (Öffentlichkeitsarbeit)** ist das bewusste, geplante und dauernde Bemühen des Einzelhändlers, Vertrauen und Verständnis für das Einzelhandelsgeschäft in der Öffentlichkeit aufzubauen und zu pflegen.
- Wichtige Formen der Öffentlichkeitsarbeit sind die Organisation eines **Events** und das **Sponsoring.**

Übungsaufgabe

77 Die Geschäftsleitung der Drogeriekette Lothar Piller GmbH prüft, ob auch Maßnahmen der Verkaufsförderung (Salespromotion) ergriffen werden sollen.

Aufgaben

1. Erläutern Sie den Begriff Verkaufsförderung und gliedern Sie die Maßnahmen, die zur Verkaufsförderung gehören!
2. Zur Absatzförderung trägt auch die Öffentlichkeitsarbeit – also Maßnahmen der Public Relations – bei. Begründen Sie diese Aussage!
3. Notieren Sie zu den Ziffern, ob es sich bei den nachfolgenden Maßnahmen um Public Relations oder Salespromotion handelt!
   - 3.1 Ein Mitglied der Geschäftsleitung stellt sich als Vorstand für den örtlichen Fußballclub zur Verfügung.
   - 3.2 Fünf PCs werden der Hauptschule von der Lothar Piller GmbH gestiftet.
   - 3.3 In verschiedenen Filialen der Drogeriekette Lothar Piller GmbH werden Kunden Produktproben angeboten.
   - 3.4 Die Drogeriekette Lothar Piller GmbH schreibt für die Verkäufer einen Verkaufswettbewerb aus.
   - 3.5 Der Geschäftsführer der Lothar Piller GmbH überreicht der Stiftung „SOS-Kinderdorf" bei einem Pressetermin einen Scheck über 4500,00 EUR.
4. Ein Autohändler plant eine Aktion zur Vorstellung des „Autos des Jahres".
   - 4.1 Stellen Sie ein Veranstaltungsprogramm auf für ein Marketing-Event in der Ausstellungshalle und auf dem Freigelände des Automobilhändlers!
   - 4.2 Beschreiben Sie, wie Ihr Veranstaltungsprogramm die Aspekte Information, Emotion, Aktion und Motivation an die Zielgruppe vermitteln will!
5. Notieren Sie, bei welchen der folgenden Vorgänge es sich um Couponing handelt!
   - 5.1 Der Einzelhändler bietet dem Kunden beim Kauf einen Rabatt an.

5.2 Der Kunde erhält aus Kulanz bei der Rückgabe einer Ware einen Gutschein.
5.3 Der Kunde erhält aufgrund eines Bezugsrechtscheins beim Kauf eine Zugabe.
5.4 Im Werbeprospekt wird für einen Artikel der Preis für drei Tage stark abgesenkt.
5.5 Als Geschenk erhält jeder Kunde beim Kauf eines Artikels im Wert von über 10,00 EUR einen kleinen Blumenstrauß.

6. Stellen Sie dar, worauf eine Kassiererin bei der Entgegennahme eines Coupons besonders zu achten hat!
7. Beschreiben Sie das Recht, das der Inhaber des Gutscheins gegenüber dem ausgebenden Einzelhandelsgeschäft besitzt!
8. 8.1 Erläutern Sie mit zwei Argumenten, warum ein Einzelhändler den Kunden Gutscheine anbietet!

   8.2 Beschreiben Sie, was der Verkäufer bei der Einlösung eines Gutscheins zu beachten hat!

3 Wettbewerbsrecht

Handlungssituation:

Werbung des Süßwarenhauses Lisa Hanser e. Kfr.

Bei Edeka-Läden, Spar-Läden, Rewe-Läden in unserer Stadt: überall bekommen Sie „Milka Schokolade". Bei uns zahlen Sie den niedrigsten Preis.

Aufgabe:

Prüfen Sie, ob die Preise miteinander verglichen und die Konkurrenz beim Namen genannt werden dürfen![1]

3.1 Gesetz gegen den unlauteren Wettbewerb [UWG]

3.1.1 Zweck des Gesetzes [§ 1 UWG][2]

Das UWG dient dem Schutz der Mitbewerber, der Verbraucher sowie der sonstigen Marktteilnehmer vor unlauteren geschäftlichen Handlungen.

- **Mitbewerber:** Das sind alle Unternehmen, die als Anbieter oder Nachfrager von Waren oder Dienstleistungen mit anderen Unternehmen in direktem Wettbewerb stehen.
- **Verbraucher:** Das sind die Käufer, die die Produkte oder Dienstleistungen beziehen.
- **Sonstige Marktteilnehmer:** Das sind (neben den Mitbewerbern und Verbrauchern) alle Unternehmen, die als Anbieter oder Nachfrager von Waren oder Dienstleistungen tätig sind.

Das Gesetz schützt die **Interessen der Allgemeinheit** an einem unverfälschten Wettbewerb.

1 Vgl. Sie hierzu die Ausführungen auf S. 380 ff.

2 Die Ausführungen berücksichtigen die **Änderung des Gesetzes gegen den unlauteren Wettbewerb [UWG] vom 24. Februar 2016.** Ziel der Gesetzesänderung ist die Umsetzung der Vorgaben der EU-Richtlinie 2005/29/EG.

3.1.2 Unlautere geschäftliche Handlungen

(1) Begriff

Unlautere geschäftliche Handlungen sind **unzulässig** [§ 3 I UWG].

- Unlauter handelt, wer **gegen eine gesetzliche Vorschrift** verstößt und der Verstoß geeignet ist, die **Interessen** von Mitbewerbern, Verbrauchern und sonstigen Marktteilnehmern **spürbar zu beeinträchtigen** [§ 3a UWG].
- Ebenfalls unlauter sind **geschäftliche Handlungen gegenüber Verbrauchern,** wenn sie **nicht** der **unternehmerischen Sorgfalt entsprechen** und dazu geeignet sind, das wirtschaftliche **Verhalten des Verbrauchers wesentlich zu beeinflussen** [§ 3 II UWG].

Im Anhang des Gesetzes werden geschäfltiche Handlungen aufgeführt, die stets unzulässig sind **(„Schwarze Liste")**.

(2) Unlautere geschäftliche Handlungen gegenüber Mitbewerbern [§ 4 UWG]

Unlautere geschäftliche Handlungen	Beispiele
Waren, Dienstleistungen, Tätigkeiten oder die persönlichen und geschäftlichen Verhältnisse eines Mitbewerbers werden **herabgesetzt oder verunglimpft.**	■ Ein Lebensmittelhändler behauptet wahrheitswidrig von einem Konkurrenten, dass dessen „Bio-Gemüse" nicht von einem Bio-Bauern stamme, sondern von einem Landwirt, der das Gemüse mit Fungiziden[1] und Pestiziden[2] spritze. ■ Der Autohändler Ron Winienz erzählt ständig seinen Kunden, dass der Pleitegeier auf dem Dach des gegenüberliegenden Autohauses säße.
Es werden Waren oder Dienstleistungen angeboten, die eine **Nachahmung der Waren oder Dienstleistungen eines Mitbewerbers** sind.	Ein Produkt soll vortäuschen, dass es sich um ein Markenprodukt handelt. Es wird dem Markenprodukt nachgeahmt. Lediglich der Preis unterscheidet sich vom Original (z. B. gefälschte Rolex-Uhren, gefälschte Lacoste-T-Shirts).

(3) Aggressive geschäftliche Handlungen [§ 4a UWG]

Aggressive geschäftliche Handlungen	Beispiele
Die Verbraucher oder sonstige Marktteilnehmer werden in einer Weise **unzulässig beeinflusst,** die ihre Fähigkeit zu einer informierten Entscheidung wesentlich beeinträchtigt.	Bei einer sogenannten „Kaffeefahrt" werden die Teilnehmer während der Verkaufsveranstaltung nicht aus dem Raum hinausgelassen. Teilnehmer, die nicht kaufen wollen, werden vor allen Anwesenden mit folgender Bemerkung bloßgestellt: „Kostenlos mitfahren tun Sie, aber kaufen wollen Sie nicht!"
Die **geschäftliche Unerfahrenheit,** insbesondere von Kindern und Jugendlichen, wird **ausgenutzt.**	Kurznachrichten auf dem Handy durch einen Betreiber, die zu einem Rückruf auffordern: „Ruf mich zurück, du kannst gewinnen."

1 **Fungizid** (lat.): Mittel zur Pilzbekämpfung.

2 **Pestizid** (lat.): Mittel zur Schädlingsbekämpfung.

Die **Entscheidungsfreiheit** des Verbrauchers oder sonstiger Marktteilnehmer wird durch **aggressive Handlungen erheblich beeinträchtigt.**	Auf der Webseite eines Wellnesshotels erfolgt die Einblendung: „Gerade sehen sich fünf Interessenten diese Zimmerkategorie an. Im Augenblick sind noch drei Zimmer frei.“ Der Konsument hat somit keine Möglichkeit, das Angebot sachlich und in Ruhe zu prüfen.

3.1.3 Irreführende geschäftliche Handlungen [§ 5 und 5 a UWG]

- **Unlauter** handelt, wer eine **irreführende geschäftliche Handlung** vornimmt, die geeignet ist, den Verbraucher oder sonstigen Marktteilnehmer zu einer geschäftlichen Entscheidung zu veranlassen, die er andernfalls nicht getroffen hätte.
- Eine **geschäftliche Handlung ist irreführend,** wenn sie **unwahre Angaben** oder sonstige zur **Täuschung geeignete Angaben** enthält [§ 5 I UWG].

Unlautere Handlungen	Beispiele
Es werden **unwahre und/oder irreführende Angaben** über die geschäftlichen Verhältnisse des eigenen Unternehmens verbreitet.	Die Bezeichnung „Größte Goldschmiede Deutschlands“ ist dann unlauter, wenn es Konkurrenten mit höherem Umsatz gibt. Kann aber nachgewiesen werden, dass das eigene Unternehmen tatsächlich den höchsten Umsatz in der Bundesrepublik Deutschland erzielt, ist die Bezeichnung zulässig.
Unlauter handelt auch, wer **irreführend wirbt** (z.B. die Herabsetzung eines Preises gilt nur für eine unangemessen kurze Zeit).	Ein Schuhgeschäft bietet Wanderschuhe zu 120,00 EUR an. Nach 3 Tagen setzt es den Preis auf 99,00 EUR herab. In den Zeitungsanzeigen des Schuhgeschäfts steht zu lesen: „Wanderschuhe der Marke G & W für nur 99,00 EUR statt 120,00 EUR.“ Nach zwei Tagen wird der Preis der Wanderschuhe wieder auf 120,00 EUR heraufgesetzt.
Die Ware wird **nicht in angemessenem Umfang** zur Befriedigung der zu erwartenden Nachfrage **vorgehalten** („Lockvogelangebote“; angemessen ist im Regelfall ein Vorrat von zwei Tagen).	Eine Lebensmittelkette bietet in ihren Prospekten vom 15. Juli frische Pfifferlinge zum Preis von 4,99 EUR je Körbchen an. Jede Filiale erhält nur 10 Körbchen. Bereits eine halbe Stunde nach Geschäftsöffnung sind die Pfifferlinge ausverkauft.
Die Entscheidungsfähigkeit des Verbrauchers wird dadurch beeinflusst, dass ihm eine **wesentliche Information vorenthalten** wird.	Der Vertreter verschweigt dem Kunden beim Kauf einer Schlagbohrmaschine, dass in wenigen Tagen ein wesentlich verbessertes Modell auf den Markt kommt.

3.1.4 Unlautere vergleichende Werbung [§ 6 UWG]

Grundsätzlich ist eine vergleichende Werbung zulässig. Sie ist dann **nicht zulässig,** wenn **unlauter vergleichend** geworben wird.

Unlauter ist die vergleichende Werbung z. B. dann, wenn sie

- sich nicht auf Waren oder Dienstleistungen für den **gleichen Bedarf** oder **dieselbe Zweckbestimmung** bezieht.

Beispiel:

Unser Reparaturservice ist freundlicher als bei Y: Bei jeder Reparatur erhalten Sie eine Tasse Kaffee oder Tee.

- den **Ruf** des von einem **Mitbewerber verwendeten Kennzeichens** in unlauterer Weise **ausnutzt** oder **beeinträchtigt.**

Beispiel:

Die Möbel der Marke ‚Wertgut' sind gegenüber unseren Möbeln von minderer Qualität.

- **Preisvergleiche** vornimmt, die **unterschiedliche Waren, Mengen oder Qualitäten** betreffen oder wenn bei einem **Sonderangebot** der **Zeitpunkt nicht angegeben** wird, von wann bis wann dieses Angebot gilt.

Beispiel:

„Die Flasche ‚Hohes C' kostet beim Discountgeschäft Heinrich Vogler e. Kfm. 0,70 EUR, bei uns nur 0,65 EUR." Diese Werbung ist nicht erlaubt, wenn sich unser Angebot auf 0,75 Liter und das Angebot des Discountgeschäfts auf 1,0 Liter bezieht. Die Werbung ist jedoch erlaubt, wenn sich beide Angebote auf die gleiche Menge (z. B. 0,75 Liter) beziehen.

3.1.5 Unzumutbare Belästigung [§ 7 UWG]

Eine **geschäftliche Handlung,** durch die ein Marktteilnehmer in **unzumutbarer Weise belästigt wird,** ist unzulässig.

Eine unzumutbare Belästigung liegt z. B. bei einer erfolgten Werbung vor, obwohl erkennbar ist, dass der Empfänger diese Werbung nicht wünscht.

Beispiel:

Frau Sonntag hat an ihrem Briefkasten ein Schild mit der Aufschrift „Bitte keine Werbung einwerfen." Dennoch findet sie im Briefkasten täglich einen Werbeprospekt eines ortsansässigen Handelshofs vor.

- Eine unzumutbare Belästigung ist z. B. auch anzunehmen
  - bei einer Werbung mit **Telefonanrufen** gegenüber Verbrauchern **ohne** deren **Einwilligung,**
  - bei einer Werbung unter Verwendung von **automatischen Anrufmaschinen, Faxgeräten** oder **elektronischer Post** (E-Mails), **ohne** dass eine **Einwilligung** des Adressaten (Empfängers) vorliegt oder
  - bei der Werbung mit Nachrichten, bei der die **Identität[1] des Absenders verschleiert** oder verheimlicht wird oder bei der keine gültige Adresse vorhanden ist, an die der Empfänger eine Aufforderung zur Einstellung solcher Nachrichten richten kann.

Beachte:

Die **Werbung per Brief ist immer möglich.**

Briefkastenwerbung mit Werbewurfsendungen (Werbebriefe, Handzettel, Prospekte u. Ä.) ist grundsätzlich zulässig. Hat allerdings der Empfänger einer individuell gestalteten Briefwerbung den Werbenden aufgefordert, von weiteren Werbesendungen

1 **Identität:** vollkommene Gleichheit, hier: das Wesen der Person.

abzusehen, ist dieser Wunsch zu respektieren. Auch der Aufkleber am Briefkasten muss beachtet werden, mit dem sich eine Person gegen den Einwurf von Werbematerial und Anzeigenblättern wehrt.

3.2 Selbstkontrolle

(1) Deutscher Werberat[1]

Zunehmender Konkurrenzdruck verleitet oft dazu, dass sich Einzelhandelsunternehmen in der Werbung um die Gunst der Kunden unfairer Mittel bedienen. Unfaire Mittel überschreiten leicht die Grenze des guten Geschmacks, ohne dass sie gleich einen Gesetzesverstoß darstellen. Um Missständen in der Werbung nachzugehen und zu untersuchen, ob die Werbung ethische[2] Grenzen überschreitet, hat der **Zentralverband der deutschen Werbewirtschaft (ZAW)** den **Deutschen Werberat** gegründet.

- Der Deutsche Werberat **regelt Konflikte** (z. B. eingereichte Beschwerden) zwischen der Bevölkerung und den Werbung betreibenden Unternehmen.
- Bei berechtigten Beschwerden kann der Deutsche Werberat nur eine **Rüge aussprechen,** die Werbung aber **nicht verbieten.**

(2) Zentrale zur Bekämpfung unlauteren Wettbewerbs e. V.

Im Rahmen ihrer Selbstverwaltung hat die Wirtschaft bereits kurz nach Verabschiedung des UWG die Wettbewerbszentrale im Jahre 1912 gegründet. Zu den Mitgliedern der Wettbewerbszentrale zählen sämtliche Industrie- und Handelskammern, die meisten Handwerkskammern, weitere ca. 400 Verbände und Organisationen der Wirtschaft sowie ca. 1000 Unternehmen.

Beispiele:

Aufgaben der Wettbewerbszentrale sind z. B.:

- Verfolgung von Wettbewerbsverstößen,
- Information der Öffentlichkeit,
- Führen von Musterprozessen,
- Stellungsnahmen zu Gesetzesvorhaben.

Zusammenfassung

- **Unlautere Wettbewerbshandlungen,** die geeignet sind, den Wettbewerb zum Nachteil der Mitbewerber, der Verbraucher oder der sonstigen Marktteilnehmer nicht nur unerheblich zu beeinträchtigen, sind **unzulässig.**
- Das **UWG verbietet:**
  - unlautere geschäftliche Handlungen,
  - irreführende geschäftliche Handlungen,
  - unlautere vergleichende Werbung und
  - unzumutbare Belästigungen.
- **Rechtsfolgen** bei Verstößen gegen die Wettbewerbsbestimmungen sind:
  - Beseitigungs- und Unterlassungsanspruch,
  - Schadensersatzanspruch,
  - Anspruch auf Gewinnabschöpfung.
- Wettbewerbsverstöße werden auch durch eine **Selbstkontrolle** der Wirtschaft überprüft.

1 Siehe auch www.werberat.de.

2 **Ethik:** Sittenlehre.

Übungsaufgaben

78 1. Ihr Ausbildungsbetrieb möchte Ihr Wissen über das „Gesetz gegen den unlauteren Wettbewerb" überprüfen und legt Ihnen nachfolgende Rechtsfälle vor.

Prüfen Sie, ob die folgenden Maßnahmen zulässig sind und begründen Sie Ihre Meinung!

1.1 Der Rentner Paul Ihle nimmt an einer Verkaufsveranstaltung teil. Er wurde hierzu vom Veranstalter kostenlos in ein Ausflugslokal gefahren und zu Kaffee und Kuchen eingeladen. Nach der Verkaufsveranstaltung, auf der Orientteppiche angeboten wurden, lehnt Herr Ihle einen Kauf ab. Der Verkäufer erklärt ihm, dass er in diesem Fall von seinem Unternehmen angewiesen worden ist, für die Rückreise einen Fahrkostenanteil von 20,00 EUR zu erheben.

1.2 Die Preise der Winterpullover werden um 10 % reduziert. Auf den Preisschildern sind die alten Preise rot durchgestrichen und die neuen Preise daneben geschrieben.

1.3 Das Lebensmittelhaus Elke Eckert e. Kfr. wirbt mit dem Slogan: „Das Gemüse der Gärtnerei Friedrich Holle GmbH hat eine mindere Qualität gegenüber unserem Gemüse."

1.4 Das Modehaus Beate Schöne e. Kfr. bietet Sommerkleider aus Baumwolle zu 99,00 EUR an. Nach zwei Tagen setzt es den Preis auf 49,00 EUR herab. In der Zeitungsanzeige steht folgender Text: „Designer Sommerkleider, reine Baumwolle für nur 49,00 EUR statt 99,00 EUR."

1.5 Das Haushaltswarengeschäft Hans Holler GmbH bietet in seinem Prospekt vom 20. Mai 20.. einen hochwertigen Edelstahlkochtopf für 9,90 EUR an. Das Haushaltswarengeschäft hat einen Vorrat von drei Kochtöpfen. Bereits eine Stunde nach Geschäftseröffnung sind die Kochtöpfe ausverkauft.

1.6 Ein Lederwarengeschäft wirbt im Schaufenster mit folgendem Plakat: „Gewinnen Sie 1 000,00 EUR bei unserem Gewinnspiel. Teilnahmeberechtigt ist, wer einen Kassenbeleg vorweisen kann."

1.7 Ein Versicherungsunternehmen versendet Faxbriefe an alle Verbraucher in Bayern, die eine Fax-Nummer besitzen. Es bietet darin eine Lebensversicherung an.

2. Beurteilen Sie, ob in den folgenden Fällen verbotene (weil irreführende) oder vergleichende Werbung vorliegt!

2.1 Prospekt: „Sie finden im ganzen Umkreis kein Geschäft mit besser geschultem Personal."

2.2 Plakat: „Das strahlendste Weiß meines Lebens."

2.3 Anzeige: „Unser Auto ist das sicherste der Welt."

2.4 Werbebrief: „ ... die Mayer & Co. OHG ist nicht mehr leistungsfähig, weil sie überschuldet ist. Bestellen Sie bei uns!"

2.5 Zeitungsanzeige: „Sonderangebot! 5 Waggons Apfelsinen eingetroffen!" (In Wirklichkeit waren es fünf Kisten.)

2.6 Anzeige: „ Räumungsverkauf!" (Anmerkung: Der Umzug findet in vier Wochen statt.)

79 Das Großhandelsunternehmen Elektro-Lux OHG verkauft nicht nur an Einzelhändler, sondern auch an private Verbraucher. Die Preise sowie die Liefer- und Zahlungsbedingungen sind für Letztverbraucher und Wiederverkäufer die gleichen.

Dem Konkurrenzunternehmen der Elektro-Lux OHG, der Elektrogroßhandlung Strom & Söhne KG, ist das Verhalten der Elektro-Lux OHG ein Dorn im Auge.

Je ein Vertreter der Geschäftsleitungen der beiden Unternehmen treffen sich und tauschen wirtschaftliche Argumente aus, wobei es natürlich hauptsächlich um die Frage geht, ob das Verhalten von Elektro-Lux gegen das UWG verstößt oder nicht.

Aufgabe:

Übernehmen Sie die Rollen der beiden Vertreter der Geschäftsleitungen!

4 Verpackung

„Mit einer guten Verpackung wickelt man nicht nur die Ware ein, sondern auch den Käufer."

Werner Mitsch (1936–2009), dt. Philosoph

4.1 Begriff, Aufgaben und Anforderungen an die Verpackung

Handlungssituation:

Beim Lebensmittelgeschäft Spekowius GmbH in Garbsen bei Hannover arbeiten heute Petra Lützen und Elit Yakut, beide ausgebildete Verkäufer, an der Fleisch- und Wursttheke des Betriebes. Da im Augenblick nicht viel zu tun ist, können sich die beiden Verkäufer kurz miteinander unterhalten.

Yakut: *„Stell dir mal vor, was ich gestern Nachmittag hier an der Fleischtheke erlebt habe. Das wirst du mir nicht glauben."*

Lützen: *„Na, da bin ich ja mal gespannt."*

Yakut: *„Ich habe gerade die Messer von der Schneidemaschine frisch durchgetauscht, als eine Frau mittleren Alters vor mir steht und verschiedene Wurstsorten bei mir kaufen möchte."*

Lützen: *„Also, so weit ist das jetzt nicht wirklich spektakulär, das erleben wir doch täglich mindestens hunderte von Malen."*

Yakut: *„Warte doch mal ab, jetzt wird es spannend. Nachdem ich der Kundin die geschnittenen Wurststücke aushändigen wollte, holte diese aus ihrem Einkaufskorb verschiedene Tupperdosen und Behälter raus und sagte, sie könne mit der ganzen Papier- und Folienverpackung nichts anfangen und ich solle ihr die Waren doch bitte in ihre mitgebrachten Behältnisse packen."*

Lützen: *„Echt? Und wie hast du reagiert?"*

Yakut: *„Erstmal nicht schlecht gestaunt. So was ist mir bisher ja noch nicht passiert. Ich habe die Kundin dann um etwas Geduld gebeten, da ich mich zuerst bei der Geschäftsleitung informieren müsste, ob ich ihrem Wunsch entsprechen könnte."*

Lützen: *„Hm, du hast recht, ich hätte mich auch vorher abgesichert, ob wir das überhaupt bei uns dürfen. Man kann dadurch natürlich sehr viel Verpackungsmaterial einsparen. Wenn ich am Samstag auf dem Wochenmarkt Obst und Gemüse einkaufe, klappt das ja auch. Der Händler wiegt zum Beispiel die Äpfel genau ab und überreicht sie mir dann – wenn ich möchte – ohne Verpackung, direkt in meinen Einkaufstrolley."*

Aufgaben:

1. Wie wird die Geschäftsleitung des Lebensmittelgeschäftes auf den Wunsch der Kundin reagieren? Begründen Sie Ihre Meinung!
2. Welche Gefahren könnten bei einem direkten Verkauf der Ware, also ohne Verpackungsmaterial, bestehen?
3. Schildern Sie Ihren Mitschülern, wie in Ihrem Ausbildungsbetrieb mit den unterschiedlichsten Verpackungen umgegangen wird!

25 Speth u.a. - ISBN 978-3-8120-0631-6

(1) Begriff Verpackung

Die Bedeutung der Verpackung hat sich in den letzten Jahrzehnten für den Einzelhändler wesentlich geändert. Die Verpackung dient längst nicht mehr allein dem Schutz der Ware während des Transports, sondern hat auch die Aufgabe, für die Ware bzw. das Einzelhandelsgeschäft zu werben. Dieser Effekt ist bedeutsam, schließlich trägt jeder Verbraucher pro Jahr etwa 9000 Verpackungen nach Hause. Allerdings ist damit die Verpackung zu einem (Müll-)Problem geworden.

> Die **Verpackung** dient zum einen dem Schutz der Ware während des Transports und zum anderen dient sie der Werbung und dem Verkauf.

(2) Anforderungen und Aufgaben der Verpackung

Aufgaben	Erläuterungen	Beispiele
Schützt die Waren	Die Waren sollen vor äußeren Einflüssen wie Schmutz, Beschädigung, Geruchsübertragung, Nässe oder Austrocknung geschützt werden.	
Gibt Informationen über die Ware	Auf der Verpackung werden Angaben über Menge, Herkunft, Gebrauch, Pflege, Haltbarkeit, Zusammensetzung der Waren gemacht.	
Erleichtert den Gebrauch	Erleichtert z. B. das Öffnen, Verschließen, Dosieren, das Lagern, den Transport, das Stapeln der Waren.	
Übernimmt Serviceaufgaben	■ Essen kann in der Verpackung zubereitet und auf den Tisch gebracht werden. ■ Die Verpackung kann wiederverwendet werden (z. B. Senf in Trinkgläsern, Farbe in Eimern). ■ Es können Bedarfseinheiten gebildet werden (z. B. Menüs im Flugzeug usw.).	
Dient als Werbemittel	Durch eine attraktive Gestaltung (z. B. Abbildung des Produktes, Verwendung von Farbe, Material, Form, Werbetexte) wird die Verpackung zum Werbemittel. Sie schafft optische Anreize und gibt der Ware „ein Gesicht“. In der Selbstbedienung bzw. der Vorwahl übernimmt die Verpackung im Verkaufsraum die Aufgabe des Verkäufers.	

Neben den genannten Aufgaben ist die **Umweltverträglichkeit** eine wichtige Anforderung an die Verpackung. Die Verpackung sollte möglichst

- **wiederverwendbar,** z. B. Mehrwegflaschen, Jutetaschen,
- **verwertbar,** z. B. Papier, Glas, Metalle, Pappe,
- **umweltfreundlich produziert** sein, z. B. durch den Einsatz von Produktionsverfahren, die Luft, Gewässer oder Böden nur gering belasten.

4.2 Arten der Verpackungen

Die Verpackungsverordnung unterscheidet drei Verpackungsarten.

Arten der Verpackung	Erläuterungen	Beispiele
Transport-verpackungen  **Hersteller (Vertreiber)**	Sie schützen die Waren auf dem Transportweg vom Hersteller bzw. Großhändler zum Einzelhändler. Die Transporverpackungen fallen beim Hersteller an.	■ Kartonagen, ■ Kanister, ■ Säcke, ■ Paletten, ■ geschäumte Schalen, ■ Schrumpffolien.
Umverpackungen  **Einzelhändler (Vertreiber)**	Sie werden als zusätzliche Verpackung zur Verkaufsverpackung verwendet. Sie ermöglichen, dass die Waren in Selbstbedienung angeboten werden können, dienen der Werbung oder sollen einen Diebstahl erschweren.	■ Faltschachtel um eine Zahnpasta in der Tube. ■ Vier Malstifte werden von einer Blisterverpackung umschlossen.
Verkaufs-verpackungen  **Endverbraucher**	Sie verwendet der Endverbraucher zum Transport oder bis zum Verbrauch der Ware.	■ Tragetaschen, ■ Kunststoff-, ■ Stoff- oder Papiertüten, ■ Flaschen, ■ Becher, ■ Dosen.

4.3 Verpackungsverordnung

4.3.1 Ziele der Verpackungsverordnung

Wichtige Ziele der Verpackungsverordnung sind:

- Verpackungsabfälle sind möglichst zu **vermeiden.**
- Verpackungen sollten – wenn sie nicht zu vermeiden sind – **wiederverwendbar** sein.
- Ist die Verpackung nicht wiederverwendbar, sollte sie aus **verwertbaren (recycelbaren) Materialien** bestehen, um sie ökologisch verträglich beseitigen zu können.

Aus diesen Zielen lässt sich ein sogenannter **Abfall-Dreischritt** ableiten.

Abfall-Dreischritt

Verpackungsabfall vermeiden

↓ nicht möglich

Wiederverwendung des Verpackungsmaterials

↓ nicht möglich

Verwertung des Verpackungsmaterials

4.3.2 Verpflichtungen von Herstellern, Großhändlern und Einzelhändlern

(1) Rücknahmepflichten

Rücknahmepflicht für Transportverpackungen

Die Vertreiber (z. B. Hersteller, Großhändler) sind verpflichtet Transportverpackungen nach dem Gebrauch zurückzunehmen. Sie müssen dafür sorgen, dass sie erneut verwendet oder verwertet werden.

Rücknahmepflicht für Umverpackungen

Der Einzelhändler muss beim Verkauf der Ware an den Endverbraucher die Umverpackung entfernen oder er muss dem Kunden in der Verkaufsstelle die Möglichkeit geben, die Umverpackung selbst zu entfernen und – nach **Wertstoffen**[1] getrennt – zurückzugeben. Auf die Möglichkeit der sofortigen Rückgabe der Umverpackung hat der Verkäufer den Käufer in deutlich erkennbaren und lesbaren Schrifttafeln hinzuweisen.

Rücknahmepflicht für Verkaufsverpackungen

Der Einzelhändler ist auch verpflichtet, die vom Endverbraucher gebrauchte Verkaufsverpackung zurückzunehmen. Die Rücknahmeverpflichtung entfällt für Verpackungen, die vom **Dualen System** entsorgt und verwertet werden. Auf die Möglichkeit der sofortigen Rückgabe der Verkaufsverpackung hat der Verkäufer den Käufer in deutlich erkennbaren und lesbaren Schrifttafeln hinzuweisen.

1 **Wertstoffe** sind recycelbare Artikel.

Die Organisation „Duales System Deutschland AG“ haben Hersteller und Handel gegründet, um gebrauchte Einwegverpackungen (z. B. Glasflaschen, Dosen, Kunststoffbecher, Papierschalen) nicht zurücknehmen zu müssen. Einwegverpackungen sind mit dem **„Grünen Punkt“** gekennzeichnet. Durch den „Grünen Punkt“ wird angezeigt, dass die Kosten für das Einsammeln, den Transport und die Verwertung der Einwegverpackungen bezahlt sind.

(2) Pfanderhebungs- und Rücknahmepflicht für Einweggetränkeverpackungen

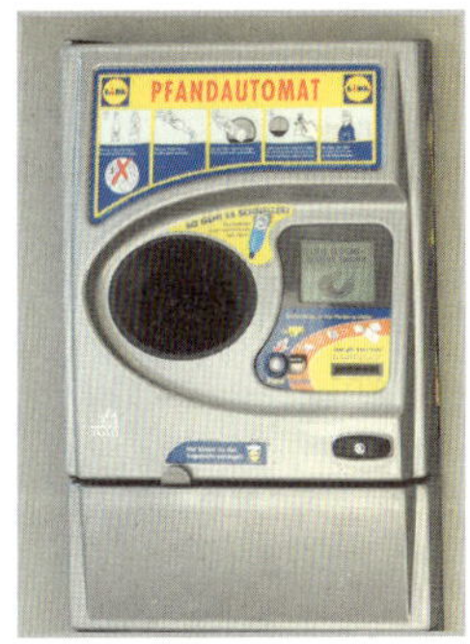

Die Einzelhändler sind verpflichtet, für Einweggetränkeverpackungen mit einem Füllvolumen von 0,1 bis 3 Liter ein Pfand in Höhe von mindestens 25 Cent zu erheben. Das Pfand ist jeweils bei Rücknahme der Verpackungen zu erstatten. Ohne eine Rücknahme der Verpackungen darf das Pfand nicht erstattet werden.

Vom Pfand ausgenommen sind z. B. Milchgetränke, Frucht- und Gemüsesäfte, diätetische Getränke, Wein, Sekt, Spirituosen.

(3) Entsorgungspflicht

Hersteller, Großhändler und Einzelhändler sind verpflichtet, ihre Verpackungen entweder erneut zu verwenden oder zu entsorgen. Sie können dabei wählen, ob sie die Entsorgung selbst vornehmen oder ob sie sich dem Dualen System anschließen, das diese Aufgabe übernimmt. Die Abtretung an das Duale System ist jedoch daran gebunden, dass das Duale System bei einzelnen Materialien gesetzlich vorgeschriebene Quoten für die Verwertung gebrauchter Verkaufsverpackungen erzielt (z. B. die Mindest-Verwertungsquote bei Glas beträgt 75 %, bei Weißblech 70 % oder bei Kunststoff 60 %).

(4) Abwicklung der Entsorgung durch das „Duale System Deutschland AG“

Der „Grüne Punkt“ auf einer Verpackung bedeutet nicht automatisch, dass diese Verpackung in die „Gelbe Tonne“ oder den „Gelben Sack“ wandert.

Ob ja oder nein, hängt ganz vom Material ab: Papierverpackungen gehören in die Altpapiersammlung, Glasverpackungen in den Glascontainer, „Gelbe Tonne“ und „Gelber Sack“ sind nur für sogenannte Leichtverpackungen aus Aluminium, Weißblech, Kunststoff und Verbundmaterialien zuständig.

Für die unterschiedlichen Abfallarten bestehen getrennte Wertstoffkreisläufe, die aber alle nach dem gleichen Prinzip funktionieren: Die Verpackungen werden nach Sorten getrennt und dann den unterschiedlichen Industrien zum Recyceln zurückgegeben. Dadurch werden **Sekundärrohstoffe**[1] geschaffen, die für die Produktion neuer Artikel verwendet werden können. Damit kann der Verbrauch an **natürlichen Ressourcen (Rohstoffen)** verringert werden. Ein Beispiel für einen Wertekreislauf finden Sie auf S. 390.

1 **Sekundärrohstoffe** sind Rohstoffe, die zum zweiten Mal verwendet werden.

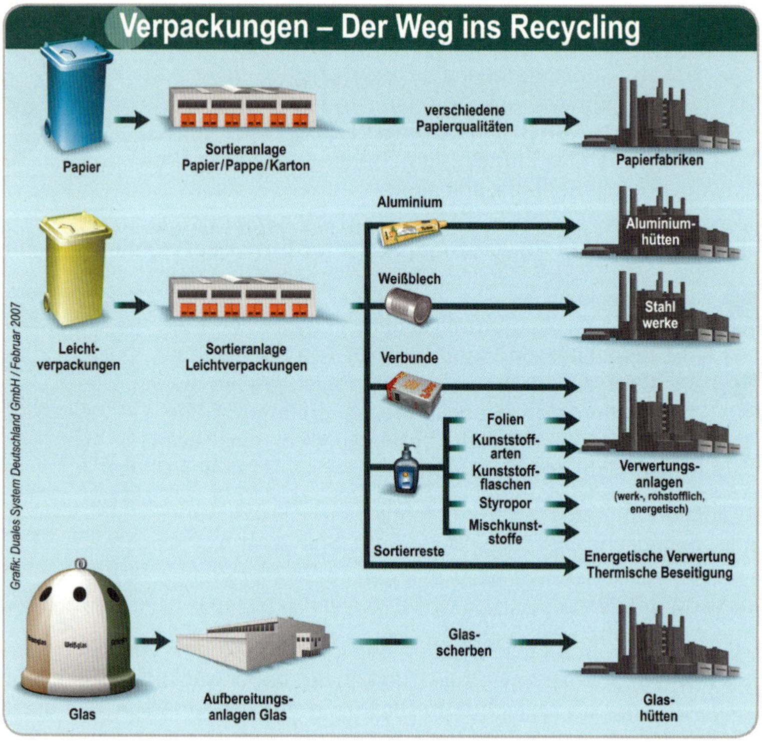

Quelle: http://www.gruener-punkt.de.

5 Umweltschutz im Einzelhandel

Obwohl der Einzelhandel selbst keine Waren produziert und damit keine Umweltauswirkungen durch etwaige Produktionsprozesse auslöst, spielt er eine wichtige Rolle im Rahmen des Umweltschutzes. Im Folgenden werden zwei Handlungsfelder aufgezeigt.

(1) Sortimentsgestaltung

Der Einzelhandel nimmt eine Mittlerstellung zwischen Hersteller und Kunde ein. Diese Mittlerstellung kann der Einzelhandel dazu nutzen, zukunftsweisenden und umweltfreundlichen Produkten einen besonderen Stellenwert im Sortiment einzuräumen. Über die Mitarbeiter hat der Einzelhandel zudem die Möglichkeit, umweltfreundliche Produkte vorzustellen. Der Einzelhandel ist damit ein wichtiger Meinungsbildner in Umweltfragen. Indirekt kann der Einzelhandel so Einfluss nehmen auf die verstärkte Herstellung von umweltfreundlichen Produkten.

(2) Umweltorientierte Unternehmensführung

Eine **umweltorientierte Unternehmensführung** trifft alle unternehmerischen Entscheidungen auch unter Umweltgesichtspunkten.

Die Handlungsfelder einer umweltorientierten Unternehmensführung sind vielfältig. Im Folgenden werden **mögliche Handlungsfelder** vorgestellt:

- Verzicht des Einzelhandels auf **umweltbelastende Verpackungen** bzw. **Wiederverwertung von Verpackungsmaterialien.**
- Aufnahme von **Mehrweggebinden** und langlebigen **reparaturfreundlichen Produkten** sowie Erzeugnissen, die in der Gebrauchsphase umweltverträglich sind, wie beispielsweise **energie- und wassersparende Geräte.**
- Einwirken des Einzelhandels auf einen **umweltfreundlichen Transport** der für den Einzelhandel produzierten Güter, um die Umweltbelastung durch den Güterverkehr einzuschränken.

Ein Einzelhändler kann seine umweltorientierte Unternehmensführung durch eine **Zertifizierungsstelle**[1] überprüfen lassen. Für die Einzelhandelsunternehmen besteht ein EU-weites Gemeinschaftssystem für Umweltmanagement und Umweltbetriebsprüfung (EMAS).[2] Hier können sich Einzelhändler von unabhängigen Umweltgutachtern überprüfen und bestätigen lassen. Mit der Zertifizierung erhält der Einzelhändler eine **EU-Öko-Audit-Registrierungsurkunde.**[3] Er ist damit berechtigt, mit diesem Logo zu werben.

EMAS
GEPRÜFTES UMWELTMANAGEMENT

(3) Umweltorientierte Unternehmensführung am Beispiel „Beschaffung und Serviceleistungen"

Um eine überprüfbare umweltorientierte Unternehmensführung durchzuführen, ist es sinnvoll, für jeden einzelnen Geschäftsbereich eine **Checkliste** zu erstellen, durch die das betriebliche Handeln ständig auf seine Umweltverträglichkeit überprüft wird. Als Beispiel wird eine mögliche Checkliste für den Bereich „Beschaffung und Serviceleistungen" vorgestellt.

Umweltcheckliste für den Bereich „Beschaffung und Serviceleistungen"			
Fragen/Aufgaben	**entfällt/nicht zutreffend**	**wird beachtet/ ist vorhanden**	**ist in Arbeit/ vorgesehener Termin**
Gibt es ökologische Kriterien zur Beschaffung von Investitionsgütern?			
Wird auf Langlebigkeit, Reparaturfreundlichkeit und Recycelbarkeit geachtet?			
Wird der Ressourcenverbrauch während des Gebrauchs berücksichtigt?			

1 Unter **Zertifizierung** versteht man ein ständiges Überprüfungs- und Bestätigungsverfahren durch eine unparteiische Instanz, das zeigt, dass sich ein entsprechend bezeichnetes Erzeugnis, Verfahren oder eine Dienstleistung in Übereinstimmung mit einer bestimmten Norm befindet.

2 **EMAS**: **E**co-**M**anagement and **A**udit **S**cheme.
Weitere **Zertifizierungsstellen** in Deutschland sind beispielsweise die TÜV Zertifizierungsgemeinschaft e. V. (TÜV Cert) in Bonn, die Deutsche Gesellschaft zur Zertifizierung von Qualitätsmanagementsystemen mbH (DQS) in Berlin, der DEKRA AG Zertifizierungsdienst in Stuttgart u. a. m.

3 **Audit** (lat.): Anhörung.

Umweltcheckliste für den Bereich „Beschaffung und Serviceleistungen"			
Fragen/Aufgaben	**entfällt/nicht zutreffend**	**wird beachtet/ ist vorhanden**	**ist in Arbeit/ vorgesehener Termin**
Gibt es ökologische Kriterien zur Beschaffung von Hilfs- und Betriebsmitteln?			
Werden umweltverträgliche Packmittel beschafft?			
Kommen umweltverträgliche Putz- und Reinigungsmittel zum Einsatz?			
Kommen Hygieneartikel aus Recyclingpapier zum Einsatz?			
Werden im Bürobereich Recyclingprodukte eingesetzt, z. B. Kopierpapier, Briefumschläge, Ordner u. Ä.?			
Kommen im Büro Nachfüllsysteme zum Einsatz, wie z. B. für Toner, Farbbandkassetten, Marker, Klebestifte?			
Kommen im Büro oder in der Dekoabteilung lösemittelfreie Stifte, Farben und Kleber zum Einsatz?			
Wird in der Kantine oder Teeküche Mehrweggeschirr verwendet?			
Werden Minipackungen ausgelistet?			
Werden Fremdfirmen (Reinigung, Renovierungsarbeiten u. Ä.) nach Umweltgesichtspunkten ausgewählt?			

Quelle: „Umweltmanagement im Einzelhandel", herausgegeben von der Landesanstalt für Umweltschutz Baden-Württemberg.

(4) Kreislaufwirtschaftsgesetz [KrWG]

Neben den Anstrengungen jedes einzelnen Einzelhandelsbetriebs um umweltfreundliches Wirtschaften, gilt es das Kreislaufwirtschaftsgesetz zu beachten. Es legt im Umgang mit Abfällen eine **fünfstufige Rangfolge** fest:

- **Abfallvermeidung** durch abfallarme Produktgestaltung und umweltbewusstes Handeln der Konsumenten.
- **Wiederverwendung** der Produkte für den gleichen Verwendungszweck (z. B. Pfandflaschen) bzw. für andere Verwendungszwecke (z. B. Senfgläser werden als Trinkgläser verwendet).
- **Recycling** der Produkte, d. h. Stoffrückstände aus der Produktion und Rückstände von Konsumgütern werden in den Produktionsprozess zurückgeführt.

- **Sonstige Verwertung.** Nicht recyclebare Abfallstoffe können z. B. zur Energieverwendung in Müllkraftwerken oder zur Verfüllung von Kiesgruben u. Ä. verwendet werden.
- **Beseitigung nicht verwertbarer Reststoffe** z. B. durch Lagerung auf Mülldeponien und/oder durch Verbrennung.

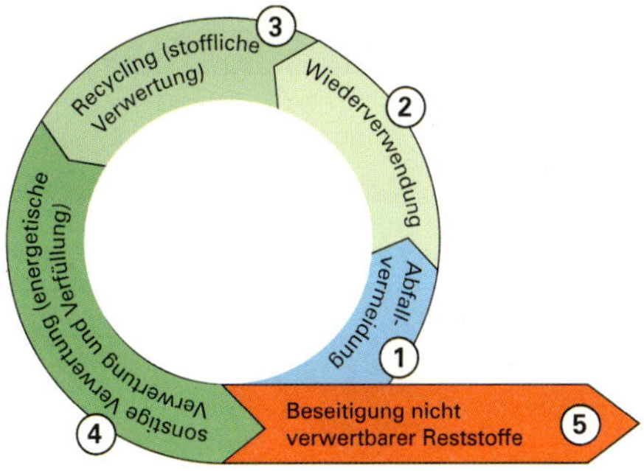

Ein wesentliches Element der Kreislaufwirtschaft ist die **Produktverantwortung.** Sie besagt, dass die Hersteller die Verantwortung für ihre Produkte auch am Ende ihrer Lebensdauer übernehmen müssen.

Zusammenfassung

- Die Verpackung erfüllt folgende wichtige **Aufgaben:**

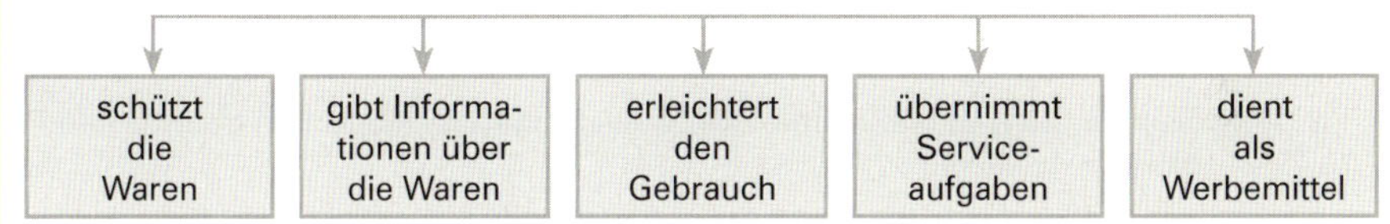

- Die Verpackungsverordnung setzt folgende **Ziele:**

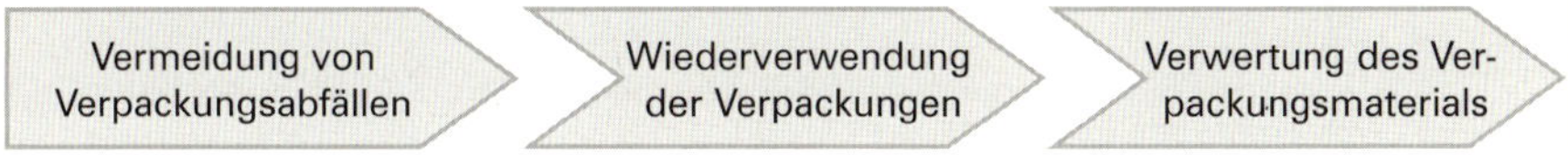

- Die Verpackungsverordnung unterscheidet folgende Verpackungsarten:
  - **Transportverpackungen.** Sie schützen die Waren auf dem Transportweg vom Hersteller zum Einzelhändler.
  - **Umverpackungen.** Sie werden als zusätzliche Verpackung zur Verkaufsverpackung verwendet.
  - **Verkaufsverpackungen.** Sie verwendet der Endverbraucher zum Transport oder bis zum Verbrauch der Ware.
- Die **Hersteller** sind verpflichtet, die **Transportverpackungen** unentgeltlich **zurückzunehmen.**
- Die **Einzelhändler** müssen sowohl die **Umverpackungen** als auch die **Verkaufsverpackungen** unentgeltlich **zurücknehmen.**
- Für **Einweggetränkeverpackungen** hat der Einzelhändler ein **Pfand** zu erheben, wobei Ausnahmen zu beachten sind. Das Pfand ist bei Rückgabe der Einwegverpackungen zu erstatten.
- Hersteller, Großhändler und Einzelhändler sind verpflichtet, ihre **Verpackungen zu entsorgen.** Sie können die Entsorgung einem **„Dualen System"** übertragen.
- Für den **Umweltschutz im Einzelhandel** sind insbesondere zwei Handlungsfelder von Bedeutung:
  - eine **umweltfreundliche Sortimentsgestaltung,**
  - eine **umweltorientierte Unternehmensführung.**

Übungsaufgabe

80 1. 1.1 Nennen Sie die Aufgabe, die die Verpackung im Verkaufsraum übernimmt!

1.2 Beschreiben Sie die Pflichten des Einzelhandels hinsichtlich der Umverpackungen und der Verkaufsverpackungen!

1.3 Erklären Sie die Bedeutung des „Grünen Punktes“!

1.4 Aus den Zielen der Verpackungsverordnung leitet sich ein sogenannter Abfall-Dreischritt ab.

Aufgabe:

Beschreiben Sie den Abfall-Dreischritt!

2. Findet nach dem Gebrauch der Verpackung eine konsequente Wertstofftrennung statt, so entstehen .... Werden diese anschließend ...., so stehen sie für die .... neuer Artikel zur Verfügung. Je mehr Verpackungen in den .... kommen, desto geringer ist der Verbrauch an ....

Aufgabe:

Übertragen Sie den Lückentext in Ihr Heft und ordnen Sie die nachfolgenden Begriffe in die Lücken ein: Produktion, recycelt, Wertstoffkreislauf, Sekundärrohstoffe, natürliche Ressourcen!

3. 3.1 Nennen Sie eine Maßnahme des Umweltschutzes, die zu den gesetzlichen Pflichten eines Einzelhändlers gehört!

3.2 Prüfen Sie, ob ein Einzelhändler sich weigern kann, verbrauchte Batterien vom Kunden zurückzunehmen!

4. 4.1 Wie kann der Einzelhändler den Umweltschutzgedanken fördern? Bilden Sie hierzu drei Beispiele!

4.2 Erkunden Sie, welche Rolle der Umweltschutz in ihrem Ausbildungsbetrieb spielt und berichten Sie darüber in der Klasse!

4.3 Erstellen Sie eine Umwelt-Checkliste für den Geschäftsbereich „Verkauf“!

5. 5.1 Der Einzelhändler gibt Leichtverpackungen aus Aluminium in den „Gelben Sack“.

5.2 Papiertüten werden dem Kunden nur auf Nachfrage gegen ein Entgelt abgegeben.

Aufgabe:

Erklären Sie, welche Müllstrategien der Einzelhändler nach dem Kreislaufwirtschaftsgesetz verfolgt!

6. Beschreiben Sie am Beispiel der Verwertung von Papierverpackungen das Grundprinzip des Wertstoffkreislaufs! Erstellen Sie dazu eine kleine Skizze!

Hinweis:

Siehe http://www.gruener-punkt.de/corporate/verbraucher/fragen-und-antworten/wertstoffkr...

6 Warenzustellung im Einzelhandel

Handlungssituation:

Alberta Klingstein, eine mittlerweile im Altenheim in Augsburg lebende 78-jährige Rentnerin, kauft seit ihrem Auszug aus ihrem Haus in Aichbach – nun schon seit zwei Jahren – beim Lebensmittelhändler Alois Schlemmer GmbH & Co. KG am St.-Jacobs-Marktplatz in Augsburg ihre Waren des täglichen Bedarfs ein.

Da Frau Klingstein schon seit Jahren kein Auto mehr fährt und das Geschäft in fußläufiger Entfernung zum Altenheim liegt, kauft sie Lebensmittel, Zeitschriften und kleinere Dinge wie zum Beispiel Geschenke für ihre Enkel in diesem Geschäft, zum Teil mehrmals täglich, ein. Für größere Besorgungen hilft ihr der Schwiegersohn, der die Waren dann zu ihr in das Altenheim fährt.

Weil Frau Klingstein schon seit Längerem immer größere Probleme mit dem Gehen hat, braucht sie für einen kleinen Einkauf beim Lebensmittelgeschäft derzeit fast zwei Stunden. Wenn sich ihr Gesundheitszustand weiter verschlechtern würde, müssten ihre Kinder die Einkäufe vollständig für Frau Klingstein übernehmen. Da diese berufstätig sind, wäre die Umsetzung aber nur mit großen, organisatorischen Schwierigkeiten möglich.

Bei ihren heutigen Besorgungungen erhielt sie von Herrn Ludigkeit, Marktleiter des Geschäftes, einen Flyer zu ihren getätigten Einkäufen ausgehändigt. *„Sehen sie mal, Frau Klingstein, das könnte sie bestimmt interessieren. Wir haben nämlich ab nächster Woche einen eigenen Lieferservice für unsere älteren Stammkunden."*

Wir beliefern unsere Kunden!

Hauptsächlich ältere Menschen haben des Öfteren Schwierigkeiten, ihr Zuhause zum Einkaufen zu verlassen. Aus diesem Grund können Sie in unserem Geschäft nun telefonisch oder bei einem Mitarbeiter Ihre Bestellung abgeben. Wir suchen Ihre Einkäufe aus unserem großen Sortiment heraus, packen diese ein und bringen sie dann direkt zu Ihnen nach Hause. Probieren Sie unseren neuen und kostenlosen Service doch einfach mal aus.

Ihr Marktteam aus Augsburg

Wieder im Altenheim angekommen, schaut sie sich den Flyer des Marktes an.

Aufgaben:

1. Nennen Sie Vor- und Nachteile, die Zustellung der Waren für das Einzelhandelsgeschäft und für die Kunden hat!
2. Wie wird die Ware in Ihrem Ausbildungsbetrieb den Kunden zugestellt? Vergleichen Sie die Ergebnisse mit Ihren Mitschülern!
3. Erläutern Sie, welche Voraussetzungen erfüllt sein müssen, um den Kunden die Waren auszuliefern!

6.1 Firmeneigene Warenzustellung

Warenhäuser, Kaufhäuser, Möbel- oder Elektrogeschäfte unterhalten oft eine eigene Versandabteilung mit betriebseigenen Fahrzeugen. Solche Versandabteilungen übernehmen in der Regel neben dem Transport der Ware auch noch weitere Serviceleistungen (z. B. Aufstellen der Möbel, Anschließen und Einrichten von Elektrogeräten).

Sehr große Einzelhandelsgeschäfte, die regelmäßig Waren transportieren (z. B. Möbelgeschäfte), fahren oft nach einem festgelegten Fahrplan bestimmte Routen ab (Tourenplanung) und legen dabei für die einzelnen Routenabschnitte einheitliche Zustellkosten fest. Gewöhnlich decken die Pauschalen die tatsächlichen Kosten nur zu einem Teil ab.

Die Aushändigung der Ware erfolgt mit einem Lieferschein. Durch die Unterschrift auf dem Durchschlag des Lieferscheins bestätigt der Kunde die ordnungsgemäße Zustellung der Ware. Sofern der Auslieferungsfahrer eine Inkassovollmacht besitzt, kassiert er den fälligen Rechnungsbetrag sofort. Da es sich beim Kauf einer Ware zwischen einem Verbraucher und dem Einzelhandelsgeschäft um einen Verbrauchsgüterkauf handelt, tritt der **Gefahrübergang** erst ein, wenn der **Kunde (Verbraucher) die Kaufsache erhalten hat,** d. h., der Einzelhändler haftet für die Beschädigung oder den Verlust der Ware bis zur Übergabe an den Kunden.

Für den Einzelhändler ergeben sich aus einer firmeneigenen Warenzustellung folgende Vor- und Nachteile:

Vorteile	Nachteile
▪ Auswärtige Kunden können als Kunden gewonnen werden, weil der Transport der gekauften Waren gewährleistet ist. Dadurch kann das Einzugsgebiet erweitert werden. ▪ Viele Kunden kaufen bestimmte Waren (z. B. Möbel, Teppiche, Elektrogeräte) nur dort, wo die Hauszustellung und das Aufstellen bzw. Anschließen gesichert sind. ▪ Umsatzsteigerungen. ▪ Die Zustellung der Ware und die sorgfältige Ausführung zusätzlicher Leistungen durch geschultes Personal schafft zufriedene Kunden und verstärkt die Kundentreue. ▪ Durch den Einsatz von eigenen mit Firmenwerbung versehenen Fahrzeugen wird eine zusätzliche Werbewirkung erzielt.	▪ Die Kosten für den Fuhrpark und das eingesetzte Personal decken die tatsächlichen Kosten in der Regel nur zum Teil. ▪ Höheres Risiko, da das Einzelhandelsgeschäft bis zur Warenübergabe die Haftung für die Beschädigung bzw. den Verlust der Ware trägt. ▪ Hoher Kapitaleinsatz für den Unterhalt des firmeneigenen Fuhrparks.

6.2 Firmenfremde Warenzustellung

(1) Frachtführer und Frachtvertrag[1]

Die firmenfremde Zustellung der Ware erfolgt in der Regel durch Frachtführer.

Frachtführer sind selbstständige Kaufleute, die gewerbsmäßig Güter befördern.

Quelle: Pressemitteilung der CASIO Europe GmbH, Norderstedt.

Zwischen dem Einzelhandelsgeschäft und dem Frachtführer wird ein **Frachtvertrag** abgeschlossen. Durch den Frachtvertrag wird der Frachtführer verpflichtet, das Gut zum Bestimmungsort zu befördern und dort dem Empfänger abzuliefern. Der Frachtführer kann vom Einzelhandelsgeschäft die Ausstellung eines **Frachtbriefes** als Beweis für den Abschluss und Inhalt des Frachtvertrages verlangen. Der Frachtvertrag ist erfüllt, wenn die Ware und der Frachtbrief dem Empfänger übergeben sind.

(2) Spediteur und Speditionsvertrag

Einzelhandelsgeschäfte können für die Güterbeförderung auch Spediteure beauftragen.

Spediteure sind selbstständige Kaufleute, die im **eigenen Namen** und für **fremde Rechnung** gewerbsmäßig Güterversendungen (z. B. durch Frachtführer) **besorgen**.

Zwischen dem Einzelhandelsgeschäft und dem Spediteur wird ein **Speditionsvertrag** abgeschlossen. Die Aufgabe des Spediteurs aufgrund des Speditionsvertrages ist es, die für die Güterbeförderung notwendigen Dienste (z. B. Auswahl des günstigsten Beförderungsmittels, Vermittlung zwischen Versender und Frachtführer) zu übernehmen. Übernimmt der Spediteur den Transport der Ware selbst, tritt er zugleich als Frachtführer mit deren Rechten und Pflichten auf.

(3) Anbieter auf dem Transportmarkt

Wichtige Anbieter auf dem Transportmarkt sind:

- **Deutsche Bahn AG (DB) und Deutsche Post AG (DP)**

Sowohl die DB als auch die DP haben eine **Beförderungspflicht (Kontrahierungszwang)**, d. h., sie müssen alle Waren befördern, sofern die jeweiligen Beförderungsbestimmungen eingehalten werden.

Deutsche Post
cargo
DHL

1 Aufgrund des Rahmenlehrplans werden die jeweiligen Versandarten der einzelnen Frachtführer nicht behandelt.

■ **Unternehmen des gewerblichen Güterkraftverkehrs**

Die Unternehmen des gewerblichen Güterkraftverkehrs übernehmen die Beförderung der Güter mit Kraftfahrzeugen. Der gewerbliche Güterkraftverkehr ist **erlaubnispflichtig.**

■ **Private Paketdienste**

Pakete dürfen auch von privaten Paketdiensten transportiert werden. Die Paketfahrzeuge kommen auf Wunsch des Versenders an jedem Werktag zu einer vorher abgesprochenen Zeit, um die Pakete abzuholen. Die Pakete werden an jeden Empfänger ausgeliefert, der mit einem Fahrzeug erreichbar ist. Private Paketdienste können Warensendungen ablehnen, z. B. wenn sie für sie nicht gewinnbringend sind.

Zusammenfassung

Die **Warenzustellung** an Kunden kann **firmeneigen** oder **firmenfremd** mit Frachtführern bzw. Spediteuren erfolgen.

- **Frachtführer** sind selbstständige Kaufleute, die gewerbsmäßig Güter befördern.
- **Spediteure** sind selbstständige Kaufleute, die im eigenen Namen und für fremde Rechnung gewerbsmäßig Güterversendungen besorgen.

Übungsaufgabe

81 Die Spedition Kniebis GmbH bezeichnet sich als „gemischte Spedition", weil sie auch Transporte mit eigenen Kraftfahrzeugen durchführt.

Aufgaben

1. Definieren Sie den Begriff Spediteur!
2. Erklären Sie den Unterschied zwischen einem Spediteur und einem Frachtführer!
3. Stellen Sie jeweils zwei Vor- und Nachteile dar, die sich aus der firmeneigenen und firmenfremden Zustellung von Waren für einen Einzelhändler ergeben!
4. Die Tourenplanung hat u. a. die Aufgabe,
   - die Strecke, die Fahrtdauer sowie die Transportkosten zu minimieren und
   - die Kapazitätsauslastung der Fahrzeuge sowie die Arbeitszeitausnutzung zu maximieren.

   Erläutern Sie diese Aussagen!

Anhang: Wichtige Vorgehensweisen zum Erreichen einer Projektkompetenz[1]

1 Brainstorming-Methoden

Die Brainstorming-Methoden zeichnen sich durch eine Vielzahl von möglichen Methoden aus, die in besonderer Weise geeignet sind, **offene** und **schüleraktivierende** Lernprozesse zu fördern. Zu den gängigsten Methoden gehören das „klassische" Brainstorming sowie das in unterschiedlicher Art und Weise durchführbare Brainwriting.

1.1 Klassisches Brainstorming[2]

Zielsetzung. Das Brainstorming zielt darauf ab, in möglichst gelöster Atmosphäre eine Vielzahl von Lösungsvorschlägen für ein bestehendes Problem zu erhalten. Dadurch soll der Einstieg in ein neues Thema (z. B. ein Projekt) erleichtert werden.

Vorgaben. Die Teilnehmerzahl kann je Gruppe zwischen 5 und 15 betragen. Es kann auch die ganze Klasse einbezogen werden. Als Zielvorgabe für die Ideensammlung sollten ca. 10 bis 15 Minuten angesetzt werden.

Ablauf. Es sind fünf Grundregeln zu beachten:

- Die Teilnehmer sollen **frei** und **ungehemmt** ihre Gedanken aussprechen. Auch völlig unsinnig und fantastisch erscheinende Ideen sind willkommen, da diese andere Teilnehmer inspirieren können.
- Die Ideen der anderen Teilnehmer sollen **aufgegriffen** und **weiterentwickelt** werden.
- Es darf während der Sitzung **keinerlei Bewertung und Kritik** an den vorgebrachten Ideen geübt werden.
- Es sollen **möglichst viele Ideen** vorgebracht werden. Allgemein gilt der Grundsatz: Quantität geht vor Qualität.
- **Jede Idee** eines Teilnehmers wird von einem Protokollanten sofort z. B. an der Tafel oder auf einer Folie **festgehalten.**

Im Anschluss an die Ideensammlung werden gleichartige Vorschläge zusammengefasst und auf ihre Umsetzbarkeit hin überprüft. Nicht brauchbare Vorschläge werden gestrichen.

---

1 Die Ausführungen gehen teilweise auf Eberhard Boller zurück. Vgl. Boller/Schuster: Praxisorientierte Volkswirtschaft für das berufliche Gymnasium, 13. Aufl., Merkur Verlag, Rinteln, S. 14 ff.

2 Die Brainstorming-Methode wurde von dem amerikanischen Werbeberater A. F. Osborne entwickelt.
Brain (engl.): Gehirn, Verstand; **storm** (engl.): stürmen, toben. **Brainstorming** könnte mit „Verstand stürmen" übersetzt werden.

1.2 Brainwriting[1]

Beim Brainwriting sollen die Ideen im Gegensatz zum klassischen Brainstorming schriftlich fixiert werden, wobei unterschiedliche Techniken Anwendung finden können.

1.2.1 635-Methode

Zielsetzung. Zusammentragen von Ideen auf einem Arbeitsblatt zur Lösung eines Problems.

Vorgaben. Bei dieser Methode bilden jeweils sechs Schüler eine Arbeitsgruppe. Die vorgegebene Arbeitszeit sollte 30 Minuten nicht überschreiten.

Ablauf. Jeder Teilnehmer einer Arbeitsgruppe erhält ein Arbeitsblatt mit insgesamt 18 „Feldern" (vgl. Abbildung unten). Jedes Gruppenmitglied trägt innerhalb eines vorab vereinbarten Zeitraumes (ca. 5 Minuten) in die oberste Reihe **drei als Schlagwort formulierte Ideen** ein und reicht das Blatt im Uhrzeigersinn an seinen Nebenmann weiter. Im Gegenzug erhält er von seinem anderen Nachbarn ein Blatt, das ebenfalls **drei** Ideen enthält.

Die Teilnehmer können die dort bereits gefundenen Ideen in Ruhe prüfen und weiterentwickeln. Auf dieses Blatt schreibt er nun wiederum drei Ideen, wobei er durchaus an die dort schon genannten Vorschläge gedanklich anknüpfen kann. Nach weiteren 5 Minuten gibt er dieses Blatt erneut im Uhrzeigersinn weiter. Insgesamt wiederholt sich der Vorgang der Weitergabe fünfmal, sodass nunmehr jeweils alle 18 Felder der insgesamt sechs Arbeitsblätter ausgefüllt sind. Da jeder Teilnehmer für seine Vorschläge ca. fünf Minuten zur Verfügung hat, können in 30 Minuten bis zu 108 verschiedene Ideen zusammengetragen werden.

Beispiel:

Eine Baumarktkette möchte ein „Plastik-Tretauto" für Kinder unter einem attraktiven Namen anbieten. Der Vertriebsleiter fordert deshalb sechs seiner Mitarbeiter auf, sich gemeinsam einen Namen für dieses „Kinderauto" zu überlegen. Dabei schlägt er vor, die Namensideen mittels der 635-Methode zu sammeln.

Problem: Produktname Tretauto für Kinder		
1. Trendy	2. Rapper	3. Relax
1. Groovy	2. Rave	3. Swing
1. Cool	2. Club	3. Young
1. Spirit	2. Speedy	3. Hipp
1. Easy	2. Funky	3. Action
1. Crazy	2. Freestyle	3. Fun

Ausgefülltes Arbeitsblatt zur Durchführung der 635-Methode

1 **Writing** (engl.): Schreiben.

1.2.2 Kartenabfrage

Zielsetzung. Zusammentragen von Ideen auf Karten zur Lösung eines Problems.

Vorgaben. Bildung von Kleingruppen mit jeweils ca. 5 Schülern. Die Zeit für die Ideenfindung sollte ca. 10 bis 15 Minuten betragen.

Ablauf. Bei der Kartenabfrage werden Ideen **stichwortartig** mit einem dicken Filzstift (boardmarker) auf eine Karte (Metaplankarte) geschrieben. Nach Ablauf der Ideensammlung werden die Karten in der Kleingruppe thematisch zu **„Ideenklumpen"** zusammengefasst (geclustert) und mit Themenüberschriften versehen. Danach präsentieren die einzelnen Gruppen ihre Ideensammlung, indem sie die Karten an eine Pinwand heften oder mittels Klebebandstreifen an der Tafel anbringen.

Die Lerngruppe kann nunmehr auf der Basis des **visualisierten Plans** mit der Diskussion und Bewertung der strukturierten Ideen beginnen. Dabei können beispielsweise zum gleichen Thema vorgestellte Ergebnisse zu einem gemeinsamen Plan zusammengefasst werden. Im weiteren Verlauf lassen sich zu den einzelnen Ideenklumpen Arbeitsgruppen bilden, um Teilprobleme tiefer gehend zu behandeln.

Bei der Entscheidung, welche der Vorschläge tiefer gehend bearbeitet werden sollen, bietet sich eine Abstimmung mittels **Punktabfrage** an. Bei dieser Auswahltechnik erhält jeder Teilnehmer einen oder mehrere bunte **„Klebepunkte"**. Die Stimmabgabe erfolgt nunmehr dadurch, dass die Teilnehmer die Klebepunkte ihren Interessen gemäß den auf dem Plan dargestellten Vorschlägen zuordnen. Die Rangordnung der zu bearbeitenden Schwerpunktthemen ergibt sich aus der Anzahl der Punkte, die die einzelnen Vorschläge erhalten haben.

Beispiel:

Der Verkauf von Fahrzeugen an Jugendliche hat sich in der jüngeren Vergangenheit für ein Autohaus zu einem äußerst interessanten Geschäftsfeld entwickelt, da Jugendliche – wie Untersuchungen in diesem Bereich verdeutlichen – auch bei Autos eine gewisse **Markentreue** entwickeln, die sich zu einer entsprechend langjährigen Kundenbindung ausbauen lässt. Ist der Jugendliche einmal von den Vorzügen einer bestimmten Fahrzeugmarke überzeugt, ist es durchaus möglich, dass er Fahrzeuge dieses Herstellers auch künftig beim Kauf bevorzugt.

Umso wichtiger erscheint es, mögliche **Kaufmotive** der Jugendlichen beim Erwerb von Kraftfahrzeugen zu kennen. Vor diesem Hintergrund fordert der Vertriebsleiter „Kleinwagen" seine Mitarbeiter auf, stichwortartig die für jugendliche Kunden wahrscheinlich wesentlichen Aspekte bei der **Auswahl** eines Fahrzeugs zu notieren, um diese dann gezielt bei der Werbung berücksichtigen zu können

Ausstattungsvielfalt	Spritverbrauch	Anschaffungspreis	Design
Farbauswahl	Sportlichkeit	Image	Zweckmäßigkeit
Steuerermäßigung	Versicherungskosten	Zuverlässigkeit	Qualität
Zubehörauswahl	Modellvielfalt	Sicherheit	Platzangebot

Ergebnis der Kartenabfrage

26 Speth u.a. - ISBN 978-3-8120-0631-6

Die Ergebnisse der Kartenabfrage könnten z. B. zu folgenden „Ideenklumpen" zusammengefasst werden:

Ausstattung	Kosten	Emotion
■ Ausstattungsvielfalt	■ Steuerermäßigung	■ Sportlichkeit
■ Farbauswahl	■ Spritverbrauch	■ Image
■ Modellvielfalt	■ Versicherungskosten	■ Design
■ Sicherheit	■ Anschaffungspreis	■ Zubehörauswahl
■ Platzangebot	■ Zuverlässigkeit	
■ Zweckmäßigkeit	■ Qualität	

Zusammenfassung der Kartenabfrageergebnisse zu „Ideenklumpen"

2 Mindmapping[1]

Zielsetzungen. Mindmapping verfolgt drei Ziele:

- Gedanken, Ideen und Sachverhalte sollen aufgeschrieben werden.
- Die aufgeschriebenen Gedanken, Ideen und Sachverhalte werden in Form von Verästelungen bildlich dargestellt.
- Durch die Verbindung von sprachlicher und bildlicher Darstellung können die Gedanken und Vorstellungen strukturiert (geordnet) werden.

Vorgaben. Mindmapping kann in Einzel-, Partner- und Gruppenarbeit durchgeführt werden. Der Zeitbedarf hängt mit der Aufgabenstellung zusammen. Für eine Gruppenarbeit kann der Zeitbedarf bis zu 30 Minuten betragen.

Ablauf. Zunächst wird das zu bearbeitende Problem bzw. Thema in die Mitte eines DIN-A4-Blattes im Querformat (bzw. Tafel, Flipchart) geschrieben und eingekreist. Danach werden themenbezogene Einfälle der Schüler entweder durch Zuruf oder innerhalb einer Partner- oder Gruppenarbeit um dieses Thema herumgeschrieben, wobei folgende **Regeln** zu beachten sind:

- Die Teilnehmer sollen **Schlüsselbegriffe formulieren,** wobei – möglichst durch unterschiedliche Farben hervorgehoben – Oberbegriffe auf „Hauptästen" und Unterbegriffe auf „Nebenästen" zu notieren sind.
- Jedem „Ast" sollte nur ein Schlüsselwort zugeordnet werden.
- Es darf während der Ideensammlung **keinerlei Bewertung und Kritik** an den vorgebrachten Ideen geübt werden.
- Es sollen **möglichst viele** Ideen gesammelt werden. Quantität geht vor Qualität.

Erst im Anschluss an die Ideensammlung können unwichtige „Äste" gestrichen, Verbindungen zwischen Ästen hergestellt, Äste – falls erforderlich – nummeriert oder farbige Symbole bzw. Zeichen eingesetzt werden.

1 **Mind** (engl.): Gedanken, Arbeitsergebnisse. **Map** (engl.): Landkarte. **Mindmap** könnte somit mit „Gedankenlandkarte" übersetzt werden.

Diese schnell erlernbare Kreativitätstechnik zeichnet sich insbesondere durch ihre **vielseitigen Einsatzmöglichkeiten** aus, da sie sowohl in Planungs- als auch Lösungs- oder Sicherungsphasen genutzt werden kann. Zudem fördert diese einprägsame Form der Darstellung das **vernetzte Denken**, macht Zusammenhänge überschaubar und ist als **„Handlungsprodukt"** der Lerngruppe im Rahmen des behandelten Themas jederzeit gegenwärtig und ergänzungsfähig.

Beispiel:

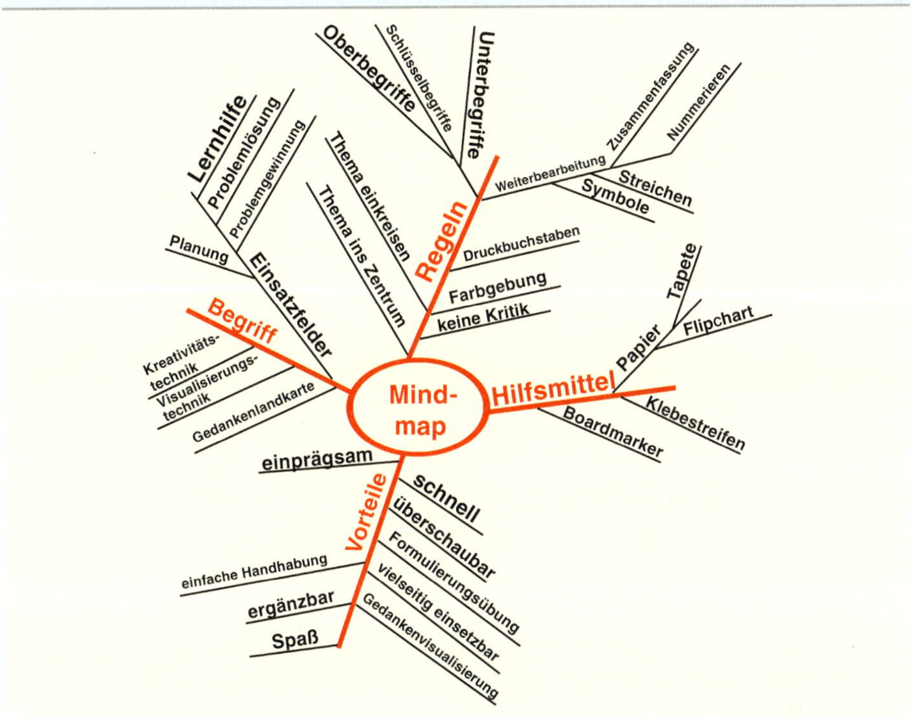

Mindmap

3 Rollenspiel

Zielsetzungen. Das Rollenspiel ermöglicht den Schülern, ihre Verhaltensweisen in einer Spielsituation, und dennoch realitätsnah, zu üben und zu erweitern. Die Schüler können lernen, Verhaltensweisen anderer vorweg zu bedenken, ihre Partner zu verstehen bzw. sich auf sie einzustellen. Das Rollenspiel fördert in besonderem Maße auch das Sprachverhalten der Schüler. Sie erfahren, dass die Sprache ein Mittel ist, Interessen durchzusetzen. Gefördert wird auch die Erkenntnis, dass reale Entscheidungssituationen in der Regel keine eindeutigen Lösungen und eindeutigen Lösungsregeln besitzen.

Vorgaben. Bei dem Rollenspiel wird auf der Grundlage einer mehr oder weniger präzise vorgegebenen **Situationsbeschreibung** versucht, die Realität nachzuspielen, wobei sich die Teilnehmer auf kreative und konstruktive Art und Weise in die von ihnen übernommene Rolle hineinversetzen und die Wirklichkeit aus ihrer rollenspezifischen Sichtweise heraus nachvollziehen und gestalten. Im Spielverlauf versuchen die Teilnehmer, ihre jeweilige Interessenlage im Rahmen einer Diskussion zu artikulieren und – mehr oder weniger kompromissbereit – durchzusetzen. Je nachdem wie stark die vorgegebene Situation strukturiert und angeleitet ist, unterscheidet man zwischen **gebundenem** und **spontanem Rollenspiel.**

Rollenspiele lassen sich als **Simulationsspiele** (Schüler spielen eine vorgegebene Situation nach), als **Entscheidungsspiele** (Schüler treffen im Rahmen einer offen gestalteten Situation eine Entscheidung) oder als **Konfliktspiele** (Schüler arbeiten bei einer vorgegebenen Situation den entscheidenden Streitpunkt heraus) aufbauen.

Ablauf. Der Ablauf eines Rollenspiels lässt sich in die **drei Abschnitte** Spielvorbereitung, Spieldurchführung und Spielauswertung aufgliedern.

- **Spielvorbereitung:** In dieser Phase wird die Handlungssituation (z.B. über eine Spielkarte) vorgestellt, die Zielsetzung besprochen, die Rollenverteilung mittels mehr oder weniger präziser Rollenbeschreibung vorgenommen und eventuelle **Beobachtungsaufträge** an die „Zuschauer" vergeben. Um die Wirklichkeit so gut als möglich zu simulieren, bietet sich an, entsprechende Requisiten zu beschaffen. Zudem erleichtert der Einsatz einer Videokamera die Auswertung des Rollenspiels.
- **Spieldurchführung.** Die Spieldurchführung ist von der Art des Rollenspiels abhängig. Beim **gebundenen Rollenspiel** sind die Situation und der Verlauf des Rollenspiels geplant (z.B. genaue Festlegung der Rollen und zum Teil auch der Rollentexte). Das **spontane Rollenspiel** gibt dagegen nur die Ausgangssituation vor. Das Rollenverhalten ist nicht festgelegt.
- **Spielauswertung:** Im Rahmen der Auswertung sollten sowohl die Beobachter als auch die Teilnehmer des Rollenspiels ihre Eindrücke und Erfahrungen schildern. Eine Bewertung der schauspielerischen Fähigkeiten steht im Rahmen der Auswertung **nicht** zur Diskussion.

Beispiel für eine Spielkarte:

Bei einer Lebensmittelkette ist es innerhalb einer Projektgruppe zur Entwicklung eines neuen Getränkesortiments für die Zielgruppe der 16- bis 20-jährigen Käufer zu Streitigkeiten gekommen. Der zuständige Abteilungsleiter der Lebensmittelkette bittet einige jugendliche Teilnehmer zu einer Krisensitzung.

Einziger Tagesordnungspunkt ist die Beilegung des wesentlichen Streitpunktes, der die jugendlichen Teilnehmer in zwei Lager spaltet. Während ein Teil der Gruppe auf die Hereinnahme neuer alkoholischer Getränke für Jugendliche in das Sortiment großen Wert legt, sieht ein anderer Teil eher einen Zukunftstrend hin zu gesunden, alkoholfreien Getränken, die zudem eine „energiespendende" Wirkung aufweisen. Mit zu dieser Konferenz eingeladen wurden zudem Personen, die von diesem Thema indirekt betroffen sind:

- ein Betreiber mehrerer Lokale und Diskotheken speziell für die jugendliche Zielgruppe sowie
- ein Redakteur einer großen deutschen Jugendzeitschrift, der sich mit den neuesten Trends bei Jugendlichen beschäftigt.

Im Rahmen der Krisensitzung sollen nunmehr die unterschiedlichen Standpunkte der Teilnehmer in sachlicher Form ausgetauscht werden, um die grobe Richtung für das Getränkesortiment entsprechend festzulegen.

Feedback. Feedback-Geben bedeutet eine Rückmeldung geben. Dies ist z.B. bei einem Rollenspiel von großer Bedeutung. Es ist für die Mitglieder des Rollenspiels wichtig, zu erfahren, ob die Zuhörer die Ausführungen so verstanden haben, wie sie gemeint waren. In einem Feedback melden die Zuhörer den Mitgliedern des Rollenspiels, was sie verstanden haben.

Feedback-Fragen und Einstiege könnten lauten:

- *„Habe ich richtig verstanden, dass ...?"*
- *„Wenn ich dich richtig verstehe, dann möchtest du sagen, ...?"*
- *„Ich will versuchen, deine Gedanken zusammenzufassen. ..."*
- *„Ich möchte gerne wissen, ob ich dich richtig verstanden habe? ..."*

Feedbacks machen dem Empfänger des Feedbacks „blinde Flecken" bewusst. Das sind jene Flecken, die dieser nicht kennt, die aber die anderen festgestellt haben.

Im Folgenden werden wichtige **Feedback-Regeln** für das Geben und das **Empfangen** vorgestellt.[1]

Regeln für das Geben von Feedback	Regeln für das Empfangen von Feedback
■ Beobachtungen konkret benennen. Verhalten genau beschreiben. ■ Das Gegenüber wissen lassen, welche Empfindungen das Verhalten ausgelöst hat. ■ Die eigenen Gefühle in der Ich-Form äußern. *„Es hat mich erstaunt ..."* ■ Eigene Ziele und Wünsche klar äußern. ■ Auf Wertungen und Vorurteile verzichten. ■ Direkte Feedbacks geben (unter vier Augen, persönlich, die Person direkt ansprechen). ■ Keine verallgemeinernden Abrechnungen. ■ Die passende Situation wählen. Feedback-Empfänger soll das Gesicht nicht verlieren. ■ Positives (Anerkennung) ebenfalls nennen.	■ Entgegennehmen – Verständnis zeigen statt verteidigen. ■ Kein Rechtfertigen, keine Verteidigung. ■ Nachfragen, wenn etwas nicht verstanden wurde. ■ Für das offene Feedback danken. ■ Selbst entscheiden, was man beibehalten, was man verändern möchte. ■ Dem Feedback-Geber sagen, was das Feedback bewirkt hat.

4 Expertenbefragung

Zielsetzung. Wissen, das weder Lehrbuch noch Lehrkraft in allen Einzelheiten vermitteln kann, wird durch einen Experten (Fachmann) vermittelt.

Vorgaben. Es ist kein Geheimnis, dass gerade in Einzelhandelsklassen im Unterricht immer wieder Detailfragen[2] aufkommen, die in den vielen Lehrbüchern für diese Schulform nicht behandelt werden, da sie sehr spezifische Inhalte berühren. Hierzu bietet sich an, derartige **Fragen** im Rahmen eines Lernfeldes zu **sammeln** und am Ende eines Themenkomplexes zu einem **Fragenkatalog** zu bündeln.

Zur Klärung dieser Fragen kann dann im Rahmen einer Unterrichtsstunde ein **Experte** (z.B. Politiker, Mitarbeiter von Verbänden oder bestimmten Organisationen) eingeladen

1 Quelle: http://www.rhetorik.ch/Johari/Johari.html.

2 **Detail:** Einzelheit, Einzelteil.

werden, der mit seinem fundierten praktischen und theoretischen Hintergrundwissen wichtige Informationen, Anregungen zur Orientierung und zur eigenen Urteilsbildung weitergeben kann.

Ablauf. Im Rahmen der Durchführung einer solchen Expertenbefragung sollten folgende **Regeln** Beachtung finden:

- Die Auswahl des Experten ist möglichst durch gemeinsame Überlegungen vorzunehmen, wobei das Kriterium der notwendigen **Sachkenntnis** im Vordergrund steht.
- Dem Experten sollte der Fragenkatalog bereits **im Vorfeld** offen gelegt werden, um ihm eine optimale Vorbereitung zu ermöglichen.
- Die Teilnehmer der Expertenbefragung sollten **gut informiert** in die Expertenbefragung gehen und den Themenbereich nochmals durcharbeiten, um durch eventuell erforderliche Rückfragen das Gespräch ertragreich zu gestalten.
- Der Fragenkatalog sollte **systematisch** abgearbeitet werden. Hierzu bietet sich an, dass die Teilnehmer bereits vorab Zuständigkeiten für die einzelnen Fragen oder Themenbereiche festlegen.

Beispiel:

Laden Sie einen Experten aus einer Werbeagentur ein, der Ihnen Informationen darüber geben kann, welche Aktivitäten notwendig sind, um eine Werbeaktion erfolgreich durchzuführen.

5 Projekt

Zielsetzungen. Wichtige Ziele der Projektarbeit sind insbesondere in den folgenden Punkten zu sehen. Die Projektarbeit

- führt zu mehr Selbstständigkeit und Eigeninitiative der Lernenden,
- fördert bislang nicht bekannte Schülerneigungen und -interessen,
- fördert kooperatives Verhalten und Rücksichtnahme,
- versucht, persönliche Bedürfnisse der Beteiligten zu berücksichtigen,
- erhöht die Motivation durch Festlegung gemeinsamer Ziele,
- kann die Zusammenhänge zwischen Lernfeldern aufdecken,
- erhöht die Bindung zwischen schulischen und außerschulischen Lernbereichen,
- fördert die persönlichen Kompetenzen zur Bewältigung komplexer Praxisprobleme.

Vorgaben. Der Grundgedanke eines Projekts lässt sich am einfachsten mit der Formel seines geistigen Begründers John Dewey verdeutlichen: **„Learning by doing“.** Unter einem Projekt versteht man im Allgemeinen ein Arbeitsvorhaben, bei dem die Projektteilnehmer eine selbst gewählte, fest umrissene, **komplexe** und **praxisrelevante** Aufgabenstellung lösen. Die Durchführung des Projekts erfolgt größtenteils in **Teamarbeit,** wobei sich die Gruppe die zur Bearbeitung erforderlichen Kenntnisse und Fertigkeiten möglichst selbstständig aneignet.

Ein Projekt ist im Allgemeinen durch folgende **Merkmale** bestimmt:

- Projekte beinhalten Probleme, Fragestellungen, die unmittelbar der **wirtschaftlichen und sozialen Realität** entstammen. Sie erzeugen damit eine stabile Motivationslage bei den Schülern. Projekte sind in aller Regel komplex aufgebaut.
- Die Schüler übernehmen zum **Lösen des Projekts selbstverantwortlich Planungsschritte** und bestimmen auch die zur Erreichung des Projektziels erforderlichen **Vorgehensweisen.** Neben der Förderung von Selbsttätigkeit und Selbstverantwortung lernt der Schüler insbesondere Kommunikations-, Problemlösungs- und Analysetechniken sowie die Fähigkeit zur Koordination. Die Lehrkraft hat hierbei Unterstützungsarbeit zu leisten, indem Verfahrensregeln angeboten und arbeitsmethodische Hinweise gegeben werden.
- Projektarbeit ist durch **gemeinsame Problemlösung charakterisiert,** was notwendigerweise zur **Kooperation zwingt.** Die traditionelle Unterrichtsorganisation (Zeitrhythmus, Sitzordnung, Bezogenheit auf den Klassenraum usw.) wird dabei aufgelöst.
- Eine komplexe Problematik zu lösen, kann nur gelingen, wenn es **ganzheitlich gesehen** und mit Kopf, Herz, Händen und allen Sinnen angegangen wird.
- Gegenstand der Projektarbeit sind **reale Aufgaben** oder **Probleme („Handlungsprodukte"),** die häufig öffentlich und damit der Beurteilung anderer zugänglich gemacht werden. Neben der Fähigkeit, produktorientiert zu arbeiten, lernen die Schüler, insbesondere bei der Aufarbeitung und Vorstellung der Projektergebnisse, vielfältige Handlungsformen kennen, die im herkömmlichen Unterricht nicht oder nur schwer vermittelbar sind.

Der zeitliche Aufwand für ein Projekt hängt von der gewählten Thematik ab. Er kann bis zu zehn Unterrichtsstunden umfassen.

Ablauf. Der Ablauf eines Projekts umfasst in der Regel folgende **Phasen:**

Findung des Projektthemas → Projektplanung → Projektdurchführung → Präsentation der Projektergebnisse → Wertung der Projektergebnisse u. Projektkritik

(1) Findung des Projektthemas

Am Anfang eines Projekts steht eine **Themensammlung.** Hierbei unterbreiten die Schüler Themenvorschläge. Falls die Schüler keine Projekterfahrung besitzen, kann die Lehrkraft mehrere Themen oder Themenbereiche vorschlagen.

Stehen mehrere Themen zur Auswahl, werden sie z.B. auf einer Plakatwand festgehalten. Die Themen werden anschließend von den Schülern **gewichtet** und es wird ein **Rang ermittelt.** Die Gewichtung der Themen kann z.B. dadurch erfolgen, dass die Lehrkraft den Schülern Klebepunkte ausgibt, die diese dann auf die verschiedenen Themen verteilen.

Themen	Klebepunkte	Rang
Thema 1	z.B. 28 Punkte	II
Thema 2	z.B. 24 Punkte	III
Thema 3	z.B. 40 Punkte	I

Das Thema mit den meisten Punkten (Rangplatz 1) wird dann gewählt.

(2) Projektplanung

Im ersten Schritt der Projektplanung werden die interessanten **Fragestellungen, Probleme** und **Unterthemen** z. B. auf einer Plakatwand **festgehalten** und anschließend in der gerade besprochenen Weise **gewichtet.** Eine Ideengewinnung kann z. B. über die Brainstorming-Methode oder über das Mindmapping erfolgen.

Stehen die zu erarbeitenden Fragen fest, so ist jetzt ein **Arbeitsplan** zu erstellen. In ihm werden die zu lösenden Aufgaben, die jeweilige Gruppenzusammensetzung, die Arbeitsschritte, der Zeitbedarf und auch eventuell anfallende Kosten aufgelistet.

Beispiel:

Themenbereiche	**Gruppenmitglieder**	**Zeitplan**					
		14.01.	21.01./ 28.01.	05.02./ 12.02.	19.02.	26.02.	03.03.
Produktbeschreibung – Produkteigenschaften – Erzeugung – Zielgruppe – Marktpreis	Hans, Lena, ...	Erstellen eines Arbeitsplans	Beschaffen von Informationen	Bearbeiten, Auswerten der Informationen Protokollieren der Ergebnisse	Dokumentation erstellen Vorbereitung der Präsentation	Präsentation	Wertung des Projektergebnisses Projektkritik
Angenommene Marktforschung – Fragebogen entwerfen – Marktchancen beschreiben (Absatzmenge, Umsatz u. a.)	Eva, Fabian, ...						
Werbung – Anzeige – Handzettel – Plakate im Verkaufsraum	Markus, Ines, ...						

(3) Projektdurchführung

Schrittabfolge bei der Projektdurchführung

Die zuvor geplanten Schritte sind nun „abzuarbeiten". Hierbei hat sich folgende Schrittabfolge bewährt:

Schritte	Erläuterungen	Beispiele
1. Schritt	■ Zuordnung der anfallenden Arbeiten auf die einzelnen Gruppenmitglieder, ■ Aufstellen eines Zeitplans.	■ Hans und Lena übernehmen die Beschreibung der Produkteigenschaften. ■ Die Beschaffung der Informationen erfolgt bis spätestens 28.01. ■ Die Beschreibung der Produkteigenschaften liegt am 05.02. vor.
2. Schritt	Innerhalb der Gruppe: ■ Informationsbedarf ermitteln, ■ Methoden für die Informationsgewinnung festlegen, ■ Informationen einholen.	■ Suche im Internet, ■ Befragung eines Experten, ■ Auskünfte einholen bei Behörden, Gewerkschaften, IHK, ■ Bundesagentur für Arbeit u. Ä., ■ Befragung in einem Betrieb durchführen.
3. Schritt	Innerhalb der Gruppe: ■ Bearbeiten und Auswerten der erhaltenen Informationen durch die beauftragten Gruppenmitglieder, ■ Überprüfung der Einzelergebnisse durch die Gruppe, ■ Projektergebnisse der Gruppe werden zusammengestellt und dokumentiert.	■ Die Produktbeschreibung wird von Hans und Lena erstellt. ■ Die Produktbeschreibung wird von der Gesamtgruppe kontrolliert, ergänzt, gebilligt ... ■ Die einzelnen Ergebnisse werden zum Abschlussbericht „Produktbeschreibung" zusammengefasst.

Nicht jede Gruppenarbeit läuft immer reibungslos ab. Es ist daher sinnvoll, je nach Bedarf noch die nachfolgenden Zwischenschritte „einzubauen":

- **Fixpunkte.** Sie dienen dazu, Teilergebnisse vorzustellen und abzustimmen, den Zeitablauf zu überprüfen, gegebenenfalls eine Nachplanung vorzunehmen u. a.
- **Zwischengespräch.** Hier sollen Fragen der Zusammenarbeit in der Gruppe, aufgetretene und vorhersehbare Probleme des Umgangs miteinander u. Ä. besprochen werden.

Arbeiten im Team

Zielsetzungen. Mit dem Einsatz von Teamarbeit sollen deren Stärken zum Tragen kommen:

- Durch die Mitarbeit mehrerer Personen, die jeweils ihre spezifischen Stärken einbringen können, kommt es zu einer **besseren Ergebnisqualität.**
- Die Gruppe gibt einzelnen Teammitgliedern eine **höhere Sicherheit,** damit eine **verstärkte Motivation,** und führt zu mehr Engagement.
- Entscheidungen lassen sich im Team auf einer breiteren Basis treffen, sodass das **Risiko von Fehlentscheidungen** geringer wird.

Vorgaben. Voraussetzungen einer guten Teamarbeit sind:

- Das Team muss über ein gemeinsames Ziel verfügen.
- Das Ziel muss eindeutig formuliert sein.
- Alle Entscheidungen während der Teamarbeit müssen gemeinsam beschlossen werden.
- Die Teammitglieder müssen sich in ihrer Arbeit gegenseitig unterstützen (im Notfall ersetzen).
- Der Teamleiter muss die Arbeit koordinieren und entstehende Konflikte schlichten.
- Das Team muss sich klare Regeln geben und Verantwortungsbereiche zuordnen.

Ablauf. Die Teamarbeit durchläuft folgende Phasen:

1. Phase:	Zielvereinbarung	Das Team einigt sich auf ein gemeinsames Ziel (Thema). Die Zustimmung aller Mitglieder ist erforderlich.
2. Phase:	Einzelarbeit der Teammitglieder	Jedes Mitglied erstellt in Eigenarbeit Lösungsvorschläge zum Thema. Es erarbeitet diese selbstständig ohne Anleitung der anderen Teammitglieder.
3. Phase:	Offenlegung der Einzelarbeit und Diskussion über die einzelnen Lösungsansätze	Die einzelnen Lösungsvorschläge werden offengelegt und auf Schwächen und Stärken untersucht (ohne zu kritisieren).
4. Phase:	Entwickeln einer gemeinsamen Lösung	Zunächst werden die Lösungsansätze ungeordnet erfasst. Anschließend werden die Ideen zusammengelegt, geordnet und zu einer gemeinsamen Lösung zusammengeführt.
5. Phase:	Präsentation	Die Lösung des Themas wird der Klasse präsentiert.

Was zeichnet ein gutes Team aus?

- Jedes Teammitglied trägt zum Erfolg bei und fühlt sich für das Gelingen verantwortlich.
- Ein Team schafft bessere Ergebnisse als die Summe seiner Mitglieder.
- Im Team fördert, motiviert und hilft man sich gegenseitig.
- Durch gemeinsame Erfolge eines Teams steigt die Motivation.

(4) Projektpräsentation

Im Rahmen der Projektpräsentation werden die Projektergebnisse der einzelnen Projektgruppen vorgestellt. Ziel der Präsentation ist, die Projektergebnisse so darzustellen, dass sie beim Zuhörer „ankommen", ihn zum Mitdenken anregen und zur Diskussion auffordern.

Im Folgenden erhalten Sie einige Hinweise, was Sie bei der Vorbereitung und Umsetzung einer Präsentation beachten müsssen.

Präsentationsbereiche	Fragestellungen	Tipps
Zielsetzung der Präsentation festlegen	■ Sollen dem Zuhörer vor allem Fachinhalte vermittelt werden? ■ Sollen die Zuhörer durch die Projektergebnisse zu einer Änderung ihrer Verhaltensweisen gebracht werden?	■ Inhalte in Schaubildern, Schemata, Merksätzen, Diagrammen u.Ä. zusammenfassen. ■ Neben der Wissensvermittlung müssen über Bilder, Texte u.Ä. auch die Gefühle der Zuhörer angesprochen werden.
Aufbereitung des Inhalts vornehmen	■ Wie lautet der Titel der Präsentation? ■ Welchen Umfang sollen die Ausführungen haben? ■ Wie viel Anlagen sollen zur Präsentation mit herangezogen werden? ■ Wie sind die Inhalte zu gliedern?	■ Das schriftliche Informationsmaterial (Texte, Grafiken u.Ä.) muss lesbar sein. ■ Kurzfassen: Es gilt der Grundsatz „Weniger ist mehr". ■ Richten Sie Ihre Ausführungen an den Interessen und Erwartungen der Zuhörer aus. ■ Stellen Sie die Ausgangssituation und die Problem- und Aufgabenstellung deutlich heraus und bauen Sie hierauf Ihre Lösung Schritt für Schritt auf. Legen Sie einen „roten Faden". ■ Überziehen Sie niemals Ihre Zeitvorgaben.
Wahl des Medieneinsatzes treffen	■ Welche Medien sollen eingesetzt werden? ■ Welches Informationsmaterial soll der Zuhörer erhalten?	■ Vor Beginn der Präsentation sollte kein umfangreiches Informationsmaterial an die Zuhörer ausgegeben werden. ■ Achten Sie darauf, zumindest zwei verschiedene Medien einzusetzen! ■ Passen Sie den Medieneinsatz den räumlichen Gegebenheiten an. ■ Achten Sie darauf, dass auch der Zuhörer in der letzten Reihe alles erkennen kann!
Auf Sprache und Körpersprache achten	■ Wie wirkt meine Stimme auf Zuhörer? ■ Betone ich die einzelnen Wörter und Sätze richtig? ■ Spreche ich nicht zu schnell? ■ Sind meine Gestik und Mimik auf die Präsentation abgestimmt?	■ Sprechen Sie deutlich. ■ Versuchen Sie frei zu sprechen und lesen Sie die Texte nicht nur monoton ab. ■ Wenden Sie sich den Zuhörern zu und halten Sie, wo immer möglich, Blickkontakt mit den Zuhörern. ■ Vermeiden Sie Verlegenheitsgesten! ■ Da Sprechfehler und -störungen unvermeidlich sind, beachten Sie diese nicht. ■ Wenn Sie auf einen Punkt im Infomationsmaterial eingehen wollen, lassen Sie den Zuhörern Zeit diese Stelle zu finden. ■ Ermuntern Sie die Zuhörer zu Fragen, um die Präsentation zu beleben.

(5) Wertung der Projektergebnisse und Projektkritik

Nach der erfolgten Präsentation ist das Projekt beendet. Allerdings ist es sinnvoll, positive und negative Erfahrungen aus dem Projekt festzuhalten, um diese Erfahrungen in künftige Projekte einzubringen. Die Nachbereitungsphase bezeichnet man auch als **Reflexionsphase.**[1]

Im Rahmen der Projektnachbereitung sollten insbesondere folgende Fragestellungen beantwortet werden:

- In welchem Umfang wurden die Projektziele erreicht?
- Welche positiven Erfahrungen können aus der Projektarbeit gezogen werden?
- Welche Schwierigkeiten sind aufgetreten?
- Wie war die Zusammenarbeit in den Gruppen und zwischen den Gruppen?
- Welche Rolle hat die Steuerung der Projektarbeit durch die Lehrkraft gespielt?
- Was kann beim nächsten Projekt besser und/oder anders gemacht werden?

1 **Reflexion**: Spiegelung.

Abkürzungen wichtiger Gesetze

AGB	Allgemeine Geschäftsbedingungen
AO	Abgabenordnung
ArbSchG	Gesetz über die Durchführung von Maßnahmen des Arbeitsschutzes zur Verbesserung der Sicherheit und des Gesundheitsschutzes der Beschäftigten bei der Arbeit (Arbeitsschutzgesetz)
ArbStättV	Arbeitsstättenverordnung
ArbZG	Arbeitszeitgesetz
ASiG	Arbeitssicherheitsgesetz
AVmG	Altersvermögensgesetz
BBiG	Berufsbildungsgesetz
BEEG	Gesetz zum Elterngeld und zur Elternzeit (Bundeselterngeld- und Elternzeitgesetz)
BetrVG	Betriebsverfassungsgesetz
BGB	Bürgerliches Gesetzbuch
EStG	Einkommensteuergesetz
GenG	Gesetz betreffend die Erwerbs- und Wirtschaftsgenossenschaften (Genossenschaftsgesetz)
GG	Grundgesetz für die Bundesrepublik Deutschland
HGB	Handelsgesetzbuch
JArbSchG	Jugendarbeitsschutzgesetz
KrWG	Kreislaufwirtschaftsgesetz
KSchG	Kündigungsschutzgesetz
MarkenG	Gesetz über den Schutz von Marken und sonstigen Kennzeichen (Markengesetz)
MuSchG	Mutterschutzgesetz
PAnGV	Preisangabenverordnung
ProdHaftG	Gesetz über die Haftung für fehlerhafte Produkte (Produkthaftungsgesetz)
SGB	Sozialgesetzbuch
UStG	Umsatzsteuergesetz
UWG	Gesetz gegen den unlauteren Wettbewerb
VVO	Verpackungsverordnung

Stichwortverzeichnis

L

M

N

O

27 Speth u.a. - ISBN 978-3-8120-0631-6

T

U

Z